哲学

（辞条）

Philosophie

Historisches Wörterbuch der Philosophie

[德] 里特尔（Joachim Ritter）
[德] 格林德尔（Karlfried Gründer）

编

黄瑞成

译

华东师范大学出版社

· 上海 ·

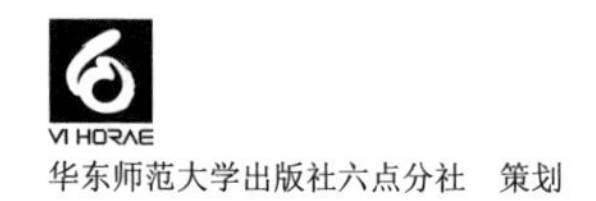

华东师范大学出版社六点分社　策划

重庆大学中央高校基本科研业务费：

“古典辞书编纂”项目（2020CDJSK47PT28）

出版弁言

“六点辞条系列”的旨趣：

1. 应当且必须看到，今日之社会科学、人文科学乃至自然科学的关键词语或核心概念大多是由西方人创设的、描述的、论证的，并用编纂辞典的形式，把他们建构的知识体系或知识谱系固定下来，传承下去，传播出去，规训周遭。

2. 应当且必须看到，这些关键词语或核心概念（发端、形成、演变）的辞条，是构成西方人思想话语体系的基石，进而形成话语权。自然科学亦如是。

3. 应当且必须看到，了解、认知、学习通晓西方人为这个世界所建构的观念（标识）史，是我们建构中国学人自己对这个世界认知话语权的前提。

4. 应当且必须看到，话语权源于对知识谱系的建构、确立及诠释，掌握话语权是制订世界秩序“游戏”规则的必要条件。

5. 应当且必须看到，本辞条系列的翻译出版过程，应该是中国学人向西方认真学习的过程，应该是学会平视西方世界知识谱系的过程，也应当是中国学人寻找自己的方式叙述或重新叙述这个世界知识谱系的过程。

6. “六点辞条系列”，以德文版《哲学史辞典》（*Historisches Wörterbuch der Philosophie*）为底本，兼顾其他辞典，旨在把西方人头脑里林林总总的“观念”及历史展示出来。

点　点

2021 年 4 月 23 日

哲学（Philosophie）

希：φιλοσοφία；拉：philosophia；英：philosophy；法：philosophie；意：filosofia；荷：wijsbegeerte

目录

一 古代

（一）概念的起源

西方哲学的开端，自亚里士多德（Aristoteles）①以降，人们习惯上认为就是公元前6世纪的伊奥尼亚自然哲学（ionischen Naturphilosophen）；然而，哲学（φιλοσοφία）这个词语和概念，晚至柏拉图时代，方才变得明确易懂。可是，伊奥尼亚哲人本身，并不称其研究为哲学，而称其为“考究”（ἱστορίη）。② 毕达哥拉斯据说是第一个自称“哲人”（Philosoph）的人，他作为生造出“哲人”这个词的人，早已闻名于古代传统（据庞托斯的赫拉克莱德[Herakleides Pontikos]，柏拉图学园派成员），③但这种说法，必须作为后世的一个反向投射（Rückprojizierung）来看待。④ 到公元前5世纪发端时，首先出现了动词和形容词形式的“哲思”（philosophieren）或“哲学的”（philosophisch），再后来，到了公元前4世纪80年代，在苏格拉底学派那里，才有了“哲学”这个名词。⑤

---

① ARISTOTELES：Met. I，3；vgl. C. J. de VOGEL：Some reflections on the term ΦΙΛΟΣΟΦΙΑ，in：Philosophia 1（Assen 1970）3—24.

② HERAKLIT：VS 22，B 129. B 35；vgl. PLATON：Phaedo 96 a 8：ταύτης τῆς σοφίας ἣν δὴ καλοῦσιν περὶ φύσεως ἱστορίαν；zur Verwendung von ἱστορία/ἱστορεῖν vgl. B. SNELL：Die Ausdrücke für den Begriff des Wissens in der vorplat. Philos. Philol. Unters. 29（1924）59—71.

③ DIOGENES LAERT. I，10；vgl. CICERO：Tusc. 5，10.

④ Vgl. W. BURKERT：Platon oder Pythagoras? Zum Ursprung des Wortes ‹Ph.›. Hermes 88（1960）159—177.

⑤ Das einzige Vorkommen des Adjektivs bei HERAKLIT：VS 22，B 35 kann als doxographische Hinzufügung angezweifelt werden；vgl.：Heraclitus. Ed. maior，hg. M. MARCOVICH（Merida 1967）27；vgl. dagegen：B. GLADIGOW：Sophia und Kosmos（1965）26—31.

φιλοσοφία[哲学]由φιλεῖν(爱/好[gern haben])和σοφία(智/知[Wissen])复合而成,[①]属于自荷马以来常用的一长串由φιλ(ο)[爱/好]和任意实词或形容词构成的复合词之一,这些复合词表示对确定的事物或领域的喜好或兴趣和爱好或热爱,譬如,好酒(φιλοποσία),好吃(φιλοτροφία),好学(φιλομαθία),爱财(φιλοπλουσία),好胜(φιλονικία),爱荣誉(φιλοτιμία)。[②] "这些复合词的前项表明了乐趣,这些复合词的后项表明了事物,人们在与这些事物打交道时,感到有乐趣。"[③]相应地,常用的动词φιλοσοφεῖν[哲思]和形容词φιλόσοφος[爱智慧的],首先意指某人重视知识(Wissen[Sophia])。在公元前5世纪,Sophia是一个含义宽泛的词,意指知识、认识、手工技巧或熟知某事,当然还有在重要的生活事务方面,尤其在政治领域,聪明、有见识和审慎实践这样的重要含义。[④] 容易理解的是,对Sophia的兴趣,首先体现在某一位著名的贤人(σοφοί)身上。希罗多德让他笔下的克洛伊索斯王(König Kroisos)对梭伦说:"种种关于你的智慧(σοφίη)和旅行的消息,传到了我们这里。我们听说,因为你重视知识(ὡς φιλοσοφέων),所以为了增长见识(θεωρίης εἵνεκεν),你访问过很多地方。"[⑤]希罗多德将这种纯粹出于兴趣的旅行,与为了战争和买卖的旅行区别开来。[⑥]

如果我们可以信赖这些极为稀罕的原始资料,那么,显然,"哲

---

① Zur frühen sekundären verbalen Auffassung des Adjektivs φίλος in den Komposita vgl.: M. LANDFESTER: Das griech. Nomen ‹philos› und seine Ableitungen. Spudasmata 11(1960)110ff.

② Zur Vielfalt der Bildungsmöglichkeiten vgl. H. G. LIDDELL/R. SCOTT/H. S. JONES: A Greek-English lex. (Oxford 1968)1931—1942.

③ LANDFESTER, a. O. [6] 154; vgl. BURKERT, a. O. [4] 172f.

④ Vgl. SNELL, a. O. [2] 1—19.

⑤ HERODOT I, 30.

⑥ III, 139.

思”(philosophieren)和“哲学的”(philosophisch)在阿提卡城邦中已成为常用词。公元前5世纪中叶的民主化导致的结果是:一种到那时为止只有贵族阶层才有资格,旨在其特殊德性(Arete)的教育,转变为一种公开的,也就是从根本上符合城邦制度的要求:应当教育每一个自由民具有“政治德性”。① 于是,教师,所谓智术师(*σοφισταί*),②公开出场,传授一般和特殊的知识,也就是他们的Sophia。这些人,作为教师,作为学习者,尤其作为有兴趣的人,致力于理智之物,也就是从事“哲思”(philosophierten),当时叫做“塑造”(bildeten)自己。③ 因此,伯利克里可以对照美的意义,将喜好教育作为阿提卡民主制的成就,他晓谕全体公民:“我们热爱淳朴的美,我们热爱摆脱了懦弱的知识和教育(*φιλοκαλοῦμέν τε γὰρ μετ' εὐτέλειας καὶ φιλοσοφοῦμεν ἄνευ μαλακίας*)。”④

人们从事“哲思”的形式(Form),就是公开交谈,通常是论辩:人们讨论,争吵,抨击或维护主张,或就两方面发表谈话。公元前5世纪以后,再鲜有“哲思”和“哲学的”两个词的例证,这与演说和反驳中的论辩(Disputation)有关;⑤简明中肯的论证就是“哲学的”论证,正如阿里斯托芬《公民大会妇女》中,歌队对起义妇女的建议。⑥

---

① Vgl. dazu W. JAEGER: Paideia(1944, ND 1973) bes. 3. Buch; ferner Art. ‹Paideia›.

② Vgl. dazu: G. B. KERFERD: The image of the wise man in Greece in the period before Plato, in: Images of man in anc. and mediev. thought. Festschr. G. Verbeke(Löwen 1976)17—28.

③ H. VON ARNIM: Leben und Werk des Dion von Prusa. Einl.: Sophistik, Rhetorik, Philos. in ihrem Kampf um die Jugendbildung(1898)1—112, bes. 63—73.

④ THUKYDIDES II, 40.

⑤ GORGIAS: Frg. B 11, in: VS II, 292, 10; Dissoi Logoi, in: VS II, 405, 3.

⑥ ARISTOPHANES: Eccl. 571.

这些智术师和苏格拉底当时如何使用“哲学”一词,我们只能从苏格拉底后学的文字中获知;首先,名词*φιλοσοφία*[哲学],靠色诺芬、伊索克拉底和柏拉图这群人流传开来,尽管它明确并且唯独与智术派的“教养”(Peideia)有关。“哲学”当时最宽泛和普遍的含义就是“研究”(Studium)和“教育”(Bildung),所以,苏格拉底有一次远征返回雅典后,打听年轻人此时的哲学水平如何,是否有谁特别聪明(*σοφίᾳ διαφέρων*)。① 哲学当时包括几何(*περὶ γεωμετρίαν ἤ τινα ἄλλην φιλοσοφίαν*[研究几何或其他某种哲学]②),同样包括音乐、③天文④或其他学科。谁致力于这些事情,他就在进行“哲思”,也就是说,他在研究,在从事自我教育。“我完全相信,让我得到教育(*φιλοσοφεῖν τὴν φιλοσοφίαν*[对哲学作哲思]),会使我获得属于男子汉的教养,男子汉的追求是尽善尽美(Kalokagathie,参见 Kalokagathia 辞条),”色诺芬笔下的一位苏格拉底的对话者如是说。⑤ 雅典青年的受教热情和哲学教师的举止,在柏拉图早期对话的“引子”所营造的气氛中,有最生动的体现。⑥ 智术师的私人宿主家中的谈话圈子,公开谈论任何主题,乐趣在于辩论-竞赛,目的毋宁是取胜而非事实,所有这一切,都可以称为“哲思”。可是,哲学的活动也招致批评:政治实用主义者,如柏拉图《高尔吉亚》中的卡利克勒斯(Kallikles),对过多和过分热衷于哲思提出警告。⑦ 哲学若要“完全得体(*χαρίεν*),年轻时搞哲学就得节制”,如果教育

---

① PLATON: Charm. 153 d 3; vgl. Menex. 234 a 5; Prot. 335 d 6.
② Theaet. 143 d; Plural *φιλοσοφίαι*: Theaet. 172 c.
③ Tim. 88 c.
④ Amat. 132 b/c; ISOKRATES: Antid. 264.
⑤ XENOPHON: Mem. IV, 2, 23.
⑥ Bes. PLATON: Prot. 309—319.
⑦ Gorg. 484 c.

失败，哲学到老来就会显得可笑，也会阻碍强有力的政治影响的产生。① 柏拉图《欧蒂德谟》中的“雄辩大师”和“可以驳倒一切的人”，②将其带有出人意料的虚假结论的论辩称为“哲学”，并宣称可以在最短的时间内将任何人“引向哲学”，③使他有能力与其并驾齐驱，可见，贬低和谴责意义上的“哲思”和“哲学”概念当时已司空见惯，这丝毫不令人意外。“空洞的废话”必定使这些“搞哲学的人”（Philosophierenden），不仅受到喜剧和普通公民对哲学所持有的明确观点的谴责，④也受到某些同行的谴责，这些同行正在努力使“哲学”从多少具有真诚品质的理智活动的任意领域中突显出来：与此同时，伊索克拉底和柏拉图也在相互竞争。在公元前 4 世纪 80 年代初，两人各自创立了学园，致力于一项新的教育方案；两人都转而反对流行和未加思索的“哲学”运用，但伊索克拉底保守，柏拉图维新。伊索克拉底向来“反对智术师”，所以，他反对那些“消费哲学”的人（*οἱ περὶ τὴν φιλοσοφίαν διατρίβοντες*），⑤这些人有法庭演说家和政治家还有辩士（Eristiker），也有争辩某一项道德知识的苏格拉底后学（Sokratiker）。伊索克拉底认为一种通过论辩展开的哲学，作为空洞的辩术（*περὶ τὰς ἔριδας φ.*），⑥恰如苏格拉底式的辩证法——尽管他对此作出的判断是错误的——他将一种有用的哲学（Ph. der Nützlichkeit）与这种哲学对立起来：“我认为，

---

① Gorg. 484 c 5—485 a 4; vgl. ISOKRATES: Panath. 27f.

② Euthyd. 272 a 8.

③ 275 a 1; 307 a 2; vgl. die Kritik an den Widerlegungskünstlern Resp. 539 b/c.

④ Vgl. K. DOVER: Greek popular morality in the time of Plato and Aristotle(Berkeley 1974)10f.; ferner C. NATALI: *ἀδολεσχία, λεπτολογία* and the philosophers in Athens. Phronesis 32(1987)232—265.

⑤ ISOKRATES: C. soph. 291, 1.

⑥ Helena 6.

不应当将如今我们既不用于演说,也不用于交易之事,称为‘哲学’,我宁可称这样一种努力为‘哲学的精神训练’或‘哲学的准备’。”①想过积极生活的人,必须“放弃所有空洞的演说和作为,这些于生活无益”。② 因此,他也反对将数学作为哲学。有些人“所谓的哲学”(τὴν καλουμένην φιλοσοφίαν),③纯粹是吹毛求疵,正如早期静观存在者(das Seiende)的贤人之所为,根本不配有哲学之名。正确理解的哲学(τὴν δικαίως νομιζομένην),④本身与意见密切关联(halte sich nämlich an die Doxa),因为,就人性而言,要获得知识(ἐπιστήμη)是不可能的,由此方能明了,能够说什么,或能够做什么。⑤ 所以,受到伊索克拉底批评的辩证法式的争辩哲学,严格说来是似是而非的哲学(φ. παράδοξα),⑥即违背意见,也就是说,有违健全的人类理智,还有违政治活动之实际需要。通过培养“好的言谈”(εὖ λέγειν),⑦并固守习传的价值和道德训诫,伊索克拉底支持这样一种哲学:这种哲学对他同时代的人,并且对直至人文主义的修辞学传统,以及对教育学,都产生了重大影响。⑧ 然而,这种哲学只在“哲学”的某种概念史上占有一席之地,在某种“哲学史”上却几乎没有地位,“哲学史”的边界,到如今很大程

---

① Antid. 266; vgl. Helena 7.

② Antid. 269.

③ a. O. 271.

④ a. O.

⑤ ebda.; zum Ph.-Begriff bei Isokrates insgesamt vgl.: CH. EUCKEN: Isokrates. Seine Position in der Auseinandersetzung mit den zeitgenöss. Philosophen(1983)15ff. 56ff.

⑥ Antid. 272.

⑦ 275.

⑧ Vgl. A. BURK: Die Pädag. des Isokrates als Grundlegung des humanist. Bildungsideals(1923, ND New York 1968)200—224; vgl. H. I. MARROU: Gesch. der Erziehung im klass. Altertum(1977)370.

度上已由柏拉图创造的哲学概念所确定。若从如今后柏拉图式的(nachplatonischen)观点出发,认为伊索克拉底式的哲学概念是“非哲学的”,那么,相应地,在其同时代的人看来,柏拉图的新哲学-概念,也一样让他们惊讶,在他生前,不受他影响的著作家,没有谁会接受。①

(二) 柏拉图

智术师将哲学或智慧(Sophia)理解为可以动用的知识,可以像商品那样传达给学生来换钱,②与此针锋相对,柏拉图将哲学理解为“自己-竭力”(Sich-Bemühen)于知识。在《申辩》(Apologie)中,苏格拉底与其他这类教师针锋相对,他不像智术师那样跟风“卖弄”(Epideixis)智慧,而是申明自己无知,宣称他的努力是自己想研究,神谕归于他的智慧(Sophia)究竟何在。③ 这种研究,这种通过对话而展开的检验和反驳,对于苏格拉底而言,是一种必要的生活方式(Lebenshaltung):“我活着,就必须竭力于知识,从而必须检验和反驳(*φιλοσοφοῦντά με δεῖν ζῆν καὶ ἐξετάζοντα*)。”④在雅典人看来,“致力于哲学的”苏格拉底当然和所有智术师没有两样;控告他的人谴责苏格拉底:他们攻击他,却缺乏其他口实,就捏造他“以流行的陈词滥调反对所有搞哲学的人”(*τὰ κατὰ πάντων τῶν φιλοσοφούντων πρόχειρα*),说他谈论神和世界,通过谈论使软弱的立场变得强硬。⑤ 然而,苏格拉底式的

---

① ARNIM, a. O. [14] 66.

② ISOKRATES: C. soph. 212, 7; XENOPHON: Symp. I, 5; PLATON: Prot. 314 a; Symp. 175 d; Meno 91bff.

③ Apol. 20 d—e.

④ 28 e 5; vgl. 28 c 7. d 5.

⑤ 23 d.

自我理解认为,"哲思"就是竭力于认识真理(Wissen der Wahrheit)。《吕西斯》中强调,有智慧的人,从而有知识的人,不必再从事哲学。[①] 这样一种尖锐化,并不符合当时流行的对哲学这个词语的理解,按此理解,恰恰是贤人(*σοφοί*)或假装有智慧的人,才致力于Sophia,"从事哲学"。

在柏拉图对苏格拉底的描述中,尽管从一开始就明确敌视智术派的知识观念(Wissenskonzeption),但哲学概念并未发生作用;在早期对话中,为数不多的出现"哲学"概念的地方,只是进一步延续了流行的用法。[②] 在三篇中期对话《斐多》《会饮》《理想国》中,方才阐明了哲学概念,并制作出了得以流传后世的草案。

《斐多》报告了苏格拉底死前的最后对话,显明苏格拉底使用了其他"从事哲学之人"(Philosophierenden)的哲学概念,他在对话中谈及"现实的"(*τῷ ὄντι*)、[③]"正确的"(*ὀρθῶς*)、[④]"真正的"(*γνησίως*)、[⑤]"真实的"(*ἀληθῶς*)、[⑥]哲思(或哲人)。让听讲者感到意外的是,苏格拉底提出"真实的"哲人,必定乐意去死或做死人(zu sterben und tot zu sein)。[⑦] 他由常见的"精神教育"(Geistesbildung)和身体教育(Körperbildun)的对照出发,对此作出解释。身体及其知觉具有欺骗性,与此相反,思想(Denken)却能最好最准确地把握住任何事物,并且与真理相符合。[⑧] 不爱身体(*φιλοσώματος*),[⑨]而是过"哲学"生活的人,因其致力于逻各斯

---

① Lysis 218 a.
② Hipp. min. 363 a; Lysis 213 d 6; Charm. 153 d 3.
③ Phaedo 64 b 4.
④ a. O. 64 a 4; 67 d 8; 67 e 4; 80 e 6; 82 c 2.
⑤ 66 b 2.
⑥ 64 b 9; 83 b 6.
⑦ 64a—b。
⑧ 65 b—66 a.
⑨ 68 c 1.

(Logoi)、谈话和论证(*φιλόλογος*),[1]已然分享着福地(Erden des Glückes)的生活,可要完满享有福地的生活,则要等到灵魂完全摆脱身体。哲学的任务,就是将已陷于生活中的灵魂从身体的监禁中解脱出来,在此过程中,哲学使灵魂转向精神之物(*νοητόν*)。[2] 在死亡中,灵魂与身体终于分离,是哲人期盼的幸福。“任何正确致力于哲学之人之所为,无非就是去死和做死人(*οὐδὲν ἄλλο αὐτοὶ ἐπιτηδεύουσιν ἢ ἀποθνήσκειν τε καὶ τεθνάναι*)。”[3] 在这种意义上,从事哲学就是“准备死亡”(*θάνατος προαιρητικός*),正如《斐多》随后紧接的文本所表明的那样。[4]

在《斐多》中,尽管理念学说的基本特征得到阐述,并且毫无疑问,唯有分有理念,方才使真实的哲思、*διαλέγεσθαι*[辩证]成为可能,[5]但更为清楚的是,“哲学”和“哲思”这两个词,在内容上与理念知识(Ideenwissen)并无明确关联,而是在相应的段落中完全消失了。相反,这两个词在苏格拉底的两大忠告谈话中却大量出现。[6] 这两处地方充满了非同寻常的激情,这种激情是由于接近密教(Mysterienreligion)的表达方式所引起的。“哲思”替代了纯粹任意和暂时的理智努力,成为整个生命向救护灵魂的必要转向。关于下界生命报偿的终末神话,向哲人承诺了最美好的居所。[7] 尽管智术师也承诺致力于哲思的幸福,[8]却

---

① Resp. 582 e; Phaedo 89 d Gegensatz: *μισόλογος; φιλολογία* und *φιλοσοφία* konvergieren, vgl. G. NUCHELMANS: Studien über *φιλόλογος, φιλολογία* und *φιλολογεῖν*(Zwolle 1950)11f.

② Phaedo 82 e; 83 a.

③ a. O. 64 a.

④ ELIAS: In Porph. Isag. CAG 18/1, hg. A. BUSSE(1900)13f. ; vgl. dazu: TH. KOBUSCH: Freiheit und Tod. Theol. Qschr. 164(1984)185—203, bes. 187—191.

⑤ Vgl. PLATON: Parm. 135 c.

⑥ Phaedo 61 a—68 d; 81 b—84 a.

⑦ 114 c; vgl. Phaedr. 251 e ff. verbunden mit der Reinkarnation.

⑧ XENOPHON: Mem. I, 6; ISOKRATES: C. soph. 291, 3ff.

没有谁走得如此之远，以至于将“哲学”的理解与留给宗教的至福想象联系起来。在此背景下，就不难理解，他们必定会谴责苏格拉底不信神。饱满的激情，必然将哲学提高到灵魂的至福之地位，与此同时，却也使哲学受到限制：受制于身体的人，根本不可能完全转向精神事物；他的知识在世间根本不可能完善；哲学只是内在于此世的权宜之计。

在《会饮》中，人性的可能的知识，与一种完善的神性的知识的区别，通过较为极端地将哲学解释为“追求知识”(Streben nach Wissen)，从概念上得到论证。人若爱好(φιλεῖ)某物，那是因为它属己于(οἰκεῖον)某人，所以，柏拉图在《吕西斯》中断定，[1]φιλεῖν是一种“从密切联系中生发出来的爱好”。[2] 人不会一直不断地占有他所喜爱的某物，这是一种日常经验：“酒鬼”和“娈童癖”，像其他所有爱好者(Liebhaber)一样，有可能暂时缺失(entbehren)倾心的对象，从而会更渴望他所倾心的对象。柏拉图将这种缺失之匮乏解释为爱(φιλεῖν)的本质特征，并独一无二地将爱解释为“渴求”(Begehren/ἐρᾶν, ἐπιθυμεῖν)。因为，人只渴求他不拥有之物，渴求Sophia的人，[3]不可能拥有Sophia；φ.[哲学]也是追求人所不拥有的知识。如果说，到目前为止，Sophia和“哲学”完全同义，在任何情况下都未作明确区分，[4]那么，柏拉图就是将Sophia当成哲学的遥远目标；照此，哲学不是知识，而是某种“无知与有知的中间状态”，[5]是走向知识的道路。所以，“没

① PLATON：Lysis 222 a—b.

② J. H. H. SCHMIDT. Synonymik der griech. Sprache 3(1879, ND Amsterdam 1964)474; vgl. 488.

③ PLATON：Symp. 203 e ff.

④ vgl. Euthyd. 304 c 5. e 1; Prot. 335.

⑤ Symp. 204 b 5.

有哪个神搞哲学，从而也没有哪个神追求变得有智慧”，因为，诸神已然有智慧。① 从事哲学作为追求有知，也就有可能被称为某种“与神齐一”（ὁμοίωσις θεῷ）的努力。②《斐多》和《会饮》中的哲学-概念虽然影响深远，但足以建构“真哲学”的内容尚未完满。这一点将在《理想国》中得到解释，在柏拉图的其他任何作品中——除了《书简七》中的典型做法，这封书简报告了在叙拉古实施《理想国》中的方案的尝试——“哲学”都没有像在《理想国》中间几卷中那样密集出现。③ 有很好的理由，将这几卷书作为柏拉图的哲学-概念的详细说明来解读。整篇对话的主导问题是正义和在某个城邦范围内实现正义，这个主导问题被卷五至卷七中的长篇离题所打断，这几卷书指出，要实现正义和最好的城邦，必须由哲人来统治。“若非哲人成为城邦的王，或目前名义上的王和握有权力的人真正充分地致力于哲学，从而将政治权力和哲学结合为一体（τοῦτο εἰς ταὐτὸν συμπέσῃ, δύναμίς τε πολιτικὴ καὶ φ.），若非将所有彼此分离追求各异的天性用暴力排除，城邦将永无宁日，我认为，对人类而言也是如此。”④这种要求违背常识（παρὰ δόξαν），即使所激起的不完全是嘲笑，哲学和哲人也令人惊讶地有了糟糕的名声。他们通过努力会成为“对城邦无用的人”，“即使不能说他们变成了完全败坏的人，至少他们也变成了有怪癖的人”。⑤ 任何“躲在角落里和小青年说悄悄

---

① 204 a.

② Theaet. 176 b; vgl. zur daran anschließenden Tradition Art. ⇨‹Angleichung an Gott›, in: Hist. Wb. Philos. 1(1971)307ff.

③ Eine übersichtliche Statistik der Okkurrenzen von φ., φιλόσοφος, φιλοσοφεῖν bei Platon bietet M. DIXSAUT: Le naturel philosophe(Paris 1985)384—388.

④ PLATON: Resp. 473 c 11—e 2; vgl. Ep. 7, 326 a—b; ferner Euthyd. 305 c.

⑤ Resp. 487 d.

话的人”,通常看来,都不具备“作出有力决断的品质”。① 后来,在《泰阿泰德》中,柏拉图描绘了一幅古怪可笑的哲人画像,这位哲人有一次找不到去市场的路,当然地遭到特拉克(thrakische)女仆的嘲笑。② 在《斐多》中,苏格拉底激起的“哲人必定乐意去死”这个谈话论点的一个参与者笑着回答说,人们会发现这个说法实在是妙极了,因为,按照他们的意见,哲人值得做的无非就是这件事情。③

针对哲学这糟糕的名声和对哲学的指责(*διαβολὴ τῆς φιλοσοφίας*),④柏拉图尝试规定,在不考虑所谓实践哲人的情况下,究竟什么是哲人。⑤ 正如所有爱好者凭借其爱好(Liebhabereien),⑥不仅喜爱某一种与特定的爱好有关的事物,而是喜爱所有这样的事物,所以,爱好知识的人,哲人,不仅致力于这种或那种知识,也致力于任何知识;他是爱知者(Philomathes),是一种喜爱学习的人。⑦ 这种对作为热爱教育者的哲人的完全普通的理解,将接受教育者(Bildungskonsumenten),将爱看热闹的人和爱听热闹的人(*φιλοθεάμονες, φιλήκοοι*),⑧这些不会错过剧场演出的人,都囊括其中,柏拉图将这种理解限制在追求逻各斯(Logoi)和真理的人身上,产生了影响深远的区分:渴望施教的人只有意见(*δόξαι*),因此,他不是哲人,而是“爱意见者”(Philodox/*φιλόδοξος*),⑨与此相对,哲人欲求知识(*ἐπιστήμη*)。

---

① Gorg. 486 a 3.
② Theaet. 173 c—176 a.
③ Phaedo 64 b; vgl. dazu grundsätzlich DOVER, a. O. [28 zu A.].
④ Resp. 497 a 6.
⑤ 474 b 5; 484 a 1; 485 e 1; 492 a 1.
⑥ 474 d.
⑦ 475 b—c; vgl. 376 b 8; 499 e.
⑧ 475 d.
⑨ 480 a.

知识关涉所“是”(ist)，关涉“向来之所是”，[1]无知(Unwissenheit)关涉所“不是”，而意见既关涉所“是”，又关涉所“不是”。因为，所“是”和向来之所是，在其他对话中被称为“理念”(Idee)，哲人的“知识”就是关于理念的知识，在最终等级上(in letzter Instanz)就是关于所有理念的最终原因的知识，也就是善的理念，这是真理和存在的基础。[2] 如果哲人知道“向来之所是”[3]及其最终根据，也就是“善的理念”，那么，这就暂时揭示了：哲人独具这种“知识”，以维护“最佳”城邦的稳定，使其免受威胁城邦形象(Staatsgebilde)的腐败的侵蚀。[4]

针对漫无边际的、柏拉图称为“败坏的”[5]哲学-概念，《理想国》卷七中勾画了一幅有体系的、“真正”堪称哲人的人的任务和努力的全景图，标定了这种任务和努力的人群范围、内容和目标。不再将每一个受过教育的自由民都称为“哲人”，“不可能有大量的人以哲学的方式存在”，[6]而只有少数具有特殊天赋的性格(*φύσις φιλόσοφος*)才可能如此；[7]致力于任何一种教育方式的人不复都为哲人，而只有遵循一种在时间上和结构上严格确定的科学(算数、几何、立体几何、天文、和声学[8])课程的人才是哲人，这种课程可以将其引向最高的知识。哲学不再是从个人立场出发(ad personam)彼此论战的教育竞争的领域，而是切实以“所是”为

---

① 479 a; vgl. 585 c.

② 504 a.

③ 484 b; 485 b.

④ Vgl. H. J. KRÄMER: Das Problem der Philosophenherrschaft bei Platon. Philos. Jb. 74(1967)254—270.

⑤ PLATON: Resp. 491 a.

⑥ 494 a; vgl. 491 a; 503 e.

⑦ 485 d—486 d; 535 a ff.

⑧ 521 c—534 e.

定向。① 所以，他说“哲学总是关涉同样的事物”(*ἡ δέ φ. ἀεὶ τῶν αὐτῶν*)。② 哲学训练的目标，也就是哲人的知识，柏拉图称其为“辩证法”(Dialektik)。哲人就是辩证法家，他“达成了一种对科学的相互亲缘关系和存在者的性质的综观”，③在其中他“把握住了任何一种事物的本质的逻各斯(*τὸν λόγον ἑκάστου λαμβάνοντα τῆς οὐσίας*)”。④ 辩证法是全部知识的终结，就像“拱顶石立于其他所有认识之上，在它之上不可能再有其他认识有权立于其上，而这些认识到此达到了终点”。⑤ 这种“对知识的追求”在辩证法的知识中达成了其目标，“在此，道路和漫游都达到了平静状态”。⑥ 所以，将“辩证法”作为哲学的目标，这是柏拉图在其晚期作品中所偏爱的、关于刻画哲人特质的知识的说法。《理想国》卷七中所有出现“哲学”的地方，都指向通常所谓“哲学”，⑦这也是柏拉图的观念努力摆脱的“哲学”概念。当他将数学科学的教育进程，称为走向至高认识的“真哲学”时，柏拉图尽管仍忠实于语言的习惯用法，却为其注入了新的内容：哲学是致力于科学的教育；只有系统地“引向存在”，“使灵魂由昏暗转向真实”的哲学，才是“真”哲学。⑧ 这真是一种奇怪的历史倒转：在亚里士多德那里，“辩证法”成了一种次属的论证方法的称谓，而并不阐明至高的原则，与此同时，将“哲学”，这个有确定的历史理由、可以指普遍形式的修辞教育(die allge-

① 500 b.
② Gorg. 482 a.
③ Resp. 537 c; vgl. 532 a—b.
④ 534 b.
⑤ 535 a.
⑥ 532 e.
⑦ 529 a; 535 c; 536 c; 539 c; 540 d.
⑧ 521 c.

meine formale, rhetorische Bildung)的词语,擢升为至高的存在科学也就是"第一哲学"的称谓。

在《理想国》之后的作品中,柏拉图必定对仔细阐明其哲学见解深为关切,这意味着,将"哲思"和"哲人"这两个词语明确区分开来,按照流行的理解中最狭窄的理解,这两个词与智术师及其教学工作有关。另一方面,他将哲人与政治家联系起来,这一点,在流行的眼光看来,必定显得极为荒诞。① 尽管从事哲学原本具有政治目的,但就从事哲学是从理智上教育城邦公民以实现其德性而言,这种关系在日常的哲学活动中,在不同的智术派老师那里,或多或少都处在次要地位。所以,对话《智术师》和《政治家》中的总的主导性的问题是:"哲人"、"政治家"和"智术师"是一回事,还是指完全不同的人。② 智术师向来是确定的一种哲人,也就是,是一种有理智兴趣的人,其职业是施教。虽然并非每一个"以哲学方式"存在的人,都可以称之为智术师,但每一个智术师都是哲人。柏拉图此间对智术师的规定,在以各种有些恭维的方式描述其为"知识贩子"(Händler von Wissen)之后,③最终,将其刻画为"变戏法的人"(Taschenspieler)和"幻觉制造者"(Trugbildner)。④ 从而,在这两个十分接近的概念之间,塞入了存在与假象(Sein und Schein)、真理与谬误(Wahrheit und Falschheit)的分界线;智术师成为在道德和理智上低于哲人的对手;人们通常所谓"哲学",被指控为"智术"。与此相对,在《政治家》中,真正的政治家证明自己是哲人,也就是精通辩证技艺的人,"可以将不同的事物组织起来",⑤从而保

① Vgl. a. O. [31] bis [33].
② Soph. 217 a.
③ 224 d—e.
④ 232 a—236 e; 267 a ff.
⑤ Pol. 305 e—306 a. 311 c.

证一个城邦的统一,正如《理想国》中的哲人那样。所预告的对"哲人"之所是[1]的研究停止了;柏拉图没有写下一篇名为《哲人》的对话。[2] 这样,在柏拉图写下的这些对话中,被认为相似的对象,如"智术师"和"哲人",具有根本和本质区别,与此相对,被认为不同的对象,也就是"哲人"和"政治家",则证明是一回事,从而以实例阐明,"辩证法的"应当完成什么任务:这就是作出区分(τὸ κατὰ γένη διαιρεῖσθαι),"并且不认同为异,也不认异为同"。[3]

柏拉图从方法和内容方面阐明了哲学,创造出了真正意义上的"哲学"概念。有两个方面规定了这个概念,这两方面都可以追溯到这个词的原初用法,柏拉图合起来考虑这两方面,但在哲学-史的历程中,这两方面又被割裂了:这就是实践的方面和理论的方面。那些将哲学当作存在科学(Seinswissenschaft)的人,和坚持哲学是有理性伴随的个体和政治生活的完成的人一样,都完全可以追溯到柏拉图。正是在柏拉图之后,哲学-概念才能被理解为纯粹"实践性的"和纯粹"理论性的",正如,一方面,托名柏拉图的对话《情敌》(Erastai),[4]另一方面,学园汇集的《释名》(Definitionen)和托名希波克拉底的作品《论古代医术》(Über die alte Heilkunde),所表明的那样。

《释名》中——依据《斐多》和《理想国》——坚持哲学作为

---

① Soph. 217 b; 254 b; Pol. 257 a—c.

② Eine dem ‹Sophistes› und ‹Politikos› analoge Konstruktion verschiedener dihairetischer Definitionen legt für den ‹Philosophos› nahe: H. RAEDER: Platons planlagte Dialog ‹Philosophos›. Studier fra Sprog-og Oldtidsforskning 58(Kopenhagen 1948).

③ PLATON: Soph. 253 a—254 a; vgl. 226 c—227 b; Resp. V, 453 a.

④ Im Corpus Platonicum in der 4. Tetralogie überliefert, Übers. ‹Die Nebenbuhler› bei F. SCHLEIERMACHER: Platons Werke 3(1861).

学园的财富，是(1)“对永恒的存在者的知识的追求”(τῆς τῶν ὄντων ἀεὶ ἐπιστήμης ὄρεξις)，是(2)“研究何为真、以何种方式为真的行为”(ἕξις θεωρητικὴ τοῦ ἀληθοῦς, πῶς ἀληθές)，也是(3)“按照正确的逻各斯关切灵魂”(ἐπιμέλεια ψυχῆς μετὰ λόγου ὀρθοῦ)。① ——正如后来在亚里士多德和漫步学派那里变得明确和常用的那样，也正如可以据托名希波克拉底的作品《论古代医术》推断的那样，哲学作为“关于原理的科学”，在公元前4世纪中叶已经司空见惯。② 一种实验医学的创始人和拥护者与之论战的医生和科学家相信，没有何为人的知识，就不能“正确地治疗”：“他们此间所言，是意指如下意义上的哲学：正如恩培多克勒(Empedokles)和其他哲人对自然的描述，也就是描述了人向来之所是，人最初如何产生，人由何种元素结合而成。”但这样一种要求，更多属于“写作技艺”(Schreibkunst)而较少属于医学。因为，στοιχεῖα[元素]也意指“字母”，所以，针对元素-哲学的论战，可以文字游戏来表达，这是纯粹的字母原理(Buchstabenlehre)，与医学毫无关系。然而，自然哲学的元素学说堪称哲学，可归结为对柏拉图式的用法的一种反向投射：根据亚里士多德的报道，柏拉图已然称最高原理为“元素”(stoicheia)，③应当将它们作为存在的最高原因来考察，而哲人的努力就是认识这些最高的原因。任何对最终的元素和原理的研究，都可以称为哲学。这种看法与柏拉图对立，在

---

① PS.-PLATON：Def. 414 b.

② PS.-HIPPOKRATES：De vet. medicina 20；dazu：H. DILLER：Hippokrat. Medizin und Att. Philos. Hermes 80(1952) 385—409，bes. 393f. 406f.；CH. LICHTENTHAELER：Chronolog. und gedankl. Bezugssysteme in und um ‹Über die Alte Medizin›. Et. d'hist. de la méd. 6(Genf 1980).

③ ARISTOTELES：Met. B，998 b 10；M，1081 a 14f；vgl. Art. ⇨‹Prinzip› I.

柏拉图看来,这种最高的认识恰恰是单一的科学实践和政治实践的条件,因为,正确的实践方式,必须以关于大全之本质的知识为根据,将对最终元素和原理的研究称为哲学,剥夺了哲学的实践内涵。

与之相对,在——第一次——明确提出“究竟何为哲学”①问题的对话《情敌》中,只有哲学的实践方面是明确的。从而,最初反映流行的教育理解的定义,也就是说,哲学就是通百事(Polymathie),②遭到驳斥,因为,在单一的学科中,一个百事通低于专家,从而是无用之人,可哲学必定是“好的”,也就是说,哲学必定“有用”,③从而肯定,哲人是这样一种人,他掌管着城邦和家庭,而哲学是“王者的技艺”(*βασιλικὴ τέχνη*):“成为王、统治者、政治家、家父、家长、一位审慎之人、一位法官,是一回事。王-统治技艺、城邦技艺、家政技艺、审慎和正义,是一种技艺。”④这里局限于实践维度,重述了出自《理想国》的哲学观念:哲学作为知识,容许对其他技艺作出判断,就内容而言,哲学与领导城邦的能力联系在一起;辩证法作为拱顶石和科学之科学,同时也是知识,城邦领导者能够凭借此知识维持最佳城邦,这就是关于“善”的知识。这种将政治学、道德和知识视为一个事物的做法,表明了柏拉图所强调的哲学-概念,恰恰是将哲学作为一种无所不包的统治者的知识(Herrscherwissen)的观念。在柏拉图之后,这种哲学立即遭到亚里士多德批判,到如今又遭到最激烈的批判。　克兰茨(M. Kranz)撰

---

① PS.-PLATON: Amatores 132 c; vgl. dazu PH. MERLAN: Das Problem der Erasten(1963), in: Kl. Philos. Schr. (1976)109—126.

② 122 c 1; vgl. *φιλομαθές* Resp. 476 b 9.

③ 136 a—d。

④ 138 b。

文献指引：

A.-H. Chroust：Philosophy：Its essence and meaning in the anc. world. Philos. Review 27(1947)19—58. F. Perez-RuÍZ：El concepto de filos. en los escritos de Platon(Comillas 1959). -W. Burkert s. Anm. [4 zu A.]. A. M. Malingrey：Philosophia. Et. d'un groupe de mots dans la litt. grecque des Présocrat. au Ive s. après J.-C. (Paris 1961).

（三）亚里士多德

在亚里士多德那里，"哲学"这个词（及其不同的同根异义派生词）有四种意思：标志 1. 一种行为举止（Haltung）；2. 一种工作（Tätigkeit）；3. 一种科学学科（或者更确切地说，众多学科之一种）；4. 一种有严格系统的学说，与其他学说有确定界限。

1.《政治学》中写道，①人要将勇气和磨练用于大量占用的无暇时间，将哲学用于闲暇时间，将正义和节制用于这两种情况，"哲学"从而恰恰意指——如他同时代的著作家一致认为的那样——"对精神性的对象和努力有精神性的兴趣和喜好"。然后，"哲学"尤指从事哲学之人的理论生活方式，他中止了政治家和实践家的生活方式。

2."哲学"进而指任何高品位的、在精神和理智上"富有创造性的"工作，意指"发明、想出和编出某物"。"哲思"在此是及物动词，要与一个宾格对象合起来使用。这种用法如此广泛，以至于连发明兵法的细节都囊括其中："因为，正如进攻方企图找到新的手段，以此来占据优势，防守方不仅有已发明的防卫手段可以利用，还必须自己尝试找到和计划（这是哲思的字面意思）新的手段。"②在此意义上所讨论的斯巴

① ARISTOTELES：Pol. VII，15，1334 a 23.

② 11，1331 a 16.

达的立法者，有多种多样的“哲思(也就是设想)”，以提升对吃和性的节制。[1] 此外，“哲学”还意指对实践和实用问题作出基本思考，譬如，思考教育[2]和建立公共生活和基本法(Verfassung)。[3] 哲思的对象，总是被特别地称为主题(“关于什么的哲学”)；“哲学”和“哲思”并非绝对会被引入这样的关联之中。哲学被称为理智和文化史的成就，虽然在“抽象洞见”的日常意义上，与各种技艺并列：在历史进程中，任何一种技艺和哲学，一再被发现，复又被遗忘。[4]

然而，狭义的“哲学”，意指“以满足科学的高品位标准和特定的科学标准的方式，也就是以具根本性的方式来研究某物”：“城邦的形式(Staatsform)问题，具有其本身的疑难，但在某些研究中，以哲学方式处理其主题，不纯粹着眼于实践之人，不可忽略或不提及任何内容，而应揭明任何内容之真理。”[5]

属于这种意义关联的，应该还有一种我们只通过限定来重述的词义：哲学作为“根本的理论的重要性和难题性”(grundsätzlich theoretische Bedeutsamkeit und Problematik)。尽管，巴门尼德(Parmenides)和麦里梭(Melissos)的理论，如《物理学》所表明的那样，不可能符合自然，但致力于这些理论，或许是恰当的；“因为，这样一种研究，从根本上出于哲学的兴趣”(*ἔχει γὰρ φιλοσοφίαν ἡ σκέψις*[因为，这种思考包含哲学])。[6]《政治学》中也有类似的意思：所有人都同意，正义取

---

① II, 10, 1272 a 22.
② VIII, 5, 1340 b 6.
③ Eth. Nic. VII, 1152 b 1; Pol. VII, 10, 1329 a 41.
④ Met. XII, 8, 1078 b 11.
⑤ Pol. III, 8, 1279 b 12.
⑥ Phys. I, 2, 185 a 20.

决于保持平等。“然而，人不可忘了研究，平等究竟何在，人的不平等何在。因为，正是在这些问题中包含疑难和关于政治的哲学”(*ἔχει ... φιλοσοφίαν πολιτικήν*[包含政治哲学])。[①]《欧德谟伦理学》(Eth. Eud.)卷一章 1 中论及“只包含理论哲学(theoretische Ph.)”的科学主题时，[②]所考虑的并不是“哲学”这门(仍然需要处理的)学科，而是重要性：科学研究对象有很多，关于其实际内容和本质、存在疑难，有必要研究：就一些研究对象而言，这关系到获得和实现(Erwerb und Verwirklichung)，就其他研究对象而言，则只关涉认识。“只有‘理论哲学’所包含的内容”——也就是说，出于纯粹的理论兴趣的内容——要通过一种与伦理对象相关的反思(auf ethische Gegenstände bezogenen Reflexion)，以合适的方法，不失时机地加以处理。对亚里士多德而言，某个主题涉及“更为根本的含义”，尽管也涉及更为普遍的自然。所以，《政治学》中写道，作诗要比历史写作更具哲学性，因为，作诗更关涉普遍，而历史写作以个别事件为对象。[③] 与此相关的还有“以哲学方式所说的内容与以非哲学方式所说的内容”(*οἱ λόγοι φιλοσόφως λεγόμενοι καὶ μὴ φιλοσόφως*)之区分。[④] 所以，人们也不应认为，就伦理学和政治学主题，某种在指明本质之外还表明根据的理论，是多余和纯粹次要的东西，“因为，正是这样才发现了任何科学研究中特定的哲学问题(*φιλόσοφον γὰρ τὸ τοιοῦτον*)”。[⑤] 亚里士多德这种思考，利用了

① Pol. III, 12, 1282 b 22f.
② Eth. Eud. I, 1, 1214 a 13.
③ Poet. 9, 1451 b 5.
④ Eth. Eud. I, 6, 1216 b 35f.
⑤ 1216 b 39.

一项具根本性的对理论与经验的关系,以及对惊讶的作用的离题讨论,这是关于实践方式的确定的抽象演绎和命题;关涉哲学和实践判断力的关系。因为,哲人的特征就是在任何情况下都不简单陈述什么,而总是只借助根据和论证,可不知不觉将不合事实的和空洞的命题混入其中的普通人却不在少数。这让那些有深厚实践经验和行为能力的人感到惊讶,尽管作出陈述的人,反倒是那种实践上没有任何合理性的人。在任何情况下都无法将属于事实之物与不合事实之物区别开来的人,显得缺乏教养、"教育"和鉴赏力。与此紧密相关,重视在讨论实践时要"极为警惕"之必要性,重视清楚表明了某个事实本身的论证和此外还给出根据的论证之必要性,还重视与某种关于"实践"(Praktisches)的理论有关之必要性:这样的人,更重视经验事实而非逻辑演绎,他以所应有的全部明晰性,依据亚里士多德的方法之特点,从事哲学和理解哲学,他还注意到,他的哲学-概念的位置,处在远离实践的智术、①实际通过经验知识方才可能的外在于哲学的实践、最后还有一种纯粹科学的理论理解之间。

3. 当亚里士多德在绝对意义上使用"哲学"这个词,而非谈论"关于……的哲学"时,这个词专指理论科学,并且特别指其中一种特殊和特出的科学。对亚里士多德而言,分辨理性的理论与实践功能,在后者中,进而分辨技艺-诗学与严格意义上的实践理性,具有根本意义。结果表明:1)成功的政治、伦理和技艺实践,能够以其内在固有的合理性为基础,2)应当从纯粹理论意义上理解真理和哲学,从而可以免除直接的实践-政治责任。

---

① Eth. Nic. X, 10, 1180 b 35.

a）亚里士多德抛弃了关于某种知识的柏拉图式的观念，认为王者的知识、僭主的知识、政治的知识、专制-统治的知识、家政的知识和伦理的知识，还有理论知识，全部都是某种知识，因为，一种知识包含了全部存在和善的存在的（alles Seins und Gutseins）最终根据（从而也包含行动之名称）。[①] 王者本身不必成为专门的（von Profession）哲人，若如此，只会给他造成不便，如果他有一个哲学顾问和对话伙伴在身边，并且乐意听从他，也就足够了。王者的本质在于善好的行动而非言谈。[②] 对于付诸直接实践的反思，亚里士多德强调，并非在任何时候都有必要指出根据和理由，表明足以成事，就完全足够了。[③]

b）然而，所有方式的人类知识，都与关于根据和原因的认识有关，而真正意义上的哲学，就是真理、知识、认识——正是 Sophia——从而还有具有其最纯粹形式的关于原因的知识：《形而上学》（Metaphysik）开篇的论述表明了这一点，这是古代对哲学之本质的一种最全面和最透彻的论述。在此，亚里士多德就人类如何通过认识使自己熟悉现实性的各种方式，提出了一个等级秩序。[④] 第一种形式是感知（Sinneswahrnehmung/αἴσθησις），这里尤其指看（Sehen），因为，这种感觉为我们传达了大部分认识（Erkenntnis/γνωρίζειν）。由很多个别感知形成了回忆，最终由这些回忆形成了经验（Erfahrung/

---

① Vgl. G. BIEN: Das Theorie-Praxis-Problem und die polit. Ph. bei Platon und Arist. Philos. Jb. 76(1968/69)246ff.

② ARISTOTELES: De monarchia, Frg. 2(R3 647), in: Fragmenta selecta, hg. W. D. Ross(Oxford 1955)62.

③ Eth. Nic. I, 2, 1095 b 3ff.; 7, 1098 b 1ff.; vgl. Eth. Eud. I, 8, 1218 a 15ff.

④ Met. I, 1, 980 a 21ff.

ἐμπειρία),“并且,看上去,经验接近科学和技艺(τέχνη)。就事情取决于行动而言,在价值上,经验不及技艺,我们往往看到,成功者多为有经验的人,而非那些只掌握普通概念(Begriff/λόγος)却无经验的人”。这是由于,经验就是对个别事物的把握,而技艺则是将对普遍的把握、对所有行动和事件的把握应用于个别。然而,尽管如此,我们更多将知识和理解归于实践知识(praktischen Wissen/τέχνη)而非经验,并认为有技艺的人比有经验的人“更聪明”,这是因为,更应当按照知识的标准,将真理(Weisheit/σοφία)归于每个人。有些人知道原因,其他人则不知道。在技艺中,又可以紧接着规定区别和等级秩序:居于领导地位的艺人(“居于主导地位的”大师)深孚众望,因为,我们认为,他们比仅仅完成任务的手艺人知道得更多、“更聪明”,因为,他们知道他们所制作之物的根据和原因。[①] 进一步的区分涉及与人类生活有关的技艺(Künste/τέχναι)的功能:有些人只关心必要之物和基本需求,有的人只关心享受生活。“我们认为后者总是比前者‘更聪明’,因为,他们的知识不以外在的使用为目的。”一俟与生活之必需和生活之舒适有关的技艺形成之后,人在闲暇之余,就会发明理论科学(以及——如后世人所谓——“自由的艺术”)。亚里士多德强调,他这些思考所涉及的是,“所有人都将最初的根据和原理,视为人们所谓‘真理’(指行家的能力和真正的知识)的对象”。[②] 所以,有经验的人被认为比那些拥有任何一种感知的人更聪明,有技艺的人被认为比有经验的人更聪明,反过来,居于领导地位的艺人优先于手艺人,思考性的科学优先于与生产有关的科

---

① 981 b 1ff.
② b 27ff.

学，理论技艺优先于实践技艺。亚里士多德——援引日常语言的用法——在分析知识（Wissen/Sophia）概念时，以比较方式，使用了从感知直到最高形式的知识形式；后一种真正的最高等级的知识，所谓最高和绝对的 Sophia，从而就是“不折不扣的真理”。这种知识使得构成所有知识形式（Wissensformen）的事物现实化：所有知识形式都是具有纯粹形式的知识。技艺从而也都是知识和 Sophia 的形式。亚里士多德以此解释为所有希腊人定义哲学的尝试，给出了一个有趣又奇特的解决提议，从而产生了确定技艺、科学、真理和哲学之关系的语义学问题。在表明一种对日常表象和哲学之外的用语的分析的同时，属于意指有知者和行家的“贤人”的标志还有：1. 他的知识必须尽可能多，同时无需具备对所有细节的认识；2. 他知道困难，却不轻易明示给人；3. 每一种“科学”和技艺中，他都是更为精确的人，更有能力教授原因的人，总是“更聪明的人”（也就是更好地知道内容的人）；4. 在科学中，为了其本身之故和为了知识之故而追求的科学，相比别有目的的科学，是“更为完整的意义上”的真理；5. 更具主导性和更为必要的科学，更是“真理”；因为，“贤人”（某种技艺的大师和行家）不容对其本身发号施令，而必须由他作出规定。亚里士多德如此指出，所有这些特征，都属于同一种科学。面对（并且，尽管有）柏拉图与智术师由后者（实际上由他们或只是由附属于他们的人激起）的“全-知”和“全-能”的要求所引发的争议，他仍然毫无顾忌地指出了柏拉图也含蓄地思考过的内容：符合这种最高的知识也就是哲学的特点，其实就是知道一切，因为，哲学以普遍之物为对象，并囊括了所有从属于普遍的事物。① 为其本

① 982 a 21; vgl. MERLAN, a. O. [69 zu B.] 123.

身之故而选择知识的人,最有可能选择最高的科学。但这是关于最高程度的可知之物的科学;最高意义上的可知、可识、可理解之物,即是最初的原理和原因;因为,通过后者并且由后者,可以认识其他所有事物,并且是按照其存在和特性而可以理解,而这种最初之物并非出于附属之物。①

这种知识和行家本领,就其最纯粹和最高的形式而言,并不具有诗学性质(poietisch),从而也不是与物品生产有关的实践能力,而是理论性的品质;因为,它不以追求任何外在的实用为目的,它仅仅是自由的;它还具有神圣技艺的性质,因为,一方面,神最大可能地拥有这种知识,另一方面,它以神圣的事物为对象;"因为,神是所有事物的一个原因和一个原理"。②哲学不只是分有了神圣的知识,对于人而言,它本身就是一种可能的神圣的知识——人不可能对哲学提出比这更高的要求。因此,亚里士多德也被迫立即拒绝渎神之指责。③ 与此对其绝对的哲学-概念具有核心意义的思考有关,亚里士多德在有重大体系意义的地方,都不使用"哲学"这个词,他只是论及"探究的科学"(ἡ ζητουμένη ἐπιστήμη)。④

c)《形而上学》卷四开篇,研究了最高理论知识的真正本质,对理论、实践和诗的形式的知识类型的引论,具有奠基性,并且对此后所有关于此问题的讨论都很重要。⑤ 真正重要的是强调,与一个广为流传的看法不同,⑥在此并未将哲学本身

① a 29—b 6.
② 983 a 7ff.
③ 982 b 28ff.
④ 983 a 21.
⑤ VI, 1, 1025 b 1ff.
⑥ Aufgrunddes mißverständlichen Eintrags bei H. BONITZ: Index Aristot. (1870)821 a 36f.

划分为理论哲学、实践哲学和诗学三部分；且不说一种诗化哲学的概念本身毫无意义：亚里士多德意义上的哲学，也就是绝对意义上的用法，就其本质而言，总是理论性的知识。因此，亚里士多德（与其后学和古代晚期的注疏家不同），并不熟悉将“实践哲学”（*φ. πρακτική*）与一种固有的哲学学科的名字并列的做法。当他联系伦理学和政治学研究来谈论哲学时，使用了在他那里常见的附属性的对象名称：伦理学和政治学（完全被理解为一种实践性的却未如此明言的）“关于人类事务的哲学”（*περὶ τὰ ἀνθρώπινα φ.*）。① 所以，亚里士多德使用“哲学”这个词，只有一次关涉体系化的科学学科，并且与多半是伦理或政治主题的附属性的称呼有关（“关于教育的哲学”，诸如此类），然后，在绝对意义上与理论知识（而且只有这种知识）的名称有关，最后，还有更为特定的含义：一门这样的理论科学，就是不折不扣的哲学。

对亚里士多德用词的一项准确研究表明，亚里士多德区分了三种“思考”（Überlegung/*διάνοια*）或“科学”（Wissenschaft/*ἐπιστήμη*）：诗学、实践科学和理论科学；在理论科学的位置上，从未插入过“哲学”这个词，②亚里士多德不熟悉“实践哲学”，更不熟悉一种“诗的哲学”。只有理论科学（*ἐπιστήμη*），也就是自然学说（物理学），数学，神学，③才是哲学，更准确地说，才是各种哲学。（与此不同，当他在其他地方说“有三种理论哲学……”时，④附加的“理论”这个词，不应理解为以复合词方式对哲学所

① Eth. Nic. X, 10, 1181 b 15.

② Met. VI, 1, 1025 b 25f.; XI, 7, 1064 a 16.

③ Met. XI, 7, 1064 b 1.

④ VI, 1, 1026 a 18f.; Met. 993 b 21 ist keine Gegeninstanz, da das 2. Buch der Met. nicht von Arist. stammt.

作的规定，好像还有非理论的哲学一样，而应理解为分析性的阐明：哲学，sensu stricto[严格意义上]和绝对意义上，总是理论性的。)这三种哲学或“智慧的部分”[①]的区别在于，自然学说以独立(可分)却可动(也就是可变)的事物为对象；尽管有些属于数学的对象是不变的，却依赖于某种质料。第三种哲学，这里所谓神学的理论哲学的对象，是某种永恒、不动和自为的事物。“因为，毫无疑问，在任何地方发现某种神圣之物，就可以发现这样一种本质，最高等级的科学，必定以最高等级的存在者为对象。”[②]从而，这种哲学就是“第一哲学”和“第一科学”。[③] ——如果除自然的本质(Wesen)外别无其他本质，物理学就成了第一科学。“然而，有一种不动的本质，所以，应当认为，它就是在先的本质，(研究它的)哲学也是在先的哲学，(甚至)是最初和普遍的哲学，因为，它就是第一哲学，属于它的存在者，就是单纯的存在者。”[④]与此“第一哲学”相符合的是，最高智慧和所追求的科学的要求：它神圣而又普遍；它是关于所有存在者的科学和认识，但并非关于所有个别存在者的科学和认识，而是关于所有个别存在者的最普遍原理的科学和认识。自然学说是与之相对的“第二哲学”。这表明了亚里士多德对“哲学”这个词的最狭义和最高等级的用法：“第一哲学”就是不折不扣的哲学，不带任何附加条件，与作为“(纯粹)科学”的其他理论学科(也与智术和辩证法)有别。[⑤] “第一哲学家”是不折不扣的哲学家。[⑥] 作为本体

---

① XI, 4, 1061 b 32.

② VI, 1, 1026 a 19f.

③ Vgl. XI, 4, 1061 b 19. 30; Phys. I, 9, 192 a 36; II, 2, 194 b 14; De caelo I, 8, 277 b 10; vgl. Art. ⇨ ‹Erste Ph.›, in Hist. Wb. Philos. 2(1972)726.

④ Met. 1026 a 27 以下。

⑤ XI, 3, 1061 b 5.

⑥ b 10.

论的神学，作为从普遍角度研究存在者本身而非其某一特殊部分的科学，从而也称为“哲学家的科学”。[①]《论动物的部分》这本书的开头，以动人的语句讨论了“关于神圣之物的哲学”与研究动物-植物学分类的“经验”科学的关系。[②]

d) 在亚里士多德关于致力于神圣之物的生活方式的理论中，也在其关于理论生活的理论中，有与此相似的论断。这样一种生活，要比只考虑人之所需之物的人的生活更高。“因为，这样一来，他就没法过人之为人的生活，而只能过有某种神圣之物在其中的人的生活。”[③]这种神圣之物本身与由身体和灵魂构成的人的本质的差别有多大，出于这种神圣之物的活动与所有其他(活动于人性范围内的)作为的差别就有多大。“既然理性比之人，就是某种神圣之物，那么，符合理性的生活比之人性的生活，就是神圣的生活。”因此，我们不应听从提醒，作为有死之物而将自己局限于有死之物，“而应当尽可能致力于不死，尽一切努力实现目标，按照我们之中最好的部分来生活。因为，尽管这个部分的范围小，其力量和价值却远超所有部分”。我们之中这种神圣的部分，就是我们真实的自我；所以，如果某人不想过他本己的生活，而是想过其他某种生活，这是荒唐的。然而，因为，一个人与所有其他人天生的独特之处，是此人最好最富乐趣之处，所以，对于人而言，符合理性的生活，就是最幸福和最富乐趣的生活，甚或人之所是就是理性。[④] 从而，在所有活动中，“朝向智慧的活动，坦率地说，就是最富乐趣和至福的活动”。[⑤] 事实

---

① 1060 b 31.
② De pari. anim. I, 5, 644 b 22—645 a 4.
③ Eth. Nic. X, 7, 1177 b 27 以下。
④ 1178 a 5ff.
⑤ 1177a25.

上,哲学表现为享有令人称奇的纯粹性和持久性,但如果人已然知晓,享有就出于自我理解,如果是人才开始寻找,则会享有更大的纯粹性和持久性。① 这就是亚里士多德对柏拉图的哲学概念所发表的两种看法。出自《泰阿泰德》的柏拉图的"与神齐一",就是亚里士多德所谓"不死"(Unsterblichsein)的来源;对柏拉图只是期待(最终无法达成的)人对智慧的追求的回应是:已然知晓,要比寻求更令人满足。"哲学是拥有和运用智慧"(*ἡ μὲν φ … κτῆσίς τε καὶ χρῆσις σοφίας*)。②

4. 最后,"哲学"这个词,不是指体系化的学科,而是指哲学和哲学学派的历史形态,属于某种相对的文化的后起位置的事实,以此为前提。所以,有关于复数的"所谓哲学"的讨论,有对"柏拉图哲学"的讨论,还有对"意大利哲学"的讨论。③ 在此意义上,"第一哲学"不意指本体论神学,而意指时间上开端性的哲学。④ 也应当按此意义来理解已佚失的亚里士多德对话《论哲学》。后世作家的评论推断,亚里士多德最后编辑了一部哲学劳作的历史,它以奥尔弗斯(Orpheus)和德尔斐神谕(Delphischen Orakel)为开端,描述了智慧的等级,⑤进而彻底批判了柏拉图哲学,尤其是关于理念数目的学说,⑥以公开谈论严格的神学和宇宙论结束。⑦

与帕斯卡尔(Pascal)的著名格言对"哲学"这个词的双重用法相似,真正的哲学,在于以哲学为乐,亚里士多德以一种人们

---

① c 22—27.

② Protrept., Frg. 5(R3 52), in: Frg. sel., a. O. [16] 33.

③ Met. I, 6, 987 a 29. 31.

④ 10, 993 a 16.

⑤ De philos., Frg. 1—8, in: Frg. sel., a. O. [16] 73—77; zum Dialog insgesamt: Della filosofia, hg. übers. M. UNTERSTEINER(Rom 1963).

⑥ Frg. 10f., a. O. 77—79.

⑦ Frg. 14—28, a. O. 83—96.

经常引用的富有见地的用法——自然带有针锋相对的目标方向——反驳了藐视哲学的人，此项论证后来被当成了“金律”(goldener Logos)：所探讨的问题是，人究竟是否应当从事哲学，或者，“人是否必须放弃哲学理论”，可是，从事哲学已然意味着：“人是否必须从事哲学，人是否不必从事哲学，人必须在任何时候都对这两个问题作出哲学思考。”[①] 比恩(G. Bien)撰

(四) 漫步学派和亚里士多德注疏家

在是否应当偏爱理论或实践生活这个问题上，漫步学派看来有争议，与此相应，哲学概念也会强调不同内容。所以，迪凯阿科斯(Dikaiarch)，一位亚里士多德的弟子，重新将哲学与实践-政治活动联系起来：“统治有似于从事哲学。”[②]在古代，所谓哲人，“就是一个好人，即使他在谈话方面并非训练有素”，然而，“如今，却将谈话有说服力的人，当成大哲人”。古代哲人并不争辩，人是否应当和应当如何积极从事政治活动，相反，他们一直很积极，“并且，尽管如此，他们还是好人”。[③]

在泰奥弗拉斯托(Theophrast)那里，我们发现了哲学与修辞学的对抗，根据是一项从概念角度加以勾画的语言分析：“逻各斯(词，话语)寓于两种关系之中：一是针对听众，二是针对实情(*πϱάγματα*)；诗人和演说家心目中想着与听众的每一种关系，而哲人则心里装着实事。”[④]事实上，泰奥弗拉斯托接近亚里士多德的修辞学和柏拉图，后者总是反复强调，修辞学致

---

① Protrept., Frg. 2(R3 50 bzw. 1483 b 29ff.; 1484 a 7.17), a. O. 27—29.

② DIKAIARCH: Frg. 29, in: F. WEHRLI: Die Schule des Arist. 1 (21967)18.

③ Frg. 31, a. O. 19.

④ THEOPHRAST: Frg. 64. Opera, hg. F. WIMMER(1854—62)3, 179.

力于说服(πείθειν),而哲学关切真理,把事物的实情放在心上。

古代晚期的亚里士多德注疏家,寻求调和柏拉图哲学和亚里士多德哲学,流传给我们的是对哲学的六种定义及详尽解释的综合;①在学园课程中作为入门:

1. 哲学,是按照存在者的存在尺度,对存在者的认识(φ. ἐστὴν γνῶσις τῶν ὄντων ᾗ ὄντα ἐστί)。这个定义,以亚里士多德"第一哲学"作为最普遍科学的观念为根据,这种科学与局限于个别存在领域和个别科学相对。②

2. 哲学是对人性和神性事物的认识(φ. ἐστὶ γνῶσις θείων τε καὶ ἀνθρωπίνων πραγμάτων)。③ 如注疏家所强调的那样,这个定义的意思和第一个定义的意思一样,因为,所有存在者可以划分为暂时性的(人性的)事物与永恒(神性的)事物。第一个定义更为普遍,第二个定义更为确定。另一方面,这种区分,也与将哲学划分为研究令人崇敬的、神圣的和超越人的事物④的(理论)智慧,以及"关于人事的哲学"(或后来所谓"实践哲学")相一致。

3. 哲学就是尽人之可能与神齐一(φ. ἐστὶν ὁμοίωσις θεῷ κατὰ τὸ δυνατὸν ἀνθρώπῳ)。从字面看,这个定义出自柏拉图的《泰阿泰德》,直到中世纪仍一直被反复捡起。⑤ 因为,人——也是根据亚里士多德——在心智上被给予了神性,在纯粹理论方面,作为哲思者,有可能与神最为相像。阿莫尼奥斯

---

① AMMONIUS: In Porph. Isag. CAG 4/3, hg. A. BUSSE(1887)2, 22—29, 24; ELIAS: In Porph. Isag. CAG 18/1, hg. A. BUSSE(1900)6, 24—25, 22.

② ARISTOTELES: Met. IV, 1, 1003 a 21.

③ AMMONIUS, a. O. [4] 3, 1—8; ELIAS, a. O. [4]; vgl. SVF II, 35 (AETIUS): PLATON: Resp. 486 a.

④ ARISTOTELES: Eth. Nic. VI, 7, 1141 b 1ff.

⑤ PLATON: Theaet. 176 a; vgl. Art. ⇨‹Angleichung an Gott›, in: Hist. Wb. Philos. 1(1971)307—310.

(Ammonius)针对“与神齐一”这种对哲学的纯粹理论解释，也尝试为哲学的实践方面奠定基础：因为，神有两种能力(*δυνάμεις*)，认识(*γνωστική*)和筹划(*προνοιητική*)能力，后来被作为“理论能力”和“实践能力”而相互对立起来，人模仿的神，既是理论家，也是立法者，也就是投身政治实践的哲人。①

4. “哲学就是练习死亡”(*φ. ἐστὶ μελέτη θανάτου*)这个定义，可以追溯到柏拉图的《斐多》，在亚里士多德那里没有类似的定义。对此定义的讨论和区分，尤其与伦理领域中对哲学的“生活导向”的讨论有关。

5. “哲学是诸艺之艺和科学之科学”(*τέχνη τεχνῶν καὶ ἐπιστήμη ἐπιστημῶν*)。这个说法，向我们展示出了一种学院派的(scholastische)尖锐化，这样的定义——与前述规定相对——我们在柏拉图和亚里士多德那里都可以找到，但要同等归功于两者：柏拉图的辩证法作为其他科学的拱顶石，如《理想国》卷七中所阐明的那样，就像《形而上学》卷一中亚里士多德的最高科学，人们完全有理由称其为科学之科学，或者用现代的话说，作为元科学(Metawissenschaft)，因为，它们涵括了其他科学的原理(*ἀρχαί*)。②③ 就此功能而言，作为诸科学的“指引者”，如注疏家们大胆解释的那样，容许哲学对诸科学的错误和虚假见解作出纠正。④

6. 以从“词源上”(*ἐκ τῆς ἐτυμολογίας*)可以追溯到毕达哥拉斯的定义，可以对规范作出总结：“哲学就是爱知”(*φ. ἐστὶ φιλία σοφίας*)。注疏家区分了爱(*φιλία*)Sophia与追求

---

① AMMONIUS, a. O. [4] 3, 14—21.
② PLATON: Phaedo 64 a; 67 e.
③ AMMONIUS, a. O. [4] 7—9, 5.
④ ELIAS, a. O. [4] 22, 3ff.

(ἔφεσις)Sophia。爱 Sophia 永远都是哲学;追求 Sophia 作为哲学,则只是在 Sophia 指关于非物质事物(ἄυλα)时如此,而不像早在荷马(Homer)那里一样——如注疏家所认为的那样,错误地——认为,追求代表手艺甚或任何一种认识的 Sophia,也是哲学。[①] 克兰茨(M. Kranz)撰

(五) 希腊化

在希腊化时期,著作家们极少为自己给出一个哲学定义而耽误时间,而特别借用了柏拉图和亚里士多德的定义。从外表看,首先,在滑稽演员身上,古代哲人的语言及其生活方式与其他哲人不同。[②] 就哲人们自身而言,哲学是一种谈话和思维训练,[③]由此人可以通过内在的进步而达到存在和知识的完善,这种哲学无非就是智慧(σοφία)。将哲学定义为"爱"、"研究"、"练习"智慧,从而最多与和哲学相关的现象之整体相符合。正如柏拉图所言,哲人既不聪明,也不无知,[④]相反,哲人致力于加强智慧,并最终规定究竟什么是智慧。哲学课程喜欢的一个主题是描述贤人,他是判断哲人的标准,也是哲人行为的标准。[⑤] 不仅要承认哲人与贤人有距离,看来,有时候,还要承认,谈论哲学的哲学课程,[⑥]与作为一种生活方式、一种

---

① a. O. 23,29—24,9.

② Vgl. R. HELM: Lucian und Menipp(1906)371—386; A. WEIHER: Philosophen und Philosophenspott in der att. Komödie(1913).

③ Vgl. P. HADOT: Exercices spirituels et philosophie antique (Paris 21987), dtsch.: Ph. als Lebensform(1989).

④ PLATON: Symp. 20 4 a.

⑤ SVF III, 544ff.; DIOGENES LAERT. IV, 34; X, 121; PLUTARCH: Apopht. Lacon. 220 D—E; AULUS GELLIUS: Noct. Att. I, 26, 1.

⑥ DIOG. LAERT. VII, 41. 39: τὸν κατὰ φιλοσοφίαν λόγον; vgl. auch V, 28; vgl. P. HADOT: Die Einteilung der Philos. im Altertum. Z. philos. Forsch. 36(1982)436, Anm. 90.

存在练习(existentielle Übung)的哲学本身之间的距离。这个普遍的描述,自然要求立即作出仔细说明。古典哲学在其历史进程中,采取了非常不同的形式。我们可以将其划分成三个大的发展阶段。第一个阶段,始于公元前4世纪,可以伦理(*ethisch*)或实践(*pragmatisch*)来描述它。在此时期,如西塞罗(Cicero)所言,哲人们相信,"哲学所教授的一切,都与生活有关"。[①] 这一直持续到公元前2世纪末。此后一个阶段,可以用释经(*exegetisch*)来称呼,与此阶段相应的是柏拉图学派和亚里士多德学派的复兴,在此过程中,哲学课程集中于文本注疏。此阶段于公元前1世纪末开始呈现,终于公元前3世纪末。最后是神秘论(*mystische*)和通神术(*theurgische*)的阶段,与此相应的是通过展望一种"永恒哲学"(philosophia perennis),将柏拉图学派和亚里士多德学派合为一体。这个阶段始于公元前3世纪,一直延伸到古代结束。在此划分这三个阶段,自然只是为了对复杂的现象规定一个次序。这三个阶段,并未完全割裂,它们只是由于在诸多共同方面中某一方面占优而将自身突显出来。

1. 伦理阶段。——在此阶段,哲学要么被理解为教育技术(教育就是παιδεία),帮助人致力于公开或私人的生活,要么被理解为一种治疗术,可以治愈其狂热和焦虑,从而使其有可能获得幸福。这种生活的技艺,也展现为一种言说(辩证法或修辞术)技艺,一种言语治疗方法(批评,灵魂引导),在有些哲人那里,展现为对确定的学术观点的信仰。

这种趋向,出自苏格拉底,柏拉图和亚里士多德也不陌生,在老学园中的柏拉图追随者那里,表现得很明显。另一方

---

① CICERO: De nat. deor. I, 10.

面,表现出鲜明的伦理目标取向:色诺克拉底(Xenokrates)呼吁找到一种哲学,以消除引发生活困境的焦虑;①波勒门(Polemon)认为,练习应对生活的难题要比练习辩证思维更为重要。② 另一方面,老学园中的教学方法,完全符合柏拉图传统,将很多空间让与针对命题的辩证式论证,这些论证的实施遵循亚里士多德在《论题篇》(Topik)卷八中所建构的规则。③ 但这种课程并非纯粹的辩证,而是提出对在先给予的问题的十分明确的解释。

伊壁鸠鲁(Epikur)和芝诺(Zenon),在公元前 300 年左右建立了其学派,他们就强调让言辞服务于生活技艺这一哲学指向。伊壁鸠鲁尽管摒弃辩证法和修辞术,④却仍然将哲学规定为"通过*λόγοι*[言辞]和*διαλογισμοί*[讨论]而努力获得幸福生活的活动",也可以将"通过*λόγοι*[言辞]和*διαλογισμοί*[讨论]"转译为:"通过学术观点和通过与某个精神导师谈话"。⑤如果将伊壁鸠鲁派(Epikureismus),另亦如将斯多亚派(Stoizismus),称为实践哲学,那么,这较少是因其将确定的理论原理解释为教条(Dogmen),而是因其认为人需要有一些确定的基本原理(教条),这些基本原理不仅涉及对生活的指引,还涉及对世界的解释,以达成幸福的生活和灵魂的安宁,并扭转其思维方式和生活方式:"如果我们不会因怀疑而不安,以为天象和死亡有可能以某种方式涉及我们……,我们

---

① XENOKRATES: Frg. 4, hg. R. HEINZE(1892); PS.-GALENUS: Hist. philos. 8, in: H. DIELS(Hg.): Doxogr. graeci(1873)605.

② DIOG. LAERT. IV, 18.

③ Vgl. H. J. KRÄMER: Platonismus und hellenist. Philos. (1971)32ff.

④ DIOG. LAERT. X, 31; H. USENER: Epicurea, Frg. 46(1887)109; G. ARRIGHETTI: Epicuro. Opere(Turin 1973)175.

⑤ SEXTUS EMP.: Adv. math. XI, 169; vgl. W. SCHMID: Art. ‹Epikur›, in: RAC 5, 716.

就不需要自然科学。”[①]从而,理论服务于实践,教条服务于生活。因此,必须努力使教义发挥其全部灵魂效应,这要通过令人惊异的建构,就像伊壁鸠鲁《准则》(Ratae Sententiae)中所做的那样,或通过将教义编入一种尖锐而又综合性的论证之中,就像《致希罗多德书简》(Brief an Herodot)所做的那样。伊壁鸠鲁的哲学定义将讨论(λόγοι)与教义(διαλογισμοί)联系起来。哲学就是弟子和老师共同生活(συμφιλοσοφεῖν),[②]这种生活,以友谊之快乐为基础,通过精神帮助,保证幸福的生活,这些精神帮助意指老师和同学对爱智者的劝告,以助其摆脱焦虑。[③]

斯多亚派的哲学定义,以柏拉图引入的对 Sophia 和哲学的区分为前提。Sophia 就是对神性和人类事物的认识,哲学则是走向 Sophia 的练习、准备。斯多亚式的哲人,可以在柏拉图所刻画的哲人那里找到自己的准确位置:他既非有知,亦非无知,而正在朝智慧前进。[④] 从而,斯多亚式的哲学,可以理解为教育练习,由此可以实现内在的进步。[⑤] 哲学同样可以规定为一种改进理性(ὀρθότης τοῦ λόγου)的练习。[⑥] 有知者是这样一些人,他们拥有正确的理性,按照世界理性(Weltvernunft)来作为和思考。从而,任何一种哲学活动的伦理目的,就变得显而易见。在克律西普斯(Chrysipp)看来,“教授物理学,只是为了使区分善恶成为可能”,[⑦]也就是着眼于道德行为。对于斯多亚派而言,只有在依赖于我们意愿的领域,从而在道德之

---

① DIOG. LAERT. X, 142(XI).

② X, 18; V 52; SENECA: Ad Lucil. 6, 6.

③ Vgl. SCHMID, a. O. [11] 723. 741.

④ SVF II, 35f.

⑤ Vgl. O. LUSCHNAT: Das Problem des eth. Fortschritts in der Alten Stoa. Philologus 102(1958)178—214.

⑥ SVF II, 131(1903)41, 27.

⑦ SVF III, 68.

善和道德之恶上,才有所谓善恶;不依赖于我们的事情,无所谓善恶,可是,如果我们认为,它依赖于全部自然(Universalnatur)的进程,依赖于必然又合理的因果联系,那么,就道德方面而言,它又会变成一种善。斯多亚派认为,哲学理论也可以采用某种辩证形式或修辞形式,从而完全成为生活的技艺。斯多亚派的教条,正如伊壁鸠鲁派的教条,也是普遍原理,它们的建构方式有可能简洁[①]而又具有说服力,但人可以通过练习而将其化为已有,并通过有力而又系统的论证而使其获得力量。此外,伊壁鸠鲁派或斯多亚派,完全有理由发展出某种自己的理论反思。但这种理论反思既不可能涉及原则(Lehrsätze)本身,也不可能涉及方法论原理,而只会涉及证明原则和使其系统化的方式方法,并涉及学说的次要观点,学说出自原则,在学校中,并没有对学说具支配性的一致看法。

面对这些"教条"哲人,面对伊壁鸠鲁派和斯多亚派哲人,柏拉图学园的反应是回到"苏格拉底"(Sokratik),也就是坚持一种批评姿态,从根本上反对任何教条式的固化。这正是所谓"新学园"的奠基人阿尔克西劳斯(Arkesilaos)的事业。阿尔克西劳斯的教学方法,形式上与柏拉图和老学园的教学方法一样:针对命题的辩证法练习和论证。[②] 但是,这些练习的效果却被他深刻改变了。他将方法和练习变成了哲学本身。哲学成了这样一种没有任何理论内容的没有例外的批评活动。像苏格拉底那样,[③]哲人没有教义,[④]而只针对他人的命题作

---

① EPIKTET: Diatr. I, 20, 14.

② Vgl. KRÄMER, a. O. [9] 37ff.

③ ARISTOTELES: Soph. el. 183 b 7.

④ CICERO: De fin. II, 1, 1—3; vgl. P. HADOT: Philosophie, dialectique, rhétorique dans l'antiquité. Studia philos. 39(1980)148ff.

论证,这些命题是提供给他用于论证的材料。这样,哲学就成了一种批评的哲学-史。但哲学的理论目的仍然保持。一方面,辩证法的熟练运用,是一项从事政治活动的特出本领。但另一方面,放弃判断(ἐποχή)①——拒绝承认某物为真——保证了灵魂的完全自由;这种自由从而容许个人在总是不确定的道德和政治生活领域作出抉择,他自己认为这些抉择是合理的(εὔλογον)。②

阿尔克西劳斯的后继者,尤其是拉里萨的斐隆(Philon Von Larissa),给予哲学-课程更多修辞学而非辩证法的发展方向,③较少致力于放弃判断,而容许哲人在对立的意见中选择至少在他们看来是真理的意见,也就是说,选择归根结底至少是传统的观念(共识)。④ 西塞罗就此主题指出:"我们运用这种哲学,致力于丰富的雄辩,所表明的思想,没有太过偏离传统意见。"⑤这种哲学进而将生活技艺与应对公共生活和私人生活的技艺密切结合起来。譬如,西塞罗,这种哲学的门徒,在凯撒独裁期间,以演说形式撰写"政治"命题的论著,这些命题本身与其所选择的立场有关,在这样的处境中,选择这样的立场是合理的;他持续致力于这种演说练习,以重获灵魂的安宁。⑥

在怀疑派(*Skeptikern*)那里,从而在这个从皮浪(Pyrrhon)和爱内希德莫斯(Ainesidemos)一直延伸到塞克都斯·恩披里

---

① DIOG. LAERT. IV, 28.

② SEXTUS EMP.: Adv. math. VII, 158; vgl. KRÄMER, a. O. [9] 42.

③ I. HADOT: Arts libéraux et philosophie dans la pensée ant. (Paris 1984) 46.

④ CICERO: Lucullus 7.

⑤ Parad. Stoic., Prooem. 2.

⑥ Ad Attic. IX, 4.

克(Sextus Empiricus)的传统中,哲学被理解为与批评和伦理活动是一回事。对于他们而言,从事哲学就在于将不同的哲学命题彼此对照,以达成悬搁判断(ἐποχή)和灵魂的宁静(ἀταραξία),从而,如塞克都斯所强调的那样,以实现"善好的生活"。① 在塞克都斯看来,怀疑派的立场与任何一个新学园派的立场的区别只在于:学园派仍然过于教条地将悬搁判断(Epoché)视为善物本身,怀疑派则满足于指出,悬搁判断在他们看来似乎是善物。另一方面,学园派固然按照其所认为的合乎理性的事物来处理实践生活,怀疑派却简单地使自己符合非哲人的风尚和习惯。② ——亚里士多德学派一俟建立,如斯特拉博(Strabon)所言,③就投身于命题训练,也就是说,投身于辩证法和修辞术练习,大概针对道德主题。

这些伦理或实践阶段,在单个学派中持续时间不一样长。对于学园派和漫步学派而言,④这个阶段结束于公元前 1 世纪(但在公元前 2 世纪的法沃里诺斯[Favorinus Von Arles]那里,仍然可以看到新学园派的这种方法),并开辟了一个新的阶段,我们称其为释经阶段,这个阶段的特点是对学派创始人的文本的兴趣。斯多亚派、伊壁鸠鲁派和怀疑派,直至公元前 2 世纪都十分活跃,此后则耗尽了元气。特别是帝国时期的斯多亚派(塞涅卡[Seneca],埃庇克泰德[Epiktet],马可·奥勒留[Marc Aurel]),按照最高标准,仍然是一种伦理指向的哲学。这种哲学类型长盛不衰的原因十分复杂。为了解释这些原因,人们经

---

① SEXTUS EMP.:Pyrrh. hypot. I, 10. 17.

② a. O. 226—231.

③ STRABON:Geogr. XIII, 1, 54.

④ P. MORAUX:Der Aristotelismus bei den Griechen 1(1973)XIVff.; H. DÖRRIE:Platonica Minora(1976)154—210; O. GIGON:Die Erneuerung der Philos. in der Zeit Ciceros, in:Entret. Hardt 2(Vandoeuvres/Genf 1955)25—64.

常非常强调希腊化时期的政治变革的重要性。[1] 一方面,这种现象在苏格拉底时代已有所表现,从而先于希腊化,另一方面,这种类型的哲学,尤其为大量从事政治活动的人所采用,[2]这些人从生活技艺中获益,恰如从言说技艺中获利。

2. 释经阶段。——公元前 1 世纪以降,一种新的哲学讲授方向和对哲学的理解显现出来,我们可以“释经”来命名它,并提出疑问:它与这一时期更为普遍的古典派(Klassizismus)现象无关。主要的哲学练习,如今不再如此前那样在于辩证法问题或修辞术讨论,而在于对学派创立者的文本的解释。这个现象,可以在所有学派中看到,在漫步学派中,尤其清楚地表现在安德罗尼克(Andronikos Von Rhodos)按照有系统的次序新编成亚里士多德著作之后的现象中。从安德罗尼克到亚历山大(Alexander Von Aphrodisias)(3 世纪初),在差不多三个世纪的进程中,漫步学派的哲学致力于评注亚里士多德文本的细节,要求对斯塔基拉人的哲学作出正统(orthodoxe)解释。[3] 以同样的方式,头三个世纪的柏拉图派的目标,是要求弟子们为阅读对话文本做准备,与此同时,撰写柏拉图哲学的导论或手册;由此开始,哲学课程变成了对话评注。[4] 这种方法见于欧多罗斯(Eudoros Von Alexandrien)、普鲁塔克(Plutarch)、泰翁(Theon Von Smyrna)、阿尔比诺斯(Albinos)和阿尔基诺奥斯(Alkinoos)、阿普莱乌斯(Apuleius)和陶罗斯(Tauros)(总是与由此前阶段继承下来的方法一同使用)。按

---

① Vgl. C. J. de VOGEL: Greek philos. A. coll. of texts 3(Leiden 1959)1; A. J. FESTUGIÈRE: Epicure et ses dieux(Paris 1968)VIIIf.

② Auch Epikureer, vgl. SCHMID, a. O. [11] 765.

③ MORAUX, a. O. [32] XIVff.; bes. 2(1984)XXIff.

④ TAUROS bei AULUS GELLIUS: Noct. Att. I, 9, 8—11.

此哲学课程的新观念,譬如,理论问题(或命题)“世界是永恒的吗?”,以某种方式为释经问题“柏拉图说过世界是永恒的吗?”所取代。以释经方式处理从前的问题,同时对理论问题作出解释,从而,给出柏拉图或亚里士多德的措辞的准确意思,可按此意思对尚成问题的疑问给予解答。任何时候,从某个文本出发,都十分重要。若将学院哲学(Scholastik)视为一种“思维的理性形式,思维的发展与被当成权威的某个文本有明确关联”,[①]那么,可以说,从公元前1世纪开始,哲学就变成了学院哲学。尽管如此,哲学仍然葆有伦理的目标设定。哲学总是仍然被理解为一种练习,哲人由此朝着一种内在的完善状态缓步前进。解释不仅在于理解柏拉图或亚里士多德的某一文本,也在于追随柏拉图或亚里士多德,践行一条走向完善的内在道路。研究亚里士多德或柏拉图的文本,按照精神进步的层级而有阶段划分:道德净化的准备阶段;认识可感世界的阶段;静观神性世界的阶段。这些阶段对应一种新的划分:伦理学,物理学,秘学(Epoptik)或神学。[②] 释经哲学是柏拉图和亚里士多德哲学精神之维新,他们让哲学研究在对美本身的静观中,[③]或在与纯粹思维的合一中,[④]达到顶峰。这样一来,释经哲学表明自身是对某种秘密的进入,并且在对神圣的真实性的觉悟中达到其完美之高度。

3. 神秘阶段。——最后一个阶段,持续了将近四个世纪(从公元前3世纪到前6世纪),哲学葆有其释经或学院派的方

---

① M. D. CHENU: Introd. à l'ét. de Saint Thomas d'Aquin(Paris 1954)55.

② HADOT, a. O. [5] 439.

③ PLATON: Symp. 210 a—e.

④ ARISTOTELES: Eth. Nic. X, 7, 1177 b 26—1178 a 6; Met. XII, 9, 1075 a 6—10.

法及其神秘的目标定向，但却表现出三个新标志。柏拉图派和亚里士多德派的合一，达到其最终阶段，汇成一种独一无二的哲学。由此开始，哲学的神秘目标，就是超越精神的元一（das den Geist transzendierende Eine）；这种合一通过一种超越思维的一致而得以实现。所以，最终，从扬布里科（Jamblich）开始，哲学只是一种宗教生活形式的组成要素，这种宗教生活形式为"通神术"（Theurgie）所支配，也就是说，为一整套宗教仪式所支配，这些宗教仪式使与神直接交通成为可能。普罗提诺（Plotin）是由此前阶段到这个最后阶段的转折点，在他那里，柏拉图派和亚里士多德派尚未完全合一；哲学与宗教仍然不可分离。可是，普罗提诺的神秘论的核心，与超越精神的元一（das Eine）有关。从扬布里科开始，体系化的努力，不仅涉及亚里士多德研究和对柏拉图对话的研究，而且涉及奥尔弗斯诗歌（die orphischen Gedichte）、古巴比伦神谕和传统神话。人们由此获得的理念，属于一种永恒哲学、一种*παλαιὸς λόγος*[古老的逻各斯]、一种未曾中断的传统，这个传统源于诸神的启示，然后隐藏在神话当中，通过譬如毕达哥拉斯和柏拉图的神圣哲学，方可重新破译，最终在新柏拉图派哲学中完全展示出来。所以，新柏拉图派哲学展现为一种广泛具有神学气质的结构，在此结构中，所有异教的神，奥尔弗斯诗歌和古巴比伦神谕的所有本质（Wesenheiten），柏拉图对话的所有类型和理念，形成了一个多层级的等级结构，而所有这一切，都源于一个独一无二的超越的原理，遵循一种渐进次序：连续体（Henaden）、有理解力的（intelligiblen）神、有理解力和有理智的（intelligiblen und intellektuellen）神、只有理智的（nur intellektuellen）神。[1] 按照对此体

---

① Vgl. H. LEWY：Chaldaean oracles and theurgy（Paris 1978）483—484.

系的描述,个别的偏离总有可能。所以,在叙里阿诺斯(Syrian)和普罗克洛斯(Proklos)之间,尤其是在普罗克洛斯和达马斯基奥斯(Damaskios)之间,存在不少分歧。但概念体系的总体结构仍然保持稳定。

哲学研究构成了一个包罗万象的体系,这个体系始于基本的道德净化(爱庇克泰德的小册子,或毕达哥拉斯的《黄金诗行》[Goldenen Verse]中的研究,就致力于此)。这个准备阶段之后,紧接着研究亚里士多德哲学,也就是阅读逻辑学、伦理学、自然科学和神学著作,大概还要研究四门数理科学。研究以柏拉图哲学结束,也就是研究柏拉图的十二篇对话。此项教学计划,相应于精神进步的层级,对于柏拉图派而言,精神进步就在于摆脱身体,过精神生活。① 然而,为保证精神进步,也就是净化灵魂及其星体(Astralkörpers),新柏拉图派,如叙里阿诺斯和普罗克洛斯,赞同扬布里科,②他们求助于通神术,也就是说宗教仪式,其细节,据他们说,已由古巴比伦的通神术士揭示出来。③ 在他们看来,哲学不再满足于净化灵魂:意识只是基础。靠这些仪式,灵魂能够看到神本身。"通神术"这个词,④被普罗克洛斯这样的新柏拉图派用于三个不同的领域:低级通神术,一种白色巫术(weißer Magie),可以由神发出物质性的善举;中级通神术,可以保证净化灵魂及其载体,并静观诸神;高级通神术,相应于与元一的神秘合一。在后一种情况下,看来只是在最广泛的意义上使用"通神术"这

① HADOT, a. O. [5] 442.

② DAMASKIOS: In Phaed. I, 172, in: L. G. WESTERINK(Hg.): The Greek comm. on Plato's Phaedo 2(Amsterdam 1977)105.

③ LEWY, a. O. [41] 177ff.

④ A. SHEPPARD: Proclus' attitude to theurgy. Class. Quart. 32(1982) 212—224; A. J. FESTUGIÈRE: Et. de philos. grecque(Paris 1971)585—596.

个词——也就是说，按此标准，可以将“灵魂中的一”，理解为绝对的一的一种象征，正如通神术仪式也一定要使用象征。关键仍然在于，新柏拉图派哲人，不仅需要成为哲人，还要成为通神术士。他们运用由神启示给某些人的记号和仪式，从而能够实现与神合一，并看到神的形象。新柏拉图派哲学变成了一种神学，与一种宗教实践密切关联。就此而言，神秘的合一，无非就是神通术的合一的完满实现。

文献指引：

A. H. Chroust und A. M. Malingrey s. [Lit. zu B.]. P. Rabbow: Seelenführung(1954). I. Hadot s. Anm. [25]. P. Hadot s. Anm. [2]. G. Bien: Himmelsbetrachter und Glücksforscher. Zwei Ausprägungen des antiken Philosophiebegriffs. Arch. Begriffsgesch. 26(1982)171—178. A. Dihle: Ph.-Fachwissenschaft-Allgemeinbildung, in: Aspects de la philos. hellénist., in: Entret. Hardt 32(Vandoeuvres/Genf 1985)185—231.

（六）古典哲学的分类

1.“哲学的部类”（Teil der Philosophie）这个术语，为亚里士多德首次使用，①以指明“哲学”的种类；复数的*φιλοσοφίαι*[哲学]标明了这些部类。② 斯多亚派，然后是中期柏拉图派和新柏拉图派，同样都用“种”（*εἶδος*），③“属”（*γένος*），④最后还有“部”（*τόπος*）⑤这些术语，来指称哲学的部类。

哲学课程自亚里士多德以降，传统上包括一种涉及划分

---

① ARISTOTELES: Met. 1004 a 3. [8].

② Met. 1026 a 18.

③ DIOG. LAERT. VII, 39; ALBINOS: Didask., in: Platonis dialogi, hg. C. F. HERMANN 6(1870)154, 5.

④ DIOG. LAERT. a. O.

⑤ a. O. SEXTUS EMP.: Pyrrh. hyp. III, 279; CLEMENS ALEX.: Strom. IV, 25, 162, 5; EUSEBIUS: Praep. ev. XI, 2, 1, hg. K. MRAS(1954/56)2, 7, 4.

的理论。譬如,在亚里士多德那里,第一哲学的任务,看来就是对哲学的不同部类的秩序、等级和方法作出判断。① 在古代末期的亚里士多德注疏家那里,研究课程一开始,也就是在阅读波斐利(Porphyrios)《引论》(Isagoge)“序言”中,就有关于哲学部类的学说。②

我们可以区分三种基本的分类法。根据第一种分类法,哲学的部类构成一个等级秩序,这个等级秩序符合存在等级的等级秩序;与此同时,关注的重心在于知识的普遍结构、方法的特殊性和部类的等级秩序。根据第二种分类法,哲学的部类划分,只是为了更好地表明哲学的体系化的一致性,及其与作为哲学之导向的智慧的内在关联。根据第三种分类法(这种分类法并未排除其他两种分类法),关于哲学的部类之领域的学说,相应于一种教育学的关切,这种关切与对精神进步的期待密切联系在一起:哲人必须经过哪些阶段,方能达到完善?他必须遵循怎样的研究和阅读次序?

2. 等级分类法,首见于柏拉图派和亚里士多德派。普遍的划分理念和更为特殊的科学的划分理念,具有典型的柏拉图式的特点。柏拉图在《理想国》中为此给出了一个例子,其中,柏拉图将理论科学与实践科学对立起来。③ 这种分类法的最清楚的证据,是亚里士多德给出的;他的科学划分的提议,排除了柏拉图的划分方法。在此,首先可以看到,那些关涉依赖于我们的对象(Objekte)的科学(实践科学和诗学),与那些关涉其实在不依赖于我们的对象的科学(理论科学)之间的根本对立。④ 前

---

① ARISTOTELES: Met. 1025 b ff.

② Vgl. L. G. WESTERINK: Anonymous Prolegomena to Platonic philos. (Amsterdam 1962) XXVIIIff.

③ PLATON: Polit. 258 c.

④ ARISTOTELES: Met. 1025 b 21—25; Top. 145 a 15ff.

一类科学又分为实践科学和诗学，相应于产生某个外在对象与产生某种内在变化之间的对立。理论科学又可以作这样的划分：关涉某个不变的对象的科学，要么是关涉自我持存的对象的科学（神学），要么是关涉并非自我持存的对象的科学（数学），要么是关涉某个变化却持存的对象的科学（物理学）。[①] 这个划分，十分接近学园中的习惯划分。[②] 但是，亚里士多德将他的数学和辩证法观念，与柏拉图派的对立起来。他坚持数理科学对象的纯粹抽象特质和偶然特质，与学园派针锋相对，后者承认“自在的数和量”。[③] 在理论科学领域，亚里士多德将物理学明确当作第二哲学，[④]由此，物理学的位置被规定为紧接第一哲学之后，第一哲学是关于存在者之为存在者和关于第一本体（οὐσία）的科学。与此相对，由于各种数理科学及其对象（普通数学，天象学，算术，几何，光学，以及如此等等）的多样性，亚里士多德没有明确规定数学的位置及其与物理学的关系。[⑤] 柏拉图走得更远，他认为辩证法是最高的科学，并将其与哲学等量齐观，与此同时，对于亚里士多德而言，辩证法与哲学严格对立，因为，在他看来，辩证法只是一种讨论的技艺，它并不涉及某种确定的本质，而只重视行得通的意见；与此相对，哲学的科学教授真理，并且以本体为对象。[⑥] 但

---

① Met. 1026 a 10—20；zur Textkritik vgl. PH. MERLAN：From Platonism to Neoplatonism(Den Haag 1960)62ff.

② H. J. KRÄMER：Der Ursprung der Geistmetaphysik(Amsterdam 1967)146，Anm. 66.

③ MERLAN，a. O. [10] 62—65；H. HAPP：Hyle. Stud. zum aristot. Materie-Begriff(1971)565ff.

④ ARISTOTELES：Met. 1037 a 15；1005 b 3；De caelo 298 b 20.

⑤ Met. 1073 b 4—7；ARISTOTELES：Met. 1037 a 15；1005 b 3；De caelo 298 b 20. vgl. A. MANSION：Introd. à la Physique aristot. (Paris 1945)143ff.

⑥ Top. 105 b 30；Met. 1004 b 17；Soph. el. 165 a 39ff.；J. D. G. EVANS：Aristotle's concept of dialectic(Cambridge 1977)49ff.

在任何情况下,亚里士多德的科学划分模式,都以柏拉图的区分方法为前提,并符合现实的一种等级秩序。亚里士多德的科学划分模式,在西方哲学史上发挥了重要影响。通过亚里士多德注疏家①和古代晚期的百科全书派,②这种科学划分模式传入了中世纪。在新柏拉图派哲学的影响下,这种模式经历了引人注目的转型,波埃修(Boethius)和辛普里丘(Simplicius)的做法就是明证:③在理论科学的模式中,灵魂学(Psychologie)与数学相结合,居于物理学和神学之间,是由于它们具有一种亲缘关系,扬布里科和普罗克洛斯确定在灵魂和数理对象之间具有这种亲缘关系。④

有些提示容许这样的猜测:老学园派已然掌握了一种更为简单的哲学部类的划分方式,但这种划分方式也属于等级制类型。事实上,后来的见证将一种伦理学、物理学和逻辑学的三分法,归于了柏拉图⑤和色诺克拉底。⑥ 尽管"逻辑学"(Logik)这个词在此语境中暴露了这些证据的来源晚于斯多亚派,但由于当时所发生的逻辑学和辩证法的混淆,仍然表明了柏拉图式的理念-辩证法。⑦ 从而,也存在实践科

---

① AMMONIUS: In Isag., hg. A. BUSSE. CAG 4/3(1891)11, 3—16, 16; ELIAS: Isag., hg. A. BUSSE. CAG 18/1(1900)26, 6—34, 25; dtsch. vgl.: Die zehn Hauptpunkte der arist. Ph., in: ARISTOTELES: Einführungsschr., hg. O. GIGON (1961) 327ff.; BOETHIUS: De trin. II, 5. The theolog. tract., hg. H. F. STEWART/E. K. RAND (London 1918) 8, 5.

② CASSIODOR: Instit. divin. litt. II, 3, 4, hg. R. A. B. MYNORS(Oxford 1937)110, 9.

③ BOETHIUS: In Isag. Porph., hg. G. SCHEPSS/S. BRANDT. CSEL 48(1906)8, 16ff.; SIMPLICIUS: In Phys., hg. H. DIELS. CAG 9(1882)1, 22.

④ Vgl. MERLAN, a. O. [10] 11—33. 82.

⑤ Vgl. ATTICUS, in EUSEBIUS: Praep. ev. XI, 2, 1.

⑥ SEXTUS EMP.: Adv. math. VII, 16.

⑦ Vgl. H. J. KRÄMER: Platonismus und hellenist. Ph. (1971) 114, Anm. 35.

学与理论科学的基本对立，进而也将理论科学划分为一种关于感性世界（Sinnenwelt）的科学（物理学）和一种关于超验世界（transzendenten Welt）的科学（辩证法）。在此，这种划分方法也引向一种等级制的划分，这种划分与现实层面的等级制相对应。不能确定：亚里士多德的《论题篇》（Topik）暗示一种伦理、物理和逻辑①的划分前提，可以与老学园派的划分扯上关系。因为，亚里士多德提出这种分类作为一种手段，差不多是（*ὡς τύπῳ*）对前提，也就是课堂上汇集和记录的有效意见，作出分类，从而可以将其应用于辩证讨论。但任何时候，在亚里士多德的著作中，*λογικός*这个词都不指哲学的一个部分，而仅仅指——往往作为贬义——一种属于纯粹形式特质的推论程序（Schlußverfahren）。出于亚里士多德的证据也不容许作出这样的猜测：柏拉图派将他们的辩证法称为“逻辑学”。

3. 有机或动力学的分类形式，出现在斯多亚派那里。他们将哲学划分为逻辑学、物理学和伦理学，②也许是在追溯一种在学园派传统中已然存在着的分类方式，但却给予这种分类方式以全新的意义，不仅符合他们分配给个别学科的内容，而且关涉他们所确定的分类与内容两方面的关系。③ 这种分类模式看来在克律西普斯（Chrysipp）的时代已然形成。斯多亚派很可能是最先将哲学的一个部类命名为“逻辑学”的学派。与亚里士多德一样，他们不接受柏拉图派的理念-辩证法，④但与亚里士多德不同，他们将辩证法作为哲学的一个内

---

① ARISTOTELES: Top. 105 b 19—31.
② SVF II, 35ff.
③ M. POHLENZ: Die Stoa(1948/49)1, 34.
④ KRÄMER, a. O. [22].

在部分。逻辑学包括修辞术(Rhetorik)和辩证法,两者对于斯多亚派而言,不再是论证可能性的技术,而是言说和讨论的科学,也就是说,最终是思的科学,思与真理相一致,这些科学完全依赖于所有人共有的基本概念和基本原则(notiones communes[共识])。① 对芝诺(Zenon)而言,辩证法仍然具有一种纯粹论战的作用——它的作用就是权衡高下②——但在克律西普斯那里,辩证法成为关于真实判断的科学,属于表明贤人特征的标志。③ 另一方面,从现在起,因为柏拉图式的辩证法不再是关于超验之物的科学,斯多亚派的全部理论主动性都集中在物理学。物理学也将神学纳入其中,这种做法以对"物理"(φύσις)概念的扩展为前提,从现在起,对于斯多亚派而言,"物理"概念指宇宙的创造性力量。人们可能会猜测,斯多亚派的三分法,仍然保持着某种等级制特质:所以,可以说,物理学是更高级的学科,因为,它关涉世界和诸神,与之相对,伦理学是低一级的学科,因为,它致力于人类事务,而逻辑学最低级,因为,它只以人的言说为对象。但是,斯多亚派体系的内在必然性,不可避免会导致以一种持续的-动力学的划分来代替等级制分层的划分,在这种持续的-动力学的划分中,个别学科相互渗透。这种哲学部类的统一性,在斯多亚派的体系中,以现实性的动力学的统一性为根据。是同一个逻各斯创造出了世界,它以理性思考的能力照亮了人类,并且在人的言说中展现出了自身④——并且自始至终仍然在所有现实性等

---

① E. BRÉHIER: Chrysippe(Paris 1951)59ff.

② SFV I, 49—50.

③ SVF II, 129ff.

④ POHLENZ, a. O. [25] 1, 34ff.; KRÄMER, a. O. [22]; A. GRAESER: Zenon von Kition(1975)21ff.

级上保持了其自身的同一性。由此，物理学以全部自然的逻各斯为对象，伦理学以理性（人的）自然的逻各斯为对象，逻辑学以通过人的言说展现自身的逻各斯为对象。从而在所有领域都贯彻着同样的力量和同样的现实性，这就是同时产生的自然、行为规范和语言规则。因此，是这种对象的同一性，奠定了貌似不同的哲学的部类的统一性，这符合一种关系模型，在斯多亚派那里，这种模型处在最表面，从其他例证出发可以得到证实，不仅在物理学中如此，[①]在伦理学中也是如此：[②]这种符合（ἀντακολουθία）之模型，同时标明了因果关系、相互关联和根据某一方面的优势作出的区分。[③] 从而，任一个别德性，同时也是所有其他德性，只是由于某一方面的优势而与其他德性有别，正是这个方面给予此德性以名称。人们完全可以这样说：物理学，正如伦理学和逻辑学，只是由于其与整体自然占据优势的关系而被称为"物理学"。这种关系模型，在哲学的任何部类之领域都可以得到证实。逻辑学就是物理学，因为，其中包含着关于存在者的普遍理论，而存在者分为物质存在者和非物质存在者；也因为，它内含一种基于物理学的关于真实性标准的定义。[④] 逻辑学也是伦理学，因为，对于斯多亚派而言，道德上的善和道德上的恶在于判断：好的判断就是好的生活。[⑤] 反过来，物理学和伦理学也是逻辑学，"因为，要洞察物理学和伦理学的全部内

---

① SVF II，349.

② SVF II，295ff.

③ Vgl. V. GOLDSCHMIDT：Le système stoicien et l'idée de temps（Paris 31977）66；H. J. HORN：Antakoluthie der Tugenden und Einheit Gottes. Jb. Antike Christentum 13（1970）5—28；P. HADOT：Porphyre et Victorinus（Paris 1968）1，239ff；vgl. Art. ⇨‹Praedominium›.

④ SVF II，52ff.

⑤ a. O. 130f. 456ff.；III，548.

容，得借助推论理论(διὰ τῆς ἐν λόγοις θεωρίας)”。[①] 伦理学就是物理学，因为，据克律西普斯，“好坏的区分出于宙斯和自然整体”。[②] 物理学就是伦理学，因为，赋予理性的自然的(der vernunftbegabten Natur)目标，就是认识世界和诸神。[③] 概而观之，在此体系中内含一种伦理学的优势：三种哲学学科被定义为善，[④]它们的相互关联构成真理。[⑤] 因为，斯多亚派明确解释说，哲学部类的划分，只存在于哲学言说之中，而并不存在于哲学本身之中。[⑥] 换句话说，斯多亚派表明，这种划分对于描述学说和课程尤其必要，但哲学本身根本而言只有一种。追求真理还将持续不断和有规律的练习包含于这三种学科之中；如马可·奥勒留所言：“持续不断并且尽可能以任何观念(Vorstellung)致力于自然-哲学、情感学说(伦理学)和辩证法。”[⑦]哲学的三个部类，在此变成了三个不可分割的存在立场，后者构成了哲学的注意力(Aufmerksamkeit/προσοχή)。

柏拉图派的教科书在帝国时期得以保留，很可能是受到阿斯卡隆的安提奥霍斯(Antiochos Von Askalon)的深远影响，此人忠实于斯多亚派学说，这些教科书在哲学的三合一结构中发现了哲学的体系化特质的基础。它们将功劳归于柏拉图本人，从哲学中建构出一个主体(Corpus)，一个完全的生命体(ein ganzes und vollendetes Lebendes)，在其中将辩证法与物理

---

① DIOG. LAERT. VII, 83.

② SVF III, 68.

③ CICERO: De nat. deor. II, 14, 37(Chrysipp wahrscheinlich nach Aristoteles).

④ De fin. II, 21, 72ff.; vgl. III, 22, 74.

⑤ PHILO ALEX.: De ebriet. 90—92.

⑥ DIOG. LAERT. VII, 41.

⑦ MARC AUREL: Ad se ipsum VIII, 13.

学和伦理学合为一体。[①] 有些手册只将功劳归于柏拉图,将此前已然存在的学科结合起来:这些学科是前苏格拉底的物理学、苏格拉底的伦理学和爱利亚学派的辩证法。还有些手册在柏拉图式的辩证法中发现了体系化的要素,这个要素与柏拉图派的其他两个要素结合为一个整体:这两个要素就是毕达哥拉斯派的物理学和苏格拉底的伦理学。在描述柏拉图派的学说时,需要斯多亚派的模式,又导致对柏拉图派学说的彻底歪曲。有重大影响的做法,并非在物理学中研究关于原理(上帝,理念,质料)的学说(《蒂迈欧》可以为此编排作辩护[②]),而是由此以往,辩证法失去了其作为最高科学的特质,降格为谈话中的一种纯粹的区分和发明概念的技巧[③]——或降格为一种查明命名之正确性的技巧。[④] 只有亚历山大的克莱蒙(Clemens Von Alexandrien),[⑤]然后是普罗提诺(Plotin),[⑥]以及后来的奥古斯丁(Augustinus)[⑦]认识到,辩证法的对象无非就是真正的也就是神圣的现实性。

由斯多亚派提出的具有统一性和体系化的哲学划分模式,其最完全的形式和全部影响力的展现,是在将上帝描述为哲学的三个部类的全部对象的学说中。据亚历山大的克莱蒙,物理学以作为本体(Usia)的上帝为对象,伦理学以作为善的上帝为对象,逻辑学以作为理智的上帝为对象。[⑧] 据奥古斯

---

① DIOG. LAERT. III, 56; APULEIUS: De Platone I, 3, 186ff.; ATTICUS, a. O. [20]; Praep. Ev. XI, 2, 1ff.; AUGUSTINUS: C. Acad. III, 17, 37; De civ. Dei VIII, 4ff.

② DIOG. LAERT. III, 76; APULEIUS, a. O. 190.

③ ATTICUS, a. O. [20].

④ DIOG. LAERT. III, 79.

⑤ CLEMENS ALEX.: Strom. I, 28, 176, 3.

⑥ PLOTIN: Enn I, 3, 5, 12.

⑦ AUGUSTINUS, a. O. [43]; De civ. Dei VIII, 7.

⑧ CLEMENS ALEX., a. O. [5].

丁,物理学以作为“保持不动的原因”(causa subsistendi)的上帝为对象,逻辑学以作为“有理解力的理性”(ratio intelligendi)的上帝为对象,伦理学以作为“生活秩序”(ordo vivendi)的上帝为对象,[①]这就是父、子和圣灵。哲学部类的体系化的统一性,在此反映了神圣位格的彼此交互之存在(das wechselseitige Ineinandersein der göttlichen Personen)。[②]

4. 根据第三种分类原则,哲学部类的理论对应着*教育学的必要性*。这种思考方式,已然表明在柏拉图的《理想国》中,在此,进入数理科学的一个引言,被认为是必要的,以便按照被称为科学的真正意义上的“哲学”来塑造精神:这种思考方式就是辩证法。[③] 首先,柏拉图为整个后世的传统提供了图像(Bild),这个图像会永远支配这种分类法,因为,这个图像首先在埃琉西斯秘仪(Mysterien von Eleusis)中透露出来,这就是导向秘术(参考 Epopteia 辞条)的渐进阶段。[④] 亚里士多德从他那方面提出了课程的讲授次序问题,他将本体论的秩序(本身完全可知)与获得知识的确切次序(我们最容易认识)对应起来。[⑤] 斯多亚派的情形是,人们发现在这个学派中首次讨论了这一主题:应当按何种次序来讲授哲学的个别部类。从理论上讲,对于斯多亚派而言,这个问题更具重要性,因此,对于他们而言,哲学的部类就是哲学讨论(*λόγος*)的部类,而不仅是哲学的部类本身。[⑥] 然而,

---

① AUGUSTINUS: De civ. Dei VIII, 4.

② a. O. XI, 26; vgl. P. HADOT: Etre, vie, et pensée chez Plotin et avant Plotin, in: Entret. Hardt 5(Vandoeuvres/Genf 1960)123—125.

③ PLATON: Resp. 521 c ff.

④ Symp. 210 a; Phaedr. 250 c.

⑤ ARISTOTELES: Anal. post. 72 a 1; Met. 1018 b 30—37; vgl. W. WIELAND: Die aristot. Physik(1962)69ff.; M. MIGNUCCI: L'argomentazione dimostr. in Arist. Comm. agli Anal. sec. (Padua 1975)30ff.; vgl. Art. ⇨‹Quoad se/quoad nos›.

⑥ DIOG. LAERT. VII, 41.

对于很多斯多亚派而言，这个问题仍然只具有纯粹理论的兴趣，因为，对于他们中的很多人而言，“没有哪个部类占据首要位置，而是相互融合，他们又将这些部类融入了其课程”。[①] 在克律西普斯本人那里，情形就是如此。[②] 因为，事实上，由斯多亚派提出的各种次序，只具有一种相对的价值，[③]并且是从不同的观察角度作出解释，分类就是按照这些观察角度进行的，也就是按照教育学或体系化的观察角度来进行的。所提出的各种次序，并非价值秩序，而是相应于不同的目的。物理学可以处在伦理学之前，以便为伦理学奠定本体论基础，但它也可以处在伦理学之后，因为，在精神脚步的秩序中，哲人只有通过伦理学方能得到提升，并变得更为有力，从而接近对神圣事物的认识。物理学可以为伦理学服务，为人指出不依赖于人的事物的中立性(Indifferenz der Dinge)。然而，物理学本身也可以成为伦理上的幸福的一个要素，让人实现对世界的沉思。[④] 因此，并不奇怪，在将哲学的部分比作卵或一个封闭花园结构的著名比较中，物理学和伦理学各自的位置并不清楚确定。[⑤]

克律西普斯本人，根据不同的证明，时而让物理学先于伦理学，时而又让伦理学先于物理学。此外，他还使用了埃琉西斯秘仪所传授的图像，他将物理学描述为对作为最高的开示(Einweihung)的诸神的启示。[⑥] 这种渐进的对哲学秘密的揭示，要求课程符合听者的能力：对于初学者，甚至可以使用其

---

① a. O. 40; ich lese προκεκρίσθαι mit den Handschr.

② PLUTARCH: Repugn. Stoic. 9, 1035 e.

③ A. BONHÖFFER: Epictet und die Stoa(1890)13ff.

④ Vgl. I. HADOT: Seneca und die griech.-röm. Trad. der Seelenleitung (1969)115.

⑤ DIOG. LAERT. VII, 40; SEXTUS EMP.: Adv. math. VII, 17.

⑥ PLUTARCH, a. O. [58].

他学派的学说(譬如,借用伊壁鸠鲁派的学说),这样做是认为,较好地掌握这些学说,才会对听者产生影响。① 在此,我们碰到了一项家政学(οἰκονομία)的原理,学说要适应学生的精神水平,这个原理直至古代晚期在所有学派中仍在发挥作用。②我们可以进一步确定,由第欧根尼·拉尔修(Diogenes Laertios)记述的斯多亚派的各类书目,也相应于哲学的三个部类(顺便提一下,采取了不同的排列次序)。这表明,学说的排列次序符合教育学的必要性。③

在出自从西塞罗(Cicero)到第欧根尼·拉尔修的柏拉图派的课本中,可以看到逻辑学都处在第三位。这个次序清楚地提醒我们,柏拉图派将辩证法作为最高科学的做法,虽然在这些课本中,对逻辑学作了非常狭义的理解。但是,从公元1世纪开始,老学园的伦理学-物理学-辩证法的分类方式重新出现,如我们将要再次看到那样,这个次序符合精神进步的揭示层次和等级。这种分类的支持者,将柏拉图派的辩证法与亚里士多德的第一哲学等而同之,给予其“秘术”(Epopteia)之名,在柏拉图式的辩证法这个哲学的最高部类,与亚里士多德式的逻辑学之间,作了明确区分,后者只是一种准备性质的工具论(Organon)。因此,他们在柏拉图派的哲学研究体系中,融入了亚里士多德的某些著作中的学说。这种分类的第一见证人是普鲁塔克(Plutarch),④他敢保证,柏拉图和亚里士多德将哲学的一个部类置于在物理学之后,他们称其为“秘学”(Epoptik),这个

---

① Vgl. HADOT, a. O. [60] 21.

② Vgl. I. HADOT: Le problème du néoplatonisme alexandrin(Paris 1978) 190.

③ Vgl. A. DYROFF: Über die Anlage der stoischen Bücherkataloge(1896) 6—13. 42ff.

④ PLUTARCH: De Iside 382 d.

部类以首要的现实性为对象。士麦那的泰翁(Theon Von Smyrna)按照埃琉西斯秘仪的模式来描述哲学教育,将研究逻辑学、政治学(伦理学)和物理学称为秘仪(τελετή),将关于真正的存在者的认识称为秘术。① 亚历山大的克莱蒙提出了下列次序:伦理学,物理学(作为寓意解释来理解),秘术(与柏拉图式的辩证法和亚里士多德式的形而上学等而同之)。②

俄里根(Origenes)表明了这种分类与关于精神进步的学说之间的关系:伦理学保证了对灵魂的净化,物理学帮助我们摆脱罪恶的世界,揭穿其虚荣;秘仪为我们开启对神圣的现实性的沉思。③ 对于俄里根而言,逻辑学并非对立的学科,而是与其他三个部类结合在一起。④

从公元1世纪直到古代结束,这一基本主题构成哲学研究方案的内核。正如在士麦那的泰翁那里,并且首先在俄里根那里,已然明了的是,亚里士多德-斯多亚派的逻辑学,作为秘仪的准备性步骤,本身并非哲学的一个部类。对于6世纪的新柏拉图派而言,按照他们的用法,逻辑学既是哲学的部类,也是哲学的工具:作为形式逻辑,它是工具,作为应用逻辑,它是哲学的部类。⑤ 另一方面,数理科学重新获得了其准备性价值。从而,完整的体系如今以下述方式构成:第一段由伦理学和逻辑学构成,第二段由物理学和数学构成,第三段由秘学或神学构成。⑥ 与

① THEON SMYRN.: Expos. rer. math., hg. E. HILLER(1878)14.

② CLEMENS ALEX., a. O. [47] 1—3.

③ ORIGENES: In Cantic., hg. W. A. BAEHRENS(1925)75, 6; vgl. EVAGRIOS PONTIKOS: Praktikos 1.

④ ORIGENES, a. O.

⑤ Vgl. P. HADOT: La logique, partie ou instrument de la philos., in: SIMPLICIUS: Comm. sur les Cat., hg. I. HADOT(Leiden 1989)Fasz. 1, App. 1.

⑥ Vgl. PROCLUS: théol. Plat. I, 2, hg. H. D. SAFFREY/L. G. WESTERINK 1(1968)10, 11ff.

此体系相应,有一个文本阅读方案,对文本作评注,这个方案在晚期柏拉图派那里被严格编订成典,但很可能要到二、三世纪才大体上固定下来。[1] 哲学的部类,变成了灵魂走向上帝的上升阶段。与此哲学部类模式相关,还有另外一个模式,这个模式如今与德性的等级秩序相对应,普罗提诺勾画了这个模式,波斐利(Porphyrios)将其编订成典,扬布里科使其变得完备。[2] 这一次,精神的发展开启了政治德性(相应于伦理学)的实践,精神的进步伴随着纯洁(净化)德性(相应于物理学)的实践,终于理论德性(相应于神学)的实践。除提到的这三种德性层级,还有更高的道德等级和更低下的道德等级,但它们不属于真正的哲学领域。在此总体框架中,可以按照下述方式来重构完整的哲学课程的研读计划:最初的伦理学入门,可以采用简单的文本,如埃庇克泰德(Epiktet)的手册,或如毕达哥拉斯派的《金箴》(Goldenen Versen)。[3] 逻辑学训练,将通过研究亚里士多德《工具论》(Organon)来达成。接下来,很可能会按照下列次序来研究亚里士多德哲学之整体:伦理学论文,物理学论文,神学论文。[4] 然后是柏拉图派的"大秘密"(großen Mysterien)。首先是入门,这就是《阿尔喀比亚德》(Alkibiades)(自我认识的入门),此后,研读《高尔吉亚》(Gorgias)对应着政治德性的等级,研读《斐多》

---

① Vgl. A. J. FESTUGIÈRE: L'ordre de lecture de Platon aux Ve/VIe s. Mus. Helv. 26(1969)280—296; WESTERINK, a. O. [7] XXXIXff.

② W. THEILER, in: Gnomon 5(1929)307—317.

③ Vgl. HADOT, a. O. [64] 148ff.

④ MARINUS: Vita Procli, hg. J. F. BOISSONADE(1814)157, 42ff.; vgl. I. HADOT: La division néoplaton. des écrits d'Arist, in: J. WIESNER (Hg.): Aristot. Werk und Wirkung(1987)249—285; Les introd. aux comm. exéget. chez les auteurs néoplaton. et les auteurs chrét., in: M. TARDIEU(Hg.): Les règles de l'interpretation(Paris 1987)99—122.

(Phaidon)对应着净化德性;接下来,渐次通过研究逻辑学对话(《克拉底鲁》[Kratylos]和《泰阿泰德》[Theaitet]),通过研究物理学对话(《智术师》[Sophistes]和《政治家》[Politikos]),通过研究神思对话(《斐德若》[Phaidros],《会饮》[Symposion],《斐勒布》[Philebos]),来发展理论德性。第二个循环,又以《蒂迈欧》(Timaios)致力于物理学,以《巴门尼德》(Parmenides)致力于神学。① 注意此方案的规模!新柏拉图派的著作本身,也以与此基本模式相符合的方式来阅读:波斐利按九章集形式(in Form von Gruppen von Enneaden)编辑了普罗提诺的论文,其中,第一章对应着伦理学,第二、三章对应着物理学,第四、五、六章对应着秘学。在基督教范围内,俄里根以所罗门(Salomon)三书《箴言》(Sprüche)、《传道书》(Prediger)和《雅歌》(Hohe Lied)对应《伦理学》《物理学》《秘学》。② 哈多(P. Hadot)撰

文献指引:

A. Bonhöffer s. Anm. [59].-V. Goldschmidt s. Anm. [33].-A. MÉHat: Et. sur les Stromates de Clément d'alex. (Paris 1966) 77ff.-I. Hadot s. Anm. [60], [64] und [76].-P. BoyancÉ: Cicéron et les parties de la philos. Rev. Et. latines 49(1971)127—154.-P. Hadot s. Anm. [5 zu E.].-Ch. Hein: Definition und Einteilung der Ph. Von der spätant. Einteilungslit. zur arab. Enzykl. (Bern 1985).

(七) 古罗马

并没有独立的古罗马哲学。最迟从公元 3 世纪开始,古希腊哲学由南意大利传到了罗马。在其逐步传播过程中,古

① a. O. [73].

② ORIGENES, a. O. [69] 76, 1.

罗马哲学思想的历史,经历了个体的精神继承和个体性的转化。有三个卓著的名字:卢克莱修(T. Lucretius Carus),西塞罗(M. Tullius Cicero),塞涅卡(L. Annaeus Seneca)。

1. 概念。——哲学的拉丁词是 philosophia。这个词源自希腊语,要早于我们可及的书写传统开始之前。西塞罗和塞涅卡提出了其 a)基本含义:sapientiae Studium[追求智慧],① sapientiae amor et adfectatio[热爱并致力于智慧];② 哲学不再不言而喻,因为,除了上述含义,主要依赖于斯多亚派的定义,哲学中还产生了其他含义:b)哲学=哲学学说的内容(Inhalt der philosophischen Lehre),它不再是从事哲学研究的个体的行为举止(Haltung),而是人可以获知的一种对象性的事物(Gegenüberstehendes)。在各种学派的学说内容中,还可以碰到复数的哲学;③c)哲学= ars vitae[指导生活的技艺]:哲学不再是探究和追求,而是把控生活风险的能力。④ 这样一来,philosophia 差不多与 virtus[德性,道德完善]是同义词。sapientia[智慧]往往也有此含义。塞涅卡曾首先将作为追求智慧的哲学与智慧本身作了区分,但至少在斯多亚派传统中,还强调追求与目标的 Antakoluthie(互为条件):ph. a sapientiae amor est et adfectatio; haec eo tendit, quo illa pervenit...; nec ph. a sine virtute est, nec sine ph. a virtus("哲学就是热爱并致力于智慧;热爱和努力的目的,在于获得智慧……;若无德性,就不会有哲学,若无哲

① CICERO: Tusc. disp. IV, 5; De off. II, 5 u. ö.

② SENECA: Ep. 89, 4.

③ CICERO: De or. III, 107; vgl. ARISTOTELES: Eth. Nic. 1181 b 15 über ein Teilgebiet der Ph.

④ Tusc. disp. II, 12; vgl. De fin. III, 4 u. ö.; SENECA: Frg. 17, 1. Opera, hg. F. HAASE 3(1853, 21873)422.

学,也不会有德性”)。[①] 经过转变的狭义的哲学=伦理学。[②] d)哲学作为幸福的给予者和危急关头的帮手,作为所有技艺之母,以及如此等等:这个含义出自含义c(完全的知识[vollendetes Wissen]),但哲学不再是致力于个别事务的能力,而是这种能力的来源,往往被当成人格化的神一样的本质。[③] ——首先,零零星星,从尼禄时代开始,越来越常见:也将哲学称为sapientia[智慧]。西塞罗在他的对话中,已然将哲人称为sapientes[有智慧的人]。[④] 塔西佗(Tacitus)在历史著作中避免使用“哲学”这个外来词,却在《关于演说术对话》(Dialogus)中偏爱使用这个词。[⑤] 在后来的时代,sapientia/sapiens[智慧/有智慧的人]这样的词语大为流行;此间,对外来词的反感,与斯多亚派对哲学作为探究智慧,和智慧作为完全的知识的概念融会,的确共同发挥了作用。

2. 年表概观。——根据最迟出现于公元2世纪的说法,毕达哥拉斯(盛期在公元前530左右)向努马(Numa Pompilius),传说中的罗马七王(相传从公元前715—前673年)中的第二位,传授了哲学。[⑥] 西塞罗,[⑦]李维(Livius),[⑧]还有其他人,指出这种说法在年代学上荒诞不经,但富有生命力的传说仍然表明,在罗马,人们似乎很早就受到希腊思想影响,并努

---

① SENECA: Ep. 89, 4. 8.

② CICERO: De divin. II, 2; häufig bei SENECA.

③ De or. I, 9; Brutus 322; Tusc. disp. I, 64 u. ö.; SENECA: Ep. 16, 5; BOETHIUS: Cons. ph. ae.

④ Pro Rosc. Am. 37; Pro Arch. 14, 30.

⑤ TACITUS: Dial. 19, 3; 21, 5; 30, 3; 32, 7; vgl. U. KLIMA: Unters. zu dem Begriff sapientia (1971) 85ff. 165ff.

⑥ OVID: Ep. ex Ponto III, 3, 44; Metamorph. XV, 4ff. 479ff.

⑦ CICERO: De re publ. II, 28 u. ö.

⑧ LIVIUS I, 18, 2—3.

力尽可能提早受此影响的时间。公元前 181 年惊人的伪造典籍的做法,也表明了同样的努力(毕达哥拉斯派内容的著作,声称由努马编成①)。西塞罗证明,②罗马文学最早的一部作品,克劳狄乌斯(Ap. Claudius Caecu,约公元前 300 年)的格言集,深受毕达哥拉斯学派的影响。在普劳图斯(Plautus,公元前 254—前 184 年)和泰伦斯(Terenz,活跃于公元前 166—前 160 年)的喜剧中,时有哲学出现。③ 可以肯定,起初这为那些在希腊上演的戏剧增添了罗马的地方特色,但显然可以确定的是,罗马共和国已然熟悉了哲学这一现象,还有大量对个别学说和体系的暗示,也考虑到了观众的理解能力。我们所知道的最早的罗马作品,完全致力于一个哲学问题,它就是恩尼乌斯(Q. Ennius,公元前 239—前 169 年)的《欧赫墨洛斯》(Euhemerus):以毕达哥拉斯学派为基础(根据迈锡尼的欧赫墨洛斯的ἱερὰ ἀναγραφή[《圣书》]),尝试对传统宗教作理性化的解释;恩尼乌斯的其他作品,也表现出毕达哥拉斯学派之特色(《埃庇卡摩斯》[Epicharmus],见《编年史》"序言"[Annalen-Prooemium])。公元前 156/155 年是一个转折点,这一年,雅典城邦为了免除一项罚金,将斯多亚派哲人"巴比伦的"第欧根尼(Diogenes 'von Babylon')、(怀疑论者)学园派卡内阿德斯(Karneades)和漫步学派克里托劳斯(Kritolaos)送到了罗马。这个"哲人使团"为希腊文化和哲学思想在罗马的传播起到了

---

① XL,29;PLINIUS:Nat. hist. XIII,84ff.

② CICERO:Tusc. disp. IV,4.

③ PLAUTUS:Pseud. 464f. 974;TERENZ:Heaut. 192ff. u. ö.;vgl. B. SCHLESINGER:Über philos. Einflüsse bei den röm. Dramendichtern der republikan. Zeit. Diss.(1910);G. GARBARINO:Roma e la filosofia greca dalle origini alla fine del II secolo a. C.(Turin 1973)167—217. 538—626;F. DELLA CORTE:Stoiker und Epikureer in Plautus' Komödien, in:Musa Iocosa, Festschr. A. Thierfelder(1974)80—94.

决定性作用。首先产生深刻影响的哲人是卡内阿德斯，他日日不断发表演说，为正义辩驳。① 在围绕较为年轻的阿非利加努斯（Africanus）和斯基皮奥（P. Cornelius Scipio Aemilianus）的"斯基皮奥圈子"（包括莱利乌斯[C. Laelius Sapiens]、艾利乌斯[Q. Aelius Tubero]、路提里乌斯[P. Rutilius Rufus]和史家波吕比奥斯[Polybios]等②）中，斯多亚派哲人帕内提奥斯（Panaitio，大约活跃于公元前 144—前 129 年）具有稳固地位；哲学知识表明，泰伦斯和讽刺作家路基利乌斯（Lucilius）也属于这个圈子，③在这个圈子之外，有阿尔比努（A. Postumius Albinus，公元前 151 年任执政官）。④ 由此以降，对于罗马上流社会而言，深入研究哲学不再是非同寻常之事。斯基皮奥本人对色诺芬和苏格拉底学派怀有强烈兴趣；⑤格拉库斯（Ti. Gracchus）与来自库麦的斯多亚派哲人布罗西乌斯（C. Blossius aus Cumae）关系密切；连公开表示厌恶希腊的老卡图（M. Porcius Cato d. Ä.，公元前 234—前 149 年），也在其历史著作中不无自豪地提到他与毕达哥拉斯派内阿库斯（Nearchos）的一次会面，⑥而且他至

---

① Vgl. GELLIUS: Noct. Att. VI, 14, 9f.; PLUTARCH: Cato maior 22. mes 112 (1984) 445—468.

② Zur Authentizität von Ciceros Berichten vgl. H. STRASBURGER: Der 'Scipionenkreis'. Hermes 94 (1966) 60—72; A. E. ASTIN: Scipio Aemilianus (Oxford 1967) 294—306; J. E. G. ZETZEL: Cicero and the Scipionic Circle. Harvard Studies Class. Philol. 76 (1972) 173—179.

③ Stellensammlung und Kommentar bei GARBARINO, a. O. [15] 149—165. 484—537; vgl. ferner den Index in der Ausgabe von W. KRENKEL (1970) s. v. ‹Ph.›; S. KOSTER: Neues virtus-Denken bei Lucilius, Dialog Schule-Wissenschaft. Klass. Sprachen Lit. en 15 (1981) 5—26; W. GÖRLER: Zum virtus-Fragm. des Lucilius (1326—1338 Marx) und zur Gesch. der stoischen Güterlehre. Hermes 112 (1984) 445—468.

④ Vgl. CICERO: Luc. 137.

⑤ Vgl. Tusc. disp. II, 62 u. ö.

⑥ O. GIGON: Cicero und die griech. Ph., in: Aufstieg und Niedergang der röm. Welt I/4 (1973) 226—261. 227f.

少熟悉色诺芬。① 演说家克拉苏斯(L. Licinius Crassus,公元前 110 年)的哲学研究,无疑被西塞罗理想化了,差不多完全是违背事实的描述。② "大祭司"斯凯沃拉(Q. Mucius Scaevola 'Pontifex')的法学著作,表明了斯多亚派哲学的影响。奥古斯丁表示,他支持后来得以传播的关于"三分神学"(theologia tripertita)的学说("…doctissimum pontificem Scaevolam disputasse tria genera tradita deorum[……最博学的大祭司斯凯沃拉谈论过三类神]"③)。这可能意味着,斯凯沃拉在自己的一篇作品中阐述过这一学说,这篇作品从而成为罗马最早的哲学著作之一,但很大程度上,并无有说服力的根据可以将此学说追溯到帕内提奥斯。很可能,奥古斯丁此说暗指瓦罗(Varro)的一篇对话(《论崇拜诸神》[Curio de cultu deorum]),斯凯沃拉作为对话人物出现在其中。④ 我们(从西塞罗那里)进而认识了作为斯多亚派的热心拥护者的语文学家普莱康尼努斯(L. Aelius Stilo Praeconinus)⑤和巴尔布斯(Q. Lucilius Balbus),认识了作为伊壁鸠鲁派的维莱乌斯(C. Velleius),认识了作为由阿斯卡隆的安提奥库斯(Antiochos von Askalon)建

① Vgl. K. MÜNSCHER: Xenophon in der griech.-röm. Lit. Philologus Suppl. 13, 2(1920)71ff.

② Vgl. P. L. SCHMIDT: Die Anfange der institutionellen Rhet. in Rom, in: Monumentum Chiloniense. Festschr. E. Burck (Amsterdam 1975) 207; zu skeptisch R. D. MEYER: Lit. Fiktion und hist. Gehalt in Ciceros De oratore. Diss. (1970)41—47.

③ AUGUSTINUS: De civ. Dei IV, 27.

④ So B. CARDAUNS: Varros Logistoricus über die Götterverehrung. Diss. (1958)33—40; vgl. auch G. LIEBERG: Die ‹theologia tripertita› in Forsch. und Bezeugung, in: Aufstieg..., a. O. [21] 63—115, bes. 101; Die Theologia tripertita als Formprinzip ant. Denkens. Rhein. Mus. 125(1982)25—53; E. RAWSON: Intellectual life in the late Roman republic(London 1985)206. 300. 313.

⑤ Lehrer Varros und Ciceros; durch ihn erhielt die röm. Sprachwiss. auf Dauer eine stoische Prägung; vgl. F. LEO: Gesch. der röm. Lit. 1(1913)355—365.

立并被他称为“老学园派”的学派的拥护者的皮索(M. Pupius Piso Frugi,61 年任执政官)和布鲁图斯(Marcus Brutus)。以拉丁语写成的最古老并且完整传世的哲学作品,就是卢克莱修(T. Lucretius Carus,约公元前 97—前 55 年)的教谕诗《物性论》(De rerum natura),西塞罗在其身后编订了这部作品:阐述了伊壁鸠鲁学派的物理学(原子论)和由此为指导生活而得出的结论。这部在哲学和语言上卓越的诗作,在其同时代的人那里,在古代晚期,只有极少人关注,之所以如此,也许正因为,反对伊壁鸠鲁学说的西塞罗,在其著作中未曾提及这部诗作。阐述伊壁鸠鲁体系的散文作品,是由稍早于西塞罗的阿马菲尼乌斯(C. Amafinius)、拉比利鲁斯(Rabirius)和卡提乌斯(T. Catius)撰写的。

西塞罗(M. Tullius Cicero,公元前 106—前 43 年)留下了一个内容广博的哲学著作集(主要以柏拉图和亚里士多德为典范,采用对话形式),这些著作有明确的目标,那就是更为广泛地向他的同胞传播希腊哲学。① 他拥护卡内阿德斯和他的老师拉里萨的斐隆(Philon von Larisa)的“怀疑论”学园派哲学,他们的方向在此期间为安提奥库斯所超越,但西塞罗并未局限于对知觉之可靠性和对更为可靠的认识之可能性的解构性批评,相反,他的论证往往在支持教条式的立场(尽管保留了最大的或然性)。② 西塞罗大范围使用了希腊的典范,他以自己的判断重塑了这些典范,并在其完全个人化的“建构式”(konstruktiven)怀疑论的意义上对其作了创

---

① CICERO: De divin. II, 1—7 u. ö.; manches deutet daraufhin, daß von Anfang an ein Gesamtplan zugrunde lag; vgl. GIGON, a. O. [21] 243f.

② Vgl. W. GÖRLER: Unters. zu Ciceros Ph. (1974).

造。他的著作对他同时代的人,对古代和现代,都产生了巨大影响,①文艺复兴对古典哲学的复兴,若无他的作品是不可想象的。

几乎与西塞罗同一时期,出现了博学的古玩家雷阿第的瓦罗(M. Terentius Varro aus Reate,公元前116—前27年)的《深思熟虑》(Logistorici)(现已失传,主要是对伦理问题的通俗解释,并未固守某一学派②),③还出现了布鲁图斯(M. Iunius Brutus)更多的伦理著作(全部失传),此人就是后来谋杀凯撒的人,这些著作赞成阿斯卡隆的安提奥库斯的折衷-教条的学园派学说。影响更为广泛的是小卡图(M. Porcius Cato)一贯的斯多亚派立场,他于公元前46年自杀于乌提卡(Utica),因此成为斯多亚派坚持原则的典范,也因此成为 libera res publica[自由的共和国]的象征;他没有哲学著作传世。西塞罗的朋友斐古鲁斯(P. Nigidius Figulus)的语法、自然科学和古学作品,被其同代人视为"属毕达哥拉斯学派",但理由很勉强;这些作品没有值得称道的影响。更进一步的结果是,一个叫塞克斯提乌斯(Q. Sextius)的人及与其同名的儿子(奥古斯都时期),短暂地尝试部分按照毕达哥拉斯学派的基本原理来建立特殊的罗马式的哲学学派。作为这个学派的成员,为人所知的有法比阿努斯(Papirius Fabianus),克拉斯基乌斯(L. Crassicius),博学家和百科全书编纂者凯尔苏斯(Celsus),还有塞涅卡的一位老师索提翁(Sotion)。——哲学对奥古斯都时

---

① Vgl. TH. ZIELINSKI: Cicero im Wandel der Jh. (41929).

② Vgl. jedoch CICERO: Acad. I, 12 über Varro als Anhänger des Antiochos.

③ Zu den Fragmenten H. DAHLMANN: Varroniana, in: Aufstieg..., a. O. [21] I/3(1973)3—25; LIEBERG, a. O.

期的诗作影响重大，尤其是维吉尔（Vergil，折衷学派，但主要是斯多亚派）和贺拉斯（Horaz，折衷学派，但主要是伊壁鸠鲁派），[①]然后是哥曼尼库斯（Germanicus）和曼尼利乌斯（Manilius）的天文诗歌。在奥古斯都（Augustus）宫廷，斯多亚派狄笃摩斯（Areios Didymos）和“秃子”阿泰诺多洛斯（Athenodoros），在提比略（Tiberius）宫廷，热衷柏拉图哲学的星占家忒拉叙洛斯（Thrasyllos），作为“御用哲人”（Hausphilosophen）发挥了影响。奥古斯都本人在其人生的最后几年中编写了《劝学集》（Hortationes ad ph. am）。[②]

文学家、太子太傅和廷臣塞涅卡（L. Annaeus Seneca，公元前4？—65年），以124封《书简》（Briefen）和12卷《对话》（Dialogen）（两类著作都猛烈抨击犬儒派哲人波吕斯泰尼的比翁[Bion von Borysthenes]的技艺：以松散的对话形式就个别问题发表陈述）。与西塞罗一样（就所涉及的部分而言），塞涅卡亲近老斯多亚派，但突出了其折衷派的自由。[③] 甚至可以发现他偶然也会赞同伊壁鸠鲁派的原理。[④] 在帝国早期和中期，此后又在公元16—18年间，塞涅卡不仅通过往往是传道训世的思想进路，而且通过其卓越却又每每矫揉造作的文体（卡里古拉[Caligula]所谓：harena sine calce[无有拳打脚踢的沙场]），发挥了极为重大的影响。新时代的斯多亚派形象，就是由他决定性地创造出来的。——塞涅卡之后，斯多亚派的学说在罗马一直占统治地位。由他（？）所释放的考努图斯（L. Annaeus Cornutus），有一份以希

① Vgl. jetzt W. D. LEBEK: Horaz und die Ph.: Die Oden, in: Aufstieg…, a. O. II/31, 3(1981)2031—2092.

② Vgl. SUETON: Aug. 85, 1.

③ SENECA: Ep. 2, 5; 45, 4; Dial. 7, 3, 2.

④ Ep. 21, 9 u. ö.

腊文写成的关于斯多亚派神话解释的概论得以传世。斯多亚派鲁福斯(C. Musonius Rufus,约公元 30—100 年)很可能也以希腊语授课;约有 40 则断章传世。埃庇克泰德(Epiktet,约公元 55—135 年)是他的学生,从获释到 88/89 年(参下文 4.)遭驱逐,埃庇克泰德一直在罗马讲学,后在尼克波利斯(Nikopolis/Actium)讲学。他用希腊文写成的"小册子"(《手册》[Encheiridiom]),是一位希腊哲人学者(Schulphilosophen)完整传世的独一无二的文本,不仅广为传播,还在近代(Neuzeit)产生了重大影响(他的学生阿里安[Arrian]的笔记与之同时传世)。哈德良(Hadrian,公元 117—138 年罗马皇帝)与埃庇克泰德和其他学派的代表有可信赖的交往,[1]却又转向了复兴的柏拉图学派(在罗马范围内的代表是普鲁塔克[Plutarch]、盖尤斯[Gaios]、卡尔维希乌斯[Calvisius,*Καλβηνός*?(卡尔伯诺斯?)]、陶鲁斯[Taurus]、阿普莱乌斯[Apuleius Von Madaura]、盖里乌斯[A. Gellius])。[2] 马可·奥勒留(Mark Aurel,公元 161—180 年罗马皇帝)年轻时受智术师弗伦托(M. Cornelius Fronto)和阿提库斯(Herodes Atticus)影响,受鲁斯提库斯(Q. Iunius Rusticus)吸引,并通过埃庇克泰德的学说转向了斯多亚派。他在晚年编成 12 卷(经修订传世的)《沉思录》(Selbstgespräche,*Εἰς ἑαυτόν*[《独白》])。在塞维鲁斯王朝治下,新毕达哥拉斯学派和奇人(Wundermann)图亚那的阿波罗尼奥斯(Apollonios Von Tyana,死于内尔瓦[Nerva]治下)享有盛名(斐洛斯特拉图[Philostrat]为其立传)。[3] 公元前最后一个

---

① Vgl. AELIUS SPARTIANUS: Hadr. 16, 10.

② Vgl. J. DILLON: The Middle Platonists. A study of Platonism 80 BC to AD 220(London 1977).

③ The Letters of APOLLONIOS of TYANA. A crit. text, with proleg. transl. and comm. by R. J. PENELLA(Leiden 1979).

时期,罗马的哲学受新柏拉图学派影响。主要代表有卡尔奇迪乌斯(C[H]Alcidius,公元400年稍晚,译注了柏拉图的《蒂迈欧》[Timaios])、马克洛比乌斯(Macrobius,5世纪初评注了西塞罗的《斯基皮奥之梦》[Somnium Scipionis])、卡佩拉斯(Martianus Capella,5世纪编成百科全书《语文学与墨丘利的联姻》[De nuptiis Philologiae et Mercurii])、波埃修(Boethius,约公元480—524年,著有亚里士多德解释和《哲学的安慰》[De consolatione ph. ae]),①这些人全都是基督徒或同情基督教;还有反对基督教的普莱特科斯塔图斯(Vettius Agorius Praetextatus,约公元320—384年),他是苏门马库斯(Symmachus)的朋友和战友。②

3. 评价。——a)差评。在罗马,哲学和哲学思想几乎在所有时期都遭到激烈的批判。随后出现的责难可以分为:1)首先,由希腊传入的哲学,碰到了一种普遍对其希腊本质的反感,斥之虚伪轻浮。这种偏见不仅见于尽人皆知蔑视希腊的人如老卡图,也见于西塞罗。③ 所以,后者为自己的哲学写作技艺辩护说,他将自己的哲学写作技艺,与在罗马享有盛誉的法学(Rechtswissenschaft)等而同之。④ 2)哲学无法理解。譬如,西塞罗听任演说家安东尼(Antonius)发表这种责难;⑤他自己还亲口谈论"斯多亚派的荆棘"。⑥ 3)哲学无用;哲学学

---

① Boethius-His life, thought and influence, hg. M. GIBSON (Oxford 1981).

② Vgl. R. KLEIN: Symmachus, eine tragische Gestalt des ausgehenden Heidentums(1971); J. WYTZES: Der letzte Kampf des Heidentums in Rom(Leiden 1977).

③ Vgl. CICERO: Ep. ad Quint. fratr. I, 1, 16.

④ CICERO: De fin. I, 12 u. ö.

⑤ De or. II, 61.

⑥ Acad. II, 112; De fin. IV, 6.

说荒谬。这种责难,甚至在西塞罗那里也俯拾皆是,譬如:“一旦引发另一场谈话,喋喋不休的哲人就会脱离听众而去”;①他嘲笑斯多亚派的严格作风;②最严苛的责难是:“... nihil tam absurde dici potest, quod non dicatur ab aliquo philosophorum [……绝对不能说这荒谬,因为,这不是某个哲人说的]。”③首先从修辞术方面,他常常强调哲学无用。④ 4)哲人是伪君子;他们的生活方式和学说相互矛盾:“odi ego homines ignava opera et philosopha sententia[我厌恶人们有无知的作为和哲学的观点]。”⑤这与对懒惰的责难密切关联。⑥ 5)哲学脱离现实(主要针对斯多亚派)。⑦ 6)贪财:庞彭尼乌斯(Pomponius)《残篇》(Frg. 109f. R. 2)完全有理由按此含义来解释。塞涅卡针

---

① De or. II, 21.

② Pro Mur. 61ff.

③ De divin. II, 119; vgl. auch: Laelius 45; De nat. deor. I, 18. 42. 108; VARRO: Sat. Menipp. Frg. 122, hg. F. BÜCHELER/W. Heraeus(61922)195 = Frg. 155, hg. J.-P. CÈBE 4(Rom 1977)540 = Frg. 122, hg. R. ASTBURY (Leipzig 1985)23; Persius III, 77ff.

④ SENECA: Ep. 108, 22(Ansicht seines Vaters); QUINTILIAN: Inst. orat. XII, 2, 6f. u. ö.; FRONTO: De eloquentia 16, hg. S. A. NABER(1867) 146, hg. M. P. J. van den HOUT(Leiden 1954)139f.; vgl. P. STEINMETZ: Unters. zur röm. Lit. des 2. Jh. n. Chr. Geb. (1982)175; zur Auseinandersetzung zwischen Rhetorik und Ph. vgl. H. VON ARNIM: Leben und Werke des Dio v. Prusa(1898)4—114.

⑤ PACUVIUS: Frg. 348, in: Tragic. Rom. fragmenta, hg. O. RIBBECK (21871)121; CICERO: Pro Sestio 110; SALLUST: Bell. Iug. 85, 32; CORNELIUS NEPOS bei LAKTANZ: Div. inst. III, 15, 10; LABERIUS: Frg. 36, in: Comic. Rom. pr. Plaut. et Terent. fragmenta, hg. O. RIBBECK(21873)284 = Frg. 50, in: Rom. mimi, hg. M. BONARIA(1965)47: Ein kynischer Lehrsatz soll auf der Latrine demonstriert werden; vgl. das von G. CALZA: Die Antike 15 (1939) 99—115 veröff. Gemälde aus Ostia, auf dem die Sieben Weisen Verdauungsratschläge geben; JUVENAL: Sat. 2, 64f.; 3, 116ff.; Script. hist. Aug. VI, 14, 8; TACITUS: Hist. IV, 5.

⑥ Vgl. QUINTILIAN: Inst. orat. XII, 3, 12; PLINIUS: Ep. I, 22, 6.

⑦ CICERO: De or. I, 230—233: (Antonius über P. Rutilius Rufus und dessen Vorbild Sokrates); Brutus 117(über Q. Aelius Tubero); Pro Mur. 62ff. (über Cato d. J.); TACITUS: Hist. III, 81(über Musonius Rufus).

对此责难为自己辩护。①

b）哲学早已被贬为附带的爱好（*Liebhaberei*）。特别是，在泰伦斯那里，哲学与狩猎、养马养狗同列。② 针对"哲思过度"，恩尼乌斯（Ennius）说："philosophari est mihi necesse，paucis；nam omnino haud placet[哲思乃我所必需，但浅尝辄止；因为，它根本就无乐趣]。"③首先，与前 156/155 年的哲学使团一同到来的哲学，在罗马成为一种"时尚"。④

c）哲学偶尔也与修辞学、语法、数学、音乐等等一道，被称为普及教育（*Allgemeinbildung*）的部类。⑤ 贺拉斯（Horaz）为诗人规定了基本知识。⑥ 但是，哲学（辩证法是例外）尚不属于*ἐγκύκλιος παιδεία*[普及教育]或者准确地说是 artes liberals[自由技艺]之经典，⑦甚至偶尔被认为与普及教育对立。因此，哲学在罗马不是普及教育学校的学科。与此相对，（十分短暂又非常浅薄的）哲学研究，在雅典、罗德岛、那不勒斯（维吉尔），后来也在罗马，为上流社会司空见惯。正是由此出现了编辑希腊文哲学作品的需要（布鲁图斯[Brutus]，塞克提乌斯学派[Sextier]，考努图斯[Cornutus]，鲁福斯[Musonius Rufus]，马

---

① SENECA：Dial. 7，17—25.

② TERENZ：Andria 56f.；vgl. CICERO：De or. III，58；MACROBIUS：Sat. VII，1，16；SENECA：Nat. quaest. VII，32，1.

③ ENNIUS：Frg. Scip. 376. Ennianae poesis rel.，hg. I. VAHLEN(21902) = Frg. 95，in：H. D. JOCELYN：The tragedies of Ennius. The fragm. ed. with an introd. and comm.（Cambridge 1967）88；von CICERO mehrfach kritisch kommentiert：Tusc. disp. II，1；indirekt：De fin. I，2 u. ö.；vgl. GELLIUS：Noct. Att. V，16，5；TACITUS：Agricola IV，3.

④ Vgl. PLUTARCH：Cato maior 22，3f.；vgl. R. SCHOTTLÄNDER：Röm. Gesellschaftsdenken(1969)194f.

⑤ Vgl. CICERO：De or. I，9—11；VITRUV：De archit. I，1，3；in der ‹Enzyklopädie› des CELSUS.

⑥ HORAZ：Ars poet. 310—316.

⑦ Die Gleichsetzung beider Termini u. a. bei SENECA：Ep. 88，23；QUINTILIAN：Inst. orat. I，10，1.

可·奥勒留[Mark Aurel],等等)。

d) 哲学与修辞学。在罗马修辞学家那里,哲学作为辅助学科受到欢迎。[1] 除了运用情感学说,西塞罗首先强调学园派-漫步学派 disputatio in utramque partem[深入任一主题的论辩]。[2] 但从根本上,哲学和修辞学还是被视为对手,在学校的作业练习中如此,在理论上亦如此:哲学从苏格拉底以来就绝对反对修辞学;塞涅卡[3]怀疑所有 artes liberals[自由技艺](还有修辞学)的价值,而认为只有哲学才堪当此价值。与之相反,在西塞罗那里,[4]需要修辞学,还只是为了维护"思维与言说的古老统一";这么做是为了"重新赢得失去的地基"。[5]

e) 典型的罗马特色,可惜只是见其萌芽的哲学与法学的相互影响。"大祭司"斯凯沃拉(Q. Mucius Scaevola 'Pontifex',前95年任执政官)编写了首部有体系的民法(Ius civile)典籍,这是一部"定义之书"(Liber definitionum),他也许是支持"三分神学"(theologia tripertita)的第一个罗马人。与其精神上接近的他的同名叔父("占卜官")表明,他很可能受到帕奈提奥斯(Panaitios)的影响。[6] 西塞罗笔下的演说家克拉苏(Crassus),很可能映射的就是斯凯沃拉和鲁福斯(Servius Sulpicius Rufus),[7]因为,

---

① CICERO: De or. I, 53f. 68f.; III, 76; QUINTILIAN: Inst. orat. XII, 2, 24—26: Beurteilung der einzelnen Schulen unter diesem Gesichtspunkt.

② De or. III, 107; Tusc. disp. I, 7f. u. ö.

③ SENECA: Ep. 88.

④ CICERO: De or. III passim, bes. 60f.; im gleichen Sinne QUINTILIAN: Inst. orat. I, pr. 13ff.; X, 1, 35; XII, 2, 8 u. ö.

⑤ De or. III, 108. 126; vgl. von ARNIM, a. O. [48] 97—101; R. MÜLLER: Die Wertung der Bildungsdisziplinen bei Cicero. Klio 43—45(1965) 77—173.

⑥ Vgl. De or. I, 43. 45. 75 u. ö.

⑦ De or. 1, 190; Brutus 152; vgl. F. SCHULZ: Gesch. der röm. Rechtswiss. (1961) 74. 100.

克拉苏要求明确定义有哲学基础和清晰结构的法律体系：这关系到认识来源和起源（fontes et capita）；从而，十二表法（das Zwölftafelgesetz）要比所有哲学书籍更有价值。① 在此，西塞罗（通过克拉苏）也将法学——正如在别处将修辞学——列入传统上作为最高科学的哲学的等级，尽管与此同时，他又从哲学中引出了法学，②并将其与哲学混合为一体。③ 以类似的方式，在塞维鲁斯（Alexander Severus）治下，法学家乌尔庇安（Ulpian）在法学中看到了"真正的哲学"。④

f）有自我理解的哲学是其自身的辩护者。可以区分（并无严格界限的）四种基本态度：1）崇奉者身份与宣传：首先，并且最令人难忘的是卢克莱修；小卡图（Cato d. J.）表现出竭力追求哲学之特点；塞涅卡运用修辞盛装的恳切宣传并不总是有说服力。2）哲学作为对真理的追求。西塞罗重新将哲学的基本问题，建立于很大程度上已堕入详尽提问和折衷的希腊化体系的基础之上："追问真实"（verum quaerere），并且不激动亦无偏见，始终是他的指导目标。⑤ 就此，他没有留下继承者。3）哲学作为灵魂治疗和伦理训练：在西塞罗那里，已然可以发现此母题（Motiv），尤其在《图斯库兰论辩集》（Tusculanen）中：哲学＝"灵魂治疗术"（animi medicina），⑥在塞涅卡那里，这种

---

① Vgl. De leg. II, 46f.

② Vgl. die Deduktion des Naturrechts in De leg. I, 18ff.

③ Vgl. J. CHRISTES: Bildung und Gesellschaft(1975)143, Anm. 32; K. M. GIRARDET: Die Ordnung der Welt. Ein Beitrag zur philos. und pol. Interpret. von Ciceros Schrift de legibus(1983).

④ Vgl. D. NÖRR: Iurisperitus sacerdos, in: Xenion. Festschr. P. J. Zepos (Athen 1973) 1, 555—572. Zu den philos. Einflüssen auf die Juristen der ausgehenden Republik grundlegend O. BEHRENDS: Die fraus legis. Zum Gegensatz von Wortlaut und Sinngeltung in der röm. Gesetzesinterpretation(1982) bes. 61—98.

⑤ CICERO: De fin. I, 3. 13; IV, 27; Luc. 7; Tusc. disp. I, 8 u. ö.

⑥ Tusc. disp. III, 6.

见解表现得特别强烈,正如在关注发挥广泛影响的大众-哲学宗教(Popular-Ph. Religiöse)中,不会听不见这一次重音。进而,在更高程度上,哲学作为实现自身道德完善的手段:向来内在于斯多亚派的个体伦理特质,在马可·奥勒留那里,有最为明确的表现。"自我思考"绝不是为了公开;任何对外界的影响都被放弃了。这堪比塞克提乌斯①践行的(源于毕达哥拉斯派的)每晚自省的习惯。

4. 社会地位;外部特点。——差不多直到公元前1世纪,哲学在罗马差不多只得到希腊人的支持。与此同时,需要区分,就严格的人身关系而言,受高层罗马人保护的"住家哲人"(Hausphilosophen),和在公共学校中授课的哲人。尤其第二种哲人群体,需要长期与罗马民族的憎恨斗争。不断增加的放逐就是明证:前173(或前155年),伊壁鸠鲁派的阿尔凯奥斯(Alkaios或阿尔基奥斯[Alkios])和斐力思科斯(Philiskos)被逐出罗马;前161年,元老院作出一项全部驱逐哲人和修辞术教师的法令;前155年,老卡图也劝说极为严厉地驱逐"哲人使节"。② 然而,哲学思想的涌入不可阻挡。前168年左右,在罗马已然存在希腊哲人和学者的"一个大团体"。③ 大约自从前144年开始(帕奈提奥斯入幕爱弥里阿努斯[Scipio Aemilianus]家),"入幕哲人"的规模不断扩大:布罗西乌斯(Blossius)入幕格拉库斯(Ti. Gracchus)家,阿斯卡隆的安提奥库斯(Antiochus von Askalon)入幕(Lucullus)家,迪奥多托斯(Diodotos)入幕西塞罗家,安提帕特罗斯(Antipatros von Tyros)

---

① Vgl. SENECA: De ira III, 36, 1.

② Nur bedingt vergleichbar ist die Schließung der lat. Rhetorenschule im Jahre 91 v. Chr.; vgl. SCHMIDT, a. O. [23] 183—216.

③ POLYBIOS XXXI, 24, 7.

和阿腾诺多罗斯(Athenodoros)入幕小卡图家,斐洛德莫斯(Philodem)入幕皮索(Piso)家,等等。[①] 罗马的文化水平的突出特征是,在公元前2世纪上半叶,埃庇洛特人卡罗普斯(der Epirote Charops)将他的孙子送到这里,让他在罗马学习"语言和科学"。[②] 更为强劲的一次推动是,前88年,更多哲人,还有拉里萨的斐隆和阿斯卡隆的安提奥库斯(?),面对米特里达特斯(Mithridates)入侵,由雅典逃亡罗马。[③] 在凯撒治下,"自由技艺"(artes liberales)的支持者享有很高声望和特权。[④] 由此以降,罗马人唯独献身于哲学(譬如,奥古斯都治下的塞克提乌斯家族)。但也正是不断扩大的影响为哲学造成新的对手。卡西乌斯(Dio Cassius)[⑤]已经让马基纳斯(Maecenas)警告奥古斯都(Kaiser Augustus)有流氓无赖穿着哲人的外衣,进而不断抱怨只是伪装的哲学的道德规则。更为危险的是,自从小卡图死于乌提卡(前46年)之后,斯多亚派尤其成为共和信念的象征。斯多亚派的思想,卡图崇拜,对皇室的攻击,逐渐合流,在卡努斯(Iulius Canus)那里已然开始,此人被卡里古拉(Caligula)处死,然后是佩图斯(Thrasea Paetus)和索拉努斯(Barea Soranus),塞涅卡(后来才发现此人是反对派)及其外甥诗人卢坎(Lukan),这些人都被尼禄(Nero)逼死,还有普利思库斯(Helvidius Priscus)为维斯帕先(Vespasian)所杀。有些同时代的人,谴责这些反对派的学说之顽固,又同情其生不逢

① Dazu J. GLUCKER: Antiochus and the Late Academy(1978)21f. Vergleichbar sind die 'Hausdichter'; vgl. M. VON ALBRECHT: Art. ‹Dichterpatronage›, in: Lex. der Alten Welt(1965)727—730.

② POLYBIOS XXVII, 15, 4.

③ CICERO: Brutus 306.

④ SUETON: Div. Iulius 42, 1.

⑤ DIO CASSIUS LII, 36, 4.

时;塞涅卡,这位起初支持君主(Princep)的人,以讽刺的口吻谈论"死欲"(libido moriendi)。[①] 还有些犬儒派(如德摩特里奥斯[Demetrios][②])也同情共和派。除了对个别人的刑事处罚,再度出现驱逐所有哲人的行动:维斯帕先治下的 71 和 74 年间,多米提安(Domitian)治下的 89/89 年和 92/93 年。[③] 另一方面,在维斯帕先治下,已然开始了对艺术和科学的不断推动(授予特权;设立国家修辞学教授席位,首位获此殊荣者:昆体良[Quintilian]),图拉真(Trajan)继承大统后的措施,也有益于哲学。[④] 121 年,王后普罗提娜(Kaiserin Plotina)在其养子哈德良面前为雅典的伊壁鸠鲁派说话。[⑤] 在首位"哲人王"(Philosophenkaiser)哈德良治下,哲学享有盛望。[⑥] 在泛希腊努力框架中,他不断推动哲学;或许他已经为哲学设立了国家教授席位。[⑦] 他是蓄有"哲人胡须"的第一位皇帝。[⑧] 他扩大了哲人μὴ κρίνειν[不审判](不承担陪审员义务)和不交税之特权。[⑨]

---

① SENECA: Ep. 24, 25; vgl. MARTIAL: Epigr. I, 8.

② Vgl. M. BILLERBECK: Der Kyniker Demetrius(Leiden 1979); vgl. J. MALITZ: Helvidius Priscus und Vespasian. Zur Gesch. der stoischen Senatsopposition. Hermes 113(1985)25—53.

③ Zu den Philosophenausweisungen unter den Flaviern vgl. A. N. SHERWIN-WHITE: The Letters of Pliny. A hist. and soc. comm. (Oxford 1966)240—242. 763—771; vgl. auch G. W. BOWERSOCK: Greek Sophists in the Roman Empire(Oxford 1969)30—42.

④ Vgl. R. HERZOG: Urkunden zur Hochschulpolitik der röm. Kaiser. Sber. Preuß. Akad. Wiss., Phil.-hist. Kl. (1935)967—1019; M. A. LEVI: Gli studi superiori nella politica di Vespasiano. Romana 1(1937)361—367; BOWERSOCK, a. O.

⑤ HERZOG, a. O. 984, Anm. 1.

⑥ Vgl. R. SYME: Hadrian the intellectual, in: Les empereurs romains d'Espagne(Paris 1965)243—253.

⑦ Vgl. L. FRIEDLÄNDER: Darstellungen aus der Sittengesch. Roms 3 (101923)256.

⑧ Nach anderer Überlieferung wollte er damit Narben verdecken.

⑨ BOWERSOCK, a. O. [82] 33.

在安东尼·庇护(Antoninus Pius)治下,这些优惠政策——也许是出于财政匮乏——受到限制。[①] 马可·奥勒留统治时期,带来了新的发展高峰,他在雅典的四所大学校引入四个国家教授席位。[②] 国家对哲学的支持,一直持续到新柏拉图派与基督教的论战。当然,哲学的盛望亦有其负面后果:差不多自从弗拉维乌斯家族(Flavier)兴起以来,哲学真正的和所谓的支持者的数目十分可观。除了公共的教师和"入幕哲人",还有规模不断增长的(主要是犬儒派)漫游哲人和道德劝勉者。他们典型的外在标志是:长袍,行杖,不加修饰的长须,这在广泛的圈子里成为时尚。 高尔勒(W. Görler)撰

文献指引:

R. Harder: Die Einbürgerung der Ph. in Rom. Die Antike 5(1929) 291—316; Nd in: Kl. Schr. (1960)330—353 und K. BÜChner(Hg.): Das neue Cicerobild(1971) 10—37. N. Stang: Ph., Philosophus bei Cicero. Symbolae Osloenses 11(Oslo 1932)82—93. O. Gigon: Die Erneuerung der Ph. in der Zeit Ciceros, in: Entret. Hardt 3(Vandoeuvres/Genf 1955 [1958])25—59; Nd in: BÜChner(Hg.), a. O. 229—258. H.-I. Marrou s. Anm. [90]. W. Schmid: Das Werden der lat. Philosophensprache. Wiener humanist. Blätter 5(1962) 11—17. O. Gigon s. Anm. [21]. G. Garbarino s. Anm. [15]. J. Christes s. Anm. [68]. J.-M. AndrÉ: La philos. à Rome(Paris 1977). P. Steinmetz s. Anm. [48]. I. Hadot: Arts libéraux et philos. dans la pensée ant. (Paris 1984). B. Maier: Ph. und röm. Kaisertum. Diss. Wien(1985). E. Rawson s. Anm. [25]. M. Puelma: Die Rezeption der Fachsprache griech. Ph. im Lat. Freiburger Z. Philos. théol. 33(1986)45—69.

---

① a. O. 34; Dig. 27, 1, 6, 7.

② Vgl. H.-I. MARROU: Gesch. der Erziehung im klass. Altertum(1957) 440f. mit Anm. 10.

二　教父与中世纪

（一）希腊教父

1. 早期基督教发现，希腊和罗马哲学已达到成熟和相对统一的高度(Größe)：其学说内容和社会影响（作为志业，作为生活手段），其组织和活动形式（学校，宣传和争论，著述），都是如此。早期基督教与哲学的关系是矛盾的：自从保罗（Paulus）以来（《歌罗西书》[2：8]），出现了一系列对这种无价值的人的智慧的否定；然而，自2世纪的教父以降，哲学又与基督教建立了积极关系。哲学的上帝学说，此时（尤其在中期柏拉图派那里）走到前台，还有哲学的伦理学（首先是斯多亚派的伦理学），被认为与基督教的学说接近，哲学的思考母题被采纳，用于建构基督教神学。这种对哲学的坦诚在亚历山大学派（der alexandrinischen Schule）那里达到顶点。尤其是克莱蒙（Clemens），他在《劄记》（Stromateis）中极力将哲学引入基督教的精神生活，引入与对立思潮的争论。与之相对，俄里根也许是所有教父中最精通希腊哲学的人，并且从哲学中获得了重要启发，他对哲学的评价却相去甚远；他对哲学的解释并不完全符合哲学的真实含义。这种对哲学的否定和依赖并存之情形，保持了数个世纪。差不多具有象征意义的是，415年，新柏拉图派女哲人希帕蒂娅（Hypatia）在亚历山大里亚（Alexandria）为基督徒的一次恐怖行动所杀，与此同时，411年，她的学生许内希奥斯（Synesios）被选为托勒密（Ptolemais）主教，他相信,自己改宗基督教,“不是抛弃哲学,而是一种朝向哲学的提升”。①

由此模棱两可的关系,决定了哲学概念史的发展:基督徒开始将他们的宗教——不止其学说,还有其生活方式——称为“哲学”。这以两者的可比较性为前提,但却意味着,为了自己的事业而利用作为对手的哲学。通过与哲学争论,基督教深受影响。由此使其与当时的其他宗教区别开来,这些宗教要么与哲学毫无切合点(密特拉崇拜[Mithras-Kult]),要么最多从外表上可以被认为具有哲学特色(伊西斯崇拜[Isis-Kult]:普鲁塔克《伊西斯与奥西丽丝》[De Iside et Osiride]);基督教的情形是追随犹太教,犹太教靠希腊-犹太作家早已发展出一种哲学式的自我理解,正如灵知派(Gnosis),——尽管方式稍有不同——将哲学和宗教的思想材料融为一体。此外,需要思考的是,希腊哲学的命题是通行的教育财富,所以,并非在某个基督教作家那里出现的每一个哲学命题,都可以与哲学扯上关系。

2. 基督教敌视哲学,是由于哲学所要求的世界解释和生活形态,被认为与基督教具有竞争关系。所以,哲学——恰如异教崇拜——堪称魔鬼的发明。② 这就有可能支持对希腊的普遍敌视(塔提安[Tatian])或对世俗文化的蔑视,譬如,在隐修士圈子里。③ 争论的母题,由(2世纪的)护教士提出,后又作为论题得到更为广泛的使用,完全可以追溯到各派哲人

---

① SYNESIUS: Ep. 11.

② Erwähnt bei CLEMENS ALEX.: Strom. I, 16, 80, 5; VI, 8, 66; 17, 159; in entschärfter Form bei ORIGENES: De principiis III, 3, 2—3; vgl. schon CLEMENS ALEX.: Strom. VII, 2, 6, 4.

③ E. L. FORTIN: Christianisme et culture philos. au 5e s. (Paris 1959) 64—74.

自己之间的争论,[①]也可以追溯到演说家的相互攻击。[②] 这些论题在犹太教的论争中已然使用过了。要点是:1)吹毛求疵,形式主义,无助于生活的渊博学识。2)各派哲人间无法弥合的分歧。3)道德谴责:学说与生活的矛盾;尤其受到抨击的是哲人的贪欲。4)哲学作为异端之来源;保罗(《歌罗西书》[2:8])已然点明了这一点,自伊里奈乌(Irenaeus)以降,[③]成为习惯性修辞,首先与灵知派有关。[④] 后来,譬如,俄里根,还有阿里乌(Arius),往往谴责依赖于异教哲学。希波吕托斯(Hippolytos)的异端学(häresiologische)著作,将此基本思想题名为《哲学谵言》(Philosophumena)。5)哲学局限于上流社会,而基督教及于大众:[⑤]"普通百姓,手工业者,老年妇女",[⑥]"还有目不识丁者"。[⑦] 6)个别哲学学说,譬如,伊壁鸠鲁派的伦理学,伊壁鸠鲁派和斯多亚派物质主义的上帝学说,否定个体天命。

3. 对哲学的依赖,在护教士那里有一个更为外在的参考点,这就是强调求助于作为哲人的王者(Philosophenkaiser),强调需要他们的洞见、客观性和克制;与此相应,他们自己需

---

① Stellensammlung bei J.-C. FREDOUILLE: Tertullien et la conversion de la culture ant. (Paris 1972) 301—326.

② H. VON ARNIM: Leben und Werke des Dio von Prusa(1898) 1—114.

③ IRENAEUS: Adv. haereses I, 14, 2.

④ Die Karpokr atianer sollen nebeneinander Bilder von Jesus, Pythagoras, Platon, Aristoteles und anderen Philosophen verehrt haben, vgl. IRENAEUS, a. O. 25, 6; weiteres bei H. A. WOLFSON: The philos. of the church fathers 1 (Cambridge, Mass. 1956) 559—574.

⑤ JUSTINUS: 2. Apol. 10, 8.

⑥ ATHENAGORAS: Legatio 11, 3—4.

⑦ CLEMENS ALEX.: Strom. IV, 8, 58, 3; vgl. ORIGENES: C. Celsum VI, 1—2; zum Begriff ‹Einfalt› (ἁπλότης, simplicitas): Hist. Wb. Philos. sowie RAC s. v.; der Ausdruck ‹sancta simplicitas› zuerst bei HIERONYMUS: Ep. 57, 12, 4 und RUFINUS: Historia eccles. X, 3. GCS 9, 2, 962, 16, bei einer Konfrontation mit einem Philosophen.

要按照哲学的对话视野来讨论问题。[1] 他们由此适应了历史处境：因为，哲学在1世纪的罗马扮演着不合政见的角色，作为反对僭政的自由和良知的保护所，虽不断在政治上遭到迫害，但自哈德良以来，哲学还是一直得到厚爱和支持。[2] 基督徒没有明白说出的愿望是：获得与哲学同等之地位，从而有望得到承认，并看到自己与哲学建立密切关系。[3] 与此同时，他们并不只是汲汲于顾及周遭的一种自我表白；自游斯丁(Justinus)以来，在为基督徒撰写的书籍中，哲学得到公开接纳。游斯丁改宗前是柏拉图派哲人，他保持着哲学的外衣(τρίβων)，[4]并保持着讲学哲人的行为方式。[5] 还有其他护教士(阿里斯泰德[Aristides]，阿泰纳哥拉斯[Athenagoras])甚至自称"哲人"，尽管是在专业教育和行事的意义上。从内容上看，他们选择哲学学说的标准是符合或有用于基督教的学说。[6] 对哲学术语的采纳，是其依赖于哲学的一个确定尺度。

---

① JUSTINUS: 1. Apol. 1, 1; 2, 1—2; 2. Apol. 2, 16; MELITO: Frg. 3, 11, in: Die ältesten Apologeten, hg. E. J. GOODSPEED(1914, ND 1984)308; ATHENAGORAS: Legatio Anfang. 2. 11; H. H. HOLFELDER: Εὐσέβεια καὶ φ. Z. neutestamentl. Wiss. 68(1977)48—66. 231—251.

② G. W. BOWERSOCK: Greek Sophists in the Roman Empire (Oxford 1969)32f.; A. ALFÖLDY: Der Philosoph als Zeuge der Wahrheit und sein Gegenspieler der Tyrann. Scientiis et artibus 1(1958)7—19.

③ JUSTINUS: Dial. cum Tryphone 2.

④ Verbreiteter das röm. Äquivalent, das Pallium: TERTULLIAN: De pallio; R. KREIS-VON SCHAEWEN: Art. ‹Pallium›, in: RE 18/3 (1949) 251—254.

⑤ Zur philos. Ausbildung bei Origenes vgl. EUSEBIUS: Historia eccles. VI, 18, 3—4; 19, 5—14; GREGORIUS THAUMATURGUS: Dankrede an Origenes, in: H. CROUZEL (Hg.): Grégoire le thaumaturge, Remerciement à Origène (Paris 1969); CROUZEL: L'école d'Origène à Césarée. Bull. Litt. ecclésiast. 71(1970)15—27; allg. zur Duldung des heidn. Bildungswesens durch die Christen vgl. H.-I. MARROU: Gesch. der Erziehung im klass. Altertum (1957)455—476.

⑥ Vgl. CLEMENS ALEX.: Strom. I, 7, 37, 6; GREGORIUS THAUMAT.: Dankrede 14, a. O. 158—173.

在护教士[1]和亚历山大学派那里，这种依赖极为丰富；俄里根为此必须时时为自己辩护。[2] 坦率地说，界限往往并不清楚："逻各斯"这个术语被吸纳进了犹太-希腊哲学和《约翰福音》(Johannes-Evangelium)，所以，并不存在直接借用的问题。"气"(Pneuma)这个术语也一样。圣经词汇和日常语言可能都充满了哲学，譬如，*αἴσθησις*[感知]。[3] 举几个特别有趣的例证："异端"(Häresie)出自*αἵρεσις*[哲学体系]，即"哲学学派"(philosophische Schule)；"教义"(Dogma)源自"哲学教义"(philosophische Lehrmeinung)；"实质"(Hypostase)作为讨论三位一体的关键概念，具有新柏拉图派背景。哲学的一个基本词汇*ἀρχή*[本原]，出现在俄里根的著作*Περὶ ἀρχῶν*[《论原理》]的书名中；这个词是中期柏拉图派用于"神学"(Theologie)的标志。[4] 但这些措辞方式，未能在基督徒那里贯彻始终。

神学的自我理解：1)秘传(Esoterik)：由毕达哥拉斯学派传播开来的关于哲学区分大众和学派内部之二元性表达，[5]在亚历山大的克莱蒙(Clemens Alexandrinus)那里表现为"信仰-灵知"(Pistis-Gnosis)之二元性；在俄里根那里，则表现为*ἁπλούστεροι*[较为单纯的人](simpliciores[较为简单之人]，"单纯的基督徒"，比较级缓和了这种贬低之口气："这些相当简单的人")与*τέλειοι*[完善的人](perfecti[完善之人]，"完美之人")之区分。[6] 灵知

---

① Eine Liste bei J. GEFFCKEN: Zwei griech. Apologeten(1907, ND 1970) 327.

② Zum Terminus *ἀσώματος*, der weder in der Bibel noch in der Umgangssprache vorkomme: ORIGENES: De princ. I, praef. 8f.; IV, 3, 15.

③ De princ. I, 1, 9; CLEMENS ALEX.: Strom. I, 3, 26f.

④ H. KOCH: Pronoia und Paideusis(1932) 251—253.

⑤ Vgl. Art. ⇨‹Exoterisch/esoterisch›; G. BOAS: Anc. testimony to secret doctrines. Philos. Review 62(1953) 79—92.

⑥ M. HIRSCHBERG: Stud. zur Gesch. der simplices in der Alten Kirche (1944)[als Ms. gedruckt].

派对人有本质不同的观念，借助哲学转化为一种教育的等级划分。对纯朴的信仰者的敬意，不仅根植于新约之中，也针对异教的大众哲学。[1] 2）方法：在克莱蒙和俄里根那里，贯彻了科学的ζητεῖν［研究］和ἐρευνᾶν［探究］的行事法则，也贯彻了持续不断的认识进步意义上的研究者的行事法则。[2] 特别是，通过寓意解经法（Allegorese），力求更为深入地理解作品，这种解经法出自哲学，由斐隆（Philon）传布到圣经解释。从而开启了圣经文本中的多重哲学内涵。[3] 就神学论证，发展了书面证据和理性证据并存之局面。哲学的对手也启用了哲学的方法。[4] 圣经评注和理论著作（部分采取了对话形式），认同哲学的公开方式。（但人们必定期待以灵知文学为中介。）需要强调的是，对某一权威文本的评注，也从属于哲学传统。最终，俄里根展示出了一种神学体系的构想，这种体系事实上，并且在方法上，都应当包罗万象。[5]

援引哲人：这种情形首先出现在护教处境中，也出现在反对灵知派的论战中，[6]当然总是采取了不容许哲学表现出优越权威的方式。偏爱某些名言（譬如，柏拉图《蒂迈

---

① MUSONIUS：Diss. 2；EPIKTET III，24，64；SENECA：Ep. 95；ORIGENES：C. Celsum VI，1—2 weist u. a. auf Epiktet hin.

② J. DANIÉLOU：Message évangel. et culture hellénist.（Paris 1961）285—289；dies setzt voraus，daß in der Hl. Schrift nicht alle Fragen klar beantwortet sind，vgl. ORIGENES：De princ. I，praef.；die Gegenposition：Verbot vorwitzigen Forschens，IRENAEUS：Adv. haer. II，28，2f.

③ Vgl. ORIGENES：In Exodum hom. 11，6.

④ IRENAEUS will die Häresien aus ihren eigenen Voraussetzungen widerlegen，vgl. A. BENOÎT：Saint Irénée（Paris 1960）58；das ist eine akademische，von PLUTARCH z. B. virtuos gehandhabte Methode.

⑤ Corpus（σῶμα）：ORIGENES：De princ. I，praef. 10；vgl. H. T. KERR：The first syst. theologian：Origen of Alexandria（Princeton 1958）；H. CROUZEL：Origène et la philos.（Paris 1962）.

⑥ Berufung auf Platons Gotteslehre bei IRENAEUS：Adv. haer. III，25，5.

欧》28c[1])和模范人物(譬如,苏格拉底[2])。

反思哲学与基督教启示之相似(*Verwandtschaft*):1)哲学也是上帝的馈赠,从而可视其为与生俱来的知识萌芽,或可视其为启示。在这两种情况下,知识都不完全,都有片面性,这也可以解释哲人的矛盾。这种理论依赖于斯多亚派和中期柏拉图派的观念,由斐隆、护教士,并且特别由亚历山大的克莱蒙作了阐发。游斯丁(Justinus)也使用了*λόγος σπερματικός*[作为种子的逻各斯]这个术语。[3] 2)哲人已然从旧约中汲取灵感。其"偷窃"行为也常常受到较为严厉的谴责。这些论题在希腊化的犹太教中发展出来,进而为基督徒所接受;可以将这些论题,与对希腊哲学的埃及和巴比伦起源的希腊式表述联系起来。[4] 所以,基督教的敌手凯尔苏斯(Celsus)也认为,哲学源于一种在民众中广为传讲的"古老言说"(*παλαιὸς λόγος*),[5]后者在犹太人和基督徒手中堕落为知识(Sci.)。3)哲学作为启示之预备(*προπαιδεία*)。这一观念出于斐隆,[6]尤其得到亚历山大学派神学家的支持。对此观念,既可以从个体教养方面来

---

① A. WLOSOK: Laktanz und die philos. Gnosis(1960)252—256; A. D. NOCK: The exegesis of Timaeus 28 c. Vigiliae Christ. 16(1962)79—86.

② A. HARNACK: Sokrates und die alte Kirche, in: Reden und Aufsätze 1 (1904)27—48; E. BENZ: Christus und Sokrates in der alten Kirche. Z. neutestamentl. Wiss. 43(1950/51)195—223; K. DÖRING. Exemplum Socratis (1979).

③ Vgl. S. R. C. LILLA: Clement of Alexandria. A study in Christian Platonism and Gnosticism(Oxford 1971); P. JOLY: Christianisme et philos. Et. sur Justin et les Apologistes grecs du 2e s. (Brüssel 1973).

④ K. THRAEDE: Art. ‹Erfinder›, in: RAC 2, 1242—1259.

⑤ CELSUS: Frg. I, 14 c; R. BADER: Der ΑΛΗΘΗΣ ΛΟΓΟΣ des Kelsos (1940)44; vgl. C. ANDRESEN: Logos und Nomos(1955)118—131.

⑥ PHILO ALEX.: De congressu erud. gratia 79; vgl. M. POHLENZ: Kl. Schr. 1(1965)324—331; H. A. WOLFSON: Philo 1(Cambridge, Mass. 1948)Kap. II.

理解,①也可以从救世历史角度来理解。② 哲学的运用,首先要离弃对物质事物的思考,并通过伦理生活方式来展开。4)哲学作为护教学(与异教徒论辩)的辅助手段。③ 5)哲学作为“神学的女仆”(参见 ancilla theologiae 辞条)。④ 这一思想与斐隆和克莱蒙前述已有的思想联系在一起,⑤出自对撒拉和夏甲(Sarah und Hagar)的故事的隐喻式解经。起初,女奴也指临时的侍妾。神学女主人有权“惩罚和斥责”哲学。⑥ 自俄里根以降,人们用以色列人缴获的埃及人的黄金作为象征,进而以女俘作为象征,根据《申命记》(Deut. 21,10—13),人们可以娶女俘为妻。⑦ 总体而言,占据统治地位的观念是:要将哲学与基督教神学分开,还要哲学献身于基督教神学。哲学与神学更进一步的关系(由于方法上所决定的使命有别)没有得到支持。⑧

3.“哲学”概念的使用。除了其信仰含义,在教父学(Patristik)中,可以看到哲学概念的两种含义扩展:扩展到基督教

---

① Vgl. CLEMENS ALEX.: Strom. I, 5—6, 28, 1 und 30—36 in wörtl. Anlehnung an PHILON: VI, 7, 55 wird die platon. Unterscheidung von φ. und σοφία umdeutend benutzt; ORIGENES: C. Celsum III, 58; Br. an Gregorios Thaumat., in: CROUZEL(Hg.), a. O. [15] Anhang zur Dankrede.

② CLEMENS ALEX.: Strom. I, 5, 28f.: Gott gab den Heiden die Ph. wie den Juden die Offenbarung des AT, beide dienten zur Rechtfertigung und erzogen auf Christi Kommen hin.

③ CROUZEL, a. O. [27] 149f.

④ A. HENRICHS: Philos. the handmaiden of theology. Greek Roman Byzant. Studies 9(1968)437—450; zu Clemens Alex. vgl. DANIÉLOU, a. O. [24] 281—283.

⑤ a. O. [34] und [35].

⑥ CLEMENS ALEX.: Strom. I, 5, 32.

⑦ Exod. 11, 2; ORIGENES: Br. an Greg., a. O. [35] 2, zur Nachwirkung: O. STÄHLIN: Zu einem vielgebrauchten Vergleich. Bayer. Bl. Gymnasial-Schulwesen 52(1916)177—178; 53(1917)209.

⑧ CROUZEL, a. O. [27] 145; H. de LUBAC: Exégèse médiév. (Paris 1959—64)1, 290—304.

学说和生活方式。这两种意义扩展都出自更早的萌芽;其最终结果的根源,在于前柏拉图的哲学概念,后者尚未确定严格的活动范围。①

a) 诸如医学、建筑学、火炮制造(!)这些学科,都努力与哲学建立关系,除了其他原因,肯定也是想为其奠定威望基础。② 这一动机在犹太人和基督徒那里也发挥了作用。但是,他们能够与一种古老的希腊语用法建立关系,按此用法,也可以将异族的智慧,尤其是将宗教技艺的智慧,称为"哲学"。③ 为此,他们引入了 *βάρβαρος φ.*[蛮族的哲学]这个名称。④ 希腊化的犹太人,正是在此意义上使用了"哲人"这个称呼,基督徒也是如此,他们也使用了 *βάρβαρος φ.*[蛮族的哲学]这个名称,以此吁求走向民众之平等。⑤ 这一要求也表明

---

① CROUZEL, a. O. 172—177.

② GALENUS: Quod optimus medicus sit quoque philosophus; VITRUVIUS: De arch. I, 1, 7; HERO ALEX.: Belopoeica 1: weil die Geschützbaukunst für *ἀταραξία*(Seelenruhe) sorgt, die das Ziel der Ph. ist.

③ Zuerst ISOKRATES: Busiris 28. 30 von Ägypten; ARISTOTELES: De philos. Frg. 6, in: Fragmenta Sci., hg. W. D. Ross(Oxford 1955) 74f.: über die Magier; THEOPHRAST bei PORPHYRIUS: De abstinentia II, 26: die Juden führten, da sie ein philosophisches Volk seien, beim Kult theolog. Gespräche; hierzu W. JAEGER: Diokles von Karystos(1938) 137—153; MEGASTHENES bei STRABO: Geogr. 15, 1, 59: über die Inder.

④ Zum Begriff der *βάρβαρος φ.*: J. H. WASZINK: Some observations on the appreciation of 'the philos. of the barbarians' in early Christian lit., in: Mélanges offerts à Mlle Ch. Mohrmann(Utrecht/Antwerpen 1963) 41—56; I. OPELT/W. SPEYER: Art. ‹Barbar›. Jb. Antike Christentum 10(1967) 258f. 269—271.

⑤ Vgl. A.-M. MALINGREY: 'Philosophia'. Et. d'un groupe de mots dans la litt. grecque, des Présocratiques au IVe s. après J.-C. (Paris 1961) 119f. 137f. 148f.; H. DÖRRIE: Die Wertung der Barbaren im Urteil der Griechen. Knechtsnaturen? Oder Bewahrer und Künder heilbringender Weisheit? in: Antike und Universalgesch. Festschr. H. E. Stier(1972) 146—175; dieser Begriff findet eine Begründung in der Vorstellung vom allverbreiteten *παλαιὸς λόγος*: a. O. [33]; bei TATIAN dient er dem stolzen Trotz gegen das Hellenentum.

在书名当中。① 对异教哲学的必要界定，通常要通过诸如“我们的”“真正的哲学”这样的修饰来实施，这些表示强调的形容词，后来，大概在三位卡帕多奇亚教父（Kappadokiern）那里，进一步得到丰富发展。② 哲学这个词几乎可以作为“基督教”的同义词，但却较少意指其日常事实，而是指其最高要求。这种用法并没有成为教会正常的用语，有些神学家（譬如，阿塔纳修斯[Athanasius]）则避免这种用法。这个词的内涵，相应于对基督教理想的表达而发生了细微变化。从异教方面而言，也时不时赞许基督教就是哲学，当然是作为很多种哲学之一种。③ 从我们的角度来看，这种用词方法的正当理由是对基督教的哲学塑造，基督教作家们当然不会这么看。由基督教艺术也可以证明这一点：自 3 世纪以降，耶稣（Jesus），还有护教士和其他基督教学者，④都是模仿异教哲人典范（书卷，披风，讲授姿态）来描绘；哲人棺椁的影响尤其明显。⑤

---

① HERMEIAS: *Διασυρμός τῶν ἔξω φιλοσόφων*（‹Verspottung der draußenstehenden Philosophen›），womit impliziert ist，daß die Christen die eigentlichen Philosophen sind；der Ausdruck ‹wahre Ph.› ist später verbreitet：MALINGREY，a. O. 212；CLEMENS ALEX.：*Κατὰ τὴν ἀληθῆ φιλοσοφίαν γνωστικῶν ὑπομνημάτων στρωματεῖς*（‹Flickenteppiche von Auf-zeichnungen tieferer Erkenntnisse in der wahren Ph.›）.

② MALINGREY，a. O.

③ GALEN vergleicht die Schöpfungslehre des Moses und die Ethik der Christen mit griech. Ph.，vgl. R. WALZER：Galen on Jews and Christians（Oxford 1949）13. 15；direkt als Ph. bezeichnet：ALEXANDER VON LYKOPOLIS：C. Manich. dogm.，hg. E. A. BRINKMANN（1895）3；SYMMACHUS：Relatio 10.

④ Statue des Hippolytus von Rom im Vatikan（früher Lateran）.

⑤ C. BERTELLI：Art. ‹Filosofi›，in：Encicl. dell'arte ant. 3（1960）681—689；H. I. MARROU：*ΜΟΥΣΙΚΟΣ ΑΝΗΡ*（Grenoble 1937）269—289；J. KOLLWITZ：Das Christusbild des 3. Jh.（1953）12—22；Art. ‹Christus，Christusbild›，in：Lex. der christl. Ikonographie，hg. E. KIRSCHBAUM 1（1968）358f.；G. SCHILLER：Ikonographie der christl. Kunst 3（1971）216—222.

b) 在2世纪,哲学作为"生活技艺"的斯多亚派定义,①显示出这样的词义:作为哲人,含有,甚至意指,过一种道德上完善的生活,安东尼·庇护(Antoninus Pius)的一份公告中说,如果哲人回避公共义务,那么,显然他们就不复为哲人(*μὴ φιλοσοφοῦντες*)。② 希腊化犹太人早就同意这一点。③ 就基督教语言的习惯用法,要注意的是,含义的某个次要部分的实践性要素,如何变成了含义的主要部分,并如何最终——大约自300年以降——能够独立自主。践行禁欲往往意味着:"[俄里根]过着一种最高等级的哲学生活,一方面节食,一方面限制睡眠时间,他甚至完全没有享受过床眠,而对席地而睡充满热情……这些就是他呈现给观察者的哲学生活的面貌……"④这种语言习惯用法,为修院制度所采用,在修道生活中,这种语言习惯用法,放弃了迄今为止的大多数可以证实的与理论-神学活动的关联,只保留"禁欲"这一含义。⑤ 高格曼恩斯(H. Görgemanns)撰

---

① *τέχνη περὶ βίον*: PLUTARCH: Quaest. conv. I, 1, 2, 613 b.

② Dig. 27, 1, 6, 7; GALENUS: De animae pass. 1, 3. Opera omn., hg. C. G. KÜHN(1821—33)5, 12: gebraucht *φιλοσόφημα* für eine sittliche Verhaltensregel; vgl. HERODOROS VON HERAKLEIA (ca. 400 v. Chr.): Fragm. der griech. Historiker, hg. F. JACOBY I/1(Leiden 1957)31, F 14, wo die Taten des Herakles allegorisch auf die Tugenden gedeutet werden und sein Leben als ein «philosophisches» bezeichnet wird.

③ Vgl. MALINGREY, a. O. [47] 75—77. 86f. 93f.

④ EUSEBIUS: Hist. eccles. VI, 3, 9.

⑤ J. LECLERCQ: Pour l'hist. de l'expression ‹ philos. chrétienne ›. Mélanges Sci. relig. 9(1952)221—226(mit Hinweis auf ältere Lit.); charakteristisch die Erläuterung des Ph.-Begriffs bei NILUS: De monastica exercitatione (*Λόγος ἀσκητικός*)1—3. MPG 79, 720f.

文献指引：

G. Bardy：‹Philosophie› et ‹Philosophe› dans le vocab. chrét. des Premiers siècles. Rev. Ascétique Mystique 25(1949)97—108. -A. -M. Malingrey s. Anm. [47]. -G. J. M. Bartelink：‹Philosophie› et ‹Philosophe› dans quelques oeuvres de Jean Chrysostome. Rev. Ascétique Mystique 36(1960)486—492. -H. Chadwick：Early christian thought and the class. trad. Studies in Justin，Clement，and Origen(Oxford 1966). -O. Michel：Art. *φ.，φιλόσοφος*，in：théol. Wb. Nt 9(1973)169—185. -A. Warkotsch：Antike Ph. im Urteil der Kirchenväter. Christi. Glaube im Widerstreit der Ph. n(1973).

（二）拜占庭

“哲学”术语在拜占庭文学中的历史，有三个根本标志：1)延续了对柏拉图和亚里士多德哲学的新柏拉图派综合；2)希腊教父学与神学的持续结合与论争；3)中世纪中期兴起的，从作为科学的哲学到哲学修辞学和哲学论战的兴趣转移。此外，所谓拜占庭哲学的分期，尚无定论；但有很多根据表明，可以教父学的终结（大马士革的约翰[Johannes Von Damaskus]，盛期在753年前）为起点。常有一个偏见与此时间上的萌芽相关：唯有流传下来的拜占庭的博学，对哲学在西方和伊斯兰世界更进一步的发展产生了影响。因为，直至其没落(1453年)，拜占庭都未曾理解：正是亚里士多德著作在经院哲学中的重新发现，推动逻辑学取代了语法，并由此开启了科学和研究组织的革新。

1. 大马士革的约翰，采纳了出自波斐利《引论》注疏家的六种古典哲学定义，这些定义都可以追溯到柏拉图和亚里士多德。①

---

① JOHANNES VON DAMASKUS：Dialectica 3，66. Die Schr. c des Joh. von Dam. 1，hg. B. KOTTER(1969)56，1—27；136，128—137，15；vgl. PS.-ELIAS，hg. L. G. WESTERINK(Amsterdam 1967)8f. 10，1—12.

这六种定义的构建,作为范例,经后世作家各种综合而得到重复:伊塔洛斯(Johannes Italos),①布莱门米德斯(Nikephoros Blemmydes),②帕奇美勒斯(Georgios Pachymeres),③塞林布里亚的斐洛泰奥斯(Philotheos Von Selymbria),④美利泰尼奥特斯(Theodoros Meliteniotes),⑤布林尼奥斯(Josephos Bryennios),⑥还有阿尔古诺普洛斯(Johannes Argyropulos)。⑦ 也可以看到,具体定义的广泛运用,贯穿了哲学、神学(圣徒传记)和修辞学等所有文类。给人的印象是,将哲学定义为 *μελέτη θανάτου*[关切死亡],尤为僧侣的苦行著作之所好,⑧除此哲学定义,对流传下来的其余规定,很大程度上,未作任何批评(基督教)或更进一步的表态。在此范围内,并无真正的概念

---

① JOHANNES ITALOS: *ἀπορίαι καὶ λύσεις*, in: Quaest. quodlibetales, hg. P. JOANNOU(Ettal 1956)1; zu MICHAEL PSELLOS vgl. CH. ZERVOS: Un philos. néoplaton. du XIe s., Michel Psellos(Paris 1920, ND New York 1973).

② NIK. BLEMMYDES: *Ἐπιτομὴ λογική*. MPG 142, 720 A—724 B.

③ GEORGII PACHYMERI in universam Aristotelis disserendi artem epitome, I. B. ROSARIO interpr. (Lyon 1547)227f.

④ PHILOTHEOS VON SELYMBRIA: *Διάλογος περὶ θεολογίας δογματικῆς*, in: Cod. Patmiacus gr. 366, fol. 375r.

⑤ Vgl. N. G. POLITES: *'ὁρισμὸς τῆς φιλοσοφίας κατὰ Θεόδωρον Μελιτηνιώτην*. Jb. Österr. Byz. 32/4(1982)379—386.

⑥ JOSEPHOS BRYENNIOS: *Ὑπόμνημα περὶ νοός*, in: E. VULGARIS: *Ἰωσὴφ Μοναχοῦ τοῦ Βρυεννίου τὰ Εὑρεθέντα* 2(1768)326.

⑦ JOHANNES ARGYROPULOS: Praef. in libris Ethicorum quinque, in: Reden und Br. italien. Humanisten, hg. K. MÜLLNER(Wien 1899)5—10.

⑧ Vgl. PROKOPIOS VON KAISAREIA: *Περὶ κτισμάτων* V, 8, hg. I. HAURY(1913)168, 11—14; JOH. MOSCHOS: Prat. spir. 156. MPG 87, 3, 3025 A; JOH. KLIMAKOS: Scala parad. 6. MPG 88, 797 C; Bios des Patr. Athanasios, hg. A. PAPADOPULOS-KERAMEUS, in: Zapiski istor.-filol. fak. imp. S.-Peterb. univ. 76(1905)8, 17—20; PHOTIOS: Amphil. 115. MPG 101, 684 A; THEOPHYLAKTOS VON ACHRIDA: Ep. 5. MPG 126, 320 B; GENNADIOS SCHOLARIOS: *Πρὸς Πλήθωνα ... ἢ κατὰ Ἑλλήνων*. Oeuvr. compl., hg. L. PETIT u. a. 4 (Paris 1935) 123; dazu: J. A. FISCHER: *Μελέτη θανάτου*. Eine Skizze zur frühen griech. Patristik, in: Wegzeichen, Festschr. H. M. Biedermann (1971) 43—54.

史可言；相反，此间似乎有一项基本原理在发挥作用，11 世纪的辩证法家和人文主义者伊塔洛斯，曾表述过这一原理：必须由其本人的作品出发来解释希腊哲学概念，即使由此会出现与基督教教义相违背之情形。① 柏拉图式的措辞的优势，不仅可以由修辞②和神学品质更偏爱柏拉图而得到解释，或许也可以由在亚历山大里亚发现了部分漫步学派哲学得到解释：③事实上，根据《前分析篇》卷一章 7（Anal. pr. I，7），这部著作中的亚里士多德手稿，大部分失传了；④拜占庭教会准备只是纯粹将斯塔基拉人的一流著作作为工具来使用。

2. 对拜占庭哲学的更为重要的理解，看来是那种具有根本性的，由所有世纪的基督教著作家所使用的，对外来的哲学（*ἔξω[θεν], θύραθεν, κοσμικὴ [φιλο-]σοφία*[来自外（部）、门外世界的（哲学）智慧]）与“我们的”“真实的”“神圣的”哲学（*ἡμετέρα [καθ' ἡμᾶς], ἀληθής, θεία, ὄντως [τῷ ὄντι], ἔσω [φιλο-]σοφία*[我们的（依赖于我们的）、真实的、神圣的、（对于某个存在者而言）实实在在的、内传（哲学）智慧]）的区分。⑤ 从而意味着，

---

① JOH. ITALOS：*ἀπορίαι ζ*，a. O.［2］9.

② Zum Vorwurf der *ἀσάφεια* der metaphys. Aussagen bei Aristoteles vgl. G. L. KUSTAS：Studies in Byzantine rhetoric（Thessaloniki 1973）101—126.

③ Vgl. die Absprache des AMMONIOS HERMEIOU mit dem Bischof der Stadt：Damascii vitae Isidori reliquiae，hg. C. ZINTZEN（1967）nr. 316f.；dtsch. Übers.：R. ASMUS：Das Leben der Philosophen Isidoros von Damaskios aus Damaskos（1911）110，21—36.

④ P. MORAUX u. a.：Aristoteles graecus 1：Alexandrien-London（1976）.

⑤ Vgl. Bios des Patr. Germanos 21，in：A. PAPADOPULOSKERAMEUS：*ἀνέκδοτα Ἑλληνικά*（Konstantinopel 1884）13；SYMEON METAPHR.：Bios des Xenophon. MPG 114，1016 B；SYMEON NEOS THEOL.：Hymn. 21，hg. J. KODER/L. NEYRAND（Paris 1971）134，54ff.；Mich. PSELLOS：*Ὀνειδίζει τοὺς μαθητὰς ἀμελοῦντας*，hg. J. BOISSONADE（1838，ND Amsterdam 1964）151；MICH. ITALIKOS. Ep. 21，in：P. GAUTIER：Mich. Ital.-Lettres et discours（Paris 1972）168，10—13；NIKEPHOROS GREGORAS：Hist. byz.，in：Corpus script. hist. byz.（1884ff.）2，1081，19；3，209，11f.；311，1，GREGORIOS PALAMAS：Triad. I，1，22，in：J. MEYENDORFF：Greg. Pal. Déf. des ss. hésychastes 1（Löwen 1959）63，1—14；II，1，7，a. O. 239，27—30.

最广泛意义上的希腊世俗教养,与基督教的救世行动(*Heilshandeln*,与强调认识的希腊古风[H*ellenismus*]相对)及其神学反思对立。事实上,区分可以追溯到希腊化的犹太教:亚历山大里亚的斐洛(P*hilon* V*on* A*lexandreia*)称犹太宗教是父辈的哲学(*πάτριος φ.*)。[①] 概而言之,这两个对立面,在拜占庭时期总是直接对立,不应将其理解为选项,而应当将其理解为理论和实践的结合在基督教中达到修辞学的和事实上的顶点。行动之于认识和道德之于逻辑的优先性,相较于柏拉图和亚里士多德,在继续深化的斯多亚派哲学中得到强调(对埃庇克泰德的"基督教释义")。[②] 与此优先性相应,殉道士[③]和僧侣[④]被视为哲人的典范。对于处在非官方(教会)资助和国家推动的相互影响之中的拜占庭文化政治而言,圣经关于女仆低于女主人的寓言,[⑤]也就是说,普通教养(*ἐγκύκλιος παιδεία*)低于真正的智慧(*σοφία*),成了标准的简明套话(Kurzformel)。此简明套话由亚历山大里亚的斐洛[⑥]采自荷马注疏,经拜占庭的希腊教父得到广泛传播。[⑦] 按此语用,只有个别思想家,如大马士

---

① PHILO ALEX.:De vita Mosis II, 216; De vita contempl. 28.

② NEILOS VON ANKYRA:*Λόγος ἀσκητικός* 3. MPG 79, 721 B; GEORGIOS MON.:Chronikon I, hg. C. de BOOR(1904)345, 3—5; Suda, hg. A. ADLER 4(1938)733; vgl. M. SPANNEUT:Stoïcisme byzantin autour du IXe s. d'après un document inédit, in:Universitas. Mél. de sci. relig. 34(1977)64f.

③ F. HALKIN:S. Philosophe Martyr. Anal. Boll. 85(1967)338; vgl. dessen Akoluthie, hg. U. LAMPSIDIS, in:*Νέον ἀθηναῖον* 5(1964/65)21.

④ Vgl. Bios des Jos. Hymnographos 7. MPG 95, 945 C; Bios des Sym. Neos Theol., hg. I. HAUSHERR(Rom 1928)18. 60. 96. 104. 146; JOHANNES IV.(V.)OXEÏTES VON ANT.:*Περὶ μοναστικῆς διδασκαλίας* 14. MPG 132, 1141 A; NIKEPH. GREG.:Hist. byz. XIV, 7, a. O. [13] 2, 716, 21f.

⑤ Vgl. PAULUS:Gal. 4, 21—31, mit Rückgriff auf das Buch ‹Genesis›.

⑥ PHILO ALEX.:De congr. erud. gratia 71—80.

⑦ JOH. DAMASC.:Dial. 1, a. O. [1] 54, 57f.; THEOPHYL. VON ACHR.:Bios des Klemens von Achr., in:N. L. TUNICKIJ:Monumenta ad SS. Cyrilli et Methodii successorum vitas resque gestas pertin.(Sergiev/(转下页注)

革的约翰(Johannes Von Damaskus)和斯考拉里奥斯(Georgios (Gennadios) Scholarios),才有可能进一步将基督教信仰的真理和符合此真理的生活方式称为哲学。①

3. 拜占庭哲学的修辞特征,尤其表现在:"哲学"术语往往为其他同义词所取代,其中*θεωρία (φυσική)*[观照(物理学)]尤为值得一提。② 苦修的著作家使用这个词语,主要是在贬低和论争意义上对抗真实的*γνῶσις*[认识]。在此遁世和内省路线上,还有11和12世纪那些关于"有识之士"(*φιλόσοφοι*[哲人])的定义,对于伊塔利库斯(Michael Italikos)而言,"根据(其)见解,可以称其为哲人(Philosoph[en]),由其语言又可称其为修辞学家(Rhetor[en])(*φιλόσοφος μὲν τὴν γνώμην, ῥήτωρ δὲ τὴν γλῶτταν*[按其见识是哲人,按其言辞又是修辞学家])。③ 普塞洛斯(Michael Psellos)写道:"我所谓哲人,并非指那些研究事物的本质和探究世界的起源,却不关心自身获救之缘由的人,而是指那些轻视世界和让高于世界的事物引导其生命的人。"④普塞洛斯试图让哲学与修辞学和谐一致,⑤同时也不贬低哲学作为科学顶峰之地位。⑥ 博学

(接上页注) Posad 1918, ND London 1972) 76, 11ff.; PHILOTHEOS KOKKINOS: Antirrhet. gg. Nikeph. Greg. 4. MPG 151, 828 A; DEMETRIOS KYDONES: Apol. 1, in: G. MERCATI: Notizie di Procoro e Demetrio Cidone, Manuele Caleca e Teodoro Meliteniota (Rom 1931) 388, 22f; zur nachbyzant. Epoche vgl. G. PODSKALSKY: Griech. Theologie in der Zeit der Türkenherrschaft [1453—1821] (1988) 17, Anm. 37.

① G. RICHTER: Die Dialektik des Joh. von Dam. (1964) 264f.; GENNAD. SCHOL.: Oeuvr. compl., a. O. [8] 1 (Paris 1928) 163, 27f. 33f.

② Vgl. MAXIMOS HOMOL.: Quaest. ad Thal. 5. MPG 90, 280 B; SYMEON NEOS THEOL.: Cap. théol. gnost. et pract. 2, 15, hg. J. DARROUZÈS (Paris 1957) 75.

③ GAUTIER, a. O. [13] 270, 8.

④ MICH. PSELLOS: Chronographia, hg. E. RENAULD 1 (Paris 1926) 73.

⑤ a. O. 137.

⑥ *Περὶ τῆς φιλοσοφίας*. Scripta min., hg. E. KURTZ/F. DREXL 1 (Mailand 1936) 428—432.

家策泽斯(Polyhistor Johannes Tzetzes)的判断与此完全相类:“一种错误的哲学就是炫耀学识的哲学,真正的哲学是僧侣的哲学。真正的哲学是追求死亡和解脱肉体,是对真正具本质性事物的认识,也是尽人之可能与上帝同化。真正的哲学是智慧和上帝之友、最高的技艺和科学、最庄严的音乐、灵魂治疗学,还有其他所有可能的哲学定义。”[①]纵观这些定义,其中并无某种更进一步的现实的难题意识(Problembewußtsein)或系统研究;普及教育成为目的本身。另一方面,任何实践生活之助力意义上的认识,或未来事件之预见(古代“七贤”有对基督的“预言”)意义上的认识,被理解为*σοφία*[智慧]。按此主张,伊塔洛斯(Johannes Italos)那种非难的后果显而易见,尤其表现在《合于正统》(Synodikon der Orthodoxie)中:“反对这种人:他们从事希腊科学,不仅出于教育的理由传授(*καὶ μὶ διὰ παίδευσιν μόνον ταῦτα παιδευομένοις*),还追随其愚蠢的学说,认其为真并为其辩护,仿佛将其作为基础,从而也将其他学说半隐秘半公开地引入这些学说,并且毫不怀疑地传授它们:谴责!”[②]——通过普勒同(Georgios Gemistos Plethon),哲学概念重新获得了一个柏拉图意义上的全新的伦理-政治维度,普勒同的主要著作(***Νόμοι***[《法律篇》]),自然遭到非难(焚毁),只有断章传世。通过退回到古老的、由所有后来的次要作品纯化了的神学和希腊与异族的立法,普勒同想将国家及其组织引向道德革新,[③]同时将唯一的罪过归于热衷革新的“智者”(基

---

① JOHANNES TZETZES: Chiliaden 10, 590—598, hg. P. L. M. LEONE (Neapel 1968).

② ANON.: Synodikon, hg. J. GOUILLARD, in: Travaux et mémoires 2 (1967) 59, 214—218.

③ GEORGIOS GEMISTOS PLETHON: *Πλήθωνος νόμων συγγραφῆς τὰ σωζόμενα*, hg. C. ALEXANDRE/A. PELISSIER (Paris 1858, ND Amsterdam 1966) 1. 22. 30—36. 252—260.

督徒)的没落。同样,居勒尼的许内希奥斯(Synesios Von Kyrene)①却承诺民众,即使没有知识人的洞见,他们仍能够正确行事。② 对其受突厥征服者威胁的同胞,他将自己坚定的天命信仰描述为模范。③ 崩溃之后,人文主义传统首先不复存在;直至 16 世纪,方才出现复兴亚里士多德哲学的尝试。 博达思卡尔斯基(G. Podskalsky)撰

文献指引:

F. Dölger: Zur Bedeutung vonΦΙΛΟΣoΦΟΣ und ΦΙΛΟΣΟΦΙΑ in byzant. Zeit, in: Byzanz und die europ. Staatenwelt(1964)197—208. -D. Dedes: *Θρησκεία καὶ πολιτικὴ κατὰ τὸν Γεώργιο Γεμιστὸ Πλήθωνα. Φιλοσοφία* 5/6 (1975/76)424—441. -G. Podskalsky: Theologie und Ph. in Byzanz(1977) bes. 16—34. 64—87. -B. N. Tatakis: ' Η *βυζαντινὴ φιλοσοφία* (Athen 1977), darin: L. G. Benakis: Bibliogr. 1949—1976, 339—368. -Th. M. Seebohm: Ratio und Charisma(1977)411—435. -H. Hunger: Die hochsprachl. profane Lit. der Byzantiner 1(1978)1—62: Ph.; mit reichen Lit. angaben. -Corpus philosophorum medii aevi, Philosophi Byzantini(Athen/Leiden 1985ff.).

(三) 拉丁教父

1. 奥古斯丁以前的大多数拉丁语基督教著作家,原则上都反对哲学,④却理所当然地使用哲学的概念、方法和相应的

---

① SYNESIOS VON KYRENE: Ep. 105. MPG 66, 1481—1488, bes. 1485 B, 1488 A.

② *Πρὸς τὰς ὑπὲρ ἀριστοτέλους Γεωργίου Σχολαρίου ἀντιλήψεις*. MPG 160, 985 B; *Μονῳδία ἐπὶ τῇ ἀοιδίμῳ βασιλίδι Κλεόπῃ*, in: S. LAMBROS: *Παλαιολόγεια καὶ Πελοποννησιακά* 4(Athen 1930)163.

③ *Πρὸς τὸ ὑπὲρ τοῦ λατινικοῦ δόγματος βιβλίον*. MPG 160, 979 B—980 C.

④ Die wichtigsten Ausführungen: TERTULLIAN: Apol. 46f.; Praescr. haeret. 6f.; De anima 1—3; Adv. Marc. V, 19; LAKTANZ: Div. inst. I, 1; II, 3, 21—25; III; V, 14, 8—16, 1; VI, 2, 13—18; VII, 7f.; De ira 1; Epitome 35, 5; 47, 1; die Stellen aus HILARIUS bei H. D. SAFFREY: Saint Hilaire et la philos., in: Hilaire et son temps(Paris 1969)247—265; aus AMBROSIUS bei G. MADEC: Saint Ambroise et la philos. (Paris 1974)349—398.

学说。[1] 德尔图良(Tertullian)就断然拒绝用基督教(veritas nostra["我们的真理"])是"一种哲学"(ph. ae genus)取代一种"神圣事工"(divinum negotium)的观点,[2]并且否定两者具有任何相似性。只是偶尔将基督教规定为 melior["更好的"][3]或 vera ph. a["真正的哲学"],[4]基督徒将成为实际上的"哲人",并践行反对专业智慧教师的生活方式。[5] 反哲学的态度,自然有其圣经根据,[6]与"使徒们"告诫哲学是空洞的、基于人习传的欺骗有关,也与保罗重估"尘世的智慧"有关,将后者与哲学等而同之,[7]斥之为"上帝面前的愚蠢"(《哥林多前书》,1:27;3:18 以下)。对哲学的评价和理解,在拉丁语作家那里,更进一步由这些圣经经文所决定。

反对哲学的主要异议是:哲学无用、欺骗并且有害于基督教信理。无用,是因为哲学没有找到(救赎所必需的)真理,从而不可能将人们引向(真正的)智慧;欺骗,是因为哲学本身囿于谬误,假装有资格传达真理和智慧,使他人误入歧途;有害,是因为哲学激起人性的、从基督教会立场可以判为自负的好奇(curiositas),[8]并且

---

① Grundsätzlich dazu C. GNILKA: VSVS IVSTVS. Ein Grundbegriff der Kirchenväter im Umgang mit der ant. Kultur. Arch. Begriffsgesch. 24(1980)34—76.

② TERTULLIAN: Apol. 46, 2.

③ De pallio 6, 2.

④ LAKTANZ, in der kryptochristl. Schrift De opificio 20, 1; vgl. 1, 2.

⑤ CYPRIAN: De bono patientiae 3; vgl. MINUCIUS FELIX: Octavius 38, 5.

⑥ TERTULLIAN: Praescr. haeret. 7, 1. 7; De anima 3, 1; Adv. Marc. V, 19, 7f.; CYPRIAN: De bono pat. 2; Ad Quirinum(testim.)III, 69; Ep. 55, 16; LAKTANZ: Div. inst. III, 3, 16; V, 15, 8; Epit. 47, 1; HILARIUS: De trinit. I, 13; IX, 8; XII, 20; AMBROSIUS, vgl. MADEC, a. O. [1] Testimon. 40. 84. 94. 136. 140. 141 u. ö.

⑦ Vgl. TERTULLIAN: Praescr. haeret. 7, 1—8; LAKTANZ: Epit. 47, 1.

⑧ A. LABHARDT: Curiositas. Mus. Helv. 17(1960)216ff.; H. BLUMENBERG: Curiositas und veritas. Studia Patristica 6(1962)294ff.; Augustinus' Anteil an der Gesch. des Begriffs der theoret. Neugierde. Rev. Et. Aug. 7(1961)35ff.

诱导不恰当或无成果的静观，这样的静观在基督教灵知派和其他异教徒那里早已有之。后一项异议，主要表现在基督教内关于正确信理的争论；在此关联中，哲人被封印为“异教徒的主教”。[①] 对哲学的种种谴责，重在哲学就其基本意向而言，是想借助其本身的理性认识真理。同样，古典哲学的全部学说体系，当时的学派及其各自的代言人，全部遭到拒斥。从而，也不承认哲学有任何入门功能。充其量承认：个别哲人和学派可以发现正确的部分认识，但这些认识由于其各执一词，并且首先因为缺乏一种可靠的（也就是由上帝的权威保证的）真理标准，不可能真正发挥作用。[②] 作为最高的、人可能达成的并且由哲人达成的认识成就，拉克坦兹（Laktanz）（着眼于哲学的诸神批判和宗教批判）称其“理解错误之物（falsum intellegere）（或 quid non sit［不存在之物］）”。Vltra hunc gradum procedi ab homine non potest；... verum autem scire divinae sapientiae est；homo autem per se ipsum pervenire ad hanc scientiam non potest，nisi doceatur a deo［“人不可能超越这一等级；……然而，真实的是对神圣智慧的认识；但人不可能靠其自身达到这种认识，除非获得上帝的启示”］。[③] 这种哲学批判必定与反对个别哲人或学派的传统论辩不同，其前提是：1）一种救赎论的真理概念。认识真理（＝上帝）[④]对于人而言具有救赎意义，

① TERTULLIAN：De anima 3，1；Adv. Hermog. 8，3；HIERONYMUS：Ep. 133，2，1；vgl. CYPRIAN：Ep. 55，16. 24；HILARIUS：De trinit. XII，19 u. a.

② So bes. LAKTANZ：Div. inst. VII，7，1—8，3.

③ Div. inst. II，3，23f.；vgl. H. BLUMENBERG：Kritik und Rezeption antiker Ph. in der Patristik. Studium Generale 12(1959)485—497.

④ W. BEIERWALTES：DEVS EST VERITAS. Zur Rezeption des griech. Wahrheitsbegriffes in der frühchristl. Theol.，in：Pietas. Festschr. B. Kötting (1980)15—29.

是达成其由上帝(或自然)设定的目的之条件,这个目的在帝国时期的哲学中[1]重返神圣源头。2)哲学的要求,指向真理,这是给予救赎(或生命),并在此意义上作为“生命向导”(vitae dux)发挥作用。[2] 3)坚信真理之超越性及其人类学关联,坚信人类精神之无能,只有从固有的力量出发才能认识真理。4)上帝启示的必然性作为真理的源泉和标准。已论及的这些要素,在柏拉图化的宗教倾向的自我理解中,比方在密教灵知中,也可以找到,这种密教灵知在北非,也就是在基督教作家圈子里,3世纪以降,发挥的作用越来越大。[3] 在密教文献中,“真哲学”被规定为灵知派的宗教修行,“虔信”复又被规定为宗教哲学(religiöse Ph.)。[4] 因此,可以想象,基督教对古典哲学和同时代学院哲学的批判,在其他人那里,同样以某种关于哲学的宗教概念为定向。

作为启示宗教的拥护者,借助由上帝保证和传言的(基督作为“真理导师”[doctor veritatis])或“智慧导师”[sapientiae])的救赎学说,基督教作家们自认为拥有整全的(意指:救赎所必需的)真理。因此,他们自认为对全部哲学作了思考:veritatem... philosophi quidem affectant, possident autem Christiani[哲人妄言真理,基督徒却拥有真理]。[5] 对照通常引向反题,在

---

① W. THEILER: Gott und Seele im kaiserzeitl. Denken. Entret. Hardt 3 (Vandoeuvres/Genf 1955) 65—91.

② Vgl. das anonyme Frg. bei LAKTANZ: Div. inst. V, 2, 5f.

③ J. CARCOPINO: Aspectes mystiques de la Rome païenne (1942) 293—301; W. SCHMID: Christus als Naturphilosoph bei Arnobius, in: Festschr. Th. Litt (1960) 264—284 = Ausgew. philol. Schr. (1984) 562—583; A. WLOSOK: Laktanz und die philos. Gnosis. Abh. Akad. Wiss. Heidelberg, Phil.-hist. Kl. (1960, 2) 2ff. 227f.

④ Belege bei WLOSOK, a. O. 134ff.

⑤ TERTULLIAN: Ad nationes I, 4, 5.

此是作为“世俗的智慧”(sapientia saecularis)、“尘世的智慧”(mundi)、“地上的智慧”(terrena)、“人的智慧”(humana)、“错误的智慧”(falsa)或直接就是“错误”(error)的哲学,与“基督教的真理”以及“真正的”(vera)、“神圣的”(divina)、“天上的智慧”(caelestis sapientia)或“学说”(doctrina)相对立。最犀利的当数德尔图良(Tertullian)的著名反题:adeo quid simile philosophus et Christianus, Graeciae discipulus et caeli…[哲人与基督徒的相似度,相当于希腊的信徒与上天的信徒的相似度……],“哲人与基督徒,希腊的信徒与上天的信徒,提升其名望者与提升其福祉者,吹嘘者与实干家,……谬误之友与谬误之敌,真理伪造者与真理革新者和维护者,真理之贼与真理之守护者,他们有何相同之处?”[①]还有反异教的极端言辞:quid ergo Athenis et Hierosolymis? quid academiae et ecclesiae? quid haereticis et Christianis? [雅典与耶路撒冷有何相干? 学园与教会有何相干? 异教徒与基督徒有何相干?][②]他们始终将哲学视为竞争对手并加以攻击。“哲学”概念不再用于基督教的自我定位。

2. 著作家举隅。——a)德尔图良(Tertullian)[③]坚持彻底分离,并强调基督教的差异。对哲学与基督教教义之间内容上的共同点和相似性,他的解释根据借自旧约认罪方法,或由“公共意识”(publicus sensus)引出的方法,“公共意识”属于由上帝给予灵魂的认识,[④]他还将对真理的误解和故意歪曲强加

① Apol. 47, 1—8.

② Praescr. haeret. 7, 9.

③ A. LABHARDT: Tertullien et la philos. ou la recherche d'une ‘position pure’. Mus. Helv. 7(1950)159—180; J.-C. FREDOUILLE: Tertullien et la conversion de la culture ant. (Paris 1972)301—357; H. HAGENDAHL: Von Tertullian zu Cassiodor. Acta Univ. Gothoburgensis(1983)19ff.

④ TERTULLIAN: De anima 2; Apol. 17, 4—6; De testimonio animae 1, 5—7.

给哲人。[1] 基督徒靠解释经文和理解并阐明启示真理，不应参与哲学——异教徒所发明的“斯多亚式的、柏拉图式的、辩证法式的基督教”[2]——而要严格持守教会传言的信理、“信规”(regula fidei)或“真理标准”(veritatis)。[3] 这才是探索与发现之准则，从而为人的问题和研究设定了界限；就此而言，启示的救赎知识足够了(cedat curiositas fidei[好奇服从信仰])。[4] 不断追问的求知欲，理论上的好奇心，从而遭到禁止(infinitas enim quaestiones apostolus prohibet[因为，使徒禁止无休止的追问])。[5] Nobis curiositate opus non est post Christum Iesum nec inquisitione post euangelium[服从主耶稣，我们不必靠好奇心，服从教会，我们也没必要靠探究](“在耶稣基督看来，我们没必要有求知欲，在教会看来，我们也没必要有研究”)。[6]

b) 菲利克斯(Minucius Felix)与之相对，原因在于他想提升基督徒在学者中的声望，他展示了基督教的与哲学的上帝学说之间的一致之处，“所以，有人相信，要么如今的基督徒就是哲人，要么当时的哲人已经是基督徒了”(ut quivis arbitretur, aut nunc Christianos philosophos esse aut philosophos fuisse iam tunc Christianos)，[7]但他将这种一致

---

① Apol. 47, 1—8.

② Praescr. haeret. 7, 11.

③ Praescr. haeret. 13 u. ö.; De anima 1, 5f.; Apol. 47, 10; H. VON CAMPENHAUSEN: Die Entstehung der christl. Bibel(1968)318ff.

④ Praescr. haeret. 14, 5.

⑤ De anima 2, 7(mit Bezug auf 1. Tim. 1, 4).

⑥ Praescr. haeret. 7, 12; vgl. 15, 5; LAKTANZ: Div. inst. II, 8, 67—70; zur Vorgeschichte der Verurteilung der curiositas: H. J. METTE: Curiositas, in: Festschr. B. Snell(1956)227ff.; A. WLOSOK: Zur Einheit der Metamorphosen des Apuleius. Philologus 113(1969)71ff.

⑦ MINUCIUS FELIX: Oct. 20, 1.

解释为,是异教哲人窃取了基督教的善并以歪曲方式模仿这种善;①讽刺的是,他特别抨击了异教哲人关于灵魂之命运的学说。② 所以,最终他还是走向分离,却通过强调相似性、选择争论对话的方式、文学上追随西塞罗和柏拉图,使这种分离“尽可能得到缓和”。③

c) 阿尔诺比乌斯(Arnobius)欲与宗教哲学竞争。因此,他将作为真理启示者的耶稣的地位,与异教的竞争性形象(三倍伟大者赫耳墨斯[Hermes Trismegistos],从一种反伊壁鸠鲁的角度看)相对应,还将基督当成自然哲学的启示学说(关于某种密教的宇宙静观)的传达者,从而能够将其展现为密教的智慧学说的征服者,并且让自然哲学脱离人类的研究。④

d) 拉克坦兹(Laktanz),在《神圣原理》(Divinae institutiones)中,首次引入一种体系化的讨论,以“论错误的智慧”(De falsa sapientia)为主题(卷三),试图证明:哲学究竟为何错失了真理认识。他这么做是借助了一种新毕达哥拉斯-柏拉图特色的不可知论(二元论人类学,至高上帝的超越性),正如其首先在希腊化的宗教静观(斐洛[Philon],密教)中那样,有时也在宗教-虔信的柏拉图派(阿普莱乌斯[Apuleius])中,养成了对一种启示-哲学的奠基。其对立概念是宗教与哲学(Sapientia[智慧])基于上帝的真理启示的结合,正如后者是通过基督而达成的。事实上,基督教对于他而言,就是启示出来的、化解于理性认识中的哲学。⑤

① Oct. 34, 5; vgl. 38, 5.

② Oct. 34, 6—8.

③ C. BECKER: Der ‹Octavius› des Minucius Felix. Sber. Bayer. Akad. Wiss., Phil.-hist. Kl. (1967, 2)67.

④ ARNOBIUS: Adv. nat. I, 38; II, 60f.; vgl. SCHMID, a. O. [16].

⑤ WLOSOK, a. O. [16]; A. GRILLMEIER: Christ in Christian trad. 1 (London/Oxford 21975)190ff.

e) 4 世纪晚期，主教希拉里乌斯(Hilarius)和安布罗休(Ambrosius)，尤其强调神圣智慧与哲学之对立，坚持圣经权威，坚持启示和信仰之权威，贬斥哲学的价值为真理认识之工具。安布罗休就对所有哲学教育持有“一种圣经基要主义”。① 对于他而言，哲学就是“哲学静观与谬误的总和”。② 他不同于西塞罗(《论义务》[De off. 2，5])，也与奥古斯丁相对，没有肯定哲学就是“爱”(amor)或“渴求智慧”(studium sapientiae)，他后来的观点，无妨于受奥古斯丁所托而写作的传记作家称其为“基督的真正的哲人”(verus philosophus Christi)。③　乌洛索克(A. Wlosok)撰

文献指引：

L. Thomas：Die sapientia als Schlüsselbegriff zu den Divinae institutiones des Laktanz. Diss. Fribourg(1959). -A. Wlosok s. Anm. [16]. -H. D. Saffrey s. Anm. [1]. -G. Madec s. Anm. [1]. -F. P. Hager：Zur Bedeut. der griech. Philos. für die christl. Wahrheit und Bildung bei Tertullian und bei Augustin. Antike Abendland 24(1978)76—84. -W. Fauth：Philos. Trad. und geist. Begegnung mit der Antike im Schrifttum der Patristik. Gött. gel. Anz. 230(1978)69—120. -S. Casey：Lactantius' reaction to pagan philos. Classica Mediaevalia 32(1971—80)203—219.

(四)　奥古斯丁

对奥古斯丁(Augustinus)而言，哲学本质上就是“爱”或“渴求智慧”。19 年间，对西塞罗《霍腾西乌斯》(Hortensius)的

---

① G. MADEC：Verus philosophus est amator Dei. Rev. Sci. philos. théol. 61(1977)549—566，bes. 555.

② MADEC，a. O. [1] 91；eine einzige Stelle legt eine positive Konnotation von ‹ph. a› nahe：De virg. 8，48；vgl. dazu MADEC，a. O. 41. 96. 279.

③ PAULINUS VON MAILAND：Vita Ambrosii 7，hg. M. PELLEGRINO (Rom 1961)60，4.

阅读促动他寻求智慧。阅读过程中，他唯一惦念的名字就是耶稣基督。① 可见他当时已然将智慧与基督等而同之。这种等同后来引导他形成了其关于基督教的构想，对于他而言，基督教——与古典哲学一致——同时就是关于幸福的学说，通过智慧方可达成，就如同苦修和沉思的生活方式，②从而也是哲学理想之完满。与此同时，他当然必须超越哲人，就在他们说出关于创世的真理时，也就是说，出于对上帝的爱（philosophos transgredi debui prae amore tuo[我必须超越哲人是因为你的爱]），③也就是说，由于"哲学"本身的要求，就此柏拉图说过："哲思就是意指爱神。"④

奥古斯丁完全有理由相信，他已然达成了探求的目标，当他能够将西塞罗《霍腾西乌斯》中的 *Sapientia*[智慧]，将《柏拉图文集》（Libri platonicorum）中的 Intellectus[理智]，与《约翰福音》开篇的 Verbum[言]和基督的位格等而同之时。⑤ 从而，关于能够给予他的学说一致性的原则，他作出了这样的规定：基督作为启示出来的言-上帝，并且作为成为肉身的救赎的言。以此，他也能够对不同的哲学取向作出区分，也就是说，追随圣保罗（hl. Paulus），⑥拒绝此世的哲学——也拒绝伊壁鸠鲁派和斯多亚派的唯物主义——，而赞同关于可理解的世界的哲学，"唯一真正真实的哲学"，⑦这种哲学，他在柏拉图派

---

① AUGUSTINUS：Conf. III，4. 7f.

② Vgl. R. HOLTE：Béatitude et sagesse. Saint Augustin et le problème de la fin de l'homme dans la philos. anc.（Paris 1962）.

③ AUGUSTINUS：Conf. III，6，10.

④ De civ. Dei VIII，8. 11.

⑤ Conf. VII，9，13ff.

⑥ PAULUS：Kol. 2，8；vgl. AUGUSTINUS：C. Acad. III，19，42；De civ. Dei VIII，10.

⑦ C. Acad. III，19.

的著作中,也在《约翰福音》开篇见识过了,“尽管并非字字相合,含义却完全一致”(non quidem his verbis, sed hoc idem omnino),①这就是出自上帝的学说和上帝之言。

这种做法,完全无关乎一种事后的建构。对柏拉图派和基督教学说的同化,奥古斯丁早在386年就得到辛普力奇阿努斯(Simplicianus)、维克托利努斯(Marius Victorinus)的一位朋友的建议。② 就此,在对话《论幸福生活》(De beata vita)中,他已然有所讨论,他已开始对柏拉图主义和基督教作比较。③在对话《反学园派》(Contra Academicos)中,④他澄清了柏拉图主义与基督教(言-理智的肉身化)的关系,并以一种方式作出解释,此方式日后再未改变。在《论秩序》(De ordine)中,他为真正的哲学指派的任务是,探究三位一体的奥秘。⑤

对于理解奥古斯丁的哲学观点具有特殊意义的是他390年写成的讲章《论真宗教》(De vera religione)。在这篇作品中,奥古斯丁明确指出了与柏拉图主义的分歧,也就是指出后者中存在一种矛盾,这种矛盾存在于后者卓越的神学与通融偶像崇拜之间,也存在于其理论上的一元论与其实践上的多神论之间。苏格拉底虽然赞成寻找一位唯一的创世神,却与民众一道崇拜诸神祇。在柏拉图那里,他的信念的力量不及他文笔的魅力:⑥柏拉图有个学生,就一位神奇的人向他提问:尽管此人能让大众信仰其学说,却无法使其理解其学说;

---

① a. O. VII, 9, 13.

② Vgl. Conf. VIII, 2, 3; in den theol. Traktaten des Marius Victorinus kommt der Begriff ‹Ph.› nicht vor.

③ De beata vita 1, 4.

④ C. Acad. III, 17, 37—19, 42.

⑤ De ord. II, 5, 16.

⑥ De vera rel. 2, 2.

哲人肯定地回答说：此非人力所能及，除非此人靠神的力量和智慧[①]规避了自然法则，并且从摇篮时起就靠内在的光亮而非靠人的教导。[②] 若柏拉图派所引证的伟人，能够受到激发重获生命，如果他们还看到与空寂的神殿对立的满盈的教堂，看到人类专注于精神事物，他们或许会说："这正是理想，正是我们过去没有把握向大众传布的理想！"他们或许会认识到，是谁的权威成就了此事。只需要在术语和学说上稍作变通（paucis mutatis uerbis atque sententiis），他们就会变成基督徒，就像上一代和他自己一代大多数柏拉图派那样。[③] 所以，基督教重建了理论与实践的统一，从而使哲学与宗教的认同变得可靠。[④] 此外，基督的教导完成了哲学的三个部分：伦理学、物理学和逻辑学。[⑤]

上述见解重现于奥古斯丁致迪奥思高鲁斯（Dioscorus，约410/411）的118封书简中，他在其中以自己的方式勾画了一幅哲学史图像；他指出，柏拉图主义在基督教中得以完善："由此表明，柏拉图派哲人在稍微改变了基督教所谴责的学说之后，会向完全无法战胜的一位君王俯首称臣，并且一定会理解化身为人的上帝之言，他已经发出了命令——这命令也已被信仰——这命令那些人甚至不敢说出。"[⑥]在《上帝之城》（Gottesstaates）卷八和卷十中，对基督教与柏拉图主义作了对比。柏拉图给予哲学以完善的形式，他用逻辑学补充了毕达哥拉斯的沉思（物理学）和苏格拉底的活动（伦理学）；[⑦]在柏拉图那

---

① PAULUS：1 Cor. 1，24.

② AUGUSTINUS：De vera rel. 3，3.

③ a. O. 4，6f.

④ 5，8；vgl. TH. KOBUSCH：Das Christentum als Religion der Wahrheit. Überlegungen zu Augustinus' Begriff des Kultus. Rev. Et. Aug. 29(1983)97—128.

⑤ De vera rel. 16，30—17，33；vgl. Ep. 138，5，17.

⑥ Ep. 118，3，21.

⑦ De civ. Dei VIII，4；vgl. C. Acad. III，17，37.

里，精神完成了其超越活动，并且发现神是存在、认识和行动的原理。① 通过这三重调整，柏拉图主义与基督教变得和谐一致，然而柏拉图的矛盾在于，他赞成多神信仰，②尤其错误地以魔法崇拜为中介。柏拉图主义的不幸实在于，不认识唯一的中保、基督、道成肉身之言，或者拒绝认识他，正是他将基督教变成了普世救赎之道，波菲利(Porphyrios)承认没有找到这条道路。③

如所周知，奥古斯丁在这部著作卷六至十中使用了瓦罗的三种神学模式：神秘神学，自然神学，政治神学。值得一提的是，他在别处没有使用过“神学”(theologia)这个词，也不想将其用于基督教教义。④

在《论三位一体》中，奥古斯丁简单间接提及“哲人”名称，这是毕达哥拉斯自称，⑤古代将智慧定义为关于神圣和人类事物的科学，奥古斯丁继承了这个定义，将“智慧”(sapientia)限于神圣事物，将“科学”(scientia)限于人类事物。⑥ 这种区分成为卷十二和卷十三的结构，他在两卷书结尾解释说，伟大的异教哲人通过创造中介认识了上帝，⑦却因为没有中保，将基督这个人⑧哲学化了，让真理囿于不义，如圣保罗所言。⑨ 奥古斯丁又说：“我们的科学就是基督，我们的真理也就是基督本人。他正是为我们植入对尘世事物的信念的人，他正是就持续不断的事物为我们指出真理的人。通过他，我们方能通达

---

① De civ. Dei VIII，4—9.
② a. O. VIII，12.
③ X，32.
④ Einzige Ausnahme：VI，8.
⑤ De trin. XIV，1，2.
⑥ a. O. XIV，2，3.
⑦ Vgl. PAULUS：Röm. 1，20.
⑧ 1. Tim. 2，5.
⑨ Röm. 1，18.

他;我们通过科学追求智慧,但我们同时不能离开这同一位基督,其中隐藏着所有智慧和科学的宝藏。”①这个解释是基督论主题的重述,他借助柏拉图的《蒂迈欧》(Timaios, 29 c)扩展了描述的比例:“永恒之于生成之物,犹如真理之于信仰。”②柏拉图同时设计出了本体论和认识论框架,但这一切都在神人基督的位格中具体化了。在此人们重新看到,末期柏拉图主义只是一种半哲学,它完善了基督教。基督教就是真哲学,就是整全的学说,因为,基督既是智慧也是科学,既是启示的言-上帝,也是化成肉身的救赎之言。

在论著《反尤里阿努斯》(Contra Iulianum)中,“基督教哲学”这个术语终于出场了:“我恳请你知晓:异教徒的哲学,并不比我们基督教的唯一的真哲学更可敬,如果完全可以此名称指对智慧的追求和热爱。”③一点也看不出,在此表述中有何矛盾之处,如人们迄今所以为的那样,奥古斯丁在此看到的也许只是一条赘述而已。　马德克(G. Madec)撰

文献指引:

P. Courcelle: Verissima ph. a, in: Epektasis. Mélanges patristiques off. au card. J. Daniélou(Paris1972)653—659. -P. Hadot: La présentation du platonisme par Augustin, in: Kerygma und Logos. Festschr. C. Andresen(1979)272—279. -Th. Kobusch s. Anm. [16]. -G. Madec: Si Plato uiueret…(Augustin, De vera religione, 3, 3), in: Néoplatonisme. Mélanges off. à J. Trouillard(Fontenay 1981)231—247; Philosophia christiana(Augustin Contra Iulianum, Iv, 14, 72), in: L'art des confins. Mélanges M. de Gandillac(Paris 1985)585—597; La notion augustinienne de Philosophia. Rev. Inst. cathol. Paris 18(1986)39—43.

---

① Kol. 2, 3; AUGUSTINUS: De trin. XIII, 19, 24.

② AUGUSTINUS: De trin. IV, 18, 24, vgl. De consensu evangelistarum 1, 25, 53.

③ C. Iul. IV, 14, 72; der Ausdruck findet sich in ‹C. Iulianum opus imperfectum› wieder, sei es aus der Feder Julians(II, 166; IV, 22)oder aus der Feder Augustins(II, 166); vgl. Art. ⇨‹Philosophie, christliche›.

(五) 中世纪

1. 哲学与技艺。——在古代晚期,哲学概念降格为一个指各种学问的含混字眼。“哲学”在异教文学中也意指,譬如,工程技巧,语法,几何,军事学,文学教育,韵律学,等等。① 还有,法学教师对待罗马法学家,像对待其中世纪注疏家一样,视其为“哲人”或“哲学研究者”(philosophantes):nam civilis sapientia vera ph. a dicitur, id est, amor sapientiae[因为,关于公民事务的智慧称为真哲学,也就是说,爱智慧]。② 尤其,“哲学”概念也用于诗人的学问。所以,维吉尔(Vergil)也被视为“哲学耆宿”(alten Führer der Ph.),如西尔维斯特里(Bernhard Silvestris)的《〈埃涅阿斯纪〉注疏》(‹Aeneis›-Kommentar)所指出的那样——另一个例子是孔什(Wilhelm von Conche)的《郁文纳尔注疏》(Juvenal-Kommentar)——直到12世纪,对维吉尔的注疏都是哲学式的。因此,作诗(Dichten)本身被当成哲思(philosophieren),或如在蒙伽(Jean de Meungs)的玫瑰小说(Rosenroman)中那样,被称为“哲学劳作”(travailler en Philosophie)。与此相应,潘神(Pan),牧神(der Gott Arkadiens),被称为“哲学的好帮手”(der gute Teil der Ph.),巴库斯(Bacchus),酒神,在12世纪,内克汉姆(Alexander Neckham)还称其为“哲学之王”(dux ph. ae)。③

这些在古代晚期流行漫延的关于哲学的表述,由卡西奥

① Vgl. die Belege bei E. R. CURTIUS: Europ. Lit. und lat. MA(41963) 214—220.

② Vgl. G. POST: Philosophantes and Philosophi in Roman and Canon law. Aren. Hist. doctr. litt. MA 29(1954)135—138.

③ Vgl. CURTIUS: Zur Gesch. des Wortes ‹Ph.› im MA. Roman. Forsch. 57(1943)304.

多(Cassiodor 6. Jh.)在其于6世纪中期为养生园修道院(Vivarium)的修士们撰写的学习手册中,着眼于哲学对这些表述作了概括,其中第二部分"世俗文学原理"(institutiones saecularium litterarum)不仅包括哲学概念的古代定义,还描述了关于七种自由技艺的学说的权威形式。[①] 卡西奥多提及四种哲学定义,与古代晚期的亚里士多德注疏家的定义一致:[②]1)哲学是人的可能的、或然的、关于神圣和人类事物的知识。2)哲学是技艺之技艺,科学之科学。3)哲学是"沉思死亡"(meditatio mortis)。4)哲学是人将其可能与上帝同化。

哲学,在卡西奥多看来,意指严格意义上的"教养"(disciplina)之学问,通过认识"诸艺"(artes)来预备,分为"思辨哲学"(*philosophia inspectiva*)和"实践哲学"(*philosophia actualis*):前者不仅像在俄里根那里一样指形而上学(参见Metaphysik辞条),还指全部理论部分,也就是物理学、数学(属于四科[参见Quadrivium辞条])和哲学神学(die philosophische Theologie);后者包括三种古典的实践科学:伦理学、家政学和政治学。[③] 伊西多尔(Isidor Von Sevilla)接受了这些对哲学的定义和划分,[④]也传承了斯多亚派哲学划分的一个变体,按此,由四科构成的物理学,有别于伦理学(理解为道德学说)和逻辑学,后者不仅包括辩证法和修辞学,还包括"上帝论"(Theologik)。[⑤]

---

① Vgl. dazu I. HADOT: Arts libéraux et philosophie dans la pensée ant. (Paris 1984) bes. 191ff.

② CASSIODOR: Institut. II, 3, 5, hg. R. A. B. MYNORS(Oxford 1963) 110.

③ II, 3, 6, a. O. 111.

④ ISIDOR VON SEVILLA: Etymologiarum sive Originum lib. XX, hg. W. M. LINDSAY(Oxford 1911) II, 24, 9ff.

⑤ II, 24, 4—8; zur «Theologik» in Z. 22 vgl. die Lesart der Codices A und K.

“哲学”概念从而指——并且通行至12世纪——通过其中自由技艺获得的认识。阿尔昆(Alkuin)将“自由科学之智慧”,也就是“尘世的智慧”,描述为七根支柱,支撑着“天国的智慧”,也就是研究圣经的真哲学。在此,属于尘世知识的各种技艺,在柏拉图主义的意义上,被理解为“哲学的阶梯”,只有“真哲学”才能超升于其上。① 在此知识阶梯划分的意义上,阿尔昆的学生玛乌鲁斯(Hrabanus Maurus)让柏拉图和西塞罗的哲学定义重新生效,根据他们的定义,哲学是关于自然的研究和关于人类和神圣事物的认识,但也是“生命之高贵”(Würde des Lebens),是善好生活之追求,是练习死亡和摒弃世界。理论和实践之划分,不仅在圣经的神圣言辞中清晰可见,就此,《创世记》(Genesis)和《传道书》(Ecclesiastes)呈现了物理学,《箴言》(Proverbia)呈现了伦理学,最后,《雅歌》(Hohelied)和新约呈现了神学(作为一种形式的逻辑学)或形而上学(inspectiva[沉思之学]=ἐποπτεία[静观密学])——这种划分,可以追溯到俄里根,在12世纪仍为人熟知。② 首先,据毛鲁斯,“真哲学”分为理论和实践两个部分。在形而上学方面,真哲学在于崇拜上帝,在于信望爱,而实践中的真哲学,则在于一种道德上善好的生活。③

尽管在11世纪辩证法家与反辩证法家的著名论争中,哲学概念很大程度上为“辩证法”(参见Dialektik辞条)概念所取代,在此仍然有必要从术语上加以限定。所以,譬如,奥特洛

---

① ALKUIN: Disput. de vera ph. a. MPL 101, 852 D—853 D; zum Bild vgl. CURTIUS, a. O. [3] 306f.

② Vgl. G. DAHAN: Origène et Jean Cassien dans un Liber de ph. a Salomonis. Arch. Hist. doctr. litt. MA 52(1985)135—162.

③ HRABANUS MAURUS: De universo 15, 1. MPL 111, 416 A.

赫(Otloh Von St. Emmeram)的教育与科学的敌对表现在,“肉身的哲学”(ph. a. carnalis)(或者“地上的哲学”[mundana],“尘世的哲学”[saecularis],“虚假的哲学”[vana]),也就是劝诫一定要掌握的尘世的知识,与“属灵的哲学”对立:按此方式,需要运用某个学科的真哲人,有可能出于上帝之爱而蔑视此学科。① 达米安(Petrus Damiani)的教育与哲学敌对的主张,也需要按此方式来理解,他的依据是古老的谚语:“我们不是哲人和演说家的门徒,我们是渔夫的门徒”,从而对某种自治的尘世哲学的傲慢虚荣发出警告。② 在此意义上,马内高德(Manegold Von Lautenbach)最终在其《反沃尔菲慕斯》(Liber contra Wolfelmum)中表明了对某些学者和哲人的疏离,从而从内容上奠定了其反哲学的立场。③ 与此相对,塞弗里德(Seyfried Von Tegernsee),一位奥特洛赫的同道,认为“地上的哲学”的价值在于,它有可能是某种更高智慧的“道路”和“前奏”。④ 由此可知,辩证法家和反辩证法家一样,都以教父对哲学概念的理解为前提:基督教教义作为“真哲学”,与尘世哲学对立,与自由技艺的知识对立。辩证法家视后者为必要前提,而反辩证法家认为其“虚荣”,可以抛弃。

在11世纪的绝大多数时间里,“尘世哲学”的成就,充其

---

① OTLOH VON ST. EMMERAM: Dialogus de tribus Quaestionibus c. XXII. MPL 146, 89 A; dazu H. SCHAUWECKER: Otloh von St. Emmeram(o. J.)bes. 119ff. und bes. J. M. RESNICK: ‘Scientia liberalis’, Dialectics and Otloh von St. Emmeram. Rev. Bénédictine 97(1987)241—252.

② Vgl. F. DRESSLER: Petrus Damiani Leben und Werk(Rom 1954)175ff.

③ Vgl. dazu bes. W. HARTMANN: Manegold von Lautenbach und die Anfange der Frühscholastik. Dtsch. Arch. Erforsch. MA 26(1970)47—149, bes. 64ff. 110ff. 147f.

④ J. A. ENDRES: Otlohs von St. Emmeram Verhältnis zu den freien Künsten. Philos. Jb. 17(1904)44—52. 173—184, zit. 183.

量只是形式上并且在上述意义上，被视为真哲学的“准备”，在12世纪，异教哲学最终也被认可其内容上的意义，并且对于理解圣经富有成效。所以，据格尔浩(Gerhoh Von Reichersberg)，“异教哲学”的用处不可限量。因为，毫无疑问，异教哲人已然比基督徒更为清晰地认识了创世整体的物理本质，因为，“异教哲学”本身致力于“创世之成果”，而“基督教哲学”则以“拯救世界”为主题。① 所以，在12世纪，基督本人也能够被称为“真哲学”。来自贝茨(Bec)的一位匿名修士向被钉十字架的基督祈祷：“哦，获救的真实标志。看呀，这才是千真万确带来救赎的哲学。”或如阿贝拉尔(Petrus Abaelard)所谓“真哲学的教诲，就是基督”。② 与此表述相应，有时候也将玛利亚(Maria)——在教父学中已然是沉思的象征——作为“基督徒的哲学”，因为，她在“渴求智慧”的意义上，献身于作为“基督徒的智慧”的基督徒的思考(Betrachtung)。③ 在12世纪末，准确地说是13世纪初，亚当(Adam de Perseigne)还有这样的表述，这是在基督教、“真哲学”拒绝了柏拉图主义之后。此时，已不再讲授尘世哲学的七种自由技艺，而是由“真柏拉图”基督从十字架的教席上宣告那些技艺。在此意义上，据亚当，与尘世哲学的七种自由技艺相对，在修道院哲学(claustralis ph. a [隐修哲学])领域，有从属于“神圣技艺”的七条本笃会规(die sieben benediktinischen Regeln)，按此可以养成“真生命”。④

---

① GERHOH VON REICHERSBERG: Opera ined. II/2, hg. D. und O. van den EYNDE/A. RIJMERSDAEL(Rom 1956)431.

② Belege alle bei J. LECLERCQ: Et. sur le vocab. monastique du MA(Rom 1961) 61; dazu auch H. ROCHAIS: Ipsa ph. a Christus. Mediaev. Studies 13 (1951)244—246.

③ Vgl. LECLERCQ, a. O. 152. 154.

④ Vgl. ADAM de PERSEIGNE: Sermo in festivitate S. Benedicti abbatis, hg. S. MATHIEU, in: Collect. Ord. Cist. Ref. 4(1937)108f.

总而言之,“哲学概念”至12世纪末,指真正的基督教生活,指隐修生活。①

通过非基督教的哲学来解释圣经的内容之丰富,首先在大量12世纪的学派中进入了人们的意识。康榭的威廉(Wilhelm Von Conches)和夏特尔学派(die Schule von Chartres),在此意义上尤其关注柏拉图的《蒂迈欧》(Timaios),准确地说是卡尔西迪乌斯的评注(Calcidius-Kommentar),因此,立即遭到圣提尔的威廉(Wilhelm Von St. Thierry)的谴责,说他在传授一种“新哲学”。② 实际上,在夏特尔,对圣经的自然哲学解释,看来落入了“哲学”概念之中;康榭的威廉写道:Thimaeus dictus est quasi flos... quia in eo est flos philosophie[《蒂迈欧》被说成是花……因为,其中有哲学之花](“人们认为《蒂迈欧》是‘花’,因为,其中有哲学之花”)。③夏特尔的提尔(Thierry Von Chartres)——已着手研究一种晚期犹太教和早期基督教思想④——称摩西(Moses)已然由教父理解为圣经之“物理学”的《创世记》的作者,是一位“神圣的”或者一位“伟大的”哲人,甚或——着眼于其关于物质的学说——“哲人中最聪明的人”。⑤ 此外,“哲学”,要么按卡西奥多的定义来理解,要么像康榭的威廉那样——按波爱

① Vgl. A.-M. MALINGREY: «Philosophia» (Paris 1961) 284f.; J. LECLERCQ: Initiation aux auteurs monastiques du moyen âge(Paris 1963) 100f.

② WILHELM VON ST. THIERRY: De erroribus Guill. de Conchis. MPL 180, 333 A.

③ WILHELM VON CONCHES: Glosae sup. Platonem, hg. E. JEAUNEAU(Paris 1965) 62.

④ CURTIUS, a. O. [1] 218; J. PÉPIN: Le ‘challenge’ Homère-Moise aux premières siècles chrét. Rev. Sci. relig. 29(1955) 105—122.

⑤ Comm. on Boethius by THIERRY of CHARTRES and his School, hg. N. M. HÄRING(Toronto 1971) 564, 72; 575, 77; 567, 54.

修斯(Boethius)的规定——作为“对获得了其不变实体的那些事物之真理的把握”,[①]更准确地说,“对未见和所见事物之真理的把握”。[②] 据夏特尔的提尔,七种自由技艺应理解为哲思的特殊“工具”,其中,通过四科从内容上启发理解,通过三科保证恰当描述(解释)已知之物,如此一来,全部技艺合起来致力于“涵养人性”(Pflege der Humanität)。[③]

夏特尔学派的标志性特点,就是哲学与雄辩之分合,康榭的威廉将其理解为对卡佩拉(Martianus Capella)的“语文学”(Philologia)与“墨丘利”(Mercurius)的婚姻(Hochzeit)史的一种解释。[④] 哲学作为对可见和不可见之物的“真实把握”,据康榭的威廉,不仅包括理论学科,就是神学、物理学、数学,四科也在其中,还包括实践学科,就是隐修伦理学、家政学和政治学。[⑤] 康榭的威廉此外还——依循古代晚期的观念——通过一种关于“哲学阶梯”(Stufen der Ph.)的学说,思考了哲学这些个别学科的关系,按此学说(从柏拉图派的观点看),必须思考由伦理学到神学的确定的“哲学秩序”(ordo philosophiae)。[⑥]

---

① Vgl. C. OTTAVIANO: Un brano ined. della ‹Philosophia› di Guglielmo di C. (Neapel 1935)24; THIERRY VON CHARTRES: Commentum super Boethii librum De trin. II, 2, hg. N. M. HÄRING, a. O. [23] 68; vgl. auch die wohl aus dem «frühen 13. Jh.» stammende anonyme ‹Cosmographia›, in: M. GRABMANN: Ges. Akad. abh. (1979)1015.

② Glosae..., a. O. [21] 60; vgl. HONORIUS AUGUSTODUNENSIS [WILH. VON CONCHES]: De ph. a mundi I, 2. MPL 172, 43 B.

③ Vgl. THEODORICUS VON CHARTRES: Prologus in Heptateuchon, in: E. JEAUNEAU: Lectio philosophorum. Recherches sur l'Ecole de Chartres (Amsterdam 1973)90.

④ WILH. VON CONCHES: De ph. a mundi, Praef., a. O. [25] 41 D—43 A; vgl. OTTAVIANO, a. O. [24] 23f.; vgl. auch JOHANNES VON SALISBURY: Metalogicon I, 1, hg. C. WEBB(Oxford 1929)7.

⑤ OTTAVIANO, a. O. 25, 19ff.; vgl. auch WILH. VON CONCHES: Glosae..., a. O. [21] 60ff.

⑥ Des comm. inéd. de G. de C. et de NICOLAS TRIVETH sur la Consolation de la philos. de Boèce, hg. CH. JOURDAIN(Paris 1888, ND 1966)31—68, bes. 59.

尽管在后来的“哲学”——“其在1136—1141年这一时期处境十分窘迫”①——理解中，可以清楚地看出对圣维克多的雨果(Hugo von St. Viktor)的科学学说的依赖性，康榭的威廉仍然坚持哲学与雄辩之差异，两者共同展示了反对无知的办法。② 也许这正是康榭的威廉何以指出，萨里斯伯利的约翰(Johannes Von Salisbury)评论说，并非所有12世纪的大师都能摆脱“科尔尼菲西乌斯的”(Cornificii)影响，他们都不认为三科是哲学之一部分。③

康榭的威廉的哲学观念，在12世纪广有影响：不仅对属于圣维克多的雨果(Hugo Von St. Viktor)著作圈子的《汇入神学》(Ysagoge in theologiam)，④在这本书中，智慧与雄辩(作为应对无知和语言之无能这两种恶的两种手段)有别；⑤而且尤其对一部匿名的哲学导论，这部书似乎属于夏特尔学派思想圈子。⑥ 莫莱的丹尼尔(Daniel Von Morley)按照夏特尔学派精神撰写的《哲学》(Philosophia)，也自以为是“真哲学”，却在关于人和世界的很多问题上，追随异教徒的“通俗哲学”(vulgaris ph. a)，尤其柏拉图的《蒂迈欧》，用一个教父学的术语：按照上帝的命令，从异教哲学中夺取了“智慧和雄辩”。⑦ 最终，

---

① Vgl. M. GRABMANN: Handschriftl. Forsch. und Mitteil. zum Schrifttum des W. von C. (1935), in: Ges. Akad. abh. (1979)976.

② Vgl. OTTAVIANO, a. O. [24] 21ff.

③ Vgl. JOH. VON SALISB.: Metalog. I, 6, a. O. [27] 21; vgl. I, 1, 7; dazu HUGO VON ST. VIKTOR: Didascalicon, engl. J. TAYLOR(New York/London 1961)16.

④ Vgl. D. E. LUSCOMBE: The School of Peter Abelard(Cambridge 1969) bes. 236—244.

⑤ Ysagoge in theologiam, in: A. LANDGRAF: Ecrits théolog. de l'ecole d'Abélard(Löwen 1934)70/72.

⑥ Tract. quidam de ph. a et partibus eius, hg. G. DAHAN. Arch. Hist. doctr. litt. MA 57(1982)155—193, bes. 181f. 187.

⑦ DANIEL VON MORLEY: Philosophia, hg. G. MAURACH. Mittellat. Jb. 14(1979)204—255, n. 50; n. 19; n. 6.

13世纪末,这种哲学观念,在拉杜普斯(Radulphus de Longo Campo)的科学观念中,再次被接受。①

哲学概念,在12世纪著名的圣维克多的雨果的哲学研究导论中,获得了最精辟的定义。在其《讲章》(Didascalicon)前简短的哲学导论中,雨果对哲学概念作出广义的规定。与康榭的威廉相对,据雨果,语法和全部三科作为哲学的工具,属于从前的描述,它们就像手工艺(die mechanischen Künste)一样,"在哲学意义上"(secundum ph. am),也就是说,与认识的规则一道先行。② 在他1127年撰写的《讲章》中,他为哲学认识的必要性给出了一种新的具独创性的奠基。哲学,作为智慧之奋求,总也意味着对其自身固有本质的认识。因此,哲学本身与所有"人类行为"有关,也与通过哲学行为所涉及的事物有关,从而也"以某种方式与所有事物有关"。就此而言,哲学判断的根据在于事物的差异性(tot ph. ae partes quot sunt rerum diversitates[哲学的部分之多少,相应于事物差别之多少])。③ 因为,人的本质(Natur)是一种综合实体,不仅与不死的部分相应的行为,而且还有那些关切生命之所必需的行为,都属于"人的行为"。因此,需要对哲学的部分作出区分:理论哲学包括传统神学、数学(从而还有四科)和物理学,正如实践哲学包括七种手工艺(die sieben mechanischen Künste)和逻辑学(包括三科)。圣维克多的雨果除了为哲学的划分作出此重要奠基,还首次意识到,在如此多的种种知识类型中,是什么

---

① Vgl. M. GRABMANN: Die Gesch. der scholast. Methode 2(1911)50.

② HUGO VON ST. VIKTOR: Epitome Dindimi in ph. am 351ff. Opera propaedeutica, hg. R. BARON(Notre Dame 1966)201ff.

③ Didascalicon, hg. CH. H. BUTTIMER(Washington 1939)11, 9ff.; 11, 27; 24, 17—19.

构成了"艺术"(Kunstmäßige),也从而构成了本真的哲学。属于哲学的这种知识,只是反思性的知识。"所有知识类型更多实用于技艺。"在有语法之前,早已有了正确的书写和言说;在算术出现之前,人们早就会数数,以及如此等等。[①] 所以,雨果说,譬如农艺这种手工艺(eine der mechanischen Künste),它从属于哲学,并非"根据管理"(secundum administrationem),而只是"根据理性"(secundum rationem)。[②] 从而,哲学概念表明:已然认识到的事物,再次以另一种方式被认识。这种哲学观念,很大程度上为圣维克多的理查(Richard Von St. Viktor)逐字予以采纳,[③]也为圣维克多的戈特弗里德(Gottfried Von St. Viktor)的诗歌《哲学之泉》(Fons ph. ae)奠定了基础。[④] 这里的属格,应理解为一种解释属格(ein explikativer Genetiv):哲学,"爱智慧",戈特弗里德将其描述为精神生活"最深刻、最广泛、最有效、周流不竭的源泉"。然而,哲学在此意义上不只是"智慧之源",还是对于发布智慧不可或缺的"雄辩"之源,也就是三科之源,着眼于"价值"和"尊严",三科处在"雄辩"之后。[⑤] 圣维克多学派的这种哲学概念,偶尔却也与康榭的威廉的哲学概念相融合。所以,在一份巴门伯格手抄本中(Bamberger Handschrift),在一位匿名者那里,哲学和雄辩表现为彼此不同类型的"科学",哲学除了包括理论和实践学科,还包括手工艺。[⑥]

---

① a. O. 21, 12ff.

② 11, 20ff.; vgl. auch: Epit. ..., a. O. [38] 229—234.

③ Vgl. RICHARD VON ST. VIKTOR: Liber exceptionum, hg. J. CHATILLON(Paris 1958).

④ GOTTFRIED VON ST. VIKTOR: Fons ph. ae, hg. P. MICHAUD-QUANTIN(Namur 1956).

⑤ Microcosmus 61. 64. 73, hg. PH. DELHAYE(Lille/Gembloux 1951).

⑥ Vgl. GRABMANN, a. O. [37] 36ff.

在此圣维克多-夏特尔传统中,全部三科都被包括在逻辑学或“雄辩”学科之中了,与此同时,一种“实际上属于12世纪的”匿名的科学划分,却包括一种完全不同的划分,按此,物理学不仅包括四科,还进而包括天文学、力学和医学。① 这种将物理学划分为其中学科的做法,在赫拉巴努斯(Hrabanus)和奥尔德赫姆(Aldhelm von Malmesbury)那里早有实据,显然可以追溯到一种古老的、前卡洛琳时期的爱尔兰(vorkarolingische irische)学术传统。②

圣维克多-夏特尔学派的双重关切,一方面,就其内涵而言的非基督教传统为基督教所接纳,另一方面,获得一种明晰的与认识现实世界不同的哲学认识的概念,在阿贝拉尔(Abaelard)那里也可以看到。阿贝拉尔在广义和狭义两种意义上使用“哲学”概念。广义的哲学,完全符合奥古斯丁-教父学的理解。阿贝拉尔在此意义上的自我理解是一位属于基督的哲人:“我不愿做这样的哲人,以至于我与保罗相违背,我不愿做这样的亚里士多德,以至于我被基督关在门外。”③与此相合,尊者彼得(Pertrus Venerabilis)撰写的碑铭中的著名诗行说:“他走向基督的真哲学”(Ad Christi veram transivit ph. am)。④ 基督教在阿贝拉尔看来就是真哲学,因为,基督“以真正的智慧之光照亮我们”,并且“同样将我们变成了基督徒和真正的哲人”。⑤ 当然——这也是阿贝拉尔在其三重伟大“神

---

① a. O. 43.

② Vgl. B. BISCHOFF: Eine verschollene Einteil, der Wiss. en. Mittelalterl. Stud. 1(1966)273—288.

③ Vgl. PETRUS ABAELARDUS: Opera 1, hg. V. COUSIN(Paris 1849, ND 1970)680.

④ a. O. 719.

⑤ Epist. XIII. MPL 178, 355 C.

学”方案中一以贯之的学说:早期的“至善之神学”(Theologia summi boni),“基督教神学”(Theologia christiana),“经院神学”(Theologia scholarium)——基督教之要点,已然由异教哲学准备好了。异教哲人,最主要是柏拉图,还有马克罗比乌斯(Macrobius),都与基督徒有某种十分密切的关联,由名称已然可知,因为,“我们是由真正的智慧,也就是上帝、父的智慧,就是基督,而被称为基督徒的,若我们还要名副其实地称为哲人,我们就得真爱基督”。但也是由于共有关于一种成功的、自由的生活设想,哲人们按此设想将其生活变成了现实,尤其是由于共有关于圣三一和灵魂不死教义的信仰。① 当然,这种“最高哲学”的内容,仍然只是一种“苗头”(Schatten),一种“映像”(Abbild),“似真之物”,而非事实,非真理本身。② 然而,因为关于似真之物,着眼于“最高和不可理解的哲学属于神性(Gottheit)”,总是与哲学论点有争议,所以,在阿贝拉尔看来,“神学家”尤其必须推动哲学和辩证法研究。③ 狭义的哲学概念,见于阿贝拉尔的逻辑学著作。按此,需要区分两种知识:“行动的知识”(scientia agendi)与“明辨的知识”(scientia discernendi)。“但只有明辨的知识才被称为哲学”(Sola autem discernendi scientia ph. a dicitur)。“行动的知识”是未经反思的“实用知识”,基于这种知识,人们根据经验可以知道应当做什么。与此相对,“明辨的知识”,也是哲学知识,正是那种知识:有能力反思“模糊之物”,反思据经验不可知的“事物的根由”,人们“需要”这些事

---

① Theol. ‘Summi Boni’. Opera theol. 3, hg. E. M. BUYTAERT/C. J. MEWS(Turnhout 1987)88. 110. 111; Theol. christ. II, 43 [Zitat!], hg. E. M. BUYTAERT, a. O. 2(1969)149; Theol. Schol. Opera Theol. 3, 356ff.

② Theol. christ. III, 57, a. O. 218.

③ IV 161, a. O. 346.

物。在此意义上,物理学就是对司空见惯的自然物的原因的切近考察,伦理学就是关于善好生活的反思性知识,逻辑学就是能够区分真假论点的知识。[①] 阿贝拉尔与贝尔纳(Bernhard Von Clairvaux)的对照,恰恰并且尤其可以阐明哲学概念。然而,贝尔纳与阿贝拉尔的分歧,绝非某种一般性的科学上的敌对。相反,贝尔纳强调,科学与科学教育的采取是为其本身之故,只要服务于真理并且以真理为导向,它们就是"善好"的。[②] 贝尔纳强烈批判的其实是科学与哲学认识的应用方式。哲学,充满好奇的哲学,将所有可能之物都当成了其对象,但由于人生短暂,这是可疑的。哲学就不会抵达终点,也就是说,哲学总是借助于学习,这样一来,就无法达成对真理的认识。[③] 因此,"哲人随风吹逝的饶舌下不了雨,多数无果而终,而非成果丰硕"。[④] 与此相对,据贝尔纳,必须有本真意义上的哲思,也就是说,"由可见之物上升到不可见之物",[⑤]以便从此世的玩乐中解放出来,才有可能过一种善好的生活。哲学,据贝尔纳,在某种意义上,就是"生活哲学"。"圣使徒究竟教过或交给我们什么?不是打鱼的技艺;不是表演的技艺或诸如此类的技艺,不是阅读柏拉图,不是关心亚里士多德的机智,不是学无尽期,也永远无法认识真理。他们教我生活。"[⑥]然而,生活意味着向生活之

---

① Die Logica 'Nostrorum petitioni sociorum', hg. B. GEYER. Philos. Schr. 2(1933)505, 13—506, 28;Glossae sup. Porphirium, a. O. 583.

② BERNHARD VON CLAIRVAUX: Sup. Cant. 19, 2. Opera, hg. J. LECLERCQ/C. H. TALBOT/H. M. ROCHAIS 1(Rom 1957)109; vgl. auch 37, 2, a. O. 2(1958)9; 86, 2, a. O. 318.

③ 33, 8, a. O. 1, 239.

④ 58, 7, a. O. 2, 131.

⑤ De consideratione V, 2, 3, a. O. 3(1963)468.

⑥ In sollemnitate Apost. Petri et Pauli 1, 3, a. O. 5(1968)189, 26ff.; dazu W. Hiss: Die Anthropologie Bernh. von Cl. (1964)26.

模范看齐。因此,“我的更敏锐的、内在的哲学”,就是认识耶稣及其十字架上的死亡(haec mea subtilior, interior ph. a, scire Jesum, et hunc crucifixum)。[①]

如圣维克多的雨果,多米尼库斯(Dominicus Gundissalinus)也在其12世纪中叶撰写的、受阿尔法拉比(Alfarabis)影响的著作《哲学的划分》(De divisione ph. ae)中,将哲学之整体理解为全部对于人而言可能的知识,既包括“雄辩”,从而包括语法、诗学、修辞学,也包括“智慧”,也就是说,哲学包括了将人类灵魂导向认识真理或爱善的所有学科。[②] 奋求“智慧”意义上的哲学的细分,据贡蒂萨里努斯(Gundissalinus),以总体现实性(Gesamtwirklichkeit)的各种形式为根据。因为,哲学的意图,就是尽我们之所能,把握所有存在者之真理,其中有的(譬如,法律,宪法,战争,以及如此等等)是通过“我们的作为和我们的意愿”而建构的,有的(譬如,上帝,天使,自然物)却并非如此——“人造物”(entia artificialia),或者更准确地说,“手工艺”,占据中间位置[③]——,哲学必定有两个包括一切的部分,致力于这些对象本身,这就是实践哲学和理论哲学。[④] 与此相应,还有一种哲学的划分,以主体方面为根据,以人的灵魂方面为根据。那么,“因为,发明哲学的目的,就是通过哲学来完善灵魂,然而,由以完善灵魂的手段有二,也就是科学与行动(Wissenschaft und Tätigkeit),这样一来,有必要将哲学,灵魂的秩序,细分为科学和行动”;科学概念从而指理性的

---

① Sup. Cant. 43, 4, a. O. [55] 2, 43, 21f.

② Vgl. DOMINICUS GUNDISSALINUS: De divis. ph. ae, hg. L. BAUR (1903)5.

③ Vgl. dazu F. ALESSIO: La filos. e le «artes mechanicae» nel sec. XII. Studi medievali 3/6(1965)bes. 135ff.

④ DOMINICUS GUND., a. O. [61] 9—11.

灵魂部分的任务,这部分认识神圣和人类事物,因此,还有认识究竟应当做什么;而"行动"指灵魂的感性部分,这部分实施行动。①

12 世纪关于哲学的科学地位的讨论,在 1183 年出现的阿拉努斯(Alanus ab Insulis)深奥的寓言诗《反克劳迪亚》(Anticlaudian)中表现出来,其中,技艺之于哲学的预备性特征,反映在坐在车上的"审慎"(phronesis=哲学)的著名景象中,车是由自由技艺制造的。② 据阿拉努斯,这样一种由自由技艺所支撑的科学,从属于"自然知识"(naturalis scientiae)的知识,是神学也就是"天上的哲学"(himmlischen Ph.)的"婢女"和"女仆"。③ 最终,在 12 世纪末和 13 世纪初,传统的哲学概念再一次——已然在对抗新的影响的意义上——由罗伯特(Robert Von Courcon)作出阐述,此人在 13 世纪前十年是巴黎的神学大师。像彼得(Petrus Cantor)一样,罗伯特称基督教教义和相应的生活为"天上的哲学":"全部天上的哲学,在于善德和信仰"(Tota celestis ph. a in bonis moribus et in fide consistit)。④ 与此同时,普雷福斯廷(Prevostin Von Cremona),巴黎大学的校长,警告不要将哲学之细致入微引入圣经研究,因为,这是"虚荣智慧的眼睛",哲人和辩证法家用它看问题,其实只是追云逐雾而已。⑤ 最终,具有这种教父所理解的哲学概念之精神的,不仅有 1210 和 1215 年发布的针对异端、阿玛里希(Amal-

---

① a. O. 11,19—12,9;142,2ff.

② Vgl. CURTIUS, a. O. [3] 308f.

③ ALANUS ab INSULIS: Sermo de clericis ad theologiam non accedentibus. Textes inéd., hg. M.-TH. ALVERNY(Paris 1965)275.

④ Vgl. M. GRABMANN: I divieti ecclesiast. di Arist. sotto Innocenzo III e Gregorio IX(Rom 1941)37.

⑤ Vgl. G. LACOMBE: Prepositini. Cancellarii Parisiensis Opera omn. 1-La vie et les oeuvres de Prévostin(Kain 1927)41.

richs von Bene)、大卫(Davids von Dinant)和亚里士多德的某些著作的禁令,还有1228和1231年教宗格里高利九世致巴黎大学神学系教授们的上谕,他在其中要求:神学不应成为哲学的“婢女”,必须保持神学的特点。① 这种发展趋向的终点是,13世纪出现的威尔士的约翰(Johannes Von Wales,卒于1285)的《文选》(Florilegium),其中汇集了几乎所有已提及的从西塞罗到贡蒂萨里努斯对“哲学”概念的规定,并且给出了对各种划分、目标规定、效果之可能性、目的和应用之可能性的概观。②

2. 哲学与神学。——自13世纪以降,才出现了哲学与神学的对立,因为,直到此时,一种启示神学意义上与哲学不同的神学概念,方才被构想出来。尽管阿拉努斯和亚眠的尼库拉斯(Nikolaus von Amiens),已然将“会规”(Regeln)形式的基督教信仰的内容,理解为亚里士多德论题意义上的“原理”(Prinzipien),神学作为严格意义上的科学,真正说来还是由奥塞尔的威廉(Wilhelm Von Auxerre)建立起来的,他将信条理解为笃信的神学家的自明原理。③ 因此,这种由古老的套话“哲学是神学的婢女”(ph. a est ancilla theologiae)④限定的哲学与神学的关系,包含一个复杂的结构,其中,自然理性与信仰以各种方式相互指涉。在此意义上,据奥塞尔的威廉,他还依

---

① H. DENIFLE/A. CHATELAIN: Chartularium Universitatis Parisiensis 1(Paris 1889) 70(n. 11); 78f. (n. 20); 114—116(n. 59); 138(n. 79); dazu GRABMANN, a. O. [67]; F. van STEENBERGHEN: Die Ph. im 13. Jh. (1977) 90ff.

② Vgl. JOHANNES VON WALES: Florilegium de vita et dictis illustrium Philosophorum I, 1—10, hg. L. WADDING(Rom 1655); Neued. M. RAPPENECKER in Vorb.

③ Vgl. G. ENGELHARDT: Die Entwickl. der dogmat. Glaubenspsychol. in der mittelalterl. Scholastik(1933) bes. 233.

④ Vgl. B. BAUDOUX: Philosophia 'ancilla theologiae'. Antonianum 12 (1937) 293—326.

赖一个已经比较古老的传统,[①]“在亚里士多德那里,论证(argumentum)就是为某种可疑事实奠基,后者导致信仰;相反,在一个基督徒那里,论证就是信仰,后者产生理性的洞见”。[②] 哲学仍然与信仰密切关联,这样“科学的才能”为信仰辩护所必需,“由哲学的所有部分支撑,因为,哲学的所有要求,可以或然或必然证明,“什么是信仰之事实,或什么属于善德”;也因此,从属于这种“科学的才能”之前提的,不只是“写进神学书籍中的内容,还是写进全部哲学当中的内容”。[③]

正如奥塞尔的威廉,洛兰(Roland Von Cremona)也将圣经的内容理解为,对于笃信之人“不言而喻”(per se notum),因为,这些内容由圣灵、“首要真理”所规定。[④] 这个真理不可能从根本上违背哲学的真理。尽管似乎哲学的观点与基督教教义对立,但这应归因于个体谬误或个别人,譬如,亚里士多德的自负。因为,哲学表明了上帝的全能,在任何方面都不违背信仰(ph. a, secundum quod est ph. a, dicit Deum esse omnipotentem, et in nullo contradicit fidei)。在此意义上,哲学——虽然旧约中的先知已有教导,虽然关于创世的认识已有教导——也已然有某种关于圣三一的或清晰或模糊的认识。[⑤]

奥弗涅的威廉(Wilhelm Von Auvergne)似乎结合了新旧哲学。当然,哲学在某种意义上就是科学。但据威廉,有两组科学,“认知科学”(scientiae scientiales)和“智慧科学”(scienti-

---

① Vgl. J. BEUMER: Die Theol. als intellectus fidei. Scholastik 17(1942) 35.

② WILHELM VON AUXERRE: Summa aurea, Prol. hg. J. RIBAILLIER (Paris/Rom 1980)16, 39ff.

③ a. O. III, 33, 2, a. O. 639, 58ff.

④ ROLAND VON CREMONA: Summa, Prol., zit. bei M. -D. CHENU: La théol. comme sci. au XIIIe s. (Paris 31957)61.

⑤ Vgl. Summa 3, hg. A. CORTESI(Bergamo 1962)909. 344—346.

ae sapientiales)。① 前者包括所有通过自然理性达成的知识，以从属于信仰之智慧科学为前提。因此，威廉也称哲学为“神学哲学”，②属于其第一部分的是他的著作《论信仰》(De fide)、《论法律》(De legibus)等等，其第二部分是他的不朽之作《论宇宙》(De universo)。哲学也叫“整全的哲学”(ph. a completa)，因为，在一种所有哲学科学之集合的意义上，哲学是一个整体。③ 既然这种“整全的哲学”也揭示了某些“哲学研究者”(philosophantes)的谬误——这首先意味着现时代的哲学④——，就必须将其理解为“真哲学”(wahre Ph.)。⑤ 哲学，在“认知科学”的意义上，据威廉，居功至伟。尽管它全心全意致力于认识事物，却未能抵达认识之顶点。⑥ 根源在于哲学的、特别是亚里士多德的方法。因为，哲学认识必然总是由某种前见出发(某物存在，它是其所是，并且作为说出之物)，“哲思之道”(via philosophandi)，若无这样一种关于某个对象，譬如，神圣事物的认识，是行不通的。⑦ 哲人，“有好奇心的朝圣者”，⑧有可能精通“学术”(res disciplinabiles)，却在神圣事物上失去了能力。⑨ 因为，“哲学理智”(philosophische Intellekt)堪比漫游者，由结论到结论，依赖于每次所获之认识，就像传

---

① WILHELM VON AUVERGNE: De anima III, 10. Opera omn. 2(Paris 1674, ND 1963)Suppl. 98 b—99 a.

② Tract. de fide et leg., Prol., a. O. 1, 1 a B; vgl. De sacramento in generali 1, a. O. 407 a Bff.

③ De univ., Prooem. und c. 1, a. O. 593 a/b.

④ Vgl. P. MICHAUD-QUANTIN/M. LEMOINE: Pour le dossier des «philosophantes». Arch. Hist. doctr. litt. MA 43(1968)17—22.

⑤ WILH. VON AUV.: De univ. c. 1. Op. omn. 1, 594 a E.

⑥ De retributionibus Sanctorum c. un., a. O. 325 a D. b C.

⑦ Vgl. De univ. I, c. 16, a. O. 609 a A.

⑧ De virtutibus, a. O. 152 b F.

⑨ De anima V, 3, a. O. [78] 116 b; vgl. De univ., a. O. 1, 742 a E.

递接力棒。“信仰理智”(glaubende Intellekt)则无需这种帮助,而是依靠其本身的力量。① 在此意义上,“哲学并非人类灵魂之彻悟,因为,哲学留下了无尽的无知之阴影,甚至对于人们相信自己涉入极深和推进极广之事物,也是如此。哲学就像深沉至暗中一盏小暗烛发出的光线”。② 13世纪,有新的神学理解之预兆,基尔瓦德比(Robert Kilwardby)在1250年写成的最著名著作《论知识秩序》(De ortu scientiarum)就属于此种类型,再一次让古老的哲学概念发挥了作用,此概念明确就是这部著作的真正对象。③ 哲学,一方面,与“魔术”有别,后者容许受自身的激情指引和邪灵唆使,④另一方面,哲学有别于神学,后者如其本身所是,既有一个纯粹思辨的部分,也有一个实践部分(道德神学)。⑤ 哲学,按照古代已有之定义,被理解为关于神圣和人类事物的知识。因为,“神圣事物”包括上帝本身和全部并非人为而是先于人的创世,哲学首先是理论知识,也就是形而上学、物理学和数学,四科之技艺就保留在其中。“人类事物”,却是我们的作品,也就是说,出于人的言行。因此,哲学也包括与人的言行有关的知识,从而,除了三科还包括真正的实践科学,最后是“手工技艺”(artes mechanicae)。⑥ 基尔瓦德比这部著作的真正意义,在于分殊希腊注疏家和阿维森纳(Avicenna)以来所使用的“神圣知识”(scientia divina)的概念,也就是说,在于区分形而上学和启示神学。据基尔瓦

---

① De fide, a. O. 1, 4 b H.

② De univ. I, c. 1, 42, a. O. 643 b C.

③ ROBERT KILWARDBY: De ortu scient., hg. A. G. JUDY (Toronto 1976) n. 655. 223.

④ a. O. n. 1, 654. 662—669.

⑤ De natura theologiae, hg. F. STEGMÜLLER (1935) 41; 47, 3. 9ff.; 48, 20ff.

⑥ Vgl. De ortu scient. n. 5. 654—660.

德比，它们也意指“神圣科学”，因为，上帝，而非人的理性，才是这种知识的创始者。然而，哲学作为形而上学也意指“神圣科学”，是因为它研究上帝。① 此外，两种“神圣科学”的区分在于，哲学只有关于其对象的理论知识（nudus aspectus[裸露的方面]），与此同时，神学还具有实践性（praktischer Natur）。②

首次着眼于对象显明哲学与神学之清楚区分，是在格罗塞特（Robert Grosseteste）那里。这位林肯教区博士（Der Doctor Lincolniensis），在自己的一篇讲章中，将七种自由技艺置于“哲学部分”（partes philosophiae）之下，并且强调它们对自然-道德哲学有帮助功能，③他将可以在各种意义上来理解的“这一位基督”，规定为神学的本真对象，对于自然理性，也就是哲学而言，“这一位基督”并非“不言而喻”（per se notum），无法通过科学获知，而只能通过信仰来接纳。“因为，他并不落入……任何一种对存在者的划分，而人类的哲学要划分存在者。”④由此分离，哲学在其领域中的真本事同时获得承认，也强调了神学家的失误，格罗塞特，准确地说，《哲学大全》（Summa ph. ae）的作者，称神学家为神智学家（Theosophen）。因为，譬如，在自然哲学领域和毕竟对于人的永福无关紧要的事物之领域，最著名的哲人也有可能犯错误，当然，之所以如此，并非因为他们对哲学持有反对意见，而是因为“哲学真理，由三段论的必然性所保证，或依赖于或然性（Wahrscheinlichkeit），不可能轻易违背或然性”。⑤ 尽管有此对两种科学的清楚分

---

① a. O. n. 16; vgl. auch De nat. theol. 28, 2—6; 41, 31f.

② De nat. theol. 29, 6ff.; 31, 10ff.; vgl. 48, 12ff.

③ ROBERT GROSSETESTE: De artibus liberalibus, hg. L. BAUR(1912) 1, 8; 4, 25.

④ Hexaemeron I, 2, 1, hg. C. DALES/S. GIEBEN(Oxford 1982)50, 28ff.

⑤ Summa ph. ae 1, 12, hg. L. BAUR(1912)286, 3ff.

离,作者仍然认为有必要结合使用两者。因为,神学也丰富了哲学,①而且,如果神学不能利用"哲学工具"来评骘要求对信仰说明理由的人,神学本身就绝不能针对批评家和异教徒提出自己的主张。所以,哲学也必须由神学家给予"最高程度的守护"。②

哲学与神学的紧密关联,格罗塞特著名的学说也看到了。据罗吉尔·培根(Roger Bacon),哲学就其原初品质而言,对基督教的智慧并不陌生,相反"囊括其中"。③ 因此,对于基督徒而言,就有必要"将哲学应用于神圣事物之上,并且在哲学活动中大量使用神学的内容,这就好像有一种智慧在两者中闪光"。④ 哲学描述了结合信与不信的要素,据培根,哲学由"基督徒的哲学"内容而得到补充,非基督徒哲人不可能知道此内容。因此,对于哲学而言,将其提升到"神圣位置和神学真理之高度"是有用的,因为,"哲学与神学无疑在很多方面一致"。另一方面,教父们也并非只用神学方式讲话,而是也以多种方式"引入哲学内容"。既然"做哲学思考的基督徒",还试图以哲人关于神圣事物的见解将哲学补充完全,他就不会成为神学家,也不会跨过哲学的边界。考虑本真的哲学之物或哲学和神学所共有之物,据培根,不仅符合由此获得补充的哲学的利益,而且符合基督教的觉悟之关切,基督教的觉悟,将一切真理引向神圣真理,并且使其服从神圣真理。因此,不信者的哲学本身是"有害和无价值的"。⑤

此后,差不多从这个世纪中叶开始,区分哲学神学与启示

---

① a. O. 286, 24ff.

② 1, 13, a. O. 287f.

③ ROGER BACON: Opus majus, hg. J. H. BRIDGES(1897—1900, ND 1964)1, 35.

④ a. O. 56.

⑤ 63f.

神学以及相应的奠基，成为一个普遍的、不仅涉及多明我会修士(Dominikaner)的难题。在13世纪伟大的方济各会修士那里，在此方面，可以看到有一种统一的学说。哲学被理解为构成神学整体的一个组成部分。据亚历山大(Alexander Von Hales)，启示神学与具有其最高贵形式的哲学即第一哲学相当(gleichen)，因为，两者都阐述一种关于最终原因的知识。作为这样的知识，超越了其他科学，两者都配得"智慧"之名。但启示神学是比第一哲学更完满或更丰富的知识，亚历山大也称其为"哲人的神学"(Theologie der Philosophen)。因为，启示神学不仅是一种思辨知识，也是一种情感知识(ein affektives Wissen)，当然有其理论要素前提。相反，哲学神学研究存在者的最终原因，只是"通过技艺和理性思考"。因此，前者是作为智慧的智慧，后者是作为科学的智慧。① 但两者并不排斥，相反，真正的神学将哲学神学作为要素纳入自身当中。

奥多(Odo Von Rigaldi)对第一哲学与神学之区分的强调，比亚历山大还要清楚。尽管两者都以上帝为对象，"形而上学还是不叫神学，因为，形而上学不源于上帝，也不像神学那样导向上帝"。形而上学与神学研究上帝的方式完全不同，一种方式是，"上帝是产生一切的原因，是所有事物的目标，关涉创世行动"，另一种方式却是，"首先，上帝将一切都列入与救赎行动的关系之中，无信仰的自然认识不能突入此行动"。②

---

① ALEXANDER VON HALES: Summa theol. I, 2 a—b (Quaracchi 1924).

② Vgl. B. PERGAMO: De quaestionibus ineditis Fr. Odonis Rigaldi, Fr. Gulielmi de Melitona et Codicis Vat. lat. 782 circa naturam theologiae deque earum relatione ad Summam theologicam Fr. Alexandri Halensis. Archivum Franciscanum historicum 29 (1936) 26; L. SILEO: Teoria della scienza teologica. Quaestio de scientia theologiae di Odo Rigaldi e altri testi inediti (1230—1250) (Rom 1984) 2, 27.

方济各会修士的哲学概念,在波纳文图拉(Bonaventura)那里看得最清楚。哲学,据天使博士,“在可研究的范围内,就是某种对真理的认识”。[①] 这意味着研究事物内在隐藏的原因,“所依赖的原理和自然真理,天生可以灌输给人”。[②] 当哲学知识集合进信仰知识的综合视野之中时,据波纳文图拉,它就有大用,并且不可或缺。波纳文图拉完全承认,哲学知识是精神发展的一种要素。然而,譬如,如果它以自然哲学或形而上学形式认识到最高实体,并且在此“停留”,却没有靠信仰之光进而认识三位一体、救赎,以及如此等等——神学,据波纳文图拉,始于形而上学终止之处[③]——,就不可避免会陷入谬误。在此意义上,“哲学知识是抵达其他科学的道路;但裹足不前的人会堕入黑暗”。[④] 因为,这样的人,会傲慢地以为他的知识是某种绝对的知识。然而,据波纳文图拉,克服此立场的,正是“基督教哲学”。[⑤] 由信仰之光照亮的神学家,从而比自然理性看到得更多。“很多我们无法通过哲人和由哲学著作习得之物,我可以通过圣徒(神圣的教师)习得。[⑥] 所以,哲学虽然也研究事物,它的实现在自然之中,或者作为概念现成于灵魂之中,而根植于信仰的神学看待事物,却具有其“仁慈的”、关涉救赎之实现的“荣耀的”存在方式。[⑦] 在此意义上,非

---

① BONAVENTURA: Coll. de septem donis Spiritus Sancti IV, 5. Opera omn. (Florenz 1882—1902)5, 474 b.

② De reduct. artium ad theol. 4, a. O. 320 b.

③ Vgl. Breviloquium I, 1, a. O. 210.

④ Coll. ... IV, 12, a. O. [105] 476 a.

⑤ Sermones de S. Patre nostro Francisco II, a. O. 9, 578 b/579 a.

⑥ Ep. de tribus quaest. n. 12, a. O. 8, 335 b/336 a; zur Trinitätslehre vgl. 1 Sent, d. 3, p. 1, q. 4, a. O. 1, 76 b; zum Gegensatz philosophi-sancti vgl. M.-D. CHENU: Les 'Philosophes' dans la philos. chrét. médiév. Rev. Sci. philos. theol. 26(1937)27—40.

⑦ Breviloqu., Prol. § 3, a. O. 5, 205 a.

基督教哲人，据波纳文图拉，对上帝确有很多真知灼见，然而，也正因为他们缺乏信仰，在很多方面犯了错误。[①] 与哲学立场相对的神学知识更加完善，最终由此得以表明：神学知识作为信仰的知识，总是既具有理论性质，也具有实践性质。“神学知识与哲学不一致，哲学不仅研究道德真理，也研究某种通过纯粹静观而查知的真实之物。”[②]与此相关的是，比哲学知识更伟大的和别样的神学的确定性。哲学只具有一种理论的确定性，而神学却有一种有所作为的确定性。“因此，一位真正信仰者，即使他拥有全部哲学知识，也宁愿丧失那全部知识，也不愿对某一信条无知。”[③]在正确理解的意义上，神学知识和哲学知识两者，彼此完全可以协调一致。因为，谁热爱圣经，谁也就热爱哲学，以便通过哲学来加强信仰（qui diligunt Sacram Scripturam diligunt etiam ph. am，ut per eam confirment fidem）。[④]

波纳文图拉的学生马修（Matthäus Von Aquasparta）和罗吉尔・马斯顿（Roger Marston），也批判了“哲学”或“哲人”的个别立场；然而，要对抗“哲人”，首先是亚里士多德和阿拉伯哲人，只有靠基督教的“圣徒”之权威，尤其是奥古斯丁，罗吉尔・马斯顿将“研究哲学的神学家”（theologi philosophantes）与这两组人区别开来，所谓“研究哲学的神学家”，他意指某些同时代的神学家，如托马斯・阿奎那（Thomas von Aquin）或根特的海因里希（Heinrich von Gent）。[⑤] 从内容上看，对哲学的

① 3 Sent., d. 24, a. 2, q. 3, a. O. 3, 523 a; vgl. auch 524 b.

② Breviloqu., Prol. § 1, a. O. 5, 203 a.

③ 3 Sent., d. 23, a. 1, q. 4, a. O. 3, 482 a.

④ Sermones de temp., a. O. 9, 63 a.

⑤ ROGER MARSTON: De anima 7(Florenz 1932)360; vgl. 412; dazu E. GILSON: Les «Philosophantes». Arch. Hist. doctr. litt. MA 27(1952)135—140.

批判,尤其关涉一个观点:哲学的目标只是思辨性的认识、理论性的幸福(das theoretische Glück),与此相对,基督教哲学的目标是一种经验认识或情感性的幸福(das affektive Glück)。[①]"哲学"的谬误是由于:"大部分哲人"不知道意志优先于理智。[②]

随着亚里士多德哲学进入中世纪神学,方济各会修士面临同样的难题,这个难题早期经院哲学已经思考过了:也就是说,哲学研究,是容许还是完全值得推荐。关于此问题,彼得·奥利维(Petrus Johannis Olivi)和特拉比布斯的彼得(Petrus de Trabibus)看法一致。据奥利维,"尘世的哲学"尽管总是受制于某种可能的谬误,因为,其原理、根据和结论都是错误的,其在自然-精神学说、哲学神学、逻辑学和伦理学领域造就平平;但与此同时,哲学本身之中仍有某种"真理火花"(Funken Wahrheit),因为,哲学将存在者作为知识的对象,并且按照个别科学中完全不同的存在领域来作出区分:不依赖于我们的存在,由"真实的"或者思辨性的科学主题化,"理性的存在"(ens rationis)是"理性"科学(语法,逻辑学,修辞学,诗学)的对象,依赖于我们意志的存在(ens nostrae voluntatis),不仅受制于我们灵魂和我们身体的状况,也受制于复活的身体,实践哲学研究这种存在,据奥利维,实践哲学分为伦理学或政治学、医学和——更为显眼的——形而上学。除了通过这种分类将各自有别的对象领域变成一门学科,也通过有序有法的思想之涵养,并通过为某种确定的科学设立当时"最近的目

① MATTHÄUS VON AQUASPARTA: Quaest. de cognitione 7(Florenz 1957)355; vgl. 9, a.O. 387; ROGER MARSTON: De an. 6, a.O. 344f. 347.

② De gratia X, 11f., hg. V. DOUCET(Florenz 1935)264—265.

标”,哲学在真理和实用方面获得某种成就,所以,从属于自然理性的知识,在确定条件下具有必然性。① 正如奥利维,特拉比布斯的彼得(Petrus de Trabibus)和布鲁日的瓦尔特(Walter Von Brügge)——远离所有对哲学的敌意——指出:哲学研究对于某种更好的圣经理解具有不可或缺的必要性。②

就多明我会修士而言,大阿尔伯特(Albert der Grosse)对哲学与神学之关系作出了最为精细的判断。虽然两种科学的不同标志特征,由其亚里士多德评注可以见得,根据这些评注,哲学的上帝观和上帝概念是人的自然认识的结果,与之相反,神学展现要通过一种仁慈灌注之光方才可能,在天国方能完满。③ 然而,关于哲学与神学之区分的系统学说,包含在起初的章句式评注和《神学大全》(Summa theologiae)中。按此,哲学与神学的一致,首先在于两者必须从确定的原理出发。正如哲人,譬如,形而上学家,不可能与否定一切的人——譬如,否定矛盾律,或否定这一事实:我们的言辞有所指——辩论,所以,对于神学家而言,要与一个不承认圣经之真理内涵,从而也不承认神学原理的人对话,也是不可能的。④ 区分首先

① PETRUS JOHANNIS OLIVI: De perlegendis philosophorum, hg. F. DELORME. Antonianum 16(1941)37—44; vgl. De perfectione evangelica, hg. A. EMMEN/F. SIMONCIOLI. Studi francescani 60(1963)382—445; 61(1964)108—167; 63(1966)88—108; dazu H. A. HUNING: Artes liberales und Ph. in der Olivischule, in: Arts libéraux et philosophie au MA. Actes du 4e Congr. int. de philos. médiév. (MontrealParis 1969)bes. 674—680.

② PETRUS de TRABIBUS: Prol. secundus in 1 Sent. a. 3, q. 4, in: H. A. HUNING: Die Stellung des P. de Tr. zur Ph. Franzisk. Stud. 46(1964)193—286, bes. 275—283; dazu und zu Walter von Brügge, a. O. 47(1965)1—43, hier 37ff.

③ Vgl. M. SCHOOYANS: La distinction entre philos. et théol. d'après les comm. aristot. de S. Albert le Grand. Revista Universidade Católica São Paulo 18 (1959)255—279.

④ ALBERTUS MAGN.: S. theol. I, 1, q. 5, c. 3, hg. D. SIEDLER, coll. W. KÜBEL/H. G. VOGELS. Opera omn. 34/1(1978)20, 2ff.

涉及原理之特质。“神学之所属,就原理而言,并不与哲学之所属相一致(Theologica autem non conveniunt cum philosophicis in principiis),因为,神学之所属以启示和默示为根据,故而我不能在哲学框架中研究它。”①因为,神学原理是启示出来的原理,所以,神学是与其对象本真相符的科学。在此意义上,神学研究“最高对象并且采用最高方式”,与此同时,哲学,就其形而上学形式而言也是“智慧”,尽管也以最高对象为主题,却没有“采用最高方式”,而是采用了受人类理性限制的方式。② 因为,哲学本身只是依赖于自然理性富有洞见的原理,从而依赖于有限真理,所以,其确定性不如神学,神学以首要的、不变的和非受造的“不言而喻”(per se nota)的真理之光为根据。③ 此外,哲学的确定性只符合某种“理智性的真理”,而神学的确定性符合某种“情感性的”也就是实践性的真理。④

更进一步的区分,涉及两种科学自身的对象。尽管在“存在者之普遍性”(Universalität des Seienden)意义上,神学不如形而上学普遍,⑤哲学所有的可能对象,也都能够成为神学的主题。然而,个别哲学学科都以真正本己的方式研究其对象,所以,形而上学研究自主的存在者,实践哲学研究受人影响的存在者,自然哲学研究物体,以及如此等等,神学却将所有存在者视为对神圣事物的摹写。⑥ 在此意义上,神学也研究自然

---

① Metaphysica XI, 3, c. 7, hg. B. GEYER; a. O. 6/2(1964)542, 25; vgl. auch S. theol. I, 1, q. 4, a. O. 15, 41ff.

② 1 Sent. d. 1, A, a. 4. Opera omn., hg. A. BORGNET 25(Paris 1893) 19a.

③ S. theol. I, 1, q. 5, c. 2, a. O. [122] 18, 1ff.; 18, 24.

④ Vgl. 3 Sent. d. 23, a. 17. Op. omn. 28(1894)28, 434 b—435 a.

⑤ 1 Sent. d. 1, a. 3, a. O. [124] 17 b.

⑥ Sup. Dionysii mysticam theologiam et Epistulas, Ep. 9, hg. P. SIMON, a. O. [122] 37/2(1978)539, 83ff.

事物，却不像物理学那样研究自然事物；此外，神学，就像实践哲学，也观察道德，却是在道德功绩已发挥影响的范围内观察道德；最后，神学以上帝为对象，却不像形而上学家那样，由运动来认识天，而是基于信条，在上帝是启示性的意义上来认识上帝。[①] 因为，神学不仅关涉自由技艺之真理，也关涉“基督教之真理”，所以，神学同时是理智性和情感性的科学，真与善之确定性同时出现在其对象之中。“然而，这样一种目标，在受造物之领域却找不到：因此，哲人不研究这样一种科学”，而是细分了理论科学和实践科学。[②] 最终，神学与哲学之区分，也是有鉴于其模式（Modus）。当神学能以图像、暗示方式“象征性地”合法讨论问题时，“其他哲学科学”若如此行事就会犯错误，因为，这样一来，事情会被搞乱而非得到澄清。[③]

托马斯・阿奎那（Thomas Von Aquin）在哲学观念要点上传承了他的老师；但他也知道此观念之创新何在。据托马斯，哲学之所是，用“自由技艺”概念来规定已不再充分。因为，尽管理论哲学重要的学科部分，如“神圣科学”或物理学，还有实践科学的全部学科，都不能用“技艺”概念来把握。[④] 哲学的最高形式，也就是物理学和形而上学，就不是“技艺”，因为，它们不像后者，以某种确定的精神或物质“作品”为定向；因此，据托马斯，它们才是“科学本身”（Wissenschaften schlechthin）。[⑤] 更广义的哲学，当然还包括导向“知识本身”（Wissen schlechthin）的学科，如逻辑学和语法。

---

① a. O. 540，36ff.

② 1 Sent. d. 1，a. 4，a. O. [124] 18 b.

③ S. theol. I，1，q. 5，c. 1，a. O. [122] 17，6ff.；vgl. 18，11ff.

④ THOMAS AQU.：In Boethii De trin. lect. II，q. 1，a. 1 ad 3.

⑤ S. theol. I—II，57，3 ad 3.

对于托马斯而言,最高形式的哲学,也就是"哲学的神学"(philosophische Theologie)①,与神学的神学(theologische Theologie)之区分,就基本含义而言,与阿尔伯特的看法类似,据托马斯,"哲学神学"保障"生命之幸福",而神学神学的(der theologischen Theologie)必要性根本在于人的自然需要补充(Ergänzungsbedürftigkeit)。② 哲学,受其对象之差异性限制,由很多学科构成,而神学根本只有"一个",因为,神学按"可启示性"(revelabilitas)之观点来思考所有事物,这"不仅是像形而上学那样,从普遍角度将所有事物作为存在者来研究,还不会降格为某种与不同事物相应的主观认识"。③ 两种科学最重要的区分,在于各自依赖的方法不同;托马斯对此区分的强调,在早期作品中赞同阿尔伯特,后期却自有主张。根据其箴言录评注,哲学作为形而上学,思考存在者的最高原因,后者根据受造的存在(aufgrunddes geschaffenen Seins)是可以认识的,神学却由神圣的启示而得以成立,思考存在者的最高原因是"根据原因本身的性质"。④ 然后,这意味着,"人类的哲学"思考受造物是"思考其本身",而神学不思考受造物本身,而是思考作为神性的伟大之表象的受造物,并且认为受造物与上帝联系在一起。因此,哲学认识由受造物的世界开始,在上帝认识中达到完满,与此同时,也正如两个大全所指示的那样,神性始于思考上帝的本质,接着才是认识受造物。⑤ 尽管哲学低于神学,神学能够对哲学"发布命令",能够"利用"哲学的内容,⑥哲学仍然是

① In De trin. II, 1, 4.
② Vgl. 1 Sent. d. 1, q. 1, a. 1; S. theol. I, 1, 1.
③ 1 Sent. d. 1, q. 1, a. 2; S. theol. I, 1, 3 ad 2.
④ 1 Sent. d. 1, q. 1, a. 3 a.
⑤ Vgl. S. c. gent. II, 4.
⑥ Vgl. 1 Sent. d. 1, q. 1, a. 1.

一门完全独立自主的科学，因为，哲学被认为有把握真理的能力。“哲学研究自有其被允许和值得称赞的原因：为了真理，哲人掌握真理”，①或者说，“哲学研究的目的，并非为了认识人类的意见是什么，而是为了认识事物的真理如何展现”。② 因此，神学神学也能够由哲学“接受某些内容”，以便澄清其本身的内容，并按此方式来运用哲学。③

布拉班特的西格尔（Siger Von Brabant）从六方面总结了由阿尔伯特和托马斯所作出的区分：哲学与神学的区分根据，有思考方式、对象、普遍性、确定性、时间特质和“智慧”。④ 据根特的海因里希（Heinrich Von Gent），“哲学”名称指一项“伟大的、值得作为精神的全部追求的事情”，⑤因为，哲学是一种“实用科学”而并非目的本身，这是就其能完善人的天性而言的。⑥ 这就是，人类按照正确的方式，也就是从对圣经中的真理的洞见出发，来“运用哲学和将其与神学合为一体”，⑦已然以之为前提的哲学与神学的差别，据海因里希，以一种完全固有的确定性和方法为基础。此外，哲学和神学，完全就其固有方式而言，是“普遍的科学”。哲学作为形而上学，按其抽象的普遍性，将存在者仅仅作为存在者来思考，与此相对，神学是还要更为普遍的科学，因为，神学看待存在者也是按照其总体性，并且将其作为某种特别具体的存在者。⑧ 最终，海因里希

---

① S. theol. II—II，167，1 ad 3.

② In De caelo et mundo I，22.

③ S. theol. I，1，5 ad 2.

④ Vgl. W. DUMPHY/A. MAURER：A promising new discovery for Sigerian studies. Mediaev. Studies 29(1967)364—369.

⑤ HEINRICH VON GENT：Summae quaest. ordin.... a. 5，q. 4(Paris 1620)fol. 38 N.

⑥ a. O. M.

⑦ a. 7，q. 9，fol. 59 Q.

⑧ a. 7，q. 3，fol. 50 C—51 O；a. 19，q. 2，fol. 118 G；a. 38，q. 1，fol. 242 S.

将哲学与神学作为两种以不同方式研究同一对象的科学相对照:“哲人,换句话说,由受造物走向上帝认识,并且首先思考受造物,最后思考上帝。神学家,却相反……哲人着手其关于上帝的所有思考,都要以受造物为中介,神学家着手其关于上帝的所有思考,则是就上帝是受造物之原理而言。哲人思考上帝的根据是普遍规定,上帝通过这些普遍规定将自身启示于受造物之中。神学家则以人格属性为根据……哲人将其所思考的事物,作为仅仅通过自然理性之光就可以理解和认识的事物,神学家思考每一个事物,则首先将其作为通过信仰之光而获得信仰之事物,其次作为通过超越自然理性之光的灌注之光所认识的事物。”①

戈特弗雷德(Gottfried Von Fontaines),比海因里希还要更为严格地强调了,像奥弗涅的彼得(Petrus von Auvergne)这样的托马斯主义者,如何混淆了哲学神学或形而上学与启示神学之区分,并且否认后者具有本真意义上的科学之特质。因为,启示神学尽管有主观的“关联之确定性”(certitudo adhaesionis),却缺乏哲学所固有之特质,也就是“证明之确定性”(certitudo evidentiae)。然而,作为有认识真理之能力的科学,哲学对于神学意义重大。因为,“我们能够在这种科学[=神学]中接纳哲学所擅长之内容,并非因为他们[哲人]这样说过,而因为这是真的,也因为他们指明了其中的真理”。②

这个难题性(Problematik)为邓斯·司各脱(Duns Scotus)

---

① a. 7, q. 1, fol. 48 E.

② GOTTFRIED VON FONTAINES: Quodl. IX, 20. Les philosophes Belges 4, hg. J. HOFFMANS(Löwen 1924)282—293, zit. 293; dazu J. LECLERCQ: La théol. comme sci. d'après la litt. quodlibétique. Recherches Théol. anc. médiév. 11(1939)351—374; M. GRABMANN: Die théol. Erkenntnis- und Einleitungslehre des hl. Th. von Aq. (1948)313ff.

所担当：自主的科学，哲学和神学，彼此密切关联。神学造就的福祉是：神学家利用其他科学来解释圣经，并且——阿尔伯特已有建构——将两者彼此“合为一体”(immiscendo ph. am Scripturae Sacrae[将哲学合入圣经])。① 尤其是形而上学之哲学学科，作为关于一般存在和关于神学的超验规定的科学，形而上学是必要前提，却无需因此让神学屈居于哲学之下或让哲学屈居于神学之下。② 尽管“上帝”也以某种方式成为形而上学的对象，司各脱就像他的老师瓦雷的威廉(Wilhelm von Ware)那样，恰恰着眼于此特殊对象，对哲学与神学作出区分。据瓦雷的威廉，上帝是神学的对象，就其是靠超自然之光之所见而言，与此同时，在形而上学中，是将上帝作为“自然可知者”(natürlich erkannter)来研究的。③ 与此相应，司各脱区分了两门作为科学的学科：只有神学拥有一种(从原因出发的)有根据的(“先验的”[a priori]或“有根据的”[propter quid])知识，与之相反，哲人作为形而上学家，对于上帝，只拥有一种实际的、由果溯因的(“经验的”[a posteriori]或“原因”[quia])知识。“所以，全部真理，形而上学家在真实意义上关于上帝所证明的全部真理，完全从属于神学。与此相对，从属于形而上学的，只是确定方面的真理，因为，形而上学只是从结果出发来证明真理的。”④

---

① JOH. DUNS SCOTUS：3 Sent. d. 24，q. un.，n. 16. Opera omn.，hg. L. WADDING 7/1(Lyon 1639，ND 1968)484.

② Vgl. Rep. Par.，Prol. q. 3，c. 4，n. 27，a. O. 9/1，23 b；dazu E. GILSON：Joh. Duns Scotus. Einf. in die Grundgedanken seiner Lehre，übers. W. DETTLOFF(1959)77.

③ Vgl. G. GÁL：Guilielmi de Ware，OFM. Doctrina philos. per summa capita proposita. Francisc. Studies 14(1954)155—180. 265—292，bes. 159f.

④ DUNS SCOT.：Rep. Par.，Prol. q. 3，c. 1，n. 10，a. O. [151] 22 b；dazu vgl. P. MINGES：Das Verhältnis zw. Glauben und Wissen. Theologie und Ph. nach Duns Scot.，in：Forsch. zur christl. Lit.- und Dogmengesch.(1908)124—127；J. FINKENZELLER：Offenbarung und Theol. nach der Lehre des Joh. Duns Skot.(1961)154f.

通过将亚里士多德的科学理解纳入神学，使得这门科学与哲学的关系成为难题时，处在新柏拉图主义哲学航道上的哲人，追溯了教父的模式。与其大多数多明我会修士弟兄一样，弗莱堡的迪特里希(Dietrich Von Freiberg)，也致力于清楚区分两种科学，他的方法是诉诸新柏拉图主义-奥古斯丁的双重天命概念(Begriff der doppelten Providenz)。① 据迪特里希，形而上学"按照自然天命秩序"思考存在者之整体，处在此秩序中的事物是自然事物。神学研究的存在者，则处在"有意愿能力的天命之秩序"中，也从而与对善或恶的赏罚有关。② 与之相对，埃克哈特大师(Meister Eckhart)试图如教父学那样，"依靠哲人的自然根据，注解神圣的基督教信仰和圣经的教师"。③ 埃克哈特大师的哲学"意图"，因此——与奥古斯丁相似——是一种形式的形而上学，能够阐明神圣的存在之结构，后者处在自然事物(entia naturae)、人为事物(entia artificialia 或 rationis)和道德事物(entia moralia)之不同存在领域。正如埃克哈特大师试图在普遍的理性面前，为基督教信仰之真理性辩护，路鲁斯(Raimundus Lullus)特别关切让此真理性也可以通达非基督徒。因此，着眼于哲学与神学之概念，需要一种特殊的明晰性。路鲁斯的全部著作的思想规定，就是阐明哲学与神学一致之可能性，④他尤其强调这种可能性，针对那些相信能够在自然哲学与神学之间辨认出一种矛盾的人。⑤ 这

---

① Vgl. TH. KOBUSCH: Studien zur Ph. des Hierokles von Alexandrien (1976)105.

② DIETRICH VON FREIBERG: Fragm. de subiecto theologiae 3(9), hg. L. STURLESE. Opera omn. 2(1983)281f.

③ MEISTER ECKHART: Expos. sancti Evangelii sec. Joh. n. 2/3. Lat. Werke III/4(1953).

④ RAIMUNDUS LULLUS: Declaratio Raymundi per modum dialogi edita, hg. O. KEICHER(1909)221, 27; vgl. auch 95.

⑤ Liber de modo naturaliter intelligendi, hg. H. RIEDLINGER. CCSL 33 (1978)188, 8ff.

样一种矛盾，纯粹从逻辑学上是没有可能的，因为，一方是另一方的结果。也就是说，哲学概念有歧义。按照路鲁斯通常使用的阶梯学说：①在“肯定层级”上，哲学包括自然哲学，其对象是物质存在者；在“比较层级”上，哲学包括形而上学，后者致力于研究精神性的存在；在“超越层级”上，哲学包括“神圣哲学”，也就是启示神学，后者是“其他哲学的原因”。② 然而，原因不可能与其结果相矛盾。所以，“真正的哲学”作为“神学的婢女”，必须与神学相符合。③ 路鲁斯哲学的规划，可以用他自己的话（尤其针对阿威罗伊主义者[Averroisten]）这样来表述：“我们将按照一种新的着眼于神学与哲学的方式来解决问题，在此过程中，我们将真正的哲学应用于神学，而不像那些人将哲学与神学对立起来，他们说能够从哲学上证明，世界是永恒的，只有一种理智，以及如此等等；但这不是真正的哲学，而是最错误的哲学，因为，哲学能够不犯错误，同时又与神学一致，因为，神学最真实。”④

2. 哲学的科学化。——由奥卡姆（Wilhelm Von Ockham）开启了对哲学概念的科学化。哲学此时被尝试作为严格的科学来理解。在此关联中，科学概念指确定意义上彼此相属的很多“习惯”（Habitus）之统一性，这些习惯是对一个整体之“构成部分”的描述，故有，譬如，结论和原理之习惯，术语之认识，以及如此等等。“从而，按此方式来谈论形而上学和自然哲学，从

---

① Vgl. KEICHER, a. O. [157] 76ff.

② RAIM. LULLUS: Liber de ente, hg. H. HARADA. CCSL 34(1980) 230, 1450ff.

③ a. O. [158] 217, 1109.

④ Ars myst. theol. et phil. dist. IV, hg. H. RIEDLINGER. Opera lat. nr. 154(Palma de Mallorca 1967)385f.

而谈论其他(学科),它们是一门科学。"①如今能够知晓的,据奥卡姆,只是命题(Sätze),从而这些命题——就以"其所代表之物"为根据——为"理性"科学(逻辑学),正如也为所谓"真实的"科学(形而上学,物理学,等等),显明了对象。② 因此,"科学"概念不仅能指很多相互关联的命题集合起来的统一性,也能指对某一具体结论的具体认识。③ 奥卡姆首次将哲学知识概念局限于所谓"严格或本质意义上的知识",将其定义为"对出于必然性命题的必然之物的明确认识"。④ 从而,哲学知识只是对某一必然无疑的命题的明白认识,此命题可以由某一出于必然前提的某一明确认识获得。从而,由严格的科学之对象领域,排除了偶然命题,譬如,"苏格拉底坐着",或特殊情形,因为,严格的科学只研究普遍之物。⑤ 但也排除了自明的命题(propositiones per se notae),自明的命题不可怀疑。最终,表明了某种严格知识的第三个条件:由经验所知的原理,如"热就是发热"(calor est calefactivus),或表明某一内在经验的命题,譬如,"我爱"或"我怀疑",都不能归属于知识的对象领域。⑥

这种将哲学作为严格科学的解释,在 14 世纪的唯名论(Nominalismus)中,在广泛基础上得到讨论和接受,如布里丹

---

① WILHELM VON OCKHAM: Brevis Summa libri Physicorum, Prologus (Text nach Cod. C). Appendix A, hg. S. BROWN: Opera philos. [OP] 6 (St. Bonaventure, N. Y. 1984) 815.

② Scriptum in 1 Sent. ord. I, d. 2, q. 4. Opera theol. [OT] 2, hg. S. BROWN/G. GÁL (St. Bonaventure, N. Y. 1970) 134.

③ Summula ph. ae naturalis, Praeamb., hg. S. BROWN. OP 6 (1984) 150f.

④ S. logicae III/2, c. 17. OP 1, hg. PH. BOEHNER/G. GÁL/S. BROWN (1974) 532, 5.

⑤ Expos. in lib. Porphyrii De praedicabilibus § 11. OP 2, hg. E. A. MOODY (1978) 45.

⑥ Quaest. variae 2. OT 8, hg. G. I. ETZKORN/F. E. KELLEY/J. C. WEY (1984) 44f.

(Johannes Buridanus)、尼古拉斯(Nikolaus Von Autrecourt)、格里高利(Gregor Von Rimini)、马西留斯(Marsilius Von Inghen)等人。这个世纪末,哲学概念出现了两种代表这个时代的形式:一是唯名论知识理性意义上的所有知识的结合,二是为15世纪做铺垫的与神秘论(Mystik)的结合。1396年,朗根施坦因的海因里希(Heinrich Von Langenstein)在维也纳大学作为坚振布道(Festpredigt)发布的著名卡塔琳娜布道辞(Katharinenpredigt)中,将"哲学"——就像12世纪的科学学说那样——当成了每一种真正的知识。这次布道,表明了解释作为哲学学科的所有科学的起源、应用和内在依赖关系的最后尝试。哲学从而不仅被作为技艺学科讲授课程的总体概念来理解,还明确包括其他三学的内容:医学,法学,神学。与此同时,据海因里希,不可将医学理解为"手工技艺"(ars mechanica),而应将其理解为出于静观的自然科学的一个变种,其特殊对象就是人体的运动。[①] 相应地,除了隐修伦理学意义上的道德哲学,还应将法学理解为一种特殊的针对不义之疾病(die Krankheit der Ungerechtigkeit)的治疗手段——这种思想,在12世纪的科学划分中已然存在。[②] 最后,除了从属于自然理性之形而上学,应将启示神学作为"超自然的形而上学"来思考,后者作为"真正完满的形而上学",巩固或修正了其他所有个别科学的原理。[③]

---

① HEINRICH VON LANGENSTEIN [DE HASSIA]: Sermo de sancta Katharina Virgine, hg. A. LANG. Divus Thomas 26(1948)148, 23—149, 17; 153, 23; vgl. auch: Expos. prologi Bibliae, zit. bei N. H. STENECK: A late Medieval Arbor Scientiarum. Speculum 50(1975)bes. 249—251.

② Vgl. GRABMANN, a. O. [37] 47f.

③ HEINR. VON LANGENSTEIN: Sermo..., a. O. [169] 150, 10—17; 153, 30; 151, 16—153, 17.

海因里希在卡特琳娜布道辞中,将哲学理解为当时条件下所有可能知识的总体概念,同时,他与约翰·盖森(Johannes Gerson)一道持有一种特殊的神秘论,后者以唯名论哲学为前提。盖森着手研究唯名论的"自明原理"(principia per se nota)与"经验原理"(principia per experientiam nota)之区分,强调上帝经验在神学领域的必要性。若无这样一种通过"虔敬"(devotio)方才可能的经验,哲学就是无效、无用和完全不确定的。[①] 盖森在自己的一篇著作中,对哲学的好奇提出警告,若无确定性之目标,哲学本身的努力就毫无章法,亦无目的可言。[②] 关于上帝的哲学论述,本身基于经验或由经验所知之命题,这种论述是"神秘神学"或真正的哲学。"如果哲学被视为任何出于经验的知识,神秘神学确实就是哲学,在其中培养起来的人,尽管从其他角度看仍然是门外汉,却可以正确地用'哲人'概念来命名。"[③] 考布什(Th. Kobusch)撰

文献指引:

Literaturhinweise. -Zu 1.: J. A. Endres s. Anm. [15]. -M. MÜLLER: Die Stellung des Daniel von Morley in der Wiss. des Ma. Philos. Jb. 41(1928)301—337. -H. Flatten: Die Ph. des Wilh. von Conches (1929)20—32. -G. Post s. Anm. [2]. -E. R. Curtius s. Anm. [3]. -M. -Th. d'alverny: La sagesse et ses sept filles. Recherches sur les allégories de la philos. et des arts libéraux du Ixe au Xiie s., in: Mélanges Felix Grat 1 (Paris 1946)245—278. -H. Rochais s. Anm. [17]. -J. Leclercq s. Anm. [17]. -J. Leclercq: Maria christianorum ph. a, in: Mélanges de sci. relig. 13(1956)103—106; Wiss. und Gottverlangen [1957](1963). -J. A. Weisheipl: Medieval class. of the sciences. Mediaev. Studies 7(1965)54—90. -M. M. Mclaughlin: Abelard's conceptions of the liberal arts and phi-

---

① JOH. GERSON: Coll. super Magnificat. Oeuvr. compl., hg. P. GLORIEUX 8(Tournai/Paris 1971)304.

② C. curiositatem studentium, a. O. 3, bes. 239f.

③ De theol. mystica, a. O. 253.

los., in: Arts libéraux et philos. au Ma. Actes du 4e Congr. int. de philos. médiév. (Montreal/Paris 1969) 523—570. -Ch. Hein: Definition und Einteilung der Ph. Von der spätantiken Einleitungslit. zur arab. Enzyklopädie(1985). -P. Weimar(Hg.): Die Renaissance der Wiss. en im 12. Jh. (Zürich 1981). -R. L. Benson/G. Constable/C. D. Lauham (Hg.): Renaissance and renewal in the 12th cent. (Oxford 1982). -G. Schrimpf: «Ph.»-«philosophantes». Zum Selbstverständnis des vor- und frühscholast. Denkens. Studi medievali 23 (1982) 697—727. -J. M. Resnick s. Anm. [12]. -Zu 2. und 3.: P. Minges s. Anm. [153] 78—121. -C. Feckes: Wissen, Glauben und Glaubenswiss. nach Albert d. Gr. Z. kath. Theol. 54(1930)1—39. -E. Dwyer: Die Wiss. lehre Heinrichs von Gent(1933). -E. Gilson: Metaph. und Theol. nach Duns Skotus. Franzisk. Stud. 22(1935)209—231; s. Anm. [151] 77—81. 192ff. 647—692. -M. -D. Chenu s. Anm. [110]. -M. Grabmann: De theologia ut scientia argumentativa secundum S. Albertum M. et S. Thomam. Angelicum 14 (1937)39—60; s. Anm. [149]. -J. Leclercq: La théologie comme science d'après la litt. quodlibétique. Rech. théol. anc. méd. 11(1939)351—374. -R. Guelluy: Ph. et Théologie chez Guillaume d'ockham(Louvain/Paris 1947). -E. Gilson s. Anm. [116]. -B. Hägglund: Theol. und Philos. bei Luther und in der occamist. Tradition(Lund 1955). -M. Schooyans s. Anm. [121]. -M. Schmaus: Die Metaph. in der Theol. des Joh. Duns Scotus, in: Die Metaphysik im Ma. Misc. mediaev. 2(1963)30—49. -J. A. Weisheipl: Curriculum of the faculty of arts at Oxford in the early fourteenth cent. Med. Stud. 26(1964)143—185. -A. Epping: Zu Bonaventuras Schrift De reductione artium ad theologiam. Wiss. Weish. 27(1964) 100—116. -H. A. Huning s. Anm. [119]. -P. Tihon: Foi et théol. selon Godefr. de Font. (Paris/Brügge 1966). -W. Kluxen: Ph. als Wiss. von Gott. Wiss. Weish. 29(1966)177—188. -S. R. Streuer: Die theol. Einleitungslehre des Petrus Aureoli(1968). -H. A. Huning s. Anm. [120]. -S. Neumann: Gegenstand und Methode der theoret. Wiss. en nach Th. v. Aquin auf Grund der Expositio super librum Boethii 'De Trinitate'(1965). -P. Michaud-Quentin: Nouv. précisions sur les «philosophantes», in: Et. sur le vocab. philos. du Ma. Lessico intell. europ. 5(Rom 1970)103—111. -W. Kluxen(Hg.): Thomas von Aqu. im philos. Gespräch(1975). -G. Leibold: Zum Begriff der Wiss. bei Wilh. von Ockham. Zkth 101 (1979)434—442. -N. Hartmann: Ph. und Theol. nach Joh. Duns Skotus. Wiss. Weish. 43(1980)196—212. -I. Craemer-Ruegenberg: Albertus Magnus(1980). -W. Senner: Zur Wiss. theorie der Theologie im Sentenzenkommentar Alberts d. Gr., in: Albertus Magnus-Doctor Universalis 1280/1980, hg. G. Meyer/A. Zimmermann(1980) 323—343. -U. G. Leinsle: Die Einheit der Wiss. nach Wilh. von Ockham. Wiss. Weish. 43(1980) 107—129. -J. P. Beckmann: «Scientia proprie dicta»: Zur wiss. theoret. Grundleg. der Philos. bei Wilh. von Ockham. Sprache und Erkenntnis im Ma. Misc. Mediaev. 13/2(1980) 637—647. -K. Lehmann: Die Synthese von Glauben und Wissen, Wiss. und Theol. bei Albertus Magnus, in: M. Entrich(Hg.): Albertus Magnus. Sein Leben und seine Bedeut. (1982) 111—130. -Th. Kobusch: Der Experte und der Künstler. Das Verhältnis zw. Erfahrung und Vernunft in der spätscholast. Ph. und der neuzeitl. Wissensbegriff. Philos. Jb. 90(1983) 57—82. -F. van Steenberghen: La structure de la philos. théorique selon S. Thomas. Rev. philos. France Etr. 83(1985) 536—558. -J. -F. Courtine: Philos. et théol. Remarque sur la situation aristot. de la détermination thomiste de la «théologia». Rev. philos. Louvain 84(1986) 315—344. -Th. Kobusch: Luther und die scholast. Prinzipienlehre. Medioevo 14(1988).

三　文艺复兴、人文主义、宗教改革

（一）意大利文艺复兴

意大利文艺复兴文献中的各种哲学概念，不可缩减为一个同质的具有时代特点的观念。[①] 这些哲学概念，不仅反映了14—16世纪产生的哲学萌芽和流派的多样性，也反映了古代哲学观念的持续影响。

狭义的、区别于中世纪经院哲学的哲学理解，在意大利文艺复兴时期，是由彼得拉克（F. Petrarca）开创的。他认为，他的时代的哲学，"已为一种繁琐的辩证法所败坏"（Philosophi... ad verbosam... dialecticam sunt redacti[哲人……局限于繁琐的……辩证法]）。[②] 真正的哲学（vera ph. a）[③]却忍受不了徒劳无果的辩难（sterilium disputationum），[④]"夸夸其谈的经院哲学"（ph. am... scolasticam ventosam[夸夸其谈的经院……哲学]）[⑤]中实践的就是这种辩难。真正的哲学不是"词语技艺"

---

① Vgl. C. VASOLI: The Renaissance concept of philos., in: CH. B. SCHMITT/Q. SKINNER/E. KESSLER: The Cambridge hist. of philos. (Cambridge 1988)57—74.

② J. F. PETRARCA: De remediis utriusque fortunae I dial. 46. Opera(Basel 1581)45; zu Petrarcas Ph. -Begriff vgl. E. KESSLER: Petrarca und die Gesch. (1978)132—141.

③ De remediis, praef.

④ a. O.

⑤ Le familiari, hg. V. ROSSI/U. BOSCO: Opere. Ed. naz. (Florenz 1926ff.)12, 3, 10.

(Wortkunst),而是“生活技艺”(ph. am non verborum artem... esse sed vitae)。[①] 真正的哲学,在彼得拉克看来,就是一种生活姿态;其位置在科学组织或哲学典籍中少有,而“在灵魂之中”(ph. am... veram... non in libris tantum sed in animis habitantem)。[②] 真正的哲学的教诲是轻视尘世生活,盼望永恒生活(hujus vite contemptus et spes eterne),[③]尽管这种教诲创始于异教徒(a paganis inventa),[④]却能够被基督徒视为其所有物(cristianorum est propria)。[⑤] 这一动机被后世人文主义者当成了一种指导生活实践的基本路线,近乎哲学作为“生活技艺”(ars vitae),并且为其哲学概念打上了决定性的印记。所以,萨鲁塔蒂(C. Salutati)首先指派了一项实践-道德任务:哲学可以引向道德并且改正无德,他说:“哲学,也……认为是所有德性的女主人和所有无德之驱除者”(ph. a, que... omnium moderatrix noscitur esse virtutum et expultrix vitiorum)。[⑥] 正如古代哲学,避开了“辩难之歧途和弯路”(disputationum ambagibus),[⑦]与这种哲学截然不同:quam moderni sophistae ventosa iactatione... et impudente garrulitate mirantur in scolis[这是现时代智术师在学校中以其浮夸和无耻的饶舌所钦佩的哲学]。[⑧] 逻辑学(辩证法),统治着大学中(in scolis)所从事的哲

---

① a. O. 17, 1, 10.

② 12, 3, 10.

③ Invective contra medicum, hg. P. G. RICCI(Rom 1950)511f.

④ a. O.

⑤ ebda.

⑥ C. SALUTATI: Epistolario, hg. F. NOVATI(Rom 1891—1905)1, 178f.; Ph. und Ethik identifiziert auch G. MANETTI: Vita Socratis et Senecae, hg. A. de PETRIS(Florenz 1979)123, unter Berufung auf CICERO: Tusc. V, 4, 10—11.

⑦ SALUTATI, a. O.

⑧ ebda.

学，却遭到贬低，为关系实践的修辞学所代替，或并入了修辞学。西塞罗在其著作中将哲学与修辞学结合起来，他而非亚里士多德，才是很多人文主义者的实践-修辞哲学的典范。①

瓦拉（L. Valla）让理论哲学之整体隶属于"修辞女王"（ph. a velut miles est sub imperatrice oratione[哲学作为士兵受修辞女王节制]）。② 基于共感（sensus communis）的修辞，像实践哲学那样，旨在以道德和政治活动为定向。作为一种如此理解的修辞学的代表，瓦拉因此能够宣称："哲学为自己提出的所有主张，也根本属于我们的主张"（omnia autem，quae ph. a sibi vendicat，nostra sunt）。③ 哲学理解的这种"修辞学转向"，背弃了经院哲学的方法和传统哲学的术语学，将目光引向日常语言（consuetudo loquendi）：④人们比哲人说得更好（Melius... populus quam philosophus loquitur），⑤甚至"头脑简单的妇女，对词义也往往比大哲人有更好的理解"（melius de intellectu verborum mulierculae nonnumquam sentiunt，quam summi philosophi）。⑥ 其他人文主义者，如穆萨托（A. Mussato），已然让诗与哲学平起平坐，将诗擢升到"第二哲学"之高度。⑦

---

① Vgl. L. BRUNI ARETINO：Cicero novus. Humanist，philos. Schr.，hg. H. BARON(1928)114f.；zum Vorrang der Rhetorik vor der Ph. vgl. auch F. BEROALDO：Declamatio philosophi，medici，et oratoris. Varia opuscula(Basel 1509)142 v—146 r.

② L. VALLA：De voluptate. Opera omn. (Basel 1540)；ND，hg. E. GARIN(Turin 1962)907；vgl. H.-B. GERL：Rhetorik als Ph. Lorenzo Valla(1974)；J. E. SEIGEL：Rhetoric and philos. in Renaiss. humanism. The union of eloquence and wisdom，Petrarch to Valla(Princeton 1968).

③ a. O.；vgl. auch：Repastinatio dialectice et philosophie，hg. G. ZIPPEL (Padua 1982).

④ Dialecticae disput. Op. omn.，a. O. 658.

⑤ a. O. 684.

⑥ 649.

⑦ A. MUSSATO：Epistolae(Leiden o. J.)41.

然而,摆脱经院哲学,通常不会导致脱离其所服从之基督教教义,或者颠转那种对哲学与神学之关系的看法,就是将“神学的婢女”(ancilla theologiae)之角色给予哲学。做“神学的女主人”(Patronam theologiae),瓦拉认为,哲学绝不可以抛出这样看法。尽管哲学有能力——瓦拉本人也利用了伊壁鸠鲁哲学的母题和概念①——勾画出一种理论,将人的世俗的幸福,规定为快乐(voluptas)。② 然而,“真正的善”,哲学却未曾听闻(ph. a ignorat verum bonum);③“真正的善”,可以由外在,通过信仰(fides),传达给哲学。④

一种更高要求的哲学概念,对神学与宗教传统之关系作出了新的规定,且不满足于提供生活实践定向和道德德性学说(moralische Tugendlehren),首先在柏拉图/新柏拉图主义倾向的作家那里,作为不断增长的认识之结果,为迄今已遗失的哲学和神智学传统铺平了道路。在特利美吉斯托斯(Hermes Trismegistos)、奥尔弗斯(Orpheus)、扎拉图斯特拉(Zarathustra)等等名下流传的作品,也像卡巴拉派经籍(kabbalistische Texte)那样,越来越受重视,像斐奇诺(M. Ficino)这样的作家认为,它们内含一种可以追溯到世界历史之开端的,超越了摩西(Moses)、柏拉图和新柏拉图主义,而得到推进的哲学学说之基础,可以将此基础理解为卓越的哲学:以认识神圣事物为目标(ph. ae finis est cognitio divinorum),⑤并

---

① L. VALLA: De libero arbitrio. Über den freien Willen, lat. -dtsch. hg. E. KESSLER(1987)54.

② De voluptate, a. O. [15] 896—999.

③ a. O. 978.

④ a. O.

⑤ M. FICINO: Ep. Opera(Basel 1576); ND, hg. P. O. KRISTELLER (Turin 1959)1, 761.

解释了最终的起源问题。在导向对至善的拥有(summi boni possessio)的同时,[1]这种卓越的哲学还为人的救赎之努力充分定向,人的"登峰造极"就是其——哲学——本身(Ph. a ascensus est animi, ab inferioribus ad suprema a tenebris ad lucem [哲学就是灵魂的上升,由低处到高处,由幽暗到光明])。[2] 哲人如此引向对上帝的观照,点燃对神圣之善的爱(philosophus... ad contemplationem Dei nos erigit [et]... ad amorem divinae bonitatis inflammat),[3]从而被称为"虔信者"(religiosus),[4]哲人为所有人考虑,居于上帝与人之间(inter deum et homines medius est philosophus)。[5] ——斐奇诺作为哲学来理解的内容,作为他的哲学所宣扬的内容,并非真就是他的(*sein*)作品,在"古代哲学"传统资源中已然可见(priscorum ph. a)。[6] 在这种"虔信哲学"(pia... ph. a)中,[7]宗教性的智慧学说和神秘论占据如此核心位置,以至于其不复可能与宗教分离:这种"古已有之的哲学"(prisca ph. a)——就像斐奇诺的哲学,可以理解为传统链条上的一个环节——"无非就是一种有学识的宗教"(nihil est aliud quam docta religio)。[8] 因此,"哲学"、"智慧"、"神学"和"宗教"这些术语,斐奇诺往往用作一个意思。还有文艺复兴-卡巴拉派的希伯来人利奥(Leone Ebreo),把"对精神对象的最高认识"(conoscimento più alto delle cose spirituali)称为"哲学"或"神学"。[9] 这种认识代表一

---

① a. O. 763.
② a. O.
③ 854.
④ a. O.
⑤ 762.
⑥ 854.
⑦ In Plot. Epitomae, a. O. 2, 1537.
⑧ a. O. 1, 854; vgl. auch die Bestimmung der Ph. als «sapiens pietas cultusque divinus»: Theol. Platonica, a. O. 1, 268.
⑨ LEONE EBREO: Dialoghi d'amore, hg. C. GEBHARDT(1929)21v.

种哲学概念,将哲学理解为思辨的哲学神学,主张一种“永恒的哲学”(ph. a perennis,参见 immerwährende Ph. 辞条),从而让哲学的实践-政治方面退后为背景。由此产生了向神秘(否定)神学的过渡,这些过渡(部分受库萨的尼古拉[Nikolaus Von Kues]哲学的影响,尤其是他关于“对立统一”[coincidentia oppositorum]的学说)也标示着意大利以外的一股强劲的哲学潮流(Reuchlin, Agrippa Von Nettesheim, S. Franck, J. V. Andrea)。这个源自特利美吉斯托斯、奥尔弗斯、扎拉图斯特拉、卡巴拉,吸收了“古代智慧”的宗教传统,皮科(G. Pico della Mirandola)也知道他深受其影响。① 他发现哲学的任务在于“靠神学之光观照神圣之物”。② “道德哲学”(ph. a moralis)和逻辑学(“辩证法”[dialectica]),对净化灵魂(animam purgare)发挥作用,③清除恶习和错误。④ 哲学的顶峰在于“自然哲学”(ph. a naturalis),后者引导灵魂认识神圣之物,从而达到完满(animam naturalis ph. ae lumine perfundamus, ut postremo divinarum rerum eam cognitione perficiamus)。⑤ 哲学有序进入一个越来越明亮的进程,皮科将此进程与古代神秘宗教的传授阶段(initiatorum gradus)相比,⑥与此相应,最高的哲学学科——自然哲学,被认为承担神秘(mysteriorum susceptio)。⑦ 尽管哲学为其女主人神学(dominae suae, sanctissimae Theologiae)所超越,⑧

---

① G. PICO della MIRANDOLA: De hominis dignitate. Opera omn. 1(Basel 1572); ND, hg. E. GARIN(Turin 1971)325.

② a. O. 319.

③ 317.

④ a. O.

⑤ ebda.

⑥ 319.

⑦ a. O.

⑧ 318.

将观照神圣之物(ἐποπτεία, id est rerum divinarum per Theologiae lumen inspectio[止观,也就是通过神学之光来观照神圣事物])作为其目标,[①]"静观哲学"(ph. a contemplativa)也可以实现上帝近旁的天使般的生命(angelicae vitae)。[②] 一种已达此立足点的哲学,如皮科所期待的那样,有能力克服四分五裂的哲学学派和潮流,将其转变为一种统一的哲学。对于皮科而言,这就是哲学的任务,着眼于其时代的精神状况:需要指出的是,人们所以为的相互冲突的理解实则彼此和谐(sententias quae discordes existimantur concordes esse),[③]因此,"所有精神都从属于一个心智"(omnes animi in una mente)。[④] 这一"和谐"(concordia)哲学的目标,皮科相信可在一场哲人集会的框架内实现,他原想在 1487 年举办这场集会。[⑤]

对哲学的这样一种再估价,必定在神学家那里挑起抗议,他们看到这种再估价危害了基督教真理之独特性。抗议就表现在关于哲学的敌意-贬义的概念之中。所以,萨伏那洛拉(G. Savonarola)拒绝凭借自然理性来探究人类生活目标的主张(per rationem naturalem humanae vitae finem investigare),[⑥]他采用了认识论的论证,却是出于神学动机。因为,人类理性"总是在暧昧黑暗之中"(in ambiguo semper in tenebrisque)活动,[⑦]匮乏和错误(defectuum et errorum)属于哲学之根本。[⑧] 萨伏那洛

① 319.

② 317.

③ 326.

④ 318.

⑤ Hierfür stellte Pico seine ‹Conclusiones nongentae›, a. O. 63—113, zusammen.

⑥ G. SAVONAROLA: Triumphus crucis, hg. M. FERRARA. Ed. naz. 8 (Rom 1961) 217f.

⑦ a. O.

⑧ ebda.

拉合乎逻辑地否认传统上着眼于宗教和神学给予哲学的任务。哲学作护教学的工具是多余的,因为,基督教的真理有神圣的启示保证,“无需哲学之武器来维护”(non eget armis philosophorum ut se defendat)。① “逻辑学、哲学、形而上学和其他科学[!]”(Logica, Filosofia, Metafisica ed altre szienzie[!])同样少有为真正的宗教作准备的使命。② 哲学处在与圣经和信仰之光(lume della fede)不可调和之对立中,只有后者才能保证真实可信的知识(scienzia)。③ 因此,质而言之,基督徒无需哲学以达成救赎:“千真万确……我们认为,对于任何基督徒而言,都无需哲学以达成救赎”(absolute dictum...ph. am dicimus nulli Christiano esse necessariam ad salutem consequendam)。④

受萨伏那洛拉影响,老皮科的外甥小皮科(G. F. Pico della Mirandola)在其著作《论研究神圣与人类之哲学》(De studio divinae et humanae philosophiae)⑤中,提出了一种相当极端且具反思性的哲学批判。对于古人和他同时代的人而言的哲学,只是“人的哲学”(ph. a humana)。⑥ 其出发点是感觉经验(a sensibus),⑦由此绝不可能达成完满确切的知识,却假装可以达成这样的知识。⑧ “人的哲学”(ph. a humana)之不足,迫

---

① Apologeticus de ratione poeticae artis, hg. G. GARFAGNINI. Opere, Scritti filos. 1(Rom 1982)240.

② Prediche, hg. G. BACCINI(Florenz 1889)399f.

③ a. O.

④ a. O. [51] 240f.

⑤ G. F. PICO della MIRANDOLA: De studio...(1497). Opera(Basel 1601)1—28; zu Picos Ph.-Begriff vgl. CH. B. SCHMITT: Gianfr. Pico della Mirand. and his critique of Arist. (Den Haag 1967)32—54.

⑥ a. O. 3.

⑦ 7.

⑧ a. O.

使人承认圣经(Sacrae... Literae),事实上必须将其标明为神圣的哲学(divina ph. a vere nominatur)。[①] 后来,小皮科利用(由恩披里克重新发现而为其所得的)皮浪怀疑论(pyrrhonischen Skepsis)解构潜能,揭露异教哲学,尤其是亚里士多德哲学及其当代(nostra aetate)[②]变形,只是人类理性的狂妄:ad gentium ph. am, quae humanitus inventa est vel demoliendam vel infirmandam, Sceptica consideratio potest conducere[对于万民之哲学,作为人类之发明的哲学,怀疑论的思考能够毁灭或弱化她](怀疑论有能力颠覆或弱化人所创立的异教哲学)。[③] 因为,他使用的证据是,"靠人的哲学之力量,人将一无所知"(scire quicquam... vi humanae ph. ae)。[④] 小皮科的哲学概念,从而与怀疑论传统中司空见惯的论争性教条式哲学的概念一致。

不过,在16世纪,一种与亚里士多德有关的哲学的规划和概念——譬如,在帕多瓦学派(Schule von Padua)中(P. Pomponazzi, G. Zabarella),[⑤]宣称反对意大利文艺复兴哲学强烈的亚里士多德主义倾向。这种哲学的规划和概念的主要人物,持续遭到一种人文主义哲学观念拥护者的批判。与瓦拉有关,尼佐理奥(M. Nizolio)反对贴上亚里士多德派标签的"伪哲人":[⑥]哲思真正的方法(vera ratio philosophandi),除了

---

① 3.

② Examen vanitatis doctrinae gentium et veritatis Christianae disciplinae (1520), a. O. 474.

③ a. O. 559.

④ 654.

⑤ G. ZABARELLA: Opera log. (1603); vgl. auch P. FONSECA: Comm. in lib. Met. Arist. (Lyon 1601) 6f.

⑥ M. NIZOLIO: De veris principiis et vera ratione philosophandi contra pseudophilosophos (1553), hg. Q. BREEN (Rom 1955).

认识希腊语和拉丁语文学和语言,除了掌握语法和修辞规则,还包括思维与判断之自由(libertas... sentiendi ac judicandi)①(而非以权威为定向),包括概念构成之明白易解和问题提法之得体恰当。② 形而上学和辩证法(逻辑学),在如此理解的哲学学科建构中,不复有其位置。同样,与亚里士多德主义相对,特勒西奥(B. Telesio)勾画出了其哲学观念:与感知相符合,与圣经内在协调一致(sensui et sibi ipsi... et sacrae etiam scripturae bene concors),这是他的哲学的原则,这些原则保证了哲学的自然认识的可靠性。③

在16世纪晚期哲人那里,除了反亚里士多德主义冲动,还可以把握到一种对其革新成就和对各自的思想具有超越传统哲学之原创性——这两要素为意大利文艺复兴哲学打上长久印记——的强调。所以,帕特里齐(F. Patrizi)主张,用他自己的方法(propria Patritii methodo),实施一种符合宇宙秩序的光照形而上学(Lichtmetaphysik)的方案(ph. a, studium est sapientiae, Sapientia, universitatis est cognitio. Rerum universitas, constat ordine[哲学,就是追求智慧;智慧,就是对宇宙的认识。万物之总体,符合秩序]),④他自己的方法之"公理"(axiomata)是全新的,迄今不为人所知(nova... hucusque inaudita)。⑤ 作为

---

① a. O. 26.

② 22—29.

③ B. TELESIO: De rerum natura iuxta propria principia, hg. L. de FRANCO(Cosenza/Florenz 1965—1976)1, 20; der Grundsatz «duce sensu philosophandum» findet sich später auch bei T. CAMPANELLA: Prodromus ph. ae instaurandae. Opera lat. hg. L. FIRPO(Turin 1975)1, 27.

④ F. PATRIZI: Nova de universis ph. a in qua aristotelica methodo... ad primam causam ascenditur deinde propria Patritii methodo tota in contemplationem venit Divinitas: postremo methodo Platonica, rerum universitas, a conditore Deo deducitur(Ferrara 1591)Panaugia 1 R b.

⑤ T. GREGORY: L'‹Apologia› e le ‹Declarationes› di F. Patrizi, in: Medioevo e rinascimento. Studi in onore di B. Nardi(Florenz 1955)1, 424.

其自己的原创性哲学的创造者，在诺拉（Nola）出生的布鲁诺（G. Bruno）登上了历史舞台，他对新柏拉图派与赫耳墨斯教派的依赖性自不待言：[①]“诺拉的哲学”（nolana filosofia）[②]达到了对作为“一”的无限宇宙的认识，在此认识中，哲学抵达了其目标，抵达了智慧。[③] 通过他的哲学，在“通俗哲学”（volgar filosofia），[④]尤其是亚里士多德主义之后，迎来了更新的“真正的古代哲学的太阳升起”（l'uscita di questo sole de l'antiqua vera filosofia）。[⑤]　施罗德（W. Schröder）撰

文献指引：

Ch. B. Schmitt s. Anm. [55]. -J. E. Seigel s. Anm. [15]. -H. -B. Gerl s. Anm. [15]. -E. Kessler s. Anm. [2]. -C. Vasoli s. Anm. [1].

（二）人文主义与宗教改革

1. 人文主义。——北方人文主义者看到，其主要任务就在于支持“人文研究”（studia humanitatis），按照在意大利形成的规范，此研究之所属，除了语法、修辞、诗，还有作为唯一的哲学学科的道德哲学。他们转向古代的希腊语和拉丁语文献，为此研究提供“模范”（exempla），并通过编辑这些文献拓展了对古代哲学的认识。[⑥] 他们批评当时的大学学者与世隔绝的概念游戏，将其斥为“诗人”（poetae）而搁置一旁。[⑦] 但人文

---

① Vgl. F. A. YATES: G. Bruno and the Hermetic trad. (London 1964).

② G. BRUNO: La cena de le ceneri. Dialoghi ital., hg. G. GENTILE/G. AQUILECCHIA(Florenz 1958)10; De la causa, principio e uno, a. O. 342.

③ De la causa, a. O. 324.

④ a. O. 49, vgl. auch: De immenso. Opera, hg. F. FIORENTINO u. a. (Neapel/Florenz 1879—1891)I/2, 243.

⑤ La cena, a. O. [71] 29.

⑥ Vgl. zum Forschungsstand W. KÖLMEL: Aspekte des Humanismus (1981)1—14.

⑦ Vgl. J. CHOMARAT: Les hommes obscurs et la poésie, in: L'humanisme allemand [1480—1540](1979)261—283.

主义者也复兴了不少过时的传达形式,并用讲章和对话、演说(Declamatio)和书信代替了疑问辩难(Quaestio)和注疏,所以,他们受他们批判的经院思想的影响而问题缠身。① 阿格里古拉(R. Agricola,1444—1485),德国人文主义者视其为他们中的第一人,欲以其主要著作《论辩证法的谋略》(De inventione dialectica,约 1480 年撰,首版 1515 年)和短篇作品,为一项人文主义的研究革新作出他的贡献。与所有人文主义者一样,他厌恶经院式的空想而投身实践。他对哲学概念的相应理解是 amorem divinas res humanasque cognoscendi, cum bene vivendi studio coniunctum[对认识神圣和人事的爱,与追求正确的生活结合起来]。② 就此,他继承了西塞罗和塞涅卡,措辞则来自伊西多尔(Isidor Von Sevilla)。③ 在三分如此受到局限的哲学时,阿格里古拉也追随塞涅卡。④ 他让三学从属于"理性哲学"(ph. a rationalis)(逻辑学),从属于"自然哲学"(ph. a naturalis)(物理学)的,除了四科,还有狭义的物理学、数学、神学(研究上帝和永福的本质)和医学。⑤ 他将重点放在道德哲学上,sine qua bene prorsus vivere nequimus[舍此我们就无法追求美好生活]。⑥ 他奉为权威的,除了如哲人亚里士多德、西塞罗和塞涅卡,还有史家、诗人和雄辩家,因为,这些人不仅口头讲说,还示范什么会有实效。⑦ 从道德哲学出发,是引向圣经研

---

① Vgl. KÖLMEL, a. O. [1] 154—175.

② R. AGRICOLA: In laudem ph. ae et reliquarum artium(1476), in: H. RUPPRICH: Humanismus und Renaiss. in den dtsch. Städten und an den Univ. (1935)164—183, hier 172.

③ Vgl. CICERO: De off. II, 2, 5; Tusc. V, 3, 7; SENECA: Ep. 90, 1 mit ISIDOR: Etym. II, 24, 1, hg. W. M. LINDSAY(Oxford 1911).

④ SENECA: Ep. 89, 9; vgl. auch ISIDOR, a. O. II, 24, 3.

⑤ AGRICOLA, a. O. [4] 175—178.

⑥ a. O. 178.

⑦ De formando studio(1484), in: Lucubrationes aliquot, hg. A. AEMSTELREDAMUS(1539)193—201, hier 194.

究的直接道路，圣经无误。[1] 对于阿格里古拉的学生，“首席人文主义者”(Erzhumanist)凯尔迪思(K. Celtis，1459—1508)而言，研究哲学和雄辩术是为其他科学做准备。[2]

法学家和希伯来学者罗伊西林(J. Reuchlin，1455—1522)，欲以其两部思辨大作《论妙言》(De verbo mirifico，1494)和《论卡巴拉技艺》(De arte cabalistica，1517)，重建“毕达哥拉斯派”哲学。他试图将卡巴拉(Kabbala)与毕达哥拉斯的字母和数字秘密结合起来，以证实上帝与人的智慧和谐一致。与此同时，他受到小皮科的激发，也受到库萨的尼古拉的激发。[3] 哲学，对于采纳了古代用语的罗伊西林而言，[4]说到底，努力活得好，是为了死得好(tota nanque ph. a nostra haec est，ut bene uiuendo，bene moriamur[这就是我们的全部哲学：若活得好，才会死得好])。[5] 站在罗伊西林传统中的谜一样的阿格里帕(H. C. Agrippa Von Nettesheim，1486—1535)，转向了“隐秘哲学”(ph. a occulta，这也是他主要著作的题名)，自然是让其作为人的全部努力本身复又成为问题。[6] 伊拉斯谟(Erasmus Von Rotterdam，1466/1469—1536)，对经院哲学的批判和为“好文学”(bonae literae)辩护，构成了一个一般性的主题。首先，他直面反对经院哲学的吹毛求疵，反对亚里士多

---

① a. O.

② K. CELTIS：Oratio in gymnasio in Ingelstadio publice recitata(1492)，in：RUPPRICH，a. O. [4] 226—238，hier 231f.

③ Vgl. H. RUPPRICH：J. Reuchlin und seine Bedeut. im europ. Humanismus，in：J. Reuchlin. 1455—1522. Festgabe seiner Heimatstadt Pforzheim，hg. M. KREBS[1955] 15—17.

④ Vgl. PLATON：Phaedo 67 e 4—5；CICERO：Tusc. I，31，75；SENECA：Ep. 70，18.

⑤ J. REUCHLIN：De arte cabalistica(1517，ND 1964)270.

⑥ H. C. AGRIPPA VON NETTESHEIM：De incertitudine et vanitate scientiarum atque artium declamatio invectiva. Opera 2(Lyon 1600，ND 1970)124f.

德哲学。[1] 与柏拉图主义者相反,他采取了一种不同立场:在《基督教战士手册》(Enchiridion militis Christiani, 1503, Nd 1518)中,他建议读者,要亲近柏拉图派,因其内容和形式都接近圣经,[2]并发展出一种特别以柏拉图《蒂迈欧》为指向的人类学。[3] 后来,他也批判柏拉图,[4]认为他要为俄里根的异端思想负有责任。[5] 为了标明其特别在《手册》中发展出的,一种源于圣经和教父的真正的基督教的理想,伊拉斯谟从 1515 年起,开始使用"哲学"概念,[6]在当时出现的为其新约版本撰写的引论(1516)中,在新版《手册》献词(1518)中,他将此概念扩展为"基督教的哲学,基督徒的哲学,天上的哲学,神圣的哲学"(ph. a christiana, Christi, coelestis, divina),[7]还有后来的"教会的哲学"(ph. a evangelica)。[8] Hoc ph. ae genus in affectibus situm verius quam in syllogismis vita magis est quam disputatio, afflatus potius quam eruditio, transformatio magis quam ratio[这一类哲学,更为真实地处在情感而非三段论中,更多是生活而非辩论,更是灵感而非博学,更是转型而非理性]。[9] 哲

---

① ERASMUS VON ROTTERDAM: Methodus(1516). Ausgew. Werke, hg. A/H. HOLBORN(21964)[Holb.] 161, 23—26; wiederholt in: Ratio seu Methodus(1518ff.). Holb. 297, 12—15.

② Holb. 32, 25—28; 71, 33—72, 10.

③ Holb. 43; vgl. dazu A. AUER: Die vollkommene Frömmigkeit des Christen. Nach dem Enchiridion militis Christiani des E. v. R. (1954)63—79.

④ Vgl. Ratio(1523). Holb. 280, 17f.

⑤ Enarratio in Ps. 38(1532). Opera omn., hg. J. CLERICUS(Leiden 1703—06)[LB] 5, 432 C.

⑥ Vgl. Adagium 'Sileni Alcibiadis'. Opera omn. (Amsterdam 1969ff.). [ASD] II/5, 164, 91—93; vgl. M. MANN PHILLIPS: La ‹Philosophia Christi› reflétée dans les ‹Adages› d'Erasme, in: Courants relig. et humanisme à la fin du XVe et au début du XVIe s. (Paris 1959)69f.

⑦ Vgl. Holb., Reg. s. v.

⑧ Ep. de ph. a evangelica(1522). LB 6, *4 r—*5 r.

⑨ Paraclesis. Holb. 144, 35—145, 1.

学的作为无他,但在复原良好受造的天性(Quid autem aliud est Christi ph. a, quam ipse renascentiam vocat, quam instauratio bene conditae naturae? [基督的哲学,不是他所谓重生,不是复原良好受造的天性,还是什么?])①尽管他保留反对全部哲学的权利,伊拉斯谟也可以视苏格拉底、第欧根尼和伊壁鸠鲁为先行者。② 但纯粹的"基督的哲学"只能在新约中找到,在新约中人们可以虔诚地哲思(pie philosophari)——这一表达方式,从俄里根以来,就已司空见惯了。③ 其优势在于,基督与所有其他学者相对,能够保证他的承诺。④ 在写于1533年,作为其文集最后附录的谈话《伊壁鸠鲁》(Epicureus)中,伊拉斯谟称基督为"基督教哲学的领袖"(Christianae ph. ae princeps),他配得"伊壁鸠鲁"之别号,因为,这个词在希腊语中意指"帮助者"。⑤

在如此使用"哲学"概念时,无疑是以教父的用语为背景的,伊拉斯谟通过其精深的教父研究学到了这种用语。⑥ 阿格里古拉作为"基督的哲学"术语的创造者身份,菲佛(R. Pfeiffer)反复主张,并不符合事实。⑦ 哲学概念的这种用法,包含一种确定的看待哲学的眼光,符合人文主义的偏好,以道德

---

① a. O. 145, 5—7.

② 145, 26f.

③ 146, 6—9; vgl. A.-M. MALINGREY: Philosophia. Et. d'un groupe de mots dans la litt. grecque, des Présocr. au IVe s. apr. J.-C. (Paris 1961) 173f.; Erasmus gebraucht das Verbum ‹philosophari› häufig auch mit einer negativen Konnotation; vgl. LB 6, 27 C/D; 28 B; 33 C; 34 F; 36 C; 47 E u. ö.

④ Holb. 141, 1—3.

⑤ ASD I/3, 731, 421—423.

⑥ Vgl. MALINGREY, a. O. [27]; zum mittelalterl. Sprachgebrauch vgl. J. LECLERCQ: Et. sur le vocab. monast. du MA (Rom 1961) 39—67; zu Erasmus vgl. J. DOMAŃSKI: On the Patristic sources of ‹Philosophia Christi›: St. John Chrysostom and the Erasmian conception of ph. a [poln. mit engl. Zus. fassung], in: Erasmiana Cracoviensia (Krakau 1971) 87—102.

⑦ Zuletzt: R. PFEIFFER: Die klass. Philol. von Petrarca bis Mommsen (1982) 94f.

为指向。这一点在《基督教原理》(Institutio principis Christiani,1516)中显而易见,伊拉斯谟在其中着手研究柏拉图的由哲人统治的提议,并且指出:这些哲人并不忙于经院哲学的思辨,而是摆脱了偏见与恶习,符合世界掌控者(Weltenlenker)之模范,可以指明正确的统治方式。① 在此,哲学与基督之在(Christsein)终于合一。② 伊拉斯谟的兴趣不在于某种独立自主的哲学,尽管他不否认这种哲学的生存权利。③ 但他将这种置于其中并使其低于基督教的世界观之完满:Huc discuntur disciplinae, huc ph. a, huc eloquentia, vt Christum intelligamus, vt Christi gloriam celebremus. Hic est totius eruditionis et eloquentiae scopus[在此学习科学,在此学习哲学,在此学习雄辩术,我们的目的都是为了理解基督,为了荣耀基督。他是所有博学与雄辩之鹄的]。④

2. 宗教改革。——宗教改革家,常被认为持有一种否定哲学的立场。首先是路德(M. Luther, 1483—1546),由于他同意夸张的言辞(如:将理性斥为魔鬼的婊子⑤),被认为敌对所有哲学。随着停止反对哲学,他一直处在人文主义和埃尔福特奥卡姆主义(Erfurter Occamismus)传统之中,在此传统中接受教育。⑥ 路德,如《海德堡论辩》(Heidelberger Disputation, 1518)

---

① ERASMUS: ASD IV/1, 133, 21—134, 24; vgl. auch Ep. 2533. Opus epistolarum, hg. P. S. ALLEN u. a. (Oxford 1906—47) 9, 339, 107—117.

② ASD IV/1, 145, 267f.

③ Vgl. Adnotatio zu 1 Tim. 1, 6. LB 6, 928 D; vgl. auch Holb. 47, 26—28; Ep. 2643, a. O. [32] 10, 15, 124—126.

④ Ciceronianus(1528). ASD I/2, 709, 25—27.

⑤ M. LUTHER: Werke. Weimarer Ausg. (1883ff.) [WA] 18, 164, 25f.; 9, 559, 26—29.

⑥ Vgl. B. LOHSE: Ratio und fides. Eine Unters. über die ratio in der Theol. Luthers(1958) 26f.

所表明的那样,尽管讥讽亚里士多德和经院哲学,却并不批评每一种哲学本身,而是批评哲学的不合法运用:Philosophia est perversus amor sciendi, nisi assit gratia Christi; non quod ph. a sit mala nec voluptas, sed quod cupido utriusque non potest esse recta nisi christianis... Ideo philosophari extra Christum idem est, quod extra matrimonium fornicari[哲学是一种对求知的变态的爱,除非有基督的恩典襄助;并非因为哲学邪恶,或是一种欲望,而是因为,除非是基督徒,哲学的渴求不可能正确……因此,基督之外的哲思,与婚姻之外的交媾是一回事]。① 由此看法,产生了一种对人类理性完全肯定的评价,②在认识自然和社会-政治领域,理性具有一种尽管是有限的理论和实践功能。③然而,对于上帝和信仰,理性是盲目的:Philosophia vero nihil de Deo scit neque ponit Deum vel finem vel obiectum operum sed politicam pacem et temporalia bona, foelicitatem[哲学真正说来对上帝一无所知,也未将上帝,而是将政治和平与时间中的善和幸福,设定为行动的目的或对象]。④ 借助理性,人获知"正确性或部分真理,后者在确定场合才有效,也不会遭到启示质疑。然而,本真的真理只有上帝能传达给人"。⑤ 如果理性和哲学不尊重这些前提,就会遭遇路德的严厉判决。⑥ 他同样也批判经院神学,后者借助亚里士多德哲学,引起了一种可怕的混乱。⑦

---

① LUTHER: WA 59, 410, 2—5. 10f.

② Vgl. R. MALTER: Das reformat. Denken und die Ph. L. s Entwurf einer transzendental-prakt. Met. (1980) 281, Anm. 3.

③ Vgl. W. JOEST: Ontologie der Person bei M. L(1967) 84.

④ LUTHER: Präparat, zur Galaterbr. -Vorles. (1531): WA 40/I, 20, 34—36.

⑤ LOHSE, a. O. [37] 76.

⑥ LUTHER: Kirchenpostille(1522). WA 10/I, 1, 562, 12ff.

⑦ Conclusiones(1519). WA 6, 29, 19f.

路德精通形式逻辑工具,善于在其丰富的论辩中加以运用,在神学中只有实用功能(Dialectica est indagatrix veritatis in omni professione, sed in theologia sit ancilla et serva[辩证法在每一行当中都是真理的探究者,但在神学中却是婢女和奴仆]),①并且否认三段论可作为"扩展神学认识的工具"。② 他也熟知将哲学转用于解释经义,在其对《罗马书》(8:19)的注释中,以这种哲学运用反对传统的哲学理解:保罗的哲思(philosophatur)与其他哲人不同,因为,他自己不满意当时对事物的规定,而寄望于未来。他将这种看法介绍给他的听众,要求他们尽快将当前需要的哲学研究置诸脑后。③

梅兰希顿(Ph. Melanchthon,1497—1560)在其转向宗教改革的起初年头反对哲学,④尽管他也并未低估哲学的预备性价值。⑤ 对于"宗教改革的伦理学家"(Ethiker der Reformation)而言,⑥难题性在于,哲学塑造了一种道德理想,只有基督能够实现。就此,柏拉图派已然认识到,人需要净化以达成道德,只是他们不知道该从何处着手。⑦ 在其《共同立场》(Loci communes,1522)第二版中,哲学重新获得了固有的靠近神学的位置。⑧ 在其界限之内,对于神学和教会而言,哲学完全必要;因为,两者需要一种基本建构,⑨就此哲学不仅是方法性规则,而

---

① WA 39/II, 24, 36f.

② MALTER, a. O. [39] 293 Anm. 12; Beispiele für die Defizienz philos. Argumentation in der Theol. vgl. a. O. 109—111.

③ LUTHER: WA 56, 371, 2—372, 10.

④ PH. MELANCHTHON: Loci communes(1521). Studienausg., hg. R. STUPPERICH u. a. (1951ff.)[StA] II/1, 17, 11—13; 22, 24—28.

⑤ Vgl. De corrigendis adolescentiae studiis(1518). StA III, 38f.

⑥ W. DILTHEY: Ges. Schr. 2(101977)193.

⑦ Vgl. MELANCHTHON: Declamatiuncula in Divi Pauli doctrinam (1520). StA I, 32, 7—12; 35, 11—15.

⑧ Vgl. W. NEUSER: Der Ansatz der Theol. Ph. M. s(1957)114—120.

⑨ Vgl. MELANCHTHON: De ph. a oratio(1536). StA III, 89, 16—22; 90, 1—4.

且在内容上贡献良多，尤其是从自然-道德哲学领域。[①] Multa etiam mutuari eum [sc. theologum] ex ph. a necesse erit（他［神学家］仍然需要从哲学借用很多）。[②] 因为，梅兰希顿推荐，还要守住亚里士多德，因为，他的哲学包含智术最少，并且遵循正确的方法，[③]所以，他被称为“亚里士多德派”（Aristoteliker）。[④] 梅兰希顿的折衷主义，一如其反形而上学倾向，容易由其依附于语言人文主义（sprachhumanistischen）运动得到解释。[⑤] 他对中学和大学新教课程的影响，如何高评也不为过，他的教科书很快得到广泛传播并获得很高权威。[⑥] 然而，人们不能简单地以梅兰希顿的影响，来解释他向“正统”发展靠的是其经院哲学思维方式。这种发展的起源是多重的，尚未得到充分研究。[⑦]

瑞士宗教改革家茨温利（H. Zwingli，1484—1531）对哲学的态度是有争议的。[⑧] 在其晚期作品《回忆上帝的天意讲道集》（Sermonis de providentia Dei anamnema，1530）中，斯多亚派的影响和泛神论倾向显而易见。[⑨] 在加尔文（J. Calvin，1509—1564）那里所见到的哲学概念，在阿格里古拉那里居于核心位

---

① a. O. 91，6—13.

② 93，4f

③ 93，16—94，2.

④ Vgl. P. PETERSEN：Gesch. der aristot. Ph. im prot. Deutschland (1921) 101—108.

⑤ Vgl. S. WIEDENHOFER：Formalstrukturen humanist. und reformat. Theol. bei Ph. M. 1 (1976) 410—429.

⑥ Vgl. PETERSEN，a. O. [57] 118—127.

⑦ Vgl. P. ALTHAUS：Die Prinzipien der dtsch. reformierten Dogmatik im Zeitalter der aristot. Scholastik (1914) 12f.；W. NEUSER，in：Hb. der Dogmen- und Theol. gesch. 2 (1980) 306—314；K. SCHÄFER，in：Theol. Realenzykl. 3 (1978) 789—796.

⑧ Vgl. U. GÄBLER：H. Zwingli. Eine Einf. in sein Leben und sein Werk (1983) 130—132.

⑨ Vgl. C. CALVETTI：Presupposti e postulati filos. nel pensiero di Zwingli. Rivista Filos. neo-scolast. 49 (1957) 25—53.

置,并且不像其他哲学概念那样,都打上了当时的哲学观之烙印,①这在其《基督教原理》(Institutio Christianae religionis)开篇看得再清楚不过了:Tota fere sapientiae nostrae summa, quae vera demum ac solida sapientia censeri debeat, duabus partibus constat, Dei cognitione et nostri[应当判为真正的并且最终是可靠的我们智慧的总和,差不多是由两部分构成的:对上帝的认识和对我们自己的认识]。② 瓦尔特(P. Walter)撰

文献指引:

— Allgemein: L'humanisme allemand s. Anm. [2]. -W. Kölmel s. Anm. [1]. -S. Otto(Hg.): Renaissance und frühe Neuzeit(= Gesch. der Ph. in Text und Darst. 3) 1984. -Ch. B. Schmitt(Hg.): The Cambridge History of Renaissance Philos. (Cambridge 1988). -Zu Erasmus: C. Dolfen: Die Stellung des E. v. R. zur scholast. Methode(1936). -J. Domański: Erazm i filozofia. Studium o koncepcji filozofii Erazma z Rotterdamu(Breslau/Warschau 1973). -G. Chantraine: 'Mystère' et 'Philosophie du Christ' selon Erasme(Namur/Gembloux 1971). -Zu Luther: M. A. H. Stomps: Die Anthropol. M. Luthers(1935). -W. Link: Das Ringen Luthers um die Freiheit der Theol. von der Ph. (1940, 21955). -E. Metzke: Sakrament und Metaphysik(1948). Coincidentia oppositorum(1961) 158—204. -B. Hägglund: Theol. und Ph. in der ockhamist. Trad. (Lund 1955). -B. Lohse s. Anm. [37]. -W. Joest: Die Ontol. der Person bei Luther(1967). -H. A. Obermann/W. Bohleber/K.-H. zur MÜHlen/H. JÜRgens/G. Rokita: Zum Sachreg. der Weimarer Luther- Ausg. [Sol.; Ratio; Erudio; Aristoteles]. Arch. Begriffsgesch. 14(1970)172—265; 15(1971)7—93. -G. Ebeling: Luther- Studien 2: Disp. de homine(1977. 1982). -R. Malter s. Anm. [39]. -W. Mostert: Luthers Verh. zur theol. und philos. Überl., in: H. Junghans(Hg.): Leben und Werk M. Luthers von 1526 bis 1546(1983)347—368; 839—849. Zu Melanchthon: H. Maier: Ph. M. als Philosoph, in: An den Grenzen der Ph. (1909). -W. Maurer: Der junge M. zwischen Humanismus und Reformation 1. 2(1967/69). -S. Wiedenhofer s. Anm. [58].

① Vgl. L. W. SPITZ: The religious Renaissance of the German humanists (Cambridge, Mass. 1963)277.

② J. CALVIN: Opera sel., hg. P. BARTH/W. NIESEL 3(1928)31, 6—8.

2. 帕拉凯尔苏斯。——帕拉凯尔苏斯(Paracelsus)引入“炼金哲学”(ph. a adepta)术语,指一种与得道者(Adepten)的智慧、柏拉图-赫耳墨斯教义、炼金术及其世界观背景相应的新的自然哲学,人们也可以称其为世界智慧(Kosmosophie),后来又意指整全智慧(参见 Pansophie 辞条)。在帕拉凯尔苏斯的用语中,“哲学”也(往往主要)指博物学(Naturkunde)、自然研究(Naturforschung)、自然科学(Naturwissenschaft)(以区别于关涉启示的神学);他以“得道”(adeptio)这个也许混合了“采纳”(adoptio)或“采纳者”(adoptivus)概念的术语,指向一种特殊的合法性证明:针对最高的专门知识、专科知识、专业技能和通过某种与星体轨道(参见 Inklination 辞条)有关的“馈赠”(神赐)所获之天赋。“哲学”概念的出现,关联甚多,含义甚广,直至普通的“科学”,本身又划分为不同“哲学”学科(知识领域,scientiae)。帕拉凯尔苏斯给予其伟大的科学理论著作以题名《大天文学或关于宏观和微观世界的整全的有洞见的哲学》(Astronomia Magna oder die ganze Philosophia Sagax der großen und kleinen Welt, 1537/1538),以此——在当时可以理解——指一种关于世界认识和世界意义的整体科学。“得道哲学”这一术语,最初主要关涉医疗学的一种通过提炼术、金属转化和化学疗法而得到更新的自然哲学基础,[①]但却作了普遍扩展,并与人文主义-新柏拉图主义的世界观更新和科学体系更新结合为一体。[②] 在帕拉凯尔苏斯的科学百科全书《智慧哲学》(Phi-

① PARACELSUS: LiberIV. Chirurgiae c. IX. Sämtl. Werke, hg. K. SUDHOFF I/10(1928)515f.; Große Wundarznei II, 3, a. O. 354; Das Buch von den tartarischen Krankheiten c. 16, a. O. I/11(1928)102.

② Vgl. K. GOLDAMMER: P.-Studien(Klagenfurt 1954)8f. 39ff.; P. in neuen Horizonten. Ges. Aufsätze(Wien 1986)59. 69. 79. 300.

losophia Sagax)中,看来除了一种"得道医学"(medicina adepta)和"得道数学"(mathematica adepta),"得道哲学"还将"认识元素和精元中天体的力量"(coelestium virium in elementis et elementatis cognatio),和作为此认识之"种类"(species)的"集合元素和精元中天体的力量的科学"(coelestium virium in elementis et elementatis scientia componendi),设定为明确的实践-医疗目标,①其中,"天体/元素"类比原则发挥着决定性力量,并且"得道哲学"不同于(描述自然力量的)"公共哲学",其任务是"描述"(describirn)"天体的力量",因为,只有"元素"才能由炼金术来研究,"天体"则不能,"得道哲学"之职分是研究"天体"。②"得道哲学"有神学-宇宙论背景,"不是关于人的技艺,而是关于在上之物的技艺,在上之物出自至高天体","得道哲学"研究上帝,③由"恒星星体(siderischen Leib vom sidus)才能习得"。④在"天体得道哲学"(coelestis ph. a adepta)方面,"得道哲学"是"新世界哲学",也就是研究天国的哲学,⑤是关于上帝、人和世界的整体知识。也许,人们能够在其中看到当时已然活跃的关于"自然魔法"(magia naturalis)的新(自然)科学的理论基础。一种确定的推进可以在伯麦(J. Böhmes)的"真正的哲学"(rechte Ph.)和博物学概念中看到。⑥ 正是精神炼金术意义上的"哲学事业",⑦才是"魔法"之母。⑧　　戈达默尔(K. Goldammer)撰

---

① PARACELSUS: Philosophia Sagax I, 4. Sämtl. Werke I/12(1929)82.

② a. O. 98.

③ I, 8, a. O. 193ff.

④ a. O. 200.

⑤ II, 3, a. O. 346ff. 349.

⑥ J. BÖHME: Aurora XIX, 77. Sämtl. Werke [Amsterdam 1730], ND hg. W.-E. PEUCKERT(1955—60)1, 276; vgl. II, 11, a. O. 31; Vorrede 84, a. O. 19.

⑦ De signatura rerum XII, 29ff., a. O. 14, 174.

⑧ Von sechs mystischen Puncten V, 20ff., a. O. 7, 95.

文献指引：

R. Weber：Philosophia adepta. Diss. Göttingen(1954)；Stud. zur Paracelsischen ph. a adepta. Nova Acta Paracelsica 7(1954)197—208.

(三) 路鲁斯哲学

尽管路鲁斯(Raimundus Lullus，1232—1315)多达近300种著述，①广泛包括各种神学、逻辑学、形而上学、自然哲学和神秘主义主题，却清楚地打上了路鲁斯发明的、几无例外广泛应用的“组合技艺”(参见 ars combinatoria 辞条)方法之烙印。路鲁斯以其发展出的“大技艺”(参见 ars magna 辞条)或“普遍技艺”(ars generalis)之形式，将“组合技艺”呈现为一门艺术，像逻辑学和形而上学一样，伸展到所有领域，若着眼于研究其对象的方式，正如由其原理之类型，又可以将其与逻辑学和形而上学区别开来，因为，“组合技艺”作为所有人类科学中最高的科学(suprema omnium humanarum scientiarum)，研究存在者(ens)所采取的疏离方式，符合其外在于精神(形而上学)或内在于精神(逻辑学)的存在方式。② “组合技艺”处在与西班牙的彼得(Petrus Hispanus)定义为“技艺之技艺和科学之科学”(ars artium et scientia scientiarum)的辩证法的竞争中，③辩证法就是“关于所有科学的普遍科学”(scientia generalis ad omnes scientias)，④只传授发现每一门科学的普遍与特殊原理的方法，⑤因为，这些原理

---

① Vgl. E. W. PLATZECK：R. Lull 2(1964)3—105.

② Vgl. RAIM. LULLUS：Introd. artis demonstr. 1. Opera，hg. I. SALZINGER(1721—42，ND 1965)3，55.

③ PETRUS HISPANUS：Summulae log.，hg. L. M. de RIJK(Assen 1972)1.

④ LULLUS：Ars generalis ultima，hg. A. MADRE. CCSL 75(1986)5.

⑤ a. O. [2].

包含于"普遍技艺"的最高原理之中了,并且由最高原理出发才能澄清。① "普遍技艺"从而为所有科学易于达成目的提供了可能性(Per hanc scientiam...possunt aliae scientiae faciliter acquiriri. Principia enim particularia in generalibus huius Artis relucent et apparent[通过这种科学……就能易于达成其他科学。因为,特殊原理,就闪耀和表现于这种技艺的普遍原理之中])。② 其普遍作用的神学-形而上学基础,在此支持对每一个与上帝相对的造物之模仿性(Dei similitudines... sunt impressae in qualibet creatura[上帝的形象……印入了任何受造物])的设想。③ 因为,"普遍技艺"之普遍原理或述谓(Prädikate),据称符合神圣属性和最普遍的关系范畴,作为存在原理内含所有存在者,所以,路鲁斯认为,通过其完整的、方法上有序的组合(mixtio),就能穷尽人类可知之物的全部领域(in his principiis omnia entia implicata sunt... ac per ordinatam mixtionem ipsorum principiorum... significantur secreta et veritates naturae, secundum quod intellectus humanus in hac vita ipsa attingere potest[在这些原理中,内含所有存在者……并且,通过有序组合这些原理……可以指明自然的秘密和真理,人类理智在此生能够达此目的])。④

由于已然在路鲁斯本人那里,尤其在16和17世纪对路鲁斯的接受中,"组合技艺"占据支配地位,"路鲁斯哲学"(ph. a lulliana)概念不能匹敌"路鲁斯技艺"(ars lulliana)或"莱蒙迪技艺"(ars Raymundi)概念。⑤ "路鲁斯哲学"概念从16世纪早期

---

① a. O. [4] 5.

② a. O. 6.

③ Comp. artis demonstr., a. O. [2] 74.

④ Declaratio Raymundi, hg. O. KEICHER(1909)97.

⑤ Vgl. T. LE MYÉSIER: Introd. in artem Remundi, in: J. N. HILLGARTH: R. Lull and lullism in fourteenth-century France(Oxford 1971)408, 2.

开始使用，其功能很大程度上与“路鲁斯哲学”概念是同义词。①

在对路鲁斯哲学的接受中，可以大致划分三个阶段或方向，同一阶段都将当时的某个方向之特殊角度置于前景之中：a)一种论战性的理性主义方向，b)一种形而上学-神秘主义方向，c)一种逻辑学-百科全书方向。②

a) 在中世纪晚期，13 世纪以来已闻名的学派名称“路鲁斯学派”，特别由两大特质所规定，也构成了教会方面对路鲁斯哲学提出批判核心要点：据称“普遍技艺”保证了“依赖必然性论证”(per rationes necessarias)的信仰真理之可证性；③引入生僻术语来表述“虚幻的教义”(doctrina phantastica)。④

b) 米塞尔(T. Le MyÉSier)、⑤撒本都斯(Raimundus Sabundus)、⑥维尔德(Heimeric van den Velde)、⑦库萨的尼古拉(Nicolaus Cusanus)、⑧德古意(Petrus Degui bzw. Dagui)，将路鲁斯的原理学说与司各脱主义的“形式性”(formalitates)或“形

---

① N. PAX: Ep. ad Joh. Ruffum Theodolum(1509), in: LULLUS: Opera, a. O. [2] 1, 164; J. H. ALSTED: Clavis Lulliana, in: LULLUS: Opera, hg. L. ZETZNER(Straßburg 1609)19; Tract. de harmonia philos. Aristotelicae, Lullianae et Rameae, in: Panacea Philosophica(1610)42ff.; J. F. REIMMANN: Einl. in die Hist. lit. derer Teutschen, Teil 3, 1. Hauptst. (1709)189

② Vgl. T. CARRERAS y ARTAU: R. Llull y el Lulismo, in: Estud. filos. 2(Barcelona 1968)394—410, hier 404f.

③ Zur Wirkungsgeschichte dieser vom Inquisitor N. EYMERICH in seinem ‹Tract. contra Lullistas› (1389) und anderen Schriften vorgebrachten Kritik vgl. A. MADRE: Die theol. Polemik gegen R. Lullus(1973)71ff.

④ JOH. GERSON: Contra doctr. R. Lulli(1423), in: E. VANSTEENBERGHE: Un traité inconnu de Gerson sur la doctrine de R. Lulle. Rev. Sci. relig. 16(1936)441—473, hier 466; vgl. MADRE, a. O. 80f.

⑤ Vgl. HILLGARTH, a. O. [10] 135ff.

⑥ RAIM. SABUNDUS: Theol. naturalis, Prol. [um 1450], krit. hg. F. STEGMÜLLER(1966).

⑦ Vgl. E. COLOMER: Der Lullismus bei H. van den Velde, in: Nik. von Kues und R. Lull(1961)9—46.

⑧ a. O.

式区分”(参见 distinctio formalis 辞条)结合起来,[①]如同在巴黎围绕德塔布勒斯(J. Lefevre d'etaples)的人文主义圈子中,[②]各种形而上学-宇宙论或神学-神秘主义的角度,仍然统治着对路鲁斯的接受,与此同时,视角在 16 世纪转向了路鲁斯哲学。

c) 阿格里帕(H. C. Agrippa Von Nettesheim)以其《小技评注》(Commentaria in artem brevem)开启了路鲁斯哲学的一个新阶段,在大部分遮蔽了路鲁斯组合论的神学-形而上学基础后,将其形式化的机械论置于前景之中。[③] 阿格里帕以一种用于刻画后来的百科全书方向的路鲁斯主义的方式,将路鲁斯的艺术当作“发现技艺”(ars inventiva)来看待,cum omni securitate et certitudine... de omni re scibili, veritatem ac scientiam sine difficultate et labore invenire nos [facit](完全肯定……对于每一种可知之物,[事实上]我们都可以毫无困难毫不费力发现真理和知识)。[④] 同样,通过假想的、最初由小皮科(Giov. Pico della Mirandola)提出,[⑤]后由利卡(Scalich de Lika)[⑥]和布

---

① PETRUS DEGUI: Ianua artis magistri R. Lulli(Barcelona 1482); vgl. B. de LAVINHETA: Explanatio... artis R. Lulli(Lyon 1523, ND 1977)54ff. 360ff. 470; V. de VALERIIS: Aureum sane opus(1589)21; vgl. J. CARRERAS y ARTAU: Esbozo de una hist. filos. de lullismo, in: T./J. CARRERAS y ARTAU: Hist. de la filos. española, filos. cristiana de los siglos XIII al XV 2(Madrid 1943)[CyA] 76ff.

② Vgl. J. M. VICTOR: The revival of Lullism at Paris, 1499—1516. Renaissance Quart. 28(1975)504—534.

③ Vgl. M. BATLLORI: El lulismo en Italia. Revista Filos. 2(1943)253—313. 479—537, hier 509f.; CyA 216—249; P. Rossi: The legacy of R. Lull in the sixteenth-century thought. Mediaeval Renaiss. Studies 5(1961)182—213.

④ H. C. AGRIPPA VON NETTESHEIM: Comm. ...(1533). Opera(Lyon 1600?, ND 1970)2, 316; ebenso heißt es bei P. MORESTEL: Encyclopaediae sive... via circularis ad artem magnam R. Lulli(Rouen 1646)praef.; vgl. CyA 296.

⑤ G. PICO della MIRANDOLA: Apol. tredecim quaest, q. 5; vgl. CyA 189f.

⑥ P. SCALICHIUS de LIKA: In alphabetariam revolutionem, seu perfectiss. ad omnes sci. methodum, in: Encyclopaediae... epistemon(Basel 1559)418ff.

鲁诺(G. Bruno)[①]附议的“组合技艺”与卡巴拉(参见 Kabbala 辞条)的内在关联,[②]就是直至 18 世纪,仍通过一种大规模的、部分在 14 世纪晚期已然出现的托名路鲁斯的炼金术讲章,持续发挥影响的路鲁斯形象。[③] 这些卡巴拉和炼金术因素,连同记忆术和全智学的热望,在 16 世纪晚期和 17 世纪,为哥玛(C. Gemma)、[④]格里高利(P. Gregorius)、[⑤]阿尔斯泰德(J. H. Alsted)、[⑥]基尔舍(A. Kircher)、[⑦]克里格斯曼(W. C. Kriegsmann)[⑧]等人所接受。[⑨] 但与桑谢兹(P. H. Sanchez)不同,此人在“普遍技艺”中看到了一种作为所有人类认识之基础的“自然技艺”,这种技艺在人类堕落之后长久隐而不现,直至路鲁斯借助上帝的启示方得恢复,[⑩]而路鲁斯的原理不再发挥神学功能,表现为神性特质在世界中的再现,而只是作为人类知识存续的布局和秩序范畴发挥作用。[⑪] “普遍技艺”本身,人们当时首先视其为论辩技艺,发明之后,“凭借此技艺,更高一级

---

① Vgl. CyA 228.

② Vgl. CyA 199ff. 244ff.

③ Vgl. L. THORNDIKE: A hist. of experim. sci. 4(New York/London 41966)4—66. 619—652; E. ROGENT/E. DURÀN: Bibl. de les impressions lullianes(Barcelona 1927)Nr. 50. 94. 96. 99ff. 109. 115ff.; L. KLAIBER: R. Lull und Deutschland. Ges. Aufs. zur Kulturgesch. Spaniens 5(1935)218—229; W. HÜBENER: Leibniz und der Renaissance-Lullismus, in: A. HEINEKAMP (Hg.): Leibniz et la Renaissance(1983)103—112.

④ C. GEMMA: De arte cyclognomica(Antwerpen 1569).

⑤ P. GREGORIUS: Syntaxes artis mirabilis(Lyon 1575).

⑥ J. H. ALSTED: Systema mnemonicum... cum encyclopaediae, artis lullisticae, et cabbalisticae... explicatione(1610)317—338, bes. 335f.

⑦ A. KIRCHER: Ars magna sciendi(Amsterdam 1669).

⑧ W. C. KRIEGSMANN: Pantosophiae sacro-prophanae a R. Lullio in artem redactae... tabula(1670).

⑨ Vgl. CyA 294—313; P. ROSSI: Clavis universalis (Mailand/Neapel 1960); W. SCHMIDT-BIGGEMANN: Topica universalis(1983)156—211.

⑩ P. H. SANCHEZ: Generalis... methodus ad omnes scientias facilius... addiscendas(Tarassona 21619)8f.

⑪ Vgl. YVES de PARIS: Digestum sapientiae(Paris 1648—1650).

学科的学生就能够不加准备地仔细研究所有可知之物”(ut de omni scibili in utramque partem ex tempore disputare possent studiosi humaniorum disciplinarum)。[①] 但这样一来,就拆除了其原初的合法性基础,路鲁斯的范畴招牌就会越来越遭到不确定之指责。正如伊兹奎尔德(S. Izquierdo),[②]还有年轻的莱布尼茨(Leibniz),惋惜其匮乏基础,以及其组合论描述不充分。[③] 与此相应,这也表现在与过去对反路鲁斯哲学方面的关联中,按此,“路鲁斯的技艺”只是“不加判断地对无知之物打赌”,[④]路鲁斯的“伟大技艺”,后来大部分情况下都被当成了“一种失败的努力,就是将所有哲学难题回溯到一小部分概念和原理”,这种努力“不可能有何推进,除了一堆空洞的词语和套话”,[⑤]从中可以发现,“在更深刻的智慧之外衣下,无非是最恶劣的冗辞”。[⑥]　　迈尔(S. Meier)撰

(四) 拉姆斯主义

在人文主义哲学中,拉姆斯主义(Ramismus)的哲学概念最晚出现。此概念从方法上规定了直到17世纪中叶的哲学,直至笛卡尔主义(Cartesianismus)被普遍接受,而后者并非未受到拉姆斯主义方法概念的影响。

拉姆斯(Ramus)通过将其纳入自由技艺(Artes liberales)框架,激化了人文主义哲学的反经院哲学旋涡。[⑦] 新的编排与

---

① ALSTED, a. O. [30] 318.

② S. IZQUIERDO: Pharus scientiarum(Lyon 1659)282.

③ G. W. LEIBNIZ: Diss. de arte comb. (1666). Die philos. Schr., hg. C. I. GERHARDT 4(1880, ND 1970)63.

④ R. DESCARTES: Disc. de la méthode(1637). Oeuvres, hg. CH. ADAM/P. TANNERY 6, 17.

⑤ W. G. TENNEMANN: Gesch. der Ph. 8/2(1811)834.

⑥ D. TIEDEMANN: Geist der spekulat. Ph. 5(1796)66.

⑦ P. RAMUS: Scholae in liberales artes(Basel 1569, ND 1970)10.

神学与经院哲学的拆分相应，为此拉姆斯已然能够引证人文主义哲学的西塞罗传统。[1] 后者首先因其法学修辞学(juristischrhetorischen)定向，对逻辑学-形而上学问题与神学问题的准确关联没有兴趣，[2]而是以实践为指向。人们意欲达成虔信、有用和百科全书式的博学与政治合宜之统一。[3] 如此哲学理解，也以拉姆斯主义哲学概念的教育学定向为条件；哲学首先是"学科"(disciplina)。因为，一旦人们真诚接受哲学从属于自由技艺，哲学就成了教学计划之一部分，与语法、修辞和诗学结合起来，[4]也与数学关联；这导致对先前教育观念的抨击。[5] 哲学意指学校中的学科，偶然也是形而上学"沉思真理的科学"(scientia contemplatrix veritatis)，[6]但从术语学上讲，逻辑学首先表现为这门哲学流派的标志，[7]拉姆斯主义哲学是"拉姆斯派"(Secta Ramaea)的哲学，脱离了亚里士多德派和路鲁斯派。[8]

---

① Vgl. W. F. ONG：Ramus，method and the decay of dialogue(Cambridge，Mass. 1958)；W. RÜEGG：Art. ‹Cicero in MA und Humanismus›，in：Lex. des MA(Zürich 1980fiF.)2，2063—2072.

② P. GALLANDIUS：Contra novam academiam Petri Rami oratio(Paris 1552)Bl. 33v：Ramus «Philosophiam malim pueris ex evangelio per aliquem probatis moribus theologum，quam ex Aristotele tradi».

③ Vgl. RAMUS：Pro ph. a Parisiensis Academiae disciplina oratio(1550)，in：P. RAMUS und A. TALAEUS：Collectaneae praefationes，epistolae，orationes(1599，ND 1969)266f.

④ a. O. 229.

⑤ GALLIANDIUS，a. O. [3] Bl. 2v：Ramus «ph. ae eloquentiaeque，id est loquacitatis & stultitiae conjunctim adumbrat».

⑥ RAMUS，a. O. [1] 856.

⑦ J. SCHEGK：Br. an Ramus，in：Coll. ...，a. O. [4] 193：«Quaeso igitur te，& tui honoris，& Reipub. nomine，ut deinceps nobis novam Philosophiam & Dialecticam non velis obtrudere»；vgl. u. a. S. SLUTER：Anatome logicae Rameae (1609)；B. KECKERMANN：Opera 1(Genf 1614)78 handelt von «tribus logicorum coryphaeis maximè celebribus，Aristotele，Petro Ramo & Raimundo Lullo»；S. WERENFELS：Diss. de logomachiis Eruditorum(Amsterdam 1702)57 behandelt «duas sectas，Aristoteleam & Rameam».

⑧ Vgl. RAMUS：Br. an Schegk，in：Coll. ...，a. O. [4] 197：«Tu vehementer commoveris & tumultuaris，Aristotelem omnibus laudibus，Ramum contumeliis omnibus cumulando».

哲学,在学校范围内建制化,在通过教学计划来具体呈现时,获得了普遍研究(Studium generale)之任务;后来,在加尔文主义的(calvinistischen)学院哲人中,第门普勒(C. Timpler)称此任务为“技术”(Technologia)。① 结果,拉姆斯主义哲学在规模较小的大学和那些人文中学中蓬勃发展起来,这些学校将拉姆斯实施其哲学的法兰西公学院(College de France)奉为模范。②

拉姆斯主义的哲学概念在技艺典籍中获得确切表达,这是首先就哲学概念得出的结论。哲学占据了逻辑学即三科之第三学科的位置,正如拉姆斯追随阿格里古拉所作之构想,1543年,拉姆斯《辩证法原理》(Institutiones dialecticae)问世。这部教科书,以西塞罗《论题篇》(Topik)为模范,将逻辑学划分为“发现”(inventio)与“判断”(iudicium),③却将三段论压缩到最低限度,于1572年定版发行。④ 按此“论题式”含义,逻辑学只可能作为定向科学来理解,这样做尤其使得拉姆斯主义的“定义、划分和总结”(in definiendo, partiendo, concludendo)“方法”,变成了划分百科知识的方式。⑤ “历史”、“博览”、“百科”在16世纪晚期和17世纪,变成了拉姆斯主义哲学的新的

① C. TIMPLER: Metaphysicae systema methodicum... in principio accessit ejusdem technologia, hoc est, tractatus generalis & utilissimus de natura et differentiis artium liberalium(1607).

② Vgl. D. G. MORHOF: Polyhistor lit., philos. et practicus(41747) 2, 165; J. BRUCKER: Kurze Fragen aus der philos. Historie(1731) 7, 645ff.; H. H. VON ELSWICH: De varia Aristotelis in scholis Protestantium fortuna = Vorwort zu: J. LAUNOIS: De variis Aristotelis in academia Parisiensis fortuna(1720) 55—76; vgl. W. F. ONG: Ramus and Talon inventory(Folcroft, PA 1969).

③ CICERO: Topik II, 6.

④ RAMUS: Dial. instit. (Paris 1543, ND 1964); Dialecticae libri duo(Paris 1572); zum Verhältnis der Logik-Ausg.: N. BRUYÈRE: Methode et dialect. dans l'oeuvre de La Ramée(Paris 1984).

⑤ Coll...., a. O. [4] 1765.

主导概念；这表现在博丹(J. Bodin)以拉姆斯主义构想的历史理论中，[1]也表现在阿尔斯泰德(J. H. Alsted)的哲学定义中："我们……保留了西塞罗取自柏拉图的定义，我们也作为同义词来使用哲学、百科、学科之环、学科之王权"(Nos... retinemus definitionem Ciceronis è Platone desumptam, & habemus pro synonymis, Philosophie, Encyclopaedia, Circulus disciplinarum, Regnum disciplinarum)。[2]

拉姆斯终其一生通过发展其逻辑学，不断对作为其哲学核心概念的"方法"概念作出新的理解，[3]并且以亚里士多德《后分析篇》(Zweiten Analytik)中早已顺带提及的原理作为其方法的指导概念：论证的完备性、同质性和演绎次序。[4] 所成就之结果，按同时代的观点来看，已然是一种"论题式"哲学。[5]这种将哲学作为方法性普遍科学的理解，产生了二分支和论题式百科，产生了"体系"(Systemata)和日新月异的科学领域的不断更新的命名，这些命名成了拉姆斯主义的标志。[6]

学校学科向度的哲学定向，取消了精确描述哲学概念的尝试：就是使亚里士多德逻辑学和形而上学从属于神学。按这种拉姆斯主义的理解，哲学失去了其作为形而上学的尊严，哲学不复为关于建构性概念(Konstitutionsbegriffen)的科学，

---

① J. BODIN: Methodus ad facilem cognitionem historiarum(1566)(Amsterdam 1650).

② J. H. ALSTED: Philosophia dignè restituta(1612)5.

③ Vgl. BRUYÈRE, a. O.

④ RAMUS: Dial. (1572)63; ARISTOTELES: Anal. post. 73a25—74a3.

⑤ SCHEGK: Br. an Ramus(15. 3. 1569), in: Coll. ..., a. O. [4] 187: «Ita quoque topica docet, & invenire, & iudicare ea quibus εὐδοξῶς de re proposita disseri possit.»

⑥ Abb. bei BRUYÈRE, a. O. [13] und W. SCHMIDT-BIGGEMANN: Topica universalis(1983).

不再研究作为整体的存在,也不再涉及范畴性概念之尊贵,模糊了主要和次要意向之区分。反拉姆斯主义者的主要指责并非不合法。① 哲学,按照拉姆斯主义的构想,失去了自我奠基的可能性,而依赖于历史和博学。② 由此扬弃了形而上学,靠的是历史性的百科和方法性的逻辑学,这使得形而上学与神学的结合不复可能。这就为改革派的圣经神学发挥作用打开了空间。③ 新的对圣经定向的神学、哲学、博学的语文学、历史学和方法分类次序,使得拉姆斯主义哲学在改革派的空间中发挥了最大影响;④直至约1600年,这种哲学为路德宗和加尔文宗中梅兰希顿的拥趸所共有,接着在英国和德国的加尔文宗中更为强大,三十年战争后,直至启蒙运动,主要在路德宗中影响重大。⑤ 在形而上学的空位中,自然神学溜了进来,它也有可能就是古代神学(Theologia Prisca)或自然魔术(Natürliche Magie)。加尔文-拉姆斯主义哲学,为《论基督教的真理》(De veritate religionis christianae)开通了道路,⑥这篇讲章或出自萨布努斯(Raimundus Sabundus)之手,蒙田(Montaigne)翻译过他,⑦也为从斐奇诺(M. Ficino)⑧和维乌斯(J.

---

① Vgl. bes. SCHEGK: Br. an Ramus, a. O. [19]; C. MARTINI: Adv. Ramistas disput. de subiecto et fine logicae(1596); B. KECKERMANN: Diss. de controversiis inter philosophos peripatheticos et Ramaeos, a. O. [8] 77f., bes. 83.

② So stellt RAMUS in seinen Dialektikscholien die Geschichte der Dialektik als erstes Buch vor deren Darstellung, in: Scholae..., a. O. [1].

③ GALLIANDIUS, a. O. [3].

④ Die meisten Drucke der insgesamt mehr als 500 Neuauflagen von Ramus' ‹Dialektik› erschienen in England und Deutschland bis etwa 1650; vgl. ONG, a. O. [11].

⑤ Vgl. BRUCKER, von ELSWICH und MORHOF, a. O. [11].

⑥ RAIMUNDUS SABUNDUS: Theologia naturalis [um 1450], hg. F. STEGMÜLLER(1966).

⑦ M. de MONTAIGNE: La theologie naturelle de Raymond Sebon(1569). Oeuvr. compl. (Paris 1932).

⑧ M. FICINO: Theologia Platonica(Paris 1559, ND 1975).

L. Vives)①到杜普里希斯-莫内(P. Duplessis-Mornay),②从格劳秀斯(H. Grotius)③到舍伯里的赫尔伯特(Herbert Von Cherbury),④甚至也为帕拉凯尔苏斯主义(Paracelsismus)⑤和千禧年主义(Millenarismus),⑥开通了道路。

拉姆斯主义固有的哲学的普世科学诉求,为巴洛克的(barocke)博学打上了印记。一方面,"体系",带有"方法"要求的教科书,从学科上已发展完满。⑦ 近代特定的体系概念,由此开端生发出来。另一方面,拉姆斯主义哲学使百科成为可能,后者体现了后世人文主义和博学的巴洛克的特质。阿里斯泰德(J. H. Alsteds)的巨著《百科全书七部》(Encyclopaedia. Septem tomis divisa, 1630),若无拉姆斯主义的方法,与茨温格(Th. Zwinger)的《人生舞台》(Theatrum humanae vitae)一样,是不可想象的,⑧耶稣会士柏耶林克(L. Beyerlinck)有意无意按字母顺序使用了后一部著作,⑨是为按字母顺序编排百科全书之原型。戈克莱尼乌斯(R. Gocle-

---

① J. L. VIVES: De veritate fidei Christiani. Opera omn. 8 (Valencia 1782—90, ND London 1964).

② P. DUPLESSIS-MORNAY: De la vérité de la relig. Chrest. (Antwerpen 1588).

③ H. GROTIUS: Sensus librorum sex, quos pro veritate religionis Christianae batavice scripsit H. G. [holl. 1622](Leiden 1627).

④ HERBERT VON CHERBURY: De religione gentilium errorumque apud eos causis(Amsterdam 1663, ND 1967).

⑤ Vgl. etwa R. GOCLENIUS' paracelsistische Neigungen.

⑥ Vgl. J. H. ALSTED: Diatribe de mille annis apocalypticis(1628); vgl. H. E. TREVOR-ROPER: Three foreigners: The philosophers of the puritan revolution, in: Relig., the reformat. and soc. change and other essays(London 31984) 237—293.

⑦ Zuerst wohl als Buchtitel bei KECKERMANN: Systema logicae(1600); vgl. SCHMIDT-BIGGEMANN, a. O. [20] 90.

⑧ TH. ZWINGER: Theat. hum. vitae(Basel 1565)mehrere erw. NA.

⑨ L. BEYERLINCK: Magnum theatrum vitae humanae (1631, Leiden 1665) vgl. die Vorworte.

nius)[1]和米克莱利乌斯(J. Micraelius)[2]的哲学词典,就是哲学的历史性和论题式变迁之后果,眼前的《历史哲学大辞典》(Historische Wörterbuch der Philosophie)也是晚期拉姆斯主义的后裔。

(五) 新教的学院哲学

1. 路德宗学院哲学。——路德宗学院哲学的第一阶段,受梅兰希顿(Ph. Melanchthon)影响,他认为他所理解的西塞罗-百科式哲学不同于神学而别有所"属"(Genus)。[3] 哲学的能力范围,在他看来,包括道德、物理、历史、数学、天文,他的哲学规范中暗含反经院哲学的、和平相处的折衷主义;对一般的形而上学问题,他不从神学根据出发来讨论;因为,这别有所属。

这种人文主义-百科式的哲学主张,在学校教育的建制化背景中司空见惯,也由梅兰希顿的学生们得以推进:基特莱乌斯(N. Chytraeus)、[4]君特(O. Günther)和卡塞留斯(M. Caselius)。[5] 这种与学校学科相结合而不与神学混杂的哲学,其可行性之表现在于,这种哲学处在与拉姆斯主义相结合的位置上:改革派神学普遍要求,不依赖于形而上学观念,支持一种圣经神学,这使一大批"腓立比-拉姆斯主义者"(Philippo-ramisten)在大学和文科中学教书成为可能,他们将梅兰希顿

---

① R. GOCLENIUS: Lexicon philos. (1613, ND 1964).

② J. MICRAELIUS: Lexicon philos. (1653).

③ PH. MELANCHTHON: De ph. a oratio. Werke, hg. R. STUPPERICH 3(21969)93.

④ N. CHYTRAEUS: De ratione discendi et ordine studiorum(1564).

⑤ O. GÜNTHER: Methodorum tractatus duo(1586); M. CASELIUS: De ludo literario recte aperiendo(21619).

与拉姆斯结合了起来。[1] 他们的哲学概念，其构想既是论题性的，也是百科-历史性的，由格劳豪中学校长(Glauchaer Rektor)李维乌斯(J. Rivius)的教科书《通识教程》(Loci communes)最清楚可见。[2]

只是随着将亚里士多德形而上学重新引入学院哲学正典，"哲学"概念才在路德宗学校中发生了变化。哈文劳伊特(J. L. Hawenreuter)通过编辑扎巴莱拉(Zabarella)的著作，开启了这一转折，他以一项对哲学作了亚里士多德式理解的声明，为此转折作辩护：Cum tria sibi philosophi in suis scriptis omni tempore proposuerint：Unum，ut animum hominis rerum praestantissimarum scientia imbuerent：alterum，ut vitam honestis exornarent moribus：tertium，ut bona id ratione & commodo facerent ordine，in omnibus Aristoteles exceluisse videtur[每一时代的哲人，在其本人的著作中，都会提出三项内容：第一，教导人类灵魂对最非凡事物的知识；第二，以可敬的道德伪饰生活；第三，以正确的论证和合适的次序做这些事情，在所有这些方面，亚里士多德看上去最为杰出]。[3] 尽管，如陶勒鲁斯(N. Taurellus)在图宾根(Tübingen)所表明的那样，形而上学过去以亚里士多德的方式运作，其意图是"由哲学为信仰奠基"(ut ph. am fidei fundamentum esse consequeretur)。[4] 然而，

---

① H. BUSCHER：Liber primus harmoniae logicae Philippo-Rameae(1599)；O. CASMANN：P. Rami dialecticae et Melanchthonianae collatio(1594)；vgl. P. PETERSEN：Gesch. der arist. Ph. im prot. Deutschland(1921)127—143.

② J. RIVIUS：Locorum communium philosophicorum...(1580).

③ J. L. HAWENREUTER：Praef. zu：J. ZABARELLA：Opera log. (1608).

④ N. TAURELLUS：Philosophiae Triumphus，hoc est，metaphysica philosophandi methodus，qua divinitus inditis menti notitiis，humanae rationes eo deducuntur，ut firmissime inde constructis demonstrationibus，aperte rei veritas elucescat(Basel 1573)Epist. dedicatoria.

只是到了世纪之交,路德宗学院哲学才得以在很大程度上重新亚里士多德化。哲学概念,如今不复以艺术学科或高级中学课业为定向,而是在哲学内部附加于形而上学和演绎逻辑学。尽管哲学课程始终不如在天主教学院哲学中全面,但决定性地依赖于苏阿雷兹(F. Suárez)的《形而上学论辩》(Disputationes metaphysicae)和扎巴莱拉(Zabarella)的哲学概念,却被纳入了核心课程。粗疏的新教学院形而上学(Schulmetaphysik)的创始人马蒂尼(C. Martini)就是这么做的,莎伊伯勒(Ch. Scheibler)①和维滕堡人(Wittenberger)马蒂尼(J. Martini)也是如此,后者的《理性之镜》(Vernunfftspiegel)是德语形而上学教科书很早的范例。② 马蒂尼(C. Martini)将哲学定义为"一种学说,它教人思考的所有事物,就是上帝期待人应当在此世思考事物,它还安排我们在此俗世的道德,依据是正确的理性之规范(doctrina, considerare docens omnia ea, quae homini Deus in hoc mundo consideranda proposuit, et mores nostros in communi hac vita dirigens ad normam rectae rationis),③这个定义可以在其维滕堡同道的《理性之镜》中找到完全类似的表述:"哲学[就是]……一种学说或科学/通过它我们可以观察和研究所有事物/上帝将其……展示给我们,要我们在此世思考和研究它们/我们的道德也要养成并且以可敬为目标。"④神学内

---

① C. MARTINI: Metaphysicae commentatio(1605); CH. SCHEIBLER: Opus logicum(1634), vgl. bes. die Ph.-Definitionen: 3f.

② J. MARTINI: Vernunfftspiegel / Das ist / Gründlicher vnnd vnwidertreiblicher Bericht / was die Vernunfft / sampt derselbigen perfection, Philosophia genandt / sey(1618).

③ C. MARTINI, a. O. [8] praef.

④ J. MARTINI, a. O. [9] 732.

部一个敌对形而上学的潮流的代表(尤其是霍夫曼[D. Hofmann]),①认为可引路德对哲学的态度为根据,维滕堡人马蒂尼(J. Martini)反驳说,哲学"是上帝的一个恩赐/完全属于最值得有所作为之物/这是上帝以其言词所作的启示/将它……给予了人类/它的基础和根据就在于正当的自然和理性/也在于(hab!)上帝的造物和秩序/因此,它不是人的真理……/而是上帝的真理/是由上帝的手指写在自然之中的"。②

对于迈斯纳(B. Meissner)而言,形而上学只是"清醒的哲学"(ph. a sobria),③在沙夫(J. Scharfs)的《所谓形而上学的第一哲学的超验理论》(Theoria transcendentalis primae ph. ae quam vocant Metaphysicam)中,对形而上学在哲学概念中的地位之表达,突出反对"拉姆斯和拉姆斯主义学派"(Schola Rami et Ramistarum)。并非诸学科中普通的智慧之学提供哲学原理,而是"我们的形而上学。因为,它是诸技艺和诸科学的这样一个部分,若没有它,哲学著述就不可能达到其活力之顶点"(nostra Metaphysica. Haec enim talis artium & scientiarum pars est, sine qua Philosophorum literatura suam ἀκμὴν vigorum obtinere non potest)。④ 后来的神学对手卡洛夫(A. Calov)的根据,就是形而上学和灵知论(Gnostologie),这使得他有可能接续司各脱主义原理,将人类理智的局限性规定为科学的框

---

① D. HOFMANN: Disp. de Deo et Christi tum persona tum officio... Item Quattuor epistolae D. J. Caselii ad D. Hofmannum... Item Responsio D. Hofmanni ad Caselianam Epistolam primam(1601); vgl. PETERSEN, a. O. [4] 263ff.; E. SCHLEE: Der Streit des Daniel Hofmann(1862).

② J. MARTINI, a. O. [9] 738.

③ B. MEISSNER: Philosophia sobria I—III(1611—23).

④ J. SCHARF: Theoria transc. pr. ph. ae...(1624, 1630) Widmung.

架——一种温和的双重真理——已经差不多又具有了百科之特点:他的哲学课程包括"灵知论,心智论,或理智之习惯,神圣的形而上学的普遍部分和特殊部分,数学百科,方法论,真实学科的百科理念"(Gnostologia, Noologia, seu Habitus Intelligentiae, Metaphysicae Divinae Pars Generalis und Pars specialis, Encyclopaedia Mathematica, Methodologia, Ideae Encyclopaedias Disciplinarum Realium)。① 从而,路德宗学院哲学,两个世代之后,已经又背离了其以形而上学为中心的品质;事实上表明,它远不如天主教哲学诸变体具稳定性。17 世纪 70 年代末,它开始失去信誉;托马修斯(Ch. Thomasius)继承了人文主义的历史-折衷主义哲学,复又遵循实践意图与所有无用的理论作斗争,也瞄准了"亚里士多德哲学和学究式的哲学,这违背了路德和梅兰希顿的意向"。② 最终,新教学院哲学的亚里士多德化改革的信誉正在于此:所以,1699 年,蔡德乐(J. G. Zeidler)能将此改革之特质描述为"这/完全当受崇敬的/当受很高崇敬的/应大为关切和十分广博的形而上学/或超越学说=自然学说/作为所有科学的女王和接受了最高托付的身体=女仆或房室=以术语谈论的神学(Theologiae terminiloquae)之侍女"。③

2. 加尔文宗学院哲学。——加尔文宗学院哲学的哲学观念,一开始就分裂为两方面:一方面,这种哲学保持着略微强调人文主义的亚里士多德主义,如在斯卡理格(J. C. Scaliger)或贝扎(Th. Beza)那里就是如此;另一方面,它又有拉姆斯主

---

① A. CALOV: Scripta philosophica(1651).

② CH. THOMASIUS: Introd. ad ph. am aulicam(1688) I, 69; dtsch.: Einl. zur Hof-Ph. (1710).

③ J. G. ZEIDLER: Die Wohl-Ehrwürdige... Metaphysica(1699).

义特点；它的实践-学科定向的哲学观念，关联着拉姆斯主义逻辑学的哲学理解，在其中对百科式博学的编排由方法概念得以阐明。

在路德宗与加尔文宗尚未彻底分离时，在梅兰希顿与拉姆斯主义学院哲学直接有着广泛的一致；腓立比-拉姆斯主义(Philipporamismus)清楚表明了这一点。随着新教的宗派分裂，两种学院哲学分道扬镳。尽管对于两种潮流而言，显而易见，即使没有重新引入一种形而上学概念，也不会长久。然而，当路德宗重新按照天主教的学院亚里士多德主义来作出调整时，在改革派的学院哲学内部却存在着更为广泛多样的——其身份可谓千差万别——哲学理解：凯科曼(B. Keckermann)，但泽人文中学(Danziger Gymnasium)校长，尽管他严格区分了三种不同的哲学概念，却仍然利用拉姆斯主义方法的推动，按照"体系"(Systemata)来构想哲学之一部分，并且承认堪当科学的哲学的(这是依赖于扎巴莱拉的亚里士多德派的观点)，唯有"沉思科学"(Scientia contemplativa)。"最广义"(Latissime)的哲学，在他看来，"作为任何学说和教养，关涉理智和意愿之完善，从而还关涉人的整体之完善。哲学被广泛理解为自由学科的结合，这些学科可区分为三门高级学问"(pro omni doctrina et eruditione, quae ad Intellectus & Voluntatis, atque adeo totius hominis perfectionem pertinet. Latè sumitur pro comprehensione earum disciplinarum liberalium, quae à tribus facultatibus superioribus distinguuntur)。① "不恰当"(Improprie)的做法是将"理论科学"(Scientiae theoreticae)理

① B. KECKERMANN: Op. omnia(Genf 1614)1, 7; vgl. W. SCHMIDT-BIGGEMANN: Topica universalis(1983)97f.

解为哲学,“恰当”(proprie)的做法是将哲学理解为“包括所有我们可以恰当地称其为科学或明智的那些学科”(quae comprehendit eas disciplinas, quas proprie vel Scientiam vel Prudentiam vocamus)。①

第门普勒(C. Timpler),凯科曼在海德堡的(Heidelberger)同学,后来的施坦因福特(Steinfurt)的文科中学校长,就哲学的体系化形式,与凯科曼意见一致——但与凯科曼相左之处在于,他将全部哲学的所有部分组织成为一个百科“体系”(Systema):一种“技术”(Technologia),它将所有科学视为“自由技艺”(Artes liberales)。这些“技艺”——若将其理解为主要科学,则神学和哲学都属于“技艺”:从而,哲学包括理论科学和实践科学——形而上学、物理学和数学,伦理学、家政学和政治学。② 按此模式——尽管刺耳——形而上学也有了一种广有影响的新版本:作为“沉思技艺,研究每一种可理解之物,这是人靠自然理性之光,无需任何一种质料观念,也可以理解之物”(ars contemplativa, quae tractat de omni intelligibili, quatenus ab homine naturalis rationis lumine sine ullo materiae conceptu est intelligibile),③形而上学,一个扩大了的哲学的能力领域,被理解为关于“某物”(aliquid)和“虚无”(nihil)的科学。

面对这种体系化的企图,戈克伦尼乌斯(R. Goclenius)后

---

① a. O.

② C. TIMPLER: Metaphysicae systema methodicum... In principio acceßit eiusdem technologia, hoc est, tractatus generalis et utilissimus de natura et differentiis artium liberalium(1607)1, 38f.; vgl. SCHMIDT-BIGGEMANN, a. O. [1] 86f.

③ a. O. 1, 39; vgl. U. G. LEINSLE: Das Ding und die Methode(1985)1, 359f.

退一步，尝试以调和方式来把握哲学，尤其满足于从辞典学角度来理解哲学的核心概念。这种做法一见于其《哲学辞典》(Lexicon philosophicum)，[1]另见于其《调停者哲人》(Conciliator Philosophicus)，[2]在这本书中，为澄清哲学概念之目的，将三种主要立场并列在一起：亚里士多德的形而上学定向（"哲学就是素习落入科学和行动范围内的事物的知识和实践"[Philosophia est habitus ἐπιστημῶν & πρακτῶν eorum, quae sub scientiam & actionem cadunt]），基督教的柏拉图主义（哲学作为同化于上帝的行动[ὁμοίωσις θεῷ]），拉姆斯主义"哲学就是自由学科之体系"(Philosophia est systema disciplinarum liberalium)。[3] 戈克伦尼乌斯不忙于将哲学引入一种外在-系统化或完全内在的关系之中，阿尔斯泰德(J. H. Alsted)，这位或许是最具多面性的加尔文宗学院哲人，却为此想尽了一切办法。首先，他开始将哲学解释为路鲁斯的技艺，并且将后者解释为具普遍科学性的形而上学，"对每一种可知之物精细研究"(Omnis scibilis subtilem indagationem)——对于他而言，这与"百科"(Encyclopädie)是一回事。[4] 当他进一步认识到这种哲学观念无法展开时，从1612年以来，[5]又发展出了一种百科式的哲学观念，它包括"考古学，研究学科之原理。性格学，研究理智之物的习惯。技术，研究诸学科的本质与差异"，最后，还包括"正则之学"(Canonica)（后来的"教学法"[Didactica]），"研究学习方法"(de modo discendi)。以此划分为基础，他又撰

① R. GOCLENIUS：Lex. philos.(1613—15，ND 1980).
② Conciliator philos.(1609，ND 1977).
③ a.O. 2.
④ J. H. ALSTED：Systema mnemonicum(1610)Ia，7.
⑤ Philosophia digne restituta(1612).

写了大部头而且广有影响的百科全书(1620，1630)。克劳伯格(J. Clauberg)，最后一位加尔文宗学院形而上学大家，在其少作《本体智慧》(Ontosophia，1647)中，[①]还是接受了舍伯勒(Scheibler)形式的简洁的形而上学研究，[②]并将其与第门普勒(Timpler)的形而上学概念结合起来，首先从形而上学角度来理解哲学，直到他后来接纳笛卡尔的新定向。克劳伯格(Clauberg)，他1651年在赫尔伯恩(Herborn)，拒绝按亲王要求讲授“亚里士多德-拉姆斯哲学”(Philosophia Aristotelico-Ramea)，[③]到他这里，伟大的加尔文宗学院哲学也走到了尽头。

然而，这只涉及将哲学确定为形而上学和物理学之情形。在此前从语文学-历史学角度作论证的大学学科领域，在宗派归属并不确定和受到新斯多亚派(Neustoa)影响的作家们那里，人文主义的、松散的百科式的、非形而上学定向的哲学概念仍然占据支配地位。哲学的实践方面的扩展，在此甚至超出了教育领域:李普希乌斯(J. Lipsius)未将哲学理解为消遣(oblectamentum)，而理解为“良药和生活最严肃的辅助手段”(ut remedium: et instrumentum vitae maxime serium)。[④] 哲学为生活实践定向，它是“生活的法则”(Quid Philosophia nisi vitae lex est?［哲学不是生活的法则又是什么?］)。[⑤] 实践定向

---

① J. CLAUBERG: Ontosophia(1647).

② Vgl. CH. SCHEIBLER: Opus logicum(1634).

③ Vgl. G. MENCK: Omnis novitas periculosa. Der frühe Cartesianismus an der Hohen Schule Herborn(1649—1651) und die ref. Geisteswelt nach dem Dreißigjähr. Krieg., in: K. SCHALLER(Hg.): Comenius. Erkennen, Glauben, Handeln(1987)155.

④ J. LIPSIUS: De constantia I, 10; vgl. G. ABEL: Stoizismus und frühe Neuzeit(1978)69.

⑤ a. O.

仍然比定向于具普遍性的正典更重要，虽然格劳秀斯（Ph. H. Grotius）提议研究这些正典："因此，既然每一种哲学都分为沉思哲学和行动哲学，那么，主要应当关切后者，关切前者只因为它有益于后者"（Quare，cum ph. a omnis divisa sit in Contemplativam & Activam；hanc praecipue curare debes，illam non ultro，quam ut huic ancilletur）。①

加尔文宗学院哲学并非没有持久发挥影响：第门普勒的形而上学教科书，格劳秀斯视其为以其方法写就的最佳著作，推荐用作教育读物，②凯科曼的教科书同样堪为典范。第门普勒与凯科曼一道，被斯基奥皮乌斯（Scioppius）奉为最主要的伦理学、家政学和政治学教科书。③ 然而，这些教科书只是被当成不读形而上学和逻辑学经典著作家时的替代品，经典著作家，对于受过教育的世故之人而言太难了，对于实践又不中用。真正担负起责任的读物，影响了直至 18 世纪晚期的学院哲学的哲学概念的读物，仍然是柏拉图和（实践性的）亚里士多德，仍然是西塞罗和塞涅卡。　施密特-比格曼（W. Schmidt-Biggemann）撰

文献指引：

P. Petersen s. Anm. [4 zu 1.]. -M. Wundt：Die dtsch. Schulmetaphysik des 17. Jh.（1939）. -W. Sparn：Wiederkehr der Metaphysik. Die ontolog. Frage in der luther. Theol. des frühen 17. Jh.（1976）. -W. Schmidt-Biggemann s. Anm. [1 zu 2.]. -U. G. Leinsle s. Anm. [4 zu 2.]. -H. E. Weber：Der Einfluß der prot. Schul-Ph. auf die orthod.-luther. Dogmatik（1908）.

① H. GROTIUS：Ep. ad B. Maurerium，in：H. GROTII et aliorum Dissertationes de Studiis instituendis（Amsterdam 1646）2.

② a. O. 3.

③ CASPARIS SCIOPPII Consultationes，in：GROTIUS，a. O. [15] 437.

(六) 天主教学院哲学

在由哲学作为“真正的科学”(vera scientia)与作为“哲学传统”(philosophica traditio)的古老区分[①]所给予的真理保留权(Wahrheitsvorbehalt)之下,从1640年的观点来看,此前与此后一样,四个中世纪的学派仍然分享“哲学统治权”(dominium Philosophicum):一方面是作为“世俗哲人”(Philosophi saeculares)的阿威罗伊主义者(Averroisten),另一方面是托马斯主义者(Thomisten)、司各脱主义者(Skotisten)和唯名论者(Nominalisten)。[②] 相互承认和具有联合能力的基础,在于其所共享的“漫步学派哲学”(*ph. a Peripatetica*)以及反权威的对理性证明作为讨论规范的强调(genuinus philosophandi modus[哲思的天然方式])。[③] 天主教学院哲人,并非出于防御才“超越了亚里士多德哲学之界限”,才假定有一种符合神学的“哲学本身”(ph. a in se)[④](因为,譬如,天主教学院哲人怀疑,对不死教义给予证明是否可能,而证明可以满足“纯粹的哲人”[purus Philosophus][⑤]),尽管他可以用启示与理性相一致来应对出于亚里士多德的证词。

狭义的“哲学”意指一种以月下世界(die sublunare Welt)为目标的自然哲学。苏阿雷兹说,[⑥]哲学尽管不考虑个别事

---

① HEINRICH VON GENT: Summae quaestionum ordinariarum (Paris 1520, ND 1953) fol. 62v.

② B. MASTRIUS/B. BELLUTUS: Philosophiae ad mentem Scoti cursus integer(Venedig 41727): De gén. et corr. (1640)5, 79.

③ a. O. 1, 9; Metaph. (1647)12, 200.

④ Phys. (1637) prooem. 1.

⑤ De anima(1643)1, 146ff.

⑥ F. SUÁREZ: Disput. metaph. 1, 2, 11. 13 [1597], hg. C. BERTON (Paris 1866)15f.

物,却不会不考虑“感性质料”(materia sensibilis),也因而“极少离开感性[作为认识来源]”,这是漫步学派的范例,批判家同意,这符合“我们当前所拥有的哲学”。[①] 对象谓词“质料性”(Materialität)与“能动性”(Mobilität)是否同延(koextensiv),一种关涉物体之能动性的哲学是否较少确定,是否也将基督教认为偶然的灵界(Geisterwelt)集合在内:这些都仍有争议。同样,哲学的对象是否处于实体范畴之中,以至于对象之类型、对象之构成成分和对象之情感印象仍需保持,或者,哲学是否抽象出了关于某种“具质料性(具能动性)的存在者”(ens materiale [mobile])的先验观念;进而,哲学是否如此局限于感性经验,以至于哲学,譬如,作为动力学,由此已足以按照偶然规定来思考其对象,或者,哲学作为纯粹的理性科学,是否至少处在可能之物之领域。[②] 在这些问题上,的确较少是一种认识论上的乐观主义,而是通过14世纪神学在哲学上转入进攻的基督教的超自然主义,基于与其有关的纯粹分析式的证实标准,促成了这样一种理性的物理学。

广义的哲学,尽管仍然为斯多亚派的、由奥古斯丁传承的“理性哲学”(*rationalis*)、“自然哲学”(*naturalis*)和“道德哲学”(*moralis*)之三分所决定,[③]将哲学与理论哲学等量齐观的倾向,从语义学上比“自然哲学”具有优势。因此,逻辑学,在其并非作为一门理论学科之处,如像在托马斯主义者和司各脱主义者那里一样,本身不是哲学的部分,而是进入哲学的关键:“谁不是最好的逻辑学家,谁在道德上就不可能可靠,因为,他会成为未来最好的哲人。”[④]另一方面,对于逻辑学而言,

---

① MASTRIUS/BELLUTUS, a. O. [4] 22.

② a. O. 28.

③ AUGUSTINUS: De civ. Dei 8, 4.

④ G. REEB: Thesaurus Philosophorum seu Distinctiones et axiomata philos. (1624, Brixen 1871) 95.

此项关键功能,也不再像在 13 和 14 世纪(诉诸托马斯主义者①),由于灵魂论而具有争议;或者,像在苏阿雷兹那里一样,只是由于一种通过对理智行动的分析而本身灵魂论化了的(psychologisierten)逻辑学。②

在 17 世纪的论辩性的《哲学课程》(Cursus Philosophicus)中,从文本上予以实施的一种“普世哲学”(*ph. a universa*)的规划,虽然也包括逻辑学,却以不足以归入三分哲学概念的形而上学取代了道德哲学。从而使哲学本身的价值发生了变化。哲学与形而上学的关系,通过托马斯主义“对质料的三重抽象”(triplex abstractio a materia),使在科学理论上不利于哲学的情形得到调控,③与此同时,巴洛克式的经院哲学课程的观念,表明了一种出于司各脱主义对这种科学理论的批判和出于 16 世纪统一科学的构想的倾向,④将哲学程式化为“整全的哲学”(ph. a totalis),或者反过来,将形而上学程式化为“普遍哲学,包括物理学和我们如今所谓形而上学”(universalis ph. a Physicam et quam modo dicimus Metaphysicam complectens)。马斯特里乌斯(Mastrius)拒绝苏阿雷兹主张的三种理论科学(哲学、数学、形而上学)无关论,⑤赞赏阿维尔萨(Aversa)宣扬

---

① J. HAMESSE: Les «Auctoritates Aristotelis». Un florilège médiéval (Löwen 1974) 176f.

② SUÁREZ: Comm. una cum quaestionibus in lib. Arist. De anima, hg. S. CASTELLOTE 1 (Madrid 1978) 46.

③ a. O. [6].

④ MASTRIUS/BELLUTUS, a. O. [2]: Log. (1639) 12, 62; Seit B. PEREIRA: De commun. omn. rer. nat. princ. et effect. libri XV (Lyon 1588) 26ff. wird in diesem Zusammenhang regelmäßig zitiert A. BERNARDI: Eversionis singularis certaminis libri XL (Basel 1562) 13, 6f. Vgl. U. G. LEINSLE: Das Ding und die Methode. Methodische Konstitution und Gegenstand der frühen prot. Metaphysik (1985) 75ff.

⑤ SUÁREZ, a. O. [6].

和由此人以通行的讨论实践经验奠定的"对哲学之统一性的解析"(resolutio de unitate ph. ae)。① 在何处坚持一种分离式的哲学,也就会坚持人的灵魂作为"哲学的界限"(terminus ph. ae)。② 与之相反,哲学课程有公开的意图,就是为三年的哲学研习戴上作为"王冠"的形而上学。③ 这种形而上学有可能是一种自然神学。然而,主要研究的对象却是那种本体论,在反思认识的能动性时,这种本体论与逻辑学共有一个决定性前提:"逻辑学家……和形而上学家思考事物要遵循心智的构想。"④

争议在于:是否归摄(Subsumtion)于理论理性,如普安索(Poinsot),从哲学的目标设定出发,通过对比"认识"(cognitio)/"结果"(effectio)强调,又从哲学论证的方式出发,通过对比"解析"(resolutiv)/"综合"(kompositiv)强调,⑤要同时排除可能性认识,如此人所主张的那样;从而,是否"明证之光"(lumen evidens)与"或然之光"(lumen probabile)的对立,正如理论理性与实践理性之对立。⑥ 若不考虑一种原先由人文主义所激发的反对,对以演绎方式从哲学中造就一门严格科学的愿望说不,⑦首先是由耶稣会学校中发出的。耶稣会学校的哲学,从胡尔塔多(Hurtado de Mendoza)以来,实施一种日益精

---

① R. AVERSA: Philosophia Metaphysicam Physicamque complectens quaestionibus contexta 1(Rom 1625)24; MASTRIUS: Metaph. (1646)1, 3ff.

② IOANNES a S. THOMA: Nat. philos. I. pars, hg. B. REISER(1633, Marietti 1950)4. 17.

③ R. de ARRIAGA: Curs. phil. (Antwerpen 1632) praef. Vgl. CH. H. LOHR: «Metaphysics». The Cambridge Hist. of Renaissance Philos. (1988) 608ff.

④ D. BAÑEZ: Scholastica Comm. in I p., 13, 5(1584, Madrid o. J.)310.

⑤ IOANNES a S. THOMA, a. O. [17] 6.

⑥ Ars logica, hg. B. REISER(1632, Marietti 1948)794.

⑦ AVERSA, a. O. [16] 11.

细的关于明证性等级("形而上学"、"物理"、"伦理学")的认识论估算,从而一方面对经验主义的证实标准持开放态度,另一方面拓宽了"形而上学的明证性"的范围,使其超越了分析性真理的核心领域。据胡尔塔多,按照其对象,还有偶然性命题,它们仍然是确实可靠的命题:"于我而言,在形而上学上具有明证性的是我之实在"(Est evidens mihi metaphysice me existere)。① 但阐明这一点的位置,不是哲学,而是神学的信仰论文,②在后者中,同一种意识的介入,也将16世纪晚期以无误论方式构想的确定性概念(莫里纳[Molina])引入了危机:"即使我承认某种事物具有确定性,也不足以证明我的承认必定真实而不可能有误,相反这要求探究:我是否确定存在,或者,我是否确定地知道我的承认必然是确定的。"(Ut certo alicui rei assentiar, non sufficit, quod assensus meus sit necessario verus nec possit esse falsus, sed videtur requiri, ut sim certus sive ut certo sciam meum assensum esse necessario verum)。③

克内贝尔(S. K. Knebel)撰

---

① P. HURTADUS de MENDOZA: Disput. de universa philos. (Lyon 21617); De subst. corp. anim. 8, 16.

② Vgl. z. B. J. MARTINEZ de RIPALDA: De ente supernaturali 4(1652, Paris/Rom 1871); De fide 11, 63f.

③ AEG. CONINCK: De moralitate, natura et effectibus actuum supernaturalium(Antwerpen 1623)247; Die skeptischen Konsequenzen daraus entwickelt bei ARRIAGA: Curs. theol. 5(Antwerpen 1649)57ff.

四　近现代

(一) 17世纪和18世纪早期的法国和英格兰

1. 笛卡尔与笛卡尔主义。——笛卡尔(Descartes)的哲学概念或对智慧的追求,可以追溯到各种智慧概念。蒙田(M. de Montaigne)大胆地让哲学主导我们的认识,却让道德主导我们的行动,但他仍然认为哲学应当对行动发挥影响,因为,哲学就是关于道德的认识。[1] 哲学运用不发生错误,对于实践事关重大。[2] 在夏龙(P. Charron)那里,哲学与"明智"(sagesse)相互如此接近,以至于一种斯多亚式的对"哲学"的阐明,能够充任对"智慧"的真实阐明:对神圣事物和人类事物的完满认识。[3] 对智慧要用实践哲学的范畴来描述其特点:至善与理智完满。与此同时,智慧也被归于理智和意愿:真实的自我认识和得体的举止。[4] 在迈斯纳(M. Mersenne)那里则相反,智慧不是作为目标,而是作为对哲学的可能规定。因为,在他那里,"智慧"代表那些以非感性之物为对象的科学之整体,这些科学(如物理学和形而上学)按其对象的真实本质来把握其对象。代替具有怀疑论特点的"明智"(sagesse)的,

---

① M. de MONTAIGNE: Essais I, 40. 26, hg. M. RAT (Paris 1962) 1, 283. 177.

② Ess. I, 26. 30, a. O. 1, 173. 226; Ess. III, 8, a. O. 2, 367.

③ P. CHARRON: De la sagesse (Leiden o. J.) Préface (unpag.) 1. und 2. Seite.

④ a. O. 2. Seite.

如今是“智慧”(sapience):后者让我们按如其所是的方式来品味事物[①]——一种对“智慧”(Weisheit)的理论定向的规定。

笛卡尔区分了历史(作为可靠的已发生之事)与科学(作为自主解决难题的能力),[②]对于他而言,人类的智慧变成了科学之整体,其统一性基于方法的统一性。[③] 因为,智慧(胜过事务中的聪明[④])乃是出于首要原因和毋庸置疑的原理的认识,其对象是实践科学伦理学、医学和力学(所有其他科学都以之为前提)[⑤]——当然被视为人类之至善。[⑥] 在此,智慧与在夏龙那里一样具有实践性,亦如在迈斯纳那里一样具有理论性。至今尚未成功的对智慧的追求称为“哲学”。[⑦] 哲学就像一棵树,树根是形而上学,树干是物理学,树枝是医学、力学和作为最高智慧层级的完满的道德,哲学是其他所有科学的前提,哲学为它们提供原理。[⑧] 组成哲学的*形而上学*,是关于认识原理、关于上帝的实在和最重要属性、关于灵魂不死和关于我们清楚简单的观念的学说。[⑨] 其次,构成哲学的*物理学*,不可随意思索,而必须体系化和有逻辑。[⑩] 物理学研究自然的最高法

---

① M. MERSENNE: La verité des sciences(Paris 1625)49—51.

② R. DESCARTES: Br. an Hogelande(8. 2. 1640). Oeuvres, hg. CH. ADAM/P. TANNERY(Paris 1897—1913)[A/T] 3, 722f.; La recherche de la verité par la lumière nat. A/T 10, 503.

③ Regulae ad dir. ing., Reg. 1—3. A/T 10, 360ff.

④ Les principes de la philos., Préf. A/T 9/2, 2; vgl. CHARRON, a. O. [3] Préf. 2. Seite.

⑤ Princ., Préf., a. O. 2. 14.

⑥ a. O. 4; vgl. CHARRON, a. O.

⑦ Princ., Préf., a. O. 2. 5.

⑧ a. O. 14f.; Discours de la méthode. A/T 6, 21f.

⑨ Princ., Préf., a. O. 14.

⑩ Br. an Morus(5. 2. 1649). A/T 5, 275; Br. an Huygens(1. 11. 1635)A/T 1, 331f.; Br. an Plempius(3. 10. 1637), a. O. 410f.; Br. an Mersenne(30. 8. 1640). A/T 3, 173; Gespräch mit Burman. A/T 5, 177; vgl. C. CLERSELIER: Praef. in Tract. de homine, notis perpetuis L. de LA FORCE(Amsterdam 1677)fol. h2v.

则和建筑模块、可见的宇宙和地球及其矿物、植物、动物和人类群体。[1] 这就为哲学的第三部分奠定了基础，从而也为最高等级的智慧，就是最完善的道德，奠定了基础。[2] 因为，哲学在理论方面与在实践方面一样，将开化的民族与野蛮的民族区别开来，所以，它对于国家而言也是至善。[3] 如今，哲学在最好的才智那里也是声名狼藉，[4]那是因为错误的头脑[5]以错误的方式运用哲学。[6] 其与神学的联系，成为异端和战争之诱因。[7] 在此处境中，谁想搞哲学，他就必须首先发展出一种暂时性的道德，使其具备前哲学的决断标准，并且借鉴数学学会一种至今尚不知名的逻辑学。[8] 这种新哲学，现在兴起了(赫尔伯德[Heereboord]将笛卡尔誉为"正在兴起的哲学之晨星"[ph. ae exorientis Phosphorus][9])，它给我们送来了发现新真理的朋友，改善我们的判断，以其清楚明白调谐我们以和平与一致代替争执，通过周密的认识步骤逐步完善我们的认识。[10]

很多笛卡尔主义关于"哲学"的解释，接纳了笛卡尔的阐释，或靠学派的回忆丰富了笛卡尔的阐释。"科学"与"智慧"的位置摇摆不定。漫步学派哲学，如人们所谈论的那样，[11]对于科

---

① Princ., Préf. A/T 9/2, 16.

② a. O. 9. 14. 20; Br. an Chanut(26. 2. 1649). A/T 5, 291f.

③ Princ., Préf., a. O. 3.

④ a. O. 20.

⑤ Br. an Mersenne(26. 4. 1643). A/T 3, 649; Gespr. mit Burman. A/T 5, 177; Br. an Plempius(3. 10. 1637). A/T 1, 423f.; Reg. 2. A/T 10, 363.

⑥ Princ., Préf., a. O. 13.

⑦ Br. an Mersenne(15. 4. 1630). A/T 1, 143f.; Gespr. mit Burman. A/T 5, 176. 178.

⑧ Princ., Préf., a. O. 13f.

⑨ A. HEEREBOORD: Ratio studiorum, Anh. zu: Philosophia naturalis (Leiden 1663) fol. R3v.

⑩ DESCARTES: Princ., Pref. A/T 9/2, 17—20.

⑪ CH. WITTICH: Annotationes ad R. Des-Cartes Meditationes, In sextam(Dordrecht 1688) 151 b.

学无用,还挑起争端,而真正的哲学为科学准备原理并且促进和平。① 其他哲人以宗派名称来装点自己,而笛卡尔主义者满足于做有理性的哲人。② 通过划分(E*inteilungen*),逻辑学的地位正在发生变化。逻辑学有可能成为与形而上学、物理学和伦理学并列的独立自主的科学,③但也有可能与形而上学等而同之,为思辨科学和实践科学提供对象。④ 舒艺(F. Schuyl)在《论科学的真理》(De veritate scientiarum)中,给出详尽划分:第一哲学(方法论,自然神学,肉体-灵魂学说或"人的位置"[conditio humana]);⑤物理学(关于天与地的学说,从最初的元素直到合成物,不仅要发现自然的秘密,还要模仿自然);⑥实践科学(医学,伦理学和法学,经济学和政治学);⑦克劳伯格(Clauberg)则让法学从属于政治学,正如让医学从属于物理学。⑧ 除了这个概略的科学集合体,在舒艺那里,启示神学和数学也是关于"可靠真理"的科学。⑨ 更多的特征描述指向笛卡尔主义的宗教路径。据拉福格(L. de La Forge),上帝派来笛卡尔,是要我们通过简单又富有成效的假设来学习正确的哲思,⑩对克劳伯格而言,哲学如柏拉图的教诲,是对死亡或灵魂与肉体之分离的思

---

① C. ab HOGELANDE: Cogitationes(Leiden 1676)216. 225.

② J. de RAEY: Br. an Clauberg, in: J. CLAUBERG: Opera(Amsterdam 1691)1, 36.

③ P.-S. RÉGIS: Système de la philos. (Paris 1690) Inhaltsübersicht.

④ DE RAEI in ‹Clavis universalis›, nach J. BOHATEC: Die cartesian. Scholastik(1912, ND 1966)76; auch A. GEULINCX: Opera philos. (Den Haag 1891—93)2, 139.

⑤ F. SCHUYL: De veritate scientiarum(Leiden 1672) Anh. in: G. A. LINDEBOOM: Florentius Schuyl(Den Haag 1974)6—20.

⑥ a. O. 21—23.

⑦ 23—26.

⑧ CLAUBERG: Disp. Phys. 1, a. O. [27] 1, 53; die Stelle wandelt die cartes. Baummetapher ab.

⑨ SCHUYL, a. O. [30] 26f.

⑩ L. de LA FORCE: Comm. cv d, a. O. [14] 188 b.

考;由死亡中生发出了灵魂的生命,灵魂是精神性的;灵魂的生命随着复归肉体生命而熄灭。① 斯宾诺莎(Spinozas)的阐释,保持在已有的划分框架之中。哲学如今以几何方式得到证明,其开端是方法论,②接着是形而上学、③物理学④和实践哲学,⑤再下来是政治学,⑥政治家关于政治的描述,比哲人的描述更幸福。⑦ 真正的哲人,在道德与顺从自然中寻求其幸福,⑧他们唯一的真理的试金石就是自然之光。⑨ 他们想按照理性的指示,只通过清楚的概念来思考自然物及其法则。⑩ 神学家(不再是漫步学派)阻碍了进入哲学的通道和搞哲学的自由,⑪虽然宗教和哲学具有完全不同的基础和目标。⑫ 布朗维耶(H. de Boulainviller)对两者天然的密切关联的证明,就针对这种分离宗教与哲学的做法。⑬ 一种晚期笛卡尔主义的哲学划分,可以在海吉(S. RÉGis)那里找到:逻辑学,形而上学,物理学(一般学科:宇宙起源说和天文学;特殊学科:地质学,化学,解剖学,心理学),以及伦理学。⑭

---

① CLAUBERG: Corporis et animae conjunctio 143, 13, a. O. [27] 1, 249; Exercitationes 54, 4. 7; 58, 9, a. O. 2, 681. 686.

② B. de SPINOZA: Tract. de int. emend. Opera, hg. C. GEBHARDT (1925) 2, 1—40.

③ Ethica I, a. O. 2, 45—83.

④ Eth. II, a. O. 84—136.

⑤ Eth. III—V, a. O. 137—308.

⑥ Eth. IV, 32—37, a. O. 230—239; ferner beide ‹Tractatus›.

⑦ Tract. pol. I, a. O. 3, 274.

⑧ Ep. 19, a. O. 4, 93; Tract. theol.-pol. 6, a. O. 3, 87f.

⑨ Tract. theol.-pol. 13, a. O. 167; Ep. 13, a. O. 4, 146.

⑩ Cogit. metaph. 12, a. O. 1, 276; Tract. theol.-pol. 6, a. O. 3, 87f.; Princ. philos. II, 13, schol., a. O. 1, 201.

⑪ Ep. 30, a. O. 4, 166; auch Tract. theol.-pol., Praef., a. O. 3, 12.

⑫ Tract. theol.-pol. 14, a. O. 179; Praef., a. O. 10; Ep. 78, a. O. 4, 328.

⑬ H. de BOULAINVILLER: Hist. de la relig. et de la philos. anc Oeuvres philos., hg. R. SIMON 1 (Den Haag 1973) 307—313.

⑭ a. O. [28]; Prinzipien später altcartesian. Metaphysiken skizziert R. A. WATSON: The downfall of Cartesianism (Den Haag 1966) 147 (App. I).

一个广为传布的思潮,在 17 世纪通常被称为"神圣哲学"(ph. a sacra),将两部圣约("基督教哲学"[ph. a christiana])或经过特别解释的旧约("摩西哲学"[ph. a moysaica])当成最重要的认识来源,①因为,若无启示,就没有可靠的认识。② 也是在出乎意料的关联中出现的,③对上帝是唯一原因的信念,又退回到了较为陈旧的讨论。④ 像漫步学派这样的哲人,将自然对象解释为有效原因,这是异教和偶像崇拜,因为,它们是上帝力量的受造物。⑤ 对他们的揭露在诸如《论偶像崇拜的起源》(De origine idololatriae)和《论错误的起源》(De origine erroris)这样的书名下进行。马勒伯朗士(Malebranches)的《探索》(Recherche)六卷书中,有五卷致力于与错误作斗争,就属于这类著作之列。表现在巴索(S. Bassos)《自然哲学反亚里士多德》(Philosophia naturalis adversus Aristotelem)中,⑥亚里士多德作为前基督教作家得到原谅,但基督教哲学家搞异教哲学,就不可宽恕。⑦ 弗鲁德(R. Fludd)在《摩西哲学》(Philosophia moysaica)中直接将异教哲学回溯到魔鬼。⑧ 追随"神圣哲学"的笛卡尔主义作家和非笛卡尔主义作家一样,譬如,沃西乌斯

---

① WITTICH nennt beide in einem Atem: Consensus veritatis 2, 27(Leiden 1682)26.

② Das deutet schon H. REGIUS an, vgl.: Brevis explicatio mentis humanae (Utrecht 1648)7—9; dagegen wendet sich WITTICH: Cons.... 2, 27, a. O. 126.

③ Vgl. F. LA MOTHE LE VAYER: Oeuvres(Paris 1669)15, 96—114, zit. nach R. H. POPKIN: The hist. of scepticism from Erasmus to Descartes(Assen 1964)94f.

④ Die mittelalterl. Tradierung Al-Ghazalis sowie Pierre d'Aillys und G. Biels In Sent. IV, 1, überliefert durch die Conimbricenses und Suárez.

⑤ Dies bleibt das große Thema bis hin zu MALEBRANCHE: Recherche VI/2, 3 und BERKELEY: Principles § 150.

⑥ S. BASSO: Philos. nat. adv. Arist. libri 12 [1621](Amsterdam 1644).

⑦ Philos. nat. 2, 3, 7, a. O. 213f.

⑧ R. FLUDD: Philos. moys. (Gouda 1638)fol. 5r. 14r. 15r. 16v. 21r.

(G. J. Vossius)(《论偶像崇拜的起源》),[①]海达努斯(A. Heidanus)(《论错误的起源》),[②]瓦莱(VallÉS),卡斯曼(Casman),达奈乌斯(Danaeus),[③]梵美(van Mey),[④]阿美博尔(Amerpoel)(《摩西化了的笛卡尔》[Cartesius mosaizans])[⑤],以及维克多(A. Victor),后者与马勒伯朗士有联系。[⑥] 马勒伯朗士的《基督教的沉思》(Méditations chrétiennes)读如《基督教的第一哲学》(première philosophie chrétienne)更好。对于笛卡尔主义者而言,这个思潮是有吸引力的,因为,据笛卡尔,上帝是唯一的自然的有效原因,也因为,按照笛卡尔主义对意识的怀疑,将其反对的漫步学派哲学斥为感性和错误的哲学。[⑦]

在笛卡尔主义与神圣哲学的十字路口,站立着后来的作家如格林科斯(Geulincx)和马勒伯朗士。在格林科斯那里,"哲学"差不多总是指经院哲学、漫步学派哲学或异教哲学,也只是在极少情况下才具有肯定性。[⑧] 他所发挥的部分功能是引入"形而上学"作为一门科学之名称,这门科学除理性神学还包括自我论(Autologie)(自我学说)和身体论(Somatologie),还包括严格科学的附录数学、逻辑学和伦理学(包括身体

---

① G. J. VOSSIUS: De Theologia gentili et Physiologia christiana sive de Origine ac Progressu Idololatriae(1668).

② A. HEIDANUS: De orig. err. libri 8(Amsterdam 1678).

③ Nach WITTICH, a. O. [50].

④ Nach P. BAYLE: Hist. und Crit. Wörterbuch, übers. J. CH. GOTTSCHED(1741—44)3, 372(Art. ‹Mey›).

⑤ AMERPOEL: Cart. mos. (Löwen 1669); nach M. GUEROULT: Malebranche(Paris 1955—59)2, 251 in Malebranches Bibliothek.

⑥ S. H. GOUHIER: La vocation de Malebranche(Paris 1926)23; La philos. de Malebranche(Paris 21948)279—292; die Textvergleiche, a. O. 411—420.

⑦ Exemplarisch HEIDANUS, a. O. [59] 1, 5, 5—7; 37—59.

⑧ GEULINCX: Annot. ad Principia philosophiae 2, 2, 3, a. O. [29] 3, 440; Annot. ad Ethicam 1, 2, 2, a. O. 207. 221; positiv z. B.: Annot. ad Metaph. p. 193, sc. 7, a. O. 2, 295.

论或物理学,因为,伦理学必须靠假设来实施,混合了知识和无知,“杂录”)。[①]在马勒伯朗士那里,“哲学”——有或没有附加——是一种带有异教特点的用语;[②]肯定或中性的应用极少。[③] 一位哲人,若不传授上帝成就一切,不传授自然是一个喀迈拉(Chimäre),不传授只有普遍理性对我们有教益,他就是一位糟糕的哲人。[④] 与此相应,哲学若运用得当,会使我们抵达上帝之在场。[⑤] 作为哲学学科的是这些非历史性的学科,它们研究必然真理:数学,形而上学,以及(大多数情况下)物理学和伦理学。[⑥] 这在内容上符合一种划分,也是皇家港学派(Port-Royal)判定的划分:逻辑学、物理学、伦理学和形而上学四部分。[⑦]

2. *法国的怀疑派和新伊壁鸠鲁主义作家*。——笛卡尔的严格的确定性主张,在这个学派中越来越缓和,却遭遇了一场怀疑构想之浪潮。对于埃特(P. D. Huet)而言,作为智慧之奋求的哲学,就是精神通过一种理性致力于认识真理,这种理性不可能完全确定认识任何事物。[⑧] 帕斯卡尔(B. Pascal)也在哲学中看到了一种理性的活动,这种理性对于其自身的计划毫无助益,而且大多数情况下,对其自身一无所知。[⑨] “这种美

---

① Metaphysica vera, Introd. 1, a. O. 2, 139.

② N. MALEBRANCHE: Oeuvres compl. (Paris 1958—70) z. B. 1, 137; 2, 309. 324; 3, 219. 232; ohne Zusatz 1, 9f. 400. 487; 4, 111; 10, 34.

③ Vgl. 1, 62; 8, 632. 814; 12, 44. 133f.; 14, 35.

④ Rép. à M. Arnauld, a. O. 6, 74f.

⑤ Convers. chrét. 4, a. O. 4, 93f.

⑥ Recherche 1, 3, 2, a. O. 1, 63.

⑦ A. ARNAULD/P. NICOLE: La logique ou l'art de penser, hg. P. CLAIR/F. GIRBAL (Paris 1965) 24.

⑧ P. D. HUET: Traité philos. de la foiblesse de l'esprit humain I, § 1 (Amsterdam 1723, ND 1974) 12f.

⑨ B. PASCAL: Pensées, Frg. CHEVALIER 185/BRUNSCHVICG 374; 438/434.

好的哲学”(Cette belle philosophie),尚未发现任何确定之物,①按照三个主要欲望分裂为三派。② 其实践效果不足:最伟大的哲人在架于深渊上的木板上也会感到恐惧,即使他的理性让他确信是安全的。③ 几乎所有哲人都会混淆概念,④即使笛卡尔的简单化符合事实,哲学整体看来也不值得为其投入一分钟。⑤ 哲人只是指出某物如何不存在,⑥哲人的贫困证明其接近宗教。他们要上帝不要基督,⑦然而,这样一种上帝认识徒劳无益,⑧因为,它只是将哲人的上帝理解为几何真理和元素秩序的创造者,而未理解活的上帝。⑨

在培尔(P. Bayle)那里,“哲学”,从内容上看,指理性认识之整体,解释了事物的本质和道德责任。⑩ 另一方面,哲学就是思辨哲学,包括物理学(一般:原理、属性和物质的一般性质;特殊:无生命体和生命体),⑪数学(分为四科的关于量性的学说)⑫和形而上学(一般:存在、存在之原理、属性和因果关系;特殊:范畴,精神,对上帝存在和特征的证明)。⑬ 实践哲学的构成是:逻辑学,指向真理的理解活动;伦理学,指向道德;还有政治学、经济学(*Ökonomie*)和个体伦理学(*Monastik*,个体

---

① 189/73.

② 373/461.

③ 104/82.

④ 84/72.

⑤ 192/79.

⑥ 378/462.

⑦ 379/463.

⑧ 602/556.

⑨ a. O.; Mémorial. Oeuvres compl., hg. J. CHEVALIER (Paris 1954) 554.

⑩ P. BAYLE: Systéme de la philos. Oeuvres diverses (Rotterdam 1725—31, ND 1964f.) 4, 201f.

⑪ a. O. 205.

⑫ ebda.

⑬ a. O. und Inhaltsverzeichnis.

的伦理学说)。[1] 培尔专注于理论哲学的内在矛盾和外在困难,尤其专注于其与神学不可调和的边界争端,[2]王侯靠它们来利用神学家一派人,从而使学术上的分裂不会伸展到国家。[3] 这迫使哲人准确区分人们所说出的内容与其所隐瞒的内容。[4]

这类方向上最有成效的方向,由伽桑狄(P. Gassendi)奠定,他用怀疑论对伊壁鸠鲁主义作了变形。他称自己的哲学是折衷主义的,[5]摆脱了宗派束缚。[6] 对于他而言,“哲学”意指热爱、思考和练习智慧。智慧是精神倾向于关于事物的正确意见(奋求真理或物理学),[7]也是倾向于生活中的正确行动(奋求正义或伦理学)。[8] 有时,按其通常形式遭到拒斥的四项辩证法(die viergliedrige Dialektik),被当作哲学固有之主体;[9]然而,因为,一种有用的辩证法只是由关于词语用法和标准的少数几条“标准”(Canones)所构成,人们也有可能将辩证法当作哲学的部分或物理学的附加物。[10] *物理学*[11]是关于物体性

---

① a. O. 205f.

② Art. ‹Aristoteles› X, a. O. [61] 1, 332 b.

③ Art. ‹Aristoteles› Text und X, a. O. 327. 332 b.

④ X, a. O.

⑤ P. GASSENDI: Syntagma philos., lib. prooem. Opera(Lyon 1658, ND 1964)[Op.] 1, 29f.

⑥ Exercitationes paradoxicae I. Op. 3, 113 a.

⑦ Synt. philos., lib. prooem. Op. 1, la; Synt. philos. Epicuri, Prooem. Op. 3, 4 a; Exerc. parad. I. II. Op. 3, 106 a. 164 a.

⑧ Synt. philos., lib. prooem. Op. 1, 1 a. 3 b—4 c; Synt. philos., phys., Prooem. Op. 1, 130 b; Synt. philos. Epic. III, Prooem. und III, 5. Op. 3, 63 a. 68ab.

⑨ Synt. philos., lib. prooem. Op. 1, 4 a; Synt. log., Prooem. Op. 1, 31 a—33 a; Exerc. parad. II. Op. 3, 150 a—151 a. 164 a; In librum Herberti De veritate. Op. 3, 413 a; Br. an Ludwig von Valois(15. 8. 1642). Op. 6, 152ab.

⑩ Synt. philos. Epic., Prooem. Op. 3, 4 a.

⑪ Synt. philos., phys., Prooem. Op. 1, 125 a. 128 a.

和精神性自然(上帝和灵魂——我们缺乏关于天使的自然信息)的学说;[①]关于数学之于物理学的地位关系并无共识。[②] 富有成效的是伽桑狄的信念:严格意义上的自然哲学对于我们而言没有成功。如今,关于自然对象,我们尽管不拥有必然("可证明的")和普遍的知识[③](因为,其最内在及其真正的性质对我们隐藏着[④]),却拥有所谓经验-表象的知识,[⑤]这种知识不依赖于辩证法或权威,[⑥]而依赖于史学(Historie)和对表象的观察。[⑦] 史学、不完全归纳和假设共同作用,产生了"实验科学"(scientia experimentalis)或"历史研究"(historica),[⑧]它们如今已然取代了某种严格意义上的自然哲学的位置。在法国居于领导地位的伽桑狄派的贝尼埃(F. Bernier)指出,逻辑学地位的不确定性就在于其不断变换排位。[⑨] 理论哲学的标题内容如今是"物理学和形而上学"。[⑩] 伦理学或关于获得灵魂安宁的科学,由于其关涉实践而被描述为(生活)技艺。[⑪] 走到伦理学方面的是物理学,它是作为幸福的另一部分的肉体健康之中介。[⑫]

---

① Synt. philos., phys., Prooem. und I/IV. Op. 1, 130ab. 335 a; Synt. philos. Epic. II, Prooem. Op. 3, 11 a.

② Synt. philos., lib. prooem. Op. 1, 27 b; Exerc. parad. I. Op. 3, 107 a.

③ Exerc. parad. II Op. 3, 192—210.

④ Synt. philos., phys., Prooem. Op. 1, 132 a; Exerc. parad. II. Op. 3, 207ab; Disquisitio metaphysica. Op. 3, 306 a.

⑤ Exerc. parad. II. Op. 3, 192 a.

⑥ Dialektik: vgl. a. O. [96] und [97]; Autoritäten: vgl. Br. an Ludwig von Val., a. O. [96] 156 a.

⑦ Exerc. parad. II. Op. 3, 192 a.

⑧ In lib. Herberti..., a. O. [96] 413 a.

⑨ F. BERNIER: Abrégé de la philos. de Gassendi(Paris 1678, 21684); in der Erstaufl. (1678) steht die Logik am Anfang des 3. Bandes(vor der Astronomie), in(21684) am Anfang von Band 1; dazu die Vorrede zu(1678) Bd. 1 [unpag.] 8.—10. Seite.

⑩ a. O. 1(1678)7.

⑪ 3(1678).

⑫ 1(1678) Vorrede und 3. Seite.

3. 老派英国著作家。——其间,在剑桥兴起了一股柏拉图派哲学,对理智世界开放,认为人类的感觉并非认识的充分来源,在机械原因方面看不到对自然现象的恰当解释,培根(Bacon)圈子的作家们就致力于这种哲学,他强调了方法的贫困和科学的工具性,以及认识自然的和平前提和理论条件。培根相应于回忆能力、想象力和理性,将人类的知识划分为史学、诗学和哲学。① 一般而言的史学是叙述性的,自然史学是归纳性的。② 哲学靠自然之光来认识,也就是通过感觉和概念来认识。第一哲学指关于普遍原理和原则的学说和关于量性、相似性/差异性、可能性以及如此等等的学说,③自然神学指关于上帝、灵魂和精神的非启示性知识。④ 自然哲学,就其研究原因而言,它是思辨性的;就其造成结果而言,它又是行动性的。⑤ 它分为研究质料-动力因的学说物理学和研究形式-目的因的形而上学。⑥ 数学在《论价值》(De dignitate)中是作为物理学的附录来理解的,⑦在《进展》(Advancement)中却配属第一哲学。⑧ 行动性的物理学指力学,行动性的形而上学指自然魔术(natürliche Magie)。⑨ 关于人的哲学,一方面是关

---

① F. BACON: The advancement of learning II. The works, hg. J. SPEDDING u. a. (London 1857—74, ND 1963) 3, 329; De dignitate et augmentis scientiarum II, 1, a. O. 1, 494.

② De dign. II, 3, a. O. 500f.

③ Adv. II, a. O. 3, 346f. 352f.; De dign. III, 1, a. O. 1, 539—544.

④ Adv. II, a. O. 3, 349; De dign. III, 2, a. O. 1, 544—547.

⑤ Adv. II, a. O. 3, 351. 354; De dign. III, 3. 4, a. O. 1, 547—571, bes. 551.

⑥ Adv. II, a. O. 3, 352—354. 359; De dign. III, 4, a. O. 1, 549—571; vgl. Novum Organum II, 9, a. O. 235.

⑦ De dign. III, 6, a. O. 1, 576—578.

⑧ Adv. II, a. O. 3, 359.

⑨ Adv. II. a. O. 361f.; De dign. III, 5, a. O. 1, 571—575; ‹De Dignitate› hat keine operative Naturhistorie.

于个体的哲学或关于身体、灵魂及两者关联（“人的状况”[condicio humana]）的学说，[1]另一方面是公民哲学（关于交通、贸易和统治的学说）。[2] 灵魂学说分为知性哲学（虚构、判断、回忆和传承的学说）与意志哲学（伦理学）。[3]

对于霍布斯（Th. Hobbes）而言，史学是关于事实的知识，哲学是关于结果的知识[4]或通过推论得出的由果及因的知识，或者更准确地说，由因及果的知识，[5]在几何学与公民哲学中包含现实的原因，在自然哲学中包含纯粹可能的原因。[6] 哲学的目的是利用预期结果或将理解到的物体对物体的不断重复的影响用于人类。[7] 哲学的用处由其结果来表明，道德哲学的用处却由不幸来表明，这是由道德哲学迄今的状况所导致的。[8] 哲学的第一主体，根据《论物体》（De corpore），是逻辑学，第二主体是第一哲学（对象：基本概念，有能力达成正确定义），[9]第三主体是运动-大小学说，第四主体是研究自然现象的学说物理学。接着是《论名称》（de nomine）和《论公民》（de

① Vgl. SCHUYL, a. O. [30] 18—20.

② BACON: Adv. II, a. O. 3, 445ff.; De dign. VIII, 1—3, a. O. 1, 745—828.

③ Adv. II. III, a. O. 3, 379—382; viel verzweigter De dign. IV, 3—VI, 4, a. O. 604—712.

④ TH. HOBBES: Leviathan I, 9. Engl. works, hg. W, MOLESWORTH (London 1839—45) [EW] 3, 66; zu Hobbes' Ph.-Begriff vgl. M. A. BERTMANN: Hobbes, philos. and method. Scientia. Rivista Scienza 108 (1973) 769—780.

⑤ De corpore 1, 1, 2. Opera philos. lat., hg. W. MOLESWORTH (London 1839—45) [LW] 1, 2f.

⑥ Six lessons, Ep. dedic. EW 7, 184; Decameron 1, a. O. 71.

⑦ De corp. 1, 1, 6. LW 1, 6.

⑧ 1, 1, 7, a. O.; vgl. De cive, Ep. dedic. LW 2, 137; aber auch De quadratura. LW 4, 487f.

⑨ De corp. 1, 5, 13. LW 1, 57; Examinatio et emendatio I. LW 4, 27: dazu Lev. I, a. O. [123] und Six less. II. EW 7, 222.

cive)中的哲学(自由学说,国家学说,政治神学)。

格兰维尔(J. Glanvill)强调迄今为止的哲学的不确定性[①]和无结果,[②]只是缓慢地超出了其黎明时分。[③] 幸运的发现,多数功不在于哲学,而在于偶然;因此,一本《哲学课程》(Cursus Philosophicus)"不忍卒读"(an impertinency in folio);[④]最值得称赞的,还是笛卡尔哲学,然而,"早晨的阳光最值得称赞"(Sunbeams best commend themselves)。[⑤] 因为,皇家学会要比自亚里士多德的店铺开张以来的所有概念-哲学更富有成效,真正的哲学基于对感性世界的观察。[⑥] 其目标是实践上的改进,[⑦]其假设好不好应由其解释成果来评判。[⑧] 作此主张的一种哲学上的怀疑主义,对神学无害。[⑨] 因为,真哲学是关于上帝的作品的知识[⑩]——诸天称赞祂的荣耀,哲学称赞诸天的荣耀。[⑪] 胡克(R. Hooke)对哲学的过往有类似的判断。哲学本当让人类对物体的本质、特性和形成,对物体的有效使用,有完全的知识,但自哲学史开端以来,就此却乏善可陈。[⑫] 然而,鲍尔(H. Power)有鉴于新科学写道:如今哲学如一股泉水袭来势不可挡——一种卓越的无可辩驳的哲学,以经验方式包括的现象,通过技艺再生产出由其推论出的自然原因,并且在

---

① J. GLANVILL: The vanity of dogmatizing(London 1661, ND 1970)25. 27f. 149. 212.

② a. O. 179. 236. 239.

③ 187.

④ 152.

⑤ 250f.

⑥ Essays on several important subjects III(London 1676, ND 1979)23. 37.

⑦ The vanity..., a. O. 177. 179.

⑧ a. O. 57.

⑨ 186f.

⑩ Ess. IV, a. O. 2. 34.

⑪ The vanity..., a. O. 245f. 247f.

⑫ R. HOOKE: The posthumous works(London 1705, ND 1970)3.

力学中作出了可靠证明。[①]

4. 接近伽桑狄的英国著作家。——独立于霍布斯对伽桑狄的接受,有一批年轻著作家接受了伊壁鸠鲁主义来源的原子论和伽桑狄的实验哲学观念,还部分接受了伽桑狄对形而上学的辩护及其措辞。除了原始文本,他们可以使用的还有斯坦利(Stanley)[②]和查尔顿(Charleton)[③]用英语改编作品,以及后来贝尔尼(Bernier)的《摘要》(Abrégé)。[④] 查尔顿将哲人分为:崇拜大师的宗派(亚里士多德派,斯多亚派,路鲁斯派,以及酗酒者帕拉凯尔苏斯的追随者),哲学自由的辩护者(第谷[Tycho],开普勒[Kepler],伽利略[Galilei],沙伊纳[Scheiner],哈维[Harvey],首先是笛卡尔),旧知识的革新者(斐奇诺[Ficino],哥白尼[Copernicus],卢克莱修[Lucretius],迈尼昂[Maignan],迈希埃[Mersenne],伽桑狄),以及折衷派(费内勒[Fernel],森纳特[Sennert])。这种多样性,出于自然之幽暗、我们理智之不完满和我们求知欲之无节制。[⑤] 哲学,依赖于言辞的哲学含义和准确含义,不依赖于言辞的偶然含义,[⑥]它包括作为思辨学科的形而上学、生理学(*Physiologie*)和几何学。[⑦] 形而上学基于天然或同质的理念(上帝学说)、启示(理性灵魂和精神)和感觉暗示。[⑧] 生理学采用其出于自然的方

---

① Text in: H. POWER: Experimental philos., zit. nach: M. CASAUBON: A letter to Peter du Moulin(1669). Introd. D. G. LOUGEE(New York 1976)V.

② TH. STANLEY: The hist. of philos. (London 1655—62)The thirteenth part, containing the Epicurean Sect.

③ W. CHARLETON: Physiologia Epicuro-Gassendo- Charltoniana (London 1654, ND London 1966).

④ BERNIER, a. O. [107].

⑤ CHARLETON, a. O. [143] 1—8.

⑥ a. O. 326.

⑦ 18. 96.

⑧ 18f.

法,也是超越感觉的“熟练歌唱”(cantus firmus)的理性之最高音,因为,它只评论自然。①

西登汉姆(Th. Sydenham)在医学中践行实验法的思想,其方式让人联想到经验论者:医生的全部哲学在于史学。② 哲学假说只会歪曲史学,③没有用处,还往往造成遗憾。④ 幸运的发现,并非出于哲学思辨,而是出于偶然或观察自然;而一种哲学,若就把任何事情做得更好、更快或更容易而言,对我们毫无教益,就不配有哲学之名。⑤ 因为,我们认识自然不是靠直觉,而是靠感觉经验帮助,一个有死者绝不可能成为这个词超越意义上的哲人。⑥ 我们的装备足以成就自然神学和道德哲学,其次任何时候也足以成就医学、数学和力学技艺。⑦

据波义耳(R. Boyle),哲学(比任何一种体系都高贵和广博)就是所有技艺、学科和知识领域之整体,理性靠自然方法能够实现。⑧ 哲学与启示是我们知识的两个工具。⑨ 波义耳列举的学科,首先是逻辑学、形而上学、生理学、数学⑩和道德哲学。道德哲学的证明基于有限的强制性根据,或基于可能性之巧合,而非哲学理论的要求,但要满足明智之规则和实践之要求。⑪ 形而上学中的证明与之相对,基于必要的公理,⑫

---

① 18. 62.

② TH. SYDENHAM: Opera universa(Leiden 1741)504.

③ a. O. 14f. 386.

④ 81—83.

⑤ 80. 82f. 300.

⑥ 504.

⑦ 300; vgl. 153f.

⑧ R. BOYLE: Christian virtuoso II. The works(London 1772, ND 1965f.) 6, 700.

⑨ a. O. 707.

⑩ Über ihre Rolle in der modernen Physik: Usefulness of mathematics to natural philos., a. O. 3, 425ff.

⑪ Reason and religion, a. O. 4, 182; vgl. Excellency of theology, a. O. 35f.

⑫ Reason..., a. O. 182.

甚至启示也不能与其相违背。[1] 但是,对上帝的实在和属性之现象的关注,已然让实验哲人坚信,[2]尤其当考虑到最终的原因,实验哲学可以无视最终原因,如果它们阻碍了对有效原因的重视。[3] 因为,我们无法看到事物的本质,而只能看到现象及其变化(自然史的对象),所以,实验哲学就是真正牢靠的关于自然的哲学。实验哲学并非无关紧要,[4]因为,它要求实验才能,[5]需要与手艺人、农民和商人打交道,[6]因为,甚至最微不足道的对象,对于实验哲学有可能十分重要,[7]因为,实验哲学需要很多钱[8],还要坚忍不拔做试验。[9] 人们也可以称其为机械哲学(mechanische Ph.)、[10]粒子哲学(Teilchen- Ph.)[11]或微粒哲学(Korpuskular-Ph.)——这个名字,同样可用于描述伽桑狄主义和原子论;这两种哲学彼此如此具有亲缘关系,以至于人们可以视其为一种哲学。[12] 这种哲学尽管研究普遍的自然进程,却还必须对个别现象作出说明,而"懒惰的亚里士多德的方式"却不关心这些个别现象。[13] 经验哲学的假设,绝非一成不变。[14] 因为,在此段研究的欢快时期,每天都会带来某种新发现,[15]所

---

① Christ. virt. II, a. O. 6, 711f.

② Christ. virt. I, a. O. 5, 515f.; Usefulness of nat. philos., a. O. 2, 56.

③ Final causes. a. O. 5, 401. 444.

④ Usefulness of exp. nat. philos., a. O. 2, 5.

⑤ The scept. chymist, a. O. 1, 522.

⑥ Physiolog. ess.; a. O. 1, 310; Goods of mankind, a. O. 3, 449; Christ. virt. I, a. O. 5; 529; Excell. of theol., a. O. 4, 35f.

⑦ Efficiency of effluviums, a. O. 3, 677.

⑧ New experiments, a. O. 1, 6.

⑨ Defense. a. O. 1, 124; Physiolog. ess., a. O. 1, 304. 307.

⑩ Excell. of theol., a. O. 4, 70.

⑪ Origin of forms and qualities, a. O. 3, 75: Christ. virt. I, a. O. 5, 513.

⑫ Origin..., a. O. 3, 5. 8; Physiolog. ess., a. O. 1, 355.

⑬ Origin..., a. O. 3, 75; entspr.: Christ. virt. I, a. O. 5, 513.

⑭ Reason..., a. O. 4, 182; Excell. of theol., a. O. 42.

⑮ Excell. of theol., a. O. 4, 55; Christ. virt. II, a. O. 6, 704. 709.

以,我们没有确定的哲学标准;哲学是某种正在成长之物,它与知识的生长一同变化,[1]容易支配体系。[2] 实验哲学的目标是认识和统治自然。[3] 它能够取代人手,其发明在宇宙中和在地上引起巨大的变化。[4]

牛顿(I. Newton)探讨了实验哲学的程序。实验哲学必须论证现象并且不能从假设出发。[5] 正如在数学中那样,在实验哲学中也必须将分析放在开端。实验哲学由经验和观察归纳出结论,从而在不提前中断归纳论证的情况下,只容许这类基于实验或常识性真理的异议。尽管归纳论证不是证明,我们却别无良方。它们引导我们由特殊原因过渡到最普遍的原因;[6]就此而言,自然哲学着眼于现象来思考上帝。[7] 自然哲学的改善也要运用道德哲学,因为,对第一因的权力和善好的证明,让我们与之相对的义务显现于自然之光中。[8]

洛克(J. Lockes)的很多思索,涉及哲学的糟糕状况,这是对模糊多义的词语私自运用和固执于其主题方向所导致的结果。[9]

---

① Christ. virt. II, a. O. 6, 708.

② Physiolog. ess., a. O. 1, 301; Style of the Holy Scripture, a. O. 2, 287; Excell. of theol., a. O. 4, 55.

③ Physiolog. ess., a. O. 1, 310; Usefulness of exp. nat. philos. I, a. O. 2, 14—18f. 64; Usefulness of math. 3, 425; als Detail: Usefulness of nat. philos., a. O. 2, 64 und Usefulness of exp. nat. philos. II, a. O. 3, 402. 411.

④ Doing bj physical knowledge, a. O. 3, 457; Usefulness of nat. philos., a. O. 2, 65; Cosmical qualities, a. O. 3, 318.

⑤ I. NEWTON: Opticks III, query 28. Opera (London 1782) [Op.] 4, 237f.; qu. 31, a. O. 255f. 261; Princ. III, schol. gen., in: Principia Mathematica (31726) (Cambridge 1972) [PM] 764(530).

⑥ Opt. III; qu 31. Op. 4, 263; Princ. III, reg. 4. PM 555(389).

⑦ Princ. III schol. gen. PM 764(529).

⑧ Opt. III. Op. 4, 264.

⑨ J. LOCKE: Ess. conc. human underst., hg. P. H. NIDDITCH (Oxford 1975), Ess. III, 10, 2, 6. 9, a. O. 493—496; vgl. auch: Epistle to the reader, a. O. 10; Ess. IV, 7, 11; 12, 4, a. O. 598—603. 641f.

因此,哲学对和平、保护和自由,对使用技艺的改进,没有多少贡献,[1]而是模糊了关于法权(Recht)和神学的伟大真理,将生活和社会引入无序。[2] 名副其实的哲学是关于事物的真知,[3]它尽可能采用其领域的方式和语言,并且以词义来准确把握其领域。[4] 我们的认知能力,与理念和词语结合在一起,[5]足以认识上帝的实在,足以满足我们的需求,也足以清楚认识我们的义务。[6] 据此,哲学当然划分为自然哲学、实践哲学和符号学或逻辑学(关于符号的学说,也就是说,关于词语和理念,以及关于其正确运用的学说)。[7] 自然哲学(它只是理论性的)的对象是精神与身体的本质、结构、性质和作用。[8] 但我们对身体与精神所知甚少,[9]很可能由于完满而又普遍的理念之匮乏,以致无法达成一种必要而又普遍的自然哲学。[10] 因此,经验能够教给我们理性不可能教给我们的内容。[11] 如果我们的自然史经验,由具有自然方式的独特理念出发,以及由实验和观察出发,即便我们无法达到普遍和必然,也完全能够达到有用的实验哲学,它能为我们获得舒适、健康和好处,[12]它的假设尽管不是法则,却仍然是记忆和历史的帮手。[13] 实践哲学的目标是善好且有益地使用

---

① Ess. III, 10, 9; IV, 12, 12, a. O. 495. 647.
② III, 10, 12, a. O. 496.
③ Epistle..., a. O. [184].
④ Ess. III, 9, 3. 15, a. O. 509. 516.
⑤ II, 1, 1; III, 1, 2f., a. O. 104. 402.
⑥ II, 13 12; IV, 12, 11, a. O. 302f. 646.
⑦ IV, 21, 1—5, a. O. 720f.
⑧ IV, 21, 2, a. O. 720.
⑨ IV. 3, 16, a. O. 547f.
⑩ IV, 3 26; 6, 13; 12, 10, a. O. 556f. 588. 645.
⑪ IV, 3, 6; 12, 9—11, a. O. 539—543. 644—646.
⑫ IV, 3, 26; 6, 13; 12, 10, a. O. 557f. 588. 645.
⑬ IV, 12, 13, a. O. 648.

我们的力量和能力。[①] 实践哲学作为一门证明科学并不比数学弱，因为，上帝理念和关于我们自身的理念，恰恰使义务和行事规则能够产生出来。[②]

5. *洛克之后的英国著作家*。——莎夫茨伯里伯爵(A. A. C. Earl of Shaftesbury)常为未来哲学的状况惋惜，[③]他拓宽了哲学概念，将其解释为奋求全人类的某项事务之福祉的行动，[④]哲学促成礼节、公正和美，不仅基于头脑，还基于心和坚毅。[⑤] 哲学，原初意义上就是生活和举止的高超技能，[⑥]有可能是狂想曲式的，也可能枯燥乏味[⑦](学院哲学也是哲学，有时候它改进精神、理智和举止[⑧])。哲学更为重要的目标是认识我们自己，[⑨]这是道德与政治的前提。[⑩] 因为，哲学是最庄敬的科学，它可能最后才出场。[⑪] 哲学需要自由。[⑫] 因为，哲学对自身和所有其他事物都有判断，所以，对于宗教而言，哲学也是举止方式和情感爱好合宜得体的唯一尺度。[⑬] 实验哲学

---

① IV, 21, 3, a. O. 720.

② IV, 3, 18, a. O. 549.

③ A. A. C. Earl of SHAFTESBURY: Characteristicks of men, manners, opinions, times(London 1714, ND Farnborough 1968)1, 122. 132; 2, 183—185; ähnlich S. CLARKE: The wisdom of God, Sermon 141. The works(London 1783; ND 1978)2, 166.

④ The moralists, a. O. 2, 439.

⑤ Misc. reflections 3, 1, a. O. 3, 161; E. BURKE denkt im Grunde nicht anders, betont allerdings die Rolle der Experimentalmethode: A philos. inquiry into the origin of our ideas of the sublime and beautiful. Works(London 1887, ND 1975)1, 128.

⑥ Misc. refl. 3, 1, a. O. 3, 159.

⑦ 4, 1, a. O. 191.

⑧ Advice to an author, a. O. 1, 289f., auch 299.

⑨ a. O. 1, 286f. 297—299.

⑩ The moralists, a. O. 2, 185.

⑪ Misc. refl. 3, I, a. O. 3, 136f.

⑫ A letter conc. enthusiasm, a. O. 1, 19.

⑬ Advice..., a. O. 1, 297f.; A letter..., a. O. 43, auch 18.

研究很多无关乎我们真实利益的外在事物，却以几句形而上的空话满足了理智世界。①

对哲学的批判，如莎夫茨伯里所演练的那样，在博林布罗克勋爵（H. St. John Lord Bolingbroke）那里有活跃的表达。哲人不可教，“比水手还愚勇”；哲人盲目固执于习常之物，对真正的知识毫无增益，留下的只是幻想。② 时间和权威巩固了形而上学和神学的荒诞不经，将缩小的精神巨人聚集为侏儒，以蚁山代替知识的高峰，将建构纯粹臆想的物质和精神世界称为物理学和形而上学。③ 哲学的开端分散而无足轻重，哲学顺应从事它的民族的性格和命运，哲学史表明我们根本上有缺陷。④ 与这种抨击相对，伯克（E. Burke）等人转变了方向。⑤ 还有史密斯，似乎是一个值得记取的人：我们所熟知的最初的哲人，在文明的希腊社会中登场（在埃及和亚洲，专制政体是否阻碍了哲学的兴起，我们不得而知）。⑥ 因为，哲学在文学界的流传最为可观，故而其历史尤具消遣性和富有教益。哲学近乎幻觉只是出于自然：哲学作为结合原则，将相互冲突的显象之混乱引入秩序，将想象力之骚动引入宁静。⑦

在贝克莱（G. Berkeley）那里，由马勒伯朗士传授的“基

---

① Misc. refl. 3，1，a. O. 3，160；die Stelle wendet ein Lockesches Argument um：Ess. IV，3，30，a. O. [184] 561.

② H. ST. JOHN，Lord Viscount of BOLINGBROKE：Some reflections on the folly and presumption of philosophers. Works(London 1754，ND 1968)3f.

③ a. O. 5f.

④ 14f.

⑤ E. BURKE：A vindication of nat. soc.，a. O. [203] 1，3f.

⑥ A. SMITH：Hist. of astronomy 3，in：Essays on philos. subjects(London 1795，ND 1982)26f.；vgl. The theory of moral sentiments，hg. D. D. RAPHAEL/A. L. MAC FIE(Oxford 1976)164.

⑦ Hist. of astr. 2，a. O. 20f.

督教哲学”(ph. a christiana)走入了打上洛克范畴烙印的氛围。哲学就是奋求智慧和真理,依据经验却导致更大的怀疑,比普通理智的认识尤甚①——这并非由于我们的能力之局限性,而是哲人的错误之后果,②固然也是国家、宗教和众人的看法之不利后果。③ 正确运作的哲学是灵魂之药,④刚愎自用、虚假、迷信权威和一成不变都与其相左,⑤创新才受其欢迎。⑥ 它扩展精神——当然弱于基督教之所为。⑦ 机械论哲学从理念的连接中查明了解释现象的自然法则和方法,人们却不能完全以机械论方式来解释自然,⑧也根本不应(如有些异教徒和哲人之所为)授予其自然作用的始作俑者之称号。⑨ 对消除这种谬误有用的是关于人类认识原理的学说,在《人类认识原理》(Principles)首版中,此学说就呈现为“第一部分”。在哲学进程中,接着是精神哲学和道德哲学,然后是(作为非唯物论的物理学之余的)运动学说和数学。⑩

道德哲学的优先地位,在贝克莱那里有预告,在哈奇森(F. Hutcheson)那里得以显明,后者“不同于古人”:理性哲学或逻

---

① G. BERKELEY: Philos. comm. 747. 859. The works, hg. A. A. LUCE/T. E. JESSOP(London 1949—57)1, 91. 102; A treat. of the principles, Introd. § 1, a. O. 2, 25.

② Princ., Introd. §§ 4. 6, a. O. 26f.

③ Siris 331, a. O. 5, 150f.

④ Alciphron 3, a. O. 3, 139.

⑤ 117f. 139; Ale. 7, a. O. 3, 318.

⑥ Hylas and Philonous 3, a. O. 2, 243f.

⑦ Guardian-Essay 7, a. O. 7, 207f.

⑧ Siris 231f. 235. 249f., a. O. 5, 111f. 119; Br. an Johnson(25. 11. 1729), a. O. 2, 279.

⑨ Vgl. Hylas and Phil. 3, a. O. 2, 235; das Thema ist wichtig bei MALEBRANCHE, vgl. a. O. [69], aber auch bei BOYLE, z. B.: A free inquiry into the vulgarly received notion of nature, a. O. [156] 5, 158ff.

⑩ Vgl. A. A. LUCE: Berkeley's immaterialism(New York 1968)9f.

辑学,自然哲学和道德哲学(道德-情感-自然正当学说)。因为,道德哲学有更为高远的目标,要求通知其他学科。[1] 精神哲学与道德的结合,与贝克莱针锋相对,[2]方才具有独特性。约翰逊(S. Johnson)将作为关于词语和符号之学说的语文学,[3]与适宜于更成熟人格的作为关于所涉及事物之学说的哲学区分开来,[4]哲学分为普遍哲学(形而上学、逻辑学和数学)与特殊哲学(自然哲学和道德哲学)。道德哲学是理论性的(气论[Pneumatologie]和神学)或实践性的(伦理学、家政学和政治学)。[5] 与此相类,雷德(Th. Reid)对科学的划分是,要么属于物体哲学,研究物性和自然法则,要么属于精神哲学或气论,研究精神的本质和活动。[6] 贝蒂(J. Beattie)的处理方法更为明了,他将人类的知识划分为以事物为定向的历史和哲学,与以类比为定向的数学和诗学。[7] 哲学是关于自然的知识,有实用之目的,[8]无论物体哲学或精神哲学皆如此。就其是理论性的而言,哲学指气论(神学和灵魂学——因为我们没有关于天使的知识);就其是实践性的而言,哲学指逻辑学(用于改进我们的精神能力——一种与逻辑学类似的实践活动,就像在培根和培尔那里一样)或道德哲学(用于改进我们的道德能力)。[9]

---

① F. HUTCHESON: Philosophiae moralis institutio I, 1(Glasgow 1745, ND 1969)1; A short introd. to moral philos., Pref. (Glasgow 1747, ND 1969)i.

② LUCE, a. O. [227].

③ S. JOHNSON: Elementa philosophiae (Philadelphia 1752, New York 1969)X.

④ a. O. X. XIII.

⑤ XIII. XIX.

⑥ TH. REID: Essays on the intellect. powers of man, Pref. Philos. works (Edinburgh 1895)1, 217.

⑦ J. BEATTIE: Elements of moral science(Edinburgh 1790, ND New York 1976)I, 9f.

⑧ a. O. I, 11f.

⑨ I, 12—15.

在同样的方向上,可以详述休谟(D. Humes)将哲学(对于我们而言,不再是经验和日常知识①)划分为自然哲学(更准确地说是实验哲学)和道德哲学。② 实验哲学的地位,如今不言自明,已无理由再作为一种选择。因为,我们靠自然哲学,即使任何情况下都通过对原理作更简易的描述,也都很少能够再将任何无知之界限有所推后,我们在道德哲学中司空见惯了这种无知,所以,全部哲学的结果都只是经验到我们的虚弱和盲目。③ 如果道德哲学(像在亚里士多德、马勒伯朗士和洛克那里一样)专注于人类理性及其活动之原理,那么,它将特别地沉重、脱离实际和谬误百出;但如果它(像在西塞罗、拉布吕耶尔[La Bruyère]和艾迪森[Addison]那里一样)专注于人是一种实干的存在这一事实,那么,它就会轻省、有用和在文学上显得迷人。因为,人不仅有理性,还有活动性,适合将道德哲学这两个分支混合起来(气论和伦理学就隐藏在其后)。④ 抽象的一支也被称为形而上学(从而也成为道德哲学的一个分科,可是在欧陆,气论主要表现为形而上学之一部分)。这一分支的认识,对于著作家的重要性,正如解剖学之于塑型艺术家。⑤ 所以,必须从事此一分支,因为,真正的形而上学才是反对虚假的唯一手段。⑥ 对关于理性的学说而言,通过我们精

---

① D. HUME: Enquiries conc. human underst., hg. L. A. SELBY-BIGGE/P. H. NIDDITCH(Oxford 1975), Enqu. I, 9, 113, a. O. 146.

② A treat. of human nat., hg. L. A. SELBY-BIGGE/P. H. NIDDITCH (Oxford 1978), Treat. I, 3, 2, a. O. 67; vgl. I, 3, 15; II, 1, 3, a. O. 175. 282; Enqu. I, 1, 8, a. O. 14; zu beider Asymmetrie: Treat. II, 2, 6, a. O. 366; auch SMITH: The theory..., a. O. [216] 313.

③ Enqu. I, 4, 26f. a. O. 30f.

④ I, 1, 1—4, a. O. 5—9.

⑤ I, 1, 5f, a. O. 9f.

⑥ I, 1, 6f., a. O. 11—13.

神能力的纯粹的地理学活动，已然取得了巨大成就（地点很重要，因为，就地点而言，自然史通过偏离传统被称为“科学之部分”或“科学”）。但是，也许有朝一日，形而上学有可能超出这样一种精神地理学，由此发现人的行为的隐秘动力和原理（也就是说，由史学变为严格意义上的哲学）。① 必须准确谈论哲学，②其假设也不应太复杂。③ 真正的哲学是学院式的或者适度怀疑论的哲学；彻底讨论怀疑论哲学是在《人类理解研究》（Enqu. I，12）中。从事哲学，从事依赖于论点冲突从而需要完全自由的哲学，④是艰难的，与追逐-游戏的激情一样，只有通过兴趣和好奇才能得到解释。⑤ 宽容哲人对于国家并无害处，尽管国家倾向于限制哲学的自由，⑥因为，哲学不狂热，也因为，人们本来就不理解哲学。⑦　　施拜西特（R. Specht）撰

（二）莱布尼茨

对于莱布尼茨（Leibniz）而言，哲学作为举止，就是西塞罗所谓“渴求智慧”（studium sapientiae），⑧也属于人的义务，按此，人必须奋求以认识上帝、人自身和世界，必须从事致力于

① I，1，10，a. O. 15f.

② Treat. II，3，3；3，11，a. O. 415. 459；auch Enqu. I，1，8；II，App. IV，261f，a. O. 62. 313f.

③ Treat. II，1，3，a. O. 282；Enqu. II，App. II，251，a. O. 299；vgl. Treat. I，4，3；III，1，1，a. O. 221f. 463.

④ Enqu. I，11，102；I，8，75，a. O. 132. 96.

⑤ Treat. I，4，7；II，3，10，a. O. 270. 451f.

⑥ Of the rise and progress of the arts and sciences. The philos. works，hg. T. H. GREEN/T. H. GROSE 3. 4（London 1882）；Ess. moral，political and literary，a. O. 3，187.

⑦ Enqu. I，11，114，a. O. [237] 147；The secptic，a. O. [248] 3，222. 225；Treat. II，3，6，a. O. [238] 426.

⑧ Vgl. G. W. LEIBNIZ：Praecognita ad Encyclopaediam sive Scientiam universalem. Philos. Schr.，hg. C. I. GERHARDT（1875—90）[GP] 7，46.

人之完善的科学,但尤其必须探究为其提供普遍认识方法的科学。① 神学、法学和医学,以维护和增加幸福、名望和健康为目标,而史学和哲学则集中于认识:史学集中于依赖记忆的认识,哲学集中于依赖理性的认识。② 正因为认识决定性地从属于这些目标,先于这些目标,所以,对于莱布尼茨而言,哲学的目的就在于增加人类的力量和幸福。③ 有鉴于当时理性与宗教之间出现的裂痕,莱布尼茨通过论战反对由培根、伽利略、开普勒、伽桑狄和笛卡尔所奠定的现代哲学的滥用,反对其纯粹的机械论和唯物论基础。只有一种错误规定的哲学才与信仰分离,莱布尼茨拿培根作警告,真正的哲学将认识者引向上帝。由此,他建立了一种证明哲学(eine demonstrative Ph.),让革新者无言以对。④ 不过,他想让哲学,尤其是形而上学,免遭神学的某种滥用。⑤ 他将笛卡尔主义视为"真哲学的前厅"。⑥因为,莱布尼茨没有给出一个广泛的定义,所以,必须追溯他所采用的划分。他从内容上对"哲学"概念的规定有多种开端,这些开端的共同点在于:哲学作为科学是诸定理之总和。莱布尼茨的出发点是作为一种定理之思、真理之思的思想。⑦这些定理是共同的、普遍的,与单数的定理根本不同,与后者有关的是史学,这是学者而非哲人所关切的事情。⑧ 人们不可

---

① Opusc. et fragm. ined., hg. L. COUTURAT(Paris 1903, ND 1961)[COP] 517.

② De fine scientiarum. Textes ined., hg. G. GRUA(Paris 1948)1, 240.

③ Hypothesis physica nova(1670/71?). Akad.-A. VI/2, 257.

④ Schreiben wahrscheinlich an den Hg. des ‹Journal des Savants›. GP 4, 343—349.

⑤ Autores consulendi, a. O. [3] 2, 548.

⑥ Br. an H. Fabri(Ende 1676). Akad.-A. II/1, 298.

⑦ a. O. [4] 284.

⑧ Br. an P. D. Huet(März 1679). Akad.-A. II/1, 465.

将单数的定理与“事实之真理”(verites de fait)相混淆，莱布尼茨将后者与“理性之真理”(verites de raison)对举，“理性之真理”仅基于矛盾律(Satz vom Widerspruch)，而“事实之真理”则基于根据律(Satz vom Grund)，但两者理应都具有普遍有效性。尽管哲学作为普遍定理之总和——这些普遍定理是通过理性的推论从两个原理中得出的——展示出一个伴随着流动过程的连续体，一个海洋，其个别部分如世界各大洋，只是通过人为设定才彼此分离。①

莱布尼茨还是拟定了标准，使个别过时的和新建立的学科从属于一个普遍的哲学概念，他这么做也是出于实用之理由，并且最后尤其就他所谓“一般科学”(Scientia Generalis)观之，后者作为一种证明性的百科全书，可以说描述了“一般哲学和自然神学的要素”。②他坚持习传的理论哲学与实践哲学的划分，却将理论哲学划分为一种自然哲学和一种实验哲学：前者纯粹运用矛盾律，排除了不可思议之物和荒谬之物；后者求助于根据律，排除了不利之物(inconveniens[不当之物])。③更进一步的划分基于：人们的关注点在于命题的谓项还是主项，也就是说，在于属性(或质性)还是具有这些属性的事物。与主项有关，莱布尼茨按照其单子论观念，将自然神学与气论、气体学或心理学区别开来：前者以作为“原初实体”(substantia primitiva)的上帝为对象；后者致力于单子，致力于作为派生却又独特的实体的精神。其次，哲学之一部分致力于派

---

① Nouveaux essais sur l'entendement humain. Akad.-A. VI/6, 523; COP 511f.

② Br. an Th. Burnett(30. 10. 1710). GP 3, 321; Br. an N. Hartsoeker(7. 12. 1711), a. O. 530; Br. an A. Venus(15./25. 4. 1695). Akad.-A. I/11, 420f.

③ COP 525.

生的、复合的实体，致力于有生命之物和植物及其所属之物体、“实体性事物”(substantiata)，不仅致力于有机物，还致力于无机物，它们是经过处理的构成物，如盐，或未经处理的构成物，如纯粹的碎石。这些主体作为物质现象，还是实验哲学的对象，后者作为“种类学”(Eidographie)，研究三个领域(矿物，植物，动物)，或作为“性质学”(Poiographie)，在数学、物理学和化学中研究这些主体的属性，最终将这些领域作为宇宙论、地理学、天体学和天文学置于更大的关联之中。[①] 这样一来，莱布尼茨就使得当时的自然科学的普遍原理之整体领域，隶属于一个广泛的理论哲学的概念。莱布尼茨由其目的、由人的完善出发来规定实践哲学：逻辑学(utens[实用的])、伦理学、政治学致力于精神完善，体操和医学致力于身体的完善。但这无关乎体操训练和医学实践，而是在明确给出的普遍定义的意义上，涉及这些学科的普遍原理，如此观之，将它们作为哲学的部分领域，并不突兀。[②] 他自己的体系，从属于前定和谐，莱布尼茨如此明确解释，并不是“哲学之整体”(corps complet de Philosophie)。[③]

对于青年莱布尼茨而言，哲学包括形而上学、逻辑学、数学、物理学和实践哲学，它们的对象是存在者、精神、空间、物体或国家(ens, mens, spatium, corpus, civitas)。[④] 后期，莱布尼茨反对洛克恢复斯多亚派将哲学划分为物理学、伦理学和

---

① COP 524—527; Nova methodus discendae docendaeque jurisprudentiae (1667). Akad.-A. VI/1, 284—289.

② Br. an Th. Burnett(1711.2.1697). GP 3, 193; an Burnett, a. O. [11]; COP 527.

③ Br. an G. F. des Billettes(4./14.12.1696). GP 7, 451.

④ Diss. de arte combinatoria(1666). Akad.-A. VI/1, 228f.; Demonstrationum catholicarum conspectus(1668—1669?), a. O. 494.

逻辑学的做法，完整来理解，三种学科中任何一种都同时包括了其他两种，因为，它们的区别只在于其所特有的阐述其真理的方法。物理学或“理学”(Theorik)，按照证明次序以综合方式来阐述真理，而在伦理学或“实学”(Praktik)中，则是以分析方式阐述真理，由应当达成终极目的出发，必须探求达成此终极目的之方法；最后，逻辑学要遵循表达真理的概念之秩序。① 为一个公共图书馆中哲学书籍的编排，莱布尼茨还是提出三大部：逻辑学加教学法和记忆术，形而上学加气论和自然神学，实践哲学加伦理学和政治学。在更为广泛的“公共经济学”部，需放置属于人类营养、商贸和手工业的书籍。在另一项图书馆计划中，莱布尼茨划分了三种哲学：一是“理智哲学”(ph. a intellectualis)，众所周知，他将其划分为包括逻辑学、形而上学和气学的理论哲学和包括伦理学和政治学的实践哲学，在此他将其排除于数学学科和物理学科之外，他认为这两者是“关于想象之物的哲学”(ph. a rerum imaginationis)或“关于感性之物的哲学”(ph. a rerum sensibilium)，②后来他也认为它们是“自然哲学”(ph. a naturalis)。③　舍佩斯(H. Schepers)撰

文献指引：

Literaturhinweis. H. Schepers：Glück durch Wissen. Arch. Begriffsgesch. 26(1982)184—192

(三) 法国启蒙运动

虽然18世纪的法国哲学与英国经验主义(洛克)有千丝

---

① Nouv. ess., a. O. [10] 521—527.

② Opera omn., hg. L. DUTENS(Genf 1768)5, 210. 213.

③ Propositiones quaedam physicae(1672?). Akad.-A. VI/3, 50.

万缕的联系,它却形成了完全独立自主的哲学概念,以此与习传的哲学概念一刀两断,想证成一种对哲学的有根基的新规定。与此同时,18世纪的法国哲学在著作家那里发现了其出路,这些著作家设定了他们的新起点,如笛卡尔,或他们的哲学挣脱了学院派哲学的藩篱,如蒙田或培尔的哲学。然而,不要忽视,在课堂上传统哲学教科书仍十分盛行,①并且在一些重要地方给出了哲学定义,与传统几无区别。所以,达朗贝尔(d'alembert)在《百科全书》中,将哲学规定为一种基于理性(raison)的、对经验事实的根据和原因的研究,也就是说,规定为真正的科学(science)。从而,他遵循培根的口吻,并且最终遵循古典哲学,将哲学与历史(histoire)区分开来,后者只是收集事实,以记忆为(mémoire)根据,也以诗艺为根据,后者的根据是想象力(imagination)。哲学作为科学,包括所有个别科学,如神学、逻辑学、道德、数学和物理学。②

作为基于理性的研究所有存在者的原理的哲学概念,完全能够为启蒙所接受,尤其是它以"理性"(Vernunft)作为它所发现的一个主题词。在规定哲学的目标设定和哲人的任务时,启蒙却远远超出了历史预定。明确从内容上对哲学作出的定义,如"爱智慧"(amour de la sagesse),相反却边缘化了,或者说完全倒退了。对哲学的新要求,尤其表明在《百科全书》

---

① Vgl. G. DAGOUMER: Philosophia ad usum scholae accommodata 1—3 (Paris 1702—03), 1—6 (3Lyon 1757); A. SEGUY: Philosophia ad usum scholarum accommodata(Paris 1762); vgl. D. MORNET: La pensée française au XVIIIe s. (Paris 1926)191.

② J. L. d'ALEMBERT: Discours prélim., zu: Encyclopédie ou Dictionnaire raisonné des sciences, des arts et des métiers 1(Paris 1751)XVI. XLVIIff., frz./dtsch. hg. E. KÖHLER(21975)90f.; E. de JAUCOURT [oder D. DIDEROT?]: Art. ‹Philosophie›, in: Encycl., a. O. 12(Neufchastel 1765)512; vgl. F. KAMBARTEL: Erfahrung und Struktur(1968)61ff.

的“哲人”辞条当中，丰特内尔(Fontenelle)已然指明了这一点，他有意识地抛开书本知识，打算与不识哲学的譬如“妇女”来分享哲学：“我想用非哲学的方式来对待哲学；我想将它引向让世人感到不太枯燥、让野蛮人感到不太可笑之境地”，起码达到“让哲学适合任何世人”。[①]哲学如今不仅要研究显而易见之物，还要推测超出常规认识能力的事物，从而将知识拓展到未知之物。“如此一来，真正的哲人的生活是不相信其所见，而是致力于推测其所未见。”以此方式，哲学如今(靠笛卡尔)发现了长久隐藏着的世界的运动法则，变成了“完全机械论式的”。[②] 然而，哲学应该变成非秘传的。所以，丰特内尔让阿那克里翁(Anakreon)反对柏拉图说：“哲学只关涉人，而无关乎世界的其余部分……。我无意于投入静观；我可以肯定，比起在某些你如此鄙视的歌曲中，在很多致力于谈论哲学的书中，并没有多少哲学。”[③]然而，因为哲学冒险涉入未知领域，并且常常致力于假设，所以，它知道自己无法完全抵达真理：“就所关注的哲学的根本而言，我承认并无任何推进。”即使哲学抵达了真理，它也不可能认识其本身，从而将永远探索下去。[④]

在批判与人的生活实践隔绝的传统哲学时，丰特内尔遭遇了法国的道德主义者。这种哲学，在拉罗什富科(La Rochefoucauld)看来，无法抵达其目标；这种哲学所传授的道德出于

---

① B. de FONTENELLE: Entretiens sur la pluralité des mondes, Préf. Oeuvr. compl., hg. G.-B. DEPPING(Paris 1818, ND 1968)2, 3.

② ler soir, a. O. 10f.; vgl. dazu die Anm. von J. CH. GOTTSCHED in seiner übersetzung von FONTENELLE: Auserlesene Schriften (51760) 65.

③ Dialogues des morts I, 4(entre Anacréon et Aristote). Oeuvr., a. O. 2, 179f.; vgl. V, 5(entre Straton et Raphael d'Urbain), a. O. 238.

④ VI, 4(entre le 3e faux Démétrius et Descartes), a. O. 251.

哲人的自爱。[1]“哲学容易击败过去和将来的恶,而当前的恶却击败了哲学。”[2]这符合同时代对远离世界的书本知识和经院教条主义者的批判。[3] 与此相对,拉布吕耶尔(La BruyÈRe)致力于描绘真实的哲人形象:他不追求荣誉和声望,而是观察人类的愚蠢与恶习,以便改进之。真正的哲学不会让我们超越于生命沉浮之上,而是教导我们为了我们的邻人和友人而忍耐生命沉浮。哲人无需大众来评判。[4] 任何人都需要践行那种在不幸中对其有所助益的哲学。[5]

这种哲学概念,一定程度上仍然以斯多亚派所教导的不动心之理想为基础,所以,启蒙在此看到的恰恰是错误的榜样。[6] 然而,否弃枯燥的博学,为启蒙与道德家共有之态度。哲学,尤其是道德哲学,也教导过大诗人和政治家,而不只是那“三四千个所有人都无法企及的哲人”,他们直到笛卡尔还统治着这一领域。哲学应当通过雄辩而普及,而不该脱离现实吹毛求疵。[7] 靠不偏不倚和冷静清醒,哲学只会变得“失去创造性”:“也许,只有结合激情理智之敏锐,才能造就真正的哲人。”[8]然而,一种因其冷静而僵化的哲学,是“一种过时的模

---

① F. de LA ROCHEFOUCAULD: Maxime 46. 54. 589. Oeuvr. compl., hg. L. MARTIN-CHAUFFIER(Paris 1950)250f. 341.

② Maxime 22, a. O. 246.

③ Vgl. z. B. die anonyme Komödie ‹Les philosophes› (Den Haag 1742).

④ J. de LA BRUYÈRE: Les caractères ou les moeurs de ce siècle. Des ouvrages de l'esprit 34. Des jugements 68f. Oeuvr. compl., hg. J. BENDA(Paris 1951)95, 385f.; dtsch. hg. G. HESS(1940)17, 304f.

⑤ De l'homme 132, a. O. 355; dtsch. 274.

⑥ Vgl. bereits L. C. de VAUVENARGUES: Maxime 145. Oeuvr., hg. D.-L. GILBERT(Paris 1857)388; dtsch. in: F. SCHALK(Hg.): Die franz. Moralisten(1973)1, 118.

⑦ Maxime 279f. 406. 288. 295, a. O. 412f. 437. 415f.; dtsch., a. O. 134f. 136f.

⑧ Maxime 326. 335, a. O. 422. 424; dtsch., a. O. 141f.

式，还可以找到一些倾慕者，就像世上毕竟还有人穿着红色长筒袜”。[①] 但在18实际的语汇中，仍然长久保持着哲人作为思索世界的贤人之表象，有时候在还将实践影响作为哲学之内涵的地方，亦复如此。[②] 对于伏尔泰(Voltaire)而言，哲学能够成为一种“生命的安慰”(consolatrice de la vie)。[③] 然而，通常而言，哲学概念的这一方面，在启蒙中并未发生作用，很多规定哲人的论述，明显与疏离世界和放弃与人类打交道的“斯多亚派的不动心的圣人”有距离。[④] 与此不同，如今对哲人提出的要求是从事交际，履行其对社会和家庭所承担的责任，与他人分享其智慧。[⑤] 自我认识和责任意识，将人类和社会作为个体之规定：“这是哲学的首要目的。”[⑥]与哲学不可分割的正直(probité)，使哲人成为“诚实的人”，哲人“充满了人性”，在一切领域以真理和理性代替了激情，从而使自己有用于社会，这个“他在地上承认的唯一神灵”，“确实关切其职责，并衷心渴望不要成为无用或难堪的成员”。[⑦]

---

① Maxime 492, a. O. 446; dtsch., a. O. 160.

② Vgl. G.-E. DU CHÂTELET: Discours sur le bonheur, hg. R. MAUZI (Paris 1961) 25.

③ VOLTAIRE: Br. an Condorcet (11. 10. 1770); vgl. an de Verna (3. 7. 1764). Corresp., hg. TH. BESTERMAN (Genf 1953—65) 77, 18; vgl. 55, 146.

④ C. CH. DU MARSAIS (?): Le philosophe, in: Nouvelles libertés de penser (Amsterdam 1743) 173—204; in allen Fassungen (u. a. dem Art. ‹Philosophe› der Encycl. … 5 [1765] 509—511) neu hg. H. DIECKMANN: Le philosophe. Texts and interpret. (Saint-Louis 1948) zit. 60; zur Verfasserfrage vgl. A. W. FAIRBAIRN: Du Marsais and ‹Le Philosophe›. Studies on Voltaire and the 18th cent. 87 (1972) 375—395.

⑤ R. de BONNEVAL: Progrès de l'éducation (Paris 1743) 158—164; J. B. d'ARGENS: Lettres mor. et crit. sur les différens états, et les diverses occupations des hommes (Amsterdam 1737) 131—139.

⑥ C. J. BONCERF: Le vrai philosophe, ou l'usage de la philos., relativement à la soc. civile, à la vérité & à la vertu (Paris 1762) 1f.; vgl. 102.

⑦ Le philosophe, in: DIECKMANN, a. O. [18] 44. 46; vgl. 58.

哲学的目标,即传播有用的知识,却只有在下述情况下才能实现:当这种知识不像形而上学的知识那样脱离感觉经验,而是以事实观察为基础,并且就其原因来研究事实观察:"哲人构建出原理是靠无穷的特殊观察;人们采用原理却不考虑其所产生的观察……;哲人的原理有其来源。"①只有以经验的给予性为指向,我们的知识方能得到扩展,物理学方能得到推进。由此获得的确定性,还有哲学的界限,使哲人放弃了所有形而上学思辨,并且在其方法遭到拒绝的地方不作判断。"因此,哲学精神是一种观察精神和精确精神,这种精神将一切与其真实原理联系在了一起。"②这意味,如狄德罗(Diderot)所言,"实验哲学"与"理性哲学",经验与理智,不可像敌手那样针锋相对,而应彼此补充修正,以达成进步之目标。③ 布冯(Buffon)也通过精确观察自然和对观察内容作出哲学概括,看到了那种方法:这种方法拒绝空洞的概念和假说,从而避免了以往自然哲学的失误。④ 脱离亚里士多德-经院哲学,如莱维斯克(Ch. Levesque)之所为,使证明哲学与自然研究彼此有用成为可能:"哲学通过停止系统化而变得更为有用。"⑤杜尔哥(Turgot)坚信,正是伽利略和开普勒奠定了"真正的哲学的基础",也正是笛卡尔在哲学中实现了必要的革命。⑥ 由笛卡尔和牛顿改良的哲学,如泰拉松(J. Terrasson)所言,酝酿出了一

---

① a. O. 32. 34.

② 36. 42.

③ D. DIDEROT: Pensées sur l'interprét. de la nature. Oeuvr. compl., hg. J. ASSÉZAT/M. TOURNEUX(Paris 1875—77, ND 1966)2, 20f.; dtsch.: Philos. Schr., hg. TH. LÜCKE(1967)1, 430f.

④ G. L. L. de BUFFON: Hist. naturelle 1(1749). Oeuvr. philos., hg. J. PIVETEAU(Paris 1954)23.

⑤ CH. LEVESQUE: L'homme pensant(Amsterdam 1729)333—335.

⑥ A.-R.-J. TURGOT: Oeuvr., hg. G. SCHELLE(Paris 1913—23)1, 125.

种“人文哲学”(Philosophie humaine),奠定了“真正的科学原理”,引出了“哲学与精确科学的世纪”。①哲人不再是学究,而是经得住理性的所有批判检验:“哲人……就是一种先验后信和先思后行的人。”②

然而,哲学不仅与精确科学相关;它还建构了“文学”与“数学”的“统一”。它们都是致力于“人类幸福”的伟大事业。③从而,哲学不再是一种个别的、与其他科学和文学隔离的学科,而是与这些学科一道致力于共同的启蒙任务和理性的拓展。因此,所谈论的往往不是哲学,而是“哲学精神”,所宣传的也是“哲学精神”。“哲学是一种科学,哲学精神却包括所有科学。……[它]是科学比较的结果:这就是它由诸科学而来的原因。”④哲学精神体现在,它不会止于特殊,而是要发现“普遍原理”,“通过包含遥远关系的大视野……;它是……由所有你们的真理所构成的大真理,就像走出迷宫的线团”。⑤ 如此理解的哲学,并不致力于神学的和形而上学的思辨;它无非是“将理性运用于可施展其上的不同对象。因此,哲学的要素必然包括人类知识的基本原理”。⑥ 狄德罗(Diderot)设定了如此

---

① J. TERRASSON: La philosophie applicable à tous les objets de l'esprit et de la raison(Paris 1754)1—3. 7ff. 29.

② F. V. TOUSSAINT: Les moeurs, nouv. éd. (Amsterdam 1749)3.

③ F.-A.-A. PLUQUET: De la sociabilité(Paris 1767)1, VII—IX; vgl. CH.-G. LAMOIGNON MALESHERBES: Oeuvr. inéd., hg. N. L. PISSOT(Paris 1808)156. 160ff.; M.-J.-A. de CONDORCET: Oeuvr., hg. A. CONDORCET O'CONNOR/M. F. ARAGO(Paris 1847—49, ND 1968)1, 448.

④ L.-R. de CARADEUC de LA CHALOTAIS: Essai d'éducation nationale ou plan d'études pour la jeunesse(o. O. 1763)117; dtsch: Versuch über den Kinder-Unterricht(1771)166f.

⑤ A. GUÉNARD: En quoi consiste l'esprit philosophique? (1755), in: R. DESCARTES: Disc. de la meth., hg. L. LIARD(Paris 1942)183—190, zit. 188f.

⑥ D'ALEMBERT: Essai sur les élémens de philos. (Paris 1805, ND 1965) 20. 31.

成为基础科学的哲学的任务："官员主持正义，哲人教导官员何为正义、何为不义。军队保卫祖国，哲学教导军队何为祖国。神职人员建议人们热爱崇拜诸神，哲人教导神职人员诸神是谁。主权者统治民众，哲人教导主权者其权威的来源和限度。每个人都肩负对家庭和社会的责任，哲人教导每个人这些责任是什么。人会遭遇不幸和痛苦，哲人教导人忍受不幸和痛苦。"①哲人的职责，不局限于自身，而是要真正作"人类之友"。②"哲学又有何用，若它保持沉默？要么发声，要么放弃人类导致的头衔。"③斯多亚派的避世，违背哲学的本真目的，人类通过交流理念和"互利"而联合；④但这两者，哲人与斯多亚派，又不约而同相信："我不愿为奴。"⑤

除了自然科学，道德和政治是哲学优先应用的领域。它们能够将其有益影响施于立法和治国理政，能够增进公益(bien général)，也有助于达成"任何哲学的普遍目标，也就是最大多数人最大的福祉"。为此尤其要靠"精确科学"的发明。⑥哲学对政治有用，因为，哲学探究人们在社会中的活动根据、其需求和利益。"的确，哲学还能是什么，若非……审查什么对社会有益或有害？"⑦

杜马萨(Du Marsais)与霍尔巴赫(Holbach)强烈要求哲学

① DIDEROT: Essai sur les règnes de Claude et Néron, a. O. [24] 3, 248 / dtsch., a. O. 2, 456f.

② 2, 390/2, 123.

③ 3, 271/2, 476; vgl. 3, 176/2, 391.

④ 3, 210/2, 422.

⑤ 3, 250/2, 458.

⑥ F.-J. de CHASTELLUX: De la félicité publ. (Amsterdam 1772) 2, 63. 67. 84f. 93f.

⑦ P.-H. TH. d'HOLBACH: La politique nat. (London 1773, ND 1971) 2, 118f.

如此以实践生活和行动为指向:因为,当今社会打上了不义和不公之印记,宗教也打上了迷信和谬误之印记,这召唤哲学致力于个体和全体人类的幸福,而不要再像迄今为止的哲学那样沉迷于杜撰徒劳无果之体系:“哲人要名副其实,只有通过致力于其同类之福祉来判定自己有用。”若摆脱了偏见,哲人就获得了内在自由;在不受贿赂和不偏不倚的真理追求中,哲人是诚实和正直的。在其服务于人类过程中,哲人不会像斯多亚派那样自私自利地后退,而是像“人类的医生”那样不谋私利发挥作用。人不必非得有这样一种哲学,它使人远离现实,在超自然物中追求解脱,而必须有一种“有人性的哲学来吸引他、安慰他、支持他”。“一言以蔽之,真正的哲人是人类之友、人类福祉之友、人类快乐之友。”[①]哲人是“理性和真理的使徒”,道德伦理的先锋;他意欲革除恶习与腐化、迷信与专制。“真理,智慧,理性,德性,自然,在涉及对人类有用之物时,它们是等值的术语。”哲人不能让自己像神一样凌驾于人类之上,他对待人类要像一位考虑周全的医生对待病人,并且他衡量真理的尺度是其有用之程度。“哲人不责备人,他只恨人的妄想。”[②]这关乎他的自我认识和自我反省、沉静和内在和平,这要通过平衡需求与希望来达成。这是实践哲学的任务,就是将思辨哲学的认识运用于生活方式。[③]

杜马萨(Du Marsais)/霍尔巴赫(Holbach)如此详尽的构想,得到其他很多著作家的认可。如果哲学,如罗比内(Robi-

---

① DU MARSAIS/d'HOLBACH: Essai sur les préjugés (London 1770) 152—178, zit. 163. 168. 172. 175; vgl. 212ff.; dtsch., hg. W. SCHRÖDER (1972) 110—127, zit. 117. 120. 123. 125; vgl. 149—151.

② a. O. 179—203, zit. 184. 196. 200/128—143, zit. 131. 138. 141; vgl. 246f. 284. 311/172. 197. 215.

③ 200f. 286—296/142. 198—205.

net)所认为的那样，认清了人的真实本性，它就由此获得了在所有领域与谬误、无知和迷信作斗争的根据，为改进风尚发挥作用，并提升人类的福祉和国家的繁荣："如此作为观察家的哲人，就会臻于实现政治家和立法者的崇高功能。"①认识道德世界、人类"激情"和"智能"之法则，在爱尔维修(Helvétius)看来，有助于哲人占据立法者和人类教育者的地位，并将人类引向道德与幸福："道德大厦的缔造者，就是哲人。"②

伏尔泰，只有关于哲学定义的附带评论，他更为强烈地强调，哲学和哲人的功能是要以有节制的方式影响风尚("哲人是灵魂的医生")，宣传宽容而非狂热，在所有领域，甚至连关爱孤儿和改进农业，都要发生实际影响，实现一种无迷信教条的启蒙宗教，从而阻止宗教内战("这就是哲学的精神：从世上消除灾祸")。③ "真正的文明人和真正的哲人，比奥尔弗斯、赫拉克勒斯和忒修斯，更具有人类的美德：因为，让文明人摆脱偏见，要比驯化野蛮人更美好也更困难。"④所以，王侯的关切，正是增加哲人的数量而减少狂热者的数量，因为，哲人是善好安静的公民，"世上最诚实的人"；他们尊重法律，没有自己的特殊利益，讲话只"为了理性和公众的利益"；⑤他们

---

① J.-B.-R. ROBINET：Dict. univ. des sciences morale, oconom., polit. et diplomat. 1 (London 1777) XXII. XLV. XLVII. XLIX (Disc. prélim.：De l'influence de la philos. sur les moeurs et la législation).

② C.-A. HELVÉTIUS：De l'esprit II, 15；II, 24. Oeuvr. compl. (Paris 1795, ND 1967—69) 2, 250；3, 125；De l'homme, Introd.；X, 10, a. O. 7, 2f.；12, 135—138, zit. 138.

③ VOLTAIRE：Oeuvr. compl., hg. L. MOLAND (Paris 1877—85) 8, 473；23, 468；Briefe an d'Alembert (15. 2. /9. 11. 1764)；an Damilaville (1. 3. 1765). Corresp., a. O. [17] 54, 103；56, 144；57, 161.

④ Oeuvr., a. O. 24, 123.

⑤ Briefe an Helvétius (27. 10. 1760/15. 9. 1763). Corresp., a. O. 44, 95；53, 28；Oeuvr., a. O. 22, 229；23, 469f.

从不像人们所指责的那样，是国家和宗教的危险的反叛者。①

最终，当拉美特利（La Mettrie）对所有精神-心理功能作出机械论解释时，也就将（道德-）哲人变成了医生："医生是唯一对自己的祖国有贡献的哲人"；人能够将其宁静的生活定向于那种最好的哲学，"医生的那种[哲学]"。② 因为，哲学只提供理论知识，也就是研究自然的合规律性（"作为哲人而写作，就是传授唯物主义"），所以，它不可能也不愿意提供实践学说。因此，哲学丝毫无损于道德和宗教，也从而无害于社会团结。③

尽管拉美特利也为理论哲学和实践政治的严格分离建构出了例外，大多数启蒙哲人与他一样相信：哲学不面向大众，或至少不面向"下等人"、"低层民众"。④因为，人民不读（哲学）书，⑤所以，哲人们寄望于王侯，"哲人王"（roi philosophe）或"哲人王子"（prince philosophe），⑥他们最高尚的作为就是启蒙人民。⑦"哲人让王者倾听人民的呼声，不惮于告诉人民他们的权利。"⑧

---

① Oeuvr., a. O. 24, 122f.; 8, 469.

② J. O. de LA METTRIE: Oeuvr. philos. (Berlin/Paris 1796) 2, 172. 190; 3, 108; vgl. 3, 117.

③ a. O. 1, bes. 1. 7—15. 19—28. 38—54, zit. 15; dieser ‹Discours préliminaire aux oeuvres› neu hg. in: A. THOMSON: Materialism and society in the mid-eighteenth cent. (Genf/Paris 1981) 205. 209—215. 219—225. 232—242, zit. 215.

④ VOLTAIRE: Br. an Colini (31. 7. 1775). Corresp., a. O. [17] 91, 137; vgl. d'HOLBACH: Système de la nature (Paris 1821, ND 1966) 2, 385; dtsch., hg. F.-G. VOIGT (1960) 537; M. GRIMM (u. a.): Corresp. litt., philos. et crit., hg. M. TOURNEUX (Paris 1877—82) 3, 328 (15. 1. 1757).

⑤ LA METTRIE, a. O. [50] 1, 25; THOMSON, a. O. [51] 223; VOLTAIRE: Oeuvr., a. O. [46] 22, 126f.

⑥ a. O. 23, 470f.; Friedrich der Gr. als «roi des philosophes» oder «chef et modèle» der «philosophes»: d'ALEMBERT: Oeuvr. compl. (Paris 1821, ND 1967) 5, 46. 116. 267. 295. 298. 306. 326. 344. 446. 460. 462; vgl. 5, 106. 110.

⑦ DIDEROT: Oeuvr., a. O. [24] 3, 209; DU MARSAIS/d'HOLBACH, a. O. [41] 79. 81f. 142—144. 218/61. 63. 103f. 153f.; ROBINET, a. O. [44] LIIf.

⑧ CONDORCET: Oeuvr., a. O. [30] 5, 336.

只有当哲学对统治者毫无效果时,哲学才会面向人民,或者更准确地说,面向人民中的阅读者和思考者,“民族中的中间阶层”。[①]并不断指出,哲学的宗教批判对国家和社会不具有颠覆性,相反,教士的迷信及其宗派主义才引发动乱。[②] 所以,孔多塞(Condorcet)认为,哲人的主要任务是向“民族及其领袖”展示,“神圣权威”(autorité sacerdotale)的秘密,影响威胁国家的安定,损害道德,将人变成了实现其野心的盲目工具。相反,哲人会缓和风尚,简化法律,松开枷锁,这些都妨害公民的自由和活力。[③] 尽管很多著作家都认为,宗教与哲学不相容,但在其他著作家看来,一种合乎理性的宗教,本质上传授一种纯粹的道德的宗教,与哲学并不矛盾:“不,毫无疑问,哲学绝非上帝和国王的敌人。” [④]“真正的哲人、贤人和开明之人,绝不会攻击真正的宗教。”[⑤]

18 世纪中叶以来,很多同时代人已然觉察到,这种如今通常所谓“近代”或“现代”哲学,及其在公众意见中的强有力传播。[⑥] “今日在法国,哲人、哲学的和哲学就是一切。”[⑦]往往,“哲学”和“启蒙”被等而同之,而且,与之相应,有一种显著的

---

① DU MARSAIS/d'HOLBACH, a. O. [41] 47. 170/40. 122.

② a. O. 242f. 301f. / 170. 208f. ; d'HOLBACH, a. O. [52] 2, 253f. / 519; Religionskr. Schr., hg. M. NAUMANN(1970)68. 167. 418.

③ CONDORCET: Vie de Voltaire. Oeuvr., a. O. [30] 4, 180—182; vgl. 6, 186ff. 229ff.

④ VOLTAIRE: Oeuvr., a. O. [46] 29, 9; vgl. 23, 471; 20, 505; 29, 16f. ; Br. an Servan(April 1766). Corresp., a. O. [17] 61, 30.

⑤ D'ALEMBERT: Oeuvr. et corresp. inéd., hg. CH. HENRY(ND Genf 1967)6; vgl. Br. an Friedrich den Gr. (30. 11. 1770). Oeuvr., a. O. [54] 5, 304.

⑥ R. L. d'ARGENSON: Journal et mémoires, hg. E. J. B. RATHERY (Paris 1859—67)6, 464(3. 9. 1751); 7, 51(18. 12. 1751); 8, 290(9. 5. 1754); L. P. de BACHAUMONT: Mémoires secrets pour servir à l'hist. de la républ. des lettres(London 1780—1866, ND 1970) 1, 3(avertissement); CH. L. de MONTESQUIEU: Mes pensées Nr. 446. 1226—1228. Oeuvr. compl., hg. R. CAILLOIS(Paris 1949)1, 1019. 1305—1307.

⑦ GRIMM, a. O. [52] 7, 225(Febr. 1767); vgl. aber 11, 495(Juli 1777).

“哲人”的自我价值观念和集体意识。“我们的世纪因此被称为最典型的哲学的世纪。”①伏尔泰(Voltaire)断定,哲人统治着公众意见,并且其范围日益扩展。②

尽管所有声明都断言哲学无害,“哲人们”也无法避免哲学要做激烈争斗,无法避免无神论或至少不信教、自然神论、唯物主义、怀疑主义(皮浪主义)哲学,受到反对国家、皇帝和法律的指责。③ 对于弗雷隆(E. Fréron)而言,哲学如今“受到推崇”,狄德罗(Diderot)《对解释自然的思考》(Pensées sur l'interprétation de la nature),对于弗雷隆而言,表现为一种“疾病,或者,往好里说,也是今日之疯狂”。④这种批评,在1760年巴黎索(Palissot)针对“哲人们”的讽刺作品中达到了高潮,哲人们在哲学的外衣下干着追逐私利的勾当:⑤“这是一个飞扬跋扈的宗派……他们对科学、文学、艺术和习俗实施严酷的专制。他们以哲学火炬为武装,将火投入了精神,

---

① D'ALEMBERT, a. O. [33] 9; Oeuvr., a. O. [54] 5, 242; BONCERF, a. O. [20] Préf.; HELVÉTIUS: De l'homme II, 19. Oeuvr., a. O. [45] 8, 86; P.-A. C. de BEAUMARCHAIS: Tarare(Paris 1790)8. Oeuvr. compl. (Paris 1821)2, 410; vgl. W. KRAUSS: Studien zur dtsch. und frz. Aufkl. (1963)bes. 12—18.

② VOLTAIRE: Br. an d'Alembert(8. 7. 1765). Corresp., a. O. [17] 58, 253.

③ Vgl. z. B. J. SORET: La religion vengée ou réfutation des auteurs impies (Paris 1757); DENESLE: Les préjugés des anc. et nouv. philosophes sur la nature de l'âme humaine, ou examen du matéralisme(Paris 1765); I. MIRASSON: Le philosophe redressé(Au-Bois-Valon 1765); D. LE MASSON des GRANGES: Le philosophe moderne, ou l'incrédule condamné au tribunal de sa raison(En Normandie 1767); P. O. PINEAULT: La nouvelle philos. dévoilée, et pleinement convaincue de lèse-majesté divine & humaine au premier chef(Paris 1771); N.-S. BERGIER: Examen du matérialisme ou réfutation du système de la nature(Paris 1771); R. de BURY: Hist. abrégée des philosophes et des femmes célèbres(Paris 1773); L. M. CHAUDON: Anti-Dictionnaire philos. 1—2(Avignon 41775); F.-X. FELLER: Catéchisme philos. ou recueil d'observations propres à défendre la religion chrét. contre ses ennemis(Lüttich 1805).

④ E. FRÉRON, in: L'année littéraire Jg. 1754, vol. 1, p. 1.

⑤ CH. PALISSOT de MONTENOY: Les philosophes(Paris 1760).

而非将光散布其中。”[1]人们对哲学发出的谴责,往往同样也是哲学谴责其对手的内容:高傲,狭隘,虚荣和拉帮结派,借口关切公共福祉的党派意识。“现代哲人宗派形成以前,法国未曾有过这样的狂热。”[2]“本世纪的哲学,只是基于理性的对真智慧的厌恶;……它以热情、公益为幌子,构建和培养出了一个方案,以摧毁所有权威,消除人类的全部责任原则。”[3]尽管哲学处处遭到反对,人们却将“真哲学”(“其原则出自福音”[4])或“基督教哲学”的头衔用到自己头上。[5] 在遭到反对的一方,这样的攻击却更强化了归属感:“让哲人们团结起来,他们将战胜一切。”[6]

对哲学的根本性批判由兰盖(Linguet)作出:“公民服从而无需推理……运用推理的哲人讨论、估价权威的权利,讨论德与恶,却惮于服从。”哲学,如艺术和其他科学,标志着一个正在退化的社会、专制、奢侈和富余。尽管“哲学的狂热”不如宗教恐怖,却妨碍了不加反思的道德践履。“哲学基于最难治愈的人类精神疾病,基于骄傲自负。正是它制造出了第一批贤人。”[7]哲

---

① Lettre de l'auteur de la comédie des philosophes au public, pour servir de préface à la pièce(o. O. 1760)5.

② S. F. de GENLIS: La religion considérée comme l'unique base de la véritable philos. (Maastricht 1787) 191; vgl. 311ff.: «Des préjugés philosophiques».

③ A.-A. LAMOURETTE: Pensées sur la philos. de l'incrédulité ou réflexions sur l'esprit et le dessein des philosophes irréligieux de ce siècle (Paris 1786)229.

④ GENLIS, a. O. [70] 310.

⑤ P. SIGORGNE: Le philosophe chrétien, ou lettres sur la nécessité et la vérité de la religion(Avignon 1765); J. PEY: Le philosophe catéchiste, ou entretien sur la religion(Paris 1779).

⑥ VOLTAIRE: Br. an Mme d'Epinay(20. 8. 1760). Corresp., a. O. [17] 43, 66; vgl. 41, 229. 232f.; 43, 68.

⑦ S.-N.-H. LINGUET: Le fanatisme des philosophes(London/Abbeville 1762, 1764)20. 16. 9.

学的偏见就像迷信，没有比抨击这个“宗派”更危险的事情了，因为，它的口令是“理性和自由”。①

类似的论证由卢梭(Rousseau)提出以反对哲学。人类对其自身状况的反思，使其疏远了天赋的淳朴美德。② “热衷文学、哲学和美的艺术，摧毁了我们对首要义务和真正的荣誉的热爱……。[这]解脱了所有将人维系于社会的尊重和仁慈的束缚。”哲学是人类已然丧失道德清白和健全人类理智的标志。“家庭、祖国于他而言，成了无意义的词语：他既不是父亲，不是公民，也不是人；他是哲人。”③哲学在人的高傲中有其来源，人不愿朴素虔信，而妄想探究上帝和世界的秘密。与其所宣称的有益相反，科学、哲学和艺术引起的损害多于善德，④尤其，它们的原则还不如宗教的原则有效，它们的狂热，尽管其“诡辩部分”有种种相反的主张，其危害性也不亚于宗教的狂热。“哲学的冷漠就像专制下的国家之沉寂；这是死亡之沉寂。”⑤远非能够对其所提出的问题作出回答，哲学只是引向不必要的怀疑和怀疑主义，⑥并且总意味着对天性、对自然本能的扭曲，而自然本能就是良知。⑦ “现代哲学的骄傲专制，将自爱之自我中心主义引向其极端。”⑧

围绕真正的哲学概念的争论，对于“哲学”在 18 世纪末，变成了一个含义模糊的提示词，变成了一个八方要求的流行

① Annales polit., civiles, et litt. du 18e s. 1(London 1777)249f.

② J.-J. ROUSSEAU: Discours sur... l'inégalité. Oeuvr. compl., hg. G. GAGNEBIN/M. RAYMOND(Paris 1959ff.)3, 156; vgl. 3, 138.

③ Narcisse, Préf., a.O. 2, 966f. 969.

④ Observations sur la réponse du roi de Pologne, a.O. 3, 41. 46. 55; vgl. 3, 27. 228.

⑤ Emile, a.O. 4, 632f.; vgl. 535.

⑥ a.O. 568f.

⑦ 253. 483. 595. 601.

⑧ Rousseau juge de Jean-Jacques II. Oeuvr. (Paris 1826—27)16, 351.

概念,不无“贡献”:“专制主义的拥趸,对哲学和哲人大加攻讦,以至于后一术语流行于民间,各种添油加醋。如今,每家每户都有一个被称为哲人的人了。”①鉴于充斥着反宗教的著述,达朗贝尔(d'alembert)宁愿放弃“哲人”头衔:“有太多人戴有这一头衔了。”②人们尤其论及对哲学概念的误用,以至于伏尔泰(Voltaire)坦承:“我与那些胆敢否认至高智能的哲人差距太大了。”③标志种种对“哲学”的毁谤式使用的是,其对手的新词如“智术师”、④“哲学的乌合之众”、⑤“诡辩”和“智慧侈谈”、⑥“侈谈智慧”和“冒充哲人”、⑦“哲学癖”,⑧如此等等。

无关乎哲学概念的正确规定,18世纪末有一些立场观点,与哲学的启蒙要求保持着距离,也未表达绝对反对启蒙。尚福尔(Chamfort):“哲学,就像医学,药多,好的疗法少,偏方更稀罕。”“最好的哲学,与世界相对,将挖苦快乐与放纵蔑视结合起来。”⑨对于伽里阿尼神父(Abbé Galiani)而言,“最高超的哲学”就是人们能够在忙于世务当中停下脚步。⑩

---

① L.-S. MERCIER: Tableau de Paris(Amsterdam 1782—88, ND 1979)10, 23.

② D'ALEMBERT: Br. an Friedrich den Gr. (8. 6. 1770). Oeuvr., a. O. [54] 5, 294.

③ VOLTAIRE: Br. an Mme Du Deffand(27. 1. 1766). Corresp., a. O. [17] 60, 58.

④ FRÉRON, a. O. [67] Jg. 1759, vol. 1, p. 290. 314; ROUSSEAU: Oeuvr., a. O. [77] 4, 632.

⑤ ROUSSEAU, a. O. 3, 212.

⑥ LINGUET, a. O. [76] 2, 20; «philosophaillerie» auch bei F.-R. de CHATEAUBRIAND: Mémoires d'outre-tombe XI, 3(Paris 1851)1, 393.

⑦ L.-S. MERCIER: Néologie ou vocab. de mots nouveaux(Paris an IX/1801)2, 180.

⑧ DIÈRES: La philosophomanie, poème(Rouen ca. 1760).

⑨ S.-R. N. CHAMFORT: Maximes générales. Oeuvr. compl., hg. P. R. AUGUIS(Paris 1824—25, ND 1968)1, 342. 345; vgl. 1, 352. 354. 356. 368. 371; 3, 451—457.

⑩ F. GALIANI: Br. an Suard(14. 7. 1770). Corresp., hg. L. PEREY/G. MAUGRAS 1(Paris 1881)194; dtsch., hg. W. WEIGAND(21914)1, 114; vgl. 177f.

在法国大革命中，关于哲学的立场观点，因著作家的立场和现实政治处境而变化。孔多塞(Condorcet)①和马拉(Marat)②坚信，哲学对革命的发生持有一种具根本性的同情，其他人打算将当时的启蒙哲学普及人民，③西耶斯(Sieyès)则坚持对“哲人”的纯粹理论作出分殊，却不想缩小其权利，必要性在于：在应当将理论置于现实之中的地方，在哲学面对各种各样的利益的地方，哲学就必须考虑作出分殊。④ 然而，罗伯斯庇尔(Robespierre)必须反驳“哲人”的无神论，因为，后者不容许他所宣扬的对“至高存在”(Etre suprême)的信仰。⑤ 革命的敌人判定哲学就是对革命的恐怖负有责任。所以，对于拉阿尔普(La Harpe)，这个从前的“哲人”的支持而言，⑥哲学“从18世纪以来”，如其所概括的那样，因革命者的狂热和偏狭而丧失了名誉。这种哲学，整体上属于无神论，仇恨合法权威和蔑视所有道德，“是无知和荒谬的绝世之作”。“我们如今有如此多的屠杀假自由、共和、哲学之名！”⑦在黎法洛尔(Rivarol)看来，哲学要求培养“人民哲人”(peuple philosophe)，意味着对人民的傲慢和蔑视：“真正的哲人……以信仰代替科学，以畏惧代替理性。”⑧正如革命所指出的那样，哲学之严苛发挥了可怕

---

① CONDORCET：Oeuvr.，a. O. [30] 6，200.

② J. P. MARAT：L'ami du peuple(1790)274f.

③ J.-M. LEQUINIO：Philos. du peuple(Paris 1796).

④ E. J. SIEYÈS：Was ist der dritte Stand? Polit. Schr.，hg. E. SCHMITT/R. REICHARDT(1975)119. 193f.

⑤ M. ROBESPIERRE：Rede vom 18 floréal an 2(7. 5. 1794). Oeuvr. 10 (Paris 1967)452—455.

⑥ J. F. de LA HARPE：Le philosophe(1769). Oeuvr. (Paris 1821，ND 1968)3，254—262.

⑦ Du fanatisme dans la langue révolutionnaire(Paris 31797，an V)2. 4. 86f.，a. O. 5，479. 481. 597.

⑧ A. RIVAROL：Oeuvr. compl. (Paris 1808，ND 1968) 1，bes. 310f. 341f.，zit. 334f.

的效果。因为,抽象的理论在实践上必然落空,“哲人们……更多是解剖师而非医生,他们剖析而不治疗”。① 针对这种在1800年前后甚嚣尘上的关于哲学阴谋反宗教和反国家的控诉,②其他著作家大声疾呼,他们要保护哲学免受革命之祸。③ 然而,复辟时期的哲学,未使这种举措免于对启蒙哲学的根本敌意。如果哲学本质上,如迈斯特(De Maistre)所言,是“瓦解力量”,那么,它重新与宗教结合就有其必要性。④ 夏多布里昂(Chateaubriand):“福音的劝告成就真正的哲人,福音的教训成就真正的公民。”⑤德博纳尔(De Bonald)另辟蹊径:因为,“现代哲学”是无神论的,它想不靠上帝的参与而解释和规范一切,它破坏“任何普遍秩序和特殊秩序”,⑥所以,人只有在作为其自我保存和幸福之保证的社会中,才能找到依靠和稳固。⑦

按照其断然反体系的规划,法国的启蒙运动很少提出对哲学的划分。佩罗(Perrault)大致遵循从斯多亚派以来就闻名于世的

---

① Oeuvr. chois., hg. A. de LESCURE(Paris o. J.)1, 243; 2, 37. 87f. 352; vgl. 1, 235. 241f. 247.

② Vgl. J. ROGALLA VON BIEBERSTEIN: Die These von der Verschwörung 1776—1945(1976).

③ P.-L. ROEDERER: De la philos. moderne, et de la part qu'elle a eue à la révolution française(Paris an VIII); P. GRANIER: Lettre à M. * * *, sur la philos., dans ses rapports avec notre gouvernement(Paris an XI/1802); A. MORELLET: Apologie de la philos. contre ceux qui l'accusent des maux de la révolution, in: Mélanges de litt. et de philos. 4(Paris 1818)308—332.

④ J. de MAISTRE: Considérations sur la France(Paris 1924)56; dtsch. (1924)61.

⑤ CHATEAUBRIAND: Le génie du christianisme IV, 6, 12, hg. M. REGNARD(Paris 1978)1072.

⑥ L. G. A. de BONALD: Oeuvr. compl. (Paris 1859)3, 471; 1, 1060; vgl. 3, 29.

⑦ a. O. 1, 1128; vgl. R. SPAEMANN: Der Ursprung der Soziol. aus dem Geist der Restauration(1959)25—38.

三分模式:“如今,我们将哲学分为四个部分:逻辑学,道德哲学,物理学,还有形而上学。”①达朗贝尔在此之外还补充了语法和数学作为自主学科,②与此同时,在理论家(特拉西[Destutt de Tracy])那里,意识形态成了基础科学,接着是语法、逻辑学和“论意志及其效应”(Traité de la volonté et de ses effets)。③ 在《百科全书》(Encyclopédie)中,达朗贝尔接受了培根的做法,将所有认识能力划分为记忆(mémoire)、理性(raison)和想象(imagination)。与此相应,有三个学科领域:史学(传统意义上的),哲学(作为科学),诗学(包括音乐、绘画,以及如此等等)。④ 迪尔泽(U. Dierse)撰

文献指引:

J. P. Belin: Le mouvement philos. en France de 1748—1789 (Paris 1913). -M. Roustan: Les philosophes et la soc. franc. au Xviiie s. (Paris 1911, Nd 1970). -I. O. Wade: The 'Philosophe' in the French drama of the 18th cent. (Princeton 1926, Nd 1965). -F. Diaz: Filosofia e politica nel settecento francese (Turin 1962). -A. Vartanian: Le philosophe selon La Mettrie. Dix-huitième siècle 1(1969)161—178. -Ch. G. Stricklen jr.: The 'philosophe's political mission. Studies on Voltaire and the 18th cent. 86 (1971) 137—227. -R. Reichardt: Reform und Revolution bei Condorcet (1973)24—128. -J. Lough: Who were the 'Philosophes'? in: Studies in eighteenth-cent. French lit., pres. to R. Nikiaus (Exeter 1975) 139—150. -A. Thomson: Le philosophe et la société. Studies on Voltaire and the 18th cent. 190 (1980) 273—284. -U. Dierse: Die nützliche Wahrheit. Begriffe und Motive der 'philosophes'. Arch. Begriffsgesch. 26 (1982) 193—210. -H. U. Gumbrecht/R. Reichardt: Philosophe, Philosophie, in: Hb. polit. -soz. Grund begriffe in Frankreich 1680—1820, H. 3(1985)7—88.

---

① CH. PERRAULT: Parallèle des anciens et des modernes (Paris 1688—97, ND 1964)4, 125; vgl. dazu die EM. von H. R. JAUSS zum ND, 46.

② D'ALEMBERT, a. O. [33].

③ A.-L.-C. DESTUTT de TRACY: Elémens d'idéologie, 1—4/5 (Paris 1804—15).

④ D'ALEMBERT, a. O. [2]: «Système figuré des connoissances humaines».

(四) 德国启蒙运动

1. 关于哲学概念的讨论,在启蒙运动中,在这"哲学百年"(philosophischen Jahrhundert)里,在德国,在这大学的国度,从而也是学院哲学的国度,尤其繁荣兴旺。这种讨论可以分为四个区分相对清晰的阶段,对应于德国启蒙运动的发展过程:启蒙运动早期(托马修斯[Thomasius]及其一代人),这是第一阶段;启蒙运动鼎盛的学院哲学时期(伍尔夫[Wolff]及其一代人),这是第二阶段;启蒙运动鼎盛的大众哲学时期(莱马鲁斯[Reimarus],门德尔松[Mendelssohn]等人);启蒙运动晚期(康德[Kant]时代)。通常,哲学的自我反思,仍然发生在"博学—智慧—科学"概念场域中。与此同时,"哲学"已然德语化为"世界智慧"(Weltweisheit),从而毋宁将哲学理解为智慧而非对智慧的追求。诚然,追问哲学的出发状态,在启蒙运动进程中发生了变化:启蒙运动之初,起点是17世纪的博学,启蒙运动之尾是现代自然科学。同时,哲学普遍的自我意识也发生了变化;在针对神学的进攻性的自我主张的位置上,与科学相关的防御性的自我反思走了进来。

2. 托马修斯(Ch. Thomasius)追求一种"有用的"世界智慧,首先具有一种拉丁语宫廷哲学的形式,其次具有一种操德语的"公民"哲学的形式,这种哲学适应于各种状况和种族中的人。与此同时,他几乎让德国启蒙运动整体与其仅加以变形的学院哲学保持密切关联,以至于人们可以将德国启蒙哲学说成是一种"学院派的世界智慧"。不同于莱布尼茨,这个比他稍年长的他父亲的学生托马修斯,一方面抛弃了一种将哲学作为科学的原理认识的解释,另一方面,从当时大学运转的眼光出发,将哲学视为服务于所谓更高级学科的一门学科。

这在其《宫廷哲学》(Philosophia aulica)中首先意味着：Jam definio Philosophiam，quod sit habitus intellectualis instrumentalis ex lumine rationis Deum，creaturas et actiones hominum naturales et murales considerans，et in earum causas inquirens，in utilitatem generis humani[“如今，我将哲学定义为：出自理智之光上帝的工具性的理智习惯，思考出于自然和出于道德的人类的创造和行动，深入探究其原因和对人类的用处。”]①在此，对哲学对象的规定，仍然采用了一种对“西塞罗”关于神圣和人类事物的表达方式的基督教式的解释，但定义达到顶点靠的是古老的表达方式“出自理智之光”，与有害的混合哲学与神学的所谓“基督教哲学”相对。然后，在《理性哲学引论》(Einleitung zur Vernunftlehre)中，将哲学更为严格地限定于一种对必需之物和有用之物的批判-实践性认识。博学，这是托马修斯的起点，因为，他将世界智慧理解为博学之部分，后者是“一种已知难题(Erkäntnüß)，由此可以让一个人变得机敏，很好地区分真与假、善与恶，并且给出其具根本性的真实的或有条件的偶然原因，从而提升其本人还有他人平凡生活际遇中的尘世和永痕的福祉”。② 博学不在于知识多，而在于知道本质，这往往只需要具有限确定性的认识，此外，严格意义上基于纯粹理性和经验的博学，世界智慧，则局限于尘世的幸福。最后，托马修斯又让认识真理明确从属于认识善；智慧作为鲜活的对真正的善的认识，从而作为世界智慧，差不多只是“哲学信念”(fides intellecualis[理智的信念])。③

---

① CH. THOMASIUS：Introd. ad ph. am aulicam(1688，21702)58.

② Einl. zur Vernunftlehre(1691，ND 1968)75f.

③ Vgl. Cautelen zur Erlernung der Rechtsgelehrtheit(1713)1；Entwurf der Grundlehren(1699，ND 1979)46.

3. 在托马修斯学派(Thomasianismus)中,也就是说,在托马修斯的学生和盟友圈子里,尽管给出了十分不同的哲学定义,但仍然明显普遍强调批判和实践方面。哲学是一种对不可直接察知之物"有准确判断的"(judicieuse)或机敏的认识,并且,哲学不是"纯粹好奇"(eitle Curiosität),而是一种"实践科学"(scientia practica)或一种对真实有用之物的鲜活认识。哲学的对象是万物,其范围是能够为有经验根据的理性所认识,首先所谓质性(Qualitäten);就认识类型而言,哲学是一种科学、智慧或博学。在布德(J. F. Budde)那里,这意味着:Philosophia... est notitia rerum divinarum humanarumque, prout ductu rectae rationis cognosci possunt, ad veram hominum felicitatem aut acquirendam, aut conseruandam comparata[哲学……是关于神圣事物和人类事物的知识,这些事物要靠正确理性的引导方能认识,为获得或保持人的真正的幸福做准备]。[①] 他的学生瓦尔希(J. G. Walch)对此定义作出补充,但强调了哲学的原则性和批判性特质。[②] 吕迪格尔(A. Rüdiger)的定义内涵已然有些宽泛:Philosophia est cognitio veritatis ejus, quae non cuilibet statim manifesta, et omnibus tarnen perutilis est[哲学是对这种真理的认识:它并非对任何人直接可见,但对所有人都很有用]。[③] 后来,也许正是为了反对沃尔夫(Wolff),吕迪格尔将哲学定义为一种对质性和量性的认识,[④] 从而为区分严格意义上的哲学和数学奠定了基础。

在其第二时期,托马修斯派转向坚决反对沃尔夫,与其将

---

① J. F. BUDDE: Elementa ph. ae instrumentalis(1703, 31709)4.

② J. G. WALCH: Philos. Lex. 2(1726, 41775, ND 1968)395.

③ A. RÜDIGER: Philos. synthetica(1707)3.

④ Philos. pragmatica(1729)3.

哲学定义为数学上精确的可能性科学（Möglichkeitswissenschaft）作斗争。在可能之物的位置上，应有现实之物进入（首先是永恒的现实之物），而后者本质上并无广延之大小。吕迪格尔的学生，如霍夫曼（A. F. Hoffmann），将哲学归属于“有判断力的科学”（judiciösen Wissenschaften），不同于有记忆力的科学（Gedächtniswissenschaften）。哲学是“一种对隐藏的真理的自然的洞察，关涉这样的事物的自然和实在：它们不受制于人的专断，其根基外在于人的专断，故而以自然方式从不会完全终止存在”。① 更准确地说，哲学应当就是对普遍的自然（不同于个体自然）和质性（不同于量性）的研究。他的学生克鲁西乌斯（Ch. A. Crusius）最为严格地遵循此定义，并且主张：严格意义上的哲学，尽管绝不总能认识事物的根据，却“是一种对那些不变的理性真理的具根本性的认识，理性真理具有其他特征，但不具有广延之大小”。② 如此，首先只是达成了一个本质上具有否定性的哲学概念。

4. 沃尔夫（Ch. Wolff）总是一再强调哲学之实用，强调其在由美德获得幸福过程中的工具功能，也以某种方式强调其批判功能，尤其对于分析和定义概念的科学；但他没有将这些视角引入哲学概念。他的哲学概念，与将哲学作为原理科学或原因科学的古典解释联系在一起，在这件事情上，他同时靠现代方法意识，力求一种作为数学上精确的科学的哲学。由此，他将哲学理解为数学上确定的普遍且具基础性的科学：本来哲学（与其在大学中的状况相对）就是最高和唯一的科学。

---

① A. F. HOFFMANN：Vernunftlehre（1737）13.

② CH. A. CRUSIUS：Weg zur Gewißheit und Zuverlässigkeit der menschl. Erkenntnis（1747，ND 1965）10f.

然而,首先哲学认识作为一种认识方式,被嵌入了一种 de triplici cognitione humana[“关于三重人类认识”]的理论,并且,哲学的认识对象不仅被规定为根据或原因,还被规定为可能或可能之物。沃尔夫首先区分了三种或三个等级的认识:作为事实认识的 cognitio historica[“历史认识”],作为理由之认识或原因之认识的 cognitio philosophica[“哲学认识”],作为大小认识的 cognitio mathematica[“数学认识”]。按此方式,他将本身古老的(等级制的)关于事实和原因认识的区分,与同样古老的(模态化的)哲学与数学认识的区分相结合。从而,发展出了其从前已然提出的作为可能性之科学的哲学定义:Philosophia est scientia possibilium, quatenus esse possunt[哲学就是关于可能存在的可能之物的科学]。① 可能在此似乎意味着,尽管沃尔夫大多数情况下只是在逻辑或实际之可能的意义上解释可能,但它终究是一种形而上学的可能性,一个事实之可能本质(potentia[潜能])作为其现实性之根据(actus[行为])。这样一来,可能性之可能性与原因或原理科学差不多直接等而同之了。哲学变成了对所有可能性之可能性的最终条件的绝对认识,变成了 ratio possibilium[可能之物的理由]。由此,沃尔夫还能够不假思索地将上帝描述为 philosophus absolute summus[绝对至高的哲人]。②

5. 在狭义的沃尔夫学派(*Wolff-Schule*)中,如在广义的沃尔夫派(Wolffianismus)中一样,沃尔夫的哲学定义,从一开始就不太受欢迎。当对认识方法的划分被广泛认为不再

---

① CH. WOLFF: Philos. rationalis sive logica I: Discursus praelim. de ph. a in genere(1728, 1740, ND 1983)13.

② Theol. naturalis I(1736, 21739, ND 1978)244.

成为问题时，规定哲学的对象时所强调的早已是原因而非可能性。尽管，如豪伊施（J. P. Reusch）、①弗洛贝西乌斯（J. N. Frobesius）②等人之所为，一再将哲学定义为可能性之科学，甚至为之作辩护，鲍迈斯特（F. Ch. Baumeister）却已然开始冷漠此定义，即便他也为此定义作辩护，事实上他甚至还将作为目的的幸福引入了哲学定义。③ 阿尔瓦德特（P. Ahlwardt）也完全以托马修斯派的方式来定义哲学，④与此同时，克努岑（M. Knutzen）则严格遵循沃尔夫的定义。⑤ ——随着一种更为自由的沃尔夫派的发展及其向民众哲学的过渡，沃尔夫的哲学定义日渐消失。当达耶斯（J. G. Darjes）仍试图固守哲学之为可能性之科学定义时，⑥此定义已然遭到他的学生埃申巴赫（J. Ch. Eschenbach）的公开批评。⑦ 鲍姆加登（A. G. Baumgarten）也自觉抛弃了此定义，与吕迪格尔一样，退回到一种以反对数学化为定向的定义。Philosophia est scientia qualitatum in rebus sine fide cognoscendarum［哲学就是关于事物之质性的科学，而无需对所要认识之物的信念。］⑧他的学生迈尔（G. F. Meier）由此发展出一门“关于事物的普遍特征的科学，无需信仰也能认识这些事物”，如今复

---

① J. P. REUSCH：Systema logicum（1734，21741）30，vgl. 23ff.

② J. N. FROBESIUS：Systematis ph. ae Wolffiani delineatio（1734）8，14.

③ F. CH. BAUMEISTER：Philos. definitiva（1735，1775）；vgl. Institutiones ph. ae rationalis（1735，51741）12.

④ P. AHLWARDT：Gedanken von den Kräften des menschl. Verstandes（1741）14.

⑤ M. KNUTZEN：Elementa ph. ae rationalis（1747）4ff.

⑥ J. G. DARJES：Die lehrende Vernunftkunst（1737）§§ 1ff. 20；Via ad veritatem（1755）§ IV；Weg zur Wahrheit（1776）4ff.

⑦ J. CH. ESCHENBACH：Logik oder Denkungswiss.（1756）5ff.

⑧ A. G. BAUMGARTEN：Acroasis logica（1761，ND 1973）1；vgl. Philos. generalis（1770）11.

又明确要求一种普遍可理解的哲学，这种哲学结合了愉悦和有用。①

6. 本世纪中叶以来，在沃尔夫派中明显出现了严重的解散现象(Auflösungserscheinungen)，首先通过转向一种新的民众哲学(参 Popular-Ph. 辞条)，此转向尤其是一种向托马修斯的根本意图的回归。与此同时，沃尔夫的哲学概念往往被理解为尤为不利，至少严格的科学的哲学(学院哲学)必须由一种更容易理解和更接近生活的哲学(济世哲学[Ph. für die Welt]，世界哲学[Ph. der Welt])来补充。戈特舍得(J. Ch. Gottsched)已然将哲学简化为一种以人类为目的的人类智慧："我将世界智慧称为关于人类之福祉的科学；以我们的不完善为尺度，直至我们能够达成和实施之程度。"②与此相类，莱马鲁斯(H. S. Reimarus)在他的定义中又重拾哲学的实践目的，尽管他接受沃尔夫的哲学定义，并以其知识分级(虽然他扩展出了一种所谓"自然哲学"或"共识哲学"[philosophie du bon sens]之等级)为前提。他的哲学作为"一种致力于人类福祉的所有观察[也就是理论]和道德上的首要真理之科学"的观念，复又将哲学局限于必需和有用之人性尺度。③ 与此相对，门德尔松(M. Mendelssohn)已在追问哲学的科学特质。"数学是一门关于大小(量性)的科学，世界智慧则完全是一种关于事物之特征(质性)的科学。如果人们不承认，世界智慧是要实行一门科学的要求；那么，人们就会规定，世界智慧是一种基于理性的对特征的认识。"④

---

① G. F. MEIER: Vernunftlehre(1752, 21762)10.

② J. CH. GOTTSCHED: Erste Gründe der gesamten Weltweisheit 1 (1733, 41743)4.

③ H. S. REIMARUS: Vernunftlehre(1756, ND 1979)13, vgl. 10ff.

④ M. MENDELSSOHN: Abh. über die Evidenz in metaphys. Wiss. en (1764). Ges. Schr. 2(1931, ND 1972)286.

7. 从本世纪中叶起发展起来的民众哲学，不间断地一直延续到本世纪的最后四分之一，就是康德如日中天的时期。但是如今看起来，却发展出了某种关于哲学之地位的不确定性，这无疑与自然科学日益增长的重要性密切相关。所以，尽管费德尔(J. G. H. Feder)一方面仍然称哲学为一种"关于普遍有用的理性真理的科学"，①却又对一种狭义的哲学与一种广义的哲学作出区分。一方面，任何彻底、清楚和一贯的思想能够意指"哲学"，另一方面，哲学却只关注最重要的认识，首先是那种关于自然及其发展的认识。哲学将尝试"从人类认识的普遍材料中得出一个整体，在此整体中光和秩序占据统治地位"。② 施内德尔斯(W. Schneiders)撰

文献指引：
H. LÜThje：Ch. Wolffs Ph.-Begriff. Kantstudien 30(1925).-J. Ecole：La conception wolffienne de la philos. d'après le ‹Discursus praelim. de ph. ain genere›. Filosofia oggi 4(1978).-W. Schneiders：Deus est philosophus absolute summus，in：W. Schneiders(Hg.)：Stud. zum 18. Jh. 4：Ch. Wolff 1679—1754(1983，21986)；Zwischen Welt und Weisheit. Studia leibn. 15(1983)；Der Ph.-Begriff des philos. Zeitalters，in：R. Vierhaus(Hg.)：Wiss. en im Zeitalter der Aufkl. (1985)；Akad. Weltweisheit，in：G. Sauder/J. Schlobach(Hg.)：Aufklärungen. Frankreich und Deutschland im 18. Jh. 1(1986).

(五) 从康德到20世纪初

1. 18世纪中叶，一切都有可能称为"哲学"：从农业哲学，经历史哲学，到线杆哲学(Ph. des Spinnrockens)。③ 这导致了其

---

① J. G. H. FEDER：Grundriß der philos. Wiss. en(1767，21769)48.
② Logik und Metaphysik(1769，41774)14.
③ Vgl. U. DIERSE：Die nützliche Wahrheit. Begriffe und Motive der «philosophes». Arch. Begriffsgesch. 26(1982)193—210，bes. 204.

反面:哲学是关于所有可能之物的科学。这就是沃尔夫(Ch. Wolff)的说法——Philosophia est scientia possibilium, quatenus esse possunt[哲学就是关于可能存在的可能之物的科学]①——也是百科全书派的说法:哲学是“关于作为可能之物的可能之物的科学”。② 更进一步的发展以经验为标志:哲学仅作为可能之物的科学——一旦只用形而上学概念将可能之物解释为可思之物(不矛盾之物)——变得不具有现实性(与世脱离);并且,哲学因此似乎不再可能是关于现实之物的科学,相反,日益变成了与哲学分离并脱离了哲学的近代的现实性之科学(Wirklichkeitswissenschaften)——精确的自然科学,作为对这种正在兴起的精神科学和社会科学的回应,如此一来,通过这些“实证”科学,哲学面临着变得多余之危险。通过如此给哲学“强加的针对其本身之多余性的斗争”,③哲学从 1781 年以来却同时发现了——这是出于形式主义和狂热——哲学新的核心任务:在康德那里,是对理性的“批判”(参 2.);在更进一步的德国观念论中,是对神学因作为绝对科学的哲学而失效的补偿课程(参 3.);在意识形态批判中,是由哲学导致的对哲学的失望(参 4.);在实证主义、新康德主义和相关发展中,是哲学对科学之科学(Wissenschaftswissenschaft)的觉醒(参 5.);最后,哲学对拯救哲学讨论负有义务,以便消除难题和“生命之谜”,通过生命哲学和解释学,通过正在开启的现象学和心理分析(参 6.)。

2. 限制:哲学作为批判。——康德(I. Kant)批判了学院派的概念形而上学的现实性的丧失,首先通过拒绝其将数学方法

---

① CH. WOLFF: Philosophia sive Logica, praemittitur discursus praelim. de ph. a in genere(1728) § 29. Ges. Werke, hg. J. ECOLE u. a. II/1(1983)13.

② Art. ‹Philosophie›, in: Encyclopédie...(Neufchastel 1765)12, 512.

③ H. PLESSNER: Die verspätete Nation(1935, 1959). Ges. Schr. 6 (1982)169.

用于哲学:数学——不同于哲学——通过"建构"其概念来产生其对象,①而人们在哲学中"必须有事情本身摆在眼前"。② 哲学需要——为了不与世隔绝——现实关联从属于其先验概念:范畴和理念,或者更准确地说,原理。所以,康德的核心又普遍的哲学定义,仍然有显著的传统特点:"哲学从而就是哲学认识或出自概念的理性认识之体系。这是关于此科学的学院概念。按照世界概念,哲学是关于人类理性的最终目的的科学。"③然而,康德的关切是一场"哲学思维方式的革命";④因为,他想要"以一种持久方式……给予哲学一种……更为有利的转变",通过"先验哲学……,后者原本就是一种对纯粹理性的批判"。⑤ 哲学变成了批判,作为对具有先验或不依赖于经验的概念的现实性含义的检验:这些概念作为科学经验的"可能性之条件"是合法的——"哲学……从而无关乎出于经验之物"⑥——或出于道德行动之物——"哲学就是为理性立法"⑦——或为必然判断立法,以判断合乎目的之物:美的事物和有生命之物⑧或宗教事物;⑨因为,说到底,"先天概念的应用有多广泛,哲学……才能走多远",⑩只有作为人类的现实化所必需的概念,才具有合法性:哲学作为

① I. KANT: Unters. über die Deutlichkeit der Grundsätze der natürl. Theologie und der Moral(1764). Akad.-A. 2, 276ff.; KrV B 741, vgl. 740ff.; Op. post. (1796ff.). Akad.-A. 21, 136 u. ö.

② Unters. ..., a. O. 279.

③ Logik(1800). Akad.-A. 9, 23; vgl. KrV B 865ff.

④ KrV B XIII.

⑤ Br. an M. Herz(undat. 1773). Akad.-A. 10, 144f.

⑥ Op. post., a. O. 21, 8.

⑦ Nachlaß, a. O. 16, 69; vgl. KrV B 868.

⑧ KU(1790). Akad.-A. 5, 165ff.

⑨ Die Religion innerhalb der Grenzen der bloßen Vernunft(1793).

⑩ KU(1790). Akad.-A. 5, 174.

先验哲学的批判,是"无实用价值的实用主义——一种自由的实用主义"。[1] 在此意义上,哲学回答的问题是:"1. 我能知道什么? 2. 我应当做什么? 3. 我可以希望什么?"[2]也就是说,一言以蔽之:"人是什么?"[3]其目的是人类的自我认识和自我规定,因为,"全部哲学就是:1. 自知(Autognosie),2. 自主(Autonomie),科学与智慧",[4]或者,更准确地说,"形式哲学就是逻辑学,质料哲学则是……物理学"或"伦理学",或者更准确地说——作为"纯粹哲学"——"自然形而上学"或"道德形而上学"。[5] 所以,"哲学……就是一种认识活动,其产品……目的不啻是科学……,还是……智慧":[6]作为"通向智慧之路"。[7] 晚期康德越来越倾向于从智慧出发来规定哲学:"代替贤人的是有智慧之人,代替科学的是哲学(Statt Sophus Weiser die Wissenschaft Ph)。"[8]"哲学按字面[就是]爱智慧",[9]因此,就是"有理性的生命爱人类理性的最高目的"。[10] "哲学(doctrina sapientiae[关于智慧的学说])并非一种关于人类所必须作为之事的技艺,而是一种关于人类由其本身出发所当为之事的技艺(sapere aude[你要敢于品尝])。"[11]与此同时,哲学"要么应将其理解为一种哲思习惯,要么应将其理解为一项事

---

① O. MARQUARD: Transzendentaler Idealismus, romant. Natur-Ph., Psychoanalyse(1987)86.

② KANT: KrV B 833; vgl. Logik. Akad.-A. 25.

③ Logik, a. O.

④ Op. post., a. O. 21, 106.

⑤ Grundleg. zur Metaph. der Sitten(1785), a. O. 4, 387f.

⑥ Op. post., a. O. 21, 7.

⑦ Nachlaß, a. O. 16, 70.

⑧ Op. post., a. O. 21, 130.

⑨ a. O. 119.

⑩ 120.

⑪ 117.

业”,[1]或者更准确地说“理解为学说体系”;[2]但是:人“绝不可能……学会哲学……,而……只能学会哲思”;[3]因为,“哲学是一种天才杰作”。[4] 康德对哲学作出限制:从概念形而上学出发——它已然在同时代消除了属于“科学的生活方式”[5]的传统哲学——在康德那里,哲学变成了对理性的批判,这种批判使得纯粹理性仅仅使科学得以可能和使智慧得以可能。作为批判,哲学就是“知识学”(Wissenslehre)[6]加“智慧研究”。[7]

结果,哲学被——与康德相关联或与康德的做法类似——理解为纯粹的理性科学,哲学就是批判,或作为批判,就是纯粹的理性科学。将哲学规定为纯粹的理性科学的人,例如,雅可比(K. L. Jakob)——哲学就是“由概念构成的理性科学”[8]——还有弗里斯(J. F. Fries)——哲学就是“由纯粹概念构成的理性科学”[9]——还有巴尔迪里(C. G. Bardili)——哲学就是“第一逻辑学”[10]——还有布特维克(F. Bouterwek)——哲学就是“必然论证”(Apodiktik)。[11] 将哲学极端化为批判的人,在康德之后,首先是莱茵霍尔德(K. L. Reinhold)——哲学作为“基础哲学……就是所有特殊的哲学科学

---

① 80.

② 141.

③ KrV B 865.

④ Op. post. Akad.-A. 21, 140; vgl. dagegen: KU § 47, a. O. 5, 308ff.

⑤ Von einem neuerdings erhobenen vornehmen Ton in der Ph. (1796), a. O. 8, 389.

⑥ Verkündigung des nahen Abschlusses eines Traktats zum ewigen Frieden in der Ph. (1796), a. O. 8, 420.

⑦ a. O. 417.

⑧ K. L. JAKOB: Grundriß der allg. Logik(1788)6.

⑨ J. F. FRIES: System der Logik(1811)326.

⑩ C. G. BARDILI: Grundriß der ersten Logik(1800)I.

⑪ F. BOUTERWEK: Idee einer Apodiktik, ein Beitrag zur menschl. Selbstverständigung(1799).

的共同原理”①——还有迈蒙(S. Maimon)——“若无哲学就绝不可能有科学,因为,哲学完全先天地规定了某种科学的形式”②——还有贝克(S. Beck)——哲学作为“先验哲学……是一种自我理解的技艺”③——还有克鲁格(W. T. Krug)——“哲学就是……关于我们精神的总体活动的原初合法性或我之原初形式的科学”④——还有赫尔巴特(J. F. Herbart):哲学的任务就是“重视基础,让基础经受最尖锐的批判,看它们是否真的适宜于支撑起一座知识大厦”。⑤ 这在很大程度上并且全然意味着:尽管迈蒙在 1798 年还发现“值得注意”的是,“在哥尼斯堡哲人发动的哲学革命之后”,他的哲学后继者“至今一次也未能就哲学概念彼此达成同意”,⑥然而,康德的哲学定义——作为纯粹理性的科学,但首先作为批判——似乎不可逆转地获得了成功。

3. 苛求:哲学作为绝对科学。——与实证科学的进步同时,神学的关键地位成为难题。为此,情况——期间给哲学“强加的针对其本身之多余性的斗争”⑦——恰恰在“迟到的民族国家”(verspäteten Nation)德国,因在文化上寻求对政治上尚未发展的自由的补偿,⑧哲学不可抗拒地按照要求进入了部

---

① K. L. REINHOLD: Über das Fundament des philos. Wissens(1791) XIV.

② S. MAIMON: Versuch einer neuen Logik oder Theorie des Denkens (1794). Ges. Werke, hg. V. VERRA 5(1970)19.

③ S. BECK: Einzig mögl. Standpunkt, aus welchem die krit. Ph. beurteilt werden muß(1796)137ff.

④ W. T. KRUG: Fundamental-Ph. oder urwissenschaftl. Grundlehre (1803)295.

⑤ J. F. HERBART: Einl. in die Ph. (1813)I. 2.

⑥ MAIMON: Pragmat. Gesch. des Begriffs von Ph., und Beurteilung der neuern Methode zu philosophieren(1797), a. O. [34] 7, 374.

⑦ PLESSNER, a. O. [4 zu 1.].

⑧ a. O. 82ff.

分由神学腾出的文化基础位置：与此同时，在康德之后的德国观念论中，哲学最终——对其自身过分要求——变成了绝对科学。

此情形，在费希特(J. G. Fichte)那里，始于对哲学这一术语的拒绝："我们在我们方面长久以来已然为这个名称[也就是哲学]付出了代价，而科学原本有合适的任务"——而"哲学……为所有经验规定根据"①——"需要解决，被称为科学学说"。② 哲学作为科学学说是"关于某一门科学本身的科学"。③ 哲学对待我和世界，并不如其"被给予"(gegeben)的那样，而是如其——按照一种必然的事实活动的结果——出现(entstehen)的那样："这种向哲人呈现的直观，是对行为实施过程中的其自身的直观，由此过程这个我(das Ich)出现在他面前，我们称此直观为理智直观。"④谁对哲学作为理智直观——"出于懒惰"——表示拒绝，他就仍然是教条主义者；谁将哲学——出于改进世界的意愿——作为任务来接纳，他就是观念论者："人选择哪种哲学，因而取决于他是哪种人。"⑤科学学说通过"理智直观"，将"事实活动"，我(Ich)"不自觉"已完成之事理解为理论哲学，将其还必须自觉完成之事理解为实践哲学，以实现"达到完美辩护和神圣化高度"之"时代"。⑥ 因此，

① J. G. FICHTE: Erste Einl. in die Wiss. lehre(1797). Akad. - A. I/4, 186.

② a. O. 187.

③ Über den Begriff der Wiss. lehre oder der sog. Ph. (1794), a. O. I/2, 118.

④ Zweite Einl. in die Wiss. lehre(1797), a. O. I/4, 216.

⑤ a. O. [3] 195; vgl. F. W. J. SCHELLING: Philos. Briefe über Dogmatismus und Kritizismus(1795). Sämmtl. Werke, hg. K. F. A. SCHELLING (1859—61)[SW] I/1, 308.

⑥ Grundzüge des gegenwärt. Zeitalters(1806). Sämmtl. Werke, hg. I. H. FICHTE(1845/46)7, 12.

"哲学……就是认识,看得见自身生成(*werden*)的认识,发生学的(*genetische*)认识",①所以:"科学学说应当就是一部人类精神的实用史。"②晚期费希特,将作为我之历史的哲学,与上帝学说结合起来,对于他而言,哲学理解世界,"就像上帝必定如此理解世界那样",③最终他将哲学描述为"达成哲学的工具的最真切的本质,拥有对感觉的感觉"。④ 从而,哲学的目标是对"普遍意识"忘记了的我之先验历史的理智直观,它如此以隐秘方式来实行"美的艺术"以公开方式所实行之事:"它使先验观点达到普遍。"⑤因此,这种哲学能够应用于美学;从而——通过歌德(J. W. Goethe)和席勒(F. Schiller)的哲学相关理念的激发——费希特派诺瓦利斯(Novalis)能够这样说话:"诗就是哲学的主角。哲学将诗擢升为原则。"⑥

哲学概念的这种美学转向,在谢林(F. W. J. Schelling)那里达到了顶点:"本真感觉,这种哲学必须以其来理解的本真感觉,从而就是美感,也同样因为如此,艺术哲学就是真正的哲学工具",⑦而"艺术是唯一真实永恒的……对哲学的记录"。⑧ 与此同时,费希特的开端得到坚持和拓展:"哲学最高贵的尊严恰在于,它期待关于人类自由的一切内容。"⑨"哲学

① Die Staatslehre(1813), a. O. 4, 379.

② Grundlage der ges. Wiss. lehre(1794). Akad. -A. I/2 365.

③ Über das Wesen des Gelehrten(1805), a. O. [8] 6, 392.

④ Über das Verhältniß der Logik zur Ph. oder transc. Logik(1812). Nachgel. Werke, hg. I. H. FICHTE(1834/35)1, 137.

⑤ System der Sittenlehre(1798). Akad. -A. I/5, 307.

⑥ NOVALIS: Vorarbeiten zu verschied. Frg. sammlungen(1798). Schr., hg. P. KLUCKHOHN/R. SAMUEL(31977ff.)2, 590; Das allg. Brouillon(1798/99), a. O. 3, 434.

⑦ SCHELLING: System des transz. Idealismus(1800). SW, a. O. [7] I/3, 351.

⑧ a. O. 627.

⑨ Philos. Br. ... SW I/1, 306.

变成了发生学性质的,”[1]它具有“历史倾向”;[2]因为,哲学“建构”出——“失能”(depotenziert)为自然哲学——“发展”[3]、“演化”、[4]“自然史”[5]和——“赋能”(potenziert)为先验哲学——“我们精神的历史”。[6]“哲学从而是一种自我意识的历史”,[7]是对其“先验过往”的回忆:[8]“哲学……对于这个我而言,无非就是一种病史,是对其普遍(其前个体的)存在之所为和所遭受的回忆。”[9]“我们所认为的科学,只是对再次获知的追求……;由此根据出发……才能授予其哲学之名称。”[10]这就是历史化的柏拉图主义:“哲学开启了……理念王国”,[11]并且变成了“体系”,期间哲学战胜“混乱”(Asystasie),[12]就像上帝于其自身之中战胜了“黑暗的根据”,也就是混沌。[13]“没有出自绝对立场的哲学”;[14]但“就其整体性而言的哲学真正的客观性只是艺术”,[15]“因为,审美直观……是客观形成的理智直观”,[16]不是习得的,也不可能习得:[17]它

---

① Ideen zu einer Ph. der Natur(1797). SW I/2, 39.

② Zur Gesch. der neueren Ph. (1827). SW I/10, 94.

③ Erster Entwurf eines Systems der Natur-Ph. (1799). SW I/3, 13.

④ Einl. zu dem Entwurf eines Systems der Natur-Ph. (1799). SW I/3, 287.

⑤ a. O. [20] 68.

⑥ Abh. zur Erläuterung des Idealismus der Wiss. lehre(1796/97). SW I/1, 383; vgl. 382.

⑦ a. O. [15] 399; vgl. 331. 398.

⑧ a. O. [19] 93.

⑨ a. O. 95.

⑩ Die Weltalter(1813). SW I/8, 201.

⑪ Vorles. über die Methode des akad. Studiums(1803). SW I/5, 275.

⑫ Erlanger Vorträge(1821—25). SW I/9, 209ff.

⑬ Philos. Unters. über das Wesen der menschl. Freiheit(1809). SW I/7, 357ff.

⑭ Darst. meines Systems der Ph. (1801). SW I/4, 115.

⑮ a. O. [28] 284.

⑯ a. O. [15] 625; vgl. 627.

⑰ Vgl. Fernere Darst. aus dem System der Ph. (1802). SW I/4, 351ff.

是天才之事务。"这就是哲学的开端,尚未达于此者……,还差得很远":[1]"哲学本质上必然是隐秘的,也无需保密,相反应任其自然。"[2]

黑格尔(G. W. F. Hegel)对这种隐秘的"哲思"提出异议,"它自认为超越了概念,且由于缺乏概念而自认为是一种直观和诗化的思维"[3]:"哲学……必须避免想要愉悦人",[4]并且准备好"致力于概念"[5];"对于所有人而言都"可学的"科学",必须有"目标,能够摆脱其爱知识之名,而成为现实的知识",[6]在这件事情上,"知识只有作为科学或体系才具有现实性",[7]或者更准确地说,作为"百科辞典"。[8] 与此同时,哲学——作为"有思想的观察"[9]——"对于健康的人类理智而言",是一个"颠倒的世界",[10]因为,哲学以"理念或绝对之物"为目标:哲学是"关于绝对之物本身的科学",[11]"关于万物之绝对根据的科学";[12]从而,哲学"与艺术和宗教一道拥有同样的内容",采用

---

① a. O. 361.

② Bruno(1802). SW I/4, 232.

③ G. W. F. HEGEL: Phänomenol. des Geistes. Akad.-A. 9(1980)47; vgl. W. SCHNEIDERS: Vom Welt weisen zum Gottverdammten. Über Hegel und sein Ph.-Verständnis, in: CH. JAMME/G. KURZ(Hg.): Idealismus und Aufkl. (1988)201—216.

④ a. O. 14.

⑤ 41.

⑥ 11.

⑦ 21.

⑧ Encyclopädie der philos. Wiss. en(1817, 21828). Jub. ausg., hg. H. GLOCKNER(1927—40)8—10(System der Ph. 1—3).

⑨ a. O. 8, 42.

⑩ Über das Wesen der philos. Kritik(1802). Akad.-A. 4, 125.

⑪ a. O. [42] 8, 60.

⑫ Texte zur philos. Propädeutik(1808ff.). Logik für die Unterklasse (1809/10). Fünf Manuskript-Frg., in: Nürnberger Schr., hg. J. HOFFMEISTER (1938); vgl. auch: F. NICOLIN: Hegels Propädeut. Logik für die Unterklasse des Gymnasiums. Hegel-Stud. 3(1965)9—38, zit. 10.

"概念"方式,[1]并且"将上帝认作……最终目的"。[2] 所以,哲学"致力于真理,就是延续对上帝的崇拜",[3]哲学是"生命的星期天"。[4] 与此同时,哲学——在体系之中,真理不是开端,而是整全[5]——通过否定之否定的"辩证法",[6]"按照其永恒、必然的发展……来观察精神概念",[7]也就是说,历史性地领会绝对之物:在"逻辑学"、"自然哲学"和"精神哲学"中,[8]哲学必须同时接纳"世界历史之巨大任务",[9]因为,哲学的目标不是不需要中介;[10]为此,在黑格尔那里,哲学属于关于绝对之物的绝对科学,这种科学"以思辨方式"将哲学发展为体系史,也发展为历史哲学[11]和哲学史[12]以及对历史当下的哲学一瞥,如此一来,"哲学,因其是对理性之物的探究,也从而成为对当前之物和现实之物的领会":[13]"哲学[是]在通过思想来领会其时间。"[14]"一分为二是哲学需要之源泉。"[15]哲学"……由其时代……出发;……以便……获得整体性,时间撕裂了整体性";[16]就此而言,"哲学的任务就

---

① Wiss. der Logik(1812/16). Akad.-A. 12, 236.

② Solgers nachgel. Schr. und Br. wechsel(1828). Jub. ausg. 20, 169.

③ Vorles. über die Ästhetik(1818ff.). Jub. ausg. 12, 148.

④ Rede zum Antritt des philos. Lehramtes an der Univ. Berlin(Einl. der Vorles. über die Enzyklopädie der philos. Wiss. en), 22. Okt. 1818, in: Berliner Schr. 1818—1831, hg. J. HOFFMEISTER(1956)3—21, zit. 16.

⑤ a. O. [37] 19.

⑥ a. O. 60; vgl. a. O. [42] 8, 189ff.

⑦ Frg. zur Ph. des Geistes, in: F. NICOLIN: Ein Hegelsches Frg. zur Ph. des Geistes. Hegel-Stud. 1(1961)9—48, zit. 25.

⑧ a. O. [42] 8, 64ff.

⑨ a. O. [37] 25.

⑩ a. O.

⑪ Vorles. über die Ph. der Geschichte(1822ff). Jub. ausg. 11.

⑫ Vorles. über die Gesch. der Ph. (1805ff.). Jub. ausg. 17—19.

⑬ Grundlinien der Ph. des Rechts(1821). Jub. ausg. 7, 32.

⑭ a. O. 35.

⑮ Differenz des Fichte'schen und Schelling'schen Systems der Ph. (1801). Akad.-A. 4, 12.

⑯ a. O. 80f.

是扬弃对象”,[1]并且——作为“名副其实的神正论”[2]——通过“认识”将“和平”与现实性关联起来。[3] “领会这个什么是(das *was ist*),这是哲学的任务,因为,这个什么是(das *was ist*),就是理性。”[4]对于“教诲世界当如何……,……哲学总是……为时过晚。作为关于世界的思想,哲学在时代中出现,是在现实性完成其建构过程和结束之后。……;密涅瓦的猫头鹰在黄昏降临时分才起飞(die Eule der Minerva beginnt erst mit der einbrechenden Dämmerung ihren Flug)”。[5]

所以,哲学只是 post festum[在节日之后]才到来:晚期谢林(Schelling)[6]和马克思(K. Marx)如此批判。[7] 但在此批判造成结果之前,首先碰到的尝试是,通过将“辩证法”解释为肉身的对话艺术,温和地接纳黑格尔“辩证法”的做法:在晚期谢林[8]和施莱尔马赫(F. D. E. Schleiermacher)那里。[9] 与黑格尔不同,以前克劳斯(K. Ch. F. Krause)已经打算将费希特与谢林的开端联系起来,并通过作为“本质学说”[10]和“协会科学”(Vereinwissenschaft)[11]加以克服。谢林的开端,按照费希特——哲学应当“提供一种最可信的……对世界关联和事物等级划分的摹本,通过‘追思’来接近原型,就像在造物主的精神构思中那样”[12]——

---

① a. O. [49] 88.

② a. O. [58] 19, 684.

③ a. O. [59] 36.

④ a. O. 35.

⑤ 36f.

⑥ SCHELLING: Ph. der Offenbarung(1841ff). SW II/3, 91.

⑦ K. MARX: Die heilige Familie 6(1845). MEW 2, 90f.

⑧ SCHELLING, a. O. [27] 201f.

⑨ Vgl. F. D. E. SCHLEIERMACHER: Dialektik(1811ff), hg. R. ODEBRECHT(1942)5.

⑩ K. CH. F. KRAUSE: Vorles. über das System der Ph. (1828)27.

⑪ a. O. 467.

⑫ I. H. FICHTE: Psychologie 1(1864)XXIX.

和魏斯(Ch. H. Weisses)——“哲学是……提出难题的艺术,这些难题……不会落于哲学意识之外,正如……科学……,就是要解决这种外在于哲学的意识”[1]——的思辨有神论,得到推进和调整,正如黑格尔的开端在黑格尔右派罗森克兰茨(K. Rosenkranz)那里的情形——哲学“作为普遍科学……将其他所有处于其下的科学结合为一体,并且作为最高的科学引领其他所有科学,将其引向完善”[2]——还有费舍尔(K. Fischer):哲学是“人类精神的自我认识”。[3] 黑格尔在法国、英国、意大利的接受者也作出了类似的定义:库热(V. Cousin)将“哲学”理解为“大规模的反思”,[4]麦克塔加特(J. E. Mctaggart)循斯特林(J. H. Stirling)的足迹,[5]将哲学规定为“对真实性之终极本质的系统研究”,[6]克罗齐(B. Croce)与黑格尔的“泛逻辑主义”(Panlogismus)唱对台戏[7]——在一种晚期老黑格尔主义和早期新黑格尔主义的意义上,将哲学的本质描述为“精神哲学”。[8] 然而,这些谨慎调适,针对让哲学成为绝对科学的要求,面对“19 世纪思想的革命性断裂”,[9]却未能保护哲学,充其量,只是推迟了对哲学的绝对苛求在如今所造成的结果:失望。

4. 失望:哲学作为意识形态批判。——哲学作为绝对科

---

① CH. H. WEISSE: Grundzüge der Metaph. (1835)20.

② K. ROSENKRANZ: Wiss. der log. Idee 1(1858)29.

③ K. FISCHER: Gesch. der neuern Ph. 1(1852, 21865)10.

④ V. COUSIN: Cours de l'hist. de la philos. 1(1841)20.

⑤ J. H. STIRLING: The Secret of Hegel(Edinburgh 1865, 21898).

⑥ J. E. MCTAGGART: An ontological Idealism, in: J. H. MUIRHEAD (Hg.): Contemp. Brit. Philos. 1(London/New York 1924)251; vgl. Studies in the Hegelian dialectic(Cambridge 1896, 21922, ND New York 1964).

⑦ B. CROCE: Lebendiges und Totes in Hegels Ph. [1906](1909)164.

⑧ Ästhetik als Wiss. vom Ausdruck und allg. Sprachwiss. (1902). Ges. Philos. Schr. I/1(1920)LV.

⑨ K. LÖWITH: Von Hegel zu Nietzsche. Der revolutionäre Bruch im Denken des 19. Jh. (1939).

学,随即为哲学作为哲学所导致的绝对失望所取代,这就是发生在德国的情形:因为,“迟到的民族国家”(verspätete Nation)匮乏真正的政治自由,这由对文化的指望①和——因神学之困难——对绝对的文化即哲学的绝对指望而得到补偿,随后的进步故而变得可信:这种对哲学的绝对指望——在德国观念论中达到顶峰,而且对哲学提出过分要求——只会让哲学失望,因为,如今一切指望都系于哲学。所以,哲学仍然——以其“针对其本身之多余性的斗争”②——首先还会导致哲学本身对哲学的失望:作为意识形态批判。

成功系于:通过作为意识形态批判的哲学,要么,与不充分绝对的哲学对立,有一种充分的完全另类的哲学,要么,与绝对哲学对立,有——决定或否定哲学的——真正的现实性。

故而,要么,与不充分绝对的哲学对立,有一种充分的完全另类的哲学。这就是发生在晚期谢林和孔德(A. Comte)那里的情形,他们让一种“肯定哲学”(positive Ph.)或“实证哲学”(Philosophie positive),与“否定哲学”或“否定的”(解构性的)“形而上学”对立。“否定哲学”——晚期谢林写道——是“否定性的……,因为,它只关涉可能性(这个什么[das Was]),因为,它认识的一切,好像与纯思中的所有实在无关……相反,后者是肯定性的;因为,它是由实在出发的”:③“肯定哲学”不仅要求——“以辩证方式”④——可能的上帝,还要求——“以历史方式”⑤——现实的上帝,“祂本身作为一个事实,有可

---

① PLESSNER, a. O. [4 zu 1.] 134ff.
② a. O. 169.
③ SCHELLING: Ph. der Mythologie(1842ff.). SW II/1, 563.
④ a. O. 321ff.
⑤ 571.

能面对背离之事实”。[①] 而孔德，将哲学定义为“人类观念之普遍体系”，[②]称充分的哲学为“实证哲学”，因为，“实证这个词……指示了真正的现代哲学的一个显著属性……，不是去摧毁，而是去组织”：[③]针对“形而上学之国”[④]中的“否定学派”，[⑤]它将“实证精神”授予“实证哲学”：最终，将“共同意识”和“肯定”科学授予了“社会学”，靠的是它的“预见”（voir pour prevoir）能力。[⑥] 作为关于实证的上帝或实证科学的哲学，变成了实证哲学。与此相关的还有叔本华（A. Schopenhauer），他通过哲学将“意志”作为“表象世界”的策划者（Inszenierer），因为，“哲学[是]最普遍的认识”，也就是说，“必然是世界整体之抽象本质的一个表达”。[⑦] 他捍卫这种“作为自由的真理研究的哲学”，[⑧]反对一种否定哲学：“大学哲学”，[⑨]他也称其为“讲台哲学”。[⑩] 与此相对，“纯粹的哲学……是为了满足那种高贵的要求，我称其为形而上学的要求，在任何时代，这种要求都让人类感到真挚而又鲜活”。[⑪] 按照纯粹哲学的旨趣，他建议与那种“奇异和无价值的哲学定义决裂，这种哲学定义甚至仍然是由康德所给出的……，这种哲学的定义就是出于纯粹概念的一种哲学”；因为，“一种真正的哲学不可能由纯粹、抽象的概念编织而成，而必须以观察和经验为根据……它必

---

① 566.

② A. COMTE：Cours de philos. positive（1830ff.，51907）1，XIII.

③ Discours sur l'esprit positif（1844），hg. I. FETSCHER（1956）86.

④ a. O. 140.

⑤ 16.

⑥ 34.

⑦ A. SCHOPENHAUER：Die Welt als Wille und Vorstellung I（1819）. Sämtl. Werke，hg. A. HÜBSCHER（21946—50）[SW] 2，98.

⑧ Über die Universitäts-Ph. Parerga und Paralip. 1（1851）. SW 5，149.

⑨ a. O. 150ff.

⑩ 149. 153f. u. a.

⑪ 158.

定就像艺术和诗一样,在直观理解中有其来源"。[1] 此外:不同于哲学,"历史缺乏……与所知之物的从属关系,而是与所知之物具有纯粹的并列关系";[2]布克哈特(J. Burckhardt)接受了这一点——"历史,也就是说,并列关系,非哲学(Nicht.-Ph.),而哲学,也就是说,从属关系,非历史(Nichtgeschichte)"[3]——他(自我理解为非哲人,尽管如此)完全准确地知道什么是哲学:有一种哲学概念史,属于那些断然认为自己是非哲人的人;可惜这种哲学概念史尚未写成。

此外,哲学——对绝对哲学感到失望,并且导致对哲学地位的失望——以真正的现实性的名义,走上了自我扬弃之路,并且——如埃申迈耶(A. C. A. Eschenmayer)当初所谓——"哲学过渡到了非哲学",此间,"哲学的最后一步",从而就成为"走向非哲学的第一步"。[4] 这一进程揭开并且助长了哲学向人类学的反思辨的转折,此转折的发生采取了反神学或神学的方式。费尔巴哈(L. Feuerbach)采取反神学方式以寻求——他"将哲学理解为一场决定性的、普遍的出于自我失望的行动",[5]哲学由此"摧毁了哲学与神学迄今为止的不当婚姻"[6]——"新的"、"人性化的哲学"。[7] "哲学是对什么是(was ist)的认识。"[8]"哲学从而必须

---

① Parerga und Paralip. II. SW 6, 9; Die Welt als Wille und Vorst. II (1844). SW 3, 199—204.

② Die Welt... II, a. O. 502.

③ J. BURCKHARDT: Weltgeschichtl. Betrachtungen (1868). Ges. Werke 4, hg. J. OERI(Basel 1978)2.

④ A. C. A. ESCHENMAYER: Die Ph. in ihrem Übergang zur Nicht-Ph. (1803)29.

⑤ L. FEUERBACH: Vorläufige Thesen zur Reform der Ph. (1842). Sämtl. Werke, hg. W. BOLIN/F. JODL(1903—1911)[SW] 2, 241f.

⑥ a. O. 244.

⑦ Zur Beurteilung der Schrift ‹Das Wesen des Christentums› (1842). SW 7, 274f.

⑧ a. O. [21] 232.

不可由其自身开始，而必须由其反题开始，由非哲学开始。”①为此，支撑“新哲学……是爱的真理（Wahrheit der Liebe）”，②并且“新哲学就是开诚布公的感性哲学”。③ “新哲学完全、绝对、无矛盾地将神学化为了人类学。”④“哲学本身必须”因此“重新与自然科学结合，自然科学重新与哲学结合”，⑤如此一来：“新哲学将人类，连同作为人类之基础的自然，变成了哲学唯一、普遍和最高的对象——从而，将人类学，连同心理学，变成了普遍科学。”⑥与之相对，传统哲学是人类逃避其人性。反过来亦可见：传统——思辨——哲学是人类逃避上帝。因此，人类学同时以神学方式表现为对哲学的否定，所以，在海因洛特（J. Ch. A. Heinroth）那里：因为，“哲学不是科学，科学教我们认识至高无上的”——真实的上帝，⑦从而：“一方必须取消，要么是和解学说，要么是哲学；因为，两者构成一种极端的矛盾”；所以，即将出现“致命一击的哲学”，而“操纵杆，最适用于此间的操纵杆……，［是］人类学”。⑧ 基尔克果（S. Kierkegaard）将此推向了极端：“在希腊，毕竟如在哲学青年时代，困难在于获得抽象，在于抛弃实在……；反过来，如今困难在于达到实在。”⑨因此，基尔克果实施的“运动……是从哲学、体系走向单纯，也就是存在”，这“本质上等于［是］由

① a. O. 235.
② Grundsätze der Ph. der Zukunft（1843）. SW 2，299.
③ a. O. 300.
④ 315.
⑤ a. O. ［21］2，244.
⑥ a. O. ［26］317.
⑦ J. CH. A. HEINROTH：Lehrb. der Anthropologie（1822，21831）511.
⑧ a. O. 518.
⑨ S. KIERKEGAARD：Abschließende Unwissenschaftl. Nachschr. zu den philos. Brocken（1846）. Ges. Werke，hg. E. HIRSCH（1950—69）［GW］16/2，34.

诗人走向宗教生存”,[①]从而,道路是由“罪:作诗”——或者更准确地说,思辨——“取代去存在”,[②]一直通向存在于“上帝面前”的“个体”,哲学通过“体系”和作为“思辨,一再遗忘了”上帝。[③] 这种宗教性生存对哲学的否定——以“哲学难题”及其“非科学附言”方式——本身就是哲学,因为,它认识到,“哲思并非意指,以幻想方式谈论幻想的有生命之物,而是能够生存的生命得到谈论”:[④]从而,哲学变成了“对修行和复兴基督教的心理学解释”,[⑤]“对内在潜能的心理学研究”,[⑥]“宗教著作家”的“生存宣告”。[⑦] 这种哲学否定哲学,出于宗教理由,以末世论的现实性上帝之名义。与此同时,它否定哲学,也是出于反宗教的理由,以末世论的现实性革命之名义,马克思的哲学就是如此,对于他而言,哲学就是“批判”,它争取的是“哲学的实现”:[⑧]世界哲学化的“结果,就是哲学的世界化,哲学的实现同时也就是它的丧失”。[⑨] 在此过程中,“哲学把无产阶级当作它的物质武器,……无产阶级也把哲学当作它的精神武器”。[⑩] “哲学家们只是用不同的方式解释世界;问题在于改变世界”,[⑪]目的是“人的解放。这个解放的头脑是哲学,它的心脏是无产阶级。哲

---

① Der Gesichtspunkt für meine Wirksamkeit als Schriftsteller(1851). GW 33, 115.

② Die Krankheit zum Tode(1849). GW 24/25, 75.

③ a. O. [33] 16/1, 195.

④ a. O. 114.

⑤ Die Krankheit zum Tode(1849), a. O. [35] Untertitel.

⑥ a. O. 77.

⑦ a. O. [34] 28.

⑧ MARX: Aus der Doktordiss. (1840). Die Frühschr., hg. S. LANDSHUT(1953)16f.

⑨ a. O. 17.

⑩ Zur Kritik der Hegeischen Rechts-Ph., Einl. (1844). MEW 1, 391.

⑪ Thesen über Feuerbach 11(1845), a. O. [41] 341.

学不消灭无产阶级,就不能成为现实;无产阶级不把哲学变成现实,就不可能消灭自己",[1]并且,"若不能实现哲学,就不能扬弃哲学","若不能扬弃哲学,也就[不]能实现哲学"。[2]

所有这种由绝对哲学所导致的意识形态批判对哲学的失望——一方面(从末世论出发)以救赎的上帝之名义,另一方面(从末世论出发)以革命的人类之名义——最终,由一种反末世论意义之名义的绝对哲学所导致的对哲学的失望所补充:这就是权力意志的本质。其发明者是尼采(F. Nietzsche):对于他而言,哲学就是"所有科学中最真实的科学",[3]"猜疑的艺术":[4]"有多少猜疑,就有多少哲学",[5]然而,只有当哲学成为"在禁地漫游",[6]以便通过迄今为止的思想来思考禁忌,将"猜疑引向顶点,并敢于说出这句话:所有哲思,迄今为止完全无关乎'真理',而是别有关切,关切我们所谓健康、未来、生长、权力、生命……"。[7] "任何艺术,任何哲学,都应当作助益成长或衰落的生命的手段:它们总是以受难和受难者为前提。然而,有两种受难者,一种是因生命之充盈而受难者,他们想要一种狄奥尼索斯式的艺术,还有一种悲剧性的洞见和对生命的展望——然后是一种因生命之贫困而受难者,……他们渴望艺术和哲学的麻醉状态。"[8]强者的哲学揭示"虚无主义",

---

① a. O. [43].

② a. O. 384.

③ F. NIETZSCHE: Unzeitgem. Betrachtungen 2(1874). Krit. Ges. ausg., hg. G. COLLI/M. MONTINARI(1967ff.)[GA] 3/1, 278.

④ Aus dem Vorreden-Material(1885—1888). GA 7/3, 207(Nr. 196).

⑤ Die fröhl. Wiss. (1882/86). GA 5/2, 262.

⑥ Ecce homo(1888). GA 6/3, 256.

⑦ a. O. [49] 17.

⑧ Nietzsche contra Wagner(1888). GA 6/3, 423.

弱者的哲学隐藏“虚无主义”,所以,“确定……事实……,根本不同于创造性的建设,不同于制作、塑造、征服、意愿,如哲学之本质。赋予一种意义——这一任务仍然无条件地需要,尽管其中本无意义”。① 一言以蔽之:“哲学就是……最精神化的权力意志。”②

如此一来,由绝对哲学所导致的失望,将哲学变成了应对失望的艺术:变成了对以真实的现实性之名义而实施的批判,针对有条件的必然的目的幻象,变成了意识形态批判。然而,真实的现实性本身——真正救赎的上帝,真正感性和革命性的人,真正有权力意志的自然——否定绝对哲学,取而代之让相对哲学担负起职责,同时以非常方式强调更正现实性之合理性。因此,哲学,如果想坚持合理性(Rationalität),就要首先回顾持存(Bestände),回顾其合理性——由于缺乏所强调的分量——经受住意识形态批判。

5. *觉醒:哲学作为科学之科学。*——哲学的合理性,通过变得谦虚,而幸免于——试探着——意识形态批判。哲学重新致力于实证科学的事实,后者作为精确的自然科学,如今——不依赖于哲学——在不断扩展的领域中,进步越来越快,迅速由胜利走向胜利。在“强加的针对其本身之多余性的斗争”③中,哲学如今变成了作为科学之科学的 Ancilla scientiarum[科学的女仆]:部分作为科学之综合,部分如新康德主义所为,作为科学批判,部分如实证主义所为,将哲学融入科学。

哲学成为科学之综合的尝试,在 19 世纪——面对德国观

---

① Nachgel. Frg., Herbst 1887 bis März 1888. GA 8/2, 23(Nr. 48).

② Jenseits von Gut und Böse(1886). GA 6/2, 16.

③ PLESSNER, a. O. [4 zu 1.].

念论的绝对哲学体系的不景气——走在前面，并且伴随这种尝试，退回到德国观念论之前的各种哲学，“过往体系的大量复兴”：①首先是新亚里士多德主义、新莱布尼兹主义、新托马斯主义。特伦德伦堡（A. Trendelenburg）回归亚里士多德，并且写道：“只有针对特殊科学，产生对一种普遍的，我们称其为哲学的意识”，②“可以称其为理念之科学”；③并且：“若无经验，就绝不可能有理想之物和真实之物的渗透，而后者是所有哲学的目标”。④ 还有，在布伦塔诺（F. Brentano）那里——“真正的哲学方法，无非就是自然科学的方法”⑤——哲学，尽管遭遇“挫折”，⑥还有“未来”，⑦所以，哲学首先是“范畴学说”。⑧本世纪中叶以后——1879 年在罗马教廷促动下——新托马斯主义回归到托马斯·阿奎那（Thomas von Aquin）。克劳伊特根（J. Kleutgen）捍卫“从前的哲学”，也就是那种“哲学，它从初代教会开始，直至 18 世纪，至少在天主教学校内普遍传讲，并且……被当作神圣的科学”，⑨所以，格雷特（J. Gredt）最终能够作出定义：ph. a[哲学]就是 cognitio per ultimas causas procedens ex principiis naturali rationi per se notis[由自然理性认识的原理出发，进深到对终极原因的认识]。与此同时，ph. a... christiana...，scholastica...，perennis... essenti-

① H. SCHNÄDELBACH：Ph. in Deutschland 1831—1933（1983）122.
② A. TRENDELENBURG：Log. Untersuchungen 1（1840，21862）4.
③ a. O. 5.
④ Gesch. der Kategorienlehre（1846）375.
⑤ F. BRENTANO：Über die Zukunft der Ph.，hg. O. KRAUS（1929）137：4. Habilitationsthese（1866）.
⑥ a. O. 83ff.（1874）.
⑦ Zukunft der Ph.（1893），a. O. 1ff.
⑧ Kategorienlehre，hg. A. KASTIL（1933）.
⑨ J. KLEUTGEN：Die Ph. der Vorzeit 1（1860，21878）3.

aliter eadem est[基督教……哲学,经院哲学,永恒哲学,本质上都是一回事]。[1] 对于赫尔巴特(J. F. Herbart)而言,“全部哲学……就是对概念的总体处理”;[2]“经过改进的概念”就是“哲学的照准点”,[3]“哲学洞见……基于概念之清晰和辛勤,人们以此来实行由其所奠定的思想运动”。[4] 波尔扎诺(B. Bolzano)给予“此科学……的德语名称是科学学说,它教我们描述其他科学(启示只是这些科学的教科书)”;[5]还有弗雷格(G. Frege)的思想活动也处在此关系当中,他强调,“人们如何轻易受到诱惑将错误的陈述形诸语言,抛弃通过概念文字对语言的统治,对于哲学必定会具有何种价值”。[6] 更为强烈的是,先前,“目的论的观念论”[7]受到洛采(H. Lotze)以莱布尼兹主义方式激发;他表明哲学作为“普遍科学”:[8]“非给予之物”——有效之物——“与给予之物”——现实之物——“具有必要的补充关联”,[9]从而,“世界上毕竟有理性”,并且“这并非无关紧要,而只是要由其价值来规定”:[10]现实性的价值,给予现实性以现实性,所以,哲学“在应当存在之物中[寻找]存在之物的根据”。[11] 对于费希纳(G. Th. Fechner)而言,哲学作为“根本观点”[12]——必

① J. GREDT: Elementa ph. ae aristotelico-thomisticae 1(1901)3f.

② J. F. HERBART: Kurze Enzykl. der Ph. (1831). Sämtl. Werke, hg. K. KEHRBACH/O. FLÜGEL(1887—1912)9, 325.

③ a. O. 317.

④ 338.

⑤ B. BOLZANO: Wiss. lehre 1(1837)6f.

⑥ G. FREGE: Nachwort zu: Dialog mit Pünjer über Existenz(vor 1884). Schr. zur Logik und Sprach-Ph., hg. G. GABRIEL(1971)21f.

⑦ H. LOTZE: Metaphysik(1841, 21884)329.

⑧ a. O. 4.

⑨ a. O.

⑩ Seele und Seelenleben. Kl. Schr. 2(1886)174f.

⑪ a. O. [17] 604.

⑫ G. TH. FECHNER: Über die Seelenfrage. Ein Gang durch die sichtbare Welt, um die unsichtbare zu finden(1861, 21907)198.

须是“日常观点”①——是“最高的普遍化,最统一的关联,对经验的最终分析”,哲学“要求基于经验的最广泛结论”:②从而是一种“来自底层”的哲学。“Ceterum censeo, Carthaginem esse delendam[我坚持认为,迦太基当被摧毁]。可是,在迦太基下面,我掌握了那种超然物外的哲学,而无需从事物的根基出发,攀上事物的顶点。”③这种向各种更古老的哲学的回归,改变了具有绝对体系的哲学,最终尝试由最新的科学立场出发,提出一项综合性的结论:作为靠“归纳形而上学”达成的“科学之综合”。所以,温特(W. Wundt)后来——将哲学理解为反作用的学科,不以诸科学为前提——下定义:哲学是“普遍的科学,它必将由各门科学所传达的普遍知识,与一种无矛盾的体系结合起来”,④目标是一种“能够满足情感需要的世界-生命观”。⑤ 可是,这种糅合科学综合与体系哲学的做法,还是过于苛刻。因此,最终清醒后,会富有成效地产生另外两个开端。

19世纪下半叶,相关的一个主要倾向就是新康德主义:面对实证科学的进步——及其“唯物主义”解释之危险——康德的作为科学之“批判”的哲学定义被重提和更新,尽管首先是在精确科学本身之中。所以,赫尔姆霍尔茨(H. Helmholtz)将康德的含义用于自然科学,并且称“探究我们知识的来源及其合法性等级的任务是一项事业,这将永远是留给哲学的事业,在任何时代都不可能摆脱而不受惩罚”。⑥ 为这种——早已由

① Die Tagesansicht gegenüber der Nachtansicht(1879).
② a. O. [22] 222.
③ a. O. 228.
④ W. WUNDT: System der Ph. 1(1889, 41919)9.
⑤ a. O. 1.
⑥ H. HELMHOLTZ: Über das Sehen des Menschen(1855)46f.

迈尔(J. B. Meyer)提出的[①]——新康德主义“批判学说”(Kritizismus),李普曼(O. Liebmann)最为出色地建构了纲领——“因此必须回归康德”[②],从而将哲学定义为“一种……随时随地提出疑问的情状,这也正是哲人的情状”,“那种真正的团体精神(esprit de corps),为哲人,为当然想成为精神集体(corps d'esprit)的哲人……,无条件地需要”。[③] 朗格(F. A. Lange)强调:“哲学不啻是纯粹诗化的思辨。哲学还包括逻辑学、批判、认识论”,[④]同时,“人还需要由其本身创造的一个理想世界来补充现实性”,[⑤]需要“理想的立场”。[⑥] 里尔(A. Riehl)将哲学规定为“意识科学”[⑦]和“认识批判”。[⑧] “现代哲学的引领者们”,柯亨(H. Cohen)写道,“同时也是最杰出的数学自然科学的合作者和创造者。……然而,近代哲学的悲剧特征是,它没有对这种……与……科学的关系作出澄清”,[⑨]在此过程中,“哲学……丢失了先验方法”。[⑩] 通过援引康德,哲学——在马堡的新康德主义中——重获此方法,回归了科学批判,在此过程中“真实性……变成了哲学的道德”[⑪],哲学变成了“关于起源的逻辑学”:[⑫]“科学本身和真正的文化,实现了对其前提的理解,在

---

① J. B. MEYER: Über den Sinn und Wert des Kritizismus. Dtsch. Museum 11(1857)401.

② O. LIEBMANN: Kant und die Epigonen(1865, 1912)204.

③ a. O. 17. 215.

④ F. A. LANGE: Gesch. des Materialismus(1866), hg. A. SCHMIDT (1974)984.

⑤ a. O. 987.

⑥ 981ff.

⑦ A. RIEHL: Über den Begriff und die Form der Ph. (1872)87.

⑧ Der philos. Kritizismus und seine Bedeutung für die positiven Wiss. en 2 (1879)2. 15.

⑨ H. COHEN: Kants Theorie der Erfahrung(1871, 21885)24.

⑩ a. O. 222.

⑪ Ethik des reinen Willens(1904)482.

⑫ Logik der reinen Erkenntnis(1902)33.

哲学的所有体系划分中,这都是哲学的任务。"①纳托尔普(P. Natorp)——"描述认识的最终统一性[就是]……哲学的全部和唯一任务"②——和卡西尔(E. Cassirer)都强化了这一点,卡西尔在"认识难题"中看到了"近代哲学的根本难题"③,并打算以"功能概念"来取代"实体概念"。④ 西南德新康德主义对此作出补充,其中,文德尔班(W. Windelband)回到洛采,将科学批判转变为价值哲学:"体系……意义上的哲学无非[就是]……关于普遍有效的价值的批判科学。关于普遍价值的科学:这指对象;批判科学:这指哲学的方法。"⑤李凯尔特(H. Rickert)强化了这一点,他将"哲学规定为科学"⑥和"关于世界整体的普遍科学"。⑦ 因为,哲学作为批判,陷入了持续磨刀而不动刀的危险,新康德主义终结于他的批判:哈特曼(N. Hartmann)与他决裂了,但哈特曼保留了他的论题,将价值哲学论题保留在其价值伦理学中,⑧将认识批判论题保留在其认识形而上学中,所依恃的信念是,"批判的认识论……本身有其形而上学基础":⑨"所有哲学[必]须是形而上学",⑩他必须首先掌握"犹疑论的伟大技艺"。⑪

---

① a. O. [39].

② P. NATORP: Ph. Ihr Problem und ihre Probleme(1911)26.

③ E. CASSIRER: Das Erkenntnisproblem in der Ph. und Wiss. der neueren Zeit 1(1906)V.

④ Substanzbegriff und Funktionsbegriff. Unters. über die Grundfrage der Erkenntniskritik(1910).

⑤ W. WINDELBAND: Was ist Ph.? (1882), in: Präludien 1(1883, 41911)29.

⑥ H. RICKERT: Die Grenzen der naturwiss. Begriffsbildung(1902)700.

⑦ System der Ph. 1(1921)21.

⑧ N. HARTMANN: Ethik(1925).

⑨ Grundzüge einer Metaph. der Erkenntnis(1921, 31941)5.

⑩ a. O. 8.

⑪ a. O.

19世纪下半叶,另一相关的主要倾向是实证主义:面对实证科学的进步——首先是自然科学——哲学(相应于孔德的三阶段法则①)应由自然科学取代。这部分导致了一种唯物主义的世界观:对于毕希纳(L. BÜChner)而言,哲学只认识"力与质料"。② 部分导致了经验主义:所以,拉阿斯(E. Laas)偏爱的经验主义是"这样一种哲学……,它不承认其他基础,除了实证事实,也就是外在和内在的知觉";③与之相关,是对穆勒(J. St. Mill)的接受,此人将哲学本身经验主义化和心理学化为"逻辑学"。④ 实证主义部分变成了一元论:达尔文的进化学说——此学说保存了出于斯宾塞(H. Spencer)⑤的"综合哲学"的极端哲学含义:"哲学是完全获得统一的知识"⑥——海克尔(E. Haeckel)是主要支持和普及者:他寻求"对观察到的现象的普遍联系的更为深刻的认识……,这才是哲学",⑦按照"经验主义的自然研究和以此为基础的一元论哲学途径"。⑧ 其次,出现了经济学原则的实证主义,经验批判主义:阿芬那留斯(R. Avenarius)"将哲学理解为符合最小力度原则的关于世界的思想";⑨对于马赫(E. Mach)而言,这种"对节约的追求",⑩就是理论的秘

---

① Vgl. oben Abschn. 4.

② L. BÜCHNER: Kraft und Stoff(1855).

③ E. LAAS: Idealismus und Positivismus. Erster allg. und grundlegender Teil(1879)183.

④ J. ST. MILL: A system of logic, ratiocinative and inductive(1843). Coll. works, hg. J. M. ROBSON u. a. 7. 8(Toronto 1974).

⑤ H. SPENCER: A system of synthetic philos. (London 1862, 1904, ND 1966).

⑥ First principles(1862, 61937) § 37.

⑦ E. HAECKEL: Die Welträtsel. Gemeinverständl. Stud. über monist. Ph. (1899, ND 1961)5f.

⑧ a. O. 7.

⑨ R. AVENARIUS: Ph. als Denken der Welt gemäß dem Prinzip des kleinsten Kraftmaßes(1876).

⑩ E. MACH: Populärwissenschaftl. Vorlesungen(1896, 31903)219.

密:同时,“没有[什么]马赫哲学,最多有一种自然科学的方法论和认识心理学”;[1]后者,“只会引向对错误的、困扰自然研究者难题的排除,并且将更进一步的研究托付于实证研究”。[2] 在以此为开端的圈子里,对盎格鲁撒克逊实用主义的接纳变得十分重要:“从事哲学是一件奢侈之事”,皮尔斯(Ch. S. Peirce)如此认为,如果哲学不能采用实用主义,因为,“一个困难的问题不可能有望得到解决,直到它才具有了付诸实践的形式”;[3]所以,对于詹姆斯(W. James)而言,“哲学是……人类所有追求中最崇高也最平凡的追求。……哲学有勇气能够满足我们的灵魂”,通过“拓展观察世界的视角”。[4] 瓦伊辛格(H. Vaihinger)将“观念论的实用主义”[5]极端化为关于认识的经济学-实用主义开端,在其《似乎哲学》(Ph. des Als-ob)中,他将作为“思想的技术”[6]的“逻辑学”,变成了“一种认识论的完整体系的基础”,[7]将思想理解为艺术,通过“合乎目的的想象”[8]可以成功地获得认识。同时,瓦伊辛格重视尼采,[9]他通过回到生命,将“虚构”合法化为生命的工具,正如马赫通过回到成为难题的生命,将理论化的复杂行动的缩减,变成了对属于“纯粹感觉”的直接生命的疏离。[10] 这样,实证主义最终潜在

---

① Erkenntnis und Irrtum(1905)VII.

② a. O. 13.

③ CH. S. PEIRCE: Fraser's The works of G. Berkeley(1871). Coll. papers, hg. CH. HARTSHORNE/P. WEISS(Cambridge, Mass. 1931—66)8, 37f.; dtsch: Frazers Ausgabe der Werke von Georg Berkeley(1871). Schr. zum Pragmatismus und Pragmatizismus, hg. K. O. APEL(21976)135.

④ W. JAMES: Der Pragmatismus [1906/07](1908)3.

⑤ H. VAIHINGER: Die Ph. des Als-ob [geschr. ab 1876](1911)XX.

⑥ a. O. XXI.

⑦ XV.

⑧ 174.

⑨ 771ff; vgl. Nietzsche als Philosoph(1902).

⑩ E. MACH: Beiträge zur Analyse der Empfindungen(1886).

地变成了间接的生命哲学。

哲学的觉醒,演化为科学哲学,并不令人满意,如果科学哲学将哲学仅仅当成科学主义,当成精确自然科学的女助手。这样,科学哲学只是挽救了面临死亡的哲学;因为,它忽视、忘记、排除了人类生活世界的哲学难题。这种做法要付出代价。

6. 排除者的回归:生命哲学。——给哲学"强加的针对其本身之多余性的斗争",①使哲学变成了批判,变成了绝对体系,变成了意识形态批判,最初变成了科学哲学。然而,对于哲学而言,一旦所给予的只是作为精确科学的现实性,哲学就失去了对于——历史性的——生活世界的意义,而这是每个人都必须自己居住和理解生活世界。因此,哲学在19世纪——为了应对其现实性的丧失——也补偿性地变成了生活哲学和解释学。如此方能回归前浪漫派和浪漫派的哲学开端。

所以,哈曼(J. G. Hamann)已然反对康德的批判②对哲学的"净化",让哲学对语言和历史具有意义:"哲学若无历史就是奇怪念头和废话"。③ 哲学(从古希腊以降)和犹太人的律法,同样引向生活对启示和恩典的依赖:"哲学的任务就是肉身的摩西,就是走向学院的轨道",④导向现实生活的轨道。赫尔德(J. G. Herder)认为:"一般而言,哲人充其量只是动物,如果他不想成为最可信赖的上帝。"⑤"如果哲学要对人类有

① PLESSNER, a. O. [4 zu 1.].

② J. G. HAMANN: Metakritik über den Purismus der Vernunft(1783). Sämtl. Werke, hg. J. NADLER(Wien 1949—57)3, 284.

③ Br. an J. F. Hartknoch(23. 10. 1781). Br. wechsel, hg. A. HENKEL (1959)4, 342.

④ Wolken. Ein Nachspiel Sokratischer Denkwürdigkeiten(1761), a. O. [2] 2, 108.

⑤ J. G. HERDER: Auch eine Ph. der Gesch. zur Bildung der Menschheit (1774). Werke, hg. B. SUPHAN(1877—1913)5, 557.

用，它就必须将人类作为其核心”，①在人类个体生命形形色色的作为中，“研究人性须由可敬的人类的哲学来担当”。② 雅可比（F. H. Jacobi）写道：“哲思意味着思索方方面面”，③也就是说，“揭露此在”，④所以，“只有生命的发展才是真理的发展，两者，真理和生命，完全是同一回事”。⑤ 谢林（Schelling）在其《论一种自然哲学的理念》中以雅可比为根据，并且主张，“存在之物和有生命之物，……通过其生命才能意识到其生命”；⑥只因为，“只要我自己与自然息息相通，我就完全理解一个有生命的自然之所是，就像我理解我自己的生命”，⑦否则，哲学就不可能“认为自然是有生命的”，而认为它是“死的”。⑧ 施勒格尔（F. Schlegel）强调：“哲学的对象，从而就是内在的精神生命，而且是就其全部丰富性而言……但就形式和方法而言，生命哲学仅仅以生命为前提。”⑨“仅仅通过生命本身，人不足以认识生命，这是……条件，所有哲学都要求并以之为前提条件。”⑩所有这一切，为狄尔泰（W. Diltheys）哲学“中占统治地位冲动”揭开了序幕，这就是“要由其本身出发来理解生命”。⑪

---

① Problem：wie die Ph. zum Besten des Volkes allgemeiner und nützlicher werden kann（1765），a. O. 32，52.

② Ideen zur Ph. der Gesch. der Menschheit（1784ff.），a. O. 13，161.

③ F. H. JACOBI：Fliegende Blätter. Werke，hg. F. ROTH/F. KOPPEN（1812—25）6，225.

④ Zufällige Ergießungen eines einsamen Denkers（1793），a. O. 281.

⑤ Br. an J. G. Hamann（16. 6. 1783），a. O. 1，364.

⑥ SCHELLING：Ideen zu einer Ph. der Natur（1797）. SW，a. O. [7 zu 3.] 2，52.

⑦ a. O. 47.

⑧ Darlegung des wahren Verhältnisses der Natur-Ph. zu der verbesserten Fichteschen Lehre（1806）. SW 7，17.

⑨ F. SCHLEGEL：Ph. des Lebens（1828）. Krit. Ausg.，hg. E. BEHLER 10（1969）7.

⑩ Briefe an Frau Ch. von Stransky 2（1911）132ff.

⑪ W. DILTHEY：Autobiographisches. Vorrede（1911）. Ges. Schr.（1914ff.）[GS] 5，4.

这种生命哲学能够得到寂静主义的辩护:对于叔本华(Schopenhauer)而言,哲学就是“意志对生命的否定”;①对于哈特曼(E. Von Hartmann)而言,“实践哲学的原则……在于,将无意识的目的”——人类生命的历史-审美自我消除——“变成有意识的目的”。② 然而,生命哲学也能够得到激进的辩护;尼采将哲学——作为“最精神化的权力意志”③——变成了“道德的谱系”:变成了恢复“主人的道德”以反对“奴隶的道德”。④ 这种做法在20世纪——主要通过其反市民-反启蒙的激情——发展成为对激进的非理性主义的呼吁。斯宾格勒(O. Spengler)——以“教化”(Kultur)生命的名义——将“当今文明的难题……授予一种新的未来哲学,这种哲学属于未来,只要还能够由从已然为形而上学耗尽的西方的地基上,产生出这样一种哲学……:授予一种世界历史的形态学之理念……,授予一种生命的图像”。⑤ 对于克拉格斯(L. Klages)而言,哲学就是“思索”,尽管要么“浅薄”要么“深刻”,⑥所以,他以哲学反对哲学:“逻各斯中心主义哲学根本具有科学的生命态度,生命中心主义哲学根本具有形而上学的生命态度”,⑦生命的“对手”就是“精神”。鲍伊姆勒(A. Bäumler)主张:“有一个真理标准,绝不应忽视:深度(die Tiefe)。这适用于哲学,也适用于神话学。”⑧由于“理性的幻灭”,⑨最终

① SCHOPENHAUER, a. O. [12 zu 4.] 2, 317f.

② E. VON HARTMANN: Ph. des Unbewußten(1869, 41872)748.

③ NIETZSCHE, a. O. [54 zu 4.] 16.

④ Zur Genealogie der Moral(1887), a. O. 257f.; vgl. a. O. 218f.

⑤ O. SPENGLER: Der Untergang des Abendlandes(1918ff., 33—471923)1, 6.

⑥ L. KLAGES: Der Geist als Widersacher der Seele 1(1929)121f.

⑦ a. O. 130.

⑧ A. BÄUMLER: Einl. zu: J. J. BACHOFEN: Der Mythos von Orient und Occident, hg. M. SCHRÖTER(1926, 21956)XC.

⑨ G. LUKÁCS: Die Zerstörung der Vernunft(1954). Werke(1962—81) Bd. 9.

纳粹的煽动哲学超越了这个真理标准,比如,在罗森伯格(A. Rosenberg)那里:“最终,任何超越某种形式化的理性批判的哲学,与其说是一种认识,还不如说是种族表白;一种……种族的表白”,①坚定生活的主人种族不惜一切代价的对其自我主张的表白:通过统治和灭绝所谓敌对生命的种族。

针对这种反市民-反启蒙的生命哲学的取向,有可能转变为攻击性的也就是革命性的非理性主义,生命哲学——直到如今还在——试图保卫自身,通过转变为解释学。后者成为具有决定性的补救方法,以应对下述危险:围绕对圣经或救赎历史的唯一认可的解释的争执,通过解释学的内战——从教派战争直到历史哲学革命——会将人消磨致死。解释多样化的解释学文化,stricte dictu[严格说来]对生命具有救赎作用,从而对生命再次发挥完全不同的提示作用:作为自由化的词语;因为,解释学的交谈和容许交谈,或者更准确地说,阅读和容许阅读,致力于生活和容许生活。所以,在施莱尔马赫(Schleiermacher)看来,哲学需要对话,从而也需要解释学。“哲学是直接致力于原理和知识之内在关联的活动”,②并且需要“辩证法”“作为纯粹的思想领域符合艺术标准的对话活动”,③能够从“共时的多数”哲学中“产生一种统一性”:④“所以,解释学”——相互理解的艺术——的“哲学思考必定与艺术有关”。⑤ 狄尔泰将生命哲学与解释学结合起来,使哲学变成了“精神科学引论”,⑥也就是“历史理性批

① A. ROSENBERG: Der Mythus des 20. Jh. (1930, 541935)118.
② SCHLEIERMACHER, a. O. [71 zu 3.] 67.
③ a. O. 5.
④ 81f.
⑤ Hermeneutik(1819), hg. H. KIMMERLE(21974)76.
⑥ DILTHEY: Einl. in die Geisteswiss. en(1883). GS 1.

判”,[①]通过“将历史意识运用于哲学及其历史”。[②] “人处在形而上学思维的终结之处……也相信处在科学哲学本身的终结之处。从而产生了生命哲学”,[③]作为“生命的评价”[④]和“生命的功能,后者源于……需要……思索”,[⑤]“源于需要一种人之于世界的态度的最终确定性”,[⑥]需要回答重大的“生命之谜”,[⑦]后者本身按照“世界观的类型”反映出来,并且其“建构要靠形而上学的体系”。[⑧] 哲学——“自我思索”[⑨]——变成了解释学,作为对“生命表达”的“符合艺术标准的理解”,[⑩]所依据的基本原理是:“思想不可能超越生命。”[⑪]虽然:“生命之所是,应由历史来讲述”,而“历史仍然依赖于生命”,[⑫]因为,只有“生命方能把握在此的生命”。[⑬] 这种启蒙市民的、解释学上自由化的生命哲学,也在狄尔泰学派之外得到推进。奥伊肯(R. Eucken)要求“承认哲学与生命整体具有内在关联”,[⑭]因为,“哲学需要那生命,……生命需要哲学”。[⑮] 柏格森(H. Bergson)“从共感出发”来处置哲学,[⑯]因

---

① a. O. 1, 116.

② Das geschichtl. Bewußtsein und die Weltanschauung. GS 8, 7.

③ Die Kultur der Gegenwart und die Ph. (1898). GS 8, 201.

④ Das Wesen der Ph. (1907). GS 5, 378.

⑤ a. O. 413.

⑥ 415.

⑦ Die Typen der Weltanschauung und ihre Ausbildung in den metaphys. Systemen(1911). GS 8, 80f. 140ff.

⑧ a. O. 73ff.

⑨ Vgl. Was Ph. sei(1886/87). GS 8, 188.

⑩ Der Aufbau der geschichtl. Welt in den Geisteswiss. en(1910). GS 7, 217.

⑪ a. O. [16] 5.

⑫ a. O. [41] 262.

⑬ a. O. 136.

⑭ R. EUCKEN: Gesch. und Kritik der Grundbegriffe der Gegenwart (1878); 3. Aufl. als: Geistige Strömungen der Gegenwart(1904)64.

⑮ a. O. 100.

⑯ H. BERGSON: Essai sur les données immédiates de la conscience(1889). Oeuvres. Edition du centenaire(Paris 1959)145.

为,“哲学并非对特殊科学的综合”,[1]而是“一种单纯的活动”:[2]对“真实的时间持续”中的“生命冲动”的“哲学的直觉”。[3] 对于西美尔(G. Simmel)而言,“哲学思想将人格事实化,将事实人格化”,[4]他强调:“如果科学史真将哲学认识方式当成原始的认识方式,……那么,这种暂时的行事方式……对于有些问题仍然不可或缺”:[5]譬如,就“货币哲学”而言的“这方面和那方面的货币经济学”问题,[6]对货币的生活意义的追问。在1900这同一年,在写下上述这些内容的当年,现代最富成就的生活世界哲学、现象学和心理分析的原创作品也发表了。胡塞尔(E. Husserl)在其《纯粹逻辑学导论》(Prolegomena zur reinen Logik)中指出:“对于哲人而言,……我们拥有作为形式的法则,这是不够的,而要澄清,何为……本质”:[7]首先,作为——反心理主义的——“本质研究”,[8]他将现象学作为抵达“生活世界”哲学的道路。与此同时,通过弗洛伊德(S. Freud)的“梦的解析”,[9]心理分析——以新心理主义方式——变成了历史性的对非病理学规范的生命解释学,从而也变成了哲学:“致远之道,实现世界利益的道路,向它开启了。”[10] 马夸德(O. Marquard)撰

---

① L'intuition philosophique(1911), a. O. 1360.
② a. O. 1363.
③ 1364.
④ G. SIMMEL: Hauptprobleme der Ph. (1910)28.
⑤ Ph. des Geldes(1900). Ges. Werke 1(71977)V.
⑥ a. O. VI.
⑦ E. HUSSERL: Log. Untersuchungen 1(1900). Husserliana(1950ff.)18, 255.
⑧ Ph. als strenge Wiss. (1910/11), a. O. 25, 36.
⑨ S. FREUD: Die Traumdeutung(1900). Ges. Werke(1940ff.)Bde. 2. 3.
⑩ Selbstdarst. (1925), a. O. 14, 73.

文献指引:

H. Plessner s. Anm. [4 zu 1.]. -K. Löwith s. Anm. [83 zu 3.]. -G. LukÁCs s. Anm. [25 zu 6.]. -H. LÜBbe: Polit. Ph. in Deutschland. Stud. zu ihrer Gesch. (1963, 21974). -J. Habermas: Erkenntnis und Interesse(1968, 21975). -K. Vorländer: Gesch. der Ph. Iii/1: Die Ph. in der 1. Hälfte des 19. Jh., neu bearb. L. Geldsetzer: (91975). -H. Schnädelbach s. Anm. [2 zu 5.]. -K. Ch. Köhnke: Entstehung und Aufstieg des Neukantianismus. Die dtsch. Universitäts-Ph. zw. Idealismus und Positivismus (1986). -O. Marquard s. Anm. [11 zu 2.].

(六) 从康德到 20 世纪初的哲学划分

对于哲学理解从康德到 20 世纪初的转变而言,哲学的划分和哲学与其他科学的关系,具有重要意义。在学院哲学中,亚里士多德-经院哲学的划分占据统治地位,[1]而康德却回到斯多亚派逻辑学、伦理学和物理学的划分,他指出:"这种划分完全符合事情的本质,人们对此划分不必做任何改进,除了为其增加原则。"对于康德而言,这意味着:逻辑学研究"理智和理性的形式"和"不区分对象的思维本身的普遍规则";哲学的两个质料部分,以自然(物理学)或自由(伦理学)为对象。此两者都有一个先验-理性的部分和一个经验部分,这就是"自然形而上学"(理性的自然科学)和"道德形而上学"(伦理学),或者更准确地,"历史的自然科学"(自然描述,自然史)和"实践人类学"。[2] 这相应于将全部认识区分为"理性的"(基于概念)和"历史的"(cognitio ex datis[对给予之物的认识])。[3] 如

---

① Vgl. CH. WOLFF: Philosophia rationalis sive Logica(31740)55—114: De partibus ph. ae; J. CH. GOTTSCHED: Erste Gründe der ges. Weltweisheit (1733—34)1, 5ff.; 2, 4ff.

② I. KANT: Grundleg. zur Metaph. der Sitten. Akad.-A. 4, 387f.; Metaphys. Anfangsgründe der Naturwiss., a. O. 467f.

③ KrV B 863f.

果人们将逻辑学仅仅作为导论性的、先于所有实质性认识的学科而不予关注，那么，物理学与伦理学的划分，也符合亚里士多德理论哲学和实践哲学的划分。道德形而上学，可进一步划分为法权学说和道德学说，前者研究自由行动的单纯合法性，后者研究自由行动的合道德性。① 判断力批判将“哲学的两个分支结合为一个整体”。②

康德沿用了习传的划分标准，在哲学中区分了理性认识和经验认识，这一点在他直接的后继者那里成为最高的划分标准。现在，出发点不是对象，而是认识的来源（理性或经验），从而（经各种各样的调整）首先有理性科学和实践科学，然后才有根据不同对象所做的进一步划分。③ 或者，人们按照人的个别精神能力（表现能力，认识能力，欲求能力，感觉能力）作出区分，并将其作为分类根据。④ 这样，就打破了习传的大学学科的界分，从而这些大学专科只是还难以适应新的科学招牌。它们部分形成了自己的“实证”科学团体（神学，法理学，医学，以及如此等等），⑤部分归入了另一种科学（譬如，作为人类学的次属团体，而人类学又成

---

① Metaphys. Anfangsgründe der Rechtslehre. Akad.-A. 6，214. 217f.；KU，Einl. II，a. O. 5，174f.

② KU，Einl. III，a. O. 176.

③ G. B. JÄSCHE：Idee zu einer systemat. Encyklopädie aller Wiss. en. Philos. Journal einer Gesellsch. teutscher Gelehrten 1(1795)327—372；Einl. zu einer Architektonik der Wiss. en(1816)11f. 22f.；W. T. KRUG：Versuch einer systemat. Enzyklopädie der Wiss. en(1796—1809)1，17(mit Vorschaltung der Philologie)；L. H. JAKOB：Tabellarischer Abriß einer Encyklopädie aller Wiss. en und Künste (1800) Vorrede；C. CH. E. SCHMID：Allg. Encyklopädie und Methodol. der Wiss. en(1810)81ff.；K. CH. HEFTER：Philos. Darst. eines Systems aller Wiss. en(1806)277ff.；A. F. VON KRONBURG：Allg. Wiss. lehre (1825)33ff.

④ K. H. HEYDENREICH：Encyclopäd. Einl. in das Studium der Ph. (1793)；K. H. L. PÖLITZ：Encyklopädie der ges. philos. Wiss. en im Geist einer neutralen Ph. (1807/08)1，39.

⑤ KRUG，a. O. [6]；JAKOB，a. O. [6].

为一种新的科学[1]),或者与其他作为"结合"或者更准确地说"混合"的所谓"自由"学科相对。[2]

正在发生变化的还有哲学和语文学(Philologie)的地位:它们部分也归入其他团体;但它们往往又形成了形式上为认识论奠基的那些学科中,一个首要的先于所有其他("实在-")科学的部分。[3] 对于哲学而言,这有系于它应当为知识奠基,还是应当自己传授知识的内容。

当康德派勾画全新的哲学划分时,这个时代的其他著作家宁愿维护习传的模式。布特维克(F. Bouterwek)回到逻辑学(如今变成了"必然论证")、物理学和伦理学的划分方式,但也认为进一步划分为理论哲学和实践哲学也有用。作为新学科,在他那里加入进来的是美学。[4] 舒尔策(G. E. Schulze)运用了斯多亚派的划分:形而上学作为理论哲学基于"宗教情感",伦理学作为实践科学基于道德情感,而逻辑学基于理智情感。在此,美学也加入进来,它"被规定为……美感"。[5] 弗里斯(J. F. Fries)也认为,传统的三分法仍然有效,只是要按新时代的要求作出解释:将逻辑学拓展为一门更广泛的准备性学科,称为"先验哲学"(对理论和实践理性与鉴赏力的批判)。哲学这两门具实质性的主要部分(物理学或"思辨哲学"和伦理学或"实践哲学"),各自还需要"人类学的基础知识",因为,对于它们而言,"认识我们自己"是一项必要的先决条件。[6] 在苏阿贝迪森(D.

---

① J. G. KIESEWETTER: Lehrb. der Hodegetik (1811) 60ff.; vgl. SCHMID, a. O. [6].

② KRUG: Versuch einer neuen Eintheilung der Wiss. en(1805)30ff.

③ Vgl. KRUG, a. O. [6].

④ F. BOUTERWEK: Lehrb. der philos. Vorkenntnisse(21820)18—22; Lehrb. der philos. Wiss. en(31820)1, 9—11.

⑤ G. E. SCHULZE: Enzyklopädie der philos. Wiss. en(1814)9f.

⑥ J. F. FRIES: System der Ph. als evidente Wiss. (1804)31ff.

Th. A. Suabedissen)那里，人类学升格为一种更为广泛的学科：它包括心理学和心理分析，以及逻辑学、伦理学和美学。还有“世界理论”或宇宙论，包括宗教哲学和自然哲学。此外，苏阿贝迪森认可理论哲学和实践哲学的划分，但在其中人类学和宇宙论重新占据了突出位置。[①] 对于赫尔巴特(J. F. Herbart)而言，从哲学作为“处理概念”的规定中，还产生了哲学的其他部分：逻辑学列出清楚明白的概念；形而上学补充这些概念，使其能够适用于现实性。在此，哲学就是本体论，同时也是“实用形而上学”以及次属划分：心理学，自然哲学，自然神学，哲学的宗教理论。最后由美学(广义的美学，也包括伦理学)作补充，也就是对赞同和不满作出判断。从而，美学就是实践哲学。[②]

谢林(Schelling)尽管没有真正提出对哲学的划分，却在1800年，明确按照两种“基本科学”即自然科学与先验科学，来安排他的体系的个别部分。在自然科学中，“客观之物被当成了首要之物”，而提出的问题是“主观之物如何抵达与其相符合的客观之物”。在先验科学中，“主观之物”是出发点，所提出的问题是“客观之物如何能够从主观之物中产生出来”。先验科学首先研究“知识本身”，从而也是理论哲学，接着研究这种知识如何通过“自由行动”转入“现实世界”(实践哲学)。两个方向如何结合，尽管它们作为彼此相对的行动相互矛盾，却由第三种行动即生产活动所指明，后者结合了自由的有意识的行动与无意识的行动。这种情形体现于天才，从而艺术哲学是先验哲学“穹隆之整体的拱顶石”。[③] 后来，谢林没有再重

---

① D. TH. A. SUABEDISSEN: Zur Einl. in die Ph. (1827) 39—53.

② J. F. HERBART: Lehrb. zur Einl. in die Ph. (1813), hg. K. HÄNTSCH (1912) 50ff.; ähnlich R. ZIMMERMANN: Philos. Propädeutik (31867).

③ F. W. J. SCHELLING: System des transz. Idealismus (1800). Sämmtl. Werke, hg. K. F. A. SCHELLING (1856—61) 3, 340—342. 346—349.

复这种哲学学科的层级划分。相反,他试图将实证科学纳入与“所有科学的关系之中”。他意欲依据李希滕贝格(Lichtenberg)的命令,阻止为“科学园地设立界标”。在作为“科学之科学”的哲学中,有所有知识的前提、来源和统一性;在哲学中有所有知识的起源,在“认识之树……长出”其“分支”之前。[①] 因此,从哲学中产生了实证科学神学、医学、自然科学、历史科学和法律科学的组织结构。哲学在这些实证科学中具有了“客观性”,但哲学达成“真正的客观性……是在这些实证科学的整体性中”,并非分别在个别学科中,而是在艺术中。艺术在此构成知识体系之终结,并且必定是“哲学的必然目标”。[②]

黑格尔,像谢林,但也像康德及其后继者,他有这样的理解:哲学预先给予科学原则,规定其在知识体系中的位置,从而科学构成的不仅是一个外在的秩序。它们真正科学的“要素”从属于哲学;它们“实证的方面”,所有“偶然之物”和经验之物,都外在于哲学,因为,这不属于“其理性的根基和开端”。体系的内在关联,由理念的进程所规定。所以,哲学有三个部分:“I. 逻辑学,自在自为的理念(Idee an und für sich)之科学,Ii. 自然哲学,作为理念之异在(Idee in ihrem Anderssein)的科学,Iii. 作为理念的精神之哲学,理念由异在回归自身。”从而,这也被称为必要的次序,由一部分向另一部分的“过渡”。一种“将特殊部分或特殊科学并列”的划分,会存在此类“错误”:将它们本身当作“静态的”科学来研究。[③] 尽管这种三分法让

---

① Vorles. über die Methode des akad. Studiums(1803), a. O. 5, 213. 231. 214f. 255.

② a. O. 283f. 351.

③ G. W. F. HEGEL: Enzyklopädie § § 16. 18(31830), hg. F. NICOLIN/O. PÖGGELER(1959)49. 51.

人想起了古代的划分，但其内容还是发生了变化：逻辑学是一种思辨的逻辑学，“从而与形而上学巧合”。① 自然哲学包括力学、物理学、工具论（Organik）；精神科学研究主观精神（人类学，现象学，心理学）、客观精神（法权，道德，伦理）和绝对精神（艺术，宗教，哲学）的显像形式。黑格尔在其作为教科书的《哲学入门》（Philosophischen Propädeutik）中已基本拟就了这一体系构想。② 此前，在其耶拿时期（Jenaer Zeit），他仍以彼此分离方式研究逻辑学和形而上学，逻辑学和现象学作为引导学科，仍以哲学本来的体系为前提。③ 可是，他的自然-精神哲学之概要在此已显而易见。

黑格尔的弟子中，罗森克兰茨（K. Rosenkranz）和米歇莱（C. L. Michelet）基本重复了黑格尔的哲学划分。④ 这种划分却也或多或少作了调整，在李特尔（H. Ritter）、⑤费舍尔（K. Ph. Fischer）、⑥奥佩尔曼（H. A. Oppermann）、⑦瑙阿克（L. Noack）⑧和哈吕鲍伊思（H. M. Chalybäus）⑨那里就是如此。相反，思辨一神论（费希特）以“自我认识”为其出发点，进而达到“存在认识”（本体论），并最终达到“上帝认识”（思辨神学）。

---

① § 24，a. O. 58.

② Nürnberger philos. Propädeutik. Jub. ausg., hg. H. GLOCKNER 3 (31949) 168—227；Gutachten für I. Niethammer(1812)，a. O. 305—310.

③ Jenenser Real-Ph., hg. J. HOFFMEISTER(1967)；vgl. H. KIMMERLE：Das Problem der Abgeschlossenheit des Denkens(1970) 18ff.；R. P. HORSTMANN：Jenaer Systemkonzeptionen，in：O. PÖGGELER(Hg.)：Hegel. Einf. in seine Ph. (1977) 43—58.

④ K. ROSENKRANZ：System der Wiss. en(1850)；C. L. MICHELET：Das System der Ph. als exacter Wiss. (1876—1878).

⑤ H. RITTER：Encyklopädie der philos. Wiss. en(1862—1864).

⑥ K. PH. FISCHER：Grundzüge des Systems der Ph. (1848—1855).

⑦ H. A. OPPERMANN：Encyclopädie der Ph. (1844).

⑧ L. NOACK：Propädeutik der Ph. (1854).

⑨ H. M. CHALYBÄUS：Entwurf eines Systems der Wiss. lehre(1846) 73—75.

以此三等级,“意识完成了其哲学之环”。①

青年黑格尔学派对一种哲学体系构想表现出的兴趣较少。只有费尔巴哈(L. Feuerbach)作出了一番勾画:“作为所有其他科学之前提的、首要的、普遍的科学,就是……独一无二的心理学”,心理学的任务,就是让“我下降”(Ich zu decliniren),并将此与其“身体”和“肉体”的“对照”联系起来。② 其次,哲学还有“三门规范科学——逻辑学、伦理学和美学”。③

正如在谢林和黑格尔那里一样,在施莱尔马赫(F. Schleiermacher)那里,全部科学都由一个最高的源头发展而来,这个源头包含所有知识的前提。后者将在辩证法中得到研究,辩证法以一种“建筑方式”设立了“哲学结构的理论”或“统一的科学组织”。④ 辩证法以知识的最高统一性为其开端,这种最高统一性中却同时包含最高的对立:思维与存在的对立,理性与自然的对立。由此也建构出哲学的两个基础分支:理性-自然学说。它们都能以概念-思辨或经验方式来研究,从而形成了四种主要科学:伦理学(或历史科学)与物理学(或自然科学)与博物-史学(Natur- und Geschichtskunde)。伦理学与物理学,质料不同,形式相同;同样,物理学和博物学为一方,伦理学与史学为另一方,质料相同,形式不同。它们全部都彼此渗透。⑤

---

① I. H. FICHTE: Grundzüge zum System der Ph. (1833—1846).

② L. FEUERBACH: Über den ‘Anfang der Ph.’(1841). Sämtl. Werke, hg. W. BOLIN/F. JODL(1903—11, ND 1959)2, 214.

③ Nach dem Bericht von W. BOLIN: L. Feuerbach(1891)65.

④ F. D. E. SCHLEIERMACHER: Dialektik(181 1ff.), hg. K. ODEBRECHT(1942, ND 1976)459—461.

⑤ a. O.; Entwürfe zu einem System der Sittenlehre. Werke, hg. O. BRAUN/J. BAUER(21927/28)2, 248. 496f. 535f.; vgl. H.-J. BIRKNER: Schleiermachers christl. Sittenlehre(1964)30ff.; E. HERMS: Herkunft, Entfaltung und erste Gestalt des Systems der Wiss. en bei Schleiermacher (1974); G. SCHOLTZ: Die Ph. Schleiermachers (1984) 64ff.

克劳斯(K. Ch. F. Krause)也承认,所有科学都派生自一个最高原则。但与此同时,他又得出了不同结果。从认识进程出发,科学由自我意识开始,并由此抵达了外在于他的世界。从而产生了科学的一个"主观-分析"部分和一个"客观-综合"部分。从认识的对象中,产生了四个部分:自然科学,理性科学,人性科学,关于"神圣的原初本质"的科学。最终,就认识来源而言,所有科学要么是概念性的,要么是经验性的。[①] 哲学局限于无条件的也就是概念性的认识,并且提出了全部所属科学的原则;哲学将这些原则应用于感性领域,从而建构出"科学整体的组织结构"。[②] 另一方面,世界在自然和自由两个领域是分裂的。当数学将自然作为按照大小来组织的整体时,哲学却以自由的个体及其"聚合"作为对象;哲学从而包含国家-法权-伦理学说,最终在艺术中观察世界整体的美与和谐。[③]

在迄今为止研究过的大多数划分中,要么是逻辑学、物理学、伦理学的三分法,要么是理性认识和经验认识之二分,要么是显而易见的两者的结合。其次,还有其他分类方式,它们依赖于上述划分,在这些分类中,传统的哲学学科都出现在了次属位置上。这些分类在后世产生了影响。所以,边沁(J. Bentham)从"幸福论"(Eudaemonics),也就是关于"幸福"的学说出发,将所有科学划分成为最小的分支。他为哲学分支引入了新的、希腊式的名称,譬如,somatoscopic 科学,也就是"关注身体的"科学(数学,自然科学),pneumatoscopic 学科,也就

---

① K. CH. F. KRAUSE: Vorles. über das System der Ph. (1828); vgl. Abriss des Systems der Ph. (1883).

② Vorles., a. O. 22—24.

③ Philos. Abhandlungen(1889)22—38: Welches die Theile der Ph. sind.

是“关注精神的”学科(逻辑学,语法,伦理学,美学)。[1] 柯勒律治(S. T. Coleridge)划分了纯粹科学(语法,语文学,逻辑学,作为形式科学的数学;形而上学,伦理学,作为真实科学的神学)、混合科学(力学,光学,天文学)和实用科学(自然科学和自然史,美好有用的艺术)。最后是传记和历史科学还有辞书编纂。[2]

当一些英国著作家已然转向传统的哲学划分时,[3]对于汉密尔顿(W. Hamilton)而言,认识精神或意识就是出发和划分的原则。哲学的三部分,从而被称为“心理学”(psychology):“经验心理学”或现象学,研究“事实”(认识,情感,意志,欲望);“理性心理学”或法则学(Nomologie),建立法则(逻辑学,美学,伦理学,政治学);“推理心理学”或本体论,追问上帝的此在和灵魂不死。[4] 与此相对,拉姆塞(G. Ramsay)提出了“精神科学或研究心理或精神的科学”(形而上学,逻辑学,以及包括政治学、法学、神学等等在内的“道德哲学”)、“物理科学”和“数学”。[5]

对于叔本华(A. Schopenhauer)而言,“理由律”(Satz vom Grund)构成了划分原则。所以,他首先区分了追问“存在之理由”的先验科学(数学,逻辑学),以及追问“生成之理由”的经

---

① J. BENTHAM: Chrestomathia(1816). Works, hg. J. BOWRING(Edinburgh 1838—1843)8, nach 82.

② S. T. COLERIDGE: Treatise on method, hg. A. D. SNYDER(London 1934)XVIII, auch in: R. COLLISON: Encyclopedias(New York/London 1964) 243ff.

③ J. W. LUBBOCK: Remarks on the classification of the different branches of human knowledge(London 1838)23ff.

④ W. HAMILTON: Lectures on metaphysics and logic(London 1865—1866)1, 125.

⑤ G. RAMSAY: A classification of the sci. in six tables(Edinburgh 1847).

验或后验科学。后者包括“关于原因的学说”(力学,物理学,化学,天文学)、“关于刺激的学说”(生理学,植物学,动物学,病理学,等等)和“关于动机的学说”(伦理学,心理学,法学,历史)。哲学,研究理由律本身,外在于这一系列科学,是“所有科学的基础低音”。此外,“每一种科学都还有其特殊科学”(植物学哲学,动物学哲学,历史哲学,以及如此等等),它们“居于其特殊科学和真正的哲学之间”。[①] 戈雷斯(J. Von Görres)由三个实体上帝、精神和自然中引出了所有科学,如此产生了神学、气学(Pneumatologie)和生理学,三者又分支为很多次属学科。哲学,精神在其中观察其本身,它是“所有科学的建构主体”。[②]

意大利著作家往往将传统因素和新因素混合起来。文图拉(J. Ventura)采纳了逻辑学、物理学和伦理学三分法,却为其加入了新内容。[③] 在帕门菲利斯(G. de Pamphilis)大为扩展的分类中,出现了传统学科,建构部分具有新名称,其中基本划分为客观科学、主观科学和主客观或客主观科学。[④] 乔贝第(V. Gioberti)以本体论措辞“存在创造实在者”(L'ente crea le esistenze)为其划分的基础。主语(“存在”)指向理想的科学即哲学和神学。系词(“创造”)指居于存在与实在之间,表象空间、时间、知识和道德,这是算术、几何、逻辑学和伦理学的研究对象。谓词(“实在者”)之所属是创造的现实性领域(“感性之物”[Sensibilia]),也就是自然的(自然科学)和精神的(心理

---

① A. SCHOPENHAUER: Die Welt als Wille und Vorst. II, 1, 12. Sämtl. Werke, hg. J. FRAUENSTÄDT/A. HÜBSCHER(21946—50)3, 139f.

② J. VON GÖRRES: Vorträge über Encycl. und Methodol. des akad. Unterrichts [gehalten 1842](1891)20—23.

③ J. VENTURA: De methodo philosophandi(Rom 1828).

④ G. de PAMPHILIS: Genographia dello scibile(Neapel 1829).

学,宇宙论,美学,政治学)现实性领域。① 罗斯米尼-塞尔巴提(A. Rosmini-Serbati)首先区分了形式或纯粹的知识(独一无二的学科:关于理念的科学,理念论[ideologia])和质料或实用的知识(其他所有学科)。居于两者之间的是逻辑学。② 后来,他将哲学区分为直觉科学(理念论和逻辑学)、知觉科学(心理学,宇宙论)和理性科学(本体论,自然神学和义务论及伦理学,教育学,政治学,等等)。③ 在19世纪晚期的著作家那里,罗斯米尼几无涉猎的经验科学,一定程度上获得重视;但哲学和神学并未受到忽视。④

19世纪早期的法国哲学分类,首先指向理念论者的做法。⑤ 一个新开端由库热(V. Cousin)确立,他让五个科学分组以作为其根据的理念为基础:有用之理念(数学,物理学,工业,政治经济学)、公正之理念(公民社会,国家,法权)、美之理念(艺术)、上帝(宗教)和"反思"(哲学)。在作为"理念崇拜"(culte des idées)的哲学中,达到了其他理念之顶点;在哲学中,特殊科学获得反思和领会。⑥ 在实证主义中,经验科学获得了优势地位。形而上学和所有不基于经验的学科,被排除于哲学之外。本身变得实证的哲学,作为认识理论仍然具有为科

① V. GIOBERTI: Introd. allo studio della filos. (Capolago 1849—1850)3, 12ff.; vgl. K. WERNER: Die ital. Ph. des 19. Jh. 2(1885)143ff.

② A. ROSMINI-SERBATI: Nuovo saggio sull'origine dell'idee. Opere edite e inedite. Ed. naz. 5(Rom 1934)273f.

③ Sistema filosofico, a. O. 2(1934)285.

④ G. PEYRETTI: Istituzioni di filos. teoretica (Rom 1874) 317ff.; C. CANTONI: Corso elementare di filos. (Mailand 1870, 121901)8ff.; S. CORLEO: Il sistema della filos. univ. (Rom 1879) 289ff.; ein Rekurs auf F. Bacon bei A. VALDARNINI: Principio intendimento e storia della classificazione delle umane conoscenze secondo F. Bacone(Florenz 1870).

⑤ P. F. LANCELIN: Introd. à l'analyse des sci. (Paris an IX—XI/1801—03).

⑥ V. COUSIN: Cours de l'hist. de la philos. moderne II/1: Introd. à l'hist. de la philos. Nouv. éd. (Paris 1847)5—17.

学奠基的功能。这样的哲学,一定会理解和加速哲学的实证化进程。圣西门(Saint-Simon)就只认可四个现象领域和相应的科学种类:“天文学、物理学、化学、生理学现象。”正如,迄今为止在历史上,普遍认为天文学家与占星师对立,化学家与炼金术士对立,生理学也将取代古老的哲学(伦理学和形而上学)。社会现象被还原为生理学现象。① 圣西门还将这四种现象结合起来,置于上位概念“物理科学”之下,并将其扩大为包括心理学和关于天体和地球物体的学说。②

孔德(A. Comte)拓展了这种划分方式。数学成为(亦如在圣西门那里一样)起点,接着是:天文学、物理学、化学、生理学和“社会物理学”(physique sociale)或社会学。这一顺序具有必然性,因为每一种科学都基于先于它的科学,又为随后的科学做好了准备,所以,这一顺序也描绘了人类的科学发展进程:数学作为最抽象、最单纯和最普遍的科学,处在历史的开端;社会学作为最复杂、最困难和最具体的学说,才开始真正成为科学。③ 这种划分的基本线索,在孔德那里,尽管有一些调整,但后来仍得以保持:生理学从而指“生物学”,社会学接下来仍然是伦理学,④数学变成了逻辑学,并由算术、几何和力学构成。⑤ 与此同时,孔德想依此分类制定一项教学计划,如圣西门之所为,基于精确科学的进步,来推动从政治上重新组织社会。⑥

更多著作家进一步拓展了实证的科学体系,尽管对孔德

---

① C.-H. de SAINT-SIMON: Lettres d'un habitant de Genève(1802). Oeuvres de Saint-Simon et d'Enfantin(Paris 1865—78, ND 1963/64)15, 36. 38—41.

② Memoire sur la sci. de l'homme, a. O. 40, 88.

③ A. COMTE: Cours de philos. positive 1(Paris 1830, 51892)vor 1.

④ Catéchisme positiviste(1852), hg. P.-F. PÉCAUT(Paris o. J.)98.

⑤ Synthèse subjective 1(Paris 1856)55; vgl. P. LAFFITTE: Cours de philos. première 2(Paris 1894)253ff.

⑥ Discours sur l'esprit positif(Paris 1844); Cours..., a. O. [55].

也有批判。思辨哲学、神学等等,仍然遭到排除,逻辑学和数学保持着其基本功能。① 然而,与孔德无关,以前从属于哲学的学科的自主性成了问题:哲学还剩下哪些部分? 所以,人们为哲学指派了一项任务:通过回归康德,并作为对观念论将哲学绝对化的修正,"来澄清科学概念并为其奠基,科学概念的有效性是每一种特殊科学的前提"。从而,尽管哲学仍然是"基础科学",其与个别科学的分离也受到阻止,但不再对经验领域,譬如,自然和历史领域,发生影响。② 在保持哲学作为"普遍科学"的同时,肯定自然科学的自主性,很快会导致这种信念:只有两种"基础科学","自然科学"和"精神科学",在"这两个主干上……最枝蔓纷繁的知识"得以包含其中。③ 但与此同时,哲学也能够出现在两个位置上:一方面,哲学作为所有科学的基础(逻辑学和方法论或认识论),另一方面,哲学作为关于(不同于自然科学的)"内在经验"的学说,属于精神科学。这表现在策勒尔(E. Zeller)④和狄尔泰(W. Diltheys)早期(后期未进一步推进)的体系构想中。在此构想中,逻辑学作为"科学认识的理论"先于所有个别科学,心理学和人类学为"精神科学"奠定基础,伦理学、法权哲学、国家哲学、宗教哲学和美学是精神科学的"现实"部分。⑤ 但与此同时,"外在世界的

---

① E. de ROBERTY: La sociologie(Paris 1881); L. BOURDEAU: Théorie des sci. (Paris 1882)(hier statt der Soziologie die «Praxéologie» am Ende); E. GOBLOT: Essai sur la classification des sci. (Paris 1898).

② F. HARMS: Prolegomena zur Ph. (1852) Vif.

③ A. L. KYM: Die Weltanschauungen und deren Consequenzen(1854)12. 14; zu Harms und Kym vgl. K. CH. KÖHNKE: Entstehung und Aufstieg des Neukantianismus(1986)131—136.

④ E. ZELLER: Über die Aufgabe der Ph. und ihre Stellung zu den übrigen Wiss. en(1868). Vorträge und Abhandlungen 2(1877)445—466.

⑤ W. DILTHEY: Grundriss der Logik und des Systems der philos. Wiss. en(1865). Ges. Schr. 20 [im Druck]; vgl. E. W. ORTH: Dilthey und Lotze. Zur Wandlung des Ph. -Begriffs im 19. Jh. Dilthey-Jb. 2(1984)154—158.

科学”在此还意指“自然哲学”，所以，在早期狄尔泰那里，传统的逻辑学、形而上学和伦理学的哲学总体划分，表面上仍显而易见，尽管其内涵与从前并不相同。

这种情形也适用于洛采（H. Lotze）。对于他而言，比哲学形式上的划分更为重要的是其与个别科学的关系。哲学不应当只作为认识和知识的理论发挥作用，还应当将对全部存在的基础和内在关联的“不安追问”主题化，这种追问（必定）为科学所忽视。“哲学是因她的孩子忘恩负义而流泪的母亲。从前她可是一切之一切。”在她的“女儿们”获得自由之后，哲学剩下的任务是（尝试）解开“古老的难解之谜”，“它们将希望系于人类知识的统一性”。① 因此，“哲学的任务”也并非与形而上学对立：哲学本身研究“逻辑必然之物”；自然哲学和心理学研究经验事实，伦理学和美学研究事物的贵贱。此三重性在宗教哲学中达到一个“唯一至高的观察角度”。②

但在同一时代，对于格鲁佩（O. F. Gruppe）而言，哲学的持存就是“安全的”，如果它与宗教和宗教划清界限，不受所有属于思辨的“胡言乱语”干扰，“与科学和平相处”，也就是与经验科学和平相处。从而，哲学还包括认识逻辑学、一种经验指向的心理学和自然哲学，还有“美学、伦理学和哲学史”。③ 哲学不再声称“对科学具有摄政统治权”。④ 毕希纳（L. Büchner）也否认哲学具有这样一种“教宗权力”，⑤视哲学为

---

① H. LOTZE：Mikrokosmus（1856—64，41884—88）3，228f.；vgl. ORTH，a. O. 140—154 und Einl. zu ORTH（Hg.）：Dilthey und der Wandel des Ph.-Begriffs seit dem 19. Jh.（1984）bes. 15f.

② Grundzüge der Logik und Enzykl. der Ph.（51912）100—102.

③ O. F. GRUPPE：Gegenwart und Zukunft der Ph. in Deutschland（1855）263ff. 272. 274f.

④ Wendepunkt der Ph. im 19. Jh.（1834）1.

⑤ L. BÜCHNER：Am Sterbelager des Jh.（1898）97ff.

"个别科学的调停者",因为,哲学记录下了个别科学的"最普遍结果",并将其"汇集为一个共同的精神结构"。哲学剩余的部分,类似于逻辑学、心理学、美学、伦理学和法权哲学的集合。①

实证主义的上升,在法国也并未必然导致将哲学排除于科学正典之外。安培(A.-M. Ampères)的划分由两个集合构成:"宇宙论科学"与数学、物理学、自然科学和医学的集合,"精神科学"与哲学、"辩证科学"(词学[Glossologie]、文学、教育学,等等)、"人种科学"(民族学、考古学、历史学,等等)和"政治科学"的集合。在包括128种具体学科的列表中,为每个集合中的每一种学科,均严格以演绎方式规定了一个确定的位置,所以,也为未来的培训学科留下了位置,这些学科的名称是现成的。② 古诺(A. A. Cournot)坚持更接近现实性。他承认五个主要集合:"数学科学"、"物理和宇宙科学"、"生物科学"、"精神和符号科学"(逻辑学、美学、自然神学、伦理学,等等)、"政治和确切所谓历史科学"。每个集合除理论方面,还有一个实践-技术方面(在物理学那里是工业,在政治学那里是军事学和金融学,以及如此等等),除了数学以外,也都有一个宇宙论-历史学的方面(天文学作为物理学的宇宙论方面,政治学史和商业史作为政治学的历史方面)。虽然个别科学不依赖于哲学,哲学也不可能调整自己以适合精确科学。尽管两者彼此有关联。若无科学的"想象空间",哲学会丧失自身;若无哲学,科学将失去与"生活需要"的关联。③

---

① Aus Natur und Wiss. (1862)234f.

② A.-M. AMPÈRE: Essai sur la philos. des sci. (Paris 1834—43); kosmolog. und noolog. Wiss. auch bei J. DUVAL-JOUVE: Traité de logique ou essai sur la théorie des sci. (Paris 21855)382ff.

③ A. A. COURNOT: Essai sur les fondements de nos connaissances (1851). Oeuvr. compl. 2(Paris 1975)381. 399ff.

由此所表明的进程，正如洛采和古诺的例子显而易见，在此进程中，哲学与科学彼此分离，但不会因此而完全分离。“哲学”与“科学”，如今不再是同义词，而是彼此在竞争，却也能补充对方。后来的(大量)分类，首先是对科学的划分，在这些划分中，哲学不再或不只是以其个别过去的经典学科分散出现。哲学放弃了由其本身当中发展出总体知识的要求。逻辑学尽管保持着其作为引导或基础科学的功能，本身却与数学构成并列关系。① 在其他著作家那里，譬如，自然神学②或伦理学③，以孤立方式与大量出现的自然科学并列。生物学、心理学或社会学往往取代哲学，占据着统治地位。如此免除了其关键功能的哲学，本身成了一门科学，它在建构其自身的内在划分时，多不顾及其他科学。对于瑟克雷当(Ch. Sécrétan)而言，形而上学、伦理学和逻辑学从属于哲学，④对于布伦塔诺(F. Brentano)而言，形而上学和心理学从属于哲学，“实践性的知识分支”(伦理学、逻辑学、美学)从哲学中获得“其本质养料”。⑤ 哈特曼(E. Von Hartmann)将认识论、自然哲学、心理学、形而上学、价值论、伦理原则学说、宗教哲学和美学，列入哲学之体系。⑥ 根据柯亨(H. Cohen)，从属于哲

---

① Z. B. bei H. SPENCER: The classifications of the sci. Essays 3(London 31878)9—32; R. de LA GRASSERIE: De la classification objective et subjective des arts, de la litt. et des sci. (Paris 1893); A. BAIN: Logic 1(London 1879)25ff.; CH. RENOUVIER: Essais de critique gén. 2: Traité de psychol. rationelle(Paris 1859, nouv. ed. 1912)142—177.

② W. WHEWELL: The philos. of the inductive sci. (London 21847, ND 1967)2, 113—118; H. M. STANLEY: On the classification of the sci. Mind 9 (1884)265—274.

③ W. D. WILSON: An elementary treatise of logic(New York/London 1856); A. NAVILLE: Nouvelle classification des sci. (Paris 1888, 21901)179ff.: Moral als Teil der «canonique» oder «sciences des règles d'action».

④ CH. SECRÉTAN: Précis élémentaire de philos. (Lausanne 1868)12f.

⑤ F. BRENTANO: Was ist Ph.? (1901), in: Religion und Ph. (1954)90.

⑥ E. VON HARTMANN: System der Ph. im Grundriß 1—8(1907—09).

学的却只有逻辑学、伦理学、美学和心理学；[①]与此类似，对于纳托尔普(P. Natorp)而言，从属于哲学的是逻辑学/认识论、伦理学、美学、宗教哲学和心理学。[②] 温特(W. Wundt)再次尝试将传统的经典哲学学科与一个相关体系结合起来。这个体系由“认识论”(形式理论：形而上学；现实理论：认识的历史和理论)和“原理学说”(普遍学说：形而上学；特殊学说：自然哲学[宇宙论，生物学]和精神哲学[伦理学，法权哲学，美学，宗教哲学])构成。[③] 后来又添加了心理学和人类学。[④] 哲学与个别科学的关系，却发生了倒转：哲学不再对个别科学作出规定，而是来源于个别科学，还要推动个别科学的任务，在此过程中，哲学与个别科学的“普遍认识结合成为一个无矛盾的体系”。如此一来，哲学本身就变成了“科学哲学”。[⑤]　迪尔泽(U. Dierse)撰

文献指引：

R. Flint：Philosophy as scientia scientiarum and a hist. of classifications of the sci. (Edinburgh/London 1904，Nd 1972). —B. M. Kedrow：Klassifizierung der Wiss. en(1975/76). -U. Dierse：Enzyklopädie(1977).

(七) 现象学、实在哲学和存在之思

现象学和实在哲学(Existenzphilosophie)之彰显，尤其在

---

① H. COHEN：Logik der reinen Erkenntnis(1902)；Ethik des reinen Willens(1904)；Ästhetik des reinen Gefühls(1912)；Psychologie nicht mehr erschienen；vgl. H. HOLZHEY：Einl. zu：Logik. Werke 6(1977)VII *.

② P. NATORP：Philos. Propädeutik(1903，51927)11f.；Ph.，ihr Problem und ihre Probleme(1911).

③ W. WUNDT：System der Ph. (1889)33ff.；vgl. Ueber die Eintheilung der Wiss. en. Philos. Studien 5(1886)1—55.

④ Einl. in die Ph. (41906)79ff.

⑤ System der Ph.，a. O. [80] 21.

于一种方法论与主题论(Thematik)的牢固扭结。在这种扭结得以保持之处,对一种新型的现实化、一种自我转化的要求,或者也是对一种对传统哲学的克服的要求,会苏醒过来。在这种扭结松动之处,现象学的直观和实在之思(Existenzdenken),会变成哲学的其他多数传统形式的纯粹构件、补正或前言,并且在最坏的情况下,也不过是复归为一系列模糊的研究原则和生命冲动。各种形式的创新,在胡塞尔的现象学和基尔克果的存在之思中,有其分离的开端,两者却日益结合为一个不容明确划界的张力领域。

"回到事情本身!"是胡塞尔在世纪之交提出的口号,试图为一种无偏见和无伪装的看,敞开经验的特征和多样性,从而重启哲学的激进传统。为此,他提议以一个"哲学的ἐποχή[时代]",来悬置所有以往的学说内容,从而与所有"实际的哲学路向"和"有门户之见的哲人"决裂。[①] 对于胡塞尔而言,正如对于其同时代的实证主义者而言,具有权威性的是严格的科学的要求,这些要求为一种广泛的理性要求所超越,后者要求放弃其"实证性"。[②] "纯粹现象学"的自我理解是作为"关于'现象'的科学";[③]以"绝对认识之理念"为方向,要成为"全部哲学之第一哲学",从而成为"任何形而上学和其他科学必不可少的先决条件——'它将能够作为科学来行事'"。[④]

《哲学作为严格的科学》(Ph. als strenge Wissenschaft)从

---

① E. HUSSERL: Ideen zu einer reinen Phänomenol. und phänomenolog. Ph. 1(1913). Husserliana[Hua.] 3(Den Haag 1950)40f. 46.

② Phänomenolog. Psychol. Hua. 9(1962)345, Anm.

③ Ideen... 1. Hua. 3, 3.

④ a. O. 8; vgl. Erste Ph. (1923/24). Hua. 7/8(1956/59).

而成为他1911年的宣言著作的题名。“科学的哲学”在此与一种世界观-哲学相对立,后者致力于个体经验、教养和智慧,进而致力于实践性的、时间性的目标,同时,它本身通过学者世代超个体的共同行动,致力于不受时代限制的目标,并且以清楚明白取代含义深刻。① 历史对于理论思维而言,只是动机领域而非对象:“并非哲人,而是事实和难题,必须成为研究的推动力之由来。”②另一方面,哲学的失真图像就是经验科学,后者将有效性要求置于自然进程之中。一门真正“从下面着手的哲学”(Ph. von unten),③始于经验的结构上的给予性(Gegebenheiten),而非建构(Konstruktionen)。通过澄清(aufklärt)而非解释(erklären),哲学赢得了一个全新的认识维度和方法。④ 在此意义上,哲学是“关于真实开端的科学,关于真实起源的科学,关于ῥιζώματα πάντων[万物之根据]的科学”。⑤ 胡塞尔将传统的哲学理念更新为基础-总体科学,他坚持最终的奠基、绝对的自主和普遍的内省。⑥

这种理念仍具有约束性,尽管哲学在胡塞尔后来的著作中,越来越纠缠于历史。以诊断的眼光观之,哲学的危机与欧洲科学和欧洲文化的危机结合在一起。⑦ 这就要求回顾历史。严格科学的理念转变为一种“目的理念”(Zweckidee),⑧现象

---

① Ph. als strenge Wiss. [1910/11](1965)55ff.

② a. O. 71.

③ 48.

④ Die Idee der Phänomenol. Hua. 2(1950)58. 24.

⑤ a. O. [5] 71.

⑥ Vgl. Nachwort, in: Ideen... 3. Hua 5(1952)138—162; Schlußwort, in: Formale und transz. Logik(1929). Hua. 17(1974)296—298; in diesem Sinne G. FUNKE: Phänomenologie. Metaphysik oder Methode? (1966).

⑦ Die Krisis der europ. Wiss. en. Hua. 6(1954)1ff. 314ff.

⑧ Cartes. Medit. I. Hua. 1(21963)48ff.

学加入了一种理性的历史，作为后者的“最终基础”，现象学建立了一个新式的开端。① 与此同时，现象学的理论的普遍性，与一种有普遍兴趣的实践结合在一起，而哲人变成了“人类的公务员”(Funktionären der Menschheit)。②

在现象学运动内部，关于计划当如何实施的问题，仁者见仁、智者见智。对于胡塞尔本人而言，道路引向一种纯粹意识的起源之领域，纯粹意识之外别无真实性。在先验现象学中，哲学得以完成自身，而形而上学从此以后只有作为“先验形而上学”方才可能。③ 慕尼黑和哥廷根圈子的早期现象学家，没有追随胡塞尔。对于普芬德尔(A. Pfänder)而言，现象学最终只是哲学的基础，而非哲学本身，因为，现象学只传达给我们关于现实性的意识。④ 此外，作为一种本质学说的现象学的观念占据了上风，正如莱纳赫(A. Reinach)对现象学的典范性发展。⑤ 在盖格尔(M. Geiger)、康拉德-马蒂乌斯(H. Conrad-Martius)和英伽登(R. Ingarden)那里，这种本体论现象学以各种方式，由认识论和形而上学得到补充。⑥ 在其他著作家如施泰因(E. Stein)和冯·希尔德布兰德(D. Von Hildebrand)那里，现象学终结于一种与托马斯主义或奥古斯丁主义相符合“永恒哲学”(ph. a perennis)。⑦

---

① a. O. [11] 74. 274.

② a. O. 15.

③ Cartes. Medit. V, § 61. Hua. 1, 171; vgl. §§ 60—64, a. O. 166—183.

④ A. PFÄNDER: Ph. auf phänomenolog. Grundlage(1973), 149.

⑤ A. REINACH: Was ist Ph.? (1951).

⑥ Vgl. H. CONRAD-MARTIUS: Die transz. und die ontolog. Phänomenol., in: H. L. van BREDA/J. TAMINIAUX(Hg.): E. Husserl 1859—1959. Recueil commémoratif(Den Haag 1959); ferner: Schr. zur Ph. (1963) 15ff.; M. GEIGER: Die Wirklichkeit der Wiss. en und die Metaphysik(1930); R. INGARDEN: Der Streit um die Existenz der Welt 1(1964) § 5.

⑦ Vgl. E. STEIN: Endliches und ewiges Sein(1950); D. VON HILDEBRAND: Was ist Ph.? (1976).

一种极端的对胡塞尔观念的变形，我们可以在舍勒(M. Scheler)那里看到。在其对当代德国哲学的独断式概观中，他将赞同作为“实事哲学”的现象学，“实事哲学”有别于“观点哲学和学派哲学”。[①] 但他却松开了哲学与科学的一揽子计划，因为，他在一个关于知识形式、生活方式和世界观的阶梯中，为哲学分配了一个天然的位置。在其论著《论哲学的本质》(Vom Wesen der Ph., 1917)中，他将哲学的精神姿态定义为一种参与全部可能事物之本质的生命行动，[②]虽然这种参与要靠认识，后者排除了直接的“体验哲学”(Erlebnis-Ph.)。[③] 因为，存在不会复起于其所知之在中，却开启了更高参与行动的宽广道路。哲学从而确实是“科学的女王”，同时却也是“信仰的女佣”(而非神学的女佣!)。术语上与胡塞尔殊为不同，[④]他区分了*自然世界观*、*科学世界观*和*哲学世界观*，自然世界观局限于独特的周围世界，科学世界观广及一个普遍的人类周围世界，哲学世界观指向绝对的存在。

在后来的知识形式的三分法中，[⑤]哲学出现于更多形态之中。超越于实证科学的事工-统治型知识之上，是*第一哲学*的本质-教化型知识，后者涉及存在方式和本质结构，并且很大程度上与胡塞尔的遗觉(eidetischer)现象学相符合。作为拱顶超越其上的是*形而上学*的救赎-神圣型知识，形而上学致力于绝对存在。决定性的跳板是*哲学人类学*，在普莱斯

---

① Vgl. M. SCHELER: Die Dtsch. Ph. der Gegenwart(1952). Ges. Werke 7(1973)265f. 327.

② Vom Ewigen im Menschen(1921), a. O. 5(1954)68.

③ a. O. 85.

④ 74—78.

⑤ Vgl. ‹Philos. Weltanschauung› und ‹Die Formen des Wissens und die Bildung›. Ges. Werke 9(1976).

纳(H. Plessner)那里得到进一步发展，在盖伦(A. Gehlen)那里中和为一种“经验哲学”。① 通向哲学之路，超越了出于本能的实践活动的断路，后来又分裂为阿波罗式的“现象学的简化”之路和一条“狄奥尼索斯式的简化”之路，通过前一条道路，我们将我们自己由此在提升到世界的纯粹之所是(Wassein)，通过后一条道路，我们专注于一种“前真实的生活”(vorreales Leben)。② 现象学在此触及了生活哲学。

在海德格尔(M. Heidegger)那里，不仅现象学遭到排除，哲学也超越了其自身。与一开始一样，哲学极端化为“作为前理论科学的元科学”。③ 后来，他将胡塞尔、基尔克果和狄尔泰的母题融为一炉，使旧主题得以焕然一新。“哲学是普遍的现象学本体论，以此在之解释学出发点，作为实在分离，将所有哲学问题的指导线索之终点固定下来，这里既是出发点，也是回归之所。”④在此定义中，本体论指哲学的基本主题，现象学指研究方法，解释学则关涉作为任何本体论之眼界和基础的此在。海德格尔追随胡塞尔，因为，他接纳了“回到事情本身!”这个原则，并将现象学理解为无方向和立场约束的“关于现象的科学”。⑤ 他又背离了胡塞尔，因为，他探究事情本身，不再通过意识现象学，而是通过“此在现象学”，⑥后者致力于解决存在问

---

① Vgl. A. GEHLEN: Anthropolog. Forschung(1961)25.

② Vgl. E. AVÉ-LALLEMANT: Die phänomenolog. Reduktion in der Ph. M. Schelers, in: P. GOOD(Hg.): Max Scheler im Gegenwartsgeschehen(1975)170; dazu SCHELER, a. O. [21] 69. 86; Philos. Weltanschauung(1928). Ges. Werke 9, 83.

③ Zur Bestimmung der Ph. (Vorlesungen von 1919). Ges.-Ausg. 56/57(1987)95ff.

④ M. HEIDEGGER: Sein und Zeit(101963)38.

⑤ a. O. 27f.

⑥ 37; vgl. dazu F. W. VON HERRMANN: Der Begriff der Phänomenol. bei Husserl und Heidegger(1981).

题。海德格尔以回顾方式将此开端性的“解释学现象学”，解释为尝试“更为原初地思考现象学之本质的努力，按此方式使现象学回到其之于西方哲学的从属性”。① 对一种存在史的更进一步的思索结果是：海德格尔不仅放弃了“现象学”之名称，②而且整体上差不多已然离开了哲学。哲学表现为一项任务，首先由苏格拉底和柏拉图指定，自我表达为形而上学和人文主义，并通过科学的技术化而达到完善。这个目的为一种艺术化的思营造出空间，以思考未思之物，“所思不再可能是哲学的实事”。③ 但海德格尔也谈论一种“哲学的未来本质”，作为一种“符合，将存在者之存在的与谈(Zuspruch)付诸语言”。④在海德格尔圈子里，不乏综合先验现象学和解释学现象之努力，譬如，贝克(O. Becker)、兰德格里伯(L. Landgrebe)和斯兹拉斯(W. Szilasi)。后者主要强调科学本身所具有的哲学特征，指定哲学为“反对不可知之边防”。⑤ 芬克(E. Fink)，曾几何时是胡塞尔的代言人，最终努力超越胡塞尔和海德格尔，他以存在概念来设计现象学，并将存在问题本身奠基于一种宇宙论背景之上。⑥

此后二十年，人们习惯上称为存在哲学的思维方式，在雅

---

① Unterwegs zur Sprache(1959)95.

② Vgl. allerdings：Mein Weg zur Phänomenol.，in：Zur Sache des Denkens(1969)；vgl. Vorwort，zu：W. J. RICHARDSON：Heidegger，through phenomenology to thought(1963).

③ Das Ende der Ph. und die Aufgabe des Denkens，in：Zur Sache des Denkens(1969)71；vgl. zuvor schon：Platons Lehre von der Wahrheit，mit einem Brief über den ‘Humanismus’(21954)bes. 48f. 55f. 105f. 119；Einl.，zu：Was ist Metaphysik?(71955)9；vgl. auch O. PÖGGELER：Der Denkweg M. Heideggers(1963)184f.

④ Was ist das-die Ph.？(1956)42. 46.

⑤ W. SZILASI：Wiss. als Ph.(1945)96.

⑥ Vgl. E. FINK：Sein，Wahrheit，Welt(1958).

思贝尔斯(K. Jaspers)那里有不加掩饰的表达。在处女作《世界观的心理学》(Psychologie der Weltanschauungen, 1919)中,他还要应对给予一种世界观的"先知哲学"与一种理解所有世界观的"世界观心理学"的截然对立。著作家差不多放弃了这种混合宗教、哲学和科学的做法。[①] 他自己的取向是仅仅提及胡塞尔的现象学。方法上,雅思贝尔斯赞赏一种"心理描述"方法,他在"作为严格科学的哲学"中看出了一种"对哲学的背叛","作为严格科学的哲学",以及其他形式的"教授哲学",诸如观念论、实证主义和新康德主义,都分有这种"对哲学的背叛"。[②] 雅思贝尔斯本人的思想,在其主要著作《哲学》(Ph., 1932)中可见大要,一方面吸收了基尔克果和尼采内涵危机的思想,另一方面吸收了康德的批判思想。首先,雅思贝尔斯采用了一个"实在哲学"(Existenzphilosophie)的题名,[③]但这并不具有某种将自己局限于实在(Existenz)的"存在主义"(Existentialismus)之含义,[④]而是具有一种以实在为媒介而运转的思想之含义。"实在哲学并不将实在包含其中,这是检验所有实在-哲学的试金石。"[⑤]就主题而言,哲学表现为三个阶段:世界取向(Weltorientierung),存在澄清(Existenzerhellung),形而上学。就方法而言,哲学表现为三重超越,超越了所有对象之物,将存在悬搁起来,呼唤个体自由和吁求出类拔萃。哲思

---

① Vgl. aber noch K. JASPERS: Ph. 1(31956)321; dazu das nachträgl. Vorwort zu: Psychopathologie der Weltanschauungen(51960).

② Nachwort(1955) zu meiner ‹Ph.›(1933), in: Ph. 1(21956) XVII; Die geist. Situation der Zeit(31953)142; Rechenschaft und Ausblick(1958)386f.; Philos. Autobiographie(1977)23. 92—94. Die genannten Schriften enthalten die wichtigsten Zeugnisse für Jaspers' Selbsteinschätzung.

③ Vgl. erstmals: Die geist. Situation der Zeit(1931).

④ Vernunft und Existenz(1960)66; Von der Wahrheit(21958)165.

⑤ Ph. 1, a. O. [36] 27.

原本就是一种“对当前思想的全面超越”，并且，若无“言说的哲思”，就不会有哲学。① 在最宽泛意义上，全部哲思都是实在澄清。② 但哲思并非只由此在中生发出来，而是与科学的专门技艺结合在一起，科学超越于哲思之外，哲思处在与宗教的真理主张的争执当中，宗教将哲思纳入一种哲学的信仰和对密码的解释之中。③

此后，重点转向强调理性与实在的两极性。实在澄清由一种不明确的纲要式“哲学逻辑学”所补充，④后者应取得“理性的自我澄清”。⑤ 雅思贝尔斯为一种重新出发的“永恒哲学”辩护。⑥ 他开始否定“实在-哲学”之名号，认为其有误导之嫌，⑦并赞成一种“理性的哲学”。⑧ 作为“对我们的基础知识的系统澄清”，⑨哲学重回熟悉的轨道。与一种基督教实在-哲学的距离，如伍斯特(P. Wust)受法国哲学影响对后者的发展，⑩缩小了。

两次大战之间，在罗曼语族国家形成了实在-哲学的特殊变种，大多直接受到基尔克果和尼采影响，部分亦可追溯到美国实用主义的影响。尤其在法国，出现了一种特殊的现象学与实在-哲学的融合，由柏格森的生命哲学和黑格尔-马克思

---

① a. O. 39.

② 32.

③ 327. 294ff.；vgl. auch：Ph. als Wiss.，in：Rechenschaft und Ausblick.

④ Vgl. Von der Wahrh.(21958).

⑤ Vern. und Exist，a. O. [39] 66. 131ff.

⑥ Ph. 1，a. O. [36] Vorwort XXIII.

⑦ Vern. und Exist.，a. O. [39] 128. 153，Anm. 1；Existenz-Ph.(31964) Nachwort zur 2. Aufl.

⑧ Vernunft und Widervernunft in unserer Zeit(1950)50.

⑨ Ph. 1，a. O. [36] Nachwort XXXV.

⑩ P. WUST：Ungewißheit und Wagnis(1937)；Der Mensch und die Ph.(1946).

的历史思想所加强，并且在越界者如瓦尔(J. Wahl)、扬基勒维彻(V. Jankélevitch)和穆尼耶(E. Mounier)那里，与唯灵论和个人主义倾向相结合。这种哲学的新特征，少有明确界线和规定性，除了具有某种特殊的思维-写作风格，后者持续改变着已建立的大学哲学，并导致哲学与非哲学的严重渗透。传统的道德哲学家的剖析技艺，也在其中发挥了与受过教育的公众人物一样的作用，如此一来，哲学反思进一步深入政治，并且在加缪(A. Camus)、萨特(J.-P. Sartre)、波伏娃(S. de Beauvoir)、马赛尔(G. Marcel)和马尔罗(A. Malraux)那里，以文学创作方式表达出来。

在西班牙，早在一战前，诗人、评论家和哲学家乌纳穆诺(M. de Unamuno)发展出一种关于悲剧生命感的哲学，①将肉身的人类、其生命欲求及其不死渴望放在首要位置，打破了科学学科的界限，并且——如后期的舍勒那样——将形而上学理解为"元人类学"(metantrópica)。② 与其精神同源的有两位俄国流亡者，他们属于法国实在-哲学的先驱。一位是舍斯托夫(L. Schestow)，他将生命之荒诞与哲学之洞见对立起来，将基尔克果与胡塞尔对立起来。③ 另一位是别尔嘉耶夫(N. Berdjajew)，他拥护一种先知式的、由社会和宗教给予资源的自由哲学，受雅思贝尔斯、海德格尔、舍勒和布伯(Buber)激发，将其与俄国的历史景象结合起来。他还对基尔克果的哲思，也就是实在本身，与一种客观的"实在哲学"(Ph. des Exis-

---

① M. de UNAMUNO：Del sentimiento trágico de la vida(Madrid 31928) vgl. bes. das Schlußkapitel über Don Quijote.

② a. O. 308；vgl. SCHELER，a. O. [26] 83.

③ Vgl. SCHESTOWS Nachruf auf Husserl(1938)；nähere Lit. angaben bei H. DAHN：Grundzüge des russ. Denkens(1979).

tierens)作了区分,并且,在术语上不加严格限制,将他的“实在的哲学”(existentielle Ph.)与雅思贝尔斯和海德格尔的“实在-哲学”对立起来。①

法国现象学和实在-哲学的最重要的先驱,还是马赛尔(G. Marcel),他的哲学起点可以追溯到一战开始,并且首先不依赖于胡塞尔和基尔克果,而是借鉴了德国和盎格鲁撒克逊观念论的思想财富。后来,他将自己的思想特征描述为“具体哲学”(konkrete Ph.)。② 他与布隆德尔(Blondel)一道,使一种“有思之思”(denkendes Denken)与一种客观的、非个体的、体系封闭的思想对立,这种“有思之思”是一种“当下的哲思”,它仍然在探求,而非“转化为思想的经验”。③ 这种哲学,在工作日志和戏剧中有其真正的形式,表现为“元批判”(Metakritik),意在一种“元难题性”(Metaproblematik),也就是意在“将其本体论的框架归还给人类的经验”,探索以“具体接近”“本体论的秘密”。④ 起初,马赛尔将此尝试以绝对方式称为“形而上学”;⑤三十年代,他宣告一些研究为现象学研究,但“现象学”对于他而言,仍然是一种本体论或形而上学思索的纯粹准备阶段;四十年代,他暂时接受了“基督教存在主义”标签,以代替“基督教的苏格拉底主义”或“新苏格拉底主义”

---

① N. BERDJAJEW: Das Ich und die Welt der Objekte(1951)72f. 91; frz. Cinq méditations sur l'existence(Paris 1936); weitere Lit. angaben bei DAHN, a. O.

② G. MARCEL: Du refus à l'invocation(Paris 1940)21. 62ff.; vgl. dazu J. WAHL: Vers le concret(Paris 1932).

③ a. O. 39.

④ Etre et avoir 1(1968)128. 144ff.

⑤ Vgl. Journal métaphys. (1927).

之名称。[①] "存在主义"这个名称,在四十年代的法国,并且早已在意大利得以流传,不过只表现为一个暂时的热点。要描述贴上此标签的思想之特征,用"存在主义"还远远不够,所涉及的某人几乎不会长久满足于这个名称。巴尼亚诺(N. Abbagnano)作为意大利存在主义的发起人,[②]寻求一条介于"否定的"存在主义与"本体论的"或"神学的"存在主义之间的中庸之道,因为,他强调实在的可能性特征,由此发展出一种具体的、绝对稳固的"可能性哲学"。[③] 甚至加缪(Camus)也在其《西西弗斯神话》(Mythos des Sisyphos, 1942)中,寻求一种"荒谬的敏感性"(sensibilité absurde),在其中批判了"哲学自杀",后者既属于那些——像胡塞尔一样——信仰理性的人,也属于那些——像实在哲学家一样——对理性失去信赖之人。他本人的主张,却更像是一种态度而非一种明确的哲学:"如果反叛能为哲学奠基,就会有一种有极限、有算计的无知和有风险的哲学。"[④]真正意义上现象学与实在-哲学的集合,是由萨特(Sartre)和梅洛-庞蒂(Merleau-Ponty)实现的,人们至此才可能谈论一种"实在的现象学":现象学变成了方法,服务于一种占据统治地位的难题性,也就是实在之难题性。[⑤] 但这种特征描述只在两种情况下才暂时适用。

---

① Detaillierte Angaben bei H. SPIEGELBERG: The Phenomenol. movement(Den Haag 1960, 31982)454—462.

② N. ABBAGNANO: La struttura dell'esistenza(Turin 1939); vgl. dazu W. RÖD: Der Charakter der Existenz-Ph. in Italien. Z. philos. Forsch. 12(1958) 263ff.

③ Vgl. Introd. all'esistenzialismo(Mailand 1942); Possibilità et libertà (Turin 1956).

④ Vgl. A. CAMUS: Essais(Paris 1965)693; zur Selbsteinschätzung seines Frühwerks und zur Distanzierung von Sartres Existentialismus vgl. a. O. 1424ff.

⑤ P. RICOEUR: Phénoménologie existentielle, in: Encycl. franc. 19(Paris 1957)19. 10. 8; engl. in: Husserl(Evanston 1967).

萨特(J.-P. Sartre)差不多只是顺带才谈论他所践行的哲学。他总是开门见山,以现成的思维方式造就他的工具和武器。这适用于其早期著作中的现象学心理学,适用于《存在与虚无》(L'être et le néant)中的现象学本体论,适用于《辩证理性批判》(Critique de la raison dialectique)中的马克思主义与存在主义的人类学联姻,最终也适用于后期关于福楼拜(Flaubert)的著作中的解释学。如一条红线穿过其所有著作的就是他的自由哲学。所以,萨特在其意识-实在分析中,猛烈抨击胡塞尔和海德格尔,一种构建意义的意识的自发性与无意义之物的惯性之间的截然对立,使实在不断退回其自身,从而使实在哲学(Ph. der Existenz)立于不稳定的基础之上。首先,就好像它想以某种"纯粹反思"方式找到一个避风港,可以使其摆脱所有作为之无用性,①它接下来的取向,就是直接行动以寻求其成功,或作为某一个体的选择行动,这是人类所要承担的义务,②或作为某种革命活动,这本当创造一个自由的社会。

在此所提供的"新哲学",在某种"关于革命的哲学"(Ph. der Revolution)、某种"革命家的哲学"(Ph. für Revolutionäre)和某种"革命哲学"(revolutionären Ph.)之间闪闪发光。③ 存在主义正在瓦解为一种"活的马克思主义"(marxisme vécu)。

首先,对马克思主义理论的调适导致某种确定的距离。在这种理论的框架内,哲学变成一种历史性的复数;作为"对同时代知识的总体化",哲学变成了"文化媒介"(Kulturmedi-

---

① Vgl. bereits J.-P. SARTRE: La transcendance de l'ego(Paris 1965)Conclusion; Esquisse d'une théorie des émotions(Paris 1939)55. 62; dann: L'être et le néant(Paris 1943)206ff. 670. 721f.

② Vgl. L'existentialisme est un humanisme(Paris 1946).

③ Vgl. Matérialisme et révolution, in: Situations III(Paris 1949)176ff.

um)，变成了“解放工具”，以及如此等等，并且，在此意义上，任何哲学都是实践性的；哲学如果再不发挥这样的作用，就会蜕变为意识形态，蜕变为一种“知识边缘寄生的知识”。[①] 从而，存在主义与马克思主义的关系已然受到限制，尽管尚未完全限定。马克思主义是我们时代的一种(*die*)哲学，可是如此坚硬，所以，它需要存在主义的新鲜酵素，还需要人文科学中介，从而转变为一种“具体的人类学”，[②]并且，将辩证法作为“自由的逻辑”来运用。[③] 此外，超越匮乏的支配，一个“自由的”王国和一种“自由的哲学”在招手，对后者，我们可能尚无概念。[④]这种乌托邦式的过剩，让萨特在晚年再次以其“存在主义”来反对一种马克思主义的“权力哲学”，[⑤]以一种对话式的“我们的道德”来超越斗争精神——并且，再次以一种极端的新哲学为目标。[⑥] 比这些终极幻象更为清晰的是萨特作为作家的反思。如今，哲学表现为以概念手段尽可能达到具体的普遍之物的努力；作为反思，哲学是“实践的死结”(der tote Punkt der Praxis)，因为，哲学同时滞后-超前于实践；“经验的具体密度”总只是间接抵达哲学。[⑦] 萨特何以坚决反对所有存在史的和结构主义的诱惑，这就是一种决定性的人本主义：“哲学的场域是人类。”[⑧]

---

① Questions de méthode, in: Critique de la raison dial. (Paris 1960) 15—18.

② a. O. 59.

③ 156.

④ 32.

⑤ Vgl. Situations X(Paris 1976)192f.

⑥ Vgl. das Interview mit Sartre in: Obliques No. 18—19(Paris 1979)14f.; näheres dazu bei B. WALDENFELS: Phänomenol. in Frankreich(1983)Kap. II, 6.

⑦ Situations IX(Paris 1972)67—69.

⑧ a. O. 83.

某种程度上,梅洛-庞蒂(M. Merleau-Ponty)是萨特的对立面。当后者强化对现实性的决裂时,前者强调与世界的肉身捆绑。① 通过同时与晚期胡塞尔和海德格尔的结合,梅洛-庞蒂发展出了一种现象学哲学,后者并非对某种过往真理的纯粹反思,而是——与艺术相似——"真理的实现";其追求指向对萌芽状态的世界和历史的感知,从而在其本身的不完满中反映出世界的未完成性。② 一种"极端的反思"将哲学的核心由自主的主体性转移到一个位置,我们的反思在此得以不断更新,③从而使哲学实现其自身,通过将其自身作为分离之物而扬弃。④ 不存在"纯粹的哲学",哲学遍及一切领域,本身就寓于所谓事实之中;但这样一种具体的哲学并不是"好哲学",因为它唾手可得,⑤相反,一种"好斗的哲学",是与非哲学的实证主义争斗的哲学;⑥这是"一种遥远的占有物之乌托邦"。⑦ 但"经验会预料一种哲学,正如哲学无非是得到澄清的经验"。⑧ 在某种科学中,已然有一种"隐含的哲学"体现出自身,譬如,一种"形式哲学"或一种"结构哲学",适合于以批判方式来阐明。⑨ 哲学声称,跟科学相比,没有固有之领域,而只有一种确定的意识方式:"哲学不是确定的知识,哲学

---

① Vgl. P. TÉVENAZ: De Husserl à Merleau-Ponty(Neuchâtel 1966).

② M. MERLEAU-PONTY: Phénoménol. de la perception(Paris 1945) Prof. XVf.

③ a. O. 75f.

④ 520; Sens et non-sens(Paris 1948)236f.

⑤ Partout et nulle part, in: Signes(Paris 1960)bes. 163. 198.

⑥ Le visible et l'invisible(Paris 1964)320.

⑦ Eloge de la philos. (Paris 1953)79.

⑧ a. O. [76] 77; vgl. dazu A. de WAELHENS: La philos. et les expériences nat. (Den Haag 1961).

⑨ a. O. 62; La structure du comportement(Paris 21949)142f. 147; Merleau-Ponty verarbeitet hier Anregungen, die er von A. Gurwitsch empfangen hat.

是警醒,哲学阻止我们遗忘随便哪种知识的来源。”①在其最后一批著作中,梅洛-庞蒂越来越强调未思之物的阴影,这是哲学之思为自己准备的,②他自己发展出了一种疑问之思:哲学寻求“接触活生生的(rohen)存在”,努力让“我们深入存在之中”。③ 但本体论在此呈现,它仍然是“否定哲学”之一种;作为“间接本体论”,它在存在者之中寻求存在,而非在其他任何地方。④

现象学在列维纳斯(E. Levinas)那里以其他方式变得极端化,就是将现象学与犹太传统结合起来。以“总体性”和“无限性”为主导概念,列维纳斯展开了对西方哲学的批判,后者将自己表现为本体论,也就是说,描述为企图将他者引回自我,将一切归入总体性。列维纳斯用打破总体性的他者的经验,反对权力、不义、战争哲学,这种由权力、不义、战争导致的哲学,这种在海德格尔的存在之思中仍作为“中性的哲学”而持存的哲学。⑤ 胡塞尔的现象学方法,在此作为手段,以伦理学视角,回归一种“形而上学的外在性”(metaphysischen Äußerlichkeit),后者以其无限性超越了所有意向。⑥ 这种形而上学在尘世存在的“面对面”中寻求其道路,远离某种“先验哲学”(Ph. der Transzendenz),正如远离某种“内在哲学”(Ph. der Immanenz)。⑦ 这种与某种理性之总体性的决裂,回指辩证法思想,罗森茨威格(F. Rosenzweig)在《救赎之星》(Stern

---

① Le philosop he et la sociologie, in: Signes, a. O. [79] 138.

② Vgl. Le philosophe et son ombre, a. O. 225f.

③ a. O. 31. 155.

④ a. O. [80] 233.

⑤ E. LEVINAS: Totalité et infini(Den Haag 1961)12—18. 274f.

⑥ a. O. Préf.

⑦ 23.

der Erlösung, 1921)中发展出了这种思想,列维纳斯在德里达(J. Derridas)对西方"逻各斯中心主义"的重构中,找到了回应。① 在其晚期著作中,列维纳斯也在努力超越这种形而上学。当他通过持续拒绝(Absage [Dédit]),使所言说(出)([Aus-]Gesagte [Dit])回归鲜活的言说(Sagen [Dire]),从而以超越任何存在为目标时,他的哲学论辩才算完成任务。② 凭借其宗教热望,哲学将自身与一种致力于见证的"先知论"结合为一体。③

在利科(P. Ricoeur)那里,多路现象学与实在-哲学汇集在一起,并且与一种反思哲学的古代传统结合起来,正如也与当代的结构主义和语言分析流派结合为一种解释学现象学。哲学的观念从而变得尤为复杂。一方面,在胡塞尔影响下,另一方面,在马赛尔和雅思贝尔斯影响下,利科通过其大部头的"意志哲学"(Ph. des Wollens)寻求一种"人的哲学",这种哲学在意向性意识的客观性、道成肉身的秘密和一种对存在的可能参与之间,维持着一种鲜活的张力。描述性的现象学在此意义上是"浪漫的流露与肤浅的理智主义的分水岭"。④ 方法上,利科区分了哲学的起源(*Quellen*)与其本身的起点(*Ausgangspunkt*);只有在后一种意义上,哲学才意指一种根本的开端(radikalen Anfang)。⑤ 因此,如果意志哲学在追问罪责时离开了形象描述的途径,并落入符号之领域,就不排除一种哲学解释学的建立采用一种哲学的形式:这种哲学由符号构成,并

① Vgl. J. DERRIDA: L'écriture et la différence(Paris 1967)117ff.

② LEVINAS: Autrement qu'être ou au-delà de l'essence(Den Haag 1974) bes. Kap. VI.

③ a. O. 190ff.; vgl. auch TH. de BOER: Tussen filosofie en profetie (Baarn 1976); S. STRASSER: Jenseits von Sein und Zeit(Den Haag 1978).

④ P. RICOEUR: La volontaire et l'involontaire(Paris 1950)20.

⑤ Finitude et culpabilité 1(Paris 1960)24.

让符号来引导和注入活力。[1] 这种可能性,不仅在于宗教现象学"重构性的(restaurative)解释学",也在于弗洛伊德"解构性的解释学",这种可能性以其"反现象学"削弱了意识之明证性,而只容许一种拐弯抹角的被意识到(*Bewußtwerden*)。[2] 对符号的思索,最终扩展为一种语言哲学,与晚期海德格尔的语言之思接近。哲学论辩保持着一种确定的独立性,但这一点发生在与诗的生动交流之中。[3] 围绕着这些思想打转的,还有杜夫海纳(M. Dufrenne)的现象学美学和"诗学"。[4] 一种语言哲学会变成哲学本身,"如果它思考存在之于存在的关系"。[5] 但无论如何,利科在方法上仍然坚持一种现象学与解释学的相互补充和修正。[6]

胡塞尔晚期现象学以一个主题超越了所有实在哲学的侵入而在当代发生影响,这就是生活世界(*Lebenswelt*)。这个主题,将哲学反思卷入一张由日常经验、社会关系和科学体系构成的网,[7]构成古尔维奇(A. Gurwitsch)和许茨(A. Schütz)思想中的一个难点,使这两位流亡者在美国甚至对社会科学都能持续产生影响。古尔维奇坚持与胡塞尔站在一起,反对所有人类学和历史学对作为第一哲学的"意识哲学"的瓦解,[8]但

---

① Fin. et culp. 2(Paris 1960)323ff.

② De l'interpretation(Paris 1965)412.

③ La métaphore vive(Paris 1975)325.

④ Vgl. u. a. M. DUFRENNE: Le poétique(Paris 1963).

⑤ RICOEUR, a. O. [98] 385.

⑥ Phénoménologie et herméneutique, in: E. W. ORTH(Hg.): Phänomenolog. Forsch. 1: Phänomenol. heute(1975).

⑦ Vgl. schon J. PATOČKA: Le monde naturel comme problème philos. [1936](Den Haag 1976); ferner die frühe Schrift von A. GURWITSCH: Mitmenschl. Begegnungen in der Milieuwelt [1931](1977).

⑧ Vgl. GURWITSCH: Phenomenol. and the theory of sci. (Evanston 1974)10ff. 154ff.; ähnlich FUNKE, a. O. [10].

他容许形式理论的重要划分原则进入对意识领域的结构分析，让科学研究的大门保持敞开。① 许茨更为坚定地参与了对多重经验方式和感知领域的分析，他意识到自己正处在一种“现象学心理学”和一种“生活世界本体论”的准备阶段，并将柏格森、詹姆斯(W. James)和米德(G. H. Mead)的母题，引入了他对生活日常的描述。但哲学对于他而言也意指纯理论，按此理论，我们作为“旁观者”，放弃了对生活的关切。② 这种观望态度，在用马克思的眼睛阅读胡塞尔的《危机》(Krisis)的著作家那里不见了，譬如，帕奇(E. Paci)就是如此。哲学在此变成了“一种开放的总体性之科学”，参与了作为主导表现和批判动力的科学研究和政治-经济实践。③ 胡塞尔和海德格尔的理念，在受马克思主义影响的东欧国家也具有吸引力，④这种吸引力基于一种期待：思想本身中包含着一种反抗-变革的力量。 瓦尔登菲尔斯(B. Waldenfels)撰

文献指引：

M. MÜLler: Existenz-Ph. im geistigen Leben derGegenwart(1949, 1964). -H. Spiegelberg s. Anm. [59]. -O. Pöggeler s. Anm. [32]. -F. Zimmermann: Einf. in die Existenz-Ph. (1977). -W. Janke: Existenz-Ph. (1982). -F. Fellmann: Gelebte Ph. in Deutschland(1983). -B. Waldenfels s. Anm. [72].

(八) 解释学哲学

人们是努力区分“解释学哲学”和“哲学解释学”概念(博

---

① Vgl. vor allem: Das Bewußtseinsfeld(1975).

② A. SCHÜTZ: Gesammelte Aufs. 1(1971) bes. 284.

③ E. PACI: Funzione delle scienze e significato dell'uomo(Mailand 1963) bes. 295. 459ff.

④ Vgl. B. WALDENFELS u. a. (Hg.): Phänomenol. und Marxismus 1—4 (1977—79).

尔诺[O. F. Bollnow]),[1]还是将其——如大多数情况下习以为常的那样——作为同义词来使用,如今很大程度上已有共识,所以,这两个概念指的是哲学所固有的领域,这个领域一方面是马克思主义的变种,另一方面出自盎格鲁撒克逊的语言分析和科学理论(阿佩尔[K.-O. Apel],彭加勒[O. Pöggeler])。[2] 这种哲学也在欧陆安家,更准确地说,"其原始资源……很大程度上在德国"(帕尔默[Palmer])。[3] 正是这一哲学路向,使编纂一部《历史哲学大辞典》成为可能。

将"解释学"与"哲学"概念并列,并非完全是标新立异。因为,亚里士多德《解释学》,一种命题逻辑,就是"工具篇"之一部分。[4] 在现代哲学的开端,丹豪尔(J. C. Dannhauer)就将"解释学方法"(media hermeneutica),理解文本的技术规则,总称为"哲学方法"(philosophica)。[5] 在布多伊思(J. F. Buddeus)那里,解释学作为解释之学说,是"工具哲学"(Philosophia instrumentalis)之一部分,[6]而启蒙运动中的逻辑学家也往往在附带使用一种解释学。[7] 然而,现代"解释学哲学"之根却恰恰不在于此。因为,正如在神学、法理学和语文学领域,

---

① O. F. BOLLNOW: Festrede zu W. Diltheys 150. Geb. Dilthey-Jb. 2 (1984)49f.

② K.-O. APEL: Transformation der Ph. 1. 2(1973)bes. 1,(Einl.)9ff.; 2,(Teil 1)7ff.; O. PÖGGELER(Hg.): Hermeneutische Ph. (1972)9f.

③ R. E. PALMER: Hermeneutics. Interpret. theory in Schleiermacher, Dilthey, Heidegger, and Gadamer (Evanston 1969) XIII.

④ ARISTOTELES: De int.

⑤ H.-E. JAEGER: Stud. zur Frühgesch. der Hermeneutik. Arch. Begriffsgesch. 18(1974)35—84, zit. 47.

⑥ J. F. BUDDEUS: Elementa ph. ae instrumentalis seu institutionum ph. ae eclecticae I(61727)pars II, cap. I.

⑦ JAEGER, a. O. [5]; W. HÜBENER: Schleiermacher und die hermeneut. Trad. Schleiermacher-Arch. 1/1 [Internat. Schleiermacher-Kongreß, Berlin 1984](1985)561—574.

就逻辑学关联而言,解释学也只是一种辅助学科。在现代早期和启蒙运动时期,解释学能具有"哲学"含义,只是因为它与某一种上位学科(神学,法理学)之特定难题无法割裂。即使在施莱尔马赫(Schleiermacher)那里,解释学也只是处在某一种哲学体系框架中的一种纯粹"技术性的"辅助科学,不过它在此已然具有了重大意义。① 解释学严格意义上并不具有哲学含义,或根本不是哲学之内核,而哲学整体而言也不具有解释学含义。只是 19 世纪的哲学危机,为解释学哲学打下了可能和必要的基础。

狄尔泰作为首位解释学哲学大家,揭开了这场危机:自然科学的统治导致哲学失去了其科学特质,而历史意识导致一种有约束力的哲学概念的瓦解。通过他对哲学的本质和概念的思考,狄尔泰尝试克服这一处境。② 因为,对于现代意识而言,并不存在单数的(*die*)哲学,而只有千差万别的哲学,哲学的本质不可能由某一确定的体系的立场来定义。为了客观性,为了哲学之实事,狄尔泰认为自己勉强可以历史方式行事:重要的是认识到,什么在历史上并且如今仍然被当成"哲学"。③ 由此形成了一种更为形式化的哲学的前概念(Vorbegriff):哲学是"自身发展着的关于人类所思、所作和所为的意识"(das sich entwickelnde Bewußtsein über das, was der Mensch denkend, bildend und handelnd tut)。④ 进一步考察表明,

---

① F. D. E. SCHLEIERMACHER: Hermeneutik, hg. H. KIMMERLE (21974) 80. 159; Entwürfe zu einem System der Sittenlehre, hg. O. BRAUN (21927)356; Dialektik. Sämmtl. Werke [SW] III/4, 2, hg. L. JONAS(1839) 260f.

② W. DILTHEY: Das Wesen der Ph. (1907). Ges. Schr. [GS] 5(1957) 339ff.; Weltanschauungslehre. Abhandlungen zur Ph. der Ph. GS 8(1960).

③ Wesen der Ph., a. O. 364; Weltanschauungsl., a. O. 208.

④ Weltanschauungsl., a. O. 32. 38.

哲学——已然与施莱尔马赫的情形相似[1]——具有一种“双面性”，一个雅努斯的头颅（Januskopf）：祂——据狄尔泰——一面朝向宗教，从而是形而上学，另一面朝向实证知识，追求这种普遍的有效性。[2] 由此，其双重本质使得哲学在现代陷入了一种悲剧性冲突。批判主义（Kritizismus）已然指出了形而上学作为科学的内在不可能性，而历史意识认识到了其人性条件和动机。另一方面，实证的、普遍有效的知识，为自然科学所独具。所以，哲学被撕裂了，还有因此而毁灭之倾向：形而上学不是科学，只是“世界观”；现代自然科学也不是哲学，它们对“人生之谜”避而不答。[3] 狄尔泰为哲学指出了新任务，他明确将分裂的意识的两个方面作为对象。他首先转向经验科学，为其给予一种“知识理论”和关于科学的内在关联的理论。他的工作在此只针对精神科学，实证主义看不见它们。他的追求是为精神科学“奠基”（认识论、逻辑学和方法论）；[4]与胡塞尔针锋相对，他强调此项工作是其体系化的哲学。[5] 其次，他在他的“哲学之哲学”中明确转向形而上学体系，并指出了其创始与功能：形而上学的体系是具体、个别和历史性的“生命”之“表达”，同时也是其完成，也是对永恒的生命之谜的回答。[6] 形而上学的体系是对“现实性”的“注解”（Auslegungen）与“解释”（Interpretationen）。[7] 形而上学思维的三个基本观

---

① SCHLEIERMACHER：Gesch. der Ph. SW III/4，1，hg. H. RITTER (1839)146.

② DILTHEY：Wesen der Ph.，a. O. [9] 404；Weltanschauungsl.，a. O. [9] 209.

③ Weltanschauungsl.，a. O. 140f.

④ Vgl. bes.：Grundlegung der Wiss. en vom Menschen，der Ges. und der Gesch. GS 19，hg. H. JOHACH/F. RODI(1982).

⑤ F. RODI/H.-U. LESSING (Hg.)：Materialien zur Ph. W. Diltheys (1984)110ff.

⑥ DILTHEY：Weltanschauungsl.，a. O. [9] 208.

⑦ Wesen der Ph.，a. O. [9] 353. 379；Weltanschauungsl.，a. O. [9] 82.

点,也就是自然主义连同主观和客观的观念论三种“类型”,虽然不以科学方式确认、反驳或化入(黑格尔)更高一级的体系——它们(像莱辛[Lessing]的指环比喻中的实证宗教一样)彼此竞争——但进一步的直观可以认识到,它们以不同形式接近了真理,也反映出了生命之深不可测。

这里展示的普遍基础,产生并将狄尔泰的精神科学理论与其形而上学哲学统一起来:这就是他的生命哲学,关于生命表达自身、使自身客观化和反思自身的出发点。“我的哲学的基本思想就是,至今从未以整体、完全、不断章取义的经验作为哲思的基础,结果也从未有过整体和完全的现实性。”①这种经验就包含在“亲历”和“自省”当中,“自省”在科学的抽象背后,通过追溯其条件,可以澄清“生命的内在关联”。② “哲学,如此理解的哲学,就是现实之科学。”③狄尔泰将他的生命哲学纳入了不封闭的体系形式。他的洞见引导他不要用概念来建构或澄清生命。“现实性本身,最终都不可能在逻辑上得到阐明,而只能被理解。任何真实性,如其所是地给予我们的真实性,就其本质而言,其中都存在着无法说出、无法认识之物。”④要理解生命,只有通过理解其历史的具体化活动。因此,狄尔泰的哲学是一种“间接的以历史为中介的生命哲学”(米什[G. Misch]),⑤或就是一种“解释学哲学”,可以通过理解“客观精神”找到通向世界和生命的入口(博尔诺[O. F. Bollnow])。⑥

---

① a. O. 171.

② 188f.

③ 172.

④ 174.

⑤ G. MISCH: Lebens-Ph. und Phänomenol. (21931, ND 1967) 67; Vom Lebens- und Gedankenkreis W. Diltheys(1947).

⑥ BOLLNOW, a. O. [1].

狄尔泰形式上仍坚持一种体系化哲学的思想，他的朋友约克（P. Yorck Von Wartenburg）却拒绝将一种哲学理论与形而上学相结合的理念，他在此理念中看到的只是“对某种意识要素的异化”，一种抽象：①“对于自我意识内在的历史性，一种与历史学（Historie）隔离的体系在方法上是不恰当的。”②“哲思的非历史化，在我看来，方法上表现为一种形而上学的剩余。”③同样是由狄尔泰构建的对历史性洞见，也就是对人在历史上的有条件性、偶然性和有限性的洞见，促使他将所有哲学作为“生命的宣告”（Lebensmanifestation），④全部回置到现实历史的河流之中。哲学变成了对具体的有历史条件的生命的自我反思，变成了时间性的、过渡性的此在对其自身的谅解，通过与历史的持续交流。所有哲学，在约克看来，都有一个母题：“整全和彻底的认识意志”（das totale und radikale Erkennenwollen）。⑤ 因此，他勾画出了关于一种“批判哲学”的构想，放弃所有关于永恒真理的要求。这种哲学的决定性基础，在于历史的被给予性之限制，而不在于运用确定的规范。“就其出发点而言是经验性的，就其方法而言是实验性的。”⑥——在狄尔泰和约克的探索性和纲领性的思想中，几乎包含了如今作为“解释学哲学”的所有起点。后者的共同标志，以此概念之广度，很容易通过否定来确定。自我奠基的知识之理念，

---

① Graf P. YORCK VON WARTENBURG：Bewußtseinsstellung und Gesch.，hg. I. FETSCHER(1956)44；Fragment von 1891，bei K. GRÜNDER：Zur Ph. des Grafen Paul Yorck von Wartenburg(1970)340f.

② Br. wechsel zwischen W. Dilthey und dem Grafen P. Yorck von Wartenburg 1877—1897(1923)69. 251.

③ a. O. 69.

④ 250；vgl. Fragment von 1891，a. O. [25] 340.

⑤ Bewußtseinsstellung，a. O. [25] 33.

⑥ a. O. 38.

对哲学的绝对起点和终点的寻求,关于一种超越历史的立足点之可能性的信念,就交付于这种哲学了。

尼采(F. Nietzsche)也被称为解释学哲学的探路者,这是有一些理由的。因为,他也着眼于历史生成和人类的有条件性,对所有“形而上学的哲学”作出了彻底批判,并且建构出一种“历史性的哲学”(historische Ph.),后者摆脱了“历史感之匮乏”这一“所有哲人之先天缺陷”,所表明的洞见是,人或者其认识能力或世界,都不是某种超越历史的“永恒不变之物”:“然而,一切都是生成的;不存在永恒之物:正如不存在绝对真理。——因而,历史性的哲思必须从现在开始,并且具有谦逊的道德。”“历史性的哲学”,“所有哲学方法中最年轻的方法”,将哲学的疑难状况分析为充满生机的生命过程的结果:①“生理学要求的无意识伪装,在客观的、理想的、纯精神的外衣下,达到了令人恐怖之程度,——我经常问自己,是否,充其量,迄今为止的哲学,说到底只是一种对身体的注解,也是一种对身体的误解。”②像狄尔泰一样,尼采不仅将“注解”和“解释”概念与文本相关,也与此在和世界相关,他在解释中——在此预示着海德格尔——发现了一条通往存在的根本道路。是否“并非所有此在都是从本质上解释的此在”,这个问题将他引向一种信念:不存在一个世界和一种关于世界的科学,而只存在无限多的“世界-解释”:“世界对于我们而言……再一次变得‘无限’:因为,我们不可能拒绝可能性,可能性自身之中包含着无限的解释。”③尼采用这种思

① F. NIETZSCHE: Menschliches, Allzumenschliches(21886)I, 1f. Krit. Ges. ausg., hg. G. COLLI/M. MONTINARI [GA] IV/2(1967)19—21.

② Die fröhl. Wiss. (21887) Vorrede 2. GA V/2(1973)16.

③ Aph. 374, a. O. 308f.

想来批判机械论，后者只是一种可能的，也是"最愚蠢的"世界-解释；①他也用这种思想来批判实证主义，后者以事实为根据："反对实证主义，它坚持将'只有事实'立于现象旁边，我要说：非也，恰恰事实不存在，只有解释。我们不可能确定事实'本身'……"在解释的背后，按照尼采在其晚期哲学中的说明，是权力意志："我们的要求，就是对世界的注解：我们所为及其赞成和反对。任何作为都是一种统治欲……"②对于尼采而言，所有解释都是服务于有机生命的伪造，他只能将自己的哲学也理解为一种可能的解释：这就是这种哲学的有意识的悖论之处，也是其疑难所在，这使得尼采的倡议只能以变形方式发挥作用。

通过将形而上学相对化为纯粹的世界解释之可能性，在狄尔泰那里，进入意识的"生命"多义又幽暗，成了一个谜。对其哲学之下的客观性的理解，从而也只是看了一眼"嘴上在笑，眼里却充满了忧郁的生命神秘莫测的面容"。③ 用追问生命的意义为追问由历史给定的哲学加括号，海德格尔将此当成了原则，他同时强调了两点：所有对哲学传统的占有，都要求"彻底清楚地建构作为哲学的难题性本身之时间化的解释学处境"。④ 他的讲稿《对亚里士多德的现象学解释》(Phänomen-ologische Interpretationen zu Aristoteles, 1921/1922)，从而已然引向了对具有"毁灭性和问题性"的(人的)存

① a. O. Aph. 373, a. O. 307f.

② (Der Wille zur Macht) Nachgel. Frg. (1886/87). GA VIII1(1974)323; vgl. 137f.; dazu J. FIGL: Interpretation als philos. Prinzip. F. Nietzsches universale Theorie der Auslegung im späten Nachlaß(1982).

③ DILTHEY: Weltanschauungsl., a. O. [9] 226.

④ M. HEIDEGGER: Phänomenolog. Interpr. zu Arist; Einf. in die phänomenolog. Forsch. Ges. ausg. II/61(1985)2f.

在之实情的揭示。哲学是"原理性认识,在此认识过程中,哲学碰到了其本身的事实性"。① 因为,在某种真诚狂热的哲学追问中——并且仅仅在此过程中——哲学史,同时还有实在,才展露自身,对于海德格尔而言,与体系和历史观点决裂毫无意义:"(历史学上[historisch])历史之物(Geschichtlichen)的存在和历史学研究的意义,就在此时首先形成,并且处在原理性认识之中。在哲思中,不存在哲学史,而且在关于真实的(哲学思考的)生命的历史学研究中,不存在超越时间的在-己-难题性(An-sich-Problematik)和哲学问题之体系。"②这样,海德格尔就瓦解了狄尔泰式的"客观精神"思想;哲学无需再走理解他者的弯路,而将达成直接的自-我-理解,达成"事实性之解释学"。③ 在《存在与时间》(Sein und Zeit, 1927),上述开端的成熟形态中,海德格尔的"解释学"哲学,通过理解和注解认清了人的此在之"实在"(Existenzialien)即构成。④ 当解释学哲学如今作为"基础本体论",作为新的第一哲学登场后,人们能够在其中看到,一种现实的哲学解释学之本真开端。⑤ ——如果人们在早期或首先在晚期海德格尔(参下文)那里见识了解释学哲思的成功,那么,海德格尔无论如何从根

---

① a. O. 112; vgl. 56ff.

② 111.

③ Vgl. zu Heideggers bisher unveröff. Vorles. ‹OntologieHermeneutik der Faktizität› (1923) die Beiträge von H.-G. GADAMER, F. HOGEMANN, CH. JAMME, TH. KISIEL, O. PÖGGELER, F. RODI, in: Dilthey-Jb. 4 (1986—87); die Publikation der Vorles. demnächst in Ges. ausg. II/62.

[45] B. GROETHUYSEN: Der Weg zur Ph. (Rez. zu G. Misch). Neue Jb. Wiss. Jugendbildung 3 (1927) 578f.; vgl. E. SPRANGER: Aufgaben der Ph. in der Gegenwart (1953). Ges. Schr. 5 (1969) 320—327.

④ Sein und Zeit (1927) §§ 31f.

⑤ H.-G. GADAMER: Wahrheit und Methode (1960) 249; vgl. Art. ⇨ ‹Hermeneutik›, in: Hist. Wb. Philos. 3 (1974) 1067.

本上为此作出了贡献:对于整整一代哲学家(诸如,海姆塞特[H. Heimsoeth],里特尔[J. Ritter],伽达默尔[H.-G. Gadamer],利科[P. Ricoeur])而言,体系性和历史性的思想、哲学和哲学史并不具有独立自主性,从而在德国,这些领域也不会从建制上彼此分离。

狄尔泰的弟子们,并没有将哲学完全局限于实在分析。米什(G. Misch)在海德格尔的基础本体论中,重新发现了徒然寻求某种稳固基础的努力和某种抽象体系之危险。以“存在”为目标,海德格尔使具体的历史“生命”再次消失于眼前。[1] 诺尔(H. Nohl)也与狄尔泰保持了距离,当后者过分为实在-哲学铺路时。对生命之短暂性和全部认识之相对性的洞见,不容他忽视,我们的时间意识以某种“时间思考”为前提,而且,对于人而言,还存在一种“具本质性的朝向无条件之物的生命取向”(就像晚期约纳斯[H. Jonas][2])。因此,狄尔泰学派还有其他路向:a)代替某种“对形而上学的解构”(海德格尔),寻求进一步与全部哲学传统论辩,将狄尔泰的生命哲学母题引入一种体系化形式,b)代替集中于实在,因时制宜采纳所有关于人的知识,并以哲学沉浸之。这种哲学不要求成为某种“严格的科学”(胡塞尔)与其他科学相对照。相反,哲学与个别精神科学一道,推动其事业,加强其事实内容,反思其方法;由此,哲学施予这些科学以重大影响:历史、文献、艺术、宗教和社会科学。

哲学被作为“精神-历史现实性”,[3]也就是说,在关涉狄尔

① MISCH: Lebens-Ph., a. O. [23] 41. 47.

② H. NOHL: Einf. in die Ph. (31947) 67ff.; H. JONAS: Wandel und Bestand (1970).

③ B. GROETHUYSEN: Der Weg zur Ph. (Rez. zu G. Misch). Neue Jb. Wiss. Jugendbildung 3 (1927) 578f.; vgl. E. SPRANGER: Aufgaben der Ph. in der Gegenwart (1953). Ges. Schr. 5 (1969) 320—327.

泰的语境中,被作为客观精神的形式。因此,任何哲学都被置入了其历史和文化处境。诺尔的《哲学导论》(Einführung in die Ph.)是一部进入有历史意义的难题提法之引论。[1] 在格罗图伊森(B. Groethuysen)那里,自省是一种与形而上学历史的实在对话,着眼于其与生命的关联。[2] 米什指出——避免习传的"欧洲中心论"[3]——正如在印度、中国和希腊,都分别出现过哲学的一系列演变,哲学在每一种文化中都扎下了根,并且仍有系统补充。[4] 但与此同时,米什比狄尔泰更为严格地强调创新,这种创新随哲学进入了历史。哲学必须作为解放精神的力量来理解,而非仅仅作为历史性生命之"表达"。[5] 哲学与历史性生命具有悖谬之关系:"在乎其内出乎其外"(in ihm über ihm)。[6] 恰恰是通过已然在狄尔泰的"哲学"概念中见识过的双重性,哲学才符合现实性:哲学一方面是形而上学,另一方面又是澄清,正如生命一方面不可测和不确定,另一方面又确定和符合思想之尺度。米什将这种对某个狄尔泰式的思想现象的阐明追溯到古代哲学(有限-无限[peras-apeiron])。[7]

因为,传统逻辑学看来只是按自然科学来剪裁的,狄尔泰已然着眼于精神科学而对其作了变形,他的出发点是"整全

---

① NOHL, a. O. [44].

② B. GROETHUYSEN: Das Leben und die Weltanschauung, in: M. FRISCHEISEN-KÖHLER(Hg.): Weltanschauung(1911)53—77; Mythes et portraits(Paris 1947); dtsch.: Unter den Brücken der Metaphysik(1968).

③ a. O. [45] 581.

④ MISCH: Der Weg in die Ph. (1926, 21950).

⑤ Lebens-Ph., a. O. [23] 17f. 25ff.

⑥ a. O. 17.

⑦ 50ff.; J. KÖNIG: G. Misch als Philosoph. Nachr. Akad. Wiss. en Göttingen, Phil.-hist. Kl. (1967) bes. 154ff. 202ff.; F. RODI: Dilthey, die Phänomenol. und G. Misch, in: E. W. ORTH(Hg.): Dilthey und die Ph. der Gegenwart(1985)125—155.

的"也就是感觉-意愿-表象着的人和生命的运动。[1] 米什将此推进到一种"解释学逻辑学",它可以度量语言与内省生命之关系。[2] 它确定能够成为一种"由内而外扩展的先验逻辑学"。[3] 利普斯(H. Lipps)也——与海德格尔论辩——拟就了这样一种类型的逻辑学。[4] 与之相反,罗塔科尔(E. Rothacker)的《逻辑学与精神科学的体系》(Logik und Systematik der Geisteswissenschaften, 1926)已然部分预见到库恩(Th. S. Kuhn)的洞见:科学理论和科学方法论不能没有科学史来推动;科学方法依赖于主动性的问题提法和世界图像,依赖于"世界观"。[5]

狄尔泰说过,人只能在其历史中认识自己。[6] 与此同时,他补充勾画了一种心理学的也就是人类学的人性理论。[7] 因此,由他激发的哲学人类学有两条分支。对于格罗杜伊森(B. Groethuysen)而言,哲学人类学是"自省,就是人日日新的努力,是理解自己"。这种自我认识的实行,必须作为对自我解释的反思,这是人以历史性的哲学、宗教和艺术形式给予自身

---

① DILTHEY: Ideen über beschreib. und zerglied. Psychol. (1854). GS 5 (1957) bes. 200ff.; Der Aufbau der geschichtl. Welt in den Geisteswiss. en. GS 7 (1958) 3—69. 228ff.; a. O. [15] bes. 110ff. 307ff.

② [54] KÖNIG, a. O. [52] 219ff.; O. F. BOLLNOW: Stud. zur Hermeneutik 2(1983): Zur hermeneut. Logik von Georg Misch und Hans Lipps; RODI, a. O. [52]; vgl. Art. ⇨‹Logik, hermeneutische›, in: Hist. Wb. Philos. 5(1980) 414f.

③ MISCH: Lebens-Ph., a. O. [23] 33.

④ H. LIPPS: Unters. zu einer hermeneut. Logik (21959); vgl. BOLLNOW, a. O. [54].

⑤ E. ROTHACKER: Log. und Syst. der Geisteswiss. en (1926) bes. 139ff.; vgl. Einl. in die Geisteswiss. en(1920) Vorwort.

⑥ DILTHEY: Der Aufbau..., a. O. [53] 279; Weltanschauungsl., a. O. [9] 226.

⑦ F. RODI: Morphologie und Hermeneutik (1969) 92ff.; H.-U. LESSING: Die Idee einer Kritik der hist. Vernunft(1984) 168ff.

的自我解释(参兰德曼[M. Landmann][1])。格罗杜伊森的主导信念,针对一种"生命的自我中心化",也就是个体化,[2]类似于米什的研究,此主导信念为自传史奠定基础。[3] 在此,哲学人类学与精神史合河流,[4]所以,另一方面,普莱斯纳(H. Plessner)尝试以补充方式阐明历史性地自我表达、客观化和自我理解的人的质朴性:"哲学解释学,作为对生命的自我理解之可能性的系统回答,要以其经验为中介通过历史才能进行……以对表达的结构法则的研究为基础。"[5]普莱斯纳对"表达生命"的"现象学描述",在此与米什的逻辑学和知识理论相合;两者都反对在此过程中还有什么比"认识人类学"(Erkenntnisanthropologie)具有更大的现实意义。[6] 通过对历史世界的理解与一种"开放的"人类学的结合,博尔诺(O. F. Bollnow)将狄尔泰的意图系统化地引向了一种"解释学哲学"。[7]

海德格尔三十年代放弃了他将哲学奠基于一种"基础本体论"之上的努力。他的哲思的实施,如今本质上是作为对哲学和诗歌文本的注解。因此,可以说,他的哲学现在才算是名

---

① B. GROETHUYSEN: Philos. Anthropol., in: A. BAEUMLER/M. SCHRÖTER(Hg.): Hb. der Ph. 3(1931, sep. ND 1969)3ff.; M. LANDMANN: Philos. Anthropologie. Menschl. Selbstdeutung in Gesch. und Gegenwart (21964).

② H. BÖHRINGER: B. Groethuysen(1978)bes. 149f.

③ G. MISCH: Gesch. der Autobiographie 1/1(31949)5f.

④ H.-J. SCHOEPS: Was ist der Mensch? Philos. Anthropol. als Geistesgesch. der neuesten Zeit(1960).

⑤ H. PLESSNER: Die Stufen des Organischen und der Mensch(1928). Ges. Schr. 4(1981)60.

⑥ APEL, a. O. [2] 2, bes. 9ff. 96ff.

⑦ O. F. BOLLNOW: Das Wesen der Stimmungen(1941, 61980); Das Verstehen(1949); Die Lebens-Ph. (1958); Ph. der Erkenntnis(1970); Das Doppelgesicht der Wahrheit(1975).

副其实的解释学性质的，尽管海德格尔避免使用解释学概念。① 伽达默尔（H.-G. Gadamer）将他的“哲学解释学”与海德格尔早期的思之概念，但事实上主要与其晚期的哲思概念联系在一起。海德格尔已经——通过一种“转向”——不再以实在为出发点，而是以“存在”为出发点，“存在”显露又收回自身，天命使然。海德格尔从根本上将艺术和语言，作为真理显露之方位，将语言作为“存在之家和人性的寓居之所”。② 这些思想让伽达默尔取得了丰硕哲学成果，他的哲学——以对启蒙运动和现代方法论的极端批判——要帮助精神科学达成一种恰当的自我理解。这种哲学的内核是一种语言本体论，因为，在语言——超越所有科学——中，世界与自我先行开启，并且，两者得以彼此交流。③ 这种发生在语言中的理解，必然扩展到哲学和精神科学，并在其中得到深化。伽达默尔坚信，“全部哲学之思都是一种对原初世界经验的进一步的思，语言的概念-直观力量尝试终极之思，我们就生活在语言之中”。④ 哲学和精神科学参与了一种无尽的“真理的发生”（Wahrheitsgeschehen），就此而言，解释者与其说是主体不如说是中介。

尽管他断然批判狄尔泰，⑤伽达默尔却引出了一些在狄尔

---

① O. PÖGGELER：Heidegger und die hermeneut. Ph.（1983）66；Heidegger und die hermeneut. Theologie，in：E. JÜNGEL u. a.（Hg.）：Verifikationen. Festschr. für G. Ebeling（1982）480；Der Denkweg M. Heideggers（21983）.

② M. HEIDEGGER：Platons Lehre von der Wahrheit. Mit einem Brief über den ‘Humanismus’（1947）115.

③ GADAMER，a. O. [42] Teil III.

④ Ph. und Hermeneutik（1976），in：Kl. Schr. 4（1977）257.

⑤ a. O. [42] 205ff.；vgl. Dilthey tra romanticismo e positivismo，in：F. BIANCO（Hg.）：Dilthey e il pensiero del nove-cento（Mailand 1985）24—41；F. RODI：Hermeneutics and the meaning of life：A critique of Gadamer's interpret. of Dilthey，in：H. J. SILVERMAN/D. IHDE（Hg.）：Hermeneutics and deconstruction（New York 1980）82—90.

泰那里隐而未发的线索;譬如,狄尔泰已然说过,“对世界的注解”,正如发生在宗教、诗和形而上学中的情形,“就发端于语言”。① 但在伽达默尔那里——不同于狄尔泰——解释学不再是方法论,而要尝试阐明人之存在。也因此,解释学远超“哲学的某种普遍视角”,②解释学(如在海德格尔那里一样)是基础性-哲学。正是通过伽达默尔的“哲学解释学”,这一概念才获得了更大范围的拓展;与此同时,这种哲学也挑起了强烈的批判:人们作出论证以反对这样一种“解释学的”哲学,它只认得一种“接受理性”(vernehmende Vernunft),并且宣告一种“语言观念论”(Sprachidealismus)(阿尔伯特[H. Albert],哈贝马斯[J. Habermas]③)。人们也批判一种“哲学的”解释学,它与任何方法论都保持距离,从而为进入独断之精神科学铺平了道路(贝蒂[E. Betti],希尔施[E. D. Hirsch],西博姆[Th. M. Seebohm]④)。

利科(P. Ricoeur)将海德格尔所开之端绪,拓展为一种“解释学哲学”,恰恰要将真理与方法联系起来,避免语言“实在化”(Hypostasierung)为“绝对本质”(absoluten Wesenheit)。因为,人的实在总是解释过的实在,故而某种现象学的描述无法通达,所以,必须为现象学“嫁接”一种解释学,哲学必须以解释学方式行事:哲学反思语言的符号形式,实在只是以符号形式间接表明自身。此外,利科的哲学掌握了对心理分析、宗教现象学和哲学的竞争性解释,对其总体性要求作出限制,并追问其共同基础。以此“已然破

---

① DILTHEY: Weltanschauungsl., a. O. [9] 82.

② GADAMER, a. O. [42] 451.

③ H. ALBERT: Traktat über krit. Vernunft(1968)134ff.; Plädoyer für krit. Rationalismus(1971)106ff.; J. HABERMAS: Zur Logik der Sozialwiss. en(1970)251—284; vgl. die Beitr. in: Hermeneutik und Ideologiekritik(1971).

④ E. BETTI: Die Hermeneutik als allg. Methodik der Geisteswiss. en(1962); E. D. HIRSCH: Validity in interpretation(New Haven 1967); TH. M. SEEBOHM: Zur Kritik der hermeneut. Vernunft(1972).

碎的本体论”所模糊提示的内容，就是作为对存在的祝愿（Wunsch nach dem Sein）的实在，就是处在其有限性和依赖性之中的自我。[①] ——在利科那里表现为哲学难题的内容，也就是说，所有体系性的表达都只是可能的解释，罗蒂（R. Rorty）将其用作一种“哲学之批判”，也就是一种对传统“基础主义认识论”的批判：哲学必须停止要求把握真理，它必须变成“解释学”，哲学本身必须保持各种话语间的对话，并致力于教育（“教化”[edification]）。[②]

解释学哲学的兴起，作为纯粹的先验意识，不再是有承载力的哲学基础。因此，狄尔泰认为他的工作不是对纯粹理性的批判，而是对历史性的有限理性的批判。[③] 利科进一步对有限理性之幻象作出说明，并因而接受了心理分析和意识形态批判。以其他方式从事此项工作的还有阿佩尔（K.-O. Apel）和哈贝马斯（J. Habermas）：现象学科学，精神科学，像自然科学一样，致力于一种同样有生命力的认识兴趣，也就是说，致力于就行动目标展开交流。然而，因为所有交流都受到自然束缚的干扰，解释学的行动就需要由规则论说明和意识形态批判来补充。[④] 对蒙蔽的洞见，当然要一个对题为前提，这就是一种未歪曲的沟通之理想：阿佩尔发现此理想是——在罗伊斯（J. Royce）的出发点上——在理想的“解释或交流共同体”中，后者作为全部有意义的言说、行为和理解的先验条件和规则性理念而发挥作用。[⑤] 解释学哲学在此变形为一种“先

---

① P. RICOEUR：Le conflit des interprétations. Essais d'herméneutique（Paris 1969）；dtsch.：Hermeneutik und Strukturalismus（1973）；Finitude et culpabilité II：La symbolique du mal（Paris 1960）；dtsch：Symbolik des Bösen（1971）.

② R. RORTY：Philosophy and the mirror of nature（Princeton，N. J. 1979）；dtsch. Der Spiegel der Natur. Eine Kritik der Ph.（1981）bes. 343ff.

③ P. KRAUSSER：Kritik der endlichen Vernunft（1968）.

④ APEL，a. O. [2]；J. HABERMAS：Erkenntnis und Interesse（1968）bes. 221f.

⑤ a. O. bes. Bd. 2，Teil II.

验解释学”,变形为一种先验哲学,后者超越了历史局限,“通过对理解的可能性和有效性条件的先验反思,相当于抵达了某种笛卡尔式的哲学的最终理由之要点”。①

如今所谓“解释学哲学”、“哲学解释学”,或简而言之,“解释学”,绝非一个统一的“学派”。极为异质的哲学,如今被归入那些名目之下,如尼采的视点论(Perspektivismus),海德格尔的基础本体论,贝蒂斯(E. Bettis)的精神科学的方法论,甚或卡西尔(E. Cassirer)的文化科学奠基说,后者在文化领域、“符号形式”中,认出了对世界的特定“注解”。② 因此,人们有很好的理由也将这样的哲学归属于解释学哲学之领域:这就是联系亚里士多德和黑格尔,对过往与当今的哲学之间的断裂与延续作出反思,从而将历史关联本身引入思维建构之统一性(Systemeinheit)的位置。“哲学之理念意味着……,对于此理念而言,随着历史处境的变迁和流派学派的对抗,哲学将进一步展开为长盛不衰的哲学。”③ 肖尔茨(G. Scholtz)撰

文献指引:

R. E. Palmer s. Anm. [3].-V. Warnach(Hg.): Hermeneutik als Weg heutiger Wiss. (Salzburg 1971).-O. Pöggeler(Hg.)s. Anm. [2]. -H.-G. Gadamer/G. Boehm(Hg.): Seminar: Philos. Hermeneutik(1976) [Lit.!]; Seminar: Die Hermeneutik und die Wiss. en(1978)[Lit.!].-J. Bleicher: Contemp. Hermen. (Londonboston 1980).-R. J. Howard: Three faces of Hermen. (Berkeley 1981).-H. Birus(Hg.): Hermeneut. Positionen(1982).-U. Nassen(Hg.): Klassiker der Hermeneutik(1982). -F. Rodi(Hg.): Dilthey-Jb. 1ff(1983ff).-W. Orth(Hg.): Dilthey und der Wandel des Ph.-Begriffs seit dem 19. Jh. (1984); s. Anm. [52].

① 1,62.

② E. CASSIRER: Zur Logik der Kulturwiss. en(1961)20; vgl. z. B. G. FORNI: Studi di ermeneutica. Schleiermacher, Dilthey, Cassirer(Bologna 1985).

③ J. RITTER: Hist. Wb. Philos. 1(1971)VII; Metaphysik und Politik (1969), darin bes. 34ff.: Aristoteles und die Vorsokratiker(1954); K. GRÜNDER: Reflexion der Kontinuitäten(1982).

（九）西方马克思主义

1. 马克思主义内在的哲学概念的一种特殊演变的开端，始于1919年。由此开始自我演变的“西方马克思主义”[1]的主要标志是，重新强调并特别反思了马克思主义理论中的哲学要素，因为，马克思本人就已然提出要“实现”和“废除”哲学。甚至在马克思的哲学少作为人所知前，《关于费尔巴哈的提纲》(Feuerbach-These)第11条就强迫对一种单独的、作为学科来组织的、解释世界的哲学之存在的合法性问题表态，以面对由十月革命开启的世界变革。

卢卡奇(G. Lukács)1918年由资产阶级哲学转向马克思主义，他首次在论文《战术与伦理》(Taktik und Ethik，1919)中，对哲学与马克思主义的关系作了如下描述：马克思的社会理论是“社会意识生成”(Bewußtwerdens der Gesellschaft)之方位。[2] 以此反思形象，马克思的理论与所有乌托邦的社会哲学决裂，它还划清了关于现实性的哲学思想与现实性本身之间“无法消除的区别”。马克思的理论不复为哲学。相反，“……马克思……未加改变接纳了黑格尔哲学的巨大遗产：发展思想”。[3] 由于“他的后继者有时候缺乏哲学教养”，马克思的理论与哲学传统的内在关联被淹没了。正统的资产阶级哲学仍未意识到，凭借在其框架内发展起来的辩证方法，它手中掌握

---

① Der Begriff ‹westlicher Marxismus› wurde 1927 von M. WERNER(d. i. A. SCHIFRIN) als Gegenbegriff zu ‹Sowjetmarxismus› eingeführt, um Positionen wie die von Lukács zu kennzeichnen, vgl. M. WERNER: Sowjetmarxismus. Die Gesellschaft 2(1927)42—67, bes. 61.

② G. LUKÁCS: Das Problem geistiger Führung und die geistigen Arbeiter (1919). Werke 2(1968)57.

③ a. O. 58.

着一样重要工具。正是无产阶级在其阶级斗争实践中发现了这个工具。在此过程中,马克思采纳了黑格尔方法中的进步部分,同时排除了这种哲学中的反动部分。因此,在由马克思主义创造的阶级意识中,产生了社会发展意识的法则。在卢卡奇看来,无产阶级终结了哲学。然而,哲学的这一首次终结并不充分:在世界危机处境中,有某种事物变得必不可少,卢卡奇称其为"对阶级意识的意识",也就是"对无产阶级的阶级斗争的世界史使命的意识"。通过这种对阶级斗争的历史哲学提升,在卢卡奇那里出现了第三种哲学概念之表达,超越了乌托邦派和辩证法传统中人的哲学概念:这种"新的、世界革命和世界重建的哲学"。① 然而,这第三种哲学概念与马克思的理论一致。所以,卢卡奇能够这样来解释马克思主义的基本原理:"社会发展由这种……精神领导。"②马克思的世界革命哲学,从而应当——以无产阶级的阶级意识为中介——由此精神领导。这种从今往后完全合法的哲学,与大量的资产阶级哲学对立,后者不可能同意精神的这种反思进程。③ 尽管这种哲学往往还要由一种关于发展的总体性的思想来规定,但由于这种哲学与个别科学成果的关系只具有如此总体化的方式,正如它与真实性的关系有其多样性,所以,资产阶级哲学只是再生产出了在第二层级上对意识的"具体化",而未废除后者。④

---

① 60.

② a. O.

③ Gesch. und Klassenbewußtsein(1923), a. O. [2] 285ff. 297ff.

④ a. O. 286; vgl. Die Erkenntnistheorie Lenins und die Probleme der modernen Ph., in: Schr. zu Ideologie und Politik(1967)474ff.; vgl. L. A. ARATO/P. BREINES: The young Lukács and the origins of Western Marxism(New York 1979); Festschr. zum 80. Geb. von G. Lukács, hg. F. BENSELER(1965).

卢卡奇将马克思主义作为历史必然，将哲学作为文化的自我理解，比对于他而言更为强烈的是，“马克思主义与哲学”，对于科尔施（K. Korsch）而言，变成了有规定性的主题范围，这也是后者 1923 年著作的题名。早在 1922 年，科尔施就提出，马克思主义不是资产阶级科学理论意义上的科学，也不是科学哲学。[①] 马克思主义并没有在迄今为止的也就是资产阶级哲学的位置上，建立另外一种新的也就是马克思主义的哲学。马克思主义不是这种意义上的哲学，而是对哲学的批判，但另一方面，它也不是对迄今为止的哲学（它总是已然从属于哲学概念）的纯粹哲学的批判，它批判的哲学“与工人阶级那种实践性的争取自由的斗争，具有最为深刻的内在关联，作为这种斗争的纯粹理论表达，就是这种哲学的自我意识和自我表达”。[②] 但所有桥梁并未因此而全部中断；相反，根据科尔施，在唯物主义的历史见解与人们所谓古典“哲学”之间，仍然具有一种同类性。“作为对……资产阶级哲学的批判性反驳与克服”，马克思主义保持着其“本身仍是……哲学”的本质性的一面。但另一方面，它又超越了“资产阶级……哲学的视界”。[③] 此外，科尔施在马克思的著作中发现了某些内容，“要比全部所谓的……哲学”更具有哲学性质，这些哲学是对现代资产阶级时代的表达。“资产阶级哲学教授们彼此保证，马克思主义没有一种属于其本身的哲学内涵——从而他们相信，已然说出了某种反对马克思主义的重要内容。正统的马克思主义者在他们那一方面也彼此保证，他们的马克思主义本质

① K. KORSCH：Marxismus und Ph.（1923，n1966）138.

② a. O. 139.

③ 147.

上与哲学无关——从而他们相信,他们会说出某种重要内容以支持马克思主义。”①马克思主义真正的哲学要素,资产阶级的哲学活动尚未看见,尽管原因不一而足。建制化的哲学没有注意到,“哲学的理念内涵”也能够以其他形式作为真正的哲学而持续,譬如,在某种社会实践中。② 哲学进而将其历史理解为一种在自身中持续确认自身的发展,理解为持存于自身之中的理念的历史。这两种洞见障碍(Einsichtshindernisse),出于一种对下述情形的抽象:哲学卷入了现实性,本身就是现实性之一部分,所以,现实性之部分具有哲学性质,而哲学之部分却完全是非哲学的。这种关于哲学与现实性的辩证法,对于后黑格尔时期的资产阶级哲学而言仍难以接近。根据马克思,这种辩证法将成为一种哲学与革命的社会实践的辩证法。所以,“无产阶级革命的阶级斗争”与“马克思主义的唯物主义哲学”,应作为“一种统一的历史发展进程”的要素来理解。③ “对于现代辩证唯物主义而言,具有根本意义的是,它将这样的精神产物,如哲学和其他任何意识形态,首先作为现实性从理论上加以理解和从实践上加以对待。”④从而导致的困难处境是,只有超越资产阶级的立场,一种“马克思主义哲学”方能成为主题,但与此同时,作为分离的哲学发展,它融入了历史发展之中。在此意义上,马克思和恩格斯并不想勾画新哲学(也不想为无产阶级勾画一种党派哲学),相反,他们想扬弃任何形式的哲学。哲学的扬弃概念,不是“纯粹让其靠边站”,⑤而是其作为社会变革实践的现实化的渐进的革命进

① 76.
② 81.
③ 88.
④ 112.
⑤ 117.

程。由此，一种对马克思主义哲学内涵的纯粹否定，完全与一种对其革命内涵的遗忘聚合在一起。然而，理论与实践的辩证关系在何处具有活力，在此马克思主义的实践-革命和批判-哲学内涵将同时展现出来。从而，马克思的《关于费尔巴哈的提纲》(Feuerbach-These)第 11 条，并未取消哲学，而只是取消了这一理论："它不同时是实践，也不是现实的、尘世此岸的、人的感性实践……"[1]这样一来，对于从事这种革命实践的哲学，就得承担一项重要的任务：它必须"作为革命的科学批判和反叛活动"在通过无产阶级夺取国家政权前，同时"作为有组织的科学活动和意识形态专政"，在作为"哲学行动"夺取政权之后，对其本身的现实化同时发挥作用。[2] 那些意欲废除在其历史发展的当前时期作为核心的一种资产阶级机构的哲学，并在此位置上建立一种（非哲学的）科学社会主义的人，在其努力过程中可以引述布哈林（Bucharin）的历史唯物主义理论（德文本，1922）。然而，根据科尔施的见解，这是一种极大误解。因为，人们不可能废除哲学论证的合法内涵而不了了之；人们只能在革命实践中通过其现实化而扬弃它。按照其现实化之程度，也就是说，在革命中哲学得以实现之程度，哲学停止导致某种分离的此在。哲学将消亡，正如国家将在某种共产主义社会中消亡。[3] 布洛赫（E. Bloch）作为哲人，是在他成为马克思主义者之前。[4] 在后来与卢卡奇的《历史与阶级

---

① 133.

② 135f.

③ Vgl. G. BAMMEL in seinem ‹Vorwort› zu ‹Marxismus und Philosophie›, in：Zur Aktualität von K. Korsch，hg. M. BUCKMILLER（1981）68—88，bes. 73.

④ Die frühe Ph. Blochs behandelt A. MÜNSTER：Utopie，Messianismus und Apokalypse im Frühwerk von E. Bloch（1982）.

斗争》(Geschichte und Klassen-bewußtsein)辩论时,他更准确地以肯定方式强调了这部著作的黑格尔主义要点:“尽管这部著作不太容易碰到好的读者。比方说俄国人,那些研究哲学的俄国人,思维却像没有受过教育,他们甚至在此嗅到一种背离。与修正主义者极为不同,他们差不多同样背离了哲学的遗产,他们中有些人会说,马克思没有让黑格尔站立起来,因而,卢卡奇又使马克思头脚倒置了。”①所以,布洛赫在过渡到马克思主义之后,坚持哲学的、特别是德国古典哲学的基本内涵,这是为了马克思主义理论;并且,他这么做时,完全明了两者之间存在紧张关系。布洛赫对马克思的经济学与哲学的(批判)关系作出了这样的规定:经济学是基础科学,哲学却是“文化-自然意识的必要的关系定向”。② 在此处境中,哲学当然不会让哲学概念不受触动:相反它与实践有关联。所以,“哲学”与“哲学的现实化”在布洛赫那里有合流趋势。“不再有无整全之眼光的具体实践,整全之眼光就指哲学。也不再有无关乎实践的哲学,关乎实践就指建立无阶级的社会,也就是扬弃人的异化和物化。”③对《关于费尔巴哈的提纲》(Feuerbach-These)第11条,布洛赫在此意义上作出解释:马克思在其中的表达,绝非要反对哲学及其持续存在。相反,马克思的表达是要反对迄今为止只作解释的哲学。这种哲学迄今为止如此具有思辨性,自有其确定的历史-社会基础。但这无关乎哲学概念,而属于某种偶然的历史畸变,因此,关于政治实践

---

① E. BLOCH: Aktualität und Utopie(1923). Ges. ausg. (1959—78) 10, 601.

② Ad Pädagogica; Zur parteiischen Weisheit: Universität, Marxismus, Ph. (1949), a. O. 277.

③ a. O. 277f.; vgl. Über den Begriff Weisheit(1953), a. O. 391.

的思想遭到异化。所以，哲学向来对“整全之意识”记忆犹新，并且，在哲学中，“知识的统一性”作为理念，超越了科学所有的专门化，这一点确定无疑，与此同时，对于“马克思主义的处境哲学”而言，要对此作出补充以获得进一步规定：“哲学要使何去何从之强烈呼声为人所知，这是最终的呼声，若无此呼声，统一性就会僵化……哲学就站在前沿。它有意识地主动站在当今的转变进程之前沿，此转变进程是世界进程本身之一部分。凭借就是新事物，就是创新（Novum），作为一种迄今几乎尚未研究过的主要范畴，并且凭借具体的乌托邦，作为一种对象之确定性、真实性之确定性。”①哲学是“期望之总部”（Generalstab des Erwartens）。② 根据布洛赫，马克思之后的哲学应当是这样一种哲学：其主要对象是未来，是生成之所向。尝试将迄今尚未探究之维度纳入眼界，就是布洛赫的主要著作《希望原理》（Das Prinzip Hoffnung，1954）的贡献：“哲学将拥有确定的明天，偏向未来，认识希望，要么，它将不复有认识。并且，新哲学，如马克思所公开的那样，与关于新事物的哲学是一回事……”③新哲学是一种属于未来的哲学，这并不意味着其与过去的关系之终点。只要过去依然鲜活，它就包含某种未实现的希望。过去之未来作为主题之所属，就是“普遍的物质取向的科学”哲学④需要思考的内容：“哲学的基本主题，就哲学仍然存在并正在生成而言，就是尚未成就、尚未抵达的故乡……”⑤但与此有关的哲学，如今不再具有思辨性，而是“有概念也有实践”。⑥《关于费尔巴哈的提纲》第 11 条这句

---

① a. O. 287.
② Tübinger Einl. in die Ph. Ges. ausg. 13，300.
③ Das Prinzip Hoffnung. Ges. ausg. 5/1，5.
④ Was ist Ph.，als suchend und versucherisch?（1955），a. O. [20] 400.
⑤ a. O. [25] 8.
⑥ a. O. 17.

话，因而不应如此来理解："等于是美国化的野蛮行为。"①根据布洛赫，这句话表达的不是要"放弃哲学"，而是表达了哲学"最终胜利"。② 一种不再只-作解释的哲学得到宣传，但并非不再宣传哲学。甚至，连一种反对所有迄今为止只-作解释的哲学的普遍判决，布洛赫也认为，由此条提纲中也不可能得出。马克思的新的"行动哲学"，据称只反对黑格尔-追随者的思辨哲学，也反对一种"虚无-哲学"。《关于费尔巴哈的提纲》第 11 条批判的只是一种"仅仅以古已有之的方式解释世界的哲学，而无关乎一种以革命方式改变世界的"哲学。③ "马克思主义哲学的绝对创新之处，在于对其基础的深刻变革，在于其无产阶级-革命之使命；但这种绝对的创新之处并不在于：独一无二的有能力并且决定从事世界变革的哲学，不复为哲学。"④因而，布洛赫十分坚决地删除了由恩格斯在编辑《关于费尔巴哈的提纲》时在句子的两个部分之间增补的"但是"(aber)。尤有进者，布洛赫以此结论重构了马克思主义哲学：它解释世界，是为了改变世界。⑤

还有更进一步对《关于费尔巴哈的提纲》第 11 条的解释，是由拉法埃尔(M. Raphael)作出的，尽管他根本再未讨论这是不是一种针对消除哲学的研究，而只是讨论了这是不是要将理论排除于哲学之外的研究。甚至连后一个问题也遭到否

---

① 320.

② 322.

③ 325.

④ 326.

⑤ a. O. [26] 399；W. HUDSON：The Marxist philos. of E. Bloch(London 1982)；B. SCHMIDT：Seminar：Zur Ph. E. Blochs(1982)；H. G. BÜTOW：Ph. und Ges. im Denken E. Blochs(1963)；D. HOWARD：Marxisme et philos. concrète：situation de Bloch，in：G. RAULET(Hg.)：Utopie-Marxisme selon E. Bloch. Festschr. Bloch(Paris 1976)36—53.

定。这一条提纲,其哲学的内在性不成问题,目的是要"通过对原初实践的变革和推翻,将先于理论所由出的实践合法化"。[①] 此外,《精神创造的理论》(Theorie des geistigen Schaffens,1934年首版)不特别以哲学为其主题,而是简单处理了哲学,因为,哲学特别研究那些基于分工的社会抽象,应该将一种理论与实践的分离归于这些抽象。在这一点上,与此评估相像的是索恩-雷特尔(A. Sohn-Rethels)的那些评估。他也拒绝一种"从理智到理智的哲学",因为,他认为可以断然揭露其为"带有精神垄断的统治阶级的哲学"。[②] 这种哲学导致"有合作意识的社会中的自我抹杀",从而导致虚构出一种纯粹理智之原初性。在索恩-雷特尔那里,不成其为问题的是:马克思主义是一种哲学;它是"工人阶级的第一哲学"。[③] 因为,这种哲学如今已然放弃将一种理智之直接性虚构为原初真理,而替代做法是"可以从人类历史出发来提出对真理的追问",所以,凭借马克思主义,哲学已然放弃了成为第一哲学(Prima Philosophia)的意愿:哲学成为了"最终的哲学"(ultima philosophia)。[④] 这种哲学是关于交换抽象(Tauschabstraktion)之"起源的回忆"(Anamnesis der Genese),[⑤]交换抽象不仅是脑力劳动与手工劳动分离的基础,也是存在与经典资产阶级哲学意识分离的基础。

考夫勒(L. Kofler)深信不疑地将权力交予哲学,从而,一方面,让哲学给予我们的"命运"以表达,另一方面,让哲学介入

---

① M. RAPHAEL: Theorie des geist. Schaffens auf marxist. Grundlage (21974)24.

② A. SOHN-RETHEL: Warenform und Denkform(1961, 1978)104.

③ a. O.

④ a. O. 8.

⑤ 139.

我们的“命运”;而后一种情形,要么“使人束缚于这种命运”,要么让人获得自由。① 考夫勒意指,既非传统哲学体系的经验要求,亦非其思辨要求,能够应对上述意义上的当代挑战,相反,只有辩证法具有这种能力。安德斯(G. Anders)将他的哲学称为“机遇哲学”(Gelegenheits-Ph.),②正是出于“哲学的谨小慎微”,他害怕——模棱两可足矣——完全将其称为哲学。③ 所以,一方面,他提出的问题是,哲学究竟如何可能,另一方面,他嘲笑哲人,对哲学作哲思,而不“对我们唇边的水作哲思”。④ 他对个体、“个体性”(haecceities)葆有激情,对哲学之冲动葆有激情。⑤ 真正的哲人,从而对于安德斯而言,就是在其思想中朝着某物(*etwas*)勇往直前的人,他丝毫不关心这还是不是哲学;真正的哲人,在此意义上,对这(*die*)哲学不感兴趣。⑥

正如霍克海默(M. Horkheimer)1940 年对“哲学的历史功能”的追问,⑦他一方面肯定了哲学定义的扩散性和社会对哲学的期待,另一方面却强调哲学的历史批判动力,作为世纪转折时期哲学概念之稳定性。“哲学对抗真实性,出于其内在原理。”⑧特别是自由概念,以真实存在的强迫将哲学引入一种具基础性的紧张关系。因此,对于哲学而言,在任何社会结构中,都不存在其自身可以操控的位置,因为,“这种生活秩序及其世界等级,对于哲学本身而言是一个难题”。⑨ 霍克海默的

---

① L. KOFLER: Ende der Ph. (1961)3.

② G. ANDERS: Die Antiquiertheit des Menschen 2(1980)10.

③ a. O. 415.

④ 418.

⑤ a. O. 1(51980)12.

⑥ a. O. 14.

⑦ M. HORKHEIMER: Krit. Theorie, hg. A. SCHMIDT (21972) 2, 292—312.

⑧ a. O. 296.

⑨ 300.

说明完全无可争辩:“哲学真正的社会功能,在于批判现实。”①为了不使人类迷失于偏向既定状态和定向,哲学养成了批判、辩证思想。“哲学是方法性的持久努力,目的是将理性引入世界……”②尽管哲学本身极少直接表达社会批判,它对社会认可的思想的抗议,使得哲学对后者不适应、恼怒和失去了作用。批判,就是哲学,涉及“统治性的理念、行动方式和社会关系”。③ “如今,无论如何,全部历史动力将哲学置于社会现实的核心,也将社会现实置于哲学的核心。”④与现实性相对的哲学事物的冗繁之情形,为晚期霍克海默所突破。就是,已然表现出一种反对某种确定的哲学的论点:哲学要让自身有用于大众,有教育意义。“不存在哲学的定义。哲学定义与清楚表达其必须说出的内容是一回事。”⑤就是,哲学致力于将理性引入世界,这不再可能行得通了,因为,理性概念不再容许有确定的运用。自《启蒙辩证法》(Dialektik der Aufklärung,1947)让理性本身的癫狂为人所知以来,哲学必须在此观点之下成为“理性的自我批判”。哲学如今不复为对认识活动的综合,不复为基础科学或专门科学,而是“奋力反对决心致力于理智自由和现实自由之暗示”。⑥ 在理性的自我批判中,思想的语言性(Sprachlichkeit)成为重要主题;语言表达必须由哲学(和艺术)委任,以反思人的苦难。“哲学是有意识的奋求,以使我们的认识和洞见与语言结构联系起来,按此结构事物才能以

---

① 304.
② 307.
③ 310.
④ 308.
⑤ Zur Kritik der instrumentellen Vernunft(1974)155.
⑥ M. HORKHEIMER/TH. W. ADORNO: Dial. der Aufkl.(1947,1969)260.

其正确名称得到称呼。”[①]面对文明之大理念，哲学首先是对文明的批判，只要此理念一直(mit sich)持有一种绝对之主张，其次，哲学却是针对现实性对此理念之内容的救护。“哲学直面实在之物，后者处在与其概念性原理之要求的历史关联之中，以便批判两者的关系，从而超越此关系。”[②]因此，哲学绝对无法抽象地否定实在之物，后者就是真实性或真实性之意识形态，相反：“哲学是保护性的，同时也是批判性的。”[③]如此一来，哲学就变成了“人的念想和良心”(Eingedenken und Gewissen der Menschheit)。[④] 事实上，哲学却常常放弃对其提出的这种要求，变得只具有肯定性；“……所以，真正的哲人如今反对哲学”。[⑤] 在哲学中，理念与现实的差别，也是批判性否定之诱因。“批判，差别意识，过去始终是哲学思想的力量，哲学思想将自身经验为现实性之本质，同时也经验为现实性之对照，哲学思想就研究批判。”[⑥]所以，哲学绝不会以当代为家，哲学不再有目的合理性与统治意志。在对当代的批判性区分中，哲学试图表达其真理。正如艺术和举止，哲学——在其当代意义上——绝非完全具有理性：“它构成社会生活的灵魂，社会生活却对它感到陌生。”[⑦]有时候，霍克海默某种程度上提高了哲学与现实的陌生之理念，他认为哲学思想的任何表达都是徒劳，甚至荒谬：“如果事关真理，沉默就只是不放纵，每一个词都是饶舌抱怨，总是不合时宜。”[⑧]

---

① HORKHEIMER, a. O. [52] 167.
② a. O. 170.
③ Sozial-philos. Studien(1972)95.
④ a. O. [52] 173.
⑤ Notizen 1950 bis 1969 und Dämmerung, hg. W. BREDE(1974)86.
⑥ a. O. [56] 93.
⑦ 105.
⑧ a. O. [58] 10; vgl. 85f.

阿多诺(Th. W. Adorno)已然在其1931年的就职演讲《哲学的现实性》中假定,“事实上,哲学在当今之所为,无非是致力于掩盖现实性,致力于将其当前状况保持下去。在作出任何回答之前,这样的功能都是成问题的……”。① 像那样的(海德格尔的)对存在意义的追问,或导致“合乎规定的无义务”,或导致任意的世界观立场。② 后来,阿多诺甚至有这样的说明:“哲学,若仍然作为总体性的,作为体系,将变成空想的体系。”③与此相对,他要求“哲学问题集中在具体的内在于历史的复杂性”;④这种集中的实行同时就是对哲学现状的彻底批判。这样的“哲学解释”将是否定性的、具体的和辩证的。它将“建构……一把钥匙,用它来打开现实性”。⑤ 哲学将重新成为——由想象引导——Ars inveniendi [发现的技艺];它的一种合法形式是小品,是尝试,是一点点进入现实性,以免因为谋求制造或把握总体性而落空。后来,这样的信心,阿多诺还是减少了:“哲学,似乎曾实现了超越,却仍依赖于生活,因为,它现实化的时机错失了”,所以,哲学开启了“否定辩证法”。合乎逻辑地,阿多诺不再想告别这样的哲学:作为世界之解释,作为“思索”⑥以求世界变革;因为,哲学现实化的时机“不容许为理论所延期”。⑦ “景气……这种可能性还是可以假定的,马克思就是这样。”⑧悲

---

① TH. W. ADORNO: Die Aktualität der Ph. (1931). Ges. Schr., hg. R. TIEDEMANN 1(1973)325.

② a. O. 337.

③ Eingriffe(1963)13.

④ a. O. [62] 339.

⑤ a. O. 340.

⑥ a. O. [64] 23.

⑦ Neg. Dial. (1966)13.

⑧ a. O. [64] 23.

伤和恐惧的持续"迫切需要思想不自弃,尽管思想不容许自己现实化。错失时机后,思想也许会不平静地认识到,为何世界,此时此地也许是天堂的世界,明天有变成地狱的可能。这样的认识也许才算哲学"。① 既然哲学未能遵守抚慰和幸运之承诺,剩下的无非就是自我批评;因为,"也许,解释还不够,解释预告实践性的过渡"。② 但阿多诺力求变革哲学而不付出太高代价,他就是不想对"前景黯淡的哲学之链"③作新的补充;哲学改变自身要通过对未领会之物的兴趣:"哲学有……其真正的兴趣……对无概念的个体和特殊之物;对自柏拉图以来被当作转瞬即逝和微不足道之物来对待的事物……"④从而,阿多诺以一种悖论方式,将"哲学"定义"为奋求以说出人不可能谈论什么;以有助于表达不同之物,而表达总是将其等而同之"。⑤ 在另一处,他对这种节制之理由作出不同表述:哲学不再掌握绝对,就是必须将关于绝对的思想"禁绝,为了不背叛思想"。⑥ 因为,真实关系的力量,"深入于哲学的论证关系之中"。⑦ 所以,按照阿多诺的名言,"哲学本质上不可推介(referierbar)"。⑧ 哲学不可放弃的要求与一种相应的实践的不可能性之间的矛盾,在阿多诺那里,引向一种否定辩证法、一种否定哲学之理念。⑨ 在其主要哲学著作中,阿多诺描述了伟大的哲学所坚持的陈腐观

① a. O. 24.
② a. O. [68] 13.
③ a. O. [64] 18.
④ a. O. [68] 17f.
⑤ Skoteinos oder Wie zu lesen sei. Ges. Schr. 5(1971)336.
⑥ a. O. [64] 14.
⑦ a. O. 18.
⑧ a. O. [68] 42.
⑨ a. O. [64] 14.

念:“哲学,似乎曾实现了超越,却仍依赖于生活,因为,它现实化的时机错失了。”[①]这也是《关于费尔巴哈的提纲》第11条之变种,一种反末世论的变种。它表现为对自己制造出来的对哲学的现实化和普遍化的希望的批判。此外,它提醒,在一种持续的悲伤和恐惧状态中,那种对天堂的希望不会兑现。但它的“生命线”是“反对为曾存在之物辩护”。[②] 它如今摆脱了本该成为体系的妄想,体系始终要向实在之物道歉,并且,它称其为关于真实性本身的幻想体系。哲学是必要的——以回答自己提出的问题“哲学究竟为何?”——“作为批判,作为对拓展中的他治(Heteronomie)的抵制,作为思想欲保持其自身强大的无力尝试……”。[③]

在其1929年的早期论著《论具体哲学》(Über konkrete Ph.)中,[④]马尔库塞(H. Marcuse)的出发点是一种依赖于海德格尔的哲学概念。按此,哲学认识就是“显明真理”,[⑤]在此过程中,真理应当理解为一种符合人之实在的真理。“关切人的实在及其真理,使哲学成为最深刻意义上的‘实践科学’,也将……哲学引入具体的人类实在之困境”。[⑥] 某一时期的“实在危机”越大,哲学在此就越能证明自己是“真哲学”:它可以从实在角度理解其真理,并有可能成为“同时期的此在”之所必需。[⑦] 在“当前此在的实在之所必需”——马尔库塞将其诊断为资本主义的结构——这个背景下,哲学赢得了责任和“义务以承担对这种实在的忧虑”。[⑧] “这样一来,全部哲思最为看

---

① a. O. [68] 15.

② a. O. 13.

③ a. O. [64] 17.

④ H. MARCUSE: Über konkr. Ph. (1929). Schr. 1(1978)385—406.

⑤ a. O. 385.

⑥ 387f.

⑦ 395.

⑧ 396.

重的匮乏之物，理论与实践的统一，就会变成现实。”①“哲学的具体化”进程的目的，在于将此在“引入实在之真理”。② 最后，具体的哲学不仅有权力，而且有义务参与实在之所必需。“所以，最终，任何真正具体的哲学必须公开实干。”③哲学应当——马尔库塞这样结束了他的论述——承担“领导职责”（die Führung）。④ 后来，马尔库塞对此立场作了调整。结果，实干不再从属于哲学，相反，哲学属于意识形态之领域。⑤ 哲学与实践的结合是由于：首先，哲学以其可能性来衡量现实性，从而“真正具有治疗”效果；其次，所有哲学判断不可避免包含价值判断。⑥ 对于马克思要求扬弃哲学，马尔库塞提出如下看法：“如果理性现实化了，哲学也就成为了多余之事。”⑦然而首先，马克思以来的马克思主义理论是哲学兴趣的有效形式：“舍此理论再无哲学。”⑧如果以前哲学的理想，就是出于对人的关切而将哲学现实化，那么，这种努力自马克思以来“变成了斗争着的人类的实践目标”。⑨ 然而，变革现实“不是哲学的任务”，⑩因为，从现在开始，马尔库塞要批判他先前所宣传的内容，“那种伪哲学的具体性，要从高高在上下来俯就社会斗争”。⑪ 但是，马克思开启了“本质上是另一种形式的真理，用哲学概念不可能解释它”。⑫ 马克思的所有概念，即使它们有哲学来源，如今已不

---

① 397.
② a. O.
③ 405.
④ 406.
⑤ Der eindimensionale Mensch(1970)213.
⑥ a. O. 142.
⑦ Ph. und krit. Theorie(1937). Schr. 3(1979)228.
⑧ a. O. 234.
⑨ a. O.
⑩ a. O. 238.
⑪ a. O.
⑫ Vernunft und Revolution(21976)229.

再作为哲学概念发挥作用，“马克思的早期著作本身就不是哲学作品。它们表达了对哲学的否定……”。①

2. 马克思主义内在的哲学概念在意大利有个性的发展，始于拉布里奥拉（A. Labriola）。在他看来，马克思主义远离这样的目标：“成为一种关于全部历史阶段的完整全面的学说……同时也成为政治行动的指南。”②因此，如果马克思主义还要以批判方式进一步发展自己，那是因为马克思主义学说有一个不变的哲学内核，这就是“实践哲学”。③ 这种哲学的基本观点是，任何思想都是确定的社会历史条件下的某一种劳动的结果。但这样一来，思想最终依赖于“事物的自我运动”。④ 实践哲学是这样一种哲学，它要靠事物发展自己，它是具体的，因为，它要靠事物来壮大，这就是哲学：“它为这些（*den*）事物所固有，它就是关于这些事物（*über die*）的哲思。”⑤与这种让我们想起了恩格斯的观念的哲学版本相对，甄迪乐（G. Gentile）发展出了一种以早期马克思主义为定向的实践哲学，这是首次在意大利展示《关于费尔巴哈的提纲》。对于甄迪乐而言，实践哲学意指尝试结合（黑格尔的）辩证法与（费尔巴哈的）唯物主义。物质本身在其辩证法中就是实践；但只要它是辩证法，它就不止是纯粹的物质，它的活动原则是精神，由此，马克思主义观念中就会出现矛盾。⑥ 实践哲学的难题

---

① a. O.; vgl. H. JANSOHN: H. Marcuse(21974)bes. 137ff.

② A. LABRIOLA: Discorrendo di socialismo e di filos., in: La concezione materialistica della storia(Bari 21969)190, übers. nach G. ROTH: Gramscis Ph. der Praxis(1972)17.

③ a. O. 204.

④ 216.

⑤ a. O.

⑥ G. GENTILE: La filos. della prassi, in: La filos. di Marx. Opere 28 (Florenz 1959)61—165.

性,不仅拉布里奥拉,还有甄迪乐,都将其限定在主客观辩证法在认识论上的难题性。蒙道尔福(R. Mondolfo)继承了这种做法。① 他的建构直接让实践哲学与马克思主义对立起来,这让“历史唯物主义”术语看上去完全讲不通。② 马克思的思想与实践的相互指涉,将蒙道尔福引向对《关于费尔巴哈的提纲》第11条的如下释义:“人不可能改变[世界],若不解释[世界];而另一方面,只有这样的人才能正确解释[世界]:他愿意改变[世界]和行动。”③

葛兰西(A. Gramsci)继承了拉布里奥拉的信念:实践哲学是一种“独立和原初的哲学,它将进一步发展的要素纳入自身之中,从而由一种对历史的解释变成了一种普遍的哲学”。④ 他一方面将实践哲学(马克思主义)与职业哲学家的专业哲学区分开来,另一方面将其与人民哲学(Ph. des Volkes)区分开来,后者在其实践中包含着作为集体行动规范要素的内容。如果说他首先也想证明,“所有人……都是‘哲人’”,⑤那么,对于他而言,这种人民哲学就是一种不将自身作为主题的哲学,从而,这个主题就失去了批判性反思的契机,而只有此契机能够保证哲学要素相互之间没有矛盾。尽管职业哲学家的体系以某种可能方式内在没有矛盾,却仍处在与其固有的历史处境和实践的矛盾之中。哲学实践总是一种政治实践。因此,一个时代的哲学,就是一个时代的理论和实践方向的总和,只有通过实践哲学和其中包含的批判性反思,才能将

---

① R. MONDOLFO: Il materialismo storico in F. Engels(Florenz 1952); Umanismo di Marx(Turin 1969)9.

② Mat. ..., a. O. 135, Anm.; das führt dann bei ihm auch zu einer relativen Entgegensetzung von Engels(Materialismus) und Marx(Ph. der Praxis): a. O. 3f.

③ Sulle orme di Marx(Bologna 31923)2, 224.

④ A. GRAMSCI: Ph. der Praxis(1967)185.

⑤ a. O. 130.

这个总和引向一种授权行动的(handlungsermächtigenden)无矛盾性。从而,哲学不仅与政治(也就是作为实践)同一,也与历史同一(作为理论与实践的一致)。历史与哲学形成了——如葛兰西夫子自道——一个"同盟"(Block)。[1] 因此,实践哲学在两种意义上是这样的哲学:第一,它是一种超越实践和为了实践的哲学;第二,它是一种由其本身的"政治"实践出发来思考的哲学。所以,葛兰西这样理解《关于费尔巴哈的提纲》第11条:这里所要求的"改变"与下述实践是同一回事:这是实践哲学宣传并同时开启的哲学实践,这种实践从属于理论与实践之统一;纯粹的解释是充满了矛盾的努力,目的是取消从属于哲思的政治实践。因此,马克思主义理论是(实践)哲学,同时也是与所有哲学(隔绝为分离的、取消政治的机制的哲学)的彻底决裂。这种自-知-处在-矛盾之中(Sich-Wissen-im-Widerspruch),就是实践哲学,它同时展示了社会扬弃哲学的理论和实践原则。因为,如果矛盾,实践哲学作为其自身的历史处境来批判的矛盾,消失了,实践哲学也就被扬弃了。[2]

梅洛-庞蒂(M. Merleau-Ponty)聚精会神于研究"西方马克思主义"的特征,[3]他在其中看到了哲学与政治之统一的一种显而易见的破裂。马克思的虚无-哲学(Nicht-Ph.),为了革命实践需要以辩证方式扬弃的哲学,为哲学作为替罪羊的角色所取代。[4] 梅洛-庞蒂认为哲学与政治的这种分离不可避免,因此,他对作为哲学经典作家的马克思提出指责。哲学中的马克思主义者,从而正好像譬如笛卡尔主义者意义上或者

---

① 148.

② 197. 199.

③ M. MERLEAU-PONTY: Die Abenteuer der Dialektik(1974)39—72.

④ Signes(Paris 1960)13.

程度上的人。关于阶级斗争、无产阶级以及如此等等的讨论，从而变成了哲学内部的“表达方式”(façon de parler)。然而，对于梅洛-庞蒂而言，这种解释并非要贬低马克思主义，因为，哲学在他看来完全不同于无结果的意见和立场的分享。马克思主义是一种关于实践、历史上的客观事物的哲学：正是这一点，使马克思主义作为哲学具有吸引力。① 更进一步，马克思被刻画为“存在哲学家”，因为，他的哲学，作为分离的哲学，追求扬弃自身，而成为一种具体的、处境关联的思想，马克思以“批判”概念来判定这种思想。② 阿尔都塞(L. Althusser)1966—1974年间对其哲学概念作出决定性调整。他首先以哲学来理解“理论性实践之理论”(Theorie theoretischer Praxis)，也就是这样一种理论：其中，科学和哲学的理论建构，将自身描述为一种实践，③他1972年作出了这样的表达：④哲学就是“理论中的政治”(Politik in der Theorie)。从而，他在有真理能力的科学一方与哲学一方之间，划下一条严格的分界线，在哲学中，始终要表明立场，却从不沟通，不可能相互理解，而永远只有斗争、划清界限和立场声明。所以，哲学从根本上不像其他科学那样具有历史，在科学中一种认识的进步得以实现。这种将哲学作为政治的解释，在1974年有如下表达：⑤在哲学“战场”(Kampfplatz)(阿尔都塞引用了康德的隐喻)上的政治策略中，阶级斗争总是发生在统治者与被统治者、剥削者与被

---

① Sens et non-sens(Paris 51966)221—241.

② a. O. 237.

③ L. ALTHUSSER: Für Marx [1965](1968)106.

④ Lenin und die Ph. (1972); Zum Verhältnis Althussers zur Sowjet-Ph. vgl. T. NEMETH: Althussers Anti-Humanism and Soviet philos. Studies Soviet thought 21(1980)363—385.

⑤ Elemente der Selbstkritik [1974](1975).

剥削者之间;在哲学的立场斗争中,这种“理论的阶级斗争”表现为唯心主义与唯物主义的对抗。

不仅梅洛-庞蒂的主题——马克思主义无非就是很多哲学中的一种有意思的哲学,还有阿尔都塞的主题——马克思主义理论的核心与哲学截然不同,都遭到列斐伏尔(H. Lefebvre)的驳斥。[1] 因为,一方面,阿尔都塞置于哲学与马克思之间的切口(以《关于费尔巴哈的提纲》第11条为标志),对哲学思想之于实现真理具有原初性的要求,从来都从属于哲学概念:哲学-史就是断裂之连续(das Kontinuum der Brüche),是要实现的好生活、幸福或自由;另一方面,同时代的哲学有一种走向马克思的强有力的方法、主题和概念上的持续性。马克思出于对迄今为止的哲学的误解,声称后者只具有思辨-解释性,并要求哲学改变世界:这在列斐伏尔看来,几乎不会改变哲学概念。改变,哲学——任何哲学都以其方式——抱有此愿望。马克思不是绝对的新起点,而是处在一种普遍的批判思想运动和哲学运动中。[2] 马克思没有送走或告别哲学,而是为其开辟了新的对象领域:历史实践。这是对哲学作为真正的哲思形式的批判:哲学的自我批判。[3] 在此批判中,仍然保持着典型的哲学的普遍性诉求。实践哲学将成为关于某种生成(Werden)的全球和总体哲学,此生成包括存在和认识。即使马克思冲破了传统哲学的框架,冲破后的碎片也会组合成为一种新思想。在与社会-人文科学隔绝的自我肯定(黑格尔)与辞退哲学(实证主义)之间,马克思将哲学的科学位置重

① H. LEFEBVRE: Une pensée devenue monde(Paris 1980)83ff.
② a. O. 98.
③ 104.

新规定为批判(譬如,政治经济学)。尽管这种马克思主义,在列斐伏尔看来,出自哲学,并与哲学严格结合在一起,但就其结果而言,它却转而反对现存的哲学。① 哲学本身主要是思辨性的,即使它坚持人的总体性之理念。列斐伏尔对《关于费尔巴哈的提纲》第11条的释义是这样的:"哲学家发现了 homo sapiens[有智慧的人],却无视 homo faber[有技巧的人]。马克思发现了 homo faber[有技巧的人],并规定了其蕴意和要求。可是,对于他而言,homo faber[有技巧的人]却放弃成为 sapiens[有智慧的人]。"②哲学作为片面的哲学活动,不可能实现人之总体性,哲学仍然是抽象的和无效的。"历史唯物主义使哲学臻于完成,通过扬弃哲学。……哲学的三重要求(思维的有效性、真理性、普遍性),在哲学层面上无法满足。"③在当代,马克思主义哲学的危机,一方面与马克思主义的某种危机有关,另一方面与哲学的某种危机有关。如果将哲学与人类的要求和行动之总体性分开,已然成为难题,因为,哲学内容上与此总体性有关,那么,如今闯入哲学内部的专门化,就是一种清楚的危机之表现。④ "也许,我们将会看到,哲学由此'危机'走出,将发生最深刻的转变。"⑤"在此期间,我们将不复正确知晓何为哲学。"⑥在他的著作《后-哲学》(Meta-Ph.),列斐伏尔将哲学的危机发展为当今哲学的11项"疑难"(Aporien),它们会导致一种"哲学的危机",⑦因为,"哲学变成了精神牵引或意识形态-政治辩护"。⑧ 但列斐伏尔却未

---

① Meta-Ph. [1965](1975)24.
② a. O. 25.
③ Der dialekt. Materialismus(1966)57.
④ Probleme des Marxismus, heute(1965)21.
⑤ a. O. 26.
⑥ 29.
⑦ a. O. [23] 54.
⑧ a. O. 21.

由此引出改变哲学的吁求。相反，哲学成为一种历史发展的“积累过程”(Akkumulationsprozesses)必然的伴随现象；对此“积累过程”而言绝对必要的是：有哲人，他们对世界的解释多种多样。在此进程的终点，并不对哲学问题作出回答，相反，不仅问题，而且连可能的回答，都成为多余之举，只有世界的改变是全新的。这是一项事实，这是马克思在工业化进程的终点作出的清醒诊断，而非——如人们对他的误解——提出的要求。① 已然开启的将哲学扬弃为“总体”人类的实践的做法，也扬弃了迄今为止处在一种“虚拟的统一性”之中的哲学的全部矛盾性。②

3. 对于西方马克思主义在20年代兴起的条件，如果人们只考虑其与苏联马克思主义的区分，并且只考虑其相对于后者的自主性，就应当也将围绕“实践”-团体的南斯拉夫的马克思主义，归于这一潮流。弗兰尼茨基(P. Vranicki)将“革命”与“哲学”概念并列，因为，两者都关涉整全的人，并且，任何严肃的，也就是彻底的哲学思想，“其中都有革命之承负”。③ 革命与哲学揭示了人的本质，开启了“自我实现的新地平”。④ “哲学的劳作场所，永远是全部历史和历史性的人类……”⑤马尔科维奇(M. Markovic)也强调哲学的人类中心论和总体化。⑥ 扬弃哲学从而有可能意味着扬弃其与社会实践的隔绝，在阶级社会中就是如此。因此，对于马尔科维奇而言，哲学的第三种定义是：“批判的社会性的自我意识。”⑦这样一种人类中心

① 326.
② 328.
③ P. VRANICKI：Mensch und Gesch. (1969)42.
④ a. O. 44.
⑤ 51.
⑥ M. MARKOVIĆ：Dialektik der Praxis(1968)8.
⑦ a. O. 11.

的、综合的和批判的哲学背后,有一种真正的、始终生长着的社会需求。① 康格拉(M. Kangrga)从尚-不-存在者(Noch-nicht-Seienden)及其思考出发,来规定哲学之可能性。② 与此实情,哲学能够——如传统上那样——建立一种理论-抽象或纯属愿望的关系,要不然就是建立一种具体-实践和批判-革命的关系。后者正是马克思的哲学之所为。然而,正因为马克思的理论尚未变成现实,这种哲学就暂时还是哲学,作为哲学就还没有扬弃什么。③　罗特格斯(K. Röttgers)撰

文献指引:

G. Petrović: Revolutionäre Praxis(1969). -J. Habermas: Lit. bericht zur philos. Diskussion um Marx und den Marxismus; Ergänzende bibliograph. Notiz, in: Theorie und Praxis(41971). -H. H. Holz: Strömungen und Tendenzen im Neomarxismus(1972). -G. Roth: Gramscis Ph. der Praxis(1972). -F. Cassano(Hg.): Marxismo e filos. in Italia. 1958—1971(Bari 1973). -P. Vranicki: Gesch. des Marxismus(1972/74). -Is Marxism a philos.? J. Philosophy 71(1974). -G. Labica: Le statut marxiste de la philos.(Brüssel 1976). -T. Hanak: Die Entwicklung der marxist. Ph.(1979). -B. Cooper: Merleau-Ponty and Marxism(Toronto 1979). -R. Schweicher: Ph. und Wiss. bei L. Althusser(1980). -H. Fahrenbach, in: B. Schmidt s. Anm. [33 zu 1.]. -A. Callinicos: Marxism and philos.(Oxford 1983). -J. G. Fracchia: Die Marxsche Aufhebung der Ph. und der philos. Marxismus(1987).

(十) 俄罗斯哲学

俄罗斯哲学,在欧洲哲学的整体框架中,作为迄今最为重要的出于拜占庭的基督教化了的斯拉夫民族的思想之展开,

---

① 16.

② M. KANGRGA: The meaning of Marx's philos., in: M. MARKOVIĆ/G. PETROVIĆ(Hg.): Praxis(Dordrecht 1979)45—61.

③ a. O. 50.

是在一种与使用拉丁语的西方或欧洲西部不同的历史地平和进程中发展起来的。希腊-罗马古代、希腊化和基督教，是俄罗斯哲学的共同文化基础。然而，欧洲东部接受了基督教，并且在拜占庭帝国——在与使用拉丁语的罗马天主教西方的持续争论和对立中——形成了全新的东正教、神学和拜占庭哲学，后者在古代俄罗斯，也就是直至沙皇彼得大帝（Zar Peters des Großen，1689—1725）统治时期及以后，也决定了精神和宗教世界。俄罗斯哲学是作为始于18世纪下半叶的 sui generis［独一无二的］事件和形式出现的。其第一个发展高峰，被认为大约是从18世纪末至20世纪20年代（在流亡者中间至50年代）。然后，在苏联占据统治地位的马克思列宁主义意识形态，进一步被理解和加强为苏联哲学，恰恰由于其党性（参见 Parteilichkeit 辞条）和由此产生的冲突，作为俄罗斯思想的一体化契机而受到重视，尤其是着眼于俄罗斯哲学完全尊重未来的视角，这是在其200年来的自我建构中形成的。

俄罗斯哲学的历史书写，作为由俄国人编写的对俄罗斯哲学史的普遍描述之整体，始于大约150年前。在加夫里尔（Gavriil）大修院院长关于哲学史的著作中，人们总共发现了一章关于"俄罗斯哲学"（Russkaja filosofija）的内容。[1] 这是首次使用这一术语。从而成为俄罗斯有哲学存在的意识——无论加夫里尔大修院院长对此术语作何理解——在俄国人中间并且通过俄国人表现出来。这是俄罗斯人反思其哲学思考的开端和发展的起点。沙皇帝国的覆亡和苏俄的建立，对于俄罗斯的哲学史编写意味着一项显而易见的重大事件。进一步可以划分为三个时期：a）19世纪和20世纪早期（约至1920年），

---

① Archimandrit GAVRIIL［V. N. VOSKRESENSKIJ］：Istorija filosofii (Moskau 1840) G. Russk. filos.

著作家如波波洛夫(E. Bobrov)、①考卢波夫斯基(J. N. Kolubovskij)、②费里波夫(M. M. Filippov)、③威登斯基(A. I. Vvedenskij)、④拉得罗夫(E. Radlov)、⑤斯贝特(G. Špet)⑥和额尔索夫(M. N. Eršov)。⑦ b)1917年后的流亡者,其中最重要的哲学史家有雅克文科(B. V. Jakovenko)、⑧洛斯基(N. O. Losskij)、⑨赞可夫斯基(V. V. Zen'kovskij)。⑩ c)苏联时期。在此必须参考迄今唯一的由加拉基佐夫/尼坎德罗夫(A. A. Galaktionov/P. F. Nikandrov)所作的总体描述。⑪ 也许可

---

① E. BOBROV: Filosofija v Rossii. Materialy, izsledovanija i zametki. Vyp. 1—6 [Die Ph. in Rußland. Materialien, Unters. und Bem. Lief. 1—6] (Kazan' 1899—1902).

② J. N. KOLUBOVSKIJ: Filosofija u russkich [Die Ph. bei den Russen], in: IBERVEG-GEJNCE: Istorija novoj filosofii [UEBERWEG-HEINZE: Gesch. der neuen Ph.](1890)529—590; Die Ph. in Rußland. Z. Ph. philos. Kritik 104 (1894)53—103. 178—220; Die russ. Ph., in: F. UEBERWEGS Grundriß der Gesch. der Ph. 5(121928)335—348.

③ M. M. FILIPPOV: Sud'by russkoj filosofii [Die Schicksale der russ. Ph.](St. Petersburg 1904).

④ A. I. VVEDENSKIJ: Sud'by filosofii v Rossii [Die Schicksale der Ph. in Rußland](1898), in: Filosofskie očerki [Philos. Skizzen](1901, Prag 21924).

⑤ E. RADLOV: Očerk istorii russkoj filosofii [Abriß der Gesch. der russ. Ph.](1912, Petersburg 21920); Russ. Ph. (Breslau 1925).

⑥ G. ŠPET: Očerk razvitija russkoj filosofii [Abriß der Entwickl. der russ. Ph.](Petrograd 1922); M. N. ERŠOV: Puti razvitija filosofii v Rossii [Wege der Entwickl. der Ph. in Rußland](Vladivostok 1922).

⑦ B. V. JAKOVENKO: Očerki russkoj filosofii [Skizzen zur russ. Ph.] (1922); Dějiny ruské filosofie [Gesch. der russ. Ph.](Prag 1938).

⑧ N. O. LOSSKIJ: Hist. of Russian philos. (New York 1951/London 1952); Hist. de la philos. russe(Paris 1954).

⑨ V. V. ZEN'KOVSKIJ: Istorija russkoj filosofii 1. 2(Paris 1948/50); A hist. of Russian Philos. 1. 2(London 1953, 21954, 31967); Hist. de la philos. russe 1. 2(Paris 1953/54).

⑩ S. A. LEVICKIJ: Očerki po istorii russkoj filosofskoj i obščestvennoj mysli [Skizzen zur Gesch. des russ. philos. und sozialen Denkens] 1. 2(1968, 1981).

⑪ A. A. GALAKTIONOV/P. F. NIKANDROV: Russkaja filosofija XI—XIX vekov [Russ. Ph. vom 11. bis 19. Jh.](Leningrad 1970).

以提及伊伏戈拉弗夫(V. E. Evgrafov)作引言的《苏联哲学史》(Geschichte der Ph. in der Udssr),①其中显而易见优先描述了俄罗斯哲学,作为苏联内外的斯拉夫民族和苏联人民迄今为止对哲学作出的最重要贡献。

19世纪和20世纪早期,俄罗斯哲学史编纂——根据编者的哲学立场——提出多种解释,并在流亡者中延续。苏联的哲学家要在战时完全改写俄国革命前的哲学史是不可能的,所以,对本来遭到唾弃的"唯心主义"思潮,未作出有价值的讨论。加拉基佐夫/尼坎德罗夫和《哲学百科全书》(Philosophische Enzyklopädie)②才试图弥补此漏洞。——对"俄罗斯哲学诞生年代"的追问,③始终伴随着俄罗斯哲学史编写。人们采用精神史进程(哲学与宗教的分离,18世纪世俗文化与教会意识的分离,19世纪早期民族自我意识的觉醒)作为标准,④或采用1880年索罗维耶夫(V. Solov'ev)和卡林斯基(M. Karinskij)具有重要哲学意义的著作的出版,⑤或采用19世纪晚期对"西方意义上的"哲学标准的吸收。⑥ 如此,时期众说纷纭,从18世纪早期直至19世纪晚期,大约有200年,这种状况在事实上和方法上都于事无补,还引发了本来就(还)不存在俄罗斯哲学这样的论点。⑦

---

① Istorija filosofii v SSSR v pjati tomach [... in fünf Bdn.] 1—4(Moskau 1968—71).

② Filosofskaja Enciklopedija 1—5(Moskau 1960—70).

③ RADLOFF, a. O. [6] dtsch. 50.

④ GALAKTIONOV/NIKANDROV, a. O. [12] 52; ZEN'KOVSKIJ, a. O. [10] 13. 15. 57. 65. 102; engl. 1. 4. 45. 53. 90; frz. 5f. 8. 55. 64. 105f.; A. KOYRÉ: La philos. et le problème national en Russie au début du XIXe s. (Paris 1929)9.

⑤ RADLOFF, a. O. [6] dtsch. 114.

⑥ L. J. SHEIN: Readings in russian philos. thought (Den Haag/Paris 1968)13.

⑦ JAKOVENKO: Očerki..., a. O. [8] 4. 9.

可以对所有这些看法提出的反驳是,俄罗斯哲学有意识的奠基,始于18世纪中叶直至19世纪前三分之一,是由“俄罗斯哲学的先驱”[①]——罗蒙诺索夫(M. V. Lomonosov, 1711—1765)、斯考沃罗达(G. S. Skovoroda, 1722—1794)、拉迪斯切夫(A. N. RadÍŠčev, 1749—1802)、斯贝拉斯基(M. M. Speranskij, 1772—1839)——实施的,他们凭借对时代哲学的准确认识,认为自己有能力从事哲学,作为俄罗斯民族中的成员,绝对会为哲学作出贡献。对哲学的普遍关切,从而在俄国表现为对象-自我-民族意识之症候群。“奠基”在此并非指古代俄罗斯没有哲学,尽管当时的哲学只处在与神学的关联之中。

拜占庭神学和哲学的影响,随后还有阿拉伯人和犹太人的中断,紧接着斯拉夫使徒西里尔/康斯坦丁(Kyrill/Konstantin)和迪乌斯(Method)9世纪的传教活动以及“俄罗斯的洗礼”(988年),都意义重大。对哲学理解的本质影响,直到古俄罗斯晚期(1689)乃至今日仍在发挥作用的,是拜占庭哲学(参见 byzantinische Philosophie 辞条)的用语,如*ἔξω[θεν], κοσμική*[外传世间的哲学]与*ἔσω, ἀληθὴς φιλοσοφία*[内传真理之哲学],它们不同于世俗构词“外在哲学”(äußerer Ph.),如其在七艺中所使用的那样,也不同于“内在哲学”(innerer),以与上帝同在的生命为定向的“真”哲学是基督徒的哲学。这一点,在记载西里尔生平的《哲人康斯坦丁》(约870年撰写)中所述甚详,他在“沙皇格勒(君士坦丁堡)学习辩证法和所有哲学学说……以及所有其他古希腊技艺”,却同时渴望“逃离肉身与上帝生活在一起”。[②] 此关系中的矛盾,可以在俄罗斯圣徒和

---

① RADLOV, a. O. [6] russ. 13.

② A. TEODOROVĂ-BALANĂ: Kirilă i metodi (Sofia 1920) 29 (Pamet' i žitije blaženago üitelja našego Konstan'tina filosofa...); 33.

修士的生平以及其他文本中觅其踪迹，但严格的哲学定义是“内在”哲学；敬畏上帝的修士，致力于与上帝合一（θέωσις，oboženie），才是真正的哲人。

譬如，大马士革的约翰（Joh. Damascenus）在其《辩证法》中采纳的六种古希腊哲学定义有名且有效。《辩证法》章句，9至11世纪译成了古保加利亚语/古代教会斯拉夫语（Altbulgarische/Altkirchenslawische），全译本出自14世纪。其中，“论哲学”（O filosofii，*Περὶ φιλοσοφίας*）一章之前指出，“哲学”在斯拉夫语中被描述为“贞洁”（ljubomudrie）。这是准确的翻译，在当今的俄语中也是如此。① 哲学在俄罗斯从而有一种古希腊、罗马-拜占庭基础，也就是说，它从根本上处在整个欧洲的关系背景之中——希腊，罗马，基督教②——这三者在东欧的构成特征，与在西欧、使用拉丁语的西方不同。早在造成俄罗斯巨大的文化断裂的启蒙运动时期之前，规定主要用于培养神学家的基辅（1632）和莫斯科（1685）“精神学院”，不仅要从事教父学、拜占庭神学和哲学，还要超越反宗教改革的经院哲学，回到古典古代，尤其在基辅，转向了西欧思想流派。③“俄罗斯哲学的先驱”切身经受了此影响，同时又在西欧的大

---

① E. WEIHER（Hg.）：Die Dialektik des Jon. von Damaskus in kirchenslavischer Übers.（1969）19；vgl. Z. A. KAMENSKIJ：Moskovskij kružok ljubomudrov [Der Moskauer Kreis der Weisheitsliebhaber（Philosophen）]（Moskau 1980）.

② Vgl. G. OSTROGORSKY：Gesch. des byzantin. Staates（31963）1；H. G. BECK：Das byzantin. Jahrtausend（1978）11. 13. 24；B. TATAKIS：La philos. byzantine（Paris 1959）312—314：Byzance après Byzance.

③ Vgl. Dict. de théol. cath. 14/1（Paris 1939）：Les académies ecclésiastiques... 335—371；Enciklopedičeskij Slovar' [Enzyklop. Wb.] 1（St. Petersburg 1890）254—257：Akademii duchovnyja pravoslavnyja [Die rechtgläubigen geistl. Akademien]；A. JOUKOVSKY：L'Académie de Kiev-lieu de formation de Skovoroda，in：Skovoroda-philosophe ukrainien（Paris 1976）17—31.

学尤其是德国大学中学习过。他们一样从东欧和西欧学习哲学,并且认为从自身的哲学能力出发,俄罗斯人从今往后能够为哲学作出独立贡献。譬如,罗蒙诺索夫(1747)强调了这种希望:俄罗斯将产生"自己的柏拉图和敏锐思想家牛顿"。[①] 此意图可以在俄罗斯思想家关于"自己的话语"的表达中,也可以在出于"俄罗斯理念"的各种构想中捕捉到,这些构想是在智力沙龙(kružki, Kreise)中,[②]也是在精神学院和大学中发展起来的。

卡达耶夫(P. Čaadaev, 1794—1856)1836 年问道:"我们的智者何在,我们的思想家何在?"并且推介他钟爱的谢林的晚期哲学,作为俄罗斯哲学努力的出发点(point de départ)。[③] 他的对手克里维斯基(I. Kireevskij, 1806—1856)1852 年写道,"如今俄罗斯恰逢其时",发出"其哲学话语"(svoe slovo v filosofii),也就是尝试建构一种"未来哲学",作为对"教父的智慧之爱(ljubomudrie)"与源于西欧的"现代文化"之关系的一种"反思性发展",沙皇彼得大帝毫无保留地将此引入了俄罗斯。[④] 从而激发了关于俄罗斯历史哲学的大争论。精神学院的哲学家们推进了克里维斯基的取向,尽管卡尔波夫(V. Karpov, 1798—1867)提出了一种"原初的和祖国的哲学"(filosofija otečestvennaja, original'naja),在此哲学中,人类的

① M. V. LÓMONOSOV: Polnoe Sobranie Sočinenij [Sämtl. Werke] 1—10 (Moskau/Leningrad 1950—59) hier 8, 206.

② Vgl. Art. ⇨‹Intelligenz, Intelligentsia, Intellektueller›, in: Hist. Wb. Philos. 4(1976)446—452.

③ P. TCHAADAEV: Lettres philos. (Paris 1970) 55; Schr. und Briefe, übers. E. HURWICZ(1921)179—182, bes. 163; Soč. i pis'ma P. J. Čaadaeva 1. 2 (Moskau 1913/14) hier 1, 180. 182. 244—246.

④ I. V. KIREEVSKIJ: Polnoe Sobr. Soč. [Sämtl. Werke] 1. 2(Moskau 1911, ND 1970) hier 1. 74. 270f.

"类存在"(ens genericum)通过"真实的俄罗斯生活之类型"而具体化了。① 这一点,差不多直至19世纪末,都被视为"我们俄罗斯哲学的"任务,首先需要在精神学院中作为"有正统信仰的哲学"(pravoslavnaja filosofija),从而也作为基督教基础的哲学而建立起来。②

大学中的哲学家,19世纪后三分之一以来(譬如,威登斯基[A. I. Vvedenskij, 1856—1925],劳帕京[L. M. Lopatin, 1855—1920],弗兰克[S. L. Frank, 1877—1950]),更关切对当时哲学整体所面临的任务的准确评估,他们自认为是作为俄罗斯人而与这些任务有关。③ 这一点有索罗维耶夫(V. Solov'ev)做了准备,他1888年从"宗教的永恒真理出发",想回答俄罗斯对人类和世界历史有何"新说法"(nouvelle parole)的追问。④ 他认为要在将"俄罗斯的历史责任"作为"俄罗斯的理念"(russische Idee)来宣告和实现,也就是"教会、国家和社会绝对自由和自主"的建构,这就是"社会的三位一体"作为"神圣三位一体的可靠摹本"。从而,他要求"社会自由"作为"精神的活动"。⑤ 如此 方能在19世纪中期十年毫无疑义占据统

① N. V. KARPOV: Vvedenie v filosofiju [Einf. in die Ph.](St. Petersburg 1840) 114f.

② Lekcii filosofii prof. MDA, protoiereja F. A. Golubinskago. Vyp. 1 [Ph.-Vorles. des Prof. der Moskauer Geistl. Akad., des Erzpriesters F. A. Golubinskij. 1. Lief.](Moskau 1884) 15ff.

③ Vgl. L. M. LOPÁTIN: Nastojaščee i buduščee filosofii [Gegenwart und Zukunft der Ph.], in: Filosofskie charakteristiki i reči [Philos. Charakteristiken und Reden](Moskau 1911) 85—119; S. L. FRANK: Krizis sovremennoj filosofii (1916) [Die Krise der mod. Ph.], in: Živoe znanie [Lebendiges Wissen](1922) 253—264.

④ V. SOLOV'EV: L'idée russe, in: Dtsch. Ges. ausg. 3 (1954) 27—91, hier 31.

⑤ a. O. 91.

治地位的俄国虚无主义(参 Nihilismus 辞条)、唯物主义、(早期)社会主义和功利主义之后,在沙皇亚历山大二世(Zaren Alexanders Ii)自 1861 年以来的"伟大改革"之后,普遍自由地从各方向展开哲学研究,从而在我们世纪的 20 年中导致一系列大规模的哲学规划和体系。[①] 一种坚定的宗教重新与俄罗斯哲学的结合就这样发生了,建构纯粹世俗的哲学命题(实证主义、经验一元论[参 Empiriomonismus 辞条]、民粹运动[Volkstümlerbewegung]和马克思主义(参 Marxismus 辞条)作为"俄国的新马克思主义"[②]以及如此等等),并未受到阻碍。然而,追求由精神学院所承担的"精神哲学"(duchóvnaja filosofija),与大学和自由智识圈子所持有的"世界哲学"(svétskaja filosofija)之间,[③]更密切交流的愿望十分明显。[④] 在此条件下,关于"俄罗斯理念"的论辩得到拓展,人们一方面盼望将其现实化为持续的潮流,在马克思主义中尤其如此,对于"吸收"马克思主义,人们认为这是俄罗斯思想之定数,所以,"转向马克思主义"并理解为"客观必然",[⑤]从而也被理解为俄罗斯思想的实现——但另一方面,在别尔嘉耶夫(N. Berdjaev, 1874—1948)和卡尔萨文(L. Karsavin, 1882—1952)那里,"俄罗斯理念"被认定为宗教理念,其世俗化的对应物就是布尔什维克主义(Bolschewismus)。[⑥]

---

① ZEN'KOVSKIJ, a. O. [10] 2, Teil III: Die Periode der Systeme.

② Bol'šaja Enciklopedija [Die große Enzykl.](St. Petersburg 1903)659.

③ VVEDENSKIJ, a. O. [5] Teil III.

④ V. V. ROZANOV: Dve filosofii. Kritičeskaja zametka [Zwei Ph. n. Krit. Notiz], in: Priroda i Istorija [Natur und Gesch.](St. Petersburg 1903)161—164; W. GOERDT: Dienst-Ph. und philos. Sektierertum in Rußland. Studies Soviet thought 17(1977)29—62.

⑤ GALAKTIONOV/NIKANDROV, a. O. [12] 616—618.

⑥ N. BERDJAEW: Die russ. religiöse Idee, in: Kairos. Zur Geisteslage und Geisteswendung, hg. P. TILLICH(1926)385—466, hier 386. 389. 432. 459; L. P. KARSAVIN: Die russ. Idee. Der Gral 19/8(1925)351—360, hier 351. 358.

面对这里仅仅提及的关于卡尔萨文的“俄罗斯理念”内容的巨大争议，虽然“对这样一个主题的目的有效性的怀疑”被认为“完全合法”，[①]但所有关于此问题的见解，尤其“黑”与“红”，尖锐对立又密切相关，都在寻求“真理与合法性”(iskánie právdy)，寻求“二而一的真理”(dvu- edínaja pravda)，作为认识-真理(pravda-ístina)和行动-真理(pravda-spravedlívost)，[②]作为理论与实践的统一。这就是俄罗斯哲学形式上的统一基础。它承载并且刺激着俄罗斯哲学，直至沙皇帝国崩溃，在直到如今的内外流亡者中间，同样在苏联哲学中，在机械唯物主义(参 Materialismus 辞条)与人本唯心主义(参 Idealismus 辞条)拥趸之间，关于正确解释马克思和恩格斯学说及其实践后果的论辩中。这个基础在斯大林(Stalin)时期隐匿着，却在1950年代中叶，在“异见分子”(inakomysljaščie)、持不同政见者、苏联时期的“哲学宗派”那里，重新爆发出来；他们“在回响中”[③]重新发掘出俄罗斯哲学伟大的前革命传统，他们当成讨论对象的内容，并非对苏联“职业哲学家”不再起作用。在此过程中，作为原则要求俄罗斯哲学家“自己的话语”的地平重新开启。关键在于，自己的话语，具体只能由每一个俄罗斯思想家发出。这种可能性之达成，总是摆在所有倾向的俄罗斯智识人面前的任务。

俄罗斯哲学是那种源于欧洲的哲学之一部分：“希腊-基

---

① L. P. KARSAVIN：Vostok，Zapad i Russkaja Ideja [Osten，Westen und die Russ. Idee] (Petersburg 1922) 3.

② So N. A. MICHAJLOVSKIJ (1842—1904)；vgl. W. GOERDT：PRAVDA-Wahrheit (istina) und Gerechtigkeit (spravedlivost'). Arch. Begriffsgesch. 12 (1968) 58—85.

③ A. SOLŽENICYN (Hg.)：Iz-pod glyb (Paris 1974)；SOLSCHENIZYN u. a.：Stimmen aus dem Untergrund (1975).

督教传统”将其“与普遍的哲学深刻联系在一起……,后者源出于苏格拉底和柏拉图对话。”①它将作为公民和政治上自由的哲学而多元发展:“俄罗斯在重新获得思想自由之后,将产生大量哲学流派。”②所以,一个俄罗斯哲学家,完全能够实现“奠基人”之一的伟大政治家斯佩兰斯基(M. M. Speranskij)的愿望:他“在人类理性的总体运动中,通过在此[也就是在俄国]发展人类理性的力量……现在或者将来,就能有用武之地”。③ 戈尔德特(W. Goerdt)撰

文献指引:

Th. G. Masaryk: Zur Russ. Geschichts- und Religions-Ph. Soziolog. Skizzen 1. 2(1913, Nd 1965). -Th. M. Seebohm: Ratio und Charisma. Ansätze und Ausbildung eines philos. und wissenschaftl. Weltverständnisses im Moskauer Rußland(1977). -R. Medwedjew(Hg.): Aufzeichnungen aus dem Sowjet. Untergrund(1977). -V. Belocerkovskij: Udssr. Alternativen der demokrat. Opposition. Sammelband(1978). -A. Walicki: A hist. of Russian thought. From Enlightenment to Marxism(Oxford 1980). -N. Berdjaev: Die russ. Idee. Grundprobleme des russ. Denkens im 19. Jh. und zu Beginn des 20. Jh. Eingel., übers., erl. D. Kegler(1983). -S. A. Levitzky: Russ. Denken. Gestalten und Strömungen 1. 2, übers., hg. D. Kegler(1984). -W. Goerdt: Russ. Ph. Zugänge und Durchblicke(1984); Russ. Ph. Texte(1989). -F. C. Copleston: Philos. in Russia. From Herzen to Lenin and Berdyaev(Notre Dame, Ind. 1986).

(十一) 分析哲学与科学理论

经过罗素(B. Russell)和摩尔(G. E. Moore)的反形而上

---

① B. P. VYŠESLAVCEV: Večnoe v russkoj filosofii [Das Ewige in der russ. Ph.](New York 1955)7.

② LOSSKIJ, a. O. [9] 429.

③ V pamjat' grafa M. M. Speranskago 1772—1872 [Graf M. M. Speranskij zum Gedächtnis], hg. A. F. BYČKOV(St. Petersburg 1872)231.

学抗议作准备，还有特别是弗雷格(G. Frege)对形式逻辑的发展，在本世纪20年代，逐渐形成了一系列关于哲学的任务或方法的新见解，这些见解虽千差万别，但都与“(语言)分析”标记有关。“语言-分析转向”这个口号表明了这一点。哲学分析的概念和方法，在此过程中首先发展了对陈述、对象和概念的综合理解。“分析”，在此关联中，意指各种形式的逐步分析，将复杂的构成物总是拆解为更简单或最简单之物，尤其像逻辑原子论所示例的那样。① 作为广为承认的典范，罗素对摹状词(参 Kennzeichnungen 辞条)的逻辑分析应受到重视。

一种将哲学锚定在分析方法的做法，在罗素那里还看不到。② 摩尔尽管将分析当成哲学“最重要的要点”，却反对一种局限于分析先行的做法。③ 一种将哲学与分析相提并论的做法，是由后来著作家们提出的，也许最极端的要数早期艾耶尔(A. J. Ayer)的见解：哲学分析就在于为罗素意义上的运用定义(参 Gebrauchsdefinitionen 辞条)作准备，哲学在此意义上是“逻辑学的子域”(Teilgebiet der Logik)。④

尽管弗雷格一般被作为“语言逻辑分析(参 Logische Analyse 辞条)”的创始人之一，但他没有对哲学的领域或方法给出普遍规定。他的确赞同哲学与个别科学在基础问题上密切结合，在他那里尤其在逻辑学和数学领域。譬如，论及算术之基础：“一种关于数字概念的基础研究，总是必然会得出某种哲学结果。这是数学与哲学共同的任务。”⑤后来，弗雷格就几何问

---

① Vgl. B. RUSSELL: The principles of math., ch. XVI(1903, London 81964)136ff.; Art. ‹Atomismus, logischer›.

② Vgl. Russells Bem. zur Abgrenzung von Ph. und Mathematik: a. O. ch. XV, § 124.

③ G. E. MOORE: Lectures on philos., hg. C. LEWY(London 1966)191.

④ A. J. AYER: Language, truth, and logic [1936] (dtsch. 1970)74.

⑤ G. FREGE: Die Grundlagen der Arithmetik(1884, ND 1961)XVII.

题有类似的表述:“一位哲学家,若不涉及几何,就只是半个哲学家,而一位数学家,若无哲学天赋,就只是半个数学家。”①弗雷格的表述在此让人想起了柏拉图。虽然弗雷格属于持有下述见解的先驱:他们重新将哲学理解为科学逻辑学或科学理论,他却没有在任何地方提出这样一种限制。也就是说,他一方面将逻辑学视为哲学的分支,却对哲学另有期待:哲学利用逻辑洞见作为一种自我批判的工具,“如果哲学的一项任务就是打破言辞对人类精神的统治,通过揭露往往几乎不可避免会因将语言运用于概念关系而产生的假象,也通过使思想摆脱语言表达方式的特性对思想的强迫,那么,我的概念文字(Begriffsschrift),为此目的进一步加以完善,能够成为哲学家的一种有用工具”。② 如此,弗雷格就为新的语言分析哲学指明了方向;用弗雷格的话说:“所以,哲学家的大部分工作就在于——或至少应当在于——与语言的斗争”;③这种表达,1931 年仍然在维特根斯坦(Wittgenstein)那里继续发生影响:“我们正在与语言斗争。”④

弗雷格对哲学的全面而又肯定的理解,后来并未坚持到底。首先,在维也纳圈子(参 Wiener Kreis 辞条)中,“科学世界观”(wissenschaftlichen Weltauffassung)的激进代表,如卡尔纳普(Carnap)和诺依拉特(Neurath),“为了更坚定地强调与体系哲学的对立,完全不再将‘哲学’个词用于他们的著作”。⑤ 他

---

① Nachgel. Schr., hg. H. HERMES/F. KAMBARTEL/F. KAULBACH (1969)293.

② Begriffsschr. (1879), ND hg. J. ANGELELLI(1977)XIIf.

③ a. O. [6] 289.

④ L. WITTGENSTEIN: Vermischte Bem., hg. G. H. VON WRIGHT (21977)30.

⑤ R. CARNAP/H. HAHN/O. NEURATH: Wiss. Weltauffassung-Der Wiener Kreis(1929), ND in: H. SCHLEICHERT(Hg.): Log. Empirismus-Der Wiener Kreis(1975)220.

们在此追随马赫(E. Mach),后者已然拒绝将“哲学”这个名称用于他的“自然科学方法论”,并且强调:“我不要求哲学家之名号。我只希望在物理学中占据一个立足点,如果人们转入另外一门科学之领域,也不必立即离开这个立足点,因为,最终所有科学都会形成一个整体。”[①]与此相对,维也纳圈子的指导人石里克(M. Schlick)为语言分析转向发明的经典措辞,谨慎地放弃了“哲学”头衔,确切地说,哲学必须告别下述想法:占有或奋求一个属己的(如普遍的或基础性的)符合科学类型的对象领域,和一个所属的系统的有(确定)内容的原理之储备(“……哲学不是一个原理之体系,哲学不是科学”[②]),尤有进者,哲学研究有一个重要的、独立自主的任务,这就是将我们从那些难题中解放出来,这些难题可以追溯到对我们语言的逻辑句法的一种误解。尽管不是作为一门科学,而是作为“如此重要和伟大的事务”:哲学从今往后,一如很久以前,才有权作为科学的女王受到尊重”,哲学这时显得像是“这样的行动:陈述的意义(Sinn)由此得到确定或揭示”。[③]

石里克将此见解归于维特根斯坦《逻辑哲学论》(Tractatus)的影响:也正是在维特根斯坦看来,哲学“不是学说,而是一种行动”,[④]与此相应:“全部哲学都是‘语言批判’。”[⑤]这种行动所为之语言批判,在于划清明白可说之物(dem klar Sagbaren)与自我显示之物(dem sich nur Zeigenden)之界限。[⑥] 此

---

① E. MACH: Erkenntnis und Irrtum(1905) VII, Anm.; vgl. Analyse der Empfindungen(91922, ND 1985)24, Anm. 1.

② M. SCHLICK: Die Wende der Ph., in: SCHLEICHERT(Hg.), a. O. [10] 16.

③ a. O.; vgl. auch Ph. und Naturwissenschaft. Erkenntnis 4(1934)383.

④ L. WITTGENSTEIN: Tractatus 4. 112.

⑤ Tr. 4. 0031.

⑥ Vorwort; 4. 114f.

处所指,对于维特根斯坦而言,特别具有"伦理内涵"(das Ethische)。[①] 就此而言,他的语言分析与维也纳圈子的那种语言分析不同,本身也与石里克的方式有别。《逻辑哲学论》中的哲学,指与事实世界的边界的"碰撞",[②]哲学就是指明"世界之意义"的实践活动,而意义"外在于世界"(außerhalb ihrer),[③]所以,甚至连对意义的指示——按照标准,这是《逻辑哲学论》本身给予关于事实的有意义的言说的标准——在语言上也可能只不过是"无意义的"。[④] 对哲思的这种伦理性的(和宗教性的)理解,为他关于"正确的哲学方法"的见解,构成(对于维特根斯坦而言"不可言说的")背景:"什么也不说,除了可说之事,即自然科学的命题——也就是与哲学无关之物——,从而,如果某个他者想说出某种形而上学之物,就始终向他指出,他没有赋予他的命题中的某些符号以含义(Bedeutung)。"[⑤]因此,《逻辑哲学论》的目标是扬弃古典的、理论式的哲学,在正确理解的生活本身当中,在"无言的信仰"当中,领悟哲学之洞见。[⑥]

以此所谓哲学的语言分析转向,哲学在很多情况下都接受了某种与科学理论课题的结合。这首先适用于维也纳圈子。宽广的视角,恰好突出了石里克与早期维特根斯坦有关的表述,却也同时已然使卡尔纳普受到局限,以至于哲学尽管不再可能是真科学(*Real*wissenschaft),却完全能够与其较好

① 6.41ff.

② Wittgenstein über Heidegger, in: B. F. MCGUINNESS(Hg.): L. Wittgenstein und der Wiener Kreis(1967)68f.

③ Tr. 6.41.

④ Vorwort; 6.54.

⑤ 6.53.

⑥ Vgl. P. ENGELMANN: L. Wittgenstein. Briefe und Begegnungen, hg. B. F. MCGUINNESS(1970)111.

的遗产一道投入科学逻辑学，也从而能够使自己保持一种科学的，也就是形式科学的地位。就此，“科学逻辑学”这个词，卡尔纳普希望“在相当广泛的意义上”来认识：[1]“从而这应该是所说的问题领域，人们习惯上称其为纯粹和实用的逻辑学，称为对个别科学领域或科学之整体的逻辑分析，称为认识论，称为基本难题或诸如此类（因为，这些问题摆脱了形而上学，摆脱了与规范、价值、超验之物或诸如此类的关联）。”[2]但是，卡尔纳普同样提出，应避免由于误解而再称这种科学逻辑学为“哲学”。[3] 赖辛巴赫为其逻辑经验主义（参 Logischer Empirismus 辞条）小组推出了类似的提议，这个小组主要在柏林的科学哲学学会（*Gesellschaft für wissenschaftliche Ph.*）中团结在“科学哲学”的名号之下。这种（非科学的）哲学的系统建构，需要将一种对科学的批判的（逻辑）分析作为一种“新哲学”的规定性任务，这种“新哲学”从而是“科学的”，尽管它不会变成某种科学。“具有科学倾向的”哲人，将创建哲学体系的任务交给老派哲人，在哲学的博物馆里大概还为哲学体系留有位置，这个哲学博物馆就叫作哲学史——“具有科学倾向的”哲人有事情可做。[4]

在 20 世纪重大的科学理论流派中，一方面是哲学行动主义（*Operativismus*，丁格勒［H. Dingler］）和建构主义（*Konstruktivismus*，劳伦岑［P. Lorenzen］），另一方面是波普（K. Popper）的批判理性主义（*kritische Rationalismus*），早就与维特根斯坦、石里克、卡尔纳普、赖辛巴赫等人关于哲学任务的

---

① R. CARNAP：Log. Syntax der Sprache（1934，21968）206.

② a. O.

③ a. O. 205.

④ H. REICHENBACH：Der Aufstieg der wissenschaftl. Ph.（31968）144.

理念处在对立关系之中。丁格勒像后来劳伦岑的建构主义一样,其出发点是:科学语言的奠基部分在方法上还绝未得到澄清,所以,一种科学批判哲学不可仅仅转向科学原理的逻辑和句法形式。相反,哲学的责任,内容上也是为下述任务奠基的步骤:科学的语言-原理系统的方法有序的建构,以及为此所必需的普遍方法论准备。在此,标志着对哲学具有建构性的方法论态度,就是推进"到最终的有效基础"。① 如果哲学完成了其对一个确定的知识领域所担负的任务,那么,这种知识就会转化为一门"精确的科学":"如果我们有这样一本书,它就会具有最理想的完美无缺之外观,以至于从一开始就提出了总的基础性观念,由此可以通过纯粹逻辑运算引出其余所有内容,而这些内容就是哲学的全部原理或其分支之一。如果为一个哲学分支写下这样一本书,这个领域就会转变,我们将转变的结果称为相关领域的一门精确科学。"②劳伦岑后来坚持丁格勒的方法论哲学传统,对此规划作出进一步发展,而这样一来,除了其特殊的为科学理论奠基的任务,还给予哲学三门普遍学科,这就是逻辑学、伦理学和科学理论:"逻辑学、伦理学和'科学理论',这就是奠基性步骤,由此科学得以展开,这就是任务,我提议应称其为'哲学的'任务:从而将哲学作为原科学(Protowissenschaft)而非后科学(Metawissenschaft)。"③此外,丁格勒和劳伦岑对维也纳圈子的态度表示反对:一种术语学的基本原理,不会仅仅以依赖于感知的方式,而是以嵌入方式,展开为我们行动的可能性和——理解("参

---

① H. DINGLER: Das Experiment. Sein Wesen und seine Gesch. (1928) Vorwort.

② Die Grundlagen der Natur-Ph. (1913, ND 1967) 13.

③ P. LORENZEN: Konstr. Wiss. theorie(1974) 126.

与性的"[empraktisch],按照比勒[K. BÜHler]所采用的术语①)。与此同时,为了正确对待其科学批判任务,哲学必须通过严谨的思考方法的学科,也就是相应的训练和担当,来加以规定。何处在奠定了根基的一门科学的结构中,不再可能在哲学与科学原理之间画一条分界线,这里从而也就保持着哲学家的理想:"哲学家是这样的人,他决定只选择可以通过思想来证明其正确的道路。"②

与此相对,波普的批判理性主义,反对以语言分析或科学理论来局限哲学本身的任务范围。哲学和形而上学的思辨,作为新理论开端取之不尽的源泉,不仅表现在科学中;哲学还有经典的问题储备,波普发现在荷马、赫西俄德和前苏格拉底哲人那里都有论述,③"理解世界之难题——还有我们自己,我们也属于这个世界,还有我们的知识"。④ 但也显而易见,在波普的表述中,为将宇宙论之"谜"留给哲学:"全部科学在此意义上就是宇宙论,我相信这一点;并且,哲学,就像自然科学,只因其对宇宙论的贡献,才让我感兴趣。"⑤在此令人感到惊讶的是,连分析哲学的奠基人罗素和摩尔,也坚持哲学(形而上学)对全部世界认识的传统主张,并且相应地将"宇宙整体"(罗素),⑥"对宇宙整体的总体描述"(摩尔),⑦提升为哲学的对象和任务。与传统形而上学的对立,从而只在于方法之规

---

① P. LORENZEN/O. SCHWEMMER: Konstr. Logik, Ethik und Wiss. theorie(21975)22f.; vgl. K. BÜHLER: Sprachtheorie(1934, ND 1982)155ff.

② P. LORENZEN: Method. Denken(21974)58.

③ K. R. POPPER: How I see philos., in: CH. J. BONTEMPO/S. J. ODELL(Hg.): The owl of Minerva. Philosophers on philos. (New York 1975)53.

④ Logik der Forschung(41971)XIV.

⑤ a. O.

⑥ B. RUSSELL: An outline of philos. (London 1927, 21976)247.

⑦ G. E. MOORE: Some main problems of philos. (London 1953)1.

定:分析代替思辨。哲学与科学的不同,在罗素看来只在于,哲学"更具批判性和普遍性",[1]这也意味着,哲学必须在合乎理性的推测技艺的意义上,超越科学"确定的知识"(he art of rational conjecture)之领域。[2] 反过来,这也意指,对于罗素而言(与科学的实际进程一致),出自科学的对象会移入各门科学,一旦关于哲学对象的确定知识成为可能。[3] 只有艾耶尔,彻底坚持分析之于哲学的重要性,后来扬弃了他早期的科学逻辑的局限,[4]甚至最终接近了罗素、摩尔和波普共有的立场,按此立场,特别是对世界最终的组成部分(家当[furniture])本体论(从而还有形而上学)的追问,构成了哲学。[5]

与以科学逻辑分析为定向的哲学概念不同,晚期维特根斯坦,还有像赖尔(G. Ryle)、魏斯曼(F. Waismann)、奥斯丁(J. L. Austin)等人,都是通常所谓*日常语言哲学*(参 Ordinary language philosophy 辞条)的代表,退回到确定处境中口语的具体语用,作为哲学活动的中心。这种哲学活动,以形而上学批判和治疗为定向,反对传统的哲学理论。其涵义批判(Sinnkritik),不从已然程式化区分开始,而是以描述性和整体性方式,深入我们信赖的生活实践中的语言-行为关联。根据赖尔,作为"哲学分析"来理解的"哲学的唯一和全部功能",[6]就在于"揭示不断重复的误解和荒谬的理论之根源",[7]这些误解和理论是由欺骗式的成系统的误导性措辞(systematically mis-

---

① RUSSELL, a. O. [35] 308.

② The art of philosophizing and other essays(New York 1968)1.

③ The problems of philos. (1912, London/New York 21967)90.

④ A. J. AYER: The central questions of philos. [1973](dtsch. 1976)61.

⑤ Philosophy, a. O. [32] 220f.

⑥ G. RYLE: Systematically misleading expressions [1931], dtsch. in: R. BUBNER(Hg.): Sprache und Analysis(1968)62.

⑦ a. O.

leading expressions)产生的。赖尔早期仍然是一种受卡尔纳普影响的理想语言规划的拥护者,后期却转向了一种以日常语言为定向的"非形式逻辑",①对后者的澄清,对事实形式的阐述,就是哲学的工作。从而,在其主要著作《心之概念》(The concept of mind)中,赖尔并未以艺术化的术语学和标记法(Notationen)为根据,而是以日常语言回想的例证为根据。这种哲学心理学的行动,尤其以反对笛卡尔传统,以一种二元论的身-心-关联(参 Leib-Seele-Verhältnisse 辞条)的眼光为定向,揭示了对于此传统具有建构性的范畴错误(参 Kategorienfehler 辞条):"哲学就在于以范畴约束(Kategoriendisziplin)代替范畴习惯(Kategoriengewohnheiten)。"②赖尔的哲学理解,多半反对哲学本身的建构,通过其分析的实践活动而表现出来,并与大陆的现象学具有确切的(批判性的)密切关联,承认描述生活世界的实践具有优先于理论和概念建构之地位,也就是通过涵义批判来解救现象:哲学就是致力于"如何说明某物,而既不(1)将其缩减为其所不是的某物,也不(2)放大它——只是以其本身的一个影子来复制它"。③

赖尔这样的构想,还不能按照语言学领域的研究方式,朝某种"零碎哲学"(piecemeal-philosophy)来理解,与此同时,奥斯丁的要求简直就是一种语言学"技术",以"消除哲学混乱"为目的。④这种消除在此意指洞见到,难题的提出采取了错误的方式,譬如这个问题:我们感知到的是感性材料还是物质事物? 奥斯丁强

---

① Vgl. G. RYLE: Dilemmas [1953]; dtsch. Begriffskonflikte(1970) Kap. VIII.

② Der Begriff des Geistes [1949] (1969) 5.

③ B. MAGEE(Hg.): Modern Brit. philos. (London 1971) 113.

④ J. L. AUSTIN: Sense and sensibilia [1962] (dtsch. 1975) 15.

调,他所处理的语言分析并不局限于单纯的词语,而是关注真实的使用处境。出于这个理由,"语言学现象学"(linguistische Phänomenologie)这个名称,①就是对他所处理的哲学活动(*field work* in philosophy)的恰当描述。因此,并不惊讶,奥斯丁毋宁在否定意义上使用"哲学"和"哲学的"这两个术语,从而,以反讽-好斗方式将"经院哲学的"与"哲学的"等而同之。② 与此相对,晚期维特根斯坦的构想,和奥斯丁对它的发展完全不相干,尽管两者在哲学史描述中都挂着同样的标签——"日常语言哲学"。

赖尔开展哲学及其澄清工作,很大程度上是在理论性的概念说明之领域,而奥斯丁与语言学分析关系密切,与此同时,晚期维特根斯坦的治疗语言批判(*therapeutische Sprachkritik*),致力于伦理学兴趣,以扬弃一种错误的生活理解,这种生活理解的病态表达,就是哲学理论和与语言相关的哲学难题。所以,晚期维特根斯坦的哲学理解,像《逻辑哲学论》那样,仍然是形而上学-哲学-语言批判式的,但他的语言分析针对我们全部思维-生活方式的紊乱,正如"疾病"中的紊乱向哲学反思显现出来那样:"哲学家处理一个问题;就像处理一种疾病。"③在"一种哲学方法"的位置上,"仿佛有各种疗法"纷至沓来。④ 类似的简明扼要的表述,在通过与维特根斯坦对话而直接受到影响的魏斯曼那里可以找到。⑤ "人们能够通过哲学所获之物,就是一种内在明晰性的增长",这种结果以理论原理方式无法达成,而要通过我们"对待问题的态度"之转变。⑥

---

① Philos. papers(21970)182.
② a. O. [47] 13.
③ L. WITTGENSTEIN: Philos. Unters. § 255.
④ § 133.
⑤ a. O. [18].
⑥ F. WAISMANN: Was ist log. Analyse?, hg. G. H. REITZIG(1973)42.

魏斯曼将语言批判对哲学的规定引回到弗雷格，但对其作了扩展："哲学不只是语言批判"，它"批判、消除和超越所有偏见，它松开所有僵化和有局限的思维方式，而不管可以在语言中还是其他地方找到其来源"。① 所以，哲学就是"为了在此过活"。② ——维特根斯坦晚期哲学，以肯定方式表现为一种"现象学"("你可以说我的工作就是'现象学'")，③但与奥斯丁不同，表现为这样一种现象学：按照确定的生活方式来描述对我们语言形式的嵌入。所运用的描述之严谨，首先针对错误的普遍图像，我们("还有《逻辑哲学论》的作者"④)将此与体系化或理想语言的建构联系在一起，尽管它们只匹配确定的语用方式。虽然早期和晚期维特根斯坦哲学的一致也正在于：其分析都致力于克服空洞的哲学反思，致力于回归正常的生活关联。"本真的发现是这样的发现，它让我有能力中断哲思，如果我想这样。——它使哲学归于平静，以至于哲学不再受问题冲击，这些问题使哲学本身成了问题。——反之，现在要用实例来指明一种方法，人们能够中断这种实例之系列。——各种问题都会解决(各种疑难都会消除)，而非一个问题。"⑤　伽布莱尔(G. Gabriel)、卡门巴特尔(F. Kambartel)、伦奇(Th. Rentsch)撰

(十二) 结构主义、话语分析、解构主义

结构主义(Strukturalismus)、话语分析(Diskursanalyse)和

---

① a. O. 143.

② 163.

③ M. O. 'C. DRURY: Some notes on conversations with Wittgenstein, in: R. RHEES(Hg.): L. Wittgenstein: Personal recollections(Oxford 1981)131.

④ WITTGENSTEIN: Philos. Unters. § 23.

⑤ § 133.

解构主义(Dekonstruktivismus),是当代法国哲学最明确地尝试超越现代主体哲学和涵义解释学的尝试。其共同的出发点是由索绪尔(F. de Saussure)的洞见所建构的:语言不是实体,而是一种形式,符号之涵义(Zeichenbedeutung)必须作为不同的表达之效果来理解。这种对自我调节的结构的指示,就语言的存在强调了一个要素,这个要素撤销了哲学迄今为止的审查权。"哲学家……在这里未曾注意到的是,既然象征系统独立于指涉物,那么,随着时间的推移,它会经受……种种移置,让逻辑学家难以计数。"①

在列维-施特劳斯(C. Lévi- Strauss)的民族学神话分析中,结构方法的哲学内涵首次得到澄清。在此过程中,结构方法淡化了支持某种纯粹的关系分析的内容,结构方法表明,精神的某种无意识行动如何将形式印于那种内容之上;编码规则是无意识的。在此"无先验主体的康德主义"中,②主体缩减到一种匿名思想的非实体的位置。结构主义的目标是让人文科学摆脱哲学的意识难题之禁区。③

这也适用于拉康(J. Lacan)的结构心理分析(die strukturale Psychoanalyse),后者以索绪尔语言学作支撑,使弗洛伊德(Freud)的直觉获得了科学的力量。这些直觉的发现,对于所有以意识为中心的哲学而言闻所未闻,表明:这是无意识中的言说——"一个主体中的主体,超越的主体,向哲学家提出……它的问题。"④以无意识颠覆认识主体,通过其由无意识

---

① F. de SAUSSURE: Cours de lingu. gén., hg. R. ENGLER 2/4: Notes de F. de S. (1974) n. 10. 13.

② P. RICOEUR: Symbole et temporalité. Archivio Filosofia 1—2 (1963) 24.

③ C. LÉVI-STRAUSS: Mythologiques IV, 2 (Paris 1971) 559—563.

④ J. LACAN: Ecrits (Paris 1966) 437.

的希望出发对主体作出规定，不仅超越了近代由笛卡尔的自我意识的确定性所规定的主体的主体性，而且，以拉康的误识定理（Verkennungstheorem），超过了对处在二律背反难题中的恶灵（Genius malignus）的康德式提升，首次将错觉的起源定位于理性主体自身当中。如此揭露了笛卡尔的哲学主体作为根本误识之方位。“我在想我不在何处，所以，我就在我不想之处。”①自我认识从而意指误识：自我认识＝误识（me connaître = méconnaître）。一旦主体预先形成某个关于其同一性的图像，就会导致这一等式。在其我之定格中（Im Stand-Bild seines Ich），人发现了其正在疏离的同一性，但在渴求中，人发现了其分裂，在分裂中表现出一种不适，不适使人的存在向语言敞开。在意识的中心，有一种同一性意志在起作用，这种作用为心智的进展负责，心智的进展由看（Sehen）之功能优先来构造。因此，拉康式分析的中介，不是自我反思，而是主体的言说：我不会在我所在之处得到加强，而会在未意识到的主体所在并向他者言说之处得以实现。（无意识之）主体根本远离（我思之）我。

福柯（M. Foucault）的话语分析从经验出发，馈赠真理的谈话排除了其固有的物质性。所以，他像列维-施特劳斯和拉康一样，发展出了一种不完全方法论（Partialmethodologie）。这种方法论将我思加括号，并淡化了再现（Repräsentation），以便让谈话技艺表现出来。对所言之事有何效果，不是谈话的目的。但福柯的话语分析，首先不是将其作为权力和渴求之表达，而是作为权力和渴求之对象。以真理之名义强占一场谈话，意味着通过生产一种同等范围的知识来巩固权力。没

① a. O. 517.

有谈话,没有权力在其中起作用,就没有一种渴求在背后发号施令。由于禁忌按福柯的分析具有其积极性:作为权力,要见诸言说。任何社会体系都追寻一种真理政治(Wahrheitspolitik),后者由一种话语警察来保证。话语警察保证了真实话语的功能发挥,通过阻止对意志的追问,而意志驱动着话语。福柯追随尼采,使求真意志与真理本身对立,通过谈话的权力效应来描述历史。如此一来,话语构建就表现为哲学用来充当主体馈赠的所有事物之历史先验。福柯简明扼要论及"已编码的看"(regard déjà codé)。[1] 这种放弃了任何解释学的认识-次序之谱系学,表明如何"理性的变形没有理性(la raison se transforme sans raison)"。[2]

在当代法国哲学中,结构主义本身成了批判的对象。所以,德里达(J. Derrida)以一种普遍偏离中心的名义来解构分类学上封闭的结构,这种偏离中心应该说恰恰是由结构性本身的一种极端化所导致的结果。对传统哲学的批判共同针对这种结构,只要哲学建立在一种为了纯粹的自我在场(Selbstgegenwart)而否定身体外表的基础之上。德里达将这种在场与纯粹自涉的结合,判为所有现代哲学的幻象之内核。"在场从不在场。……一种语言先于我相对于自己的在场。"[3]根据德里达,反身性在现代哲学中的功能是缩减机制,后者不容许思考在话语折叠和断裂中显现之物:"裂开,散播,分割,定时。"[4]当反思之镜造成特定的哲学假象,将我与其图像合二为

---

① M. FOUCAULT: Les mots et les choses (Paris 1966) 12; vgl. Archéologie du savoir(Paris 1969)264.

② J. PIAGET: Le structuralisme(Paris 1968)114.

③ J. DERRIDA: La dissémination(Paris 1972)336. 378.

④ a. O. 303.

一，散播就将自身写在了反思之镜的背面。德里达批判逻各斯语音中心主义（Logophonozentrismus），也就是真理作为逻各斯与声音的统一之构想，惋惜西方哲学中有一种对书写的排除。这种书写别有展示场所，就是传统哲学之彼岸，德里达以海德格尔式的差异（Differenz）为诠注，认为这个场所就是时间化（Temporalisation）。延期、重复、迟到和事后，就是德里达的关键词，它们可以指明，在任何开端，都有一个去时间性的差异化（Differenzierung）运动，涂掉了起源。然而，只有当原初之物在自我延期中在场，差异才具有先验性。在这种超先验的延异（ultratranszendentalen différ*a*nce）背景下，当代哲学的先验主体，只可能作为针对差异的辟邪物（Apotropaion）出现。德里达式的生造词“延异”（différ*a*nce）中这个只见于书写——而听不见的 *a*，在差异（Differenz）中嵌入了两个要素：去时间化和论战性的不同（Nichtidentität）。“延异”之存在（Sein），从而只能以抹掉方式（durchstrichen）写下；它本身绝不会将自身呈现出来。“在存在与存在者之外，这种差异，不断（延）异着（自身）追踪（其自身）。”[1]如此不可思议和不可追忆之物，要求一种本己的显现方式。正如在海德格尔那里，对形而上学的解构（De*kon*struktion）敞开了本体论差异，后者“预先开启”（pré-ouverture），[2]会在延异之运动中，通过一种对西方形而上学的解构达成。就此，德里达认识到，对哲学的颠覆，不可能避免使用哲学的概念。解构的全部力量是在形而上学的领域本身当中偷取的。所以，解构的核心难题是固有与突破的关系——“围墙之难题”（le problème de la clôture）。[3] 这只有以

---

① Marges de la philos.(Paris 1972)77f.

② L'écriture et la différence(Paris 1967)295.

③ a.O. 163.

写作方式来解决。解构通过删除来写入传统:“我们能通过删除和对删除的删除来书写。”[①]解构主义者居住在哲学的隐喻之废墟中。

当代法国哲学的文本,特别是其最有方法意识的代表如福柯等人的文本,很容易给人一种印象,其核心以反哲学为定向。“如果哲学就是对起源的记忆和复归,我的所作所为,就不能在任何意义上当成哲学”,——但仍然关涉一种新的哲思概念:“如果它持续进行区分,它就是在做诊断。”[②]哲学作为诊断活动这种观念,挖开了自己脚下的地基,明确为尼采所改写。但是,一种当代考古学若要可能,只有当哲学的言说主体之主权,为语言形式的一种多样性打破,这些语言形式显然完全以反哲学为定向。从而,光照入了思想与谈话之间,在此建构起话语的特殊真实性,传统哲学否认这种真实性。“这种对哲学思想话语之真实性的古老省略”,[③]在当代哲学的主题中表明了自身:先验主体、原初经验和普遍传授。正如尼采作为一种新思想的传令官,黑格尔也被当成不复可能的哲学之代表。福柯追问一种后黑格尔之思的代价:“一种哲学还有可能存在而不再是黑格尔式的吗?”[④]后黑格尔哲学只有以非哲学(Nicht-Ph.)为中介方才可能:“从而出现了一种哲学的主题,这种哲学在与非哲学接触的全部过程中,始终在场、不安、多变,却只通过后者而存在,并揭示了非哲学对于我们的意义。”[⑤] 博尔茨(N. Bolz)撰

---

① 166.
② FOUCAULT: L'arch. du sav., a. O. [6] 268.
③ L'ordre du discours(Paris 1971)48.
④ a. O. 76.
⑤ 78.

文献指引：

Literaturhinweise. N. Bolz：Ph. nach ihrem Ende，in：Streit bare Ph. Festschr. M. von Brentano(1987)；Tod des Subjekts. Z. philos. Forsch. (1982)444—452. -M. Frank：Was ist Neostrukturalismus?（1983）.

五 哲学的建制形式

(一) 古代

是否在前苏格拉底哲人那里已存在学派,迪尔斯提出这个问题自有其理。① 因为,在古希腊,各种知识形式或专门技艺,譬如,医学或诗艺,都以传承方式在相应的社会组织中得以保存和传授。② 所以,很有可能,由伊奥尼亚(ionischen)或意大利的思想家所传讲的知识和智慧也是如此。迪尔斯相信,能够在埃利亚人的(Eleaten)论证方式中发现学派传承的痕迹。③ 尽管仍极为困难,哪怕只是就此提出最微不足道的看法:这个学派组织的大致情况如何;而且,人们有理由提问:要将这种学派传承追溯到某一位老师与某一位学生的联系,是否并非轻而易举。当拉尔修(Diogenes Laertios)用动词καθηγήσατο[曾是老师]④指斐瑞居德斯(Pherekydes)与毕达哥拉斯或泰勒斯与阿那克西曼德之间的关系时,他想到的极有可能是一种私人关系,而非一种内在于某个机构的关系。⑤

关于毕达哥拉斯派团体,在古代晚期有丰富的描述:⑥人

---

① H. DIELS: Über die ältesten Philosophenschulen der Griechen, in: Philos. Aufsätze. E. Zeller zu seinem 50. Doctor-Jub. gewidmet(1887)241—260.

② a. O. 243.

③ 255f.

④ DIOG. LAERT. I, 13.

⑤ Vgl. J. GLUCKER: Antiochus and the Late Academy(1978)127, Anm. 25.

⑥ AULUS GELLIUS: Noct. Att. I, 9; IAMBLICH: Vita Pythag. 63—100.

们突出了未来的团体成员需要经受的考验，如沉默的纪律，首先是以后长期仅限于倾听和勤奋修习不同的知识领域，直到某人被容许说话或参与讨论。然而，很难对这些古代的证词作出正确解释，也很难区分：何为真实的古代传承，何为哲学生活组织的理论化理想向过去某一时代的投射。但无论如何，似乎可以确定的是，毕达哥拉斯派团体模式，对柏拉图的哲学教育理念发生过影响。在《理想国》(Staat)中，①毕达哥拉斯被设想为老师，指导过很多学生的教养(*παιδεία*)：他受他们爱戴是由于他与他们一道共同生活(*συνουσία*[共在])，他也为后世留下了一种生活方式(*ὁδός, τρόπος τοῦ βίου*[生活的道路、方式])，毕达哥拉斯派信徒在柏拉图的时代继续践行这种生活方式。以此对毕达哥拉斯派教养的界定，柏拉图在古代提前构建出一种持久的哲学教养取向：事实上，尽管表现方式不同，人们可以在最重要的哲人流派那里，重新发现这种不变的特点：与老师共同生活和践行某种生活方式。正如塞涅卡(Seneca)后来所言，学生的塑造，并非首先靠课程(schola)，而是靠与老师共同生活(contubernium[共居])。②

在前5世纪下半叶，随着民主制的繁荣，自由民有义务在政治集会上发言，游方师(Wander-Lehrer)出现了，这就是智术师(Sophisten)，他们为高额酬金而传授获得一种高超谈话技巧的必要方法。这种活动在私人居所或公开的体育场所进行。

在此运动影响下，但首先作为对此运动的反动，最初的哲学学园在雅典建立起来，关于这些学园我们有确切记述，由苏

---

① PLATON: Resp. 600 b.
② SENECA: Ep. 6, 6.

格拉底的学生,如安提斯蒂尼(Antisthenes)、阿里斯提波(Aristipp),但首先是由柏拉图和他的学生亚里士多德建立。[①] 后来,3 世纪初,与此相关有了伊壁鸠鲁和芝诺的学园。与智术师建立的短命团体不同,这些学园不仅在其奠基人在世时存在,而且完全克服了死亡,成为不断传承的机构。继任者(διάδοχος)自己后来成了学园领袖(σχολάρχης),大多数情况下由学园成员选举产生或由前任指定。机构基于学园首领的人格,并且在法律上不是法人身份。这一点由哲人们十分有意思的遗嘱中可以看得非常清楚;我们掌握有柏拉图、亚里士多德、泰奥普拉斯托斯(Theophrast)、斯特拉通(Straton)、吕孔(Lykon)和伊壁鸠鲁的遗嘱,[②]在这些文献中没有哪个学园本身有财产的痕迹。[③] 书籍完全和地产一样,都视为学园领袖的私产。所以,人们不必如维拉莫威兹(Wilamowitz- Moellendorff),[④]还有他之后的布瓦扬赛(Boyancé)之所为,[⑤]相信哲学学园必定将自身组织为奉献于缪斯的宗教团契(θίασοι),从而要视为法人。林奇(J. P. Lynch)明确反驳这种理论,他指出,雅典就公民社团权利的立法,不要求教学机构有何特殊地位。[⑥]

这些学园的活动通常都在体育场上进行:在阿卡德米(Akademie)、吕克昂(Lykeion)或其他公共建筑如画廊(Stoa

---

① Vgl. J. P. LYNCH: Aristotle's School. A study of a Greek educat. instit. (Berkeley 1972) 47—105.

② DIOG. LAERT. III, 41; V, 11. 51. 61. 69; X, 16.

③ LYNCH, a. O. [9] 125, Anm. 27 (Bibliogr.); GLUCKER, a. O. [5] 231f.

④ U. VON WILAMOWITZ-MOELLENDORFF: Antigonos von Karystos (1881, 21965) 263—291.

⑤ P. BOYANCÉ: Le culte des muses chez les philosophes grecs (Paris 1936, 21972) 261.

⑥ LYNCH, a. O. [9] 112—134; GLUCKER, a. O. [5] 230, Anm. 14.

Poikile)，人们可以在这些地方集会，听取演说或讨论问题。学园因集会地点而得其名。只有伊壁鸠鲁在私人居所建立了自己的学园。① 其他学园领袖往往将私人居所用于某些学园活动；②但这并非绝对为机构运转所必需。季提翁的芝诺(Zenon Von Kition)建立了传承久远的斯多亚学派(stoische Schule)，他因地制宜利用了画廊，因为，他不是雅典人，没有所有权。③

这些学园对公众自由开放。大多数哲人认为，无偿授课义不容辞。这显明了哲人，如亚里士多德指出的那样，④与智术师不同。金钱筹措出于私产或赞助人(如伊多梅纽斯[Idomeneus]为伊壁鸠鲁的赞助人⑤)。但与简单旁听者群体不同，更为密切的圈子属于真正的学生，他们称为"知己"(*γνώϱιμοι*)或"友人"(*φίλοι*)或"伙伴"(*ἑταῖϱοι*)；这些人又分为"青壮"(*νεανίσκοι*)和"长者"(*πϱεσβύτεϱοι*)。⑥ 这些真正的学生与导师共同生活，如帕勒蒙(Polemon)的学生，⑦他们为自己修筑寓所，以便在靠近阿卡德米的公共花园中与老师共处，老师就住在阿卡德米。他们常常在三餐时会面，共同进餐亲疏有序。⑧ 在阿卡德米和佩里帕托斯(Peripatos)步道，也许还有为组织三餐或其他具体事务而设立的"主席"(*ἄϱχων*)职务，学园所有成员必须按 10 日为期轮流承担。⑨

---

① N. W. de WITT: Epicurus and his philos. (Westport 1954, 21973) 90.

② LYNCH, a. O. [9] 61. 97—105; GLUCKER, a. O. [5] 226—255.

③ LYNCH, a. O. 107.

④ ARISTOTELES: Met. 1004 b 18; Soph. el. 165 a 21; 171 b 28.

⑤ DE WITT, a. O. [15] 325.

⑥ Vgl. S. MEKLER: Academicorum philosophorum index Herculanensis (1902) 129 (index vocabulorum ad disciplinae sedem formam rationem pertinentium); LYNCH, a. O. [9] 75. 82. 102.

⑦ DIOG. LAERT. IV, 19.

⑧ Vgl. LYNCH, a. O. [9] 112.

⑨ DIOG. LAERT. V, 4; vgl. auch ATHENAIOS: Deipnosoph. XII, 547 e.

四大机构,阿卡德米、佩里帕托斯、画廊和伊壁鸠鲁花园,3世纪以来比其他学园活得长久,并在雅典保持了数世纪。在公元前1世纪,其中三个机构,阿卡德米、佩里帕托斯、画廊,逐渐消失,①与此同时,伊壁鸠鲁的学园机构,似乎一直传承到了哈德良时期(Hadrians Zeiten)。② 这三个雅典大学园的消失,似乎是苏拉围攻雅典造成的严重破坏所致,但也与某种精神气氛的转变有关,这种转变始于希腊化末期。正是在此时期,尤其在亚洲,兴起了新的精神中心,首先形成了一种总的取向,按其思想方法可以称其为"释经"(exegetisch),这种取向重新并且专门致力于伟大学园奠基人的文本和学说:致力于柏拉图、亚里士多德和克律西普斯。③ 柏拉图、亚里士多德和斯多亚学派,从而得以传播到很多国家。

在此,必须准确区分作为机构的学校和作为学说传承的学派。④ 人们用来标明前者的概念是*σχολή*[闲暇/闲谈/学园]和*διατριβή*[消遣/讨论/学园]。与此相对,就其学说传承而言,作为体系也作为特殊的哲学流派的学派,人们用*αἵρεσις*[选择/体系/学派]这个词来标示。譬如,犬儒主义(Kynismus)和怀疑主义(Skeptizismus)毋宁总是*αἱρέσεις*[学派]而非*σχολαί*[学校]。因此,人们能够说,在希腊化晚期,由柏拉图、亚里士多德和芝诺在雅典建立的学校机构消失了,但柏拉图、亚里士多德和芝诺的学说(*αἱρέσεις*)却继续被传授,通过个人也通过机构,这些机构建立在其他城邦,或重新出现在雅典。所以,哲

① LYNCH, a. O. [9] 206; GLUCKER, a. O. [5] 373.

② GLUCKER, a. O. 365f. 368—373.

③ LYNCH, a. O. [9] 206; GLUCKER, a. O. 373—379; O. GIGON: Die Erneuerung der Ph. in der Zeit Ciceros, in: Entretiens. Fond. Hardt (Genf/Vandoeuvres 1958) 25—59.

④ GLUCKER, a. O. 159—225.

学课程的形式和内容也确有变形。但确切无疑，在整个古代普遍存在的哲学课程，部分由老师和听者的讨论构成（διατριβή），[①]部分由连续演讲构成（σχολή）。[②]（人们或许注意到，这两个术语既指学园机构，也指两种实践活动场所。）但从希腊化晚期以来，文本注解（Textauslegung）发挥了一种特殊作用：开启了真正的注疏家的时代。另一方面，理论学说的传授意义重大。在阿卡德米或佩里帕托斯，学园活动主要在于培养学生的思想和论证方法。讨论从而具有本质意义：学园杰出成员经常完全掌握了各种意见（αἱρέσεις）。[③] 与此相对，在罗马帝国和古代末期的学园中，一直保持的讨论自由，越来越受到限制，而且，人们的倾向往往是，满足于浮光掠影地了解四大学派的学说大要，而非致力于获得一种真正深厚的哲学教养。

此外，人们看到，在罗马帝国时期，主要是公元2世纪，一种在希腊化时期已开始显现的进程达到终点：哲学课程的公职化（Verbeamtung）。这一取向在公元前2世纪的雅典开始出现，在公共的雅典成年机构的框架中，按教学计划来设置哲学课程，课程很可能由四大学园的这个或那个代言人制定。参加此公职，哲学家很可能从城邦获取一份报酬。无论如何，一种由城邦当局规制并由城邦支付薪酬的课程，在罗马帝国时期逐渐成为规则。[④] 这一趋势于176年在雅典达到了顶点，当时奥勒留皇帝（Marc Aurel）为哲学设立了四大教席，从属于四大学园，由国库提供资金。这种由奥勒留皇帝创设的教席，未能延续古代雅典

---

① Vgl. J. SOUILHÉ: Préf., in: Epictète: Entretiens I(Paris 1948)XXIII—XXIX.

② CICERO: De fin. II, 1, 1.

③ Vgl. LYNCH, a. O. [9] 56. 76f.

④ Vgl. I. HADOT: Arts libéraux et philos. dans la pensée ant. (Paris 1984)ch. V.

的机构,而是展示了皇帝的一种努力,目的是使雅典重新兴盛为哲学文化的中心。赖此馈赠,“这是奥勒留对人世的馈赠”,①研究者在此古老的城邦中的确再次涌现。在雅典,四大学派(αἱρέσεις)的教师重又不断传承(διαδοχή),②但这种传承未能使古老的传统得以持续,希腊化末期这一传统便终结了。

除此城邦或帝国的雇员,私人哲学教师一直存在,他们在这个或那个城邦中开设学园,也往往没有后继者,譬如,阿莫尼奥斯(Ammonios Sakkas)在亚历山大里亚(Alexandrien),普罗提诺(Plotin)在罗马,扬布里科(Iamblich)在叙利亚,普罗克洛斯(Proklos)在雅典。因为,想必5世纪雅典的新柏拉图主义学派,只是一个私人组织,靠富有的异教徒赞助来维持,与帝国由奥勒留为柏拉图主义设立的教席毫无关系。

这个雅典的柏拉图学园的成功之处,在于使古老的学园组织得以人为复兴,并为自己重新谋得财产,托付于学园领袖,类似于柏拉图学园的领袖。他们像当初一样自称διάδοχοι[继任者]。学园成员致力于践行毕达哥拉斯主义和柏拉图主义的生活方式,这种生活方式,如其所相信的那样,也是老学园的生活方式。但这的确是一种革新,而非活生生的和未曾中断的传统延续。③所以,529年游斯丁(Justinian)的上谕,不像人们通常所认为的那样,是一道关闭“学园”的命令(后者不复存在已几百年了),而只是一道对异教徒的禁令,禁止在雅典,哪怕是私下讲授哲学或法律。因而,查士丁尼针对的不是某一机构,而是个人。④

一般应当尽量避免时代错误,如果人们想描述古代哲学的

---

① DIO CASSIUS: Rom. hist. LXII, 31.
② LUKIAN: Eun. 33.
③ Vgl. GLUCKER, a. O. [5] 153—158. 306—328.
④ a. O. 322—329.

建制形式，譬如，论及大学（Universitäten）、研究团体（Forschungsgemeinschaften）或神学院（Seminaren）。没有什么比古代哲学更远离我们与生活隔绝的大学-学校课程了，古代哲学在当时的自我理解是作为“说话的技艺”（ars dicendi）和“生活的技艺”（ars vivendi）（“王制之学，不仅谋划好的言谈，还谋划好的生活”①）。实践、理性和精神的训练，共同生活，简而言之，συμφιλοσοφεῖν［共同哲思］，②是这种哲思的最重要要素。由于这个原因，在古代，哲学的建制形式很大程度上是私人化的；城邦或帝国的倡导并未带来特别的繁荣和引起轰动的哲学革新。深刻影响了西方传统的伟大哲人，本身都是私人教师，像普罗提诺和爱庇克泰德（Epiktet），或至少属于私人机构的教师，如柏拉图、亚里士多德、伊壁鸠鲁、芝诺、克吕西普斯和普罗克洛斯。确定无疑的还有，συμφιλοσοφεῖν［共同哲思］至少需要建构形式，但这些建构形式必须由某些人选择和自由接纳，这些人将哲学变成了生活的内涵。古代的学园组织，往往更接近隐修会规（der monastischen Regel）而非一所大学的章程之要求，但也正因如此，它在纯粹意义上是世俗的。③　哈多（P. Hadot）撰

文献指引：

I. Bruns：De schola Epicteti（1897）. -L. Friedländer：Darst. aus der Sittengesch. Roms 3（101923）243—297. -J. P. Lynch s. Anm. ［9］. -J. Glucker s. Anm. ［5］. I. Hadot：Le problème du néoplatonisme alexandrin. Hiéroclès et Simplicius（Paris 1978）；s. Anm. ［31］. -P. Hadot s. Anm. ［38］. -H. J. Krämer：Die Ältere Akademie，in：Grundriß der Gesch. der Ph.，begr. F. Ueberweg. Die Ph. der Antike 3，hg. H. Flashar（1983）mit Bibliogr. -F. Wehrli：Der Peripatos bis zum Beginn der röm. Kaiserzeit，a. O.

① APULEIUS：Florida VII，10：«disciplinam regalem tam ad bene dicendum quam ad bene uiuendum repertam».

② DIOG. LAERT. V，52；X，18. 20.

③ P. HADOT：Exercices spirituels et philos. ant.（Paris 1981，21987）.

(二) 中世纪

对于使用拉丁语的中世纪社会而言,哲学是起初来自异国的文化财富。尽管如此,人们仍视其为一项遗产,由于从罗马帝国的全部遗产中接受了基督教,哲学这项遗产被寄予了以历史决定方式所形成的民族。[①] 它首先只是被模糊地理解为形式上堪为模范、内容上却必定仍未臻于充分的结果,这是从前异教的罗马人和希腊人致力于正确的智慧学说的结果,凭"自由技艺"(artes liberales)得以流传下来。[②] 它只是有可能重新产生历史影响,如果它新的所有者,使用拉丁语的基督教世界,愿意进一步认识它,愿意追究它对于据信是最后的基督教的历史纪元的用处,并恰当地运用它。由于文本是外国语文和继承人无书写能力,这一任务只能在学校的制度框架中去完成,学校作为一种公共机构,对使用拉丁语的基督教世界的精神需求负有责任。因此,中世纪哲学从一开始就是这种意义上的"经院"哲学。

1. 修道院学校时期。——a)三重意志冲击对下述情形具有关键意义:中世纪的教育事业,从修道院经主教座堂学校发展为大学,成为当时权威的科学场所。第一重冲击,789年,由卡尔大帝(Karl der Grosse),基督教世界的政治首脑,以《广训》(Admonitio generalis)颁行。[③] 他在其中为法兰克王国境内的

---

① F. J. WORSTBROCK: Translatio artium. Über Herkunft und Entwickl. einer kulturhist. Theorie. Arch. Kulturgesch. 47(1965)1—22.

② Artes liberales. Von der ant. Bildung zur Wiss. des MA, hg. J. KOCH (Leiden 1959); Arts libéraux et philos. au MA. Actes du quatr. Congr. int. de philos. médiev. (Montréal/Paris 1969); D. ILLMER: Art. ‹Artes liberales›, in: Theol. Realenzykl. 4(1979)156—171.

③ MG Diplomata. Die Urkunden der Karolinger 1, hg. E. MÜHLBACHER u. a. (1906)52—62.

所有修院和主教教区发布命令，为未来的教士建立学校；虔信者之永福要求教士有一种学识水平，要能够读写和使用拉丁语，以便能够正确举行礼拜，并从圣经，同样也是一种异国的文化遗产中，为公开宣讲可靠地获取正确的智慧学说。他让阿尔昆（Alkuin）编制“自由技艺”（artes liberales）教科书。[①] 进而卓有成效地推动编纂一部完整无缺校勘精良的圣经文本，要求为此置办释经学参考书，并编制一部布道集用于教会年度主日和节庆。[②] 阿尔昆后来为教科书撰写的题为《关于真哲学的辩难》（Disputatio de vera ph. a）的“前言”，拟订了理想的研究规划。[③] 以读写和拉丁语为基础，首先应当掌握七种自由技艺，从而靠后者帮助来研究圣经。凭借“哲学”（artes liberales[自由技艺]）的七级图像，登上“真哲学”（sacra scriptura[圣经]）的殿堂，他打算说服未来的教士，还有必要掌握古代科学；若无古代科学的基础知识，尽管后者只具有形式上的重要性，一种可靠的圣经研究将没有可能。

b）作为卡洛琳王朝（Karolinger）的教育政纲之结果，修道院在9世纪率先作为一项教育事业蓬勃发展起来。约9世纪中叶以来，卡佩拉（Martianus Capella）的著作《语文学与墨丘利的联姻》（De nuptiis Philologiae et Mercurii），[④]一部包装在

---

① ALKUIN：Dialogus Saxonis et Franconis（Grammatica）. MPL 101，859—902；De orthographia，hg. A. MARSILI（Pisa 1962）；Dialogus de rhetorica et virtutibus（Rhetorica），hg. C. HALM，in：Rhetores latini minores（1863）523—550；De dialectica. MPL 101，950—976.

② B. FISCHER：Bibeltext und Bibelreform unter Karl dem Großen，in：Karl der Große 2（1965）156—216；PS.-MELITO：Clavis scripturae，hg. J. B. PITRA，in：Spicilegium Solesmense 2—3（Paris 1855，ND Graz 1963）；H. BARRÉ：Les Homéliaires Carolingiens de l'Ecole d'Auxerre. Authenticité，inventaire，tableaux comparatifs，initia（Rom 1962）3f.

③ ALKUIN：Disp. de vera ph. a. MPL 101，849—854.

④ MARTIANUS CAP.：De nuptiis Philologiae et Mercurii，hg. J. WILLIS（Leipzig 1983）.

异教神话外衣中的七艺手册,逐渐取代了阿尔昆的教科书和用于补充它的卡西奥多(Cassiodor)、伊西多尔(Isidor)和哈巴努斯(Hraban)阐述。① 对这本书的接受,使得从两方面决定性地优化基础课程成为可能:由此开始全部七艺能够得到讲授,每一"艺"能够按照其科学上独特的重要性来认识和传授,不再只是像从前那样局限于绝对务实的需要。爱留根纳(Johannes Scotus Eriugena)在对托名奥古斯丁的范畴释义(《特米斯提乌斯释义》[Paraphrasis Themistiana])②的"附识"中,发现了逻辑学(辩证法)在科学上的独特重要性;认为它是"所有自由技艺之母",③也就是形式规则体系,逻辑学必须受到重视,如果应当以科学方式来表达一种真理。

c) 持续阅读确定的文本(lectio[讲论]),以便从语言和内容上理解它,从而掌握一定的各门专科知识的基本储备,在中世纪研究活动由修道院学校主导的发展时期,成为基本的课程形式。由此产生了评注(*Glosse*)这种文类。④ 评注将基础文本展开为三个层面:词汇层面,逐字逐句疏通文本(continuatio vel expositio litterae⑤);句法层面,评注从语法和内容两方面

---

① CASSIODORI Senat. Institutiones, hg. R. A. B. MYNORS(Oxford 1937)lib. II: saecularium litterarum; ISIDORI Hispalensis Episcopi Etymologiarum sive originum libri XX, hg. W. M. LINDSAY 1. 2(Oxford 1911)lib. I—IV; RABANI MAURI de institutione clericorum libri tres, hg. A. KNOEPFLER (1900)III, 18—25.

② PS.-AUGUSTINI paraphr. Themist., hg. L. MINIO-PALUELLO, in: Aristoteles latinus I, 1—5(Brügge 1961)131—175.

③ JOH. SCOT. ERIUGENA: De divisione nat. IV, 4. MPL 122, 870 B.

④ E. JEAUNEAU: Gloses et commentaires de textes philos. (IXe-XIIe s.), in: Les genres litt. dans les sources théol. et philos. médiév. Définition, critique et exploitation(Louvain-la-Neuve 1982)117—131.

⑤ WILHELM VON CONCHES: Glosae super Platonem, hg. E. JEAUNEAU(Paris 1965)67: «Commentum enim, solam sententiam exequens, de continuatione vel expositione litere nichil agit. Glosa vero omnia illa exequitur».

澄清每一个句子(sensus);内容层面,评注确定著作整体的含义(sententia)。首先由老师在所读文本的行间和页边标注,勤奋的学生或未来的老师,随即将每一个评注誊写在前置的一条词目(Lemma)下面,从而成就一部独立的评注文本。这种形式成为当时最有历史影响的三大评注之模范:卡佩拉的评注、波埃修的《哲学的安慰》及其《神学短章》(Opuscula sacra)。902 年与 908 年之间,雷米吉乌斯(Remigius Von Auxerre)写下的教学评注,很快成为当时的权威评注。[①] 成为第二种标志着修道院学校时期的文类是文选(*Florilegium*)。这是按照某一主题要点,或某一或更多著作家的主题要点,更或是按照这两方面,从更多著作中选出认为重要的段落,攒集成为一本书。因为,在卡洛琳王朝的教育政纲施行初期,只有极少藏书丰富的图书馆,这么做是为老师汇集教学材料,但也可能作为出自课堂的老师的口述。通过研究性的争论,人们编成文选作为权威论证的文献汇集。[②] 对话(*Dialog*),人们传布它,使

---

① REMIGII AUTISSIODORENSIS Commentum in Martianum Capellam, hg. C. E. LUTZ 1. 2(Leiden 1962/65); P. COURCELLE: La consolation de philos. dans la trad. litt. Antécédents et postérité de Boèce(Paris 1967)241—259; E. K. RAND: Joh. Scotus I: Der Komm. des Joh. Scotus zu den Opuscula sacra des Boethius; II: Der Komm. des Remigius von Auxerre...(1906); zur Verfasserschaft vgl. COURCELLE, a. O. 248—254.

② B. MUNK OLSEN: Les classiques latins dans les florilèges médiév. antér. au XIIIe s. Rev. Hist. Textes 9(1979)47—121; 10(1980)115—164; Les florilèges des auteurs class., in: Les genres litt., a. O. [11] 151—164; M. A. /R. H. ROUSE: Florilegia of Patristic texts, a. O. 165—180; J. HAMESSE: Les florilèges philos. du XIIIe au XVe s., a. O. 181—191; A. DODIN: Art. ‹Florilèges spirituels›, in: Dict. de spirit., ascét. et myst. 5(1964)435—514; nach B. BISCHOFF: Hadoard und die Klassikerhandschr. aus Corbie, in: Mittelalterl. Stud. 1(1966)49—63, bes. 49f. könnte in Hs. Paris BN lat. 13381 «der vielleicht älteste Versuch eines Handbuchs augustinischer Theologie» aus der Mitte des 9. Jh. vorliegen; Des Presbyter Hadoardus Cicero-Excerpte, hg. P. SCHWENKE. Philologus, Suppl. 5(1889)397—588; C. E. INEICHEN-EDER: Theol. und philos. Lehrmaterial aus dem Alkuin-Kreise. Dtsch. Arch. Erforsch. MA (转下页注)

其作为通用的博学之作,超出自己的学生圈子而为人所知,但它作为文类很快就失去了其意义。①

2. 主教座堂学校时期。——a)修院学校的影响之程度,大约从 9 世纪中叶开始减弱,正如由于诺曼人-匈奴人的入侵(Normannen- und Ungarneinfälle),使得卡洛琳王朝的教育政纲的施行意志受到削弱。因此,在向 10 世纪转折前后,发生了一场具决定性意义的推进:由路德维希皇帝(Ludwig dem Frommen)和阿尼安纳的本笃(Benedikt Von Aniane),通过规范教士团体的生活方式和普遍的修院改革,主导了这一进程。816 年颁布的《教规》(Institutio canonicorum),针对教士团体,主要是主教教区的教士团体,目的是牧灵教士的合宜培养。②相应地,817 年颁布的《修会法典》(Capitulare monasticum)针对修院,其教学活动重新局限于培养自己灵性上的接班人。③对中世纪教育事业的进一步发展具有决定性意义的精神动力,此后逐渐出于主教之手,更确切地说是出自主教座堂学

(接上页注)34(1978)192—201; R. QUADRI: I collectanea di Eirico di Auxerre. Spicilegium Friburgense 11 (Fribourg 1966); HRABAN legte im Prädestinationsstreit für Bischof Noting eine Dokumentation an, vgl. MPL 112, 1530—1553.

① G. BARDY: La litt. patrist. des ‘Quaestiones et responsiones’ sur l'Ecriture sainte. Rev. biblique 41(1932)210—236. 341; R. E. MCNALLY: The ‘tres linguae sacrae’ in Early Irish Bible exegesis. Theol. Studies 19(1958)395—403, bes. 402; Dialoge: JOH. SCOT. ERIUG.: Periphyseon; ANSELM VON CANTERBURY: De grammatico; De veritate; De libertate arbitrii; De casu diaboli; ABAELARD: Dialogus inter philosophum, iudaeum et christianum; HUGO VON ST. VICTOR: De sacramentis legis naturalis et scriptae.

② Concilium Aquisgranense 816, in: MG Conc. 2: Concilia aevi Karolini I/1, hg. A. WERMINGHOFF(1906)307—421; cap. 135, a. O. 413.

③ Regula sancti Benedicti abbatis Ananiensis sive collectio capitularis, hg. J. SEMMLER, in: Corpus consuetudinum monasticarum 1(1963)501—536; bes. can. 36, a. O. 536; PH. DEREINE: Art. ‹Chanoines›, in: Dict. d'hist. et de géographie ecclés. 12(1953)353—405.

校，往往由国王或皇帝的支持所加强。11 世纪，在法兰克王国和莱茵河地区，已经有了 60 多所主教座堂学校。① 城市代替修院成为拉丁语基督教世界的精神中心。在主教座堂学校建立时期，主教本人往往是博学的修道士（譬如，乌尔里希［Ulrich Von Augsburg］）；或由他们为其学校聘请最博学的修道士（福尔古［Fulco Von Reims］，譬如，从奥赛尔修院［Auxerre］聘请雷米吉乌斯，从圣阿芒修院［St. Amand］聘请胡克巴尔德［Hucbald］）。以典范性修道院图书馆为榜样，大教堂图书馆得以建立。主教座堂学校自感同样负有教育责任，至此这一任务都是由修院学校承担的。②

b）瓦尔特（Walther Von Speyer）的《经院哲学简论》（Libellus scolasticus）成书于 984 年，瑞歇（Richer）于同一时期在雷姆斯（Reims）的主教座堂学校，写下对吉尔伯特（Gerbert）的课程计划的说明，这个课程计划对 11 世纪主教座堂学校具有权威性，这些都可以证明，在 10 世纪末，基础课程在组织和内容方面发生了重要变化。③ 在通常为期两年的读、写、唱诗和拉丁语方面的一段基础课程之后，接着是一段致力于“著作家”（auctores）的中级课程，大约持续四年（grammatica［语法］）。卡佩拉当时局限于神话、“著作家”（auctor），故而作为自由技艺手册已经过时了。通过至少两年的高级课程（artes），方能开始真正的科学研究。其余六种自由技艺也是

---

① E. LÈSNE：Hist. de la propriété ecclés. en France 5：Les écoles de la fin du VIIIe s. à la fin du XIIe s.（Lille 1940）415f.

② Conc. Aquisgr., a. O.［16］413；PH. DELHAYE：L'organisation scolaire au XIIe s. Traditio 5（1947）211—268.

③ P. VOSSEN（Hg.）：Der Libellus Scolasticus des Walther von Speyer. Ein Schulbericht aus dem Jahre 984（1962）bes. 188；RICHERI Historiarum libri IV，hg. G. WAITZ，in：MG Script. rerum germ. 51（1877）99—104.

如此,也要从“辩证法”开始。后者,以雷米吉乌斯的卡佩拉评注(Martianglosse)为中介,越来越被理解为爱留根纳意义上的科学的整体形式。吉尔伯特作为一流的博学之士,将其研究建立在一种新的文本基础之上,这就是后来称为“旧逻辑学”(logica vetus)的波埃修的新逻辑学著作(波斐利《引论》,在维克多利努斯[Marius Victorinus]译本中附有针对初学者的注疏,在自己的译本中附有针对中等学者的注疏;亚里士多德《范畴篇》[Categoriae]附有 4 卷注疏;《解释篇》[De interpretation]也附有一个针对初学者和中等学者的注疏;西塞罗《论题篇》[Topica]附有 6 卷不完整的注疏;《论有种差的论题》[De topicis differentiis]4 卷;《论直言三段论》[De syllogismis categoricis]2 卷;《论假言三段论》[De syllogismis hypotheticis]2 卷;《论划分》[De divisione];维克多利努斯的《论定义》[De definitionibus])。在整个 11 世纪期间,这些著作集为逻辑学课程奠定了基础。至迟在 1140 年,还有叫做“新逻辑学”(logica nova)的亚里士多德的逻辑学著作(《前分析篇》[Analytica priora],《后分析篇》[Analytica posteriora],《论题篇》[Topica],《辩谬篇》[Sophistici elenchi]),以及归于吉尔伯特(Gilbertus Porretanus)的《六大原理》(Liber sex principiorurm),被纳入了逻辑学课程。① 夏特尔(Chartres)的学校,在 12 世纪将科学标准作为根据——如同高级课程,在这所学校中,以蒂埃里(Thier-

---

① A. van de VYVER: Les étapes du développement philos. du Haut MA. Rev. Belge Philol. Hist. 8(1929)425—452; G. SCHRIMPF: Wertung und Rezeption antiker Logik im Karolingerreich, in: G. PATZIG/E. SCHEIBE/W. WIELAND(Hg.): Logik, Ethik, Theorie der Geisteswiss. en(1977)451—456; W. KLUXEN: Art. ‹Abendländischer Aristotelismus V/1. Mittelalter›, in: Theol. Realenzykl. 1(1976)782—789; CH. H. LOHR: Commentateurs d'Aristote au MA latin. Bibliogr. de la littérature secondaire récente(Fribourg/Paris 1988); J. PINBORG: Logik und Semantik im Mittelalter. Ein Überblick(1972).

ry)《七艺之书》(Heptateuchon)为证，《旧逻辑学》和《新逻辑学》成为逻辑课程的当然基础，亚里士多德成了真正的逻辑学家。① 逻辑学自吉尔伯特以来，在基础课程中普遍具有一种特殊的重要性。但人们绝非仅仅接受它。吉尔伯特和阿伯(Abbo Von Fleury)，后来还有孔波蒂斯塔(Garlandus Compotista)，还深入研究所遇到的逻辑难题。正如大学中的争论所表明的那样，人们为此迅速发展出一种能力，以独立自主地深入研究哲学难题，并将其运用于实事。一种独立自主的新式的逻辑传统，以术语(terministisch)为方向的"现代逻辑学"(Logica modernorum)，就是这一汲取过程的成果。② 因此，在这些标志着 11 世纪、发生在"辩证法家"(Dialectici)和"反辩证法家"(Antidialectici)的争论中，在基础课程中获取的逻辑学专门知识，是否也可以用于高级课程，对于解决神学难题具有根本意义。阿贝拉尔(Abaelard)在神学中的学术成就意味着，事实上肯定了逻辑学也是适用于神学的科学规则。

同样，自吉尔伯特以来，数学学科，尤其是算术和天文学，成为基础课程中的第二个难点。③ 这一背景是由对宇宙论的

---

① M. GRABMANN: Aristoteles im 12. Jh. Mediaeval Studies 12(1950) 123—162, bes. 138f.

② GERBERT: De rationali et ratione uti. MPL 139, 158—168; ABBONIS FLORIACENSIS opera inedita I: Syllogismorum categoricorum et hypotheticorum enodatio, hg. A. van de VYVER [Uitgave verzorgd door R. RAES](Brügge 1966); GARLANDUS COMPOTISTA: Dialectica, hg. L. M. de RIJK(Assen 1959); de RIJK: Logica Modernorum. A contrib. to the hist. of early terministic logic 1. 2(Assen 1962—1967).

③ I. SCHRÖBLER: Die St. Galler Wiss. um die Jahrtausendwende und Gerbert von Reims. Z. dtsch. Altertum dtsch. Lit. 81(1944)32—43; G. BEAUJOUAN: L'enseignement du 'Quadrivium', in: Settimane Studio Centro ital. Studi alto Medioevo 19: La scuola nell'occidente latino dell'alto Medioevo(Spoleto 1972) 639—667; U. LINDGREN: Gerbert von Aurillac und das Quadrivium. Unters. zur Bildung im Zeitalter der Ottonen. Sudhoffs Arch. Z. Wiss. gesch., (转下页注)

兴趣形成的。宇宙论,直至接触到形而上学的专门著作,都是追问现实性之整体(世界的起源;灵魂;时间)的科学学科。人们在基础课程框架中,作为宇宙论作品来阅读和注疏的著作,约 1050 年以来,延续了一个世纪,在夏特尔复又成为典范,这些著作除了波埃修《哲学的安慰》(尤其卷 Iii,章 9)和卡佩拉的神话和天文学,还要加上马克罗比乌斯(Macrobius)对西塞罗《斯齐比奥之梦》(Somnium Scipionis)和柏拉图《蒂迈欧》(Timaeus)的注疏,直到卡尔西迪乌斯(Chalcidius)翻译和注疏《蒂迈欧》。[1]《蒂迈欧》,根据康榭的威廉(Wilhelm Von Conches),1130 年前后在巴黎是讨论最为频繁的文本。[2] 在夏特尔,人们使用新文本,目的是从科学上深入思考圣经中的创世叙述。

(接上页注)Beih. 18(1976); P. L. BUTZER: Die Mathematiker des Aachen-Lütticher Raumes von der karoling. bis zur spätotton. Epoche. Annalen Hist. Vereins Niederrhein 178(1976)9—30; ABBON de FLEURY: Questions grammaticales, texte établi, trad. et commenté par A. HUERREAU-JALABERT(Paris 1982).

① MACROBIUS: Commentum ad Ciceronis Somnium Scipionis, hg. J. WILLIS(21970); Timaeus a Calcidio transl. commentarioque instr., hg. J. H. WASZINK(Leiden 21975); E. JEAUNEAU: L'heritage de la philos. ant. durant le haut MA. Settimane..., a. O. 22(1975)17—54; 'Lectio philosophorum'. Rech. sur l'école de Chartres(Amsterdam 1973); Jean de Salisbury et la lecture des philosophes. Rev. Et. Aug. 29(1983)145—174; E. MENSCHING: Zur Calcidius-Überlieferung. Vigil. christ. 19(1965)42—56; E. JEAUNEAU: Gloses marginales sur le Timée de Platon, du m. s. 226 de la Bibl. Munic. d'Avranches. Sacris erudiri 17(1966)71—89; M. SCHEDLER: Die Ph. des Macrobius und ihr Einfluß auf die Wiss. des christl. MA(1916); E. JEAUNEAU: Gloses de Guillaume de Conches sur Macrobe. Note sur les manuscrits. Arch. Hist. doctr. litt. MA 27(1960)17—28.

② M. GIBSON: The study of the ‹Timaeus› in the eleventh and twelfth cent. Pensamiento 25(1969)183—194; WILH. von CONCHES, a. O. [12]; P. E. DUTTON: Illustre ciuitatis et populi exemplum. Plato's Timaeus and the transmission from Calcidius to the end of the twelfth cent. of a tripartite scheme of society. Mediaeval Stud. 45(1983)79—119; The uncovering of the ‹Glosae super Platonem› of Bernard of Chartres. Mediaeval Stud. 46(1984)192—221; P. E. DUTTON/J. HANKINS: An early manuscript of William of Conches' ‹Glosae super Platonem›. Mediaeval Stud. 47(1985)487—494.

至此主要从形式上理解的“哲学”概念(artes sermocinales et reales[语言表达技艺和真实技艺]),从而也开始在内容上变得富有意义(“哲学家们”认识到的关于宇宙的真理),并且面对基督教教义,失去了其迄今为止在世界观上的中立。人们开始将自然理解为一种按照规律运转的因果关联。①

将波埃修《神学短章》纳入夏特尔学校的教学计划作为高级课程,根据阿贝拉尔富有成效地将逻辑学应用于神学,这意味着靠“哲学”帮助在“圣经研究”(sacra pagina)的科学化方向上迈出了一大步。② 模范波埃修运用从公理出发进行推论的方法(“如数学中的惯常做法”[ut in mathematica fieri solet]),人们如今试图由此来澄清信仰的准确内容,以经过界定的概念将此内容表述为正确的真理学说体系,这个体系能够从自明的首要原理中推导出来。再一次,正如爱留根纳(Johannes Scotus Eriugena)首次在 9 世纪之所为,产生了这种意识,信仰学说,也就是正确的真理学说,从而第一次具有了其恰当形式,这种学说以明确的概念,作为无内在矛盾的真理体系,对现实性之整体作出表达。作为这种意义上的“技艺”,在 12 世纪,首先是由圣维克多的雨果(Hugo Von St. Viktor)、阿拉努斯(Alanus Von Lille)和亚眠的尼库拉斯(Nikolaus Von

---

① J. M. PARENT: La doctrine de la création dans l'école de Chartres. Études et textes(Paris/Ottawa 1938); T. GREGORY: La nouvelle idée de la nature et de savoir scient. au XIIe s., in: J. E. MURDOCH/E. D. SYLLA (Hg.): The cultural context of médiéval learning (Dordrecht/Boston 1975) 193—212.

② Commentaries on Boethius by THIERRY of CHARTRES and his school, hg. N. M. HÄRING(Toronto 1971); The commentaries on Boethius by GILBERT of POITIERS, hg. N. M. HÄRING(Toronto 1966); Life and works of CLAREMBALD of ARRAS: A twelfth-cent. master of the school of Chartres, hg. N. M. HÄRING(Toronto 1965); M.-D. CHENU: La théol. au XIIe s. (Paris 1957, 21966).

Amiens)着手的对"圣经研究"的描述。① 这种形成了一个传统的神学发展过程(贝伦伽尔[Berengar]、阿贝拉尔、吉尔伯特)表明,教会靠发展出一种建制化的学说控制,对这种形式的对神学的科学化作出了回应。②

通过接受《神学短章》,也由熟悉卡西奥多鲁斯和伊西多尔出发,并且在圣维克多的雨果的《讲章》中首次得到广泛实施的逻辑学方法,借助"哲学的划分",获得了一种关于所有科学学科的系统概观,从而显著加快了"充实"(Verinhaltlichung)"哲学"概念的进程;尤其在12世纪中叶,多米尼库斯(Dominicus Gundissalinus)沉迷于重新翻译出自阿拉伯-伊斯兰文化圈的科学文献,在此之后,同样基于上述方法和受亚里士多德影响的阿尔法拉比(Alfarabi)的科学划分,进入了拉丁语文献的再加工。从此以后,在将逻辑学理解为科学形式之总体的框架中,"哲学"进而变成了所有具体科学学科的内容之总体,这符合亚里士多德的原则:"哲学有多少部分,正如事物有多少差异"(tot esse ph. ae partes, quot sunt rerum diversitates)。③ 这些哲学的部分的界

---

① Die Sententie Magistri GISLEBERTI PICTAVENSIS Episcopi, hg. N. M. HÄRING. Arch. Hist. doctr. litt. MA 45(1978)83—180; 46(1979)45—105; HUGO VON ST. VICTOR: De sacramentis christianae fidei. MPL 176, 173—618; ALANUS VON LILLE: Regulae theologicae. MPL 210, 617—684; M.-D. CHENU: Une théol. axiomat. au XIIe s.: Alain de Lille. Citeaux 9(1958)137—142; NIKOLAUS VON AMIENS: De arte fidei catholicae. MPL 210, 593—618; G. R. EVANS: Boethian and Euclidian axiomatic method in the theol. of the later twelfth cent. Arch. int. Hist. Sci. 30/105(1980)36—52; The academic study of the creeds in twelfth-cent. schools. J. theol. Studies 30(1979)463—480.

② J. MIETHKE: Theologenprozesse in der ersten Phase ihrer institut. Ausbildung: die Verfahren gegen Peter Abaelard und Gilbert von Poitiers. Viator 6(1975)87—116; Der Zugriff der kirchl. Hierarchie auf die mittelalterl. Universität. Die institut. Formen der Kontrolle über die universitäre Lehrentwicklung im 12. bis 14. Jh. (am Beispiel von Paris). Kyrkohistorisk årsskrift 77(1976)197—202.

③ DOMINICUS GUNDISSALINUS: De divisione ph. ae, hg. L. BAUR, mit einer Studie über die philos. 'Einleitungslit.'(1903)359; VOSSEN, a. O. [20] 96—98.

定,要通过其质料对象,通过与对象相应的并且唯独由理性支撑的认识方法,也通过在科学体系中的一个固定"位置"。由此,"哲学"只能越来越与"七艺"(septem artes)等而同之。从而,基础课程在内容和概念上的一种深刻转变成为可能:从此以后,作为在内容上也具有重要性的尽可能关于所有各门科学的研究,由于它可以自主通达关于现实性整体之真理,而不必再将其理解为初级课程,但作为初级课程,不仅对于神学研究,而且对于法学和医学研究,它都是必要的科学准备。亚里士多德的哲学论著,因"哲学"概念之转变而尤其值得研究,也就是说,作为专门科学的独立著作。

"哲学"概念的充实过程,面对的背景是约 11 世纪初以来,老师和学生数量的突然增长,由此发展出一种新局面:以流动性而非土生土长为标志的"教授"(magistri)、"学者"(scholares)和"博学之士"(litterati)的社会阶层,出现在宫廷和城市中。与此密切关联,首先是由在基础课程中形成了重点(著作家[auctores],格言技艺[ars dictaminis],辩证法[dialectica],天文学[astronomia])所导致的偏爱,后来通过其在"哲学的划分"(divisio ph. ae)意义上变化了的概念,出现了"教授"从全科教师到专科教师的专门化。学生也因此从学校到学校,越来越频繁地迁移,为自己挑选老师,这要看激发他们的是"科学之爱"(amor scientiae),①还是"博学之士"(litteratus)的人生道路。② 夏特尔(Chartres)、图尔(Tours)、奥尔良

① Authentica 'Habitä' Kaiser Friedrichs I. vom November 1158, hg. H. KOEPPLER. Engl. hist. Review 54(1939)577—607, zit. 607: «... amore scientie facti exules»; W. STELZER: Zum Scholarenprivileg Friedrich Barbarossas (Authentica «Habita»). Dtsch. Arch. Erforsch. MA 34(1978)123—165.

② P. CLASSEN: Die Hohen Schulen und die Ges. im 12. Jh. Arch. Kulturgesch. 48(1966)155—180.

(Orléans)、巴黎、博伦纳(Bologna)以及蒙贝列(Montpellier)和萨勒诺(Salerno),到1160年,成为最抢手的学校。[①] 在此过程中,由于学生数量的增长和"教授"的专门化所强化的研究活动,最终大约在12世纪第二个四分之一时期形成了一种意识,就是要通过掌握各知识领域的材料,以达成某种结果。由此成就的都是有体系的专著。无形之中为方兴未艾的大学带来了奠基性的教科书。亚历山大(Alexander Von Villa Dei, ca. 1199)《弟子学规》(Doctrinale puerorum),成为"语法"基础课程的教科书;彼得·赫利亚斯(Petrus Helias, ca. 1140)《普利西安语法大全》(Summa super Priscianum),成为语言学指向的"思辨语法"(grammatica speculativa)课程教科书;逻辑学的三大著作,舍伍德的威廉《逻辑学引论》(Introductiones in logicam)、奥赛尔的兰巴德(Lambert Von Auxerre)《逻辑大全》(Summa logica)和西班牙的彼得《逻辑论集》(Summulae logicales),成为最新的逻辑学教科书;里昂的安瑟尔谟(Anselm Von Laon, ca. 1120)《普通评注》(Glossa ordinaria)和考梅斯托·彼得(Petrus Comestor, ca. 1170)《经院哲学史》(Historia Scholastica),成为圣经研究的权威注疏;彼得·朗巴德(Petrus Lombardus)以其《章句四篇》(Sententiae in Iv libris distinctae, ca. 1140)为系统神学奠定了基础;哈勒的亚历山大(Alexander Von Hales)1220/1230年前后在巴黎将其作为规范课本,在转向圣经研究前必须研读;格拉替安(Gratian)《法典不和谐中

---

① R. W. SOUTHERN: The making of the MA(London 1952); dtsch.: Geistes- und Sozialgesch. des MA. Das Abendland im 11. und 12. Jh., übers. F. SCHÖNE(21980)185.

的和谐》(Concordia discordantium canonum, ca. 1140),成为教会法权威手册。①

c) 聚精会神的研究活动也体现在,"教授们"更为精细地致力于展示文本中的思想,而文本为他们的课程奠定基础(lectio cursoria[初级讲论],lectio ordinaria[普通讲论])。由此,在中世纪研究活动的主教座堂学校发展阶段,形成了与评注(Glosse)相对的致力于文意的*注疏*(*Kommentar*)文类。可见,注疏的特定任务在于,通过"接近著作家"(accessus ad auctorem)、②"划分文本"(divisio textus)和"阐明文本"(expositio textus)三步骤,以概念方式展示出发明某一文本的思想,其逻辑学推导与其实际结论一样,都尽可能准确。③ 亚里士多德的逻辑著作与其狭义的哲学著作一样,通过注疏而被接受。注疏文献的增加,表现出对精确领会一个所接受的文本的实质

---

① The Summa of PETRUS HELIAS on Priscianus Minor, hg. J. E. TOLSON. Cah. Inst. MA Grec Latin 27/28(Kopenhagen 1978); Die Introductiones in logicam des WILHELM VON SHYRESWOOD, hg. M. GRABMANN. Sber. Bayer. Akad. Wiss. en, philos.-hist. Abt. (1937) H. 10, ND in: GRABMANN: Ges. Akad. abh. (1979) 1255—1360; LAMBERT VON AUXERRE: Logica(Summa Lamberti), hg. F. ALESSIO(Florenz 1971); PETER of SPAIN(PETRUS HISPANUS PORTUGALENSIS): Tractatus called afterwards Summule logicales, hg. L. M. de RIJK(Assen 1972); Glossa ordinaria. MPL 114, 9—752; PETRUS COMESTOR: Historia Scholastica. MPL 198, 1045—1844; Magistri PETRI LOMBARDI Sententiae in IV libris distinctae(Grottaferrata 1971—1981); GRATIAN: Corpus Iuris Canonici, hg. A. FRIEDBERG 1: Decretum Gratiani (1879, ND Graz 1959); zur Einf. in das Pariser Studium: F. van STEENBERGHEN: Die Ph. im 13. Jh. (1977) 152.

② E. A. QUAIN: The médiéval ‹Accessus ad auctores›. Traditio 3(1945) 215—264; Accessus ad auctores, hg. R. B. C. HUYGENS, in: Collection Latomus 15 (Berchem/Bruxelles 1954); KONRAD VON HIRSAU: Dialogus super Auetores, hg. R. B. C. HUYGENS, in: Collection Latomus 17(Berchem/Bruxelles 1955); H. SILVESTRE: Le schéma «moderne» des ‹accessus›. Latomus 16 (1957) 684—689; P. GLORIEUX: La faculté des arts et ses maîtres au XIIIe s. (Paris 1977) 56.

③ WILH. VON CONCHES, a. O. [12] 67: «Unde commentum dicitur plurium studio vel doctrina in mente habitorum in unum collectio».

内容的兴趣增长，这不可避免会引向对一种认识的兴趣：所接受的思想，是否具体而言如整体而言一样，都是真实的。为此，约从 12 世纪中叶开始，紧接着首先接受 8 卷《论题篇》(Topica)和《辩谬篇》(Sophistici elenchi)，①“教授们”创设了一种更进一步的课程形式，这就是“论辩”(Disputatio)。② 这种课程迅速与“讲论”同等重要，成为后者的必要补充。论辩在基础课程中表现出与在高级课程中不同的推进方式。在基础课程中，从一开始就承认，这是对某种“诡辩”(Sophisma)的逻辑思考，“诡辩”是一种表达不明确或不可能明确表达甚或表达错误的语句。为了解决下述这类难题，发展出了程序规则(ars obligatoria[强制遵循的技艺])：这类难题，根据格拉伯曼(Grabmann)，后来也可能具有语法、自然科学、形而上学或伦理学内容，③海特斯伯里的威廉(Wilhelm Von Heytesbury)在译本教科书中总结了这些程序规则(《解决诡辩的规则》[Regulae solvendi sophismata])。④ 由新的课程形式中，首先在 12 世纪以来已然开展的独立自主的中世纪逻辑学研究、“新式逻辑”(logica modernorum)框架中，发展出了“诡辩”文类，具有两

---

① M. GRABMANN: Die Sophismata-Lit. des 12. und 13. Jh. mit Textausgabe eines Sophisma des Boetius von Dacien. Ein Beitr. zur Gesch. der einwirkenden arist. Logik auf die Ausgestaltung der mittelalterl. philos. Disputation (1940) 15; Zitat aus JOHANNES von SALISBURY: «Nam sine eo [= lib. VIII Top.] disputatur non arte, sed casu».

② Les Disputationes de SIMON de TOURNAI, hg. J. WARICHEZ. Spicileg. sacr. Lovaniense 12(Löwen 1932) bes. XLIII—LII; A. M. LANDGRAF: Zur Technik und Überlief, der Disputation. Coll. franciscana 20(1950) 173—188.

③ GRABMANN, a. O. [38] 8f. ; PH. BÖHNER: Médiéval logic. An outline of its development from 1250 to c. 1400(Manchester 1952) 8f.

④ GRABMANN, a. O. 5f. ; P. V. SPADE: The médiéval liar: A catalogue of the Insolubilia-lit. (Toronto 1975); WILLIAM HEYTESBURY: On 'Insoluble' Sentences. Chapt. one of his rules for solving sophisms, hg. P. V. SPADE (Toronto 1979).

种特殊形式："不可解之诡辩"和"不可能之诡辩"。① 在高级课程中，阿贝拉尔《是与否》(Sic et Non)中表达的难题意识，两个得到承认的权威在同一件事情上持相反主张，可以作为"论辩"的起点。但在阿贝拉尔仍将两个"权威"(auctoritates)的矛盾称为"疑问"(quaestio)时，吉尔伯特(Gilbertus Porretanus)已然如此来理解纯粹的逻辑事态：支持和反对同一个主张所引证的理由(rationes)，表面上看起来有可能同等重要。克拉伦巴第(Clarenbaldus Von Arras)最终将"疑问辩难"(Quaestio)理解为形式，人们只有按此形式才能从科学上确证一个基于愿望提出的主张正确或不正确：一个提出的疑问(是否[utrum]……)可以有保留地给予回答(似乎[videtur quod]……)；与此相对，还有另一种可能回答(但相反[sed contra]……)；面对此两难，老师最后展示最终答案(我当如此作答[respondeo dicendum]……)。对此"教授裁定"(determinatio magistralis)需要指明的是，它唯基于如下理由：由于衡量其正确性的逻辑规则具有唯一的权威性，这些理由任何人从根本上都能理解和实施。② 是否和在何种程度上，从逻辑学中为基础课程中的"论辩"发展出的"诡辩"形式，对高级课程中为论辩发展出"疑问

① GRABMANN, a. O. 5f.; M. L. ROURE: Le traité des propositions insolubles de J. de Celaya. Arch. Hist. doctr. litt. MA 29(1962)235—338; La problématique des propositions insolubles au XIIIe s. et au début du XIVe, suivie de l'édition des traités de W. Shyreswood, W. Burleigh et Th. Bradwardine, a. O. 37(1970)205—326; L. M. de RIJK: Some notes on the mediaeval tract De insolubilibus, with the edition of a tract dating from the end of the twelfth cent. Vivarium 4(1966)83—115.

② Oeuvres de ROBERT de MELUN I: Questiones de divina pagina, hg. R. M. MARTIN. Spicileg. sacr. Lovan. 13(1932)XXXIV—XLVI; A. M. LANDGRAF: Introd. à la litt. théol. de la scolastique naissante(Montréal/Paris 1973)44—60; J. KOCH: Art. ‹Scholastik›, in: RGG3 5(1961)1494—1498, hier 1496f.; M.-D. CHENU: Art. ‹Scholastik›, in: Hb. theol. Grundbegr. 2(1963)478—494; Das Werk des hl. Thomas von Aquin(1960).

辩难"有贡献,这一点尚未得到研究。凭借在两级研究进程中有方法训练的"论辩"形式,在主教座堂学校的日常研究活动中,与迄今唯独承认传统内容具有权威性(authentica[真实性])同等重要的是,唯独基于论证之科学性的老师的权威性(magistralia)。[①] 就此而言,"哲学"借助中世纪科学中的"论辩"技艺,整体上为任何在先给予的内容创造出如此进展之可能性,以至于对掌握或拒绝此内容具有决定性的只是对其真理性的兴趣。在13世纪的历史进程中,"论辩"成为一种如此受欢迎的课程形式,以至于在巴黎"大学"(universitas),每年四旬节斋期和基督教降临节期要举行两次,并且是公开举行。不同于常规的课堂论辩(disputationes ordinariae)——由此课堂论辩的书面记录中产生了"疑问论辩"(Quaestiones disputatae)文类——在公开论辩中不由老师提问,而是由任何愿意参与者提出任何一个疑问(quaestio de quolibet);由此产生的文类是"任意疑问辩难"(Quaestiones quodlibétales)。在进一步附加的疑问汇集的文献中间层级之上,[②]"疑问辩难"(Quaestio)的形式采用"大全"(Summa)文献形式,到这一时期为止,人们要么按百科全书方向来汇集材料,要么纲要式地概括一个确定的知识领域,但也可以采用第三种形式:这种形式,先采用具体疑问之形式,思考整体性,并系统编定的某一知识领域的科学著作(譬如,菲利普[Philipp der Kanzler]《论善大全》

---

① M.-D. CHENU: La théol. au XIIe s. (Paris 1966) bes. 358—365.

② F. PELSTER: Forsch. zur Quästionen-Lit. in der Zeit des Alexander von Haies. Scholastik 6(1931)321—353; P. GLORIEUX: La litt. quodlibét. de 1260 à 1320 1. 2(Kain 1925, Paris 1935); dazu A. TEETAERT: La litt. quodlibét. Ephemerides Theologicae Lovanienses 14(1937)75—105; P. GLORIEUX: Le quodlibét et ses procédés rédactionnels. Div. Thom. (Piacenza) 42(1939) 61—93; Où en est la question du quodlibét? Rev. MA latin 2(1946)405—414.

[Summma de bono]），或某一具体学科的科学著作（譬如，奥卡姆[Wilhelm Von Ockham]《逻辑大全》[Summa logicae]）；如果其中将更多疑问综合为一个“分题”（articulus）之统一性，那么，对同一思想的任何“疑问”都要按另一个并且必须是成体系的观点来研究。[①] 注疏和大全之外的第三种在主教座堂学校时期形成的具有重要意义的文类，以科学引论形式实施的研究引论，在13世纪基尔伍德比（Robert Kilwardby）《论科学的兴起》（De ortu scientiarum）中达到了其顶点，为13世纪的那种变化了的和对大规模接受亚里士多德产生重大历史影响的“哲学”理解，作出了不小贡献，按此理解，哲学不仅在形式上，而且在内容上，都有自主进入正确的智慧学说、进入现实性整体之真理的通道。[②] 对全部知识的百科全书式汇集称为“镜鉴”（Speculum）（譬如，阿尔登斯[Radulfus Ardens]《通鉴》[Speculum universale]，文森特[Vinzenz Von Beauvais]《大鉴》[Speculum maius]）。

3. 大学时期。——a)导致研究活动建制框架第三次深刻转变，即“大学”（universitates）形成的推动力，大约是从12世纪下半叶开始，由科学本身的行列中生发出来的。在博伦纳（Bologna），这种推动力出自学生（scholares），在牛津和巴黎，出自教授（magistri）。首先，在巴黎，研究活动自阿贝拉尔的最后岁月以来，以不可阻挡之势从主教座堂学校的建制框架中生发出来。就“自由七艺”和神学而言，在使用拉丁语的基督

---

① P. GLORIEUX: Art. ‹Sommes théologiques›, in: Dict. théol. cath. 14 (1941)2341—2364; CHENU, a. O. [44] 337—343.

② ROBERT KILWARDBY: De ortu scientiarum, hg. A. G. JUDY (Toronto 1976); BAUR: Die philos. Einleitungs-Lit. bis zum Ende der Scholastik, a. O. [31] 316—397.

教世界,巴黎成为最受欢迎的研究之地。学校在主教座堂学校旁边建立起来。① 因为,教育主权在主教教区,所以,由“教区长”(cancellarius)核准的教师资格(licentia docendi)必不可少,教区长是主教会议授权管理学校事务的官员。第三次拉特兰公会议(Laterankonzil)于1179年规定,为合格者免费授予教学许可,只要他提出申请。② 巴黎遂成为教师之都。③ 由于教师建立的学校数量巨大,教区长不再可能对学校的研究活动施加直接影响。在学生或教授与市政当局产生矛盾时,教区长较少能够有效维护学校的合法利益。因此,教授和学生联合起来,以期像1060年以来开始扩展的手工业行会那样,④作为自有法权的社团得到某个大权在握的权威的承认,这个社团能给予其成员以法律保护,并自主管理所有研究活动方面的事务。

一个有规范但在内容上无法进一步确定的教授团体的工作,在巴黎首次于1175年前后得以展开。⑤ 1200年,皇帝撤销了皇家市政官对巴黎学生的司法管辖权,使学生像教授一样受主教管辖。⑥ 1231年,教宗使教授和学生在“研究”问题方面摆脱了教区长的司法管辖权,后者为他们订立章程,但承认他们有相当的自主权。⑦ 除教区长外,1227年以来,塞纳河左岸地区,

---

① CLASSEN, a. O. [33]; DELHAYE, a. O. [19] 211—268.

② Chartularium Universitatis Parisiensis, hg. H. DENIFLEE. CHATELAIN 1—4(Paris 1891—1899)[CUP] 1, pars introd., no. 12.

③ H. RASHDALL: The universities of Europe in the MA, hg. F. M. POWICKJE/A. B. EMDEN 1—3(Oxford 1936)1, 288.

④ M. BOUVIER-ADAM: Rech. sur la genèse et la date d'apparition des corporations médiév. en France(Paris 1978).

⑤ RASHDALL, a. O. [50] 1, 292, Anm. 1.

⑥ CUP, a. O. [49] 1, 1.

⑦ CUP 1, 79.

圣杰诺维瓦修道院的司法审判权介入，教区长剩下的权力是在教宗指令范围内核准教师资格：要么是由其所在大学学院向教区长提议的候选人，在教区长当面由学院委托人就其“讲论”(lectio)、“论辩”(disputatio)和“裁定”(determinatio)能力予以考核；要么是教宗派遣的候选人。① 后来，首先对于神学院具有重大意义的是，区分由教区长核准教师资格的法律行为，与接纳进教师团体(magisterium)的法律行为，这个区分在此对立利益的脆弱平衡中有其渊源。② 13世纪中叶左右，“巴黎的教授和学生的大学”(universitas magistrorum et scholarium Parisiensium)是一个由国王和教宗承认的社团，这个社团可以自订章程，成员盟誓遵守，可以使用封印，可以确定全权大使，可以获取共有财产，并且，作为社团不可能取缔。③ 到1281年，由大学所规范的研究活动，更进一步通过了宪章(Verfassung)，以此为基础，巴黎大学成为“大多数大学建立的榜样和模范”④(1348年，布拉格大

---

① CUP 1, 14. 16—18. 20. 79. 92. 191. 200. 230; G. POST: Alexander III, the licentia docendi and the rise of the universities, in: Anniversary essays in Médiéval hist. Ch. H. Haskins(1919)255—277; Parisian masters as a corporation, 1200—1246. Speculum 9 (1934) 421—445; DELHAYE, a. O. [19] 258—260; P. R. MCKEON: The status of the university of Paris as 'Parens Scientiarum': an episode in the development of its autonomy. Speculum 39 (1964) 651—675, bes. 655 mit Anm. 19. 20; H. DENIFLE: Die Entsteh. der Universitäten des MA bis 1400 (1885) 687, Anm. 102; M. GRABMANN: Eine für Examinazwecke abgefaßte Quaestionen-Slg. der Pariser Artistenfakultät aus der ersten Hälfte des 13. Jh., in: Mittelalterl. Geistesleben 2 (1936) 183—199; D. L. MACKAY: Le système d'examen du XIIIe s. d'après du De conscientia de Robert de Sorbon, in: Mélanges d'hist. du MA F. Lot (Paris 1925) 491—500.

② A. E. BERNSTEIN: Magisterium and license: Corporate autonomy against Papal authority in the Médiéval university of Paris. Viator 9(1978)291—307.

③ POST: Parisian masters..., a. O. [55].

④ CUP 1, 505; RASHDALL, a. O. [50] 1, 447; P. CLASSEN: Die ältesten Universitätsreformen und Universitätsgründungen des MA. Heidelb. Jb. 12(1968)72—92; Zur Bedeut. der mittelalterl. Universität. Mittelalterforsch., Forsch. Information 29 (1981)115—123; W. KLUXEN: Der Begriff der Wiss., in: Die Renaissance der Wiss. im 12. Jh., hg. P. WEIMAR(Zürich 1981)273—293, zit. 273.

学[Prag];1365/1384年,维也纳大学[Wien];1386年,海德堡大学[Heidelbergy];1388年,科隆大学[Köln];1391年,埃尔福特大学[Erfurt];1425年,鲁汶大学[Löwen];1457年,特里尔大学[Trier],等等):巴黎大学开设的专业有神学、教会法、医学和"自由七艺"(facultates theologiae, decretorum, medicinae et artium)。在其全体成员内部,某一学科的教授和学生又形成自己的社团,接受其"院长"(decanus)领导(1264年首次设立),规范本专业各项事务。最大的文学院的学生,由地理上分布在四个地域的"民族"(nationes)构成,只有一个"总监"管理。文学院的首脑,选举担任三个月的"院长"(rector),在整个13世纪由于七艺学者(Artisten)的重要性——"更高级"学科的教授要归属于文学院,就必须先取得文学院的教学许可——也成为大学的首脑。

在巴黎大学,新生通常要年满15岁。他要在某一所主教座堂学校或其他学校完成读、写和拉丁语学习。他要从学于一位教授,首先开始修习"自由七艺";在此学习阶段不毕业,则不准升学至更高学科。反过来,更高学科的学生同时是"自由七艺"教授的情形并不少见。"自由七艺"修习分解为两部分,学时大约三年。在修习了"语法"、"规矩"(diabetica)和灵魂论(Psychologie)之后,通过学院考试就成了"学士"(baccalaureus)。然后在其教授的监督下作"初级讲论"(lectio cursoria),同时进一步修习自然哲学、形而上学和伦理学。最后,至少要年满21岁,才能在教区长当面并由他"代行使徒彼得和保罗的权威"(auctoritate apostolorum Petri et Pauli),①获得所请求的教学资格,从而正式进入教授圈子(inceptio),还必须作

① CUP 2, App., p. 679.

为“指导教授”(magister regens),至少作两年所规定的“常规讲论”(lectiones ordinariae),并引领所要求的论辩课程。在神学院,研习圣经和伦巴德《箴言录》六年之后,成为“普通学士”(亦称“初级学士”[cursor]),期间,必须在头两年每年就圣经某一卷书作“初级讲论”,并在第三年开一门《箴言录》主题的讲座课。成为“普通学士”九个月后,通过一次论辩考试,就成了“箴言学士”([baccalaureus]sententiarius),还必须再教一年《箴言录》讲座课。这之后,就成了“正式学士”(baccalaureus formatus),必须将《箴言录》讲座课进行到底,在“大学”布道,主持下午座谈讨论同僚的晨间布道(collationes)。最后,若至少已年满35岁,则由学院申请从教区长处获得教师资格,并由教授们在教区长当面将其作为“神学硕士”(magister theologiae,又称“博士”[doctor])接纳入全体教师行列。经教宗授权,巴黎大学各学院颁发的教师资格,从1292年起在使用拉丁语的基督教世界都有效(ius ubique docendi[普遍教师资格]);博伦纳大学前此一年获得了为两门法学学科颁发教师资格的同等权力。①

教宗们偏向于支持巴黎大学,从根本上看有四条理由确定无疑:1)12世纪以来,在使用拉丁语的基督教世界,异端倾向逐渐增多;2)12世纪末期以来,出自阿拉伯-伊斯兰文化圈的新的科学文献流入;3)有机会对神学上居于引领地位的教育机构产生权威影响;4)研究从神学向法学的重心转移逐渐普遍化。1217年,教宗和诺利乌斯三世(Honorius Iii)禁止巴黎大学开展一项国际法“研究”后,②巴黎大学的研究活动,也

---

① CUP 2, 578; RASHDALL, a. O. [50] 1, 10. 402.

② CUP 1, 32.

是凭借其社团组织形式,复又满足了对此项研究的谅解,这在修道院学校及后来的主教座堂学校中早有规定:在研究过程中,"自由七艺"之基础课程,以如今分为"圣经研究"(sacra pagina)和"法条研究"(decreta)的神学之高级课程为目的——巴黎大学的医学服务于宫廷——研究活动是"特殊智慧之机构"(officina sapientiae specialis),在此机构中,形成了一个精神上有能力致力于科学争论的领导阶层,将"有能力反击铜墙铁壁之强权"(potens adversus aereas potestates)打造成为一样武器。[1] 科学服务于教会利益,因为,若无科学,信仰的观察者就是盲目的,辩护者就会失声。[2]

b) 在13世纪上半叶,巴黎大学基础课程的内容却发生了变化,这个变化并不比总体研究活动的建制框架的变化小。早在12世纪下半叶,通过翻译,日益增长的科学文献进入了拉丁语,部分出自希腊语-阿拉伯语对照本,部分直接出自希腊语文本。翻译活动的重要地点有:1085年重新占领后的托莱多(Toledo)(译者有贡迪萨利努斯[Dominicus Gundissalinus],西班牙的约翰[Johannes Hispanus],格哈德[Gerhard Von Cremona],阿尔弗雷德[Alfredus Anglicus],米歇尔[Michael Scotus]),北意大利(译者有博贡迪奥[Burgundio Von Pisa],雅各布[Jacobus Venetus]),那不勒斯的弗里德里希二世宫廷(译者有亨利[Henricus Aristippus],米歇尔[Michael Scotus]),蒙彼利埃和拿邦主要是医学文献,教廷尤其是教宗英诺森四世(Innozenz Iv.)和克莱门四世(Clemens Iv.)治下(译者尤莫尔贝克的威廉[Wilhelm

① CUP 1, 79, p. 137.

② CUP 1, 230, p. 252. 254; 1, 256, p. 296.

Von Moerbeke］）和英格兰的格罗塞斯特斯（Robert Grosseteste）圈子。[①] 如此一来，约至13世纪后四分之一时期，尤其哲学文献在其中新涌现：柏拉图的《美诺》《斐多》《理想国》；亚里士多德的著述——《尼各马可伦理学》和《形而上学》各卷；[②]与亚里士多德不同文本有关，从中产生了与亚里士多德有密切关联的哲学百科全书，阿维森纳（Avicenna）的《充足知识》（Sufficientia），[③]阿威罗伊（Averroes）对亚里士多德的三级注疏附亚里士多德原文（却由柏拉图《理想国》代替《政治学》），[④]阿佛洛狄西亚的亚历山大（Alexanders Von Aphrodisias）《天象》（Meteora）和《论感觉与感知》（De sensu et sensato）注疏，泰弥斯提奥斯（Themistios）《论灵魂》（De anima）和《后分析篇》（Analytica posteriora）注疏，阿莫尼奥斯（Ammonios）《解释学》（Peri hermeneias）注疏，欧斯特拉提奥斯（Eustratios）《伦理学》注疏，斐洛波诺斯（Philoponos）《论灵魂卷三》注疏，辛普利丘（Simplikios）《论天地》（De coelo et mundo）和《范畴篇》注疏；此外还有，密教集成《哲人十四卷》（Libri Xxiv philosophorum des Corpus Hermeticum），涅弥西奥斯（Nemesios）《论人性》（De natura hominis），普罗克洛斯（Proklos）《物理要义》（Elementatio physica＝《论运动》［De motu］）、《神学要义》（Elementatio theologica）、他摘录并且直到阿奎那（Thomas von Aquin）作为亚里士多德《形而上学》第三部分的《论原因》

---

① GLORIEUX，a. O. ［36］38f.

② KLUXEN，a. O. ［21］.

③ M. T. d'ALVERNY：Notes sur les traduct. médiév. d'Avicenne. Arch. Hist. doctr. litt. MA 19(1952)337—358；AVICENNA latinus，hg. S. van RIET 1—4(Löwen/Leiden 1968—1980).

④ R. de VAUX：La première entrée d'Averroès chez les latins. Rev. Sci. philos. théol. 22(1933)193—245；W. KLUXEN：Art. ‹Averroismus im lateinischen Mittelalter›，in：Theol. Realenzykl. 5(1979)57—61.

(Liber de causis)和《蒂迈欧》注疏残篇,大马士革的约翰(Johannes Von Damaskus)《辩证法》(Dialectica);出自阿拉伯-伊斯兰文化区域,有基督徒医生考斯塔(Costa ben Luca)《论精神与灵魂之差异》(De differentia spiritus et animae),在使用拉丁语的中世纪被当成阿拉伯人的犹太人阿维科博伦(Avicebron)《生命之泉》(Fons vitae),犹太人迈蒙尼德(Moses Maimonides)《迷途指津》(Dux neutrorum),最后是出自阿拉伯人的著作,其中有阿尔金迪斯(Alkindi)《论理智》(De intellectu),阿尔法拉比(Alfarabi)《论科学》(De scientiis)、《论科学之秩序》(De ortu scientiarum)和《论理智》(De intellectu),阿尔安萨里(Algazel)《分辨哲人》(Distinctio philosophorum)。由翻译而来的尤其是神学文献,其中有大马士革的约翰的新作《论正信》(De orthodoxa fide)。① 至迟从13世纪中叶开始,巴黎大学也拥有了《狄奥尼修斯文集》(Corpus Dionysiacum)。②

在大量新文献中,亚里士多德的著作对巴黎大学七艺学者们的刺激最强烈,他作为名副其实的逻辑学家,长期以来是关于真理陈述之科学性问题的最高权威。12世纪末编成并题名《笔记》(Quaternuli)以断章行世的迪南的大卫(David Von Dinant)的摘要,录自亚里士多德新近为人所知的著作,同时,与其具体思想的争论,在巴黎大学并不陌生,并且在文学院仍不乏影响。③ 教省桑斯(Sens),巴黎属于此教省,1210年在巴黎颁布焚书令,禁止大学讲座课以亚里士多德“自然

① GLORIEUX, a. O. [36] 38—46.

② H. F. DONDAINE: Le Corpus Dionysien de l'université de Paris au XIIIe s. (Rom 1953).

③ DAVIDIS de DINANTO Quaternulorum Fragmenta, hg. M. KURDZIAŁEK. Studia Mediewistyczne 3(1963); van STEENBERGHEN, a. O. [35] 96.

哲学”(libri naturales)(=《论灵魂》《物理学》《形而上学》)为主题,[①]同样禁止以对这些著作的注疏为主题(很可能是阿维森纳和阿尔法拉比)。[②] 布伦德(Johannes Blund)《〈论灵魂〉研究》(Tractatus de anima)证实,13世纪初巴黎大学文学院已在研究亚里士多德的灵魂学说。[③]

尽管这种对亚里士多德的禁令,只涉及“自然哲学”而非伦理学,并且唯独对巴黎大学有约束力,由教宗于1215年和1231年一再提醒,[④]培根(Roger Bacon)仍然于1245年模仿牛津大学文学院的做法,开设了以亚里士多德《物理学》和《形而上学》为主题的讲座课。[⑤] 接着,当“英国人”(natio anglica)于1252年使研习《论灵魂》成为其成员之义务后,[⑥]文学院全体按照其1255年3月制定的章程宣布,全部亚里士多德作品都是初级课程所应承担之内容,[⑦]也就是说,亚里士多德作为逻辑学家、灵魂论者、自然哲学家(连同一些托名亚里士多德的著作)、形而上学家(连同《论原因》)及其伦理学(den Ethiken)。从而使亚里士多德研究获得了制度保障,巴黎大学也于1366和1452年通过课程改革,坚持将其作为基础课程。[⑧]

起初,在巴黎大学,人们借助阿维森纳来深入亚里士多德文本。试图由此来澄清其思想,尤其是形而上学,方法上略有新柏拉图主义色彩,如同作出了拓展。13世纪40年代以后,

---

① van STEENBERGHEN, a. O. [35] 152.

② CUP 1, 11; van STEENBERGHEN, a. O. 90—100; GLORIEUX, a. O. [36] 44.

③ van STEENBERGHEN, a. O. [35] 98.

④ CUP 1, 20. 79.

⑤ van STEENBERGHEN, a. O. 142—148.

⑥ CUP 1, 201.

⑦ CUP 1, 246.

⑧ RASHDALL, a. O. [50] 1, 443ff.

阿威罗伊开始为人所知。他很快成了名副其实的亚里士多德注疏家。人们通过他得以接近真正的亚里士多德。通过他也才得以知晓阿拉伯-伊斯兰的“哲学”理解：哲学就是全部流传下来的古希腊哲学；后者内容上是一个统一的整体；因为，它是希腊人以科学方式认识的从而也是正确的真理学说。① 作为这一概念的结果，巴黎大学的七艺学者们，值得称道的首先是布拉班特的西格尔(Siger Von Brabant)和丹麦的波埃修(Boetius Von Dacien[= Dänemark])，在13世纪60年代，通过“哲学”概念的日益“充实”之进程，迈出了更大的决定性的一步：“哲学”包含“七艺”于其中；因为，哲学就是所有形式化知识之总体，知识的必要性在于使科学的真理表达成为可能；此外，哲学如今也是所有关于上帝、世界和人类的具体知识，这种知识，即使没有上帝的启示，人类也能够靠自然的理智能力获得，如果他能像希腊人，尤其是像亚里士多德那样，以科学方式，从而借助逻辑规则来采取行动。

这样一来，就将基础课程之总体(哲学)，理解为独立于神学的、认识现实性整体之真理的可能道路。由此发现的个别真理，若未见于圣经之中，为了其真理表达之完整性，就必须由神学纳入其出自圣经的关于现实性整体之真理表达之中。进而，由于基础课程在内容和自我理解上发生了变化，信念也逐渐发生了变化，关于现实性整体之真理，必须按照何种指导观点来表达，如果此真理应当以科学方式来表达：不再像夏特尔学校已有之情形，按照更为鲜明的宇宙论观点来表达，而是按照绝对普遍的关于一种概念上清晰和本身无矛盾的形而上学的观点来表达。根据当时的文本知识状况，机构中权威的

---

① J. HJÄRPE: Art. ‹Averroes›, in: Theol. Realenzykl. 5(1979)51—55.

支持上述信念，并且支持其相应的形而上学指向的现实性理解意志的人，更多是并且一直是神学院而非文学院教师；因为，从神学家中产生了中世纪伟大的形而上学体系构想（阿奎那[Thomas Von Aquin]，司各脱[Johannes Duns Scotus]，奥卡姆[Wilhelm Von Ockham]）——完全在9世纪以来持续标志着神学之任务的意义上，将关于现实性整体的启示真理，以科学方式作为正确的真理学说表达出来。七艺学者对神学家的形而上学体系构想的反应基本持批评态度，这种批判主要以《后分析篇》（Analytica posteriora）中的科学概念为支撑，强调科学概念对首要原理之明证性的要求，并且在14世纪引发了逻辑学和科学理论探讨的大繁荣。[①] 初级课程的变化引起的第三个结果是，由四学（Quadrivium）课程——根据萨顿（Sarton），116部新翻译的科学著作中，有84部涉及四学[②]——形成了一个持续进一步发展的自然哲学传统，其最高认识兴趣在于自然之存在（Sein der Natur），而非典型的自然进程之合理性。[③] 从格罗塞特斯特（Robert Grosseteste）和罗吉尔·培根（Roger Bacon）开始，又将自身对可感知的外在世界的经验

---

① J. PINBORG, a. O. [21] 77ff.; J. P. BECKMANN: Zur Transformation von Metaphysik durch Kritik. Philos. Jb. 92(1985)291—309.

② GLORIEUX, a. O. [36] 49.

③ ST. d'IRSAY: Les sciences de la nature et les universités médiév. Archeion 15 (1933)216—231; A. MAIER: Die Anfänge des physikal. Denkens im 14. Jh. Philosophia naturalis 1(1950)7—35; A. C. CROMBIE: The invention of the experim. method. Discovery 13(1952)391—397; O. PEDERSON: The develop. of natural philos. 1250—1350. Classica Mediaevalia 14(1953)86—155; A. MAIER: 'Ergebnisse' der spätscholast. Naturphilos. Scholastik 35(1960)161—187; Die Vorläufer Galileis im 14. Jh. (Rom 21966); H. GRUNDMANN: Naturwiss. und Medizin in mittelalterl. Schulen und Universitäten. Deutsches Museum, Abh. und Berichte 28(1960); A. C. CROMBIE: Some attitudes to scientific progress: ancient, médiéval and early modern. Hist. Sci. 13(1975)213—230; A. G. MOLLAND: Médiéval ideas of scientific progress. J. Hist. Ideas 39(1978)561—577.

(experientia)引入了对相关文本的解释。如此一来,14 世纪首先在巴黎(布里丹[Johann Buridan])和牛津(布雷德瓦丁[Thomas Bradwardine]),发展出了追问自然的方法,将主体致力于直接的自然认识之认识,与权威文本中流传下来的认识同等看待。然而,就具有决定性的原则,人们却无法超越亚里士多德诉诸其自身经验的权威性;因为,人们没有注意到,个体经验只有通过以约定的衡量尺度作系统性度量,才能成为科学上得到确证的经验。初级课程变化的最后一个结果是,约从 13 世纪中叶以降,亚里士多德式的概念语言逐渐成为拉丁语中世纪普遍的科学语言。

差不多,中世纪的所有其他大学,根本上都以巴黎大学的初级课程教学方案为模范。因此,由"哲学"的新概念,由新发现的真理有效性之范围与"神学"有效性之范围的关系,产生了一种信念:由对存在者之为存在者的追问出发,才能揭示出关于现实性整体之真理;还产生了一种信念:内含经验的自然哲学,必定会以方法上独立自主的方式,对认识这种真理作出贡献,这是中世纪研究活动在建制上锚定之常数。依此力量,尽管学校教育方式千差万别,中世纪的研究活动却有其内在的统一性。

4. *中世纪时期之终结*。——约 16 世纪以降,一种迹象日益增长:上述常数,与具体建制上固化了的理所当然之事,逐渐失去了作用。① 萨伏那洛拉(Savonarola)为基础课程写下了

---

① E. GILSON: Humanisme médiéval et Renaissance, in: Les Idées et les Lettres(Paris 1932)171—196; E. HOCHSTETTER: Ital. Humanismus und Scholastik im 14. und 15. Jh. Vierteljahresschr. Wiss. Pädagogik 32(1956)94—108; P. O. KRISTELLER: Humanist learning in the Italian renaissance. Centenn. Rev. Arts Sci. 4(1960)243—260; W. KÖLMEL: Scolasticus Literator. Die Humanisten und ihr Verhältnis zur Scholastik. Hist. Jb. 93(1973)301—335; P. O. KRISTELLER: Acht Philosophen der ital. Renaissance(1964, 1986).

最后的引论性著作。[1] 到17世纪末，几乎所有在12和13世纪撰写和研究活动所采用的教科书，都失去了其适用性。[2] 1531年，维韦(L. Vivès)已然在《论学科》(De disciplinis)中强调，所有自然认识的基本方法，不可执着于按照逻辑学的规则体系来分析权威文本，而必须是致力于认识对象本身的实验(Experiment)——但不提出某种清晰的实验之概念。培根(F. Bacon)1620年撰成一部纲领性著作《新工具》(Novum Organum)。其中，解除了自然科学与形而上学的现实性认识之关联，将自然哲学理解为从典型的自然进程过渡到人类的实践利益之合理性的认识。就此而言，培养如何发现的方法，以此夺走自然的秘密(ars inveniendi[发现之技艺])，要比训练逻辑上吹毛求疵更为重要。[3] 按照维韦和培根的要求，一种关于自然哲学的科学含义的见解发生了转变，约从16世纪以来，这一转变标志着欧洲科学活动的普遍意识。事实上，在16和17世纪，认识理论和方法论日益占据了体系的位置，在中世纪占据这个位置的是内在于科学的逻辑学；最终，开普勒、伽利略和牛顿的努力，提出了关于典型的自然进程之合理性的认识，而非关于每一个认识对象之合理性的认识。

培根之后足有十年，笛卡尔提出了类似的关于形而上学的深刻的意识转变。他将其《第一哲学沉思录》(Meditationes de prima ph. a)寄送当时最著名的神学院，巴黎大学索邦学院(Sorbonne)。他在"附函"中强调，只有哲学才能够以科学方式可靠认识关于上帝和人的真理——也就是说，通过分析认识

---

① BAUR, a. O. [31] 394.
② SOUTHERN, a. O. [34] 182.
③ a. O. 162f.

主体,如《沉思录》所指明的那样。神学只可能在关于上帝和人的真理之领域打转,而无法作出科学的陈述。神学的科学任务,从而就是可靠传承具有权威性的基督教文本。所以,神学只是剥夺或给予哲学认识现实性整体之真理的能力。因为,这两种意识转变对于欧洲科学活动的进一步发展具有决定性意义,亦可视其为下述情形之征兆:哲学史上的中世纪时期走到了尽头。 施林普夫(G. Schrimpf)撰

文献指引:

Zu 1.: G. Glauche: Schullektüre im Ma. Entsteh. und Wandl. des Lektürekanons bis 1200 nach den Quellen dargest. (1970). -La scuola nell'occidente latino dell'alto Medioevo. Settimane... s. Anm. [24]. -P. RichÉ: Ecoles et enseignement dans l'occident chrét, de la fin du Ve s. au milieu du Xie s. (Paris 1979). -Zu 2.: A. Clerval: Les écoles de Chartres au Ma(du Ve au Xvie s.) (Paris 1895, Nd 1965). -G. ParÉ/A. Brunet/P. Tremblay: La renaissance du Xiie s. Les écoles et l'enseignement(Paris/Ottawa 1933). -E. LÈSne: Hist. de la propriété ecclés. en France 5: Les écoles de la fin du Viiie s. à la fin du Xiie s. (Lille 1940). -Ph. Delhaye s. Anm. [19]. -Twelfth-cent. Europe and the foundations of modern soc. Proc. of a symposium spons. by the Division of Humanities of the Univ. of Wisconsin and the Wisconsin Instit. for Mediev. and Renaiss. Studies (12.—14. 11. 1957), hg. M. Clagett/G. Post/R. Reynolds (Madison 1961). -J. Pinborg s. Anm. [21]. -The cultural context of medieval learning. Proc. of the first int. Colloquium on philos., sci., and theol. in the Ma (September 1973), hg. J. E. Murdoch/E. D. Sylla(Dordrecht 1975). -A. Piltz: Die gelehrte Welt des Ma(1978); dtsch. (1982). -P. Weimar(Hg.) s. Anm. [58]. -Renaissance and renewal in the twelfth cent., hg. R. L. Benson/G. Constable(Oxford 1982). -Zu 3.: H. Denifle s. Anm. [55]. -R. Limmer: Bildungszustände und Bildungsideen des 13. Jh. unter bes. Berücksichtigung der lat. Quellen(1928, Nd 1970). -P. Simon: Die Idee der mittelalterl. Univ. und ihrer Gesch., in: Ph. und Gesch. Eine Slg. von Vorträgen und Schr. aus dem Gebiet der Ph. und Gesch. 38(1932). -H. Rashdall s. Anm. [50]. -H. Grundmann: Vom Ursprung der Univ. im Ma (1957, 21964); dazu Rez. W. von den Steinen, in: Hist. Z. 186(1958) 116—118. -S. Stelling-Michaud: L'hist. des univ. au Ma et à la renaissance au cours des vingt- cinq dernières années, in: Xie Congr. int. des sci. hist. Rapports 1(Stockholm 1960)97—143. -J. A. Weisheipl: Curriculum of the faculty of arts at Oxford in the early fourteenth cent. Mediaev. Studies 26 (1964) 143—185. -H. Wieruszowski: The medieval univ. Masters, students, learning(New York 1966). -Les univ. europ. du Xive au Xviiie s. Commission int. pour l'hist. des univ. Et. et travaux 1(Genf 1967). -G. Leff: Paris and Oxford universities in the thirteenth and fourteenth cent. An institut. and intellect. history(New York 1968). -A. L. Gabriel: Garlandia. Studies in the hist. of the mediaeval univ. (1969). -P. Glorieux s. Anm. [36]; L'enseignement au Ma. Techniques et méthodes en usage à la fac. de théol. de Paris, au Xiiie s. Arch. Hist. doctr. litt. Ma 35(1968) 65—186. -N. G. Siraisi: Arts and sciences at Padua. The studium of Padua before 1350(Toronto 1973). -J. Verger: Les univ. au Ma(Paris 1973). -A. B. Cobban: The medieval universities: their development and organization (London 1975). -Die Auseinandersetzungen an der Pariser Univ. im Xiii. Jh., hg. A. Zimmermann(1976). -F. van Steenberghen s. Anm. [35]. L. Beckmann u. a. (Hg.): Ph. im Ma. Entwicklungslinien und Paradigmen (1987).

（三）文艺复兴

就建制历史而言，文艺复兴也是一个伴随着延续性和根本变革的时代。哲学研究或学习，在中世纪流传下来的大学、城市学校和修道院学校中进行，也在私立的宫廷机构和学院中进行。变革出于新学识的影响（人文主义[Humanismus]），出于政治学和神学（宗教改革与反宗教改革），也出于学生和学者的变化。由此发展形成的哲学建制形式，决定了直到康德时代的哲学。①

15 和 16 世纪（也与后来一样），在现代称为哲人的著作家

① N. HAMMERSTEIN: Bildungsgeschichtl. Traditionszusammenhänge zwischen MA und früher Neuzeit, in: Der Übergang zur Neuzeit und die Wirkung von Traditionen(1977)32—54.

(库萨[Cusanus],斐奇诺[Ficino],马基雅维利[Machiavelli],布鲁诺[Bruno],等等),并未按常规在大学教书,与此同时,这些中世纪的机构,差不多还在履行其造就所有更高教养的人的教育和传承功能,也正是在此意义上,它们成为嘲笑的对象,譬如,在伊拉斯谟(Erasmus)那里。[①] 此间,哲学对于基础知识具有双重意义,一是作为"七种自由技艺",一是作为神学的理性准备。大学的结构具有两种类型,分别以博伦纳大学和巴黎大学为模范,[②]有所扩充,但暂时并无实质性改变。博伦纳大学模式,主导着意大利和阿尔卑斯山以北地区,更多以法理学(Jurisprudenz)和四学(Quadrivium)为定向,导致所谓帕多瓦(Paduaner)或意大利亚里士多德主义的兴起。[③] 巴黎大学模式,流行于法国、英国和西班牙,更多以神学为定向,并以学院为组织方式,形成了教学双方严密的社会关系。一种教学内容上的变革,引发了人文主义教育对三科(Trivium)的钻研,[④]还有文本状况的改善,更准确地说是希腊语和拉丁语著作家的新引介,这些著作家也涉及亚里士多德研究,尽管成就并未超过"经过人文主义打磨的经院哲学"。[⑤]

---

① ERASMUS VON ROTTERDAM: Colloquia, hg. L.-E. HALKIN u. a. Opera I/3(Amsterdam 1972)531; vgl. J. L. VIVÈS: In pseudodialecticos, hg. C. FANTAZZI(Leiden 1979)85ff.

② P. O. KRISTELLER: Die ital. Universitäten der Renaissance, in: Humanismus und Renaiss. 2(1976)207—222; R. G. VILLOSLADA: La universidad de Paris durante los estudios de F. de Vitoria(Rom 1938); G. SCHURHAMMER: Franz Xaver 1(1955) passim; G. CODINA MIR: Aux sources de la pédagogie des Jésuites. Le 'modus parisiensis'(1968).

③ L. OLIVIERI(Hg.): Aristotelismo e scienza moderna 1. 2(Padua 1983).

④ P. JOACHIMSEN: Ges. Aufsätze (1970) 249—274. passim; A. GRAFTON/L. JARDINE: From humanism to humanities(London 1986).

⑤ A. SEIFERT: Der Humanismus an den Artistenfakultäten des kath. Deutschland, in: Humanismus im Bildungswesen des 15. und 16. Jh. (1984)135—154, bes. 144.

16世纪，在德国新建了很多大学，这是教育需求增长和这些机构声望增高的结果，也是德国宗教改革后的地域关联的结果：斯特拉斯堡大学（Straßburg，1538）、迪林根大学（Dillingen，1549）、维尔茨堡大学（Würzburg，1567）、阿尔特多夫大学（Altdorf，1575）、赫尔姆斯泰德大学（Helmstedt，1576）、赫尔伯恩大学（Herborn，1584）、巴门伯格大学（Bamberg，1586/1647）。[①] 这些大学，企图与中世纪建成的大学，原则上在法律地位上平起平坐，以加强新的宗教改革或反宗教改革精神：对于新教大学而言，这意味着以人文主义方式，也就是说，以古典为定向的方式，为按字面解释圣经的神学作准备，譬如，像梅兰希顿（Melanchthon）1517/1518年的纲领性要求。[②] 但是，17世纪的新教正统派，却要求回归一种学院形而上学（Schulmetaphysik）。[③] 天主教大学推动某种将"人文研究"（studia humanitatis）缩减为文化技术（Kulturtechniken）的做法，后者以思辨哲学（逻辑学、物理学、形而上学）为前提。两者共有一种教育理想："有智慧和有说服力的虔敬"（sapiens et eloquens pietas）（施图尔姆[J. Sturm]）。[④] 形式上和法律上保持不变的结构中，却充满了

---

① P. BAUMGART/N. HAMMERSTEIN（Hg.）：Beitr. zu Problemen dtsch. Universitätsgründungen der frühen Neuzeit（1978）；E. SCHUBERT：Zur Typologie. gegenreformator. Universitätsgründungen，in：Dtsch. Führungsschichten in der Neuzeit 4：Universität und Gelehrtenstand 1400—1800，hg. G. FRANZ（1970）85—105.

② PH. MELANCHTHON：De artibus liberalibus；De corrigendis studiis. Corpus Reformatorum，hg. C. G. BRETSCHNEIDER 11（1843）5—25；K. HARTFELDER：Melanchthon als Praeceptor Germaniae（1889）；W. MAURER：Der junge Melanchthon（1969）2，428—434.

③ P. DIBON：La philos. néerlandaise au siècle d'or 1（Paris 1954）；W. SPARN：Wiederkehr der Metaphysik（1976）；U. G. LEINSLE：Das Ding und die Methode（1985）.

④ B. DUHR：Gesch. der Jesuiten in den Ländern dtsch. Zunge（1907—1928）1，291.

正在如此发生变化的宗教和科学的内容。对于机构而言,最重要的是得到强化的当时各邦君主的利益:在新教势力范围内,大学是邦国政治的工具,而从前的修道院学校本来就在国家控制之下,①因此,神学教席对哲学的人事政策和内容的政治影响增强了。② 在天主教势力范围内,特里安公会议(Konzil von Trient)之后,人们尤其致力于初级学校、教士神学院直至大学的灵魂关切之宗教信仰的持续稳定。随着兄弟会学校在神学教育上影响不断增强(譬如,加尔默罗修会[Karmeliter]在萨拉曼卡[Salamanca]和阿尔卡拉[Alcalà]),16 世纪中叶以来,耶稣会的重要性也增加了。在其《研究规划与建制》(Ratio atque institutio studiorum)(1599 至 1773 年有效)中,③耶稣会将哲学置于古代语文研究与神学研究之间,并且成功地——除了建立自己的学院和大学,其中有广有影响的罗马学院(Collegium Romanum)和(主要针对德意志王国学生的)日耳曼学院(Collegium Germanicum)④——在很多大学中,支配着信仰上具有决定性的哲学和神学院。⑤ 尽管专门的发展仍然可能:但在法国,耶稣会学院陷入了已然存在的出于"现代虔敬"(Devotio mod-

---

① R. VORMBAUM(Hg.):Evangel. Schulordnungen(1860—64);H. HETTNER:Herkunft und Zusammenhang der Schulordnungen(1965).

② Vgl. A. SCHINDLING:Humanist. Hochschule und freie Reichsstadt. Gymn. und Akad. in Straßburg 1538—1621(1977);Die humanist. Bildungsreform in den Reichsstädten Straßburg, Nürnberg und Augsburg, in:Humanismus im Bildungswesen..., a. O. [6] 107—120;für Helmstedt ausführlich:E. L. T. HENKE:Georg Calixtus und seine Zeit(1853—1860).

③ Monumenta paedagogica Societatis Iesu, hg. L. LUKÁCS(Rom 1965ff.) [= Mon. hist. Soc. Iesu 92. 107. 108. 124. 129].

④ R. G. VILLOSLADA:Storia del Collegio Romano(Rom 1954);P. SCHMIDT:Das Collegium Germanicum in Rom und die Germaniker(1984).

⑤ K. HENGST:Jesuiten an Uniersitäten und Jesuitenuniversitäten(1981);La 'Ratio studiorum', modelli culturali e pratiche educative dei Gesuiti in Italia tra cinque e seicento, hg. G. P. BRIZZI(Rom 1981);G. P. BRIZZI u. a.:Università, Principe, Gesuiti(Rom 1980).

erna)且在语文学与虔敬之间具有特殊关联的学院①与巴黎大学之间的竞争。② 本笃会在萨尔茨堡(Salzburg, 1617)建立了自己的大学,讲授一种更严格的托马斯主义。罗马智慧大学(Papst Alexander Vii),由教宗亚历山大七世(Papst Alexander Vii.)设立,不受修会影响,能够更为迅速接受更新的哲学思潮。③ 费拉拉大学(Ferrara)(和罗马大学)为帕特里奇(F. Patrizi)设立的独一无二的柏拉图哲学教席,改变了近代早期学院哲学的形象。④ 在加尔文宗势力范围内(杜伊斯堡[Duisburg],赫尔伯恩),能够接受拉莫斯派的(ramistische)百科全书科学,并且最早接受了笛卡尔主义。⑤

哲学的普通教授方式是讲座课(Vorlesung),也就是口授,所针对的难题,出自亚里士多德作品注疏,发展为一个确定的主题系列,由此形成了教学事业和教科书《哲学教程》(cursus philosophicus)。⑥ 以书面形式记录的大学哲学,最常见的形式是论辩,在其中出自教学实践的教学规则得到维护和支持。⑦

---

① A. RENAUDET: Préréforme et humanisme(Paris 21953).

② M. LACOARRET/TER-MENASSIAN: Les universités, in: R. TATON(Hg.): Enseignement et diffusion des sciences en France au XVIIIe s. (Paris 1964)125—168; R. CHARTIER u. a.: L'éducation en France du XVIe au XVIIIe s. (Paris 1976)chap. 5. 9; L. W. B. BROCKLISS: French higher education in the seventeenth and eighteenth cent. (Oxford 1987).

③ F. M. RENAZZI: Storia dell'Università degli Studi di Roma (Rom 1803—06).

④ C. B. SCHMITT: L'introd. de la philos. platon. dans l'enseignement des univ. à la Renaissance, in: Platon et Aristote à la Renaissance(Paris 1976)93—104.

⑤ G. MENK: Die Hohe Schule Herborn in ihrer Frühzeit(1981)197ff.

⑥ C. B. SCHMITT: The rise of the philos. textbook, in: The Cambridge hist. of Renaiss. philos. (Cambridge 1988)792—804.

⑦ H. MARTI: Philos. Dissertationen dtsch. Universitäten 1660—1750 (1982); H. MUNDT: Bio-bibliogr. Verzeichnis von Universitäts- und Hochschuldrucken(Dissertationen)vom Ausgang des 16. bis Ende des 19. Jh. (1936—1980).

尽管在三十年战争期间,数量和地域风格各异,大学哲学的结构却一直从16世纪持续到了启蒙运动,作为政治经济上实用的学科,法学、统计学和历史学,与作为领导科学的神学和哲学分离了。①

模范耶稣会的学习规则,学术机构渡过了启蒙运动,作为新托马斯主义运动的担当者,在19/20世纪得以复兴,譬如,格里高利宗座大学(Gregoriana)在罗马(1824年以降,作为罗马学院之延续),进而还有其他罗马的修会学院,譬如,本笃会的安瑟尔谟学院(Anselmianum der Benediktiner, 1887以降),在此,权威的托马斯主义-亚里士多德主义教科书出于格雷德(J. Gredt)之手,②还有瓦尔肯堡/荷兰(Valckenburg/Holland, 1894—1942)的哲学学院,鲁汶天主教大学(die katholische Universität Löwen, 1834以降),在美国,譬如,密尔沃基/威斯康辛的马奎特大学(Marquette University in Milwaukee/Wi., 1880年以降)和华盛顿特区的美国天主教大学(1889年由教宗利奥十三世[Leo Xiii]批准建立)。巴黎大学的学院体系,也在盎格鲁撒克逊的大学中占据统治地位,譬如,在牛津和剑桥——从而,还有晚期人文主义和拉姆斯派的科学见解——通过剑桥/马萨诸塞州的哈佛学院(Harvard College in Cambridge/Mass.)之典范,在17世纪中叶也移植到了美国。③

---

① HAMMERSTEIN, a. O. [1]; Jus und Historie(1972); Aufklärung und kath. Reich(1977); Universitäten des Heiligen Römischen Reiches Deutscher Nation als Ort der Ph. des Barock. Studia leibn. 13(1981)242—266; Schule, Hochschule und Res publica litteraria, in: Res Publica Litteraria. Die Institutionen der Gelehrsamkeit in der frühen Neuzeit(1987)93—110.

② J. GREDT: Elementa ph. ae Aristotelico-Thomisticae (Rom 1899—1901), zahlr. Neuaufl.

③ S. E. MORISON: The founding of Harvard College(Cambridge, Mass. 1935); Harvard College in the seventeenth cent. 1. 2(Cambridge, Mass. 1936); MENK, a. O. [20] 315ff.

与高等学校具有竞争性的是，哲学也活动在相对封闭和组织严格的小圈子中。德国人文主义者以意大利文学协会为典范，建立社团以维护古典教育；①在贵族宫廷中，交流哲学、科学和文学新思想，是社交生活之一部分。由此产生了私立的，后来成为公立的，甚或国立的学院(譬如，如今仍然存在的罗马林琴国家科学院[Accademia Nazionale dei Lincei in Rom])。② 一个形式独特的学院，是15世纪由美第奇家族(Haus Medici)在佛罗伦萨建立的所谓柏拉图学园，很大程度上与斐奇诺(M. Ficino)个人关系密切，也是想在某种基督教的柏拉图主义意义上复兴古代学园。③ 还有布鲁诺(G. Bruno)在英国，④帕特里奇(F. Patrizi)在威尼斯(Venedig)和塞浦路斯(Zypern)，⑤时而活动在政治权力周围的非公开圈子里，其中不正统的学说得到容忍或支持。16/17世纪，在宫廷机构中，介于魔术和经验物理学之间的科学往往受到保护，譬如，在布拉格的鲁道夫二世(Rudolph Ii.)皇帝宫廷，⑥在罗马的塞西(Federico Cesi)圈子，⑦伽利略就属于这个圈子。罗马学院本身就支持一个相应的部

① H. LUTZ: Die Sodalitäten im oberdtsch. Humanismus des späten 15. und frühen 16. Jh., in: Humanismus im Bildungswesen..., a. O. [6]; M. MAYLENDER: Storia delle accad. d'Italia 1—5(Bologna 1926—30)4, 303.

② G. OLMI: «In essercitio universale di contemplatione, e prattica»: Federico Cesi e i Lincei, in: L. BOEHM/E. RAIMONDI(Hg.): Università, accademie e società scient. in Italia e in Germania dal cinquecento al settecento(Bologna 1981)169—235.

③ A. DELLA TORRE: Storia dell'Accademia Platonica di Firenze(Florenz 1902).

④ G. AQUILECCHIA: G. Bruno(Rom 1971).

⑤ P. M. ARCARI: Il pensiero politico di Francesco Patrizi da Cherso(Rom 1935).

⑥ R. J. W. EVANS: Rudolf II and his world(Oxford 1973); vgl. auch: E. TRUNZ: Pansophie und Manierismus, in: H. ZEMAN(Hg.): Die österr. Lit. (Graz 1986)865—986.

⑦ OLMI, a. O. [27].

门,越出了大学哲学范围,基尔歇(A. Kircher)等人能够在其中做研究。[①] 出自这些非建制的哲学和普通博学中心的信息交流代表,曾经有巴黎的最小兄弟会修士迈斯纳(der Minime M. Mersenne)。[②] 这类活动的机构化和延续,在17、18世纪采用了学院和沙龙方式。 布鲁门(P. R. Blum)撰

文献指引:

J. Middendorp: Academiarum celebrium universi terrarum orbis libri Viii(31602).-A. Tholuck: Das akad. Leben des 17. Jh.(1853/54).-W. Ermann/E. Horn: Bibliogr. der dtsch. Universitäten(1904/05).-F. Paulsen: Gesch. des gelehrten Unterrichts(31919).-S. de Irsay: Hist. des universites franç. et étrangères des origines à nos jours(Paris 1933—1935).-F. C. Sainz de Robles: Esquema de una historia de las universidades españolas(Madrid 1944).-C. M. Ajo G. y Sainz de Zuniga: Historia de las universidades hispánicas(Madrid 1957—79).-H. Schnepfen: Niederländ. Universitäten und dtsch. Geistesleben(1960).-R. Taton(Hg.)s. Anm. [17].-Bibliogr. int. de l'hist. des universités(Genf 1973/74).-A. L. Gabriel: Summary bibliogr. of the hist. of universities of Great Britain and Ireland to 1800(Notre Dame 1974).-Bibliogr. zur Univ. gesch., hg. E. Hassinger(1974).-R. Chartier u. a. s. Anm. [17].-History of Universities 1ff.(1981ff.).-H. Engelbrecht: Gesch. des österr. Bildungswesens(Wien 1982—1986).-L. Boehm/R. A. MÜLler: Universitäten und Hochschulen in Deutschland, Österreich und der Schweiz(1983).-Hist. compendium of Europ. universities, hg. L. Jilek(Genf 1984).

(四) 17和18世纪

1. 学院(*Akademien*)和协会(*Sozietäten*)出现在17世纪,并且尤其在18世纪,作为对大学和高等学校的补充,大学和

---

① U. BALDINI: L'attività scient. nel primo settecento, in: Storia d'Italia, Annali 3: Scienza e tecnica nella cultura e nella società dal Rinascimento a oggi(Turin 1980)465—545; U. BALDINI/L. BESANA: Organizzazione e funzione delle accademie, a. O. 1307—1333.

② R. LENOBLE: Mersenne ou la naissance du mécanisme(Paris 1943).

高校始终在其哲学学院中教授逻辑学、形而上学和伦理学的基础课程，但逐渐增加了自然法。学院活动始于文艺复兴和人文主义的意大利。[①] 在17世纪蔓延到欧洲北部。在此境况中的学院，意指一种由国家建立和隶属于国家的学者团体，不负担教学职责，完全献身于科学，这是君主政体中最高级别的文化机关，但也标志着对某种相对独立的研究的尊重。学院典范的形成是在法国：首先是法兰西学院（Académie française，1635），主要任务是研究语言，然后是法兰西科学院（Académie des sciences，1666/1700），研究精确科学和自然科学，以及法兰西文学院（Académie des inscriptions et des belles lettres，1663/1716），研究文学-历史方向。这些学院支配一个由专业学者构成的委员会连同学术助理、一个秘书处和一位行政官员。在省区，1650年开始，地区性的学院也建立起来了，随着时间推移都接纳了巴黎的学院典范。1760年达到28个省级学院。[②]

以巴黎的学院为模范，1700年以降，在各君主国都建立了学院，各有千秋：1700年，柏林，普鲁士（Berlin，Preußen）；1713年，马德里，西班牙（Madrid，Spanien）；1724年，彼得堡，俄国（Petersburg，Rußland）；1728/1748年，斯德哥尔摩，瑞典（Stockholm，Schweden）；1742年，哥本哈根，丹麦（Kopenhagen，Dänemark）；1751年，哥廷根，汉诺威（Göttingen，Hannover）；1759年，慕尼黑，拜恩（München，Bayern）；1760年，特隆赫姆，挪威（Trondheim，Norwegen）；1761年，都灵，萨丁-皮

① M. MAYLENDER, a. O. [26 zu C.]; L. BOEHM/E. RAIMONDI (Hg.), a. O. [27 zu C.].

② D. ROCHE: Le siècle des lumières en Province. Académies et académiciens provinciaux, 1680—1789 (Paris 1978).

埃蒙特(Turin, Sardinien-Piemont);1763 年,曼海姆,普法茨(Mannheim, Pfalz);1772 年,布鲁塞尔,奥地利属尼德兰(Brüssel, Österreichische Niederlande);1779 年,里斯本,葡萄牙(Lissabon, Portugal);1779 年,那不勒斯,西西里(Neapel, Sizilien)。只有维也纳放弃建立一所学院。大多数学院的重点放在数学-自然科学领域,偶尔也放在历史研究上。

大不列颠找到了另外一种解决学院问题的办法。在伦敦,1660 年建立了皇家学会以推动自然知识。学会受皇室保护,却多少保留了私立和独立协会之特点。苏格兰(爱丁堡[Edinburgh],1731)和爱尔兰(都柏林[Dublin],1684)也拥有其皇家学会。①

经过短命的特别以哲学为定向的罗斯托克研究学会(Societas ereunetica in Rostock, 1622—1625)之后,在德国继而有了自然探索者学院(Academia Naturae Curiosorum),1663 年在帝都施韦因富特(Schweinfurt)建立,1678 年以来保持着皇家特权,1721 年更名为莱奥波德-卡洛琳德意志自然研究者学院(Leopoldinisch-Carolinischen Deutschen Academie der Naturforscher)。② 这个学院接近私立的学者协会,后者往往是学院的起点,主要在没有贵族设立学院的国家可以见到这样的学者协会(譬如,尼德兰,瑞士,波兰)。在意大利,古老的学院遍布每个城市,保留着其传统的语言、哲学和自然科学方向。

文学和语言之领域——复又按照意大利的进程——属本

① H. LYONS: The Royal Society, 1660—1940(Cambridge 1944).

② R. WINAU: Zur Frühgesch. der Academia Naturae Curiosorum, in: F. HARTMANN/R. VIERHAUS(Hg.): Der Akademiegedanke im 17. und 18. Jh. (1977).

地语言学会(*Sprachgesellschaften*)之事务,语言学会首先在尼德兰,然后在 17 世纪的德国(就像法国科学院那样),致力于维护和改进书面语言。① 接着——不只在德国——出现了文学学会(*Lesegesellschaften*),在 18 世纪下半叶,又有读书会(*Lesegesellschaften*)补充。读书会主要关切更为广泛的读者,以传播书报知识。法国 1800 年左右大约有 80 个"阅览室"和"读书会"。②

学院和学者协会其定向是理论-科学。1731 年,都柏林协会为推动畜牧业、农业和其他实用技艺,迈出了实践步伐。③由此开启了公共福利协会运动,在这个世纪下半叶取得巨大成就,并且在全欧洲和两个美洲到处可见,亦可见于荷兰或西班牙在亚洲的殖民地。这些协会以构成学院的研究知识为基础,却致力于社会公益、社会教育和社会卫生、经济发展,也——以经济协会这种特殊类型——致力于农业。关于这种公共福利类型,我们可以确定在 1731 至 1789 年间约有 120 所。④

共济会(*Freimaurerei*)表现为一种独特的协会类型。1717 年以降,在英国出现了早已存在的泥瓦匠共济会分会的新组织,作为启蒙运动在全欧洲和两个美洲取得空前成就。共济会形成了一个有特殊仪式的秘密协会,接受了一种确定的世界观,并且,组织成为启蒙哲学的宣传机构和世界兄弟会

---

① K. F. OTTO: Die Sprachges. en des 17. Jh. (1972).

② O. DANN: Leseges. en und bürgerl. Emanzipation. Ein europ. Vergleich(1981).

③ H. UTZ: «Eine aufgeklärte und für die Vortheile des Landbaues bemühte Nation». Zu den Beziehungen zwischen den 'Oekonomischen Ges. en' von Dublin, London und Bern, in: Ges. und Ges. en. Festschr. U. Im Hof(Bern 1982).

④ R. VIERHAUS: Dtsch. patriot. und gemeinnütz. Ges. en(1980).

(Weltbruderschaft)。共济会员致力于作为个体在各种协会类型中活动。此外,在这个世纪下半叶,还出现了更为特殊的新型秘密协会,譬如,具有卡巴拉(kabbalistischen)倾向的金玫瑰十字会(*Gold- und Rosenkreuzer*),具有激进政治倾向的光明会(*Illuminaten*)。①

协会通常包括社会名流,也就是贵族和资产阶级——因此,协会发挥了解放资产阶级的作用。它们的成员数目或大或小,通常为协会工作或至少给予资金支持(如果国家不投入)。协会活动,依协会类型而千差万别,致力于讨论研究成果、实践建议和相应的措施,致力于举行有奖竞赛、奖励和出版文章,或编辑报刊,以及编辑密集的通讯报道,冲破了地方或国家的范围。

哲学领域——亦如其他传统科学、神学和法理学——通常不是协会的首要主题,协会关注新领域。但是,新的经济学和财政学,其在政治上仍然可疑,只算边缘科学而已。柏林科学院却自有一个致力于思辨哲学的等级,包括逻辑学、形而上学和伦理学。② 学院从根本上自认为是柏拉图学园、卡尔大帝的学园和佛罗伦萨学园的继承者。学院运转的开端处是培根(Nova Atlantica)的《新大西岛》(Nova Atlantica)和差不多是晚期莱布尼茨(Leibnizen)的学院构想。17 和 18 世纪,每一个有教养的人都有基本哲学训练。启蒙运动的自我理解是哲学运动,重点却转向了伦理学和道德哲学。从而,很多"哲学"流入了学院和协会的活动,它们有意无意从事着时代的新哲学。③

---

① H. REINALTER: Freimaurer und Geheimbünde im 18. Jh. in Mitteleuropa(1983).

② A. HARNACK: Gesch. der Königl. -Preuß. Akad. der Wiss. en zu Berlin 1. 2(1900).

③ ROCHE, a. O. [2] 151f.

在此意义上，出现了或多或少以自然科学为定向的协会，如都柏林和北美的协会有时候名为“哲学学会”（Philosophical Society）。典型是以文学为定向的秘密协会 ΦBK（Phi Beta Kappa），1776 年在威廉和玛丽学院（弗吉尼亚）的建立，口号是：*Φιλοσοφία βίου κυβερνήτης*（“哲学是生活的指南”）。[①] 然而，哲学在 18 世纪由“神学的婢女”（Ancilla Theologiae）变成了“科学的婢女”（Ancilla Scientiae）。[②] 实用主义的品质专门化开始出现，尤其在哥廷根科学院中得到强调。[③] 另一方面，一切仍按整全也就是哲学方式来构想，这在共济会的表现中显而易见，它担当着一个特殊的哲学传统——譬如，安德里亚（J. V. Andreae）的玫瑰十字会传统[④]。分会的活动具有哲学特征（譬如，莱辛[Lessing]。

哲学在学院和协会活动中发挥的作用，在一些有奖征文中得以显明；1749 年，著名的第戎科学院（Académie de Dijon）有奖征文提出问题：“复兴科学与艺术是否有助于净化风俗”，卢梭（Rousseau）获奖；1753 年，还是这个学院提出问题：“何为人类不平等之起源，自然法是否认可这种不平等？”（卢梭为此撰写的论文未能入围。）短命的以社会政治为定向的伯尔尼公民协会（Société des Citoyens in Bern），1763 年提出问题：“哲学真理如何能够更普遍有用于最好的公民？”[⑤]柏林科学院 1780 年提问：“欺骗人是否有用？”[⑥]1796 年发布的有奖征答：“形而

---

① O. M. VOORHEES：The hist. of Phi Beta Kappa(1946).

② M. W. FISCHER：Die Aufklärung und ihr Gegenteil. Die Rolle der Geheimbünde in Wiss. und Politik(1982).

③ R. TOELLNER：Entstehung und Programm der Gott. Gel. Ges.，in：HARTMANN/VIERHAUS(Hg.)，a. O. [4].

④ FISCHER，a. O. [13] 9.

⑤ U. IM HOF/F. de CAPITANI：Die Helvet. Ges. 1. 2(Frauenfeld 1983) 1，36.

⑥ Est-il utile...? hg. W. KRAUSS(1966).

上学自从莱布尼茨和沃尔夫时代以来在德国有何进步?"①康德也撰写了一个草案。② 霍夫(U. Im Hof)撰

文献指引:

U. Im Hof: Das gesellige Jahrhundert. Ges. und Ges. en im Zeitalter der Aufklärung(1982). -M. W. Fischer s. Anm. [13]. -F. Hartmann/R. Vierhaus s. Anm. [4]. -D. Roche s.

Anm. [2]. -E. H. BalÁZs/L. Hammermayer/H. Wagner/J. Wojtowicz: Beförderer der Aufklärung in Mittel- und Osteuropa. Freimaurer, Ges. en, Clubs(1979). -L. Boehm/E. Raimondi s. Anm. [27 zu C.]. -M. Agethen: Geheimbund und Utopie. Illuminaten, Freimaurer und dtsch. Spätaufklärung(1984). -R. van DÜLmen: Die Ges. der Aufkl. (1986). -E. Erne: Die Schweizerischen Sozietäten. Lexikal. Darst. (Zürich 1988).

2. 在18世纪的法国,除了一些学院,不是在大学,而是在私人社交圈子(*private Gesellschaften und Kreise*)中,启蒙哲学才有了场所。尽管因执着于个别人格特点,导致启蒙哲学未形成固定的机构,但也正因为如此,一个时代才有了一个不可或缺的精神交流场所,这个时代的官方机构不适合或只是有限地适合于自由对话。虽然表面上传统的界限打破了:沙龙(*Salons*)主要由女士主导,③沙龙成员出自各阶层,从上层贵族到资产阶级,尽管主要是穿袍贵族(Noblesse de robe)和那些博学之士,对于后者而言,出身不再作为承认的标准。在旧政权终结之时,沙龙对于公众意见形成的重要性,也没有逃过外国来宾的眼光:④一切"过去在沙龙上说的,如今流传在街头

① Welche Fortschritte...? (1796, ND 1971), Beitr. von J. CH. SCHWAB, K. L. REINHOLD und J. H. ABICHT.

② I. KANT: Akad.-A. 20, 253—332.

③ Schon damals hervorgehoben von R. L. d'ARGENSON: Les loisirs d'un ministre d'état ou Essais dans le goût de ceux de Montagne(Amsterdam 1787)2, 196f.

④ Vgl. z. B. den Bericht des amer. Gouverneurs MORRIS, in: J. SPARKS: Memorial du Gouverneur Morris(Paris 1842)2, 89.

巷尾”。①

16世纪，在德莫雷尔(J. de Morel)协会中，在法国和瓦鲁瓦的玛格丽特宫廷(Hof der Marguerite de France und Marguerite de Valois)，在维勒鲁瓦阁下与夫人(M. und Mme de Villeroy)和雷兹阁下与夫人(M. und Mme de Retz)那里，占据主导地位的主题仍然是对语言和诗、对音乐与谈话的兴趣。但是，德斯罗切夫人和女儿的沙龙，也有高深的哲学雄心：“在此，我们致力于各种关于哲学、历史或时间的宝贵论述，或致力于快活的谈话。没有哪个从这里走出去的人，不是更博学，更有教养。”②参加者，“有技艺和好品味的朋友”，堪比一个“学园”。③

17世纪虚饰的协会，也主要致力于诗艺和音乐，从事殷勤的诗行、小舞台剧、庆典和生动活泼的交谈。在朗布依埃·德·玛格丽特(Marquise de Rambouillet)那里，人们还提炼语言和文学，在德·塞维尼夫人(Mme de Sévigné)那里，有良好教养的贵族聚会于此，在德·朗克洛丝(N. de Lenclos)那里，怀疑论者和圣埃弗雷蒙(Saint-Evremond)这样的浪子，谈论伊壁鸠鲁和蒙田；在德·萨布雷夫人(Mme de Sablé)那里，拉罗什富科(La Rochefoucauld)这样的道德家，他们的原则部分出自与德·萨布雷夫人的交流。④“与诚实的人交流，

---

① A.-G.-P. de BARANTE：Tableau de la litt. franç. au XVIIIe s.(Paris 81856)199；vgl. J. H. MEISTER：Souvenirs de mon dernier voyage à Paris，1795(Paris 1910)173.

② E. PASQUIER：Br. an Pithou，zit. in：L. C. KEATING：Studies on the literary salon in France 1550—1615(Cambridge，Mass. 1941，ND New York 1969)59.

③ S. de SAINTE-MARTHE：Elogia(1630)，zit. in：G. E. DILLER：Les Dames des Roches(Paris 1936)54.

④ F. de LA ROCHEFOUCAULD：Briefe an Mme de Sablé. Oeuvr. compl.，hg. L. MARTIN-CHAUFFIER(Paris 1950)476. 485. 509f.；vgl. G. MONGRÉDIEN：La vie de société aux XVIIe et XVIIIe s.(Paris 1950)83；J. LAFOND：Mme de Sablé et son salon，in：Images de la Rochefoucauld(Paris 1984)201—216.

是最触动我的一样快事。我热爱严肃之事和依道德履行大部分事情。"[①]但人们的兴趣不仅在于道德-心理学问题,由于笛卡尔和伽桑狄的推动,也在于物理学难题。所以,马萨林公爵夫人(Duchesse de Mazarin)(在伦敦)除文学也研究哲学-自然科学主题,这是受伽桑狄的学生伯尼埃激发(F. Bernier)。[②]"我们在那里找到了世间最大的自由;我们在那里以同样的审慎生活着。的确,我们在那里常有争执,但启发多于激情。与人发生矛盾少于解决问题。"[③]伯尼埃也现身于拉·萨布里埃尔夫人(Mme de La Sablière)周围的朝臣、外交官和文学家(莫里哀[Molière],波瓦洛[Boileau],拉封丹[La Fontaine],佩罗[Perrault],丰特内勒[Fontenelle])之间,他将其《伽桑狄哲学纲要》(Abrege de la Philosophie de M. Gassendi, Paris 1674—1675)献给拉·萨布里埃尔夫人,拉封丹也将他1684年5月2日在法兰西科学院的演讲献给了她。[④] 人们也在斯居戴丽小姐(Mlle de Scudéry)圈子里试作格言警句;她为拉罗什富科的作品润色,[⑤]亲自以"谈话"形式记录下他们的思想。[⑥] 在拉法耶夫人(Mme de Lafayette)那里,表明了詹森派(Jansenismus)的影响:人们评论着帕斯卡尔(Pascal)、尼克莱(Nicole)和圣西昂(Saint-Cyran)。在索镇(Sceaux)城堡,杜梅因公爵夫人(Du-

---

① LA ROCHEFOUCAULD: Portrait par lui-même. Oeuvr., a. O. 28.

② Vgl. G. LANSON, in: Rev. hebdomadaire Cours Conférences 16/2 (1908) 409—422.

③ CH. de SAINT-EVREMOND: Oraison funèbre de Mme la duchesse Mazarin. OEuvr., nouv. éd. (o. O. 1753) 5, 65.

④ J. de LA FONTAINE: Disc. à Mme de La Sablière. Oeuvr., hg. H. REGNIER (Paris 1884—92) 9, 183—187.

⑤ LA ROCHEFOUCAULD: Br. an Mlle de Scudéry, a. O. [6] 520.

⑥ M. de SCUDÉRY: Conv. sur divers sujets (Paris 1680); Conv. nouvelles... (Paris 1684); Conv. morales (Paris 1686).

chesse Du Maine)那里，1710 到 1730 年间，有著名哲人到访：伏尔泰(Voltaire)，孟德斯鸠(Montesquieu)，丰特内勒，马蒙泰尔(Marmontel)，狄德罗(Diderot)，莱纳尔(Raynal)，等等。“杜梅因公爵夫人谈论哲学……；还就笛卡尔和牛顿发表论辩。”①尽管到此时为止，骑士风度的游戏和娱乐、交谈、牧歌和即兴诗作仍然十分重要。可在 18 世纪，哲学赢得了更为重要的意义，在朗伯夫人(Mme de Lambert)的沙龙上，人们谈论着荷马(Homer)、奥维德(Ovid)和塔索(Tasso)，前辈(达西埃夫人[Mme Dacier])与新人(丰特内勒)彼此论辩。还有不少科学院成员的遴选在此做准备：“必须经此以达法兰西科学院；我们在此阅读预备发表的作品。”玩笑充斥着夜晚：“清晨我再阐述教条，夜晚我要一展歌喉。”②路易十四(Ludwigs Xiv.)驾崩后，沙龙发挥了更大的社会影响，沙龙中发声直言不讳，主题更为哲学化。代替文学的恭维之作，人们越来越多转向政治、经济和社会问题。所以，唐桑夫人(Mme de Tencin)的沙龙上，汇聚了丰特内勒、孟德斯鸠、马布里(Mably)、杜克罗(Duclos)、马里沃(Marivaux)、马蒙泰尔、爱尔维修(Helvétius)等人。“在她那里，不再谈论等级和地位……，而只有更好的论证胜过较为无力的论证……如此人们相互了解，人们在跟前就会受到这种理性和哲学的思维方式的影响，唐桑夫人(Mme Dorsin = Mme de Tencin)拥有这样的思维方式，她的魔杖让哲人的世界变了模样。”③杜克罗报道了在唐桑夫人圈子举行的

---

① CH.-J.-F. HÉNAULT：Mémoires，hg. F. ROUSSEAU(Paris 1911，ND Genf 1971)135.

② a. O. 120；vgl. d'ARGENSON：Journal et mém.，hg. E. J. B. RATHERY(Paris 1859—67)1，163f.

③ P. C. de MARIVAUX：Das Leben der Marianne. Der Bauer im Glück (1968)216.

一场"形而上学论文"发布,听众的警句和琐碎评论让她兴高采烈。①

从1739年开始,杜德芳夫人(Mme Du Deffand)虽然不掩饰她对"哲学"有某种厌恶,②却聚集了丰特内勒、伏尔泰、孟德斯鸠、拉阿尔普(La Harpe),还有其他很多人,狄德罗、达朗拜尔和杜尔哥(Turgot)极少参加,座中还有英国的沃波尔(H. Walpole)、吉本(Gibbon)和博林布罗克(Bolingbroke),后来参加者中不乏高层贵族。乔芙兰夫人(Mme Geoffrin)的沙龙上,从1737年开始,已故唐桑夫人的很多朋友在此聚会。她的宅邸成了"艺术与科学的聚会之所"③(周一是艺术家在此聚会,周三是"文人")。这样,她的圈子成了"圣奥诺雷街上的王国"(royaume de la rue Saint-Honoré),④她本人被誉为"百科全书的保护人"(protectrice de l'encyclopédie)。⑤ 瑞典的古斯塔夫三世(Gustav Iii.)和后来成为波兰君主的伯尼阿托夫斯基(Stanislaus Poniatowski),也是她的座上宾。从1770年开始,她却不复能容忍关于政治、宫廷、财政和宗教的爆炸性对话,⑥因此,她的有些朋友便迁往了杜伊勒里花园的宴会,在此"我们随意获取新闻、责骂政府和搞哲学"。⑦ 尽管乔芙兰夫人的

---

① CH. P. DUCLOS: Les confessions du comte de * * *. Oeuvr. compl. (Paris 1820/21, ND Genf 1968) 2, 88f.; vgl. J.-F. MARMONTEL: Mém., hg. J. RENWICK (Clermont-Ferrand 1972) 1, 100; dtsch.: Erinnerungen an Philosophen und Actricen, hg. I. NICKEL (1979) 192f.

② M. DU DEFFAND: Corresp. compl., hg. A. M. de LESCURE (Paris 1865) 1, 539 (Br. an Voltaire vom 8. 2. 1769).

③ MARMONTEL, a. O. [16] 1, 160; dtsch. 313.

④ PH. de SÉGUR: Le royaume de la rue Saint-Honoré. Mme Geoffrin et sa fille (Paris 21925).

⑤ A. M. de LESCURE: Les femmes philosophes (Paris 1881) 92.

⑥ F. M. GRIMM: Corresp. litt., philos. et crit., hg. M. TOURNEUX (Paris 1877—82) 8, 438; vgl. J. ALDIS: Madame Geoffrin. Her salon and her times (London 1905).

⑦ A. MORELLET: Mém. inéd. sur le XVIIIe s. et sur la révolution (Paris 21822) 1, 85f.

社交圈子当时已然被漫评为“精神公所”(bureau d'esprit)，[1]她的女儿拉弗尔泰伊姆博尔夫人(Mme de La Ferté-Imbault)却聚集了一个反启蒙头脑的圈子，她的母亲称她的宾客是“这些不幸的哲人，这些灵魂肮脏的人”，[2]但她如此受尊敬，以至于围绕她出现了一个“有精神和有教养的人组成的圈子，团结起来交谈学习，在愉快的交谈中交流他们的理念和感情”，成为“人类最幸福的表现和完美社交的表现”。[3]

从1764年开始，莱斯皮纳斯小姐(Mlle de Lespinasse)的沙龙成了百科全书派的活动中心，其成员(达朗贝尔、夏特吕[Chastellux]、莫尔莱[Morellet]、圣朗伯、马蒙泰尔、孔迪拉克[Condillac]、孔多塞[Condorcet]、马勒泽布[Malesherbes]、杜尔哥、加里亚尼[Galiani]、休谟[D. Hume]等人)出类拔萃，“他们关系和谐，似精调之弦……一种令人满意的哲学容许无拘无束的玩笑。达朗贝尔在此间发声……”。[4]“她成功建立了一个人数众多、形形色色、极为勤勉的社交圈。这个圈子每日傍晚5时重开，直至晚上9时。我们肯定可以在此发现选自所有阶层的人士：国家、教会、宫廷、军队、外国人和最出色的文人……她言辞巧妙，维持着谈话，随心所欲重启和变换话题。政治、宗教、哲学、传奇、新闻，无所不谈。”[5]

哲人们进而汇聚在霍尔巴赫周围(狄德罗、格林、莱纳、杜

---

① Komödie von J. RUTLIDGE: Le bureau d'esprit(Lüttich 1776), hg. E. WOLF(1925); vgl. CH. PALISSOT: Les philosophes(Paris 1760).

② Zit. in: A. TORNÉZY: Un bureau d'esprit au XVIIIe s. Le salon de Mme Geoffrin(Paris 1895)226f.; vgl. GRIMM, a. O. [21] 11, 365f.

③ J. DELILLE: La conv. Oeuvr. 10(Paris 1833)131; vgl. Eloges de Mme Geoffrin par MM. Morellet, Thomas et d'Alembert...(Paris 1812)bes. 52ff.

④ MARMONTEL, a. O. [16] 1, 220f.; dtsch. 439f.

⑤ GRIMM, a. O. [21] 11, 263—265.

克罗、夏特吕、孔多塞、赫尔维修、伽里阿尼、休谟、富兰克林、普利斯特列[Priestley]、斯泰纳[L. Sterne]、卢梭等人,直到1753年),①内克尔夫人(Mme Necker)(狄德罗、达朗贝尔、胥阿尔[Suard]、马蒙泰尔、莫尔莱、莱纳、托马斯[Thomas])、格林、布冯[Buffon]等人),伏尔泰就这些人写道:"每个星期五[你们]辩论德性、哲学……"②格林(Grimm)称"内克尔姐妹"(soeur Necker)、"莱斯皮纳斯姐妹"(soeur Lespinasse)和"乔芙兰妈妈"(mère Geoffrin)居于"哲人"之巅,是"哲学的教堂"(église philosophique)。③ 莱斯皮纳斯小姐去世后,乔芙兰夫人生病后,他深为惋惜:她们的"主要会所"中的"哲学聚会"遭到劫掠。④

埃皮奈夫人(Mme d'Épinay)的社交聚会也不可谓不重要,可以见到格林、狄德罗、霍尔巴赫、伽里阿尼等人,短暂地还有卢梭;赫尔维修先生和夫人的社交聚会,百科全书派复又在此会晤;布菲夫人(Mme de Boufflers)的聚会,让卢梭与休谟相识;杜波卡热夫人(Mme Du Boccage)的聚会,旧制度末期的舒阿苏夫人(Mme de Choiseul)、卢森堡夫人(Mme de Luxembourg)、胥阿尔夫人(Mme Suard),到五人内阁(Direktorium)时期爱尔维修夫人在奥特伊(Auteuil)的圈子("人类精神的议会"⑤),"思想家们"(卡巴尼[Cabanis]、德莱塞[Destutt de Tracy]、沃尔尼

---

① Vgl. R. HUBERT: D'Holbach et ses amis(Paris 1928).

② VOLTAIRE: Br. an S. Necker (19. 6. 1770). Corresp., hg. TH. BESTERMAN(Genf 1953—65) 75, 167; Bericht über eine Diskussion über die «sensations» zwischen Diderot und Naigeon bei S. Necker in: G.-P.-O. d'HAUSSONVILLE: Le salon de Madame Necker...(Paris 1882)1, 166f.

③ GRIMM, a. O. [21] 8, 438.

④ a. O. 12, 206; vgl. 11, 367.

⑤ D.-J. GARAT: Mém. hist. sur le XVIIIe s. et sur M. Suard (Paris 21821)1, XI. 209.

[Volney]、伽哈[Garat]、拿破仑·波拿巴[Napoleon Bonaparte])在此聚会。[1] 大革命期间,还有孔多塞夫人(Mme Condorcet)的沙龙,思想家们也在此会面,罗兰夫人(Mme Roland)的沙龙上,雅各宾派(Jakobiner)和吉伦特派(Girondisten)在此聚会,斯塔尔夫人(Mme de Staël)那里,首先是像米拉波(Mirabeau)和舍尼埃(ChÉNier)这样的一些革命家,1795 年以来,聚会者是机构成员和拿破仑的反对者(贡斯当[B. Constant])。但通常,这段时期,政治主题在俱乐部中支配着论辩。在帝国时期的沙龙(譬如,雷卡米耶夫人[Mme Récamier]的沙龙)和 19 世纪的沙龙里,常客是艺术家、演员、作家和一些学者,但极少数情况下还有哲人(夏多布里昂[Chateaubriand]和傅立叶[Ch. Fourier]在昂西洛夫人[Mme Ancelot]的沙龙上,库桑[V. Cousin]和雷朗[E. Renan]在马蒂尔德公主的沙龙上,后者是杰罗姆·波拿巴[Jerome Bonaparte]的女儿)。

法国之外,到 18 世纪末才有了重要的沙龙。在柏林,赫茨能够自夸,将一切纳入了她的"圈子……如使了魔法","任何对少年和青年男子重要的事情,就是住在柏林,或只访问柏林",与她"道德结盟"一定能建成一个"必受尊重"的社交圈子。[2] 在耶拿,卡洛琳·施勒格尔(-谢林)将很多早期浪漫派汇聚在她周围。在明斯特,冯·伽李琴(Amalie von Gallitzin)接待赫姆斯特惠斯(Hemsterhuis)、雅可比(Jacobi)、哈曼(Hamann)和歌德(Goethe)。[3] 值得一提的,还有约翰娜·叔本华

---

① Vgl. A. GUILLOIS: Le salon de Mme Helvétius(Paris 1894, ND New York 1971).

② H. HERZ in Erinnerungen, Briefen und Zeugnissen, hg. R. SCHMITZ (1984)68. 83.

③ Vgl. S. SUDHOFF: Von der Aufklärung zur Romantik. Die Gesch. des 'Kreises von Münster'(1973).

(Johanna Schopenhauer)在魏玛、卡洛琳·比西勒(Karoline Pichler)在维也纳、①拉赫·瓦恩哈根(Rahel Varnhagen)在柏林的沙龙。② 对哲学教化有影响的首先当数柏林的星期三协会(Mittwochsgesellschaft),门德尔松(Mendelssohn)、施帕尔丁(Spalding)等人,在其中讨论譬如“何为启蒙?”的问题。③

除了沙龙,巴黎咖啡(*Pariser Cafes*)也成了受偏爱的讨论启蒙的场所。1729 年,已有报道说,一些“所谓美好的心灵”,在此说宗教“就像个喀迈拉(chimère)”,这里还兜售小册子,“充满了不敬和反对上帝存在、反对三位一体和反对耶稣的道德的原理”。④ 杜克罗知道在普罗科普咖啡(Café Procope)有一种“形而上学讨论”,⑤也正是在此意义上,伽里阿尼可以称巴黎为“欧洲的咖啡馆”。⑥ “咖啡”也意指米兰人的启蒙协会(贝卡里亚[C. Beccaria]、维里兄弟[A. und P. Verri]等人)和出版机构。⑦

英国 17 世纪以来兴起了很多私人性质和一些政治性的俱乐部(*Clubs*)(1659 年,哈林顿[J. Harrington]与西德尼[A. Sidney]、拉塞尔[W. Russell]等人建立共和派性质的罗塔俱乐

---

① Vgl. G. PROHASKA: Der lit. Salon der K. Pichler. Diss. Wien(1947).

② H. SCURLA: Begegnungen mit Rahel. Der Salon der R. Levin(41966); O. BERDROW: R. Varnhagen(1902)62ff.

③ Vgl. N. HINSKE: Einl. zu: Was ist Aufklärung? (21977) XXIVff. (dort weitere Lit.); E. HELLMUTH: Aufklärung und Pressefreiheit. Z. histor. Forsch. 9(1982)315—345; B. NEHREN: Selbstdenken und gesunde Vernunft. Aufklärung 1(1986)87—101.

④ F. RAVAISSON-MOLLIEN: Archives de la bastille(Paris 1866—1904, ND Genf 1975)14, 221; M. GILOT: «Savants» et «caféistes» sous la Régence. Beitr. roman. Philol. 16(1977)27—32.

⑤ DUCLOS: Mém. Oeuvr., a. O. [16] 1, XCVI. C—CI.

⑥ Zit. in: MORELLET, a. O. [22] 1, 132.

⑦ Il Caffè ossia brevi e vari discorsi in fogli periodici(1764—66), hg. S. ROMAGNOLI(Mailand 1960); vgl. CH. DIPPER: Polit. Reformismus und begriffl. Wandel(1976); D. HOEGES: Aufklärung und die List der Form(1978).

部[Rota]；一旁又有了君主制性质的密封结俱乐部[Club Sealed Knot]；1714 年，斯威夫特[J. Swift]与博林布罗克[Bolingbroke]、波普[A. Pope]、盖伊[J. Gay]建立了涂鸦社[Scriblerus Club])，①模范英国在法国也建立了一些俱乐部，如广有影响并受到当局怀疑监控的阁楼俱乐部(Club de l'entresol)，成员(德阿根森[R. L. d'argenson]，圣皮埃尔修院院长，拉姆塞[A. Ramsay]，博林布罗克等人，也许还有孟德斯鸠)由阿拉里院长(Abbe Alary)领导，从 1724 到 1731 年，就政治和历史主题展开讨论。② "这是一种英国式的俱乐部，或一个完全自由的政治协会，成员热衷于论辩时事，无畏地表达他们的观点……一句话，它是一家诚实人的咖啡馆。"③从 1782 年开始，并且在短暂遭禁之后，1788 年以后，进一步兴起了大量俱乐部，政治-社会目标设定各异。④ "慈善已经成了一个时髦词语。不久前，在一个俱乐部，在巴黎致力于减轻人类痛苦的集会上，有人提议好的建树，让……忘了慈善这个词。"⑤这些俱乐部在法国大革命中方才实现了其全部政治价值。

少为人知的只是，在沙龙上讨论了哪些哲学主题。⑥ 可

---

① Vgl. den Überblick in: Encycl. Brit. (Chicago 1965) 5, 953—956: Art. ‹Club›.

② Vgl. d'ARGENSON, a. O. [14] 1, 91—111; P. GESSLER: R. L. d'Argenson 1694—1757 (1957) 58—62; R. KOSELLECK: Kritik und Krise (21969) 53—55.

③ D'ARGENSON, a. O. [1] 2, 189f.

④ Vgl. D. MORNET: Les origines intellect. de la Révol. franç. 1715—1787 (Paris 41947) 282f.; E. WEIS in: Hb. der europ. Gesch., hg. TH. SCHIEDER 4 (1968) 294.

⑤ ANON.: Avis sincère… (o. O. 1786), zit. in: MORNET, a. O. 262.

⑥ Vgl. jedoch den Bericht über solche Debatten zwischen Mlle Quinault, Duclos, Saint-Lambert bzw. zwischen diesen und Rousseau in: Mme d'EPINAY: Mém., hg. P. BOITEAU (Paris 1865) 1, 216ff. 377ff.; Diskussion über zufällige Entstehung oder Schöpfung der Welt zwischen Diderot, Roux und Galiani bei Holbach in: MORELLET, a. O. [22] 1, 133—137; Gespräch bei Holbach berichtet von DIDEROT: Br. an S. Volland (30. 10. 1759). Corresp. 2 (Paris 1956) 295ff.

是,狄德罗和伽里阿尼的一些作品的对话形式,也透露了其对话的特点。尽管也有与对话的调子矛盾的固着于确定主题的情形。孟德斯鸠描述的“决定者”,他在一刻钟里确定了 3 个道德问题、4 个历史难题和 5 个物理学难题,这个人竟然能出现在一个沙龙上。① “任何谈话的命运,都是从一个主题过渡到另一个……从我这方面,我承认不再享受柏拉图的会饮,而只享受安德烈先生和夫人的会饮。”②卢梭却在这种形式的高度艺术化的、不拘礼节的谈话中,看出了虚假和谎言,因为,在此讨论哲学只是作秀而无必要的热忱。③ “一个道德问题,在一个哲人圈子里讨论,不可能比在一位曼妙的巴黎女郎的社交聚会上讨论得更好。”因为,在此“全部道德都是卖弄辞藻,人们可以严肃对待而不计后果”。④ 所以,同时代已然有将沙龙斥为一种时尚的批评,在此,中材可以开玩笑和表达其空洞的意见。杜克罗在“所有这些美好的精神公所”中看到只是手段,以“恶心天才,萎缩精神,鼓励平庸者,赞扬愚人,煽动公众”。⑤ 与此相应,梅西埃(Mercier)嘲笑了那些“精神公所”,野心勃勃的学者在其中聚首,可以对某个“缪斯和哲学圣殿中的女演员”评头论足:“我们如今可以在很多宅邸中发现法兰西科学院。”⑥

---

① CH. L. de MONTESQUIEU: Lettres persanes 72. Oeuvr. compl., hg. R. CAILLOIS(Paris 1949—51)1, 242.

② VOLTAIRE: Der Mann mit den vierzig Talern. Romane und Erzählungen (1920)2, 76. 78.

③ J. J. ROUSSEAU: Julie ou la nouv. Héloïse(1761)II, 14; dtsch. hg. D. LEUBE/R. WOLFF(1978)238f.

④ a. O. II, 17; dtsch. 256; vgl. auch Rousseaus Abneigung gegen die «oisiveté des cercles», Conf. XII. Oeuvr. compl., hg. B. GAGNEBIN/M. RAYMOND 1(Paris 1959)640; Rêveries d'un promeneur solitaire VIII, a. O. 1, 1083.

⑤ DUCLOS, a. O. [16] 2, 97.

⑥ L. S. MERCIER: Tableau de Paris, nouv. ed. (Amsterdam 1782—83) 6, 299—303.

如果说这种判断采用反讽的夸张手法，原本想要中肯地刻画18世纪晚期的时代精神和文化的很多方面，那么，它们的确并未全盘否定其启蒙哲学的品质。尽管启蒙哲学追求社会的承认，因为，它想在实践上产生影响，但是它意识到，要达成这一点，不能采用学院式的学说，而往往只能采用反体系的方式和散论文体，也就是说，采用一种开放的、不封闭的形式，这种形式超越了学科的边界。沙龙并不受制于其他机构的束缚，沙龙中的对话方式，从而符合哲学的概念，正如启蒙理应采用这样的方式。　迪尔泽(U. Dierse)撰

文献指引：

M. Summer：Quelques salons de Paris au 18e s. (Paris o. J.). -H. Tasse：Les salons français(Avignon o. J.). -H. Clergue：The salon(New York 1907，Nd 1971). -L. Batiffol(u. a.)：Les grands salons litt. (Paris 1928). -L. C. Keating s. Anm. [4]. -R. Picard：Les salons litt. et la soc. franç. 1610—1879(New York 1943). -M. Glotz/M. Maire：Salons du Xviiie s. (Paris 1945). -D. Mornet s. Anm. [46] 123f. 270f. 276. 281ff. -G. MongrÉDien s. Anm. [6]. -M. Gougy-Francois：Les grands salons féminine(Paris 1965). -Salons litt. au 17e s. Au temps des précieuses(Paris 1968). -I. Himburg-Krawehl：Marquisen-Literaten-Revolutionäre(1970). -J. Von Falke：Der frz. Salon(1977). -S. Grand：Les bonnes femmes du Xviiie s. (Paris 1985).

(五) 19和20世纪：德国

1. 概况。——对于哲学而言，已然成为问题——并正在成为问题——的是其建制形式，尤其是在当前有意为之的变革中，或在加重了的对外合法化的压力下；也就是说，散见于大学改革文献，直至考试-课程规划，引言、概要和“何-为-原-因-哲学-文献”(Was-ist-warum-und-weshalb-Philosophie-Literatur)，[①]这种

① Bibliographien in：H. LÜBBE(Hg.)：Wozu Ph.? Stellungnahmen eines Arbeitskreises(1978)；vgl. W. ERMAN/E. HORN：Bibliographie der dtsch. Universitäten 1—3(1904ff.)1，Kap. 18/5.

专业性的自我反思之维找到了其位置:建制科学(Institutionenkunde)并且首先是“哲学社会学”(Soziologie der Philosophie),作为研究主题,几乎完全不为人所知(例外:戈尔德泽策[L. Geldsetzer]),[①]国际性的比较研究,至今付之阙如。

在德国的大学哲学中,自从启蒙运动以来,尤其是古典的体系和教育制度时代之后,通过数量增长、学科内部的专业化,也有鉴于大学之外的表现,出现了建构形式的变化和新机构的兴起。大学之外的哲学,几乎没有在真正意义上形成自己的建制化形式,而是参与了交流的方式-方法、公众的结构转变方面的普遍发展,也参与了生活-世界观需求的某种提升,尤其是从1848到二战之间这段时期。[②]

19世纪,哲学显然分裂为三个竞争性的、相对独立发展的具有影响的领域:除了大学,出现了一个政治-社会批判领域和一个文学-生命观领域。这种分裂在德国的形成,在1848年以后才真正变得具有刺激性,作为国家-教会对大学的压迫,部分导致按照规则来清洗,部分导致大学哲学故步自封,这使得大学哲学在接下来的时期降格到几乎完全对文化整体失去了意义(唯科学主义,实证主义,新康德主义)。[③]

这个解释空洞使得两种外在于大学的影响领域具有了公

---

① L. GELDSETZER: Allg. Bücher- und Institutionenkunde für das Ph.-Studium(1971); Tradit. Institutionen philos. Lehre und Forsch., in: H. M. BAUMGARTNER/O. HÖFFE/C. WILD(Hg.): Ph.-Ges.-Planung(1974)28—48.

② Vgl. H. LÜBBE: Polit. Ph. in Deutschland(1963); J. HABERMAS: Strukturwandel der Öffentlichkeit(1962); M. HORKHEIMER: Sozialphilos. Stud., hg. W. BREDE(1972); F. K. RINGER: Die Gelehrten. Der Niedergang der dtsch. Mandarine 1890—1933(1983).

③ K. CH. KÖHNKE: Entstehung und Aufstieg des Neukantianismus. Die dtsche Univ.-Ph. zw. Idealismus und Positivismus(1986)Kap. III.

共价值:政治-社会批判领域(黑格尔左派,唯物主义,达尔文主义,社会主义),和同样外在于大学的、确切地说是以文学-生命观为指向的影响领域(叔本华-趣味,悲观主义,尼采-崇拜,以及如此等等),大学哲学约从1900年以来在一定程度上却又在向后一领域靠近(新观念论,生命哲学,现象学,存在主义,以及如此等等)。还有一种向哲学的政治-社会批判概念的靠近,随着法兰克福学派的创立才变得显而易见——尤其在学生运动时期,基于哲学功能的整体转变,分析哲学也从中获益。①

政治或经济繁荣时期和危机时期,都未导致每个大学课程数量上的巨大波动,所以,由于日益增长的学生人数——尽管有所谓中层教师(Mittelbaue)的持续扩张——讲师-学生-见面频率(Dozenten-Studenten-Frequenz)平均而言,直至目前一直在下降。② 因此,如其他精神科学中一样,在哲学中也在私人接触和个体指导位置上,出现了日益制度化的、从行政管理中"移植"来的活动(专题报告,研究课读书报告,研究课作业,讨论展示):从而,随着平均增长的疏离,资格证明的科学品质也面临危险,反过来在教师方面,往往追求尖端原创性取代了追求教育和业务上的透明度(Transparenz)。③

最敏感和最难解决的大学并且尤其是哲学关系之领域,

---

① F. KAMBARTEL: Die Aufgabe der Ph. im System der Konstanzer Wiss. en-Auftrag, Entwicklung und Realität, in: H. R. JAUSS/H. NESSELHAUF(Hg.): Gebremste Reform(1977)153—162.

② J. CONRAD: Das Univ. studium in Deutschland während der letzten 50 Jahre(1884)159ff.; vgl. Ph. Zur Situation des Faches Ph. an den Hochschulen der BRD, hg.: Bayer. Staatsinstitut für Hochschulforschung und Hochschulplanung (1974)41. 67.

③ M. VON BRENTANO: Bern, zur Studienplanung im Fach Ph., in: N. W. BOLZ(Hg.): Wer hat Angst vor der Ph.? (1982)197—209.

仍然要数编外讲师制度,因为,在此除了无关乎科学的标准(教派、政治、阶层、人种方面的考虑)差不多一直在深入发挥作用,还有对新生力量的需求,都受制于最巨大的波动:1830、1895年和当今的“编外讲师云集”(Privatdozentenschwemmen),取代了1870年代和1968年有巨大需求的时代(1875年:“编外讲师奖学金”)。① 前者首先是不利的哲学教授年龄结构的一个后果,因为,教师群体相对年轻(在1974年,71.5%的哲学教授和有教师资格的年轻教师年龄低于50岁),稳定的教席数量暂时会导致就业瓶颈,但接着会分批产生新的需求:在德语区,1893年,58位哲学讲席教授中,43%年龄是从46到54岁,但只有19%的年龄是从55到64岁,也就是说,持续十年(1893—1902)间,数量少于接下来十年(1903年以后)所期待的新教席数量的一半——这个循环,已见于19世纪的哲学史,在此基于创立者之发达,新康德主义就由此而受益,这个循环的结果是教师群体逐渐老龄化(1893年只有16%的讲席教授年龄低于46岁),②到20世纪初方才获得平衡:又是为了某一代人和某种占据统治地位的方向,这一次是新观念论和生命哲学,它们像新康德主义一样,实现了足足四十年的统治。

除此特定世代的循环,大学哲学建制的创新能力,还从根本上取决于职位创设之可能性,譬如,副教授(Extraordinariate)的设立,传统上只是将其理解为通往正教授(Ordinariat)

---

① CONRAD, a. O. [6]; vgl. KÖHNKE, a. O. [4] Kap. III/4; VI/1.

② H. VAIHINGER: Übersicht über die philos. Univ. docenten Deutschlands mit Einschluß Österreichs und der Schweiz nach ihren Richtungen(Halle a. d. S. 1893 [= unveröff. Denkschr.]), in: Dtsch. Zentralarchiv, Abt. Merseburg, Nachlaß Althoff, Rep. 92, AI, Nr. 71, Bl. 92—111.

的过渡阶段。到本世纪初，人们才利用副教授教席来拓宽在创新领域提供课程的范围，这样，副教授，后来还有正式任命的讲师（Dozenturen）、学科顾问（Ratstellen）和如今的“短聘教授”（kleinen Professuren），也稍微消除了出于受歧视而对正教授的敌意。首先，就哲学之情形，作为其附属学科的心理学、教育学，还有社会学之部分，大约从1900年开始才逐渐发展成为独立的学科，这种做法得到应用，并且由文化管理当局有意识地作为新学科逐步分化的形式，也是出于学科内部专门化之需要。①

相对而言，在整个时期内，多数情况下始终是个人主义的工作方式的变化较小，大学如此，原则上以“独立和自由”为方向的研究也如此（洪堡[W. Von Humboldt]）。② 但变化较大的是研究的总体条件，在大学、科学院和研究机构中如此，在临时的建构形式中也是如此（资格研究，研究计划，编辑规划），这也使得哲学学科差不多与普遍的科学发展保持同步。在此，但首先在学说领域，尤其在交流领域，实现了转变（传授方式，科学的内外交流）：这主要在于功能弱化，随着学生、研究者和听讲者数字的整体增长，也改变了对知识和信息的要求（国际性，现实性，精确性），如此一来，还产生了一种日益增长的服务于专业的要求：定向，信息处理，文献集成（辞书编纂，目录学，文献通讯，评论）。除了杜塞尔多夫大学（Universität Düsseldorf）的目录学和辞书领域的大工程以及创

---

① A. BUSCH：Die Gesch. des Privatdozenten（1959）111；U. GEUTER：Die Professionalisierung der Dtsch. Psychologie im Nationalsozialismus（1984）85ff.

② H. SCHELSKY：Einsamkeit und Freiheit. Idee und Gestalt der dtsch. Univ. und ihrer Reformen（1963）.

立“哲学信息与文献研究所”(Forschungsabteilung für philosophische Information und Dokumentation),再未出现长期存在的新的机构建制。①

某种特定专业的物质设施,18世纪的大学所知道的,充其量形式上只是自然史和医学的材料汇集,保存在大学图书馆中,而这种情形在哲学中大多一直延续到了20世纪,至少延续到哲学系(philosophische Seminare)的设立,先驱们如今往往将此机构安置在独立的建筑中,正如其他很多专业那样。哲学系的兴起要归于一种变化了的教学方法,后者又要归根于对哲学专业活动的一种新理解:归根于对某个哲学经典作家某一文本的解释学活动,早在19世纪上半叶,特伦德伦堡(F. A. Trendelenburg)作为真正意义上首批这样做的哲学教授之一,除了讲座课还安排了这样的练习(模范古典语文学[Altphilologie]和神学)。② 然而,在图宾根、莱比锡、耶拿和斯特拉斯堡已然于1870年代设立哲学系之后,③柏林竟然在特伦德伦堡去世(1871)40年后,还没有这样的建制;柏林大学是创立于1909年的德国最大的大学。④ 但在此期间的发展,导致系或所(Institute)(1974年在联邦德国已设立55家),⑤不再只是服务于教学,而是扩展为研究机构:有自己的图书资料室、整套设施和一支往往有确定目标的研究人员,承担项目的研究人员大多由第三方资金也就是基金会支持。

---

① Vgl. Zehn Jahre Philos. Institut der Univ. Düsseldorf 1963—1973 (1974).

② K. VON PRANTL: Gedächtnissrede auf F. A. Trendelenburg(1873)9.

③ Vgl. E. PFLEIDERER: Philos. Seminare, in: Im neuen Reich 7(1877) 2, 144—150.

④ W. PASZKOWSKI: Berlin in Wiss. und Kunst(1910)73f.

⑤ Vgl. Ph. Zur Sit. ..., a. O. [6] 1.

2. 研究。——建构一个学科上也固定的研究专业的条件——不同于旧的、主要由传统保障的研究——是科学内部交流的特殊建构形式的兴起：不仅是口头形式（“学派”内部，学术集会，代表大会，研讨会，等等），由此产生了新的文献形式（档案，纪要，报道，评论，等等），另外还有建制化的书面形式，首先是专业期刊，还有其他定期发行的出版物，特别是哲学类出版物。

此外——在科学内外交流的重叠领域——最为多样的社团、协会和圈子，各种出版社和媒体，也就是广义上所有“哲学文化”的承担者，承担一种重要的促进专业的功能，但首先是服从公众需要。

哲学参与科学之外的交流过程，传统上的——尽管就哲学而言千差万别——表现，要比几乎所有其他科学都更为强有力，所以，一方面，哲学作为文化领域与文学、艺术和音乐并列，相信它并且事实上也应当有最重大的文化“意义”和“作用”，但另一方面——在同等程度上——其科学性也遭到最大的怀疑。哲学的专业性直接决定其广泛影响之可能性，因为，专业性主要通过术语引证（Terminologizität）建立起来。这在任何情况下都适用，只要一个属己的交流圈子没有形成或建立起来，后者也“参与”即补充术语引证等级之提升，曾经形成的交流和语义学系统，通过不断交流而得到加强、深化和拓展。在哲学中，人们促进了这种或多或少建构化的交流圈子，这个交流圈子又促进了一个属己的语义学系统，交流圈子作为所谓“学派”、“流派”或采用不同的“主义”，但从根本上可以将其划分为两个不同类型：一种类型名为某一“学派”，已然暗示了一种面对某个老师抑或经典作家的直接学习关系，第二种类型较为抽象，表明了一种着眼于某种理念、原理或只是一种共同取向的协调一致,本身却没有封闭的语义系统,也较少指一种真实的交流系统。

团体建构意义上的建制化,借助莱布尼茨、沃尔夫和康德哲学,已然在大学之内形成了,但在大学之外实现,要靠莱茵霍尔德(Reinhold)的康德之中介,靠费希特、谢林和黑格尔、赫尔巴特、弗里斯和克劳斯,作为语义系统具有术语学上相对确定的概念性,形成了一个甚至越出"学派"框架的接受者圈子;但结果,正是在此范围之内,这个接受者圈子表现出广泛的哲学兴趣,也看到自身总是与不同的和新的语义系统相对照,这些语义系统全部都逐渐具有了哲学的特殊语言之特征。哲学的特殊语言,也使得在个别学派内部就全部前提达成一致能够有一个高标准,但就学派外在而言,关于其他学派,并且关于有教养的公众,则越来越缺乏理解:哲学由于巨大的分歧,由于其表述的高度体系化,丧失了信誉,哲学表述,根据迫在眼前的新问题,最终不再为新生世代奉为答案。德国观念论的体系建构时期,成功实现了最大程度的哲学变革,从而必定也会产生可设想的哲学内部的最大分裂。首次(德语)哲学家大会(1847)的召开,要归于此分裂,关于时机、主题范围和动机:从今往后,人们要通过每年的大会来治理这种散乱,并且要反对期间公众显而易见的漠不关心——要为不同流派相互理解作贡献,而哲学的专业语言或科学语言之难题已经主题化了。但首先人们应就此达成一致:单一的体系化建构时期必须终结。①

与此同时,首次肯定哲学作为专门科学(*Ph. als Fachwissenschaft*)的认识,标志着一种全新类型的哲学的自我理解,

① Vgl. KÖHNKE, a. O. [4] Kap. II/3.

这种认识与1848年的革命相关，其形成出于多重理由：部分由于政治形势上的内外限制，大学哲学看来遭到限制，但此外也作为对各门科学自治企图的反动，对自然科学、各门精神科学和国家科学(Staatswissenschaft)由此提出的哲学批判的反应。结果，从前在历史哲学、社会和政治哲学、伦理学和哲学国家理论中得到探讨的实实在在的难题库存，部分干脆被排除了，部分也被重构为纯粹的认识或科学理论的难题提法。所以，在历史学中(德罗伊森[Droysen]，哈姆斯[Harms])，“历史理性批判”(狄尔泰，西南德学派[Südwestdeutsche Schule])，通过“科学的理论”和认识理论并且首先在意识形态批判中，当时称为“批判主义”(Kritizismus)。由此完成的根本区分，在国际层面尽管未达到同样的激烈程度，但至今仍可用以描述处在与各门科学、特别是哲学学科所属那些科学的关系中的哲学的位置。[①] 当时发现的解决哲学作为专门科学的权能和自治难题的内容首先是：逻辑学、认识论和心理学为一方——哲学史(当时是：经典作家评注)为另一方，由此同时达成了专业整合的有利条件，因为，通过聚焦，狭义的专业讨论——伴随可能的认识进步——方才成为可能，至少也有或然性。同时发生的普遍认同对同代人的引述，关于次要意见(特别是逻辑学文献和哲学史文献中)的阐明，标志着一种无疑是新型的哲学的专业性质。这种专业性质，伴随着一种与三月革命前(Vormärz)相对的、从根本上提升了的对专业交流的要求。[②]

---

① a. O. passim.

② K. CH. KÖHNKE: Philos. Begriffe in wiss. interner und - externer Kommunikation. Arch. Begriffsgesch. 27(1983)233—265.

各种类型的哲学专业期刊的兴起，从而更进一步反映了大学哲学的命运与本专业(自我参考)关联程度的平均等级有关，而专业处在与发挥外在于学术或完全普及的公众影响的持续竞争之中，相反：1848年以后的岁月里，在德国没有一部哲学杂志生存下来，《哲学与哲学批评杂志》(Zeitschrift für Ph. und philosophische Kritik)(1847—1917；前身是《哲学与思辨神学杂志》[Zeitschrift für Ph. und spekulative Theologie]，1837—1847)也没有，它在1852年重新办刊后，不再是“思辨有神论者”(Spekulativen Theisten)(I. H. Fichte, Ch. H. Weisse)的专刊，而是晋身为世界范围内首份——现代意义上——普及性的哲学的科学专业期刊，从而成为一个在国际上极为成功的期刊类型。这种类型的特征，就是广泛报道与专业密切相关的问题和进展：“……关于科学[也就是哲学]的状况，各地区，还有国外，关于我们大学中与哲学研究相关的精神和流派，关于重要的科学使命的进展，讣告，传记类和其他简讯，涉及哲学的科学兴趣，偶尔还有关于哲学作为巨大的科学联合体中(科学院等等)的专门科学之地位的文章，关于所谓文科中学预备课程和大学中哲学教学方法……。还有……每一卷都将……附有尽可能完整的关于国内外新出版的哲学文献的索引。”①

尽管，1860年代初又创办了更多杂志，但也只属于学派专刊那种(老套)类型，因为，它们尚未引起专业圈内的关注。随着《哲学月刊》(Philosophischen Monatshefte, J. Bergmann, seit Sommersemester 1868)的创立，老派杂志认真参与了另外更高

① I. H. FICHTE/H. ULRICI/J. U. WIRTH: Vorwort. Z. Ph. philos. Kritik 21(1852)1—10.

的要求，致力于资料-文献任务，致力于在学术圈内发挥影响，加强对各门科学的认识论和科学理论难题的阐明。与此同时，早期仍然是非正式的与一个事实上总是掌握在一人手中的编辑部门的联合，从现在起获得了一种建制特征（分工上有组织的编辑工作），此外也靠一个“圈子”或咨询委员会来保证，按如今常见的编辑套话就是“参编”（in Verbindung mit）。在此过程中，发挥了——在按月发行的情况下——很强作用的还有劳动经济条件，但并非所有老派类型的哲学杂志都受制于这些条件：启蒙的普及性杂志，直至三月革命前的浪漫派的文学-哲学杂志，还有完全传统的、确切地说是普及-科学性质的杂志，后者仿效《学者》（Journal des Savans，Paris 1665-1797，1816—1910）。①

与学派专刊和普通学术期刊同时，1877 年《科学哲学季刊》（Vierteljahrsschrift für wissenschaftliche Philosophie，R. Avenarius，1877—1916，1902 年以后改名《科学哲学与社会学季刊》[... und Soziologie]）创刊以来，一种新的类型——科学理论期刊——加入进来，尽管同时代人大多视其为“学派专刊”，却必须将其作为真正的跨学科刊物来理解。也许，《大众心理学和语言科学杂志》（Zeitschrift für Völkerpsychologie und Sprachwissenschaft，M. Lazarus，H. Steinthal，1860—1890）可视为其先驱，但后者有强烈的历史-精神科学取向，作为文化科学杂志，它为向来在很大程度上受到忽视的领域，尤其为美学、社会-历史哲学，提供了一个家园。任何情况下，处处事

---

① Vgl. W. HOGREBE/R. KAMP/G. KÖNIG：Periodica philosophica (1972)；vgl. W. G. STOCK：Wissenschaftl. Information-metawissenschaftl. betrachtet(1980)35.

关学派专刊,它们并非由倾向而是由一项研究规划所承载,相较于普通专业期刊,甚至容许更大程度的多元化:也正因为,它们以专业和方法上的标准化为目标,而非已然能够建立在一个持久的语义系统之上——这是一个难点,近百年中成果极为丰硕的类型(由于直接与某个经典作家相关)至少受制于此:1897 年创刊的《康德研究》(Kantstudien, H. Vaihinger, 1897—1942, 1953/1954ff.),至今相应的办刊(还有部分丛书的形式),尤其涉及当时所有哲学经典作家的刊物,都遵循《康德研究》。另外,一种开放的发生,也是由于与期刊同名之人有主题关联,解释多少会受到局限,或如 1920 年代的《康德研究》,由于康德的"现实意义"降低了,规划失去限制变成了一份普遍专业期刊。并非作为特别的专业期刊来规划,而要证明自己在专业领域具有更大的影响力,正是《逻各斯》(Logos)作为国际"哲学与文化杂志"(Zeitschrift für Philosophie und Kultur, 1910/1911—1933)创立的初衷,但由于其无与伦比的构想,这本期刊没有后继者,从而仍然是独一无二的类型:"何时在一封扉页上如西美尔(Simmel)和基尔克(Gierke)的名字并列其上,还有沃尔弗林(Wölfflin)和韦伯(Max Weber),文德尔班(Windelband)、奥伊肯(Eucken)和梅里斯(Mehlis)? 哪一卷书中可以看到布特鲁(Boutroux)旁是乔艾尔(Joël),齐格勒(Ziegler)旁是克罗齐(Croce)、克罗纳(Kroner)和凯泽林(und Keyserling)?"①

随着《康德研究》转型和《逻各斯》在 1910 年的创办(直到成为纯粹的评论专刊),不仅兴起了所有类型的特殊哲学期刊和学派专刊,而这样的刊物至今仍在延续,也预示了哲学期刊

---

① E. LUDWIG: Logos, in: Der Tag 21. 3. 1912.

(至今已创刊逾 2000 种)究竟能够发挥的最大作用之范围:《哲学月刊》的现实意义从未超越,《康德研究》的传布之广从未超出,《逻各斯》的普及性文化魅力也未企及,德皇威廉二世治下的期刊文化,究竟表现为历史上一种独一无二的现象。

总之,新的书面交流建制之可能性,无论对照 19 世纪已达成的标准,还是相较于口头交流形式,看来都十分贫乏,与此同时,后一种交流形式在 20 世纪有长足发展:始于 1900 年 8 月 1 至 5 日在巴黎举行的首届国际哲学大会(*internationalen philosophischen Kongreß*),无数国际和国内哲学会议泛滥开来,部分主题范围高专,部分却漫无边际(尽管也有分组讨论)。如今偏爱所谓“小范围会议”(Kleinkongresse)和各种研讨会,往往采取跨学科主题设计和组织方式,抑或只是由哲学家们提出主题,这些会议除了为哲学谋得新的形式,还为其获得了一种新功能:联通者和催化器。——会议和讨论会,本身又引出了特殊形式,就此只需提及讨论会论文集和所谓“预印本”(Preprints)。后者作为小范围的预先发表,与相对稳定的参会人员不断重新召开的工作讨论会一样,一方面,引导最迅捷地分享信息和交换意见,但另一方面,由于受邀参会的权利只属于个别或真正的“圈内人”,也导致在确定的研究领域造成学术垄断。从而也导致所谓“隐形学院”(Invisible colleges),“也就是主导专业的学者集团,他们私下碰头,通过直接电话交流或预通信息(就即将推出的出版),实行高效的尽管也是严格的学术交流”。[1]

3. 学说。——建制化的哲学学说的传统场所,就是高等学校和大学,这些场所直到 18 和 19 世纪转折之际,一直排除

---

① W. VON HAHN: Fachkommunikation(1983)47.

某种明确的研究和创新任务,此任务仅限于科学院中的某一建制框架内。不仅直到沃尔夫的时代,引入学说的创新造成与教会和国家的激烈冲突,即使到康德、莱茵霍尔德、费希特、谢林、黑格尔甚至费舍尔(K. Fischer)的时代,报告"自己的"学说也会遭到怀疑,部分受到秘密刺探,偶尔还会彻底遭到禁止,所以,德国哲学古典时期的全部哲学-科学成就,完全应视为私人的额外之作,产自本来的公务之外。

哲学研究,除了在科学院中安家的哲学史研究,即使在19世纪上半叶,仍然是纯粹的爱好,业余研究,在大学体制中绝无建制支持。学说意味着传授,就哲学而言,纯粹服务于更高专业之需要,哲学学说是法学学生、神学生和医学生所要求的一门预备课程:所谓哲学考试(Tentamen philosophicum),在普鲁士,直到1861年(接着是物理考试[Physicm]),医学生必须参加,法学学生直到1864年,仍须将其作为首门法学专业国家考试参加。至今仍未完全消失的,除了神学生的哲学预备知识,还有(由黑格尔动议)1825年首次在普鲁士文科中学教师职业资格框架中引入的所谓哲学考试,作为后来婉称为"教师候选人普通考试"之一部分,这是唯一曾经直接与职业相关的哲学学说,以后在招募自己的接班人时将不予考虑;但也多亏了此项考试,方能从服务于更高学科(在此期间被废除),完全顺利地过渡到服务于培养未来的文科中学教师,哲学学说不仅有助于获得哲学教习而短期有效,也由于持续增长的对文科中学教师的需求,能够保证长期有效。①

---

① J. B. MEYER: Dtsch. Univ. entwicklung(1874)85ff.; F. PAULSEN: Gesch. des gelehrten Unterrichts 1. 2(31919—21)2, 330ff. 670ff.; Die dtsch. Universitäten(1902)527—554; M. BRASCH: Die Facultäten-Frage und die Stellung der Ph. an den dtsch. Universitäten(1895).

哲学预备课程受到激励，一方面由于由洪堡（W. Von Humboldt）推动成为文科中学的法定普通教育任务，反过来又对教师教育发挥了影响，另一方面，由于国家逐步垄断了全部教育领域，哲学家脱离了从前大多一道维护中学预备课程的神学家。对教育领域的垄断，反映了一种遍及欧洲的现象，但在不同国家所用时间长短不同：在奥地利直到所谓埃克斯纳-伯尼茨文科中学体制改革（Exner-Bonitzschen Reorganisation des Gymnasialwesens，1848—1854），在意大利要到教会与国家分离（1870），在各德语国家则要到文化斗争（Kulturkampfes，1871）开始。除了在盎格鲁撒克逊诸国，由于私立、教会和国立学校并立，没有核心控制介入力量角逐，在法国，拿破仑的课程体制改革剥夺了教会对哲学的所有审查权，并实行一种国家的从而也是负有政治责任的哲学课程。

哲学学说经过世俗化和现代化，从两方面免除了纯粹的预备课程之功能和摆脱了与神学学说的竞争，同时却同等程度地在国家组织和控制教师培养之目的方向上找到了其自由的新界限，如此一来，政治规训和反应便相应地进入了过去的哲学学说之位置，后者大多由反对神学学说的不当行为所促动。①

哲学与教师教育的联系，也表明了对主题选择的反作用（使用希腊语和拉丁语古典著作家！），以及各种不同学科的重要性，其中，心理学和教育学在哲学学说中获得了一种前所未有的重要性。此外，影响也及于受聘讲师的资质要求，这使得

---

①　KÖHNKE，a. O. [4] Kap. VI/2；F. UEBERWEGS Grundriß der Gesch. der Ph. seit Beginn des 19. Jh.，hg. M. Heinze（101906）[= Grundriß… 4] 384ff. 556f.；Deutsch-Österr. Lit. gesch. 3，hg. E. CASTLE（1926）4. Abschn.

教师教育的目的有能力造就哲学史,这一点至今仍明显可察,并且在大学(一种真正的年代错误现象)对教授的要求上有其表达。

然而,紧接着出现的大学哲学内部的专门化,由晚近两百年的课程目录和讲座课程目录可以见得,一般而言,其中出于全部哲学次属学科的课程名称越来越少见,而首先是出于经典著作家,其次是出于当代著作家的课程名称,越来越常见。然而,不应忽视,一般性的并且大多是首次亮相的学术展示活动,正在持续占据优势地位,不仅未来的教师候选人,而且直到本世纪初,所有哲学专业的博士生,都必须将其作为口试的必考科目来研究,因此,专门的学术展示活动可以表明有关讲师的研究领域或兴趣领域,只是其数量增长非常缓慢。但练习的数量越来越多,就在我们本世纪初,已然没有哪个讲师还能对这些练习置之不顾,并且导致教学地点由大学讲堂转入了哲学研讨会。

因此,一种按照不同听众的兴趣和群体,对所提供的课程作出区分的做法,仍未停止。19世纪末,还形成了——总数约2000位承诺从事哲学研究的教师候选人——一种必修生和不受约束的、常常是高年级旁听生二分法,就建制而言,这种情形见于所开设的小型指导课、学术聚会、专题讨论课和高级研讨课(各具特色)。这是一个以哲学为主科的学生圈子,在组织-建制上表现出区别的开端,可以将个别受聘讲师很早前已创立的"学术论辩",将常常由年轻讲师领导(却是非正式)的尽管只是限于少数大学的学生哲学社团,视为上述区别之先导。

哲学作为考试子项、副科和主科,在学院和国家考试中,作为大学规程,在建制上曾有严格规定和法律认证,如今剩下的差不多只是将硕-博士考试联系起来的功能，若非越来越有一种重设高级中学哲学课程及其专业教师培养之趋势（据1972年“德意志联邦共和国国家教育部长常务会议”建议）。此外，出现了各种差不多普遍存在的广义的哲学学说，其位置——传统上或只是新近——主要在成人教育，在业余大学，在各种类型的学校（德语课程！），作为补充科目、附属科目或副科，作为各种各样的高等教育之一部分，并且在哲学儿童读物（有固定出版社）中可以见到，充其量只是对改进未来哲学教师教育之可能性提出问题，却未对其十分抽象的“合法性”提出问题。

4. 公开性。——哲学所达到的公开性之大小，18世纪以来，任何时候在更大程度上取决于现成的交流之可能性和方法，而非对哲学的兴趣，对哲学的兴趣完全可以说是无处不在。哲学作为神学的替代物，哲学兴趣表现为对丧失的宗教兴趣的补偿，似乎总是需求大于供给：18世纪的文学形式和出版方式，与任何在此期间新出现的方式和任何新形式一样，都已然变成了一种哲学出版物：从家庭读物、日报乃至广播电视和课程录像。

始终未得到澄清的是，非科学的哲学之整体的历史-政治地位，还有其可能发挥的历史力量。看来唯一的可能是不断接近，尝试以历史描述方式来理解哲学事实的社会、组织和日常世俗-交往条件。那么，问题是，个体，尤其是所有各种组织、机构和社团，将何种交流“意义”与哲学原理联系在一起，在何种程度上和多大广度上，可以确定有一种相互理解，从而使这样的社会组织不同于其他组织，并且使其真正得以建立。关于哲学史，这意味着，其所提出的任务，并非直接就是语言的历时研究，而首先是语言的共时研究，通过距离不断扩大的重新处境化(哥伦德尔[K. GrÜNder]),以及语义学体系的重构(卢曼[N. Luhmann]),对处在确定的社会体系("影响圈子")中的现实交流成效的追问,尝试对过往的现实性之世俗性和位置归属的追问作出回答,由此方才可能从总体上对哲学的发展作出推论,这些推论不遵循"解释"(Erklärens)之构想,而遵循"理解"(Verstehen)之构想。① 只有如此方能揭示哲学发展的多重交织,也才能揭示哲学发展的无数分支,这样一来,对哲学、理论和世界观感兴趣的各种公众人物,方才可能变得显而易见。因为,他们的兴趣和特殊的合理性与发展,各有其完全属己的方式,并且是从十分丰富的狂热修习转向怀疑性的反思,这些习惯上在哲学史中仍然被错误地彼此无差别地联系在一起。

多样性,因此大多也是无效性,刻画了直至 19 世纪中叶哲学对非科学的兴趣人士的贡献:从历史上道德教导式的家父文学和 18 世纪的大众读物,经无数文学-政治期刊,其印数等同于铜的可重复性之数目(3000 册),直到发明高速印刷、电镀印版制作和木柴代替碎布作为主要原料导致纸张降价,一种确定的政治公开性还不可能产生:它已然能够保证大量销售广义的政治-哲学文献。三月革命前期,在诸侯林立的德国,这种新型的公开性才得以形成,但几乎未能构成更为确定的形式、设施或建制,在其存在的最初年月,经历了革命和反动:教育社团和文学-哲学协会建立,其兴趣和主题变动不居,遭禁,又重建,搞政治,复又遭禁,完全取决于当时的政治。

---

① K. GRÜNDER: Reflexion der Kontinuitäten. Zum Geschichtsdenken der letzten Jahrzehnte(1982); N. LUHMANN: Ges. struktur und Semantik. Stud. zur Wissenssoziologie der modernen Ges. 1. 2(1980); J. PIAGET: Erkenntnistheorie der Wiss. en vom Menschen(1973)13—103.

只有大学哲学发展出学科上的专业性，才能使其与非专业的所谓教养-或文学-哲学之区分，完全得以显明，如此一来，甚至对所有涉及政治的联合的普遍禁令，这种非学院哲学的兴趣也要共同负责：正如三月革命前，期刊杂志作为公开讨论的必要组成部分发挥了作用，三月革命后，书籍作为一种强制性的个体阅读文化之部分发挥了作用。这正是哲学畅销书的历史起点，其首部——叔本华的《附录与补遗》——成为一种不问政治、批判文化和悲观主义的哲学作品之信号，与此同时，其他畅销书——毕希纳(Büchners)的《力与物》(Kraft und Stoff)——同样大卖，成为所谓唯物主义争论中的头号著作，就此有些同时代的人已然看到，这——在围绕身-心-难题的争论的外衣之下——只不过是三月革命前的宗教和政治争议在谋求其更进一步的讨论。

事实上，这种新事物，无非只是有公开之兴趣的哲学的文化批评和生命观之变体，但由于其个体化的和几乎不要求讨论的接受方式，它并非群体或机构形成之动因，充其量只是端上悲观之茶和激起浮士德式的个体冲动。这也还适用于后来的畅销书作家，尤其适用于哈特曼(E. Von Hartmann)和由他激起的所谓悲观主义运动，此运动持续不断并且通过各种出版物传播极广，然而，尽管它在19世纪70和80年代广为传布，却未曾创建自己的刊物：终究完全由于其追随者推动及其个体化的理想，由于厌恶“泛滥”，并未导致悲观的汇聚或联合。哈特曼、拉加德(Lagarde)、朗贝(Langbehn)和尼采，尽管引起了公开争论，也获得了往常只有文学畅销-常销书才能达到的高额印量，赢得了或多或少无定型的追随者，却不容许任何公开的社会组织，最多容许形成有限的私人圈子——在社团簇生的19世纪，这并不意外，毋宁恰恰表达了对现代群众本能冲动的反感。

所谓“威廉二世时代的文化资产者”(Wilhelminische Bildungsbürgertum),想再次推进哲学-世界观的团体建设,兴起于沉默时代(Ära Stumm, 1895 以降)之初,当时广义的自然主义作家转向“贵族精神”(Aristokratismus),并且在尼采这里找到了自我,准确地说,这是在“新课程”(Neuen Kurses, 1890—1895)社会改革运动沉寂之后,在文学、普通和学术出版和传媒远离了社会改革主题,并且作为补偿兴趣转向对艺术和文化、宗教和新的生活方式之后。现在,哲学和世界观思想进入了一种新的综合,这可以用来刻画那种“文化资产者”,并且如今以其整体上的矛盾性,重新让后现代对其产生了兴趣:实质上,它既不满足于非政治,也不满足于政治,因此,它是文化批判、时间批判并且偶尔还是社会批判性质的,确定忠于国家并且同时还与所有生活所能提供的新东西相对立,它易于接受:素食主义和自由恋爱,唯灵论,无政府主义和共产主义的理念和生活方式,妇女运动,自由派教会,火葬和天体文化(Freikörperkultur)。

由此,一时间,创办那种半公开、半学术的机构,复又成为可能,这种机构的原则,浪漫派和三月革命前就已司空见惯:当然向度完全不同,因为,1892 年按照美国典范(阿德勒[Felix Adler]1878 年在纽约)建立的“伦理文化学会”(Gesellschaft für ethische Kultur),发展成为一个公开的和俱乐部式的演讲机构,将全部德语区囊括之内,1904 年建立的“康德学会”(Kantgesellschaft)同样如此,后者成长为一个具有党派性质的群众团体。一度登记成员逾 10000 人,按数目众多的“分部”来组织(1928 年达 44 个),各有“主席”和“办事处”,以满足全部使用德语、有哲学兴趣的公众。此外,它还开展丰富的出版活动，不仅通过《康德研究》，还通过演讲和号外，其成员直至十分广泛之领域；教师、牧师、图书管理员、药剂师、医生，他们是除教授和大学生之外，学会所及的最重要的职业群体。①

远胜于在这种大众团体中，在其他一些团体中，以实践为目的的成分，超过了理论-哲学的兴趣，所以，在一元论联盟、神智论者、布鲁诺协会（Giordano-Bruno-Bund）和人智学那里，②它们作为世界观，从哲学上表达了普遍的要求，但首先作为理论，甚至更是作为积极实践的团体而存在并仍然存在，它们只运用哲学因素：世界观态度中的实践因素，消除了哲学因素的任何特性，放弃了哲学因素而代之以一种纯粹的次要功能，与此同时，真正的论战，在一种由世界观的对立所决定的社会现实中，往往以实践方式决出胜负，而只是从理论出发方能得到理解。所以，哲学与世界观之间的任何讨论，都以一种误解为前提，从而才能够形成一种形式上合理的结构，因为，世界观很少容许“反驳”，正如人们很少能从其持有者的著作中获知其动因。按照知识类型，世界观从属于教会和宗派建构之历史，与一定程度上可以直接追溯其上的三月革命前的自由派教会、自由思想团体和共济会的关系，比它们偶尔接受的学院派的生命哲学的关系近得多。一种区别以其完全不同的组织原则而显而易见，世界观之原型，可以在基督教会、早期基督教、据信是有主-从关系的异教-日耳曼“联盟”中寻找。然而，1900 年前后，实现了世界观与狭义的哲学的某种接近，代价是学院派哲学的一种世界观化，“世界观”概念的飞黄腾

---

① Vgl. F.-J. VON RINTELEN: Kant-Studien und Kant-Ges. Kantstudien 52(1960—61)258—270; vgl. die Mitgliederlisten in den ‹Kantstudien›.

② LÜBBE, a. O. [3].

达和完全不加批判地使用此概念,在哲学中司空见惯:大多步叔本华和尼采之后尘,然后还有学院中的哲学代理人,如狄尔泰(Dilthey)和西美尔(Simmel),但首先是奥伊肯(R. Eucken),他是唯一曾连续畅销的德国哲学教授,1908年甚至获得了诺贝尔文学奖。

一战前后几年,表现为一个过渡时期,传统的纯粹专业哲学与新的意外获得公开广泛共鸣的新观念论(步黑格尔和费希特之后尘),生命哲学与文化哲学,彼此激烈竞争。随着新康德主义奠基人一代逝去,才出现了1848年后兴起、首先完全自主的美学-生命观的哲学影响圈子,重新完全由大学掌握,并规定了1920和1930年代的哲学生活。直至1933年,直至里伯特(A. Liebert),此人长期担任康德学会主席和《康德研究》(联合)主编,在他与无数其他人一道必须离开德国之前,这种哲学兴旺发达,未受到经济和政治危机现象影响,并且导致一种巨大的扩展,基础是哲学图书和期刊市场:利用三月革命后不再普遍的"哲学与生活"的结合,人们甚至放弃了引述、学术讨论和与次要意见的争论,并且为内在于学院的一种哲学理解恢复名誉,用套话说就是"作为文学的哲学"。全部出版规划也证明了这一点,如奥伊根-迪德里希出版社(Eugen-Diederich-Verlage)的出版规划,但在一战与第三帝国破产之间,所设想的哲学专业文学却几乎完全闲置无用,其来源是那些观念论和生命哲学的灵感。20世纪前三分之一的"哲学文化",从历史上看并且就世界范围而言,都是一种独一无二的现象,在第三帝国时期不可能继续,战后和当前也未能继续,尽管在1950年代试图重组旧的设施。但公开的和学院派的兴趣,在此期间并未致力于其他主题提法,而是致力于其他运用哲学的方式:1950年代非正式的私人对话和复兴一种高级的阅读文化，然后是讨论——如论坛讨论，听证会，专家辩论会，常常通过广播或电视举行——与此同时，私人的哲学讨论，不再有真正的机构以资利用。特别由于日益激烈的媒体竞争，公开的演讲机构和团体组织，无法与新媒体和由此兴起的交流习惯持久对抗。　孔克(K. Ch. Köhnke)撰

文献指引：

F. Paulsen s. Anm. [24]. -M. Scheler: Die Wissensformen und die Ges. (1925). -H. LÜBbe s. Anm. [3]. -H. Schelsky s. Anm. [11]. -L. Geldsetzer s. Anm. [2]. -Ph. Zur Sit. ... s. Anm. [6]. -J. Ree: Philosophy as an academic discipline: the changing place of philos. in an arts education. Studies higher Education 3(1978)5—23. -R. Rorty: Professionalized philos. and transcendentalist culture, in: Consequences of pragmatism(1982) 60—71. -J. -L. Fabiani: Les programmes, les hommes et les oeuvres, in: Actes de la rech. en sci. soc. 47—48(1983). -Th. Macho: Institutionen philos. Lehre und Forsch., in: E. Martens/H. Schnädelbach(Hg.): Ph. Ein Grundkurs(1985)579—603. -K. Ch. Köhnke s. Anm. [4].

5. 民主德国。——哲学，在民主德国是作为“工人阶级的理论、意识形态、世界观和方法论工具”①来理解的，在社会主义教育事业中占据突出位置。主要传播和政治上受到支持的哲学是马克思主义-列宁主义。哲学课程在高年级开设，所以，譬如，在11和12年级的“扩展职业技术高中”(Eos)。所有学科的学生都必须修完马克思主义-列宁主义的基础课程。②

马克思主义-列宁主义哲学教研室，在莫里茨大学(Ernst-Moritz-Arndt-Universität, Greifswald)、耶拿大学(Friedrich-

---

① Art. ‹Ph.›, in: Philos. Wb. 2, hg. G. KLAUS/M. BUHR(Berlin 131985)933.

② Vgl. R. BELLMANN/M. BRIE/H. FRIEDRICH: Der Platz der Ph. in der marxist. -leninist. Ausbildung der Studenten. Zum neuen Lehrprogramm für den Kurs Dialekt, und hist. Materialismus im MLG. Dtsch. Z. Philosophie 35 (1987)294—300.

Schiller-Universität, Jena)、柏林洪堡大学(Humboldt-Universität, Berlin)、莱比锡大学(die Karl-Marx-Universität, Leipzig)和哈勒大学(Martin-Luther-Universität, Halle)设有。学科培养领域包括:辩证唯物主义,哲学史,逻辑学,认识论,资本主义和社会主义的政治经济学,科学社会主义,马克思-列宁主义伦理学和美学,现代自然科学的哲学难题,现代资产阶级哲学批判。修业期满获得"哲学硕士"(Diplom-Philosoph)文凭。为毕业生提供的就业机会,在科学和文化领域(艺术媒介机构),还有在政治和社会组织、国家机关和经济管理组织。作为哲学学科来理解的,还有文化科学专业方向,在柏林大学和莱比锡大学的美学(或文化)和艺术科学教研室有授。其要点在马克思-列宁主义文化理论和美学与文化和美学史领域。文化科学是民主德国艺术学院哲学培养的组成部分。新教和天主教神学培养机构,神学教研室,在大学和神学院中,特别讲授诉诸西方基督教传统的哲学史。

特别的重要性,在哲学的建制构成中,要归于研究院。"民主德国科学院"(Adw)中的"中央哲学研究所"(Zentralinstitut für Philosophie),1700年建立时是"选帝侯-勃兰登堡科学学会"(Kurfürstlich-Brandenburgische Societät der Wissenschaften),研究致力于辩证和历史唯物主义世界观的基本原理、历史过程的辩证法、科学发展的哲学问题、哲学史、历史和当代资产阶级哲学批判。① "德国统一社会党中央社会科学院"(Akademie für Gesellschaftswissenschaften beim Zk der Sed),"德国统一社会党"最重要的社会科学研究机构,支配着一个哲学研究机构,除了高级干部进修外,还致力于哲学任务

① Akad. der Wiss. en der DDR. Jb. 1986(Berlin 1987)116.

和哲学研究工作。[1]“德国统一社会党中央社会科学院”的“马克思”党校(Phs),1946年建立,设有哲学教席(具有研究所特点)。在民主德国的科学组织中,“马克思-列宁主义研究所(Iml)主要负责马克思-恩格斯研究、马克思-列宁主义经典著作出版、政治领袖遗产管理,以及工人运动史的研究和阐述。

民主德国的哲学研究所内协调指导研究所的委员会是“马克思-列宁主义哲学科学委员会”(Wissenschaftliche Rat für marxistisch-leninistische Ph.)。这个委员会由上述大学和大学以外机构的成员构成。70年代以来,除了上述哲学学科,还出现了一个有理论影响的研究方向,其主题范围改头换面对“历史”、“文化理论”、“美学”这些名称作各种组合。其中所研究的主题,通常为非马克思主义哲学和哲学研究(Ph.-Historie)留有余地,近似于对其方法的研究。　许恩/雷施克(H. HÜHn/R. Reschke)撰

文献指引:

Zur Gesch. der marxist.-leninist. Ph. in Deutschland 3: Zur Gesch. der marxist.-leninist. Ph. in der Ddr: von 1945 bis Anfang der sechziger Jahre, hg. Afg beim Zk der Sed(Berlin 1979).-H.-M. Sass: Ph. in der Ddr, in: H. M. Baumgartner/H.-M. Sass: Ph. in Deutschland 1945—1975. Standpunkte, Entwicklungen, Literatur(1978, 31980).

① Vgl. die Art. ‹Akad. der Wiss. en der DDR› und ‹Akad. für Gesellschaftswiss. en beim ZK der SED›, in: DDR-Hb. 1, hg. Bundesministerium für innerdeutsche Beziehungen(31985)31—33. 34—36.

六　哲学的文学形式

最初关于哲学的文学形式的思考，见于伊索克拉底、[1]柏拉图[2]和亚里士多德，[3]他们讨论过哲学谈话的*τρόποι*[方式]或*ἰδέαι*[形式]。但是，除了古代一些关于柏拉图[4]和亚里士多德[5]著作的分类尝试，古今尚无一种对哲学的文学形式的普遍分类。

（一）基本对比

1. “哲学的”与“非哲学的”。——也许可以在文学层面上得出两组不变的“哲学”：其一，为词汇的技术特点，主要以充满新词为标志；其二，逻辑严密之努力。这两组仍无特别之处，还有必要考察某一著作的内容，从而对其哲学特点作出判断。最普遍言之，所有“哲学”，都关涉对世界与人之存在的追问。此追问要求彻底倒转习以为常的思维方式，由此导致哲学语言不仅与日常语言彻底断裂，也与常用的文学语言彻底断裂。

2. 口头与书写。——在古代，哲学主要以口头方式，在

---

① ISOKRATES：Ad Nic. 48—51；Antid. 45.

② PLATON：Tim. 59 e.

③ DIOG. LAERT. III，37.

④ a. O. 49；ALBINOS：Isag. 3；ANON.：Proleg. to Plat. philos.，hg. L. G. WESTERINK（Amsterdam 1962）17，16.

⑤ SIMPLIKIOS：In Cat.，hg. K. KALBFLEISCH. CAG 8（1907）4，10；ELIAS：In Cat.，hg. A. BUSSE. CAG 18/1（1900）114，1.

师生间生动的哲学对话中开展。有些哲人甚至走得更远，拒绝任何文学作品，因为，他们认为哲学本质上就是一种批判式讨论，书写形式会助长教条（苏格拉底，阿尔克西劳斯［Arkesilaos］，[①]美涅德莫斯[②]）；其他哲人，如阿莫尼奥斯（Ammonios Sakkas），[③]他们不写作是因为，按照毕达哥拉斯派传统，哲学乃是密学，书写有可能使其变得不可信。[④] 在柏拉图看来，书写形式堪用，[⑤]尤其用来开展关于灵魂或自然的神话，但有一种真正的灵魂教育只能以对话展开。通常，文学-哲学著作总是与口头教诲有密切关联。这一点也适用于中世纪。在近代，哲学与官方教育机构分离，很多哲人不再从事教育。另一方面，不同于古代或中世纪的手稿，首先是有意写给某一学派成员或某一确定的读者圈子的，印刷的书籍是一种独立的事物，可能及于各种陌生和匿名的读者。

3. 诗与散文。——此区分从哲学的源头处就存在。最初的哲人（阿那克西曼德，阿那克西美尼，赫拉克利特，阿那克萨戈拉）都是散文著作家，[⑥]他们很可能是有意为之，与先前差不多唯独采用诗体的文学传统断绝了关系，以一种对原因和自然的解释取代了神话。最初的哲学教谕诗（色诺芬尼［Xenophanes］，巴门尼德［Parmenides］，恩培多克勒［Empedokles］），因此以一个确定的时（前 5—4 世纪）空（大希腊）为

① DIOG. LAERT. IV, 32.
② a. O. II, 136.
③ PORPHYRIOS: Vita Plot. 3, 24.
④ CLEMENS ALEX.: Strom. I, 1, 13, 2.
⑤ PLATON: Phaedr. 276 d. 269—270.
⑥ H. CHERNISS: Ancient forms of philos. discourse. Sel. papers (Leiden 1977) 19.

限。诗体形式的采用,也许是为了以缪斯女神的口吻,给予某种学说的思想内容以启示之尊严。[①] 一般而言,看来主要有四个动机,导致某种哲学思想之表达要采用诗体形式:诗的誓请特征,[②]可以愉悦并说服感觉能力(卢克莱修[Lukrez]);有意愿,使表达方式符合所处理的主题之崇高庄严[③](克莱昂特斯[Kleanthes]:《宙斯颂》[Hymne an Zeus];卢克莱修);有意图,给予哲学传言以一种神圣启示之特征(巴门尼德,恩培多克勒);最后,试图树立一个对象,由作为小宇宙的诗歌来反映大宇宙(理解为一种宏大诗作,理解为神圣诗人的作品)。新柏拉图主义者就是在此意义上理解《蒂迈欧》的,也就是说,作为一件人类的诗作,模仿的是神圣的宇宙之诗,而人们会承认,接受神圣的宇宙之诗不会不正确。[④]奥古斯丁据说将世界历史的展开描述为"一首伟大的诗歌,其作者无可明言"(magnum carmen cuiusdam ineffabilis modulatoris)。[⑤] 这种理念在文艺复兴时极为流行(首先在斯宾塞[Spenser]和弥尔顿[Milton]那里[⑥]),它激发了德国浪漫派[⑦]的某些努力,人们在爱伦·坡(Poe)[⑧]的《我发现了》(Eureka)中重新发现了此理念。就其深层本质而言,诗与哲

---

① W. KRANZ: Das Verhältnis des Schöpfers zu seinem Werk in der althellen. Lit. Neue Jb. klass. Altertum 53/54(1924)65—85.

② P. H. SCHRIJVERS: Horror ac divina voluptas. Et. sur la poét. et la poésie de Lucrèce(Amsterdam 1970)27ff.

③ a. O. 82.

④ Vgl. P. HADOT: Phys. et poésie dans le Timée de Platon. Rev. Théol. Philos. 115(1983)113—133.

⑤ AUGUSTINUS: Ep. 138, 5.

⑥ M. S. RΦTSVIG: Ars Aeterna. Renaissance poetics and theories of Divine Creation. Mosaic 3, 2(1970)40—61.

⑦ A. G. F. GODE VON AESCH: Natural sci. in German Romanticism (New York 1941)32. 240.

⑧ H. TUZET: Le cosmos et l'imagination(Paris 1965)115ff.

学的经验同源，因为，它们是关于存在的两种经验，如像布莱克（Blake）、歌德（Goethe）、柯勒律治（Coleridge）、荷尔德林（Hölderlin）和里尔克（Rilke）的作品，人们必须承认其具有某种哲学含义。

文献指引：

Th. Campanella：De libris propriis et rebus ratione studiendi，in：H. Grotii et aliorum Dissertationes de studiis（Amsterdam 1645）. -Y. Belaval：Les philosophes et leur langage（Paris1952）. -O. Gigon：Grundprobleme der ant. Ph.（Bern 1959）. -H. Fränkel：Dichtung und Ph. des frühen Griechentums（1962）. -E. Havelock：Preface to Plato（Cambridge，Mass. 1963）. -B. Gladigow：Sophia und Kosmos（1965）. -E. Schmalzriedt：Peri Physeos. Zur Frühgesch. der Buchtitel（1970）. -H. Cherniss s. Anm. [11]. -M. Untersteiner：Problemi di filologia filos.（Mailand 1980）. -R. Brandt：Die lit. Form philos. Werke. Universitas 40（1985）545—556.

（二）关于哲学的文学形式分类的不同观点

看来，要提出一个唯一和同样的哲学的文学形式分类是不可能的。同一部作品，从不同观点来看，有可能属于不同的文学类型。可以区分四个要点：1. 作者与其作品的关系：是哲人自己以自己的名义写作，还是说某一部作品只是涉及某一位哲人？2. 作品的内在形式与以其所谋求的目的：基本对立在于描述（darstellender/hyphegetischer）与探究（untersuchender/zetetischer）形式之间。3. 陈述类型与逻辑形式，也就是所选择的表达方法。4. 外在目的，也就是说，作品将对读者产生的影响。

1. 作者与作品的关系。——哲人自己在说话，还是在谈论哲人？在前一种情况下，可以按照较为切近的关系对作品加以分类，认为这是作者的口头教诲。有些作品与作者的学说有直接关系，因为，它们若不是作者本人口头阐述的记录

(譬如,某些亚里士多德的论著[1]),就是与某一公开演讲有关的文本(也许,有些前苏格拉底哲人[2]和大量希腊化时期的作品就是如此)。弟子同侪的记录和速记文本即属此列(如今的录音录像及其转写)。与口头讲授距离稍远,有些著作尤其属于对演讲之际提出的问题的回答(譬如,普罗提诺[3]的作品)。对话(也许,柏拉图的对话,很可能还有西塞罗和奥古斯丁的对话)往往是真实讨论之回响。与此类"学派-著作"相对的是与教学无关的作品,譬如,书信(伊壁鸠鲁,塞涅卡)。书信与论文往往难以区分:譬如,伊壁鸠鲁的书信,往往是一种教义之表达,以启辞、引言和问候语来呈现,但论文也常常以题献和致某人的引言来呈现。另一类范畴的著作,与口头讲授无关,属于自传性著作,作者在其中描述了其精神历程(奥古斯丁《忏悔录》[Bekenntnisse])或精神修炼,如马可·奥勒留的《沉思录》(Wege zu sich selbst)。中世纪哲学文献,大部分由不同学派修习的文稿构成:义疏(*Expositionen*)(亚里士多德评注或伦巴多《箴言录》),疑问辩难(*Quaestionen*)(由教师定稿的辩论练习)。距离学校生活和口头传授较远的是大量体系化作品,如大全和小随笔集,都是回答具体提问,如阿奎那的《神学短论》(*Opuscula*)。

近代,多数哲学著作自成一体,都是与口头教诲无关的文献。但也有一些著作,或为哲人本人操持定稿的讲义,或为其准备的笔记,或为听讲者的记录。如此我们才有谢林的《埃尔朗根讲义》(Erlanger Vorträge)和《斯图加特私人讲义》(Stutt-

---

① Vgl. I. DÜRING: Aristoteles(1966)33.
② SCHMALZRIEDT, a. O. [Lit. zu A.] 74.
③ PORPHYRIOS: Vita Plot. 4, 11; 5, 5.

garter Privatvorlesungen)；然而，正如谢林之情形，他往往即席发言而无讲稿，难以确定这些著作该如何归类，属于何种文类。如今，总有录音，由此可原样转录讲座和研讨，从而有了一种极近乎口头讲授的文献（海德格尔）。书信这种文献形式，在17和18世纪十分流行：因为，这往往涉及异议和对异议的回应，可以将其理解为一种现代形式的古代对话或中世纪的论辩。最后，自传之传统历久弥新：可见于笛卡尔《论方法》(Discours de la méthode)、斯宾诺莎《理智改进论》(Abhandlung über die Verbesserung des Verstandes)和比昂(Maine de Birans)和马赛尔(G. Marcels)《日记》中对精神成长历程的描述。

与这些哲人自己发言和以其名义发言的文学形式相反，还有各种关于哲人的文献。这种纪念文献的标准模式就是色诺芬的《回忆苏格拉底》(Memorabilien)，记述了苏格拉底的言行。可归入同一文学形式方面的，还有格言(*Sentenzen*)、箴言(*Apophthegmata*)、谚语(*Chrien*)，如哲学见解(论题)之汇集，就像亚里士多德[1]建议其弟子们完成的文集和他自己的汇集。由此开启了记录观点、汇集哲人生平的最早的哲学史著作。按此，箴言和对话复述了某个哲人的谈话，可视前者为后者的发展。属于此文类的还有：文集，记录，讲课笔记，轶事录和散论，以希腊文写成的纪(ὑπομνήματα)和拉丁语写成的所谓"记"(commentaria)等文学形式，[2]譬如，盖里乌斯(Gellius)的《阿提卡之夜》(Attischen Nächte)和亚历山大的克莱蒙(Clemens

---

① ARISTOTELES: Top. 105 a 34.

② M. FUHRMANN: Art. ‹Hypomnema›, in: Der kleine Pauly 2(1975) 1282f.; F. BÖMER: Der Commentarius. Hermes 81(1953)210—250.

Von Alexandrien)的《剳记》(Stromateis)。

可以看出这种"纪念"文学与乔丽斯(A. Jolles)①所描述的文学形式(传奇,传说,神话,谜语,格言,案例,回忆录,童话,讽刺)有密切关联。

这种"纪念文学"在中世纪和文艺复兴时期仍受重视,主要是格言汇集、箴言(伊拉斯谟)和轶事。可以说,蒙田的《随笔集》就满足这种文学形式的基本结构。然而,在现代,这种表达形式消失殆尽。"纪念"文学让位于哲学史。

文献指引:

Köpke: De hypomnematibus graecis(1842, 1863); Über die Gattung der ἀπομνημονεύματα in der griech. Lit. Programm Brandenburg(1857). -R. Hirzel: Der Dialog(1895). -G. Von Wartersleben: Der Begriff der griech. Chreia(1901). -F. Leo: Die griech.-röm. Biogr. (1901). -A. Schumrick: Observationes ad rem librariam pertinentes de ὑπόμνημα vocabulis(1909). -W. Gemoll: Das Apophthegma(1924). -A. Jolles s. Anm. [6]. -K. Von Fritz/K. Horna: Art. ‹Gnome›, in: Re Suppl. 6(1935) 74—90. -P. Moraux: Les listes anc. des ouvrages d'arist. (Löwen 1951). -H. Dihle: Studien zur griech. Biogr. (1956). -H. Lausberg: Hb. der lit. Rhetorik(1960). -F. Wehrli: Gnome, Anekdote, und Biographie. Mus. Helv. 30(1973)193—208. -W. Spoerri: Art. ‹Gnome›, in: Der kleine Pauly 2(1975)823ff. -K. Berger: Hellenist. Gattungen im Nt, in: Aufstieg und Niedergang der Rom. Welt Ii/25, 2, hg. W. Haase(1984)[Bibliogr. !].

2. 内在目的。——着眼于此,人们区分了描述性(darstellender/hyphegetischer)②与探究性(untersuchender/zetetischer)的著作。前一种著作由基本原则推出结论,在论证前列出普遍原理。这种文学形式在前苏格拉底哲人那里已然明确可

① A. JOLLES: Einfache Formen(1930).

② Diese Unterscheidung wurde zur Klassifikation der plat. Dialoge eingeführt: DIOG. LAERT. III, 49; SEXTUS EMP.: Pyrrh. hypot. I, 221; PROKLOS: In Plat. Rempubl., hg. W. KROLL(1899—1901)I, 6, 4—7.

见：最常见的情形是，在他们那里原理以范畴方式建构，论证则后置。[1] 但这种形式的众所周知的典范是欧几里得(Euklid)的《几何原本》(Elemente)，这很大程度上要归功于老学园的公理化努力。[2] 与之相对，探究性著作由问到答，这是为结论寻求解答原则或前提的过程。[3] 其典范是柏拉图对话，主要是那些确凿无疑的苏格拉底对话。古代的哲学课程，通常以一种探究方法来推进，也就是说，提问发挥着重要作用，在此过程中，要么学生向老师提问，要么老师向学生提问，[4]关涉对象是某种意见(论题)或某一文本(释经)。

论题是问题形式的意见(“死亡是不是一种坏事?”)，这是广义的辩证论证或修辞练习，由此使这种意见的对立面得到证明。特罗姆(H. Throm)[5]已然清楚表明，如今称为“抨击”(Diatribe)的文学类型，事实上符合这种教学过程，就是针对某一主题展开论辩。古代哲学著作的大部分内容，就是这类论题，也就是说，其内容是寻求对预先给予的问题的回答。[6] 这种文类，可以称其为“疑难与解答”或辩难(*Problemata*)或探究(*Zetemata*)。[7] 这种文类，从柏拉图到达马斯基奥斯(Damaskios)都受到重视。

释经是审问一个文本，要么为了反驳它(譬如，扬布里科

---

① EMPEDOKLES: VS I, 31, B 8. 12. 17(1f. 14f.); PARMENIDES: VS I, 28, B 6f.; vgl. A. van GRONINGEN: La composition litt. archaïque grecque (Amsterdam 1958) 58.

② Vgl. H. STACHOWIAK: Rationalismus im Ursprung. Die Genesis des axiomat. Denkens(1974).

③ Vgl. E. KAPP: Der Ursprung der Logik bei den Griechen(1965); zum Problem der Frage allg. vgl. Art. ⇨‹Frage›.

④ CICERO: De fin. II, 1, 1—3.

⑤ H. THROM: Die Thesis(1932).

⑥ CICERO: Top. 79—86.

⑦ Vgl. H. DÖRRIE: Porphyrios ‹Symmikta Zetemata›(1959)1—6.

[Jamblich]的《论神秘》[De Mysteriis]推进了问答法，接续波斐利[Porphyrius]的《致阿内博书简》[Brief an Anebon][1])，要么为了发明其究竟(普鲁塔克[Plutarch]的《柏拉图式的探究》[Platonica Zetemata]，一些普罗提诺的论著)，这么做往往只是服务于哲人阐述自己的学说的借口，要么也是为了研究文本的所有难点(连续的注疏或笺注)。

就描述形式，人们可以区分两类著作：按照证明理由之必要顺序或按照几何模型编排的著作；那种按照研究对象次第行文的著作。前一类著作描述某一学说之整体：譬如，普罗克洛斯(Proklos)《神学原理》(Elemente der Theologie)，伊壁鸠鲁《致希罗多德书简》(Brief an Herodot)[2]或卢克莱修《物性论》；另一类著作处理某一特殊难题，但却像几何学家那样，以定义和普遍原理为前提：他们从而将探究与描述形式结合为一体(譬如，亚里士多德《范畴篇》《论天》《论动物的行进》；波埃修《论七公理》[De hebdomadibus])。与此相反，手册、观点汇集和引论(引言)，则遵循对象之顺序，也就是哲学的部分及其次级部分之次序。

中世纪在描述与探究形式之间建立了一种密切关联。在中世纪盛期，以探究形式进行的疑问辩难(*Quaestio*)占据支配地位。最初，以此主要处理的是作品注解之难题。但逐渐扩大了问题的范围：不仅涉及所讨论或值得讨论的文本，而且涉及任何陈述。从而古代的论题方式得以重现。相应于古代关于论题的争论有疑问辩难(Quaestiones disputatae)；相应于古

---

① F. W. CREMER: Die chaldäischen Orakel und Jamblichs de Mysteriis (1969)1.

② Vgl. SCHRIJVERS, a. O. [13 zu A.] 327.

代词义上的抨击，也就是相应于讲座框架内的自由讨论，有任意辩难（Quaestiones de quolibet）。但是，这种疑问辩难规程也可以嵌入描述式规程。所以，爱留根纳（Eriugena）《论自然的划分》（De divisione naturae）以师生轮番提问的对话方式呈现。首先，13世纪的大全（*Summen*），详尽的体系化的陈述，由分题构成，也就是说，由“疑问”构成，从而是由古代词义上的论题构成，依次描述了“深入任一主题的”（in utramque partem）论证，这些论证恰当给出部分回答，并最终给出定论。在现代哲学中，这两种文学形式换上了新面孔。探究形式首先见于书信、对话和随笔（参 Essays 辞条）。往来书信这种形式可以用作一种十分严密的讨论或一种信息和研究交流。对话，这种十分流行的文体（布鲁诺，贝克莱，莱布尼茨，马勒伯朗士），往往是一种艺术手段，对话形式至少可以传达一种印象：人们在探求。特别是随笔，在近代哲学中，尤其符合探究文类：“以随笔方式写作的人，他的写作是实验性的，所以，他反复思考、追问、琢磨、检验、彻底反思研究的对象，他从不同方面向其发起冲击，他也聚精会神于所见，他的措辞也按照描述中所设定的条件来看待对象。”①另一方面，探究性的问题提法，在现代哲学中保持了其完整含义，在关于古代文本的研究中如此（海德格尔与前苏格拉底哲人），在马克思、尼采、黑格尔、胡塞尔或海德格尔的现代注释中亦如此。现代的释经，往往无意识地复兴了古代寓意解经的规程，作用亦如古代那样，常常只是提出自己学说的借口。

描述形式也以新的角度表现出来。中世纪的大全，为规模更为简短的作品所取代（有时候非常短小，如莱布尼茨的《单子

---

① M. BENSE: Über den Essay und seine Prosa. Merkur 1(1947)418.

论》[Monadologie]),常常被称为论文,其目标是为全部哲学勾画一个系统的大纲。常见的情形是分为相当短小的段落,有时候呈现为原理,序号编排,附有或未附论证,以强调其内在统一性和相对独立性。这种结构可以两种基本形式展开:一是按照斯宾诺莎《伦理学》的几何学次序展开,其次是按格言体著作形式展开,由十分短小前后相继互为前提的原理构成,却不加论证(莱布尼茨《单子论》,谢林《格言集》[Aphorismen],维特根斯坦《逻辑哲学论》)。处在这两端之间的各种类型的论文,对其中所列数的思想内容或多或少都有所推进(笛卡尔《哲学原理》(Prinzipien der Philosophie),沃尔夫的拉丁语著作,康德的批判,黑格尔的《哲学百科全书》[Enzyklopädie])。

文献指引:

Literaturhinweise. H. Throm s. Anm. [6].-P. Glorieux: La littérature quodlibétique(Paris 1935).-M. D. Chenu: Introd. à l'étude de Saint Thomas d'aquin(Paris 1954).-M. Fuhrmann: Das systemat. Lesebuch(1960).-H. W. Arndt: Methodo scientifica pertractatum. Mos geometricus und Kalkülbegriff in der philos. Theorienbildung des 17. und 18. Jh. (1971).-Les genres litt. dans les sources théol. et philos. médiév. Actes du Coll. Int. de Louvain. Publ. de l'inst. d'et. médiév. (Louvain la Neuve 1982).

3. 表达与论证方式。——按此观察角度,人们可以就哲学的应用,在命题句(den apophantischen Sätzen)(有可能存在真假)与非命题句(nicht-apophantischen Sätzen)(非真非假)之间,作出第一重区分。[①] 在古代,符合后一种范畴的哲人的著作是献给诸神的祈祷辞,如克莱昂特斯的《宙斯颂》、普罗克洛斯的颂诗。在全部哲学传统中,除此之外,不仅有祈求,通常

① SVF II, 187f.

还有口头召唤，就此而言，我们面对召唤可以体会到心理上的影响，这些祈求和召唤，以言辞或由此唤起的图像，独立于其抽象内涵，对听者和读者发生影响，因此，不可能有真理或谬误之价值。也许，可以将编造词源的文字游戏归于这种表达方式，还有同时代的哲人津津乐道的笑话。也许，与这种“语言交道”(Umgang mit der Sprache)联系在一起的，还有维特根斯坦的《逻辑哲学论》，被其作者以非命题方式说成是一种无意义命题(Sätze)的汇集。①

就使用命题句的著作而言，可以区分那种有意包含虚假陈述，从而使真理得到理解的著作，②与那种在其作者的意见中存在真理的著作。哲学对神话、图像、隐喻和说到底出于虚构之物的应用，符合第一种范畴。有些哲人完全拒绝将神话用作哲学语言，譬如，伊壁鸠鲁③还有阿奎那。④ 其他哲人部分同意使用神话，要么用于描述某些难以概念传达的真实性之领域，如灵魂的命运或自然的起源——柏拉图在他的对话中就是这么做的——，⑤要么作为说服手段。神话至少隐含着一个比喻性解释，使得哲学的真理通过神话之非真理而闪亮。神话式表达和比喻性解释，受到柏拉图和古代(普鲁塔克，普罗提诺，波斐利，普罗克洛斯)、中古(夏特尔学派)和文艺复兴时期的柏拉图派的重视，也受到斯多亚派的重视。在 17 和 18 世纪理性主义的统治之后，哲学转而受到喜好神话表达的浪漫派的影响(尼采，海德格尔)。神话可以采用编造的叙述形

---

① L. WITTGENSTEIN：Tract. logico-philosophicus 6. 54.

② MACROBIUS：In somn. Scip. I，2，9：«Haec ipsa ueritas per quaedam composita et ficta profertur. ».

③ a. O. I，2，3.

④ THOMAS AQU. ：In III De anima 1，lect. 8.

⑤ Vgl. K. GAISER：Platons ungeschr. Lehre(1962，21968)286.

态(柏拉图),也可以采用戏剧形态(塞涅卡,萨特,马赛尔)或小说形态(萨特)。

哲学著作若以要求为真的命题句写成,就可以划分为两种文体:一种是推理文体(*diskursive Gattung*),哲人以此致力于表明其证明过程的步骤划分;另一种是格言文体(*aphoristische Gattung*),哲人以此简洁恰当地表达一系列原理、结论或事实,它们彼此并无关联,在此过程中听任读者来发现所有蕴意和功用。格言与省略三段论(参见 Enthymem 辞条)有确定的亲缘关系,后者是一种以共时性方式、往往以对照法作出的表达。属于这种文体的是狭义的格言,它们是分离的定理、警句、想法、原则、谚语和箴言。这种文类想唤起沉思和反思,提供易于记忆的表达,能够应用于最纷繁复杂的生活处境。应由此出发来理解斯多亚派(马可·奥勒留《沉思录》)、伊壁鸠鲁派(《准则》[Ratae sententiae],《梵蒂冈格言集》[Gnomologium Vaticanum])和新柏拉图派(波斐利《致马尔凯拉书简》[Brief an Marcella])。在古代晚期,隐修文学凯法莱亚(Kephalaia)(本都的欧瓦格里奥斯[Euagrios Pontikos],忏悔者马克西姆[Maximus Confessor]),很好地采纳了这种文类。在近代广泛传布,很可能受到矫饰主义(Manierismus)的影响(省略三段论和矫饰文体[Concetti]),首先是在道德主义者那里(拉罗什富科,尚福尔),然后关涉德国浪漫派哲人(李希滕贝格、歌德、施勒格尔[F. Schlegel]、诺瓦利斯[Novalis],但尤其是谢林、叔本华、尼采)。人们可能会与伽布莱尔(G. Gabriel)①一道强调如下事实:维特根斯坦《逻辑哲学论》就是以格言体撰

---

① G. GABRIEL: Logik als Lit.? Zur Bedeut. des Literarischen bei Wittgenstein. Merkur 32(1978)353—362.

写的。这又将我们引回到表达与真理之关系难题。如果维特根斯坦可以说他的《逻辑哲学论》是无意义的(non-sens)命题，一定是因为，它们是有意为之的格言，并且他很可能考虑了克劳斯(K. Kraus)关于格言的反思："一则格言无需为真，却应当超越真理。它必须以一个命题来超越真理。"①《逻辑哲学论》中的命题，是通过将读者引向真正的无意义性，将其引向真理。

与格言文体相对，推理文体试图表明思维的所有步骤或推论的所有阶段，从而察知内涵于证明中的具有强制性的必然性。亚里士多德的学说，能够用来对推理文体的不同方面作出分类。他的学说首先承接柏拉图，使科学方法与说服技巧彼此对立。② 哲学特有的科学方法由基本原理而来，基本原理属于一个确定的科学(譬如，物理学)之领域("固有原理"[principia propria])，哲学特有的科学方法还引向绝对可靠的证明。与之相对，说服技巧由普遍认可的前提而来，并且只引向或然性证明。说服的技巧分为辩证法和修辞术，前者采用问答法，③后者以有连续性的讲话的形式来展开论证。所以，有三种推论文体：科学证明、辩证法和修辞术。从亚里士多德到胡塞尔，很多哲人都曾试图赋予其证明以科学的严格性(往往是数学式的)和一种绝对可靠的价值，方能使理智确信之。因此，这些证明力求"形式化地"(formaliter)表明自身，如中世纪的人们所言，也就是说，通过寻求词与概念之准

---

① K. KRAUS, in: GABRIEL, a. O. 360.

② PLATON, Gorg. 454 c; ARISTOTELES: Top. 105 b 30; Anal. pr. 24 a 22; Soph. el. 165 a 38; 172 a 16.

③ Vgl. P. MORAUX: La joute dialect. d'après le huitième livre des Top., in: G. E. L. OWEN(Hg.): Arist. on dialectic. The Top. (Oxford 1968) 277—311.

确相应,运用一种技术性的语汇,不回避新词,并且排除任何图像和任何不必要的装饰。这就是亚里士多德、阿奎那、斯宾诺莎和胡塞尔的风格。在其他哲人那里,更操心灵魂的转变,说服技巧发挥的作用更大。这就是古代柏拉图派和斯多亚派之情形。作为口头讨论的技巧,辩证法事实上极少在文学领域留下痕迹,除了在对话中,但在对话中,辩证法又让位于修辞术之具持续性的讲话。① 哲学的文学形式,从西塞罗到古代末期,就以修辞术为特征:更为突出的是,有时采用抒情诗风格,大量的形象,借自柏拉图和诗人。这不只是西塞罗的风格,而且往往也是普罗提诺、普罗克洛斯或达马斯基奥斯的风格。近代,在理想主义者,诸如笛卡尔、马勒伯朗士、莱布尼茨的作品中,甚至在康德那里,都可以发现一种不引人注目的修辞术的存在。在 19 和 20 世纪,以值得注意的方式形成了一种过度的科学与修辞形式的混合:与一种充满了新词和抽象术语的技术性语汇——可以说就是晚期经院哲学之语汇——联系在一起的是一种彻头彻尾隐喻式的语言运用。这种现象始于黑格尔和谢林,但主要在我们同时代(海德格尔,梅洛-庞蒂)变得引人注目。

文献指引:

W. Leibniz: Diss. de optima philosophi dictione. Philos. Schr., hg. C. I. Gerhardt 4, 131. -E. Von Ivanka: Kephalaia. Byz. Z. 47(1954) 285—291. -K. P. Lange: Theoretiker des lit. Manierismus(1968). -G. Neumann(Hg.): Der Aphorismus(1976). -G. Gabriel s. Anm. [7]. -P. Hadot: Philosophie, dialectique, rhétorique dans l'antiquité. Studia philos. 39(1980)139—166.

① Zur Rolle von Dialektik und Rhetorik in der arist. Ph. vgl. W. WIELAND: Die arist. Physik(1962)216; J. M. LE BLOND: Logique et méthode(Paris 1939).

4. 外在目的。——在古代往往由此视角出发分类哲学著作。人们有大量技术措辞来以此方式标明不同文学形式。[①] 在此分类方式当中,可以首先从根本上区分,仅以教给读者有启发性的内容为目的的著作,与那些意欲转变其生活方式、行为和思想的著作。尽管在古代,后一领域从未有明确区分,因为,所有哲学活动,甚至纯粹的理论活动,都可以理解为一种生活方式和一种精神修炼。[②] 所以,人们谈论最多的是理论而非其他类型的著作。与此理论著作相对,灵魂教养著作(*psychagogischen Schriften*)试图对读者发挥影响,尤其利用了修辞术中提供建议的(*συμβουλευτικός*)部分。这类著作的主要目的可以分为三个:转变、灵魂引导和精神修炼。[③] 意在转变的著作,属于劝勉文体(亚里士多德和扬布里科《劝勉篇》[Protreptikos],西塞罗《霍腾西乌斯》[Hortensius])。[④] 灵魂引导著作,敦促善好的行为(规劝)和反对狂热(治疗)。规劝告诫(如普鲁塔克的道德作品,塞涅卡的书简,贺拉斯或佩尔西乌斯的诗歌),或按照圣人传记提出道德榜样(哲人或重要人物的生平)。治疗使灵魂避免激情,尤其免于悲伤;这是安慰体著作(安慰:康托尔[Krantor]、西塞罗、普鲁塔克、塞涅卡,墓志铭)。最后,精神修炼著作规定,靠精神苦修彻底重构人们看待事物的方式。此类文体的最好例证就是柏拉图对话,其寓言、卮言和重言,使读者接受需要全力投入的理智操练(Gymnastik)。这种操练在这个词的词源学意义上堪称沉思

---

① STOBAIOS: Anthol., hg. C. WACHSMUTH/O. HENSE (1884—1923) II, 7, 2; CLEMENS ALEX.: Paedag. I, 1, 1, 1—3, 3.

② Vgl. P. HADOT: Exercices spirituels et philos. antique (Paris 1981, 21987).

③ CLEMENS ALEX.: Paedag. I, 8, 66, 1.

④ Vgl. Art. ⇨‹Protreptik›.

(Meditation),并且采取了最为纷繁复杂的形式:奥勒留《沉思录》或隐修文学凯法莱亚(Kephalaia)之格言形式,或普罗提诺或奥古斯丁某些著作中的修辞形式。

在中世纪,重新出现了方才所作的基本划分,但限于神学层面:有教导神学(didaktische Theologie)和道德神学或神秘神学。后者采用了古代的文体,视角却是基督教的灵修。

只是到了近代,随着一种又脱离了神学的哲学的发展,灵魂教养文体形式复又在哲学中占有了一席之地。人们可以在笛卡尔《论方法》或梅洛-庞蒂《哲学颂》(Lob der Ph.)一类著作中,重新见识劝勉体传统。但首先复活的是沉思(参见 *Meditation* 辞条)文体,将哲学复兴为一种精神修炼。胡塞尔在其《笛卡尔的沉思》(Cartesianischen Meditationen)中指出,笛卡尔的《沉思》堪为"哲学自省的原型"。① 人们可以在很多现代和当代作品中重新见识沉思这种文体,其中形式和哲人选择的风格致力于让读者从事修炼,以求改变其对世界的认知(柏格森)或治愈读者(维特根斯坦),通过使其摆脱虚假的难题。 哈多(P. Hadot)撰

文献指引:

R. Kassel: Unters. zur griech. und röm. Konsolationslit. (1958). -K. Gaiser: Protreptik und Paränese bei Plato(1959). -I. Hadot: Seneca und die griech. - röm. Trad. der Seelenleitung(1969); The spiritual guide. World Spirituality 15(1986)444—459.

① E. HUSSERL: Cart. Medit. Einl. § 1.

七　东方-亚洲

（一）中国与日本

1. 就哲学而言，在对东亚其余地区有决定性影响的中国文化圈中，首先需要澄清的是，“思想”（Denken）、“认识”（Erkennen）和“判断”（Urteilen），在汉语中究竟可能意指什么，进而，“认识”（Wissen）、“意识”（Bewußtsein）和“真理”（Weisheit）又有何含义。人们可以翻译它们，但与此同时，通过翻译以汉语来复述来自西方的术语所提供的内容，又是成问题的。因此，“思想”、“认识”和“判断”，必须首先在其本身的传统背景中获得理解，转向西方思想才有意义。

所以，这意味着，使语言与思想之关系重新成为难题。在汉语中，常用于指“思想”和“认识”的词语十分丰富；它们分为单音节词，确切地说是文言，也就是书面语，也分为多音节词，可以确切地理解为现代语言和白话。所以，哲学概念的现代东亚构词“智慧之学”（Lehre der Klugheit/zhe-xüe），已证明是恰当的。从而，19 世纪 70 年代以降，欧洲的哲学概念在东亚已成为本土概念。一位日本思想家，西周（Nishi Amane），在其 1873 年成书的《生性发蕴》（Über das Verhältnis von Physis und Geist）一个富有启发性的段落中，将这个欧洲概念指向一个出于 11 世纪汉语中已有的造词，后者的实际含义就是“爱智慧”（Liebe zur Weisheit）。[①] 但西周

① W. LIPPERT：Entstehung und Funktion einiger chines. marxist. Termini(1979)45.

寻求的是一个新的等值术语,要与特定的儒家学说保持距离。因此,新概念是从专业角度理解的概念,与传统学说、理论和智慧相对,而认为从后者方面看,也就是从传统上看,它们采用的是一种跨学科的视角。一个在汉语中还要更为常见的"针对思想家的概念"(Begriff für Denker/si-xiang),在日本也非常普及(shisō),其实指理念概念(Ideen-Begriff)。①

在东亚空间中从事哲学的难题,其实隐藏着历史的中断。就思想的早期觉醒而言,与古希腊在时间上差不多,源于对更多学说的总结,这些学说集中于宇宙论思辨;紧接着是印度-佛教思想的涌入,与西方的基督教几乎同时发生。表面上形成了三种关系和谐的世界解释及其文本传统,我们称其为儒、道、释,并继续发展直到历史当前。就现实性而言,它们充满了断裂,某些传统中断了,其他传统变形了;堂皇的儒家"经典"(Summa)及其整体性构想,只是掩盖了裂痕与矛盾,这是晚近 18 和 19 世纪的学识重新发现的事实,从而为恢复既定传统的真实思想内容开辟了道路。而这恰好就是开始接受西方思想的起点,首先,以耶稣会的基督-天主教和科学主义传教形态(in der Gestalt christlich- katholischer und szientistischer Mission des Jesuitenordens),在中国还有日本;后来,又作为"兰学"(Lehre aus Holland/rangaku),后者仅限于闭关锁国的日本德川时代(Tokugawa-Zeit, 1600—1867),两度都传播了科学,也隐含着世界观的传播——意义差不多如同传教。最终,基督新教连同其现代化萌芽发展起来(1815 年以降),此外,到来的还有盎格鲁撒克逊人的实用主义、德国唯心主义、马克思主义和列宁主义,它们接踵而至并进一步发挥影响。

① MOROHASHI: Chines. -Jap. Wb. 4 [10.462] 105.

这里显示出思想转变的起点，一场精神转变隐然可察，肯定基于固有遗产——这一点从有选择的汲取可以见出，汲取不应简单地称为“西化”，“现代化”概念依然草率，“与时俱进”(Gegenwärtigmachung)[1]更符合历史实情。不同于转回古代典范的传统做法，中国还有日本思想在现代转向了历史上“近”(nahe/jìn)的，因此也是“当前”(gegenwärtig/jīn)之物。“我们当前面对的东亚，表现出一种西方所理解的现代化，但仍将长期保持与文化遗产的意义和价值关联，文化遗产当然需要清理。”[2]

2. 孔子(Konfuzius，前552—前478)形象，尽管横遭批判和否定，却仍然是中国乃至东亚其余地区普遍承认的精神形象。19世纪的现代主义者，在他身上看到的是一位从前的改革家，在儒学中看到的是中国未来的国教，并且在他的改革本身当中，看到了人们开始称为“现代化”的内容。他的持续影响，将古代与当代联系在了一起，同时发展并践行一种新的教养，目标是力争和养成“高贵”或“有智慧”的人之理想。与苏格拉底不同，后者追求真理，而孔子要探究现实的公正和正确；他的任何表述都以践行公正待人之道为目标。一个价值列表当能体现这种公正待人之道：首先是仁(Menschlichkeit)；然后是看得见的善，其特征是忠、诚和勇；进而是礼节、教养乃至于客套的规矩，从而维持宗教意义上的礼仪；然后是关乎伦理道德的智慧、理智、才智、知识和聪明；最后是可信、正直，此外还有忠实于友谊。

---

① Moderne Prägung vgl. Chines. -Engl. dict. (Peking 1978)749.

② T. GRIMM: Sinolog. Anm. zum europ. Ph. -Begriff. Sber. Heidelb. Akad. Wiss., Phil. -hist. Kl. 7(1981)7.

孔子是苏格拉底(稍年轻一点)和乔达摩(Gautama,稍长一点)的同时代人;雅思贝尔斯(K. Jaspers)声称在他们身上看到了一个"轴心时代"(Achsenzeit)。① 孔子首先是一位教师,而非宗教创始人、传统维护者,并且就其著述而言,他也不是著作家。他的语录②出自对话(有似于苏格拉底之情形),是古代中国的智慧之宝库,影响至今。通过好学、反省、谦虚和躬行,就会养成"高贵"人格,高贵的人靠音乐、歌咏、对话和劝勉发挥影响;谁能敦促他持守其本心,就近乎儒家"贤人"的形象了;卫礼贤(R. Wilhelm)称其为"圣"(Heiligen),③但这么说不恰当,就这个称号最终成为称呼当时的"天子"也就是皇帝的名称而言。

3. 老子(Laozi,常写作 Laotse)④形象——就其是真实的历史人物而言——没有孔子那样的持久影响。尽管黄老(Huang-Lao/der Gelbe [Kaiser] und Alte [Mei ster])之名进一步传承,但其中需要分解的具体细节十分复杂:基于《老子》文本的老子哲学;老子作为东海福岛上的天堂表象意义上的密码;老子也在内在卫生意义上等价于印度瑜伽,也等价于养生修行直至精神不死;最后,老子作为早期科学如炼金术、自然科学和医学的起点。进而,这个复杂总体还包括两个文本《庄子》和《列子》,在其中,道家的思想财富扩展到诗文,并进一步扩展到山水画艺术(Kunst der Landschaftsmalerei)。老子这个

---

① K. JASPERS: Vom Ursprung und Ziel der Gesch. (1949) Kap. 1. Die Achsenzeit.

② KUNGFUTSE: Gespräche(Lunyü), übers. R. WILHELM(1955); A. ALEY: The Analects of Confucius(London 1938).

R. WILHELM: Kungtse. Leben und Werk(1925).

Lao-Tse und der Taoismus(1925); vgl. Lao Tzu and Taoism, hg. M. RK(Stanford 21969); P. J. OPITZ: Die Ordnungsspekulation im 67).

名字，然后又代表道家的宗教性，融合了不同信仰，进入道观福地，有一众特殊的神祇，见于民间信仰，且各地千差万别。

决定性地，并且与哲学有关的是，最终标榜所谓新道家(*Neo-Daoismus*)的"密学"或"玄学"(dunkle Schule)，也就是众所周知的"清谈"(rein Gespräch)之学。这一学派自认为超脱政治，喜好纯粹的思想和寻求一种新的精神保全，后来与佛教禅宗非常接近。先秦老子的道家(前6—前3世纪)和后汉(220年以后)的新道家，都保守着一种道家哲学的核心学说。他们自我标榜是贵无(Wu或"非存在者"[Nichtseienden])之哲学。在将现成、在场者视为原初存在等级的物象时，其无化(Nichtung)就如同向大全敞开，而只有彻底明了无也就是非存在者之整全，才能按照一种新的品质来把握存在者，易言之，只有以无为根基，方能真正重新理解所有事物的本质。存在如流，如宇宙之呼吸(收缩/舒张[Systole/Diastole])——阴阳相对——其凝聚导致兴起和新生，其消散导致衰败和死亡。①

4. 佛陀(Buddha)形象，在中国的土地上能够足足影响千年，在公元500至900年之间达到顶点；唐代中国(618—907年)可以视为佛教化时期。在孔子和老子发挥原生性影响的同时，佛教思想传入了中国。其基本思想，如老子进入之领域，就是否定事物和意识之实在，但与老子不同，它以空(Leere/kong)为原则。将生命当作束缚兴起之桎梏，作为贪(tanha)恋此在之后果，生命进程就永无终期，直至了悟之意识行动冲破桎梏，持续的此在将扬弃，它也将在涅槃(Nirvāṇa)中消逝。这种思想的彻底后果，就是绝无任何事物持存，这种思

---

① FUNG YU-LAN: A hist. of Chinese philos. 1. 2, übers. D. BODDE (Shanghai/Princeton 1934/53)2, 168ff.

想预告完全的解脱。自我解脱就是全部努力的意义所在。

在大乘佛教中(参见*Mahāyāna*辞条),在自我解脱的位置上,引入普度众生,通过佛教信仰的神明——这就是释迦摩尼,佛陀本人,或通过了悟存在的真谛(菩提),襄助受苦的实在走向解脱。形象生动的描述展示了一位朝后观看者,他拒绝进入涅槃,直至所有苦之本质集聚于一个天堂般的空间、一种希望的乌托邦,从而分享了解脱。首先是让判断本身开放,表象不再蔓生,熄灭精神觉醒之前出现的那种光——然后,并且只有在此之后,一个自我才进入了非存在(Nichtsein),真如(Soheit)、完全的空和完全的寂灭,这就是绝对的解脱,通过绝对否定所有存在者。尽管人世从慈悲思想出发,获得了某种肯定性,但这种肯定性仍然是次要的,不具有重要性,最终毫无意义。

5. 在此,需要补入《易经》哲学(*Ph. des I Ging*)。这是一种关于自然循环的术数理论,季节、气候,还有道德养成和社会中的等级规则,都囊括其中。这种循环理论,定于阴阳,以八卦和64(=82数)乘以六数推衍,来沉思宇宙和人事变迁。任何一爻,平或断,有唯一的象征,并且对每一爻的背景有清楚指示,对生活处境和社会方式的陈述事关重大。其中真正的哲学因素,就是自然哲学的数字推测,企图将全部宇宙进程及其人类反应纳入一个秩序模式,易言之,勾画一幅合乎自然的秩序构想。——董仲舒(Dong Zhongshu,前197—前104),在他的阶层中,是中国最早的哲人,他从春秋编年史出发,[①]探究自然循环的历史系统。他的宇宙表象,包括人类的各种影响力及其关联,完成了一个十分显著的系统,然而,只有通过

① a. O. 71ff.

三重宇宙力量天、人和地，他才能以天地之术数范畴，将理想的人构想为有智慧和有道德的人（Homo sapiens et moralis）。在此，他将行动和统一的人，视为宇宙之核心，主要是天子：他的身体成为天地本质框架中的实例，他的认知力成为天地本质的等价物，尽管并不与之等同，仍然不是神人（Gottesmensch），也不是人神（Menschengott）——而“只”是与天地同齐。

6. 成为真正意义上的东亚哲学的，当然首先是所谓新儒家（参见 *Neo-Konfuzianismus* 辞条）。新儒家，通过与道家和佛教学说、观点和敌意的论辩而强大起来，变成独立自主的学派，与此同时，仍然是面向现实和心系社会的关于人类、家庭和国家的学说。儒家的理念在东亚文化空间中传播如此广泛，以至于在20世纪，虽一度沉寂，却仍然能够成为继续发挥作用的元素。

a）周敦颐（Zhou Dunyi，1017—1073）的一幅图表，试图囊括全部宇宙本质：①首先，突出了阴阳两种力量，两者也表示静与动；其次，包括宇宙活动的五行或五个相位，构成相生相克的序列；第三，天地两个宇宙本质，也象征男女两性，由太极（Allerhöchsten/taiji）而来，后者又从无极（Allernichtigsten/wuji）获得了其无限性，如此描述了宇宙组织之整体。通过动，包含所有形式原理的太极产生了阳这种力，在达到其边界后，紧接着动的是静，由此产生了阴这种力，而当静达到其边界时，复又变为动。由此阴阳转换，产生了以水火木金土象征的宇宙运动之五行；由五行产生了基于地道和天道之夫妇，由此生发出了所有人类事物。万物靠气（der zeugenden Kraft/qi），一种宇宙能量，方才化生（*werden*），万物自有其理（Formprinzip/lii），②

---

① 435ff.

② 32. 444f. 500—508（Heavenly Principle）.

方才存在(*sein*)。理可以理解为宇宙中的组织原理,相应地,气可以理解为宇宙中的物质能量。[1] 然而,这里具有本质性的是,必须认为原理和能量可以理解,正是理解力,人的内在本质和感觉,可以感知它们,也可以反映它们;现实性有二:自然之物(也就是低于、根本内在于形式之物),形上之物(也就是高于、根本超越于形式之物);它们就是周遭现世,以及固有的内在的世界,在其中道德也作为本质要素得以保存。所以,可理解之物也必须作为道德之物来理解。

b) 程颢(Cheng Hao, 1032—1085)和程颐(Cheng Yi, 1033—1107)兄弟二人,开辟了另外一种可能性,遵循一种一元论和一种二元论取向:前者强调宇宙与自我的合一,后者强调自我的对立;前者使价值基于内在意识,万物皆在其中,后者使价值基于世界整体,必须察知。——在中国最重要的哲人朱熹(Zhu Xi/Dschu Hsi, 1130—1200)那里,二元论观念占据统治地位:宇宙的形式原理与宇宙能量对立。"理学"(Schule des universellen Formprinzips/lii-xüe)或"新理学"(Schule der menschlichen Natur und des universellen Formprinzips/xinglii-xue),亦由此得名,在西方,常常称其为(新儒家的)"理性主义学派"(*Schule des Rationalismus*)。按照中国人的说法,由程颐和朱熹二者代表的学派称为"程朱学派"。这种哲学的理念是一种道德本体论,而不是一种实在论的存在学说,这种学说关乎一种道德本性,其本质在于宇宙中既定的所有存在者的形式原理,所有存在者成为可能也要靠物质能量,后者为所有事物给予其此在。形而上与形而下两个领域互为条件,一方离了另一方不能存在或向对方转化,而正是人性,由

---

[1] 444. 478ff. (The Ether).

既定的宇宙原理所规定的人性，发现了其与此原理的关联，从而描摹出了世界与人的模型，人的出现，并不符合某种总是与神相似的形象，在此语境中根本没有神，也不可能有神，而是符合宇宙和谐之原理。

c）理性主义的程朱学派，从一开始就与一元论取向对立，这就是与个体精神和自我关涉的灵魂之学派，按汉语表达，就是“心”（Herzen）学，在西方，通常称为“唯心主义学派”（*Schule des Idealismus*）——在此，因为涉及一种形式原理与创造能量合一的措辞，尚不清楚，每个人的意识中所意识到的道德行动，与一种实行中的道德意识并行，究竟有何依据。那么，在进一步发展过程中，二元论的成分，使自我与存在者相对，并由此引出了一种正统学说——这种学说假定，人只需要按照其如此之在（Sosein）来研究实在之物，并且必须转向内心直至极境，以达成完善——与此同时，发现人能够将意识与作为合二为一，以实现某种灵魂的解脱，这尤其吸引了16世纪全部世代的年轻学者。① 陆王学派（Lu-Wang-Anhänger）（“唯心主义”）的意识难题，遭到正统儒学家的怀疑，并与禅定学派（Zen-Meditationsschule）建立了关系；另一方面是程朱学派的儒家学者（“理性主义”），他们为了修身养性放弃了公务和社会职责（如当时的新道家）。与此相对，陆王学派（“唯心主义”）发展出了一种新的政治意识，以传统秩序理想为根据，要求采取改革措施。在日本，王阳明（O. Yōmei，汉语：王阳明[Wang Yang-Ming]）赢得了重要性，影响及于20世纪。

d）新儒家哲学——在东亚，在中国始于约1000年，在日本始于约1200年，在韩国还有越南始于约1400年——仍然是

---

① Wang Shou-jen：596ff. 603ff.

这块大洲上占据统治地位的存在和道德学说,也是国家学说、自我确证之导引(修身养性)和博学之框架。明清两代中国(1368年以降)、朝鲜-韩国(Choson- Korea,1398年以降)和安南-大越(Annam-Daiviet,14世纪末以降),还有德川日本(1603年以降),都是“儒学化的”文化民族,当然指上层社会的文化而言。毋庸置疑,新儒家哲学是一种高等级的思辨哲学,其成功之处还在于将宇宙和自我以一种可理解的方式关联起来,家庭、国家和世界都能在此关联中找到其位置。佛教和道家的原则,仍然处于“方外”(außen vor/fangwai),可以说是一种“哲学支流”(philosophia minor),与此同时,佛教禅宗和《道德经》格言,能够为一种就其本质而言由西方所创造的哲学景观,作出引人注目的贡献。①

e) 最后,新儒家的第三个组成部分,就是17/18世纪兴起的“实学”、“实在论”(shixue)。其标志,首先是一种新的语文学——它摒弃了宋明时代(960—1644)撰写的正典和经典注疏,因为,它们包含的内容过于理论化,近乎“民间神学”(Zivil-theologische)。② 回归汉代(主要是25—220年间)的原初注疏,重新发皇古代经典,一如过去区分了今古文经学。如此,在实学哲学中也形成了两个派别:古文派赞成新儒家之正统,与之相对,今文派是改革派,如果不是革命派的话。他们认为中国的历史,可视为这样一个朝代演进的历史,远古是乱世(非绝对理想之源泉),其后的时代是新兴起的治世(已有预言),未来是世人大同的乌托邦之世。维新派的失败(1898),

① BI-YÄN-LU: Niederschr. von der Smaragdenen Felswand 1—3, hg. W. GUNDERT(1964/67/73); vgl. OPITZ, a. O. [8].

② P. WEBER-SCHÄFER: Oikumene und Imperium(1968) s. v. ‹Imperiale Ziviltheologie› 227ff.

为一个新的关系世界的哲学开辟了道路，虽然保留了既往的新儒家，但多数开始定向于马克思主义-列宁主义。可以“理学”、“新学”、“实学”三种取向，历史性地将新儒家哲学确定为“主流哲学”(philosophia major)。

东亚思想，无论在中国、日本、韩国抑或越南，都对当代世界葆有兴趣，只要东亚思想有意识地并且批判性地诉诸其传统资源，并以一种“精神性的”东亚与技术-科学世界相对抗。然而，对于东亚的精神主张而言，其物质性(Materialität)是内在固有的，从而，西方的现实感也是如此。对于世界宗教和思想形式的对话而言，大门是敞开的。　格林(T. Grimm)撰

文献指引：

Fung Yu-Lan s. Anm. [9]. -Sources of Chinesetrad. 1. 2, hg. W. T. de Bary u. a. (New Yorklondon 1964). -A. Forke: Gesch. der alten, der mittelalterl. und der neueren chines. Ph. 1—3 (1927/34/38). -J. Needham: Science and civilization in China 2: Hist. of scient. thought (Cambridge 1956). -M. Granet: Das chines. Denken, übers. M. Porkert (1963). -T. Grimm s. Anm. [4].

7. 17 和 18 世纪欧洲对中国哲学的接受。——各种各样的东亚哲学和宗教传统，对于近代欧洲而言，首先是一个渐进的认识过程，一开始其目光几乎唯独以中国哲学为定向。谈论中国“哲学”，合法性争议颇多，或已逐步淡化为认为，中国只产生了“一种哲学的相似物”。① 然而，近代早期中国文化的眼光，很大程度上为下述看法所决定：在儒家经典中，或者更准确地说，在新儒家典籍中，确有一种哲学，这些典籍在 17 世纪的中国传教活动之后为人所知。② 如此一来，孔子在最初的

---

① J. S. ERSCH/J. G. GRUBER: Allg. Enzykl. der Wiss. en und Künste III/24(1848)20; vgl. auch W. T. KRUG: Allg. Handwb. der philos. Wiss. en 3 (1833, ND 1969)756—758

② Lit. bei M. ALBRECHT: Einl. zu CH. WOLFF: Oratio de Sinarum philosophia practica. Rede über die prakt. Ph. der Chinesen(1985)XIII.

原始材料汇集和描述中,作为“哲人”而闻名,[1]新展示的原始材料,为马勒伯朗士这样的哲人,作为哲学理论所接受和讨论。[2] 莱布尼茨研究新儒家的典籍,[3]也是出于对中国“哲学”的兴趣。[4] 尽管他发现中国哲学在形式方面有缺陷,这是其有别于欧洲哲学之处,尤其匮乏一种科学的形式和哲学的概念性(“中国人的哲学从来都不具有科学之形式,而且……他们还没有哲学术语”[philosophia Sinensium nunquam in formam scientiae redacta fuerit et... etiam verba illis philosophica desint][5]),但中国哲学处理的对象与西方哲学一样,而且,因为知晓一种最高本质的概念,[6]也可以视其为“自然神学”(theologie naturelle),[7]甚至优于欧洲的自然宗教(der natürlichen Religion)。[8] 作为严格意义上,不仅有别于启示宗教,也有别于自然宗教意义上的哲学,就是沃尔夫(Ch. Wolff)在其校长演说

---

① PH. COUPLET(Hg.): Confucius Sinarum philosophus(Paris 1687); zum Beginn der Rezeption durch die Jesuitenmissionare vgl. I. KERN: Matteo Riccis Verhältnis zum Buddhismus. Monumenta Serica 36(1984/85)65—126.

② D. E. MUNGELLO: Malebranche and Chinese philos. J. Hist. Ideas 41(1980)551—578.

③ Vgl. T. GRIMM: China und das Chinabild von Leibniz. Studia Leibnitiana, Sonderh. 1(1969)38—61; A. ZEMPLINER: Leibniz und die chines. Ph. Studia Leibnitiana 5(1971)15—30; J. Ho: Quellenunters. zur Chinakenntnis bei Leibniz und Wolff. Diss. Zürich(1962); D. F. LACH: Leibniz and China. J. Hist. Ideas 6(1945)436—455.

④ G. W. LEIBNIZ: Lettre sur la philos. chinoise(1716). Opera, hg. L. DUTENS[ODut.](Genf 1768)4/1, 169—210; dtsch.: Zwei Briefe über das binäre Zahlensystem und die chines. Ph., hg. R. LOOSEN/F. VONESSEN(1968); engl.: Discourse on the natural theol. of the Chinese, hg. H. ROSEMONT/D. J. COOK(Honolulu 1977); vgl. D. J. COOK: Metaphysics, politics and ecumenism: Leibniz' Discourse on the natural theol. of the Chinese. Studia Leibnitiana Suppl. 19(1980)158—164.

⑤ Br. an B. des Bosses(12. 8. 1709). Philos. Schr., hg. C. I. GERHARDT[GPh.](1875ff.)2, 383.

⑥ Lettre... ODut. 4/1, 170f.

⑦ Br. an Remond(21. 1. 1716). GPh. 3, 670; vgl. auch a. O. [7] 383.

⑧ Novissima Sinica(1697). ODut. 4/1, 82.

(这让他付出了教席之代价)中对“中国的实践哲学”(praktische Ph. der Chinesen)的解说:[1]中国哲人,因为他们不知道创世者(Welturheber),所以他们没有自然宗教(“不知道创世者的人,没有自然宗教”[nulla universi Autorem ignorantibus esset religio naturalis][2]),他们也缺乏一种“对事物的清晰认识”(“他们匮乏对事物的清晰认识”[distincta rerum cognitione destituti][3]),甚至连哲学论证的方法,他们也是陌生的,[4]然而,基于经验和检验(“经验”[experientia]/“检验”[experimentum][5])的中国的道德学说,配得“哲学”之名,甚至符合沃尔夫本人的“普世实践哲学”(philosophia practica universalis)。[6] 尤以理论与实践相结合(“中国……哲学没有明确宣称理论应当与实践分离”[Sinae Theoriam a praxi sejunctam philosophiae nomine indignam judicarunt][7]),中国的哲学理解与沃尔夫启蒙哲学理解若合符节。因此,中国哲学在18世纪,不仅是历史研究的对象,[8]还作为一种自律的道德典范,在启蒙摆脱基督教传统的进程之际,发挥了决定性作用(eine maßgebliche Rolle):[9]关注如

---

① WOLFF: Oratio de Sin. philos. pract. (1725), a. O. [2].

② a. O. 26.

③ 46.

④ a. O.

⑤ ebda.

⑥ 64.

⑦ 208.

⑧ Vgl. J. F. REIMMANN: Historia philosophiae Sinensis(1727, 21741); J. BRUCKER: Hist. crit. philosophiae 4/2(1744)846—904; G. B. BILFINGER: Specimen doctrinae veterum Sinarum moralis et politicae, bes. § 26(1724)25; zur chines. Ph. auch schon TH. SPIZELIUS: De re literaria Sinensium(1660) sect. VII, 109f.

⑨ Vgl. D. DIDEROT/J. L. d'ALEMBERT: Encyclopédie 7(Genf 1778) Art. ‹Chinois(Philosophie des)›, 751—762; V. PINOT: La Chine et la formation de l'esprit philos. en France [1640—1740](Paris 1932, ND Genf 1971); D. F. LACH: China and the era of enlightenment. Bibliogr. article. J. modern Hist. 14 (1942)209—223.

孔子那样的“启蒙哲人”，对于霍尔巴赫(D'Holbach)和其他宗教批判家而言，充当了理性的生命定向之充足与启示宗教之多余的凭据。① 因此，毫不奇怪，哲学对中国的亲近，遭遇了各种神学的抗议。但对将哲学概念应用于中国的学说的怀疑，也是出于一种对其与欧洲哲学的文化与历史距离的尖锐意识：中国的文献，如维科(Vico)所认为的那样，不含哲学，而含有一种“庸众的智慧”(“通俗智慧”[Sapienza Volgare])；其创造者本身是“立法者，他们最终被当成了哲人，正如孔子如今在中国”(“立法者，……最终被相信是哲人，正如孔子如今在中国”[Legislatori，... finalmente creduti Filosofi，come Confucio oggi lo è nella China])。② 尽管如此，哲学概念——在哲学史著述与汉学中亦如此——已然与中国思想建立了关联。　施罗德(W. Schröder)撰

(二) 印度*

1. 必须将印度纳入哲学概念的历史描述之中，这是出于以下事实：“哲学”这个词语的指导线索，不是由古典印度传统提供给我们的，这一传统也没有为我们提供术语学上的等价物。但有一个丰富的、具有内在关联的，也是以其本土的理解而封闭于其自身之中的印度思想传统，这个传统虽然不受与哲学概念相应的某一主导概念支配，却能够以特殊的、从它那

---

① P.-H. TH. d'HOLBACH：Le christianisme dévoilé(1756)Kap. 11. Relig. krit. Schr., hg. M. NAUMANN(1970)116；vgl. auch C. C. du MARSAIS/P.-H. TH. d'HOLBACH：Essay sur les préjugés(1770)Kap. 10；dtsch.：hg. W. SCHRÖDER(1970)116；J. CH. EDELMANN：Glaubens-Bekenntniß(1745)31f.

② G. VICO：La scienza nuova(1744). Opere，hg. G. FERRARI 5(Neapel 1859，ND 1970)114f.；dtsch.：übers. E. AUERBACH(1924)181.

* [中译按]印度哲学与梵文专家朱成明博士订正了本节译文。

一方面对哲学和概念史反思而言值得注意的方式，归入我们所谓“哲学”或与之并列。此外，有一个传统，将“哲学”这个词应用于印度的（亦如其他东方的）材料，正如另一方面，还有一个传统，对这样的适用性持怀疑态度。尤其是，现代印度本身适应了西方所认为的“哲学”传统。现代印度以哲学概念之名义，同时也通过反对哲学概念，来把握和估价自己的传统；试图在自己传统的框架内，通过恢复和维新传统的概念，来解释哲学概念，并应对哲学概念的挑战。——将印度与欧洲以外的其他传统纳入“哲学”概念史，很大程度上，关涉对“哲学”这个词语的次要的和后来运用方式，却与某种概念史的边界现象毫无关联。哲学和哲学概念的全球化，是一个与基本的历史和解释学含义有关的事件。将哲学概念放在这个扩大了的语境之中，其与欧洲以外的概念的联合或对抗，欧洲以外的尤其是印度思想家对它的接受、维新或批判，为欧洲的概念史反思和自我理解，提出了新的条件和任务。

哲学概念是否和有何权利适用于印度和其他东方思想传统，这个问题从古代以来常被提及，回答也是各种各样，首先，尤其与哲学的起源问题有关。3 世纪，拉尔修已然以这种方式追溯了更为古老的解释，他在其学述（doxographischen）著作开头，提出了哲学的起源问题及其在东方“异族”的地位问题，并且得出结论：哲学源于希腊人，“哲学”（*φιλοσοφία*）这个词语无法译为“异族”语言。[①] 其他人，尤其是新毕达哥拉斯学派和新柏拉图派，还有基督教著作家，都同意东方或印度在此方面发挥了完全不同的作用；印度-婆罗门教的智慧，在晚期古代，被认定对更多希腊哲学创制者，如毕达哥拉斯等人的塑

① DIOG. LAERT. I, 1f.

造,发挥了影响。当然,印度和东方常常与某种智慧之概念相关,此概念以其世界性的、人类中心论的内涵,与哲学概念形成对照。①

希腊哲学的起源问题或自主性问题,及其与东方或印度思想的关系问题,后来仍常常被提起,尤其在1500年左右重新进入印度世界以后。这一方面与种族起源具有内在关联,另一方面事关将哲学概念应用于欧洲传统以外之合法性。有一个概括,总结了直接处在近代印度语言文化研究和黑格尔的哲学史发挥影响之前的讨论状况,同时记录了学述著作家在18世纪所发生的广泛影响,这就是卡鲁斯(F. A. Carus)在其遗作《哲学史之理念》(Ideen zur Geschichte der Ph.)中之所为。② 黑格尔本人讨论了在印度是否有"真正的哲学"的问题:按照以欧洲为范例的,却赢得了新的问题意识维度的方式。他在印度思想中发现,"实体性"(Substantialität)占据统治地位,主体无自律性,哲学与宗教未分离;因为,他看到,印度思想只是在"真正的"也就是希腊-欧洲的哲学的前史中所发挥的作用,在这个哲学中又被历史性地超越和"扬弃"了。与此相对,在黑格尔晚期思想中,按照科尔布鲁克(H. Th. Colebrooke)著作中的印象,表现出对一种小心对待之态度的暗示,承认在印度也有"现实的哲学"。③ 然而,对19世纪的哲学史写作产生影响的是,他的十分明显带有否定性的判断。在19世纪和20世纪初的欧洲哲学史中,印度和其他东方传

---

① Vgl. A.-J. FESTUGIÈRE: La révélation d'Hermès Trismég. 1(Paris 31950)6ff.

② Vgl. F. A. CARUS: Nachgel. Werke 4(1809).

③ Vgl. G. W. F. HEGEL: Vorles. über die Gesch. der Philos. 1. Werke, hg. E. MOLDENHAUER/K. M. MICHEL(1971)18, 111. 148f. 167ff.

统，很大程度上被排除于哲学概念的应用领域之外。例外有文迪诗曼（G. J. H. Windischmann），[①] 尤其是多伊森（P. Deussen）。[②] 文迪诗曼受制于谢林；多伊森，也是著名的印度语言文化研究者，依赖于黑格尔的对跖者叔本华。对于叔本华而言，不存在印度思想次属于欧洲思想之历史哲学图式；对哲学具有建构性的"形而上学要求"，在所有时代，甚至在欧洲以外，都在发挥作用。与此相反，认为哲学仅仅是一种欧洲现象的那些著作家，往往将哲学概念与自由概念结合在一起，然而，自由有两义：1）超越实践或救赎论兴趣的自由，2）摆脱教条、神话和传统的自由。纯理论和自由、无条件的科学之理念，在 19 和 20 世纪的印度语言文化研究者中也有其影响，他们还堪称从历史-语文学角度研究印度哲学的典范代言人（譬如，雅可比[H. Jacobi]和弗劳瓦纳[E. Frauwallner]）。针对 19 世纪哲学史论家（Ph. -Historiker）的判断，但仍然根据其哲学概念之印象，有些更晚近的研究者强调印度思想中的分析-推理要素，并尝试按照现代语言哲学的标准，来阐发和评估其中的认识论和逻辑学。[③]

尽管疑惑重重，对"印度哲学"的探讨依然在广泛传播，"印度哲学"在西方世界已司空见惯。在一般性的哲学史书写或哲学辞书编纂中，同时将印度也考虑在内的意愿，在以往数世纪中大大上升了。通过概括和回顾，人们可以说，不断增长的将哲学概念应用于印度传统的意愿，不仅典型地反映了印

---

① C. J. H. WINDISCHMANN：Die Philos. im Fortgang der Weltgesch. (1827—1834).

② P. DEUSSEN：Allg. Gesch. der Philos. 1—6(1894—1917).

③ Vgl. S. SCHAYER：Über die Methode der Nyāya-Forschung，in：Festschr. M. Winternitz(1933)247—257；B. K. MATILAL：Epistemology，logic and grammar in Indian philos. analysis(Den Haag/Paris 1971).

度研究的进步和印度形象的演变,也反映了欧洲的自我理解和哲学理解的变化。此外,应当进一步贯彻的洞见是,在印度是否确有哲学概念的等价物这个问题,与是否必须将印度纳入哲学史书写的问题,并不同义。哲学本身及其概念展开于其历史当中,属于此历史的如今还有那些欧洲以外的传统,通过回顾以拥有,一如通过自身切实参与,这些传统都与西方传统上所谓"哲学",在某种语境拓展或视界融合意义上共生。

2. 当19世纪和20世纪初的欧洲哲学史论家仍在怀疑,哲学概念究竟是否适用于欧洲以外时,一个进程开始了:在此进程中,欧洲以外的传统,尤其是印度,不仅接受了欧洲的哲学概念和学说,尤其还对这些概念和学说本身的传统存货作出新的构想。19世纪上半叶以来,尤其是引入英语作为中等教育语言(1835年)和设置英语为大学语言(1854年以后)以来,欧洲意义上的哲学,尤其是哲学这个词语和概念,在印度精神生活中赢得了越来越稳固的地位。就此,一方面,首先基于殖民教育政治,欧洲哲学成为研究课程,或作为思维方式得到采纳和深化。另一方面,将自身的传统阐述为哲学,并表明其与西方哲学具有多重比较、认同、平行或对照和扬弃之关联。对哲学的定义、规划、要求,发挥了显而易见的典型作用。巴塔查亚(K. C. Bhattacharya),这位现代印度居于领导地位的思想家,处在康德哲学与不二吠檀多学说(Advaita-Vedānta)之间,他解释说:"阐明哲学的概念,在我看来,要比讨论任何特定的哲学难题来的更重要。"①反思哲学概念,按照

① K. C. BHATTACHARYA: The concept of philosophy, in: S. RADHAKRISHNAN/J. MUIRHEAD(Hg.): Contemp. Indian philos. (London 41966)105.

他的理解，就是致力于澄清理论性或客观化-科学性的思想；同时也是对科学的哲学反思的自我划界。巴塔查亚的学生达斯(R. V. Das)，以其对哲学概念的思考，尤其致力于实施哲学的经验，这是一种关于在哲思和哲学史上实际发生的事情的经验。①

在有些著作家那里，谈论哲学和谈论此概念的西方和印度的含义，恰恰表现为一种文化和民族的自我表达和辩护的宣传手段。往往有一个前提是，所有哲学，还有宗教，恰恰在不二吠檀多学说中得到实行。作为新印度教(Neuhinduismus)或新吠檀多学说(Neo-Vedānta)的方向之典范，就是拉达克里希南(S. Radhakrishnan)的丰富表述。在此，如下母题引人注目：将哲学列入印度传统之核心的取向，还有确定称谓的理想定义；遵循虔信原则；倾向、"经验"或"直观"，以宗教还有哲学为根据，并且使两者在此基础上走向彼此交融；将哲学概念用作现代印度教普世主义的和具包容性的要求，及其对全球"综合"或调和的规划安排。②

致力于西方特征的哲学文献的论文，哲学杂志，印度哲学史，还有普通哲学史，在印度一个多世纪以来一直在出版，但自从获得独立以来(1947)，很大程度上变得非常特殊。尽管哲学文献大部分以英语写成，却越来越顾及印度语言，主要是印地语(Hindi)。用这些语言对哲学概念加以重述，所使用的术语源于梵文传统。最常用的"见"(darsána)("看"，"见解"，以及诸如此类)；此外，尤其还有马拉提语(Marathi-Sprache)中

---

① R. V. DAS: What is philosophy? Proc. Indian philos. Congr. 31(1956) 3—16.

② Vgl. P. SCHREINER: Concepts of philos. Wiener Z. Kunde Südasiens 21(1977)239—256.

使用的"真理认识"(tattvajñāna)("真实性认识"[Realitätserkenntnis])。"见"(darsána)表达了"哲学"在印度传统中的等价物,同时为真正印度的、基于"经验"、"直觉"或"景象"(Vision)的哲学的自我理解作证:这一见解对于大量现代印度著作家完全是不二之论。① 但这个概念,在19世纪下半叶,才在与其他概念的竞争中获得普遍认可。

在稍旧的梵文辞典或英印辞典(englisch-indischen Lexika)中,特别在莫尼埃-威廉姆斯(M. Monier-Williams)的《英梵词典》(Dictionary, English and Sanskrit, London 1851)中,"哲学"与"见"(darśana)尚未建立归属关系;但在柏罗阿(A. R. Borooah)②与阿普泰(V. S. Apte)③这两位印度著作家19世纪编写的英梵词典中,却呈示了两者的归属关系。堪为典范的术语思考,可以在重要的孟加拉著作家查特吉(Bankim Chandra Chatterji/Caṭṭopādhyāya, 1838—1894)那里看到,此人强调:根据西方的哲学概念,知识本身就是目标,而在印度关于见的理解中,知识只是达成实践-救赎目的之手段。④

在以吠檀多为定向的新印度教文献中,"见"(darsána)——强调与词根dṛś即"看"的关系——往往表现为

① Vgl. P. S. SASTRI: Indian idealism 1(Delhi/Benares 1975)220; S. C. CHATTERJEE/D. M. DATTA: An introd. to Indian philos. (Calcutta 71968)2; R. CHAUDHURI: Doctrine of Srikaṇṭha 1(Calcutta 1962)102; U. MISHRA: Hist. of Indian philos. 1(Allahabad 1957)5; C. SHARMA: A crit. survey of Indian philos. (Delhi 21964)13.

② A. R. BOROOAH: Engl.-Sanskrit dict. (1877—90, ND Gauhati 1971).

③ V. S. APTE: The student's Engl.-Sanskrit dict. (Bombay 1884).

④ Vgl. BANKIM CHANDRA CHATTERJI: Racanāvali 2(Calcutta 1969) 217ff.

关于哲学的一个理想概念,指向在西方占统治地位的分析-推理定向,也能够将哲学与宗教引回到其普遍的"经验"根基。[①]在西方的印度语言文学研究中,几乎找不到新印度教中"见"(darsána)与"哲学"的归属关系;在此,"推究"(ānvīkṣikī)(科学[vidyā]),有时被雅可比等人视为"哲学"在传统印度教中的等价物。[②] 对此事实上指示着一种理性-方法论观点的术语的解释,哈克(P. Hacker)有理由给予批判。[③]

语义学上"哲学"与"见"(darsána)的关系,有一个确定的历史基础是由此给予的:"见"(darsána)是印度学述文献中最常见的主题词,这种文献按照学派或体系传承综合了我们所谓"印度哲学"。尤其是此类文体中最著名也是最重要的狮子贤(Haribhadra)的《六见集论》(Ṣaḍdarśanasamuccaya, 8 世纪)[④]和摩度婆-明喜(Mādhava-Vidyāraṇya)的《摄一切见论》(Sarva-darśanasaṃgraha, 14 世纪)。[⑤] 在学述著作中所描述的学说体系的主要代表的自我称道中,"见"(darsána)这个词当然没有发挥值得一提的作用;在学述著作中应用这个词时,新印度教中强调的"实现"或观看式的"经验"的重要性也并不突出。具有根本性的是,在"见"(darsána)之名义下——在"见识""世界观"意义上——所显现之内容,是作为一种自成一体、完全在

① Vgl. RADHAKRISHNAN: The Brahma Sūtra(London 1960)111ff.

② Vgl. H. JACOBI: Zur Frühgesch. der ind. Ph. Sber. Preuß. Akad. Wiss. en, Phil. -hist. Kl. (1911)732—743.

③ P. HACKER: Ānvīkṣikī. Wiener Z. Kunde Süd-Ostasiens 2(1958)54—83.

④ HARIBHADRA: Ṣaḍdarśanasamuccaya, hg. und engl. übers. M. RANGACARYA(Madras 1909).

⑤ MĀDHAVA-VIDYĀRAṆYA: Sarvadarśanasaṃgraha, engl. übers. E. B. COWELL/A. E. GOUGH(Benares 61961).

先给予的传统持存,而非作为一个开放的认识努力和难题意识之进程来构想的。——学述式的(doxographische)、完全非历史的风格,以及将哲学学说描述为本质上一劳永逸所成就之物的倾向,在晚近的印度研究中仍随处可见;将非历史的态度解释为富有生命力的传统持存的解释并不鲜见,与西方思想之无根性,与其散落为时间性的无常之物,形成对照。

在印度的学述著作中(Doxographien),以"见"(darsána)和诸如此类的名义所呈现的内容,不能在希腊人假定可以追溯于其上的"纯粹理论"概念的意义上来理解,而通常具有宗教-救赎论含义:这一点常为西方和印度两方面所强调。虽然如此,司空见惯的将希腊-欧洲的"纯粹理论"与印度的救赎动机相对立的做法,往往是严重的大而化之,既不符合主题的历史复杂性,也就是两方面的历史易变性,也不符合"理论"概念内在的难题性。进而言之,人类理性之独立自主和哲学与宗教的严格分离,19世纪的哲学史论家以其作为"真正的"哲学的标准,这在经典的印度哲学体系中从未述及。但就后者亦当小心分殊。在此,不应局限于考虑传统批判的明确形式和一种提升为方案的"自省"(Selbstdenken)。传统和启示之概念和作用,本身就是一种致力于根据的反思之主题,就此而言,甚至在"正统的"、以吠陀经(Veda)为定向的体系中,也可以证实存在一种反思,这种反思绝非简单出自传统,并且可以认清批判理性和证明意愿的自主之难题(das Problem der Verselbständigung der kritischen Rationalität und des Begründungswillens)。这很可能就触及了印度的哲学概念:有特出的致力于定向、理由和概念表达的思想之发展;有在救赎之奋求中清醒的理论和概念兴趣,也有与传统和各种传统(Tradition und Traditionen)结合的鲜活的反思力量和自由。

3. 对印度哲学文献的科学研究，按照一定程度上仍未受到重视的 17 和 18 世纪（德诺比利[R. de' Nobili][1]和其他传教士）推动和准备，始于 19 世纪初，主要是科尔布鲁克（H. Th. Colebrooke）的论著。[2] 伊斯兰的开拓性成就，尤其是出于 11 世纪上半叶阿尔比鲁尼（al-Bīrūnī）的著作，[3]处在这里要思考的发展之外。——就当前的研究状况而言，语文学-历史学对原始材料的开辟，可靠文献版本的建立，翻译，以及如此等等，都十分重要。现成的普通辅助工具（辞书，传记，总体阐述，以及诸如此类），与欧洲哲学史论中达成的标准距离很远。印度传统意识的特征、传承历史和原始材料的状况，当然要求修改这些标准。传统和延续性，在印度思想中普遍具有比在西方更大的重要性。注疏、简编和教科书主宰者所获文献之图像，这些文献可能主要属于确定的学派或体系传承。在这些体系传承内部，仍有很大发展、分殊和原创性之空间。当然，新颖和进步绝未成为标准。

在各种学派之间，尤其在公元后一千年间，有富有成效的交流和斗争。对敌对者的论证，往往有详尽的引述或描述；这样的线索是一种重要的、往往对我们认识其哲学的体系建构具有决定性的材料来源，体系建构的文本，部分亡轶了，部分犹如佛教之情形，仅存留于印度以外的译本之中。[4] ——体系

---

① Vgl. R. de' NOBILI: Informatio de quibusdam moribus nationis Indicae (1613), hg. mit engl. Übers. [On Indian customs] S. RAJAMANICKAM (Palayamkottai 1972); S. RAJAMANICKAM: The first Oriental scholar (Tirunelveli 1972).

② Vgl. H. TH. COLEBROOKE: Miscellaneous essays 1. 2 (London 1837).

③ Vgl. ALBERUNI'S India, übers. E. C. SACHAU 1. 2 (London 1888).

④ Bes. sind die tibet. und chines. Sammlungen autoritativer buddhist. Texte zu nennen.

的形式标准,建立、论证和定义的技巧,所发挥的作用越来越清晰。辩证法和论证技巧的发展,形成了精巧的认识学说和一种有权如此称呼的逻辑学,这种逻辑学当然不足以达成一种严格演绎之概念。确定的一部分是神话-宗教的基础-主导表象,却几乎从未受到质疑,譬如,关于宇宙轮回或因果报应(Karman)和转世的学说。与科学诸学科少有互动,从而印度哲学的世界-政治作用始终十分有限。

印度哲学很少像西方哲学那样显示出历史分期线索。作为历史上的重大转折,最早受到关注的就是年代学上自然是难以理解的各经典体系的经书文本(Sūtra-Texte),其体系化进程的完成跨越千年,根据弗劳瓦纳(E. Frauwallner),就始于佛陀寂灭(前480年前后)后,一直延续到公元后5世纪。[①] 可以将此前时期,作为印度佛教最初的、"前体系"时期。这一时期的代表,首先是吠陀经-奥义书(vedisch-upaniṣadische)文献,还有早期佛教。紧接着各体系的经书集成之后的时期,多数情况下一直发展到了当代。但在公元1世纪下半叶,兴起了大量有神论宗派及其学说,各经典体系的概念系统充满了新的、尤其是宗教的精神,展现出此后数世纪的创造性思考的大部分内容,形成了三期发展阶段。印度思想的第四和最近时期,其大部分著作以英语写成,始于19世纪初以来对西方理念的接受。

印度学述传统,将"正统"哲学体系与佛教等"非正统"体系区分开来,前者原则上承认吠陀经之权威和锚定其中的社会和道德-宗教的法(Dharma)之秩序。印度学述传统最古老

---

① Vgl. E. FRAUWALLNER: Gesch. der ind. Ph. 1.2(1953/56)1, 11—29.

的组成部分，可以追溯到公元前两千年的吠陀经-奥义书文献，依据杜伯龙（Anquetil Duperron）间接的拉丁语奥义书译本，[①]主要由叔本华和多伊森逐入了西方的哲学意识。由权威的哲学史兴趣看，在吠陀经本集（Saṃhitās）较晚的部分中，在梵书（Brāhmaṇas）秘仪的"前科学的知识"（vorwissenschaftlichen Wissenschaft）中，[②]在早期吠陀经中，都产生了新的定向方式。在神秘-宗教处境中，在此可以观察到后来的哲学思想的基本模型的展开，比方说，宇宙论的内在-超越-模式（Immanenz-Transzendenz-Modell），知识与救赎的内在关联，以冥想方式意识状态定向，报应与转世学说。另一方面，唯心论和唯灵论的发展，与自然哲学和宇宙论的兴趣相对。作为"吠陀终结"（吠檀多[Vedānta]）的吠陀经文献，后来的各体系传统，尤其是不二论吠檀多（Advaita-Vedānta），将其作为自己的学说来源。历史研究有可能赞同，在这些文本中，尽管千头万绪，却不期待完整的学说体系。对具体学说传统的分类和比较分析，与体系发生史的准确内在关联，仍然是研究重点所在，只是需要一步步来解决。——在印度和在西方一样，特别流行作为史诗《摩诃婆罗多》（Mahābhārata）之一部分的传世《薄伽梵歌》（Bhagavadgītā），它综合了吠陀经的思想财富，兼备伦理和社会学说，以及对充满爱意献身（bhakti）于神的强调。

从近代印度语言文化研究开始，属于最古老的印度哲学体系的数论（*Sāṃkhya*），成为西方研究偏爱的、自然也是充满争议

---

① A. H. ANQUETIL DUPERRON：Oupnek'hat 1. 2（Straßburg 1801—02）.

② Vgl. E. OLDENBERG：Vorwissenschaftl. Wiss. Die Weltanschauung der Brāhmaṇa-Texte（1919）.

的主题。在其经典形式中,我们遇到了可以追溯到神秘智者迦毗罗(Kapila)的体系,实际上完全可以溯至佛陀寂灭后的时代,溯至自在黑(Īśvarakṛṣṇa)的《数论颂》(Sāṃkhyakārikā,公元400年左右)。这一体系表明了一种关于纯粹的、否定性的、终究非客观的精神意识(神我[purüa])与一种动态的、循环展开的、客观的"原质"或"自性"(prakṛti)的不可化约的二元论,"自性"也同时包括了可以客观化的物理现象。救赎出于对精神主体摆脱可以客观化的自然的形而上自由的洞见。除此形而上-救赎论的基本图式,数论对灵魂论和认识论的发展作出了具本质性的贡献。——传统上邻近理论-思辨的数论,还有作为冥想实践的对照物瑜伽(*Yoga*),其基本倾向和方法不限于特定体系,而是一种可以在不同处境中遇见的遍及印度的现象。经典的体系化的瑜伽的基础文本,就是波颠阇利(Patañjali,约公元初)的《瑜伽经》(Yogasūtras)。这部著作的要求——最重要的注疏是毗耶娑(Vyāsa,公元500年前后)的《瑜伽经注》(Yogabhāṣya)——是达成数论从理论上规定的自由和精神意识的绝对性,通过自我修炼和聚精会神的方法。瑜伽的伟大精微之处在灵魂论领域。在一个延续数百年之久的印度教科书传统的意义上,正理论(*Nyāya*)与胜论(*Vaiśeṣika*)常常被描述为一个理论体系的相互补充的部分;在这个传统早期,它们自然是完全独立的。正理论原初首先是一种辩与论的方法论,但在其体系的基础文本,归于阿萨帕达·乔达摩(Akṣapāda Gautama)的《正理论经》(Nyāyasūtras)中,已然与一种自然哲学结合在一起了。在这部著作的注疏或注疏之注疏系列中,有一种不断增长的向认识论难题的集中。通过认识论和逻辑学,其发展决定性地由与佛教的论辩所决定,使正理论成为印度思想塑造性力量。——胜论属于一个古老的、其源头自然无法清楚把握的多元论思想传统。存在于普拉夏斯塔巴达(Praśastapāda,500 年左右)的著作中,还有,以不太清晰的方式,出现在流传数百年更为古老的《胜论经》(Vaiśeṣikasūtras,据说出自迦那陀[Kaṇāda])的经典体系中的内容,就是关于六大"范畴"(句义[padārtha])如实体(Substanz)、质性(Qualität)以及如此等等,它们被认为是所有可知之物、可识之物和最广泛意义上的存在者的最一般等级;此学说包含一种原子论的自然哲学和一种实在论的宇宙理论。正理论和胜论早期就已然明确结合,经过千年的转变而具有的形式,将胜论的范畴学说(现在加上"非存在"[Nichtsein]有了七大范畴)与正理论的辩证法和逻辑学结合在了一起。由此方能奠定正理论和胜论的研究语境。——一个新时期始于 1300 年前后甘格霞(Gaṅgeśa)的著作,之后出现了一批内容范围非常广泛的注疏文献。这种"新正理论"(Navya-Nyāya)使认识论和逻辑学最终摆脱了更为古老的论辩技术处境,并特别专注于逻辑基础之难题性和定义之难题性,将经院式的规程和敏锐发展到了极限。在此难以企及的领域中令人感到漫长而又收获甚微的研究,不久前作为典范再发新枝,由此开启了作为解释工具的现代符号逻辑学的概念和方法。①

弥漫差派(*Mīmāṃsā*)原初是一种吠陀经的解释和仪式科学,以集成散见和常有分歧的文本片段和使其彼此协调一致为目标。在其他诸学派的争论中,此方案后来发展出了完整的哲

① Vgl. D. H. H. INGALLS: Materials for the study of Navya-Nyāya logic (Cambridge, Mass. 1951); B. K. MATILAL: The Navya-Nyāya doctrine of negation(Cambridge, Mass. 1968).

学体系,进而特别在语言哲学和认识论中有重要成就,尤其在此学派卓越的思想家那里,7 和 8 世纪影响重大的有鸠摩梨罗(Kumārila)、普拉巴卡拉(Prabhākara)和曼吒那(Maṇḍana)。以其对语言哲学难题的兴趣,弥漫差派常常自然是在批判争论中,触及所谓语法哲学,后者的最高成就是伐致诃利(Bhartṛhari,500 年左右)的《语句论》(Vākyapadīya);其中将语法擢升到合乎规则的语言本体论,婆罗门将语言等同于词语(Wort),这就是众所周知的"词语不二论"(Advaita des Wortes)。

"吠檀多"(Vedānta,"吠陀经之终结或完善")这个术语,按照印度教的理解,首先指"奥义书"(Upaniṣaden)和与之相关的一系列体系建构,利用了奥义书传统的哲学遗产,并承认跋达罗衍那(Bādarāyaṇa,2/3 世纪?)的《梵经》(Brahmasūtras)之权威性。其经文措辞简略有很大解释空间,通过注疏此经书形成了重要的吠檀多诸学派。其中成就最大的学派,迄今仍然作为占据主导地位的印度教哲学而富有生命力,这就是常常作为其他所有体系之完成的商羯罗(Śaṅkara,约 8 世纪)的吠檀多不二论,他在西方,尤其从多伊森以来,往往被作为印度思想的典范代表。商羯罗持有婆罗门的绝对"不二论"(Zweitlosigkeit),也是辨识为纯粹意识的真正的真实的彻底统一性,作为洞悉自我识别之目标。接续商羯罗的吠檀多不二论文献包罗万象,与一系列著名的名字和各种学派联系在一起。商羯罗的立场,就绝对梵天、时空世界和单一灵魂的真实状态、宇宙幻象概念和个体错误,以及如此等等,以各种方式作出阐明,也多少有清晰的修正;吠陀经的启示与肯定和否定的理性运用两方面的关系,还有与其他体系的交际,变化多端。

针对商羯罗跨宗教的绝对论,一系列有神论思想者,主要是毗湿奴派思想者（*viṣṇuitischer Denker*），转而也要求呈现吠檀多，也就是对《奥义书》和《梵经》作出真正的解释。其中最重要的思想者是罗摩奴阇（Rāmānuja，1100 年左右），他继续南印度诸传统，将吠檀多与毗湿奴虔信结合起来，并如此作出解释：世界与单一灵魂具有一个自重（ein Eigengewicht），空间创造出来是为了爱与神圣恩典的人格关联。摩陀婆（Madhva，13 世纪）传授一种多元论的吠檀多，按此神、物质世界和单一灵魂的实在千差万别。神圣恩典、人类救赎准备以及如此等等方面的神学难题，在接续于这一或那一思想者的学派中具有重大影响。——在有神论宗派中，哲学学说总是与特定的信仰表述和仪式密切联系在一起，依傍吠陀经-奥义书文本作为宗派神圣传承的权威来源出现，常常作为神圣启示来解释，为证明新的思想萌芽之合法性，尤其在公元后第二个千年中，发挥了作用。在此关联中，尤其需要提及与吠檀多无关的克什米尔（Kashimir）的湿婆派（śivaitische）文献，后者传授对单一本质的意识中的绝对神湿婆（Śiva）的"再认识"。此派卓越的哲学代表，在 10 和 11 世纪奠定了这一传统，以广博的思想者阿毗那婆笈多（Abhinavagupta）的形态尤为特别，他也对诗学和美学有权威贡献。与南印度的湿婆学派的关系尚需作出具体解释。

佛教对印度的哲学思想发展作出了决定性贡献。① 相应于佛教释义之多样性，"宗教"和"哲学"的应用尚有争议。一方面，如果将佛教完全解释为一种哲学世界观或"理性之宗教"（Religion der Vernunft），②那么，另一方面，可以设法将其

---

① Anthologie zur buddhist. Ph.：FRAUWALLNER：Die Philos. des Buddhismus（1956）.

② Vgl. G. GRIMM：Die Lehre des Buddha. Die Relig. der Vernunft（1915）.

描述为一种“宗教”和“哲学”范畴同样难以通达的心理学或心理治疗形式。若完全抛开这些考虑,在佛教的整体现象内部,很大程度上也出现了这种可以称其为哲学的发展。此外,在印度精神史的整体进程中,还生发出一些十分重要的推动力,建构出了批判的、逻辑认识论向度的佛教思想家的思想。

佛陀或更为古老的(älteren)佛教的教诲,本质上是一种实践性的通向救赎的引导,而尽可能不考虑理论-思辨问题。但是,在这种集中于人的境况(Conditio humana)和从中解脱的态度中,也有一种巨大的自我反思和批判分析构成人类实在的要素的哲学潜能。“四圣谛”(vier edlen Wahrheiten),无常、苦、“无我”之观念,“缘起”(abhängigen Entstehen)之程式,如其可能从原初意义上理解,为一个丰富的哲学问题提法和救赎努力的传统,建构起了框架,无论就古老的主要在印度发展的*Hīnayāna*[小乘]而言,还是就普世传播的*Mahāyāna*[大乘]而言。与此同时,一方面,展示出一种分类上细化的扩展之趋势,主要在阿毗达摩(Abhidharma)中,还有向更伟大的理论和概念之精微的进步,尤其在认识和意识分析中展开;另一方面,展示出一种极端的超越所有理论、概念和思辨的决心。

随着小乘佛教分化为一系列宗派,又形成了更为多样的对佛陀言辞的各种解释,经过损益而发展为哲学学说。作为小乘佛教的经典体系,说一切有部(Sarvāstivāda)和经量部(Sautrāntika)出现在印度哲学史上。在更进一步的哲学发展中,这两派在上座部佛教(Theravāda)中尤有见证,却对印度本土传统几乎没有产生影响。小乘佛教中发生的争论的主题跨度,集中于“无我”(anātman);在说一切有部中,宁愿避免将佛陀的示见,推衍为一种对我的明确否定,和一种关于“诸法”的

(Daseinsfaktoren/dharma)系统化学说。认识论的问题提法，在经量部中发挥了尤其重要的作用。

在大乘佛教哲学产生之初，有包罗万象的般若(Prajnāpāramitā)文献。其中以神话语言和往往悖论式的暗示所显现的内容，在龙树(Nāgārjuna，2世纪?)那里提升到了哲学水平。他的"空"(śūnya)的哲学，将所有依附于词语和概念的理论，通过归谬法予以扬弃，并且避免任何教条式的定见，成为一种权威性的、尤其在方法上指引方向的印度思想的见证。在龙树的注疏家中，清辩(Bhāvaviveka)倾向于与瑜伽行派(Yogācāra)较少反理论的传统妥协，后者的学述特征是否定物质性的外部世界。瑜伽行派的体系建立者是无著(Asaṅga)和世亲(Vasubandhu)(4世纪)。关于外在世界的纯粹表象之在(Vorgestelltsein)的学说，在他们那里得到推进，并基于一种精微的意识分析。现实的个体意识过程，可以追溯至一种"基本意识"，由此出发，作为对早先所为的报应的总是适当的事件之内容得以现实化。

与陈那(Dignāga，500年左右)和法称(Dharmakīrti，7世纪)的名字联系在一起的佛教逻辑学和认识论学派，将一种特殊的态度纳入了佛教史和当前的研究。陈那通过将逻辑学和认识论设为独立自主的学科，开启了一种由如下母题规定的发展：致力于认识-论证难题，尤其致力于推论学说；发展一种概念的唯名论；奠定关于瞬时性的学说。直至佛教在其本土灭绝(基本上在1200年左右)，逻辑-认识论学派在印度仍然具有创造性；此派在印度以外继续发展，并且在印度的非佛教传统中，在印度教和耆那教(Jainismus)中，留下了重要踪迹。

耆那教传统也对哲学文献作出了值得称道的贡献，此传统可以追溯到佛陀同时代较为年长的耆那大雄(Jina Mahāvīra)。耆那教的哲学,通过其透视主义理论和一种调和与"扬弃"其他学说之取向著名,在批判和论战中,也通过方法上的吸纳,与印度教与佛教思想最重要的发展相伴。其学述之缜密,也使耆那教著作家如耆那跋陀罗(Jinabhadra)、玛拉瓦当(Mallavādin)或雪月(Hemacandra),获得了重要的哲学史料价值。

一种明确否定非物质的真实性意义上的唯物论学说,在佛教徒和耆那教徒的正典中,也在印度教史诗中,均有见证。作为体系,唯物论与遮卢婆迦(Cārvāka)和顺世论(Lokāyata)学派的名称联系在一起。一种对古印度唯物论的恰当判断,由于资料状况是不可能达成的。对于"正统"印度教学述而言,唯物论多半是否定性的精神错乱(Folie):这种学说,将地水火风,也就是四大,作为仅有的现实性,将意识解释为附属现象,否定转世,主张一种无限度的享乐主义,唯独将感知作为认识的来源。试图作出一种较为肯定性解释和评价的努力,偶尔出现在现代印度著作家那里,主要受了马克思主义影响。[1]有一部作品,主张极端不可知论的认识批判,这就是阇耶罗悉(Jayarāśi,8/9 世纪)的《摧谛狮子篇》(Tattvopaplavasiṃha)。在印度精神史的整体进程中,这种现象当然只具有一种次要的、与其他发展相叠加的意义。此外,在很大程度上仍处于吠檀多影响下的现代印度思想中,对世俗主义和唯物主义学说的接受,还只是显得犹疑不决,尽管正在与日俱增。 哈尔博法斯(W. Halbfass)撰

---

① Vgl. z. B. D. CHATTOPADHYAYA: Lokāyata. A study in ancient Indian materialism(Delhi 1959).

文献指引：

Literaturhinweise. -Bibliographie：K. H. Potter：Bibliogr. of Ind. philosophies(New Delhi21982)；dazu W. Halbfass：Indien und die Gesch. schreibung der Ph. Philos. Rdsch. 23(1976)104—131. -Einführungen und Gesamtdarstellungen：O. Strauss：Ind. Ph. (1924). -H. Von Glasenapp：Die Ph. der Inder(21958). -E. Frauwallner s. Anm. [24]. -S. Dasgupta：A hist. of Ind. philos. 1—5(Cambridge 1927—55). -M. Hiriyanna：Outlines of Ind. philos. (London 1932). -N. Smart：Doctrine and argument in Ind. philos. (London 1964). -K. H. Potter：Presuppositions of India's philosophies(Englewood Cliffs 1963). -S. C. Chatterjee/D. M. Datta：An introd. to Ind. philos. (Calcutta 1968). -W. Halbfass：Ph., in：Einf. in die Indologie, hg. H. Bechert/G. Von Simson(1979)138—158；Indien und Europa. Perspektiven ihrer geistigen Begegnung(1981).

图书在版编目(CIP)数据

哲学(辞条)/(德)里特尔等编;黄瑞成译. --上海:华东师范大学出版社,2023

(六点辞条系列)

ISBN 978-7-5760-4211-5

Ⅰ.①哲… Ⅱ.①里… ②黄… Ⅲ.①哲学理论—研究 Ⅳ.①B0

中国国家版本馆CIP数据核字(2023)第194581号

华东师范大学出版社六点分社
企划人 倪为国

六点辞条系列

哲学(辞条)

编　　者 (德)里特尔 格林德尔
译　　者 黄瑞成
责任编辑 王　旭
责任校对 徐海晴
封面设计 卢晓红

出版发行 华东师范大学出版社
社　　址 上海市中山北路3663号 邮编 200062
网　　址 www.ecnupress.com.cn
电　　话 021-60821666 行政传真 021-62572105
客服电话 021-62865537
门市(邮购)电话 021-62869887
地　　址 上海市中山北路3663号华东师范大学校内先锋路口
网　　店 http://hdsdcbs.tmall.com

印 刷 者 上海盛隆印务有限公司
开　　本 890×1240 1/32
印　　张 16.75
字　　数 291千字
版　　次 2023年11月第1版
印　　次 2023年11月第1次
书　　号 ISBN 978-7-5760-4211-5
定　　价 88.00元

出 版 人 王　焰

Philosophie

Historisches Wörterbuch der Philosophie: Band 7

Joachim Ritter und Karlfried Gründer (Eds.)

上海市版权局著作权合同登记 图字:09－2023－0861